D1718684

ADEL UND NATION IN DER NEUZEIT

BEIHEFTE DER FRANCIA

Herausgegeben vom Deutschen Historischen Institut Paris

Band 81

ADEL UND NATION IN DER NEUZEIT

Hierarchie, Egalität und Loyalität
16.–20. Jahrhundert

Herausgegeben von

Martin Wrede und Laurent Bourquin

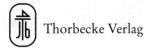 Thorbecke Verlag

ADEL UND NATION IN DER NEUZEIT

Hierarchie, Egalität und Loyalität
16.–20. Jahrhundert

Herausgegeben von

Martin Wrede und Laurent Bourquin

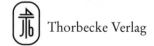 Thorbecke Verlag

BEIHEFTE DER FRANCIA
Herausgeber: Prof. Dr. Thomas Maissen
Redaktionsleitung: Dr. Stefan Martens
Redaktion: Veronika Vollmer
Deutsches Historisches Institut, Hôtel Duret-de-Chevry, 8, rue du Parc-Royal, F–75003 Paris

Für die Schwabenverlag AG ist Nachhaltigkeit ein wichtiger Maßstab ihres Handelns. Wir achten daher auf den Einsatz umweltschonender Ressourcen und Materialien.

Bibliografische Information der Deutschen Nationalbibliothek
Die Deutsche Nationalbibliothek verzeichnet diese Publikation in der Deutschen Nationalbibliografie; detaillierte bibliografische Daten sind im Internet über http://dnb.d-nb.de abrufbar.

Umschlaggestaltung: Finken & Bumiller, Stuttgart
Umschlagabbildung: Ausschnitte aus der so genannten Steirischen Völkertafel, anonym, Öl auf Leinwand, Anfang 18. Jh., Österreichisches Museum für Völkerkunde, Wien/Foto: Birgit & Peter Kainz, faksimile digital
Druck: Memminger MedienCentrum, Memmingen
Hergestellt in Deutschland
ISBN 978-3-7995-7472-3

Inhalt

III. Adelsmigrationen

IV. Adel im Zeitalter der Nation

VORWORT

Der Band »Adel und Nation in der Neuzeit« ist aus einem Kolloquium hervorgegangen, das die Herausgeber vom 22. bis zum 24. Mai 2013 im Deutschen Historischen Institut Paris abgehalten haben. Die Tagung fand als dritte »Arenberg-Konferenz für Geschichte« statt. Hierfür – und für die damit einhergehende finanzielle Unterstützung – sind die Herausgeber der Arenberg-Stiftung und S.D. Herzog Leopold von Arenberg sehr verpflichtet. Für ihre Förderung ist auch anderen Institutionen zu danken, allen voran dem DHIP, das die Veranstaltung unter dem Direktorat von Prof. Dr. Gudrun Gersmann in seine Planung aufgenommen und großzügig mitfinanziert hat. Für Vorbereitung und Durchführung waren Dunja Houelleu und Luna Hoppe unentbehrliche Hilfen. Weitere Mittel stammten aus Preisgeldern der Justus-Liebig-Universität Gießen sowie aus Bewilligungen der Deutschen Forschungsgemeinschaft, des Centre de recherches historiques de l'Ouest, des Laboratoire de recherche historique Rhône-Alpes sowie der Université Grenoble 2 – Pierre-Mendès-France (jetzt Université Grenoble-Alpes) und der Université du Maine. Auch hier sind die Herausgeber allen Verantwortlichen für ihre Unterstützung sehr verbunden.

Für die Aufnahme des Bandes in die Reihe der Beihefte der Francia ist dem derzeitigen Direktor des DHIP, Prof. Dr. Thomas Maissen, sowie den gutachtenden Fachkollegen zu danken. Die Redaktion lag in den bewährten Händen von Veronika Vollmer, deren Sorgfalt dem Band in jeder Hinsicht zugute kam.

Nicht zuletzt danken die Herausgeber allen Kolleginnen und Kollegen, die ihre Beiträge druckfertig und so den Band erst möglich gemacht haben. Zwei Ausfälle sind gegenüber dem Tagungsprogramm zu bedauern, doch ist hoffentlich genug Substanz verblieben, um nicht nur das Kolloquium zu dokumentieren, sondern auch weitere Forschungen zum Themenkomplex Adel und Nation anzustoßen. Dies wäre zumindest das Ziel von Herausgebern wie Autoren.

Grenoble und Le Mans im April 2016   Martin Wrede und Laurent Bourquin

MARTIN WREDE

Einleitung

Adel und Nation in der Neuzeit

I.

Adel und Nation, so könnte man meinen, passen eigentlich nicht recht zueinander. Auf der einen Seite die umfassende, meist ethnisch geprägte, tendenziell egalitäre Gemeinschaft, die zwar durchaus und zwangsläufig auch historisch überkommen ist, die jedoch ihre Genese vielfach als Emanzipations- oder gar Befreiungsprozess von Fürsten- oder Adelsherrschaft verstand bezeihungsweise versteht. Auf der anderen Seite die traditionsreiche, durch Abstammung definierte, hierarchisch organisierte soziale Elite, vielfach grenzübergreifend, gar transnational orientiert, auf Distinktion, Besitz- und Herrschaftsrechte fixiert und daher nicht wirklich im Einklang mit den (ehemals) von ihr Regierten[1]. So in etwa stellte sich die Perspektive zunächst einiger der Wortführer der Französischen Revolution in ihrer Anfangsphase dar – vorzugsweise der Nichtadeligen – und insbesondere dann während der *Terreur*, der jakobinischen Schreckensherrschaft[2]. So in etwa konnte man, zumindest verbal, aber auch noch den jüngsten Präsidentschaftswahlkampf einer jüngeren mitteleuropäischen Demokratie verstehen, in dem der letztlich siegreiche Kandidat seinen, dem Hochadel entstammenden politischen Gegner mit Erfolg als national unzuverlässig zu denunzieren wusste[3].

Dass sowohl 1789 der Abbé Sieyès wie auch 2013 der nachmalige tschechische Präsident Zeman jeweils in politisch aufgeladenen Situationen hochgradig polemisch argumentierten, ist evident. Zumindest im erstgenannten Fall ist es freilich ebenso die historische Bedeutung, das heißt die Wirkung und auch das Gewicht des Arguments: Rechtliche und politische Privilegien machten den Adel zu einem *peuple à part*. Er sei der Gesamtheit der Nation fremd, vertrete niemals das Gemeinwohl,

---

1   Zu Nation und Ethnizität in der Vormoderne: Azar GAT, Alexander YAKOBSON, Nations. The Long History and Deep Roots of Political Ethnicity and Nationalism, Cambridge 2013; zu vormodernen deutschen Nationskonzepten und -manifestationen: Dieter LANGEWIESCHE, Georg SCHMIDT (Hg.), Föderative Nation. Deutschlandkonzepte von der Reformation bis zum Ersten Weltkrieg, München 2000; zu Frankreich: Colette BEAUNE, Naissance de la nation France, Paris 1985.

2   Zum Adel in der Krise des Ancien Régime bzw. in der Revolution siehe im Überblick Michel FIGEAC, Les noblesses de France. Du XVIᵉ au milieu du XIXᵉ siècle, Paris 2013, S. 295–324; siehe auch den Beitrag von Jay M. Smith in diesem Band sowie dessen frühere, im Folgenden genannte Arbeiten. Zum Verlauf der Revolution Michel BIARD, Philippe BOURDIN, Silvia MARZAGALLI, Révolution, Consulat, Empire, 1789–1815, Paris 2009.

3   Zum Hintergrund Olivier CHALINE, Karel VII Schwarzenberg, un prince en politique, in: DERS. (Hg.), Les Schwarzenberg. Une famille dans l'histoire de l'Europe, XVIᵉ–XXIᵉ siècle, Panazol 2012, S. 153–162.

sondern stets nur sein Partikularinteresse. Infolgedessen sei es der Dritte Stand – und nur er – der alles umfasse, was zur Nation gehöre. Alles was nicht zum Dritten Stand gehöre, habe keinen Anteil an der Nation: »tout ce qui n'est pas le Tiers ne peut pas se regarder comme étant de la Nation«[4]. Sièyes' Schrift blieb bekanntlich nicht ohne Auswirkung auf die öffentliche Meinung und den Lauf der Ereignisse, Rezeption innerhalb des Adels eingeschlossen. Sie, ihre Veröffentlichung und Aufnahme, wurde geradezu zu einem Schlüsselmoment der Revolution[5]. Der zweite Stand sah sich in Zugzwang gebracht und stimmte letztlich der eigenen Auflösung zu, um sich eben nicht von der Nation abzusondern – eine Vorstellung, die von adeliger Seite ohnehin vehementen, prinzipiellen Widerspruch erhielt: Adel sei, und zwar seit jeher, die Stütze der Nation, die Titel *citoyen* und *noble* eigentlich austauschbar – so der Tenor der Argumentation, die in ursprünglich monarchie- oder absolutismuskritischer Zielrichtung tatsächlich eine lange vorrevolutionäre Tradition besaß[6].

Nach dem Ausbruch des auf Niederwerfung der Revolution gerichteten Koalitionskrieges der alten Mächte, erst recht dann unter der *Terreur*, gesellten sich an den Adel dann Vorwürfe des mangelnden Patriotismus hinzu beziehungsweise des latenten oder auch akuten Landesverrats – ein Generalverdacht, den vor allem die *émigration* speiste oder vielmehr bestätigte, der aber auch ein Echo auf die fränkische Abstammungslegende des französischen Adels darstellte, wie sie – wenn auch nur mit recht mäßigem Erfolg – zunächst im 16., dann wiederum im 18. Jahrhundert von Vertretern der *noblesse d'épée*, des traditionellen Schwertadels, vorgebracht worden war. Der echte Adel wollte fränkischen Geblütes sein, der Nichtadel sollte das der unterworfenen Gallier repräsentieren, die amtsadelige *noblesse de robe* im Übrigen eingeschlossen. Diese, auf Distinktion gerichtete Perspektive ließ sich umdrehen: Nach 1789 schien es offensichtlich, dass der Adel nicht nur von der Nation getrennt war, sondern dass er sich gegen sie verschworen hatte, dass er gleichsam ihr natürlicher Feind sein musste[7].

---

4   Emmanuel-Joseph SIEYÈS, Qu'est-ce que le tiers état?, hg. von Roberto ZAPPERI, Genf 1970, S. 125 f.
5   Lucas SCUCCIMARRA, Généalogie de la nation. Sieyès comme fondateur de la communauté politique, in: Pierre-Yves QUIVIGER (Hg.), Sieyès, Paris 2011 (= Revue française d'histoire des idées politiques 33 [2011]), S. 27–46; Jean-Denis BREDIN, Sieyès. La clé de la Révolution française, Paris 1988, S. 91.
6   Vgl. DE LA CROIX, Hommage à ma patrie. Considérations sur la noblesse de France, Paris 1790; [Louis Charles Auguste DE HOULIÈRES], Courtes Réflexions de M. le Cte. ***, o.O. 1789; Louis-Gabriel, comte DU BUAT-NANÇAY, Les origines, ou l'ancien gouvernement de la France, de l'Allemagne et de l'Italie, Bd. 1, La Haye 1757, S. I–IV, 20 f., 284 f. Das Werk wurde 1789 in Paris unverändert nachgedruckt. Dazu Jacques DE SAINT-VICTOR, Les racines de la liberté. Le débat français oublié, 1689–1789, Paris 2007, S. 221–253.
7   Siehe den Beitrag von Arlette Jouanna in diesem Band sowie DIES., L'idée de race en France au XVIᵉ siècle et au début du XVIIᵉ, 2 Bde., Montpellier ²1981 sowie ferner André DEVYVER, Le sang épuré. Préjugés de race chez les gentilshommes français de l'Ancien Régime, Brüssel 1974; Harold A. ELLIS, Boulainvilliers and the French Monarchy. Aristocratic Politics in Early Eighteenth-Century France, Ithaca, NY, London 1988; Olivier THOLOZAN, Henri de Boulainvilliers. L'anti-absolutisme aristocratique légitimé par l'histoire, Aix-en-Provence 1999. Vgl. zur Revolution: SAINT-VICTOR, Les racines (wie Anm. 6), S. 221 f., 227 f.; Thomas E. KAISER, Nobles into Aristocrats or How an Order Became a Conspiracy, in: Jay M. SMITH (Hg.), The

Dabei lässt sich nicht übersehen, dass ein solch politisch motivierter Differenzierungsversuch zwischen Adel und Nation, wie er 1789 und in den Folgejahren stattfand, durchaus auch andere Vorläufer kannte. Schon im 17. Jahrhundert hatte man Stimmen hören können, die den Adel aus der Nation ausgrenzten oder auszugrenzen drohten – freilich nicht in Frankreich, sondern, auf der anderen Seite des Rheins, seitens der Vertreter des deutschen Alamodismus oder, nach 1670, aus den Reihen der deutschen Frankreichfeinde. Doch gab es einen entscheidenden Unterschied zur revolutionären Situation in Frankreich am Ende des 18. Jahrhunderts: Der deutsche Adel wurde nicht in oder wegen seiner Rechtsstellung angegriffen, sondern allein wegen seines *unteutschen*, also unpatriotischen Habitus, seiner übermäßigen Geneigtheit zu allem *Welschen* und anderweitig Fremden beziehungsweise, daraus folgend, wegen seiner potenziell falschen, gar verräterischen politischen Haltung. In gewisser Weise ging es hier also um eine geistig-kulturelle Emigration, aus der, in den Augen ihrer Kritiker, politische Unzuverlässigkeit folgte[8]. Adels- und hofkritische Gedanken dieser Art waren durchaus nicht dem Alten Reich oder dem deutschen Sprachraum vorbehalten. Ähnliche Positionen ließen sich zur gleichen Zeit etwa in England vernehmen, auch hier als Vorwurf einer zu weitgehenden modischen Orientierung an Frankreich und also des mangelnden Patriotismus[9].

Frankreich seinerseits hatte schon öffentliche Debatten erlebt, die – lange vor 1789 – den Adel massiv und insgesamt kritisierten. Bereits in den Religionskriegen war dem zweiten Stand mangelnde Zuverlässigkeit vorgehalten worden, freilich nicht im Zeichen der Nation, sondern im Namen des »wahren Glaubens«. Insofern ging es auch nicht wirklich um den Stand, nicht um den Adel als solchen, sondern um das großräumige Versagen einer Vielzahl seiner Mitglieder. Solche Kritik am Adel konnte ein nationales Moment zwar sehr wohl einschließen. Es ließ sich schließlich die Zugehörigkeit zur Nation auch an den Glauben knüpfen, und dies im Übrigen nicht nur in Frankreich[10]. Doch stärker war zumindest dort, am Ende der Religionskriege, dann das Gegenargument: Die politische Nation emanzipierte sich von der religiösen Wahrheit, sie schob sie bewusst in den Hintergrund. Dass weite Teile der katholischen Eliten sich dem zunächst noch protestantischen Thronanwär-

French Nobility in the Eighteenth Century. Reassessments and New Approaches, University Park, Pa. 2006, S. 189–224.
8   Martin WREDE, Das Reich und seine Feinde. Politische Feindbilder in der reichspatriotischen Publizistik zwischen Westfälischem Frieden und Siebenjährigem Krieg, Mainz 2004, S. 407–413.
9   Das Zusammenwirken von Adelskritik und Frankophobie verstärkte sich hier in der zweiten Hälfte des 18. Jahrhunderts. Siehe Linda COLLEY, Britons. Forging the Nation, 1707–1837, Yale ²2005, S. 87f., 166f. Vgl. Steven C.A. PINCUS, Protestantism and Patriotism. Ideologies and the Making of English Foreign Policy1650–1668, Cambridge 1996; DERS., From Butterboxes to Wooden Shoes. The Shift in English Popular Sentiment from Anti-Dutch to Anti-French in the 1670s, in: Historical Journal 38 (1995), S. 331–361; James LEE, Preaching and the Politics of Hatred. Catholics, the French and the Development of »Englishness« in Late Seventeenth-Century England, in: Horst CARL, Joachim EIBACH (Hg.), Europäische Wahrnehmungen 1650–1850. Interkulturelle Kommunikation und Medienereignisse, Göttingen 2008, S. 161–184.
10 Alois MOSSER (Hg.), Gottes auserwählte Völker. Erwählungsvorstellungen und kollektive Selbstfindung in der Geschichte, Frankfurt a.M., New York 2001.

ter Henri IV zuwandten, war begründet in dynastischer Loyalität, mehr noch aber wohl in patriotischer, auf Land und Nation bezogener Solidarität. Und das Gleiche galt dann nach dessen Konversion für seine früheren protestantischen *coreligion-naires*. Dahinter stand natürlich nicht zuletzt schlichte Kriegsmüdigkeit. »Gute Franzosen« jedenfalls, *les bons François*, in der Terminologie der Zeit selbst, definierten sich durch ihre Ablehnung spanischer Fremdbestimmung im katholischen Gewand, in der Besinnung auf das französische Vaterland; sie fanden sich auf beiden Seiten der konfessionellen Grenze und zwar gerade unter dem Adel[11]. All dies macht natürlich augenfällig, wie sehr, aber auch mit welchen Grenzen die vormoderne Nation Wert und Wirkungsfaktor war[12].

Zugleich ist nicht zu übersehen, dass vor und vielleicht erst recht nach Sièyes, in der jüngeren Vergangenheit das Verhältnis zwischen Adel und Nation spannungsreich blieb – und zwar aus nichtadeliger Perspektive wie auch aus der des Adels. Dies lässt nicht nur das Epiphänomen der tschechischen Präsidentschaftskampagne von 2013 erkennen. Das 19. Jahrhundert war beziehungsweise wurde das Jahrhundert der Nation und des Nationalstaats. In diesen ordnete sich, zuweilen vielleicht etwas zögernd, auch der Adel selbst aktiv ein. Doch blieb ihm einerseits, so in Frankreich, ein Misstrauen gegen neue republikanische Ordnungen oder, dafür stehen etwa die preußischen Annexionen von 1866, rechtlich und dynastisch schwach legitimierte Monarchien erhalten[13]. Andererseits bot ihm das dynastische Moment doch vielfach weiterhin eine Identifikationsmöglichkeit, die das Nationale ergänzte oder gar transzendierte. In besonderem Maße galt dies wohl für die Habsburgermonarchie, in mancher Beziehung auch für das zarische Russland[14]. Und natürlich gab es darüber hinaus immer noch genug Vertreter des Standes, namentlich in seinen höheren Rängen, die sich einer ausschließlichen nationalen Zuordnung schlicht entziehen konn-

---

11 Jean-François DUBOST, Enjeux identitaires et politiques d'une polémique. Français, Italiens et Espagnols dans les libelles publiés en France en 1615, in: Alain TALLON (Hg.), Le sentiment national dans l'Europe méridionale aux XVIe et XVIIe siècles (France, Espagne, Italie), Madrid 2007, S. 91–122; Myriam YARDENI, Religion et sentiment national en France aux XVIe et XVIIe siècles, in: ibid., S. 323–344. Grundlegend: DIES., La conscience nationale en France pendant les guerres de Religion, 1559–1598, Louvain, Paris 1971, S. 317f. Vgl. in den Quellen bes. François CROMÉ, Dialogue d'entre le Maheustre et le Manant contenat les raisons de leurs débats et questions en ces présents troubles au royaume de France, hg. von Peter M. ASCOLI, Genf 1977.

12 Vgl. die sehr skeptische Einschätzung eines in der Vormoderne wirksamen, als historische Kategorie handhabbaren Nationalgefühls durch Jean-Frédéric SCHAUB, Le sentiment national est-il une catégorie pertinente pour comprendre les adhésions et les conflits sous l'Ancien Régime?, in: TALLON (Hg.), Le sentiment national (wie Anm. 11), S. 155–167.

13 Éric MENSION-RIGAU, Le Donjon et le Clocher. Nobles et curés de campagne de 1850 à nos jours, Paris 2003, S. 194–260; Eckart CONZE, Von deutschem Adel. Die Grafen von Bernstorff im zwanzigsten Jahrhundert, Stuttgart, München 2000, S. 51–55. Zum politischen Welfentum siehe auch Arne G. DREWS (Hg.), Der lange Abschied. Das Ende des Königsreichs Hannover 1866 und die Folgen, Göttingen 2009; Thorsten RIOTTE, Der abwesende Monarch im Herrschaftsdiskurs. Eine Forschungsskizze am Beispiel der Welfendynastie nach 1866, in: Historische Zeitschrift 289 (2009), S. 627–667.

14 Andreas KAPPELER, Russland als Vielvölkerstaat. Entstehung, Geschichte, Zerfall, München ²2008, S. 179–183; Gert VON PISTOHLKORS, Deutsche Geschichte im Osten Europas. Baltische Länder, Berlin 1994, S. 397–455. Siehe auch den Beitrag von Ralph Tuchtenhagen in diesem Band.

ten: seien es etwa die Verwandten des britischen Königshauses mit deutschen Ur-
sprüngen (und letztlich, ebenso wie einige Cousins auf dem Kontinent, das besagte
Königshaus selbst); seien es die deutschen Standesherren, die auch außerhalb des
Reiches begütert waren; seien es die schon angesprochenen Magnaten der Habsburgermonarchie. Für die Erstgenannten war es dann allerdings spätestens 1914 mit dieser Uneindeutigkeit vorbei, für die Letztgenannten 1918. In London, Petersburg
und Brüssel beziehungsweise La Panne – der Residenz des *Roi-Soldat* Albert I. im
Weltkrieg – oder anderswo nationalisierten sich die Monarchen oder versuchten es
zumindest, und ihnen gleich taten es Magnaten und Standesherren, freiwillig oder
unfreiwillig[15]. Misslang die Nationalisierung, das heißt die Identifizierung mit der
Nation, konnten die Folgen fatal sein. Dies war etwa der Fall beim Untergang der
Romanow-Dynastie[16]. Oder es kam, unterhalb der Ebene der Monarchen, doch zu
gravierenden Problemen.

Als Beispiel genannt sei hier der Herzog Engelbert Maria von Arenberg, dessen
Haus seit jeher sowohl im Alten Reich beziehungsweise in dessen deutschem Teil wie
auch in den südlichen Niederlanden begütert war. Er verlor 1918 seinen gesamten
inzwischen belgischen Besitz, da man ihn dort nun als feindlichen Ausländer ansah.
Güter und Schlösser wurden entweder kurz vor dem Waffenstillstand in extremis
verkauft oder unmittelbar danach von der wiederhergestellten belgischen Staats-
gewalt sequestriert. Seine deutschen Besitzungen, Verbindungen, Zugehörigkeiten –
wohl auch Sympathien: Engelbert Maria galt als Freund des Kaisers – wurden ihm
beziehungsweise seinem Haus nun zum Verhängnis. Begreiflicherweise reagierte der
Herzog – seine Vorfahren repräsentierten seit dem 17. Jahrhundert das ranghöchste
unter den südniederländischen Adelsgeschlechtern – hierauf mit wenig Verständnis.
Er versuchte juristisch gegen das Sequester vorzugehen, den Nachweis seiner nationalen, staatsbürgerlichen Zugehörigkeit zu führen. Erfolg hatte dies nicht. Zwischen
Deutschland und Belgien zu optieren war ihm moralisch wie materiell unmöglich
gewesen. Wenige Jahrzehnte zuvor waren des Herzogs Vorfahren im Übrigen in um-
gekehrter Richtung noch als »undeutsche Brabänder« angefeindet worden, die im
neuen preußisch-protestantischen Bismarck- beziehungsweise Hohenzollernreich
keinen Platz hätten[17]. Dass nun 1918 in Belgien die Alternative zur Behandlung als
»feindlicher Ausländer« nach Lage der Dinge im Vorwurf des Landesverrats hätte
bestehen können, dürfte Engelbert Maria möglicherweise gar nicht bewusst gewor-

---

15 Zum Bündnis von Monarchie und Nationalstaat: Dieter Langewiesche, Die Monarchie im
    Jahrhundert Europas. Selbstbehauptung durch Wandel im 19. Jahrhundert, Heidelberg
    2013. Zu den britisch-deutschen Verbindungen Karina Urbach (Hg.), Royal Kinship. Anglo-
    German Family Networks, 1815–1918, München 2008. Zum belgischen Beispiel siehe Jean
    Stengers, Éliane Gubin, Histoire du sentiment national en Belgique des origines à 1918,
    Bd. 2: Le grand siècle de la nationalité belge. De 1830 à 1918, Brüssel 2002, S. 153–161. Zur Na-
    tionalisierung etwa des böhmischen Adels nach 1918 Eagle Glassheim, Noble Nationalists.
    The Transformation of the Bohemian Aristocracy, Cambridge, Mass., London 2005.
16 Orlando Figes, A People's Tragedy. The Russian Revolution 1891–1924, London 1996,
    S. 8–12, 250–252, 284 f.
17 Peter Neu, Die Arenberger und das Arenberger Land, Bd. 5: Das 19. Jahrhundert. Adelsleben –
    Besitz – Verwaltung, Koblenz 2001, S. 123–127.

den sein[18]. Für ein übernationales Haus war eine solche nationale Konfliktsituation ohne Ausweg.

II.

Adel und Nation, so könnte man aus diesen wenigen Beispielen folgern, reimen sich also wirklich nicht, weder metrisch noch konzeptuell. Und doch lässt sich auch anhand der Reihe der Exempel – sie ließe sich leicht verlängern – kaum übersehen, dass, wenngleich eben vielfach in einem Spannungsverhältnis, Adel und Nation lange aufeinander bezogen waren, lange vor 1789, und dass sie es vielleicht noch immer sind. Neben der schon genannten tschechischen Wahlkampagne könnte letzteres etwa der Disput zwischen einem prominenten deutsch-französischen Europaabgeordneten, Daniel Cohn-Bendit, und seinem euroskeptischen, dem britischen Nationalstaat zugewandten Widerpart William Legge, zehnter Earl of Dartmouth, anzeigen – einem Widerpart also, der dem Erbadel angehört[19]. Das wäre dann die Umkehr der zuvor angesprochenen transnational-europäischen Perspektive und Verortung des Adels: Der zehnte Earl als Verteidiger von Nation und Nationalstaat gegenüber einem übernationalen *commoner*.

Der Aspekt des Spannungsverhältnisses sollte in der hier angesprochenen Beziehungsgeschichte aber ohnehin gar nicht überbetont werden. Adel und Nation konnten, im Zeichen des Nationalstaats wie auch in früheren Ordnungen, nämlich durchaus ein recht auskömmliches Verhältnis zueinander finden. Der französische Adel betrachtete sich am Ende des 18. Jahrhunderts in patriotischer Selbstverständlichkeit als die natürliche, unersetzliche Elite der Nation – eine Wahrnehmung, die ihn Dynamik und Gefahren der Revolution möglicherweise verkennen ließ[20]. Im Alten Reich waren das Wohl des *teutschen Vatterlands*, die Ehre der Nation im ganzen 17. Jahrhundert propagandistisch unersetzliche Legitimationsformeln, denen sich der Reichsadel weder entziehen konnte noch wollte – was gelegentlich recht weite Definitionen dieses Wohls zum eigenen Vorteil aber nicht ausschloss. Und die *teutsche Freiheit*, die in nuce natürlich Adelsfreiheit war, zeichnete nach Ansicht ihrer publizistischen Herolde die ganze, inklusiv verstandene deutsche Nation aus, den »gemeinen Mann« zumindest rhetorisch inbegriffen: sei es gegen »spanische Servitut«, »französische Tyrannei« oder gegen andere Nachbarn und Rivalen[21]. Eine

---

18 Die Geschichte des belgischen Sequesters der arenbergischen Besitzungen wird gegenwärtig von Peter Neu aufgearbeitet. Ich danke ihm für freundliche Hinweise. Zum arenbergischen Besitz in Belgien im Einzelnen: Jean-Marie DUVOSQUEL, La maison d'Arenberg en Wallonie, à Bruxelles et au Grand-Duché de Luxembourg, Enghien 2011; Jan ROEGIERS (Hg.), Arenberg in de Lage Landen. Een hoogadelijk huis in Vlaanderen en Nederland, Leuven 2002, bes. den Beitrag von Olivier DE TRAZEGNIES, Het Arenbergpaleis te Brussel, S. 276–290, hier S. 289 f.

19 Nikolas BUSSE, Postnationales Aufatmen, Frankfurter Allgemeine Zeitung, 12.9.2012 (http://www.faz.net/-gpf-72sn1, Zugriff 3.8.2016).

20 Jay M. SMITH, Nobility Reimagined. The Patriotic Nation in Eighteenth-Century France, Ithaca, NY, London 2005; KAISER, Nobles into Aristocrats (wie Anm. 7); Philippe BOURDIN (Hg.), Les noblesses françaises dans l'Europe de la Révolution, Rennes, Clermont-Ferrand 2010.

21 Horst CARL, Europäische Adelsgesellschaft und deutsche Nation in der Frühen Neuzeit, in: Georg SCHMIDT (Hg.), Die deutsche Nation im frühneuzeitlichen Europa. Politische Ordnung

Selbsteinschätzung übrigens, die sich auch anderwärts fand: Die »fränkische« beziehungsweise »französische Freiheit« zeichnete im 16. Jahrhundert zumindest publizistisch auch den französischen Adel aus[22]. Doch der deutsche Adel erhöhte nicht nur die deutsche Nation, sondern diese, in all ihrer Vorzüglichkeit, wiederum den Adel. Insofern überrascht es nicht, dass hier schon seit dem 17. Jahrhundert die adeligen Stammbäume bewusst und programmatisch im Boden des »Vaterlandes« wurzelten, eine Orientierung, die sich – das Bild stammt von Joseph von Eichendorff – bis ins 19. Jahrhundert weiter verstärkte. William Godsey hat die Entwicklung des in die Nation eingebetteten Uradelskonzepts exemplarisch herausgearbeitet[23].

Doch nicht nur in Deutschland oder Frankreich reicht die Wechselbeziehung zwischen Adel und Nation in die Vormoderne. In den Niederlanden des 16. Jahrhunderts etwa verbanden sich Motive des Adelsaufstandes gegen einen ungerechten Herrscher mit denen einer nationalen Empörung gegen Fremdherrschaft: hier war es wiederum die spanische[24]. Der Adel sah sich in seiner Ehre gekränkt, die Nation fühlte sich fremdbestimmt. Ähnliche, wenngleich weniger erfolgreiche Szenarien (auch) patriotisch motivierten, selbstverständlich vom Adel angeführten Widerstands lassen sich in der Frühen Neuzeit durchaus noch andernorts, also in anderen jeweils rebellierenden Provinzen finden. Das für den Erfolg des Aufstands und der Nationsgründung dann vielleicht letztlich doch entscheidende Motiv der Konfession beziehungsweise der Konfessionsdifferenz war freilich den Niederlanden vorbehalten, das einer besonders urbanen, städtisch geprägten, wirtschaftlich avancierten

---

und kulturelle Identität, München 2010, S. 181–199; Georg Schmidt, Die deutsche Freiheit und der Westfälische Friede, in: Ronald G. Asch, Martin Wrede (Hg.), Frieden und Krieg in der Frühen Neuzeit. Die europäische Staatenordnung und die außereuropäische Welt, München 2001, S. 323–348; Wrede, Das Reich (wie Anm. 8), S. 435–449 sowie (zum Beispiel des Welfenhauses) Ders., The House of Brunswick-Luneburg and the Holy Roman Empire. The Making of a Patriotic Dynasty, 1648–1714, in: Ronald G. Asch, Andreas Gestrich (Hg.), Dynastic Politics, Monarchical Representation, and the Union Between Britain and Hanover, Oxford 2014, S. 43–70.

22 Arlette Jouanna, Le thème de la liberté française dans les controverses politiques au temps des guerres de Religion, in: Tallon (Hg.), Le sentiments national (wie Anm. 11), S. 19–32. Siehe auch den Beitrag von Arlette Jouanna in diesem Band.

23 William D. Godsey, Nobles and Nation in Central Europe. Free Imperial Knights in the Age of Revolution, 1750–1850, Cambridge 2004; Joseph von Eichendorff, Der Adel vor der Revolution, in: Joseph von Eichendorff. Gesammelte Werke, hg. von Manfred Häckel, Bd. 3: Novellen, Autobiographisches, Briefe, Berlin 1962, S. 555–577, hier S. 572. Vgl. Martin Wrede, Vom Hochadel bis zum Halbadel. Formen adeliger Existenz in Deutschland und Europa im 18. Jahrhundert zwischen Ehre und Ökonomie, Fürstenstaat und Revolution, in: Historisches Jahrbuch 129 (2008), S. 352–385, hier S. 377, bzw. Ders., Ohne Furcht und Tadel. Für König und Vaterland. Frühneuzeitlicher Hochadel zwischen Familienehre, Ritterideal und Fürstendienst, Ostfildern 2012, S. 203, 217f.

24 Perez Zagorin, Rebels and Rulers, 1500–1660, Bd. 2: Provincial Rebellion. Revolutionary Civil Wars, 1560–1660, Cambridge 1982, S. 87–129. Als ähnlich gelagerte Fälle vom Adel angeführter, national aufgeladener Provinzrebellionen können u.a. die Konstellationen in Portugal 1650, Ungarn 1669–1670 oder auch die wiederholten irischen und schottischen Aufstände gelten. Vgl. ibid., S. 31–50; Jean Bérenger, La conjuration des magnats hongrois, 1664–1671, in: Yves-Marie Bercé, Elena Fasano Guarini (Hg.), Complots et conjurations dans l'Europe moderne, Rom 1996, S. 317–345; Ekkehard Eickhoff, Venedig, Wien und die Osmanen. Umbruch in Südosteuropa, 1645–1700, Stuttgart ³2008, S. 297–303. Zu Irland siehe etwa den Beitrag von Ronald Asch in diesem Band.

politischen Kultur wohl ebenso – der Adel hatte an ihr Teil, aber er sollte sie nicht dominieren[25]. Auch in der niederländischen Republik jedoch, sah sich der Adel an als »de bloem der natie«, als »Zierde der Nation«, und die Selbstzuschreibung fand Zuspruch auch jenseits der Standesgrenzen[26].

III.

Adel und Nation hatten einander also einiges zu bieten. Und sie bieten natürlich in ihrer Gegenüberstellung einiges für die historische Forschung. Dies gilt obwohl – oder eigentlich weil – die historische Forschung gerade im Zeichen einer, zumindest in Deutschland, Wiederentdeckung des Adels eher dessen übernationalen, europäischen Charakter betont[27]. Das ist auch keineswegs falsch. Natürlich war Adel ein spezifisch europäisches Phänomen, das, in unterschiedlichen Akzentuierungen, die politische und oft auch materielle Kultur des ganzen Kontinents prägte. Und die verschiedenen Adelslandschaften waren, mal fester, mal lockerer miteinander verknüpft, ihre Strukturen ähnlich. Mit vollem Recht spricht das große, keineswegs nur für die Haushistorie relevante Werk von Lothar Graf zu Dohna vom »Profil einer europäischen Adelsfamilie«. Die Dohnas waren in Preußen, im deutschen Kulturkreis, schließlich auch im deutschen Reich fest verwurzelt, ihr Horizont und ihre Möglichkeiten reichten zumindest lange Zeit weit darüber hinaus[28]. Mit ebenso gutem Recht spricht Philip Mansel dem aus dem südniederländischen Hennegau stammenden Fürsten Charles Joseph de Ligne den Titel eines *prince of Europe* zu. Ligne war am Ende des 18. Jahrhunderts in den südlichen Niederlanden zu Hause, im römisch-deutschen Reich, in der Habsburgermonarchie und der französischen Kultur sowieso. Andere Länder, namentlich Russland, waren ihm durch Reisen, Dienste, Freundschaften, eng vertraut[29]. Ob und wie weit jedoch der Adel unterhalb der Ebene der (einigermaßen) großen Dynastien, der Fürsten und Magnaten tatsächlich einen solchen transnationalen, europäischen Horizont auf- und auswies, kann durch-

---

25 Jonathan I. ISRAEL, The Dutch Republic. Its Rise, Greatness, and Fall, 1477–1806, Oxford 1995, S. 106–184.
26 Johan AALBERS, Marten PRAK (Hg.), De bloem der natie. Adel en patriciaat in de Noordelijke Nederlanden, Meppel, Amsterdam 1987. Siehe bes. die Beiträge von S. W. Verstegen, L. Kooijman und J. Aalbers. Das titelgebende Zitat entstammt einer Denkschrift, die der Vorsitzende des Heroldsamtes, Van Spaen van Hardestein, 1808 an den König Louis Bonaparte richtete. Van Spaen van Hardestein hatte sich zwar bewusst dafür entschieden, die neue Ordnung zu akzeptieren und die Dienste des napoleonischen Königs zu suchen, gehörte aber vollständig zur Führungsschicht des republikanischen Ancien régime. Johan AALBERS, Willem Anne van Spaen van Hardestein en de vormaalige riddermatige adel (1806–1813), ibid., S. 104–128, bes. S. 122 f.
27 Ronald G. ASCH, Europäischer Adel in der Frühen Neuzeit, Köln, Weimar, Wien 2008; Walter DEMEL, Der europäische Adel. Vom Mittelalter bis zur Gegenwart, München 2005; Christopher H. JOHNSON u. a. (Hg.), Transregional and Transnational Families in Europe and Beyond. Experiences since the Middle Ages, New York 2011.
28 Lothar Graf zu DOHNA, Die Dohnas und ihre Häuser. Profil einer europäischen Adelsfamilie, 2 Bde. Göttingen 2013.
29 Philip MANSEL, Prince of Europe. The Life of Charles Joseph de Ligne (1735–1814), London 2003.

aus hinterfragt werden. Und ebenso hinterfragt werden kann natürlich, ob und wo dieser Horizont denn überhaupt ein nationaler war, ob und wo er nicht deutlich auf eine regionale oder auch lokale Ebene beschränkt blieb.

Dass eine Dynastie wie die der Habsburger wirklich transnational war oder jedenfalls agierte – noch Kaiser Franz Josef I. fühlte sich wohl, zumindest gegenüber Napoleon III., als »deutscher Fürst« –, unterliegt keinerlei Zweifel. Selbst die Beisetzung des letzten Thronfolgers der Monarchie, Ottos von Habsburg, hat das noch einmal gezeigt – wenn auch in einem spezifisch österreichisch-ungarischen Licht, das es so vor 1867 schlechterdings nicht gab[30]. Für die *maison de France* etwa galt solche Internationalität, zumindest politisch, öffentlich, noch viel weniger. Zwar gehörte man, herausragend, zur *société des princes*, doch die nationale Zuordnung des »Hauses Frankreich« war eindeutig oder sollte das zumindest sein. Schließlich verkörperte der Monarch die Nation, so die überkommene Lehre. Einen anderen Körper, neben dem seinen, sollte sie nicht besitzen[31]. Das war freilich schon zum Zeitpunkt der offiziellen Verkündung durch Ludwig XV. obsolet. Die Selbstfindung der Nation fand längst neben dem Körper des Monarchen statt beziehungsweise neben dem der Monarchie[32]. Und das übernationale Konnubium der Bourbonen, der politischen Kultur des Ancien Régime notwendig geschuldet, fügte ihnen in der politischen Debatte des späten 18. Jahrhunderts dann gar deutlichen Schaden zu – eine Konstellation, die sich andernorts, namentlich in Russland, nach 1900 unter noch dramatischeren Umständen wiederholen sollte[33].

Große Magnatendynastien, besonders aus dem Habsburgerreich, aber nicht nur dort, verhielten sich strukturell ähnlich wie die Souveräne beziehungsweise wie das

30 Wolfgang MENZEL, Die letzten 120 Jahre der Weltgeschichte (1740–1860), Bd. 6, Stuttgart 1860, S. 211. Das Zitat war noch um die Jahrhundertwende verbreitet und bekannt. Vgl. stenographische Protokolle über die Sitzungen des Hauses der Abgeordneten des österreichischen Reichsrates im Jahre 1907, XVIII. Session, Bd. 2, Wien 1907, S. 1337 (ALEX – Historische Rechts- und Gesetzestexte Online: http://alex.onb.ac.at/cgi-content/alex?apm=0&aid=spa&datum=00180003&zoom=2&seite=00001337&x=6&y=1, Zugriff 3.8.2016): Stellungnahme des alldeutschen Abg. Malik zum Regierungsjubiläum des Kaisers.

31 Lucien BÉLY, La société des princes, XVIᵉ–XVIIᵉ siècle, Paris 1999. Zum Körper des Königs als dem der Nation vgl. etwa André ZYSBERG, La monarchie des Lumières, 1715–1786. Paris 2002, S. 302 f., zum sog. *discours de la flagellation* Ludwigs XV., vor dem *parlement de Paris*: »[L']ordre public tout entier émane de moi et […] les droits et les intérêts de la Nation, dont on ose faire un corps séparé du Monarque, sont nécessairement unis avec les miens et ne reposent qu'en mes mains«. Siehe dazu ferner Hervé DRÉVILLON, La monarchie des Lumières, in: Joël CORNETTE (Hg.), La monarchie entre Renaissance et Révolution, 1515–1792. Paris 2000, S. 284–354, hier S. 292 f. sowie Edmond DZIEMBOWSKI, Un nouveau patriotisme français, 1750–1770. La France face à la puissance anglaise á l'époque de la guerre de Sept Ans, Oxford 1998, S. 338, 364.

32 Siehe SMITH, Nobility Reimagined (wie Anm. 20) sowie DERS., The Culture of Merit. Nobility, Royal Service, and the Making of Absolute Monarchy in France, 1600–1789, Ann Arbor 1996.

33 Guy ANTONETTI, Les princes étrangers, in: État et société en France aux XVIᵉ et XVIIᵉ siècles. Mélanges offerts à Yves Durand, Paris 2000, S. 33–62; Michael HOCHEDLINGER, La cause de tous les maux de la France. Die Austrophobie im revolutionären Frankreich und der Sturz des Königtums 1789–1792, in: Francia 24/2 (1997), S. 73–120. Zu Portugal etwa Jean-François LABOURDETTE, Histoire du Portugal, Paris 2000, S. 555; zu Russland FIGES, A People's Tragedy (wie Anm. 16), S. 25, 247–252, 268 (jeweils mit weiteren Verweisen).

Erzhaus. Erinnert sei an Arenberg und Ligne, Battenberg und Teck, die Reihe ließe sich weit fortsetzen. Sie besaßen vielleicht keine übernationalen Herrschaftsrechte, aber doch Kontakte, Ämter, Güter unter verschiedenen Kronen, in verschiedenen Ländern, bewegten sich in mehreren Sprachen. *Composite monarchies* oder auch Personalunionen – gerade im 18. Jahrhundert mangelte es daran nicht – wirkten im Übrigen in vergleichbarer Weise auch auf den zumindest halbhohen Adel und schufen ihm tatsächlich einen mittelfristig verlässlichen über- oder transnationalen Erfahrungsraum[34]. Besitz, Ämter, Heiratskreise konnten also bei etlichen Familien sehr weit verteilt sein; die Frage einer nationalen Selbstverortung stellte sich (noch) nicht. Auch dort sollte sie dann freilich später, von außen, gestellt werden[35].

Selbst unterhalb der Ebene der Magnaten gab es also – und selbstverständlich – transnationale Verbindungen, etwa zwischen nordwestdeutscher und niederländischer Adelswelt, zwischen Mittelrhein und Ostfrankreich oder auch quer über die Ostsee[36], doch ebenso gab es Misstrauen und Unsicherheit darüber, ob das, was jenseits der Grenze Adel sein wollte, dies nach eigenen Begriffen auch tatsächlich sein konnte. Und zwangsläufig gab es in den monarchischen Zentren, etwa am Wiener Hof, Informationsbedarf, wenn dort Standesvertreter aus entlegeneren Gegenden des Reiches erschienen[37] oder wenn sie von dort aus um kaiserliche Gnaden einkamen. Für Maria Theresia im 18. Jahrhundert war selbst einer der »Großen« der südlichen Niederlande wie der Herzog von Croÿ zunächst einmal außer Sicht, seine Bewerbung für den Vliesorden, das heißt seine genealogische wie politische Eignung dafür, keineswegs selbstverständlich. Erkundigungen mussten eingeholt werden[38]. Und auch für Frankreich gilt, dass unterhalb der höfischen oder hoffähigen Schwelle große Teile des Provinzadels in ihrem Lebenskreis eher auf ihre unmittelbare Umgebung beschränkt blieben: Für die *noblesse de cloche* bestimmte eben der örtliche Kirchturm den Horizont, die Adelsqualität bretonischer *hobereaux* war, nicht nur von Versailles aus gesehen, zuweilen recht fragwürdig[39]. Und für westfälische Barone, pommersche Junker oder auch spanische *hidalgos* galt eventuell ähnliches. Die Stiftsfähigkeit mochte (im ersteren Fall) meist außer Frage stehen, die gesellschaftliche Satisfaktionsfähigkeit eines solchen Nieder-, Rand- oder auch Halbadels jenseits eines lokalen oder eventuell regionalen Gesichtskreises ließ sich durchaus diskutieren. *Hoberaux* und *hidalgos* dieser Art waren für ihre ranghöheren Standesgenossen im eigenen oder auch im Nachbarland Objekte einer – dann wiederum transnationa-

34   Ronald G. Asch (Hg.), Hannover, Großbritannien und Europa. Erfahrungsraum Personalunion, 1714–1837, Göttingen 2014; Heinz Duchhardt, Der Herrscher in der Doppelpflicht. Europäische Fürsten und ihre beiden Throne, Mainz 1997.

35   Siehe bspw. Neu, Die Arenberger (wie Anm. 17), Bd. 5, S. 123–133, 304f., 355–366; Dohna, Die Dohnas (wie Anm. 28), Bd. 1, S. 303–358; Bd. 2, S. 524–533.

36   Siehe dazu den Beitrag von Michael North in diesem Band. Vgl. Dohna, Die Dohnas (wie Anm. 28), Bd. 1, S. 351–358.

37   Maarten van Driel u. a. (Hg.), Adel verbindet – Adel verbindet. Elitenbildung und Standeskultur in Nordwestdeutschland und den Niederlanden vom 15. bis 20. Jahrhundert, Paderborn u. a. 2010; Ronald G. Asch, »Wie die Fledermäuse«? Die Osnabrücker Ritterschaft im 18. Jahrhundert, in: Niedersächsisches Jahrbuch für Landesgeschichte 75 (2003), S. 161–184.

38   Wrede, Ohne Furcht und Tadel (wie Anm. 23), S. 135.

39   Michel Nassiet, Noblesse et pauvreté. La petite noblesse en Bretagne, XVe–XVIIIe siècle, Rennes 2012, S. 206–211.

len – Belustigung. Ihre eigene genuine Identifikation mit Monarch und auch Vaterland musste dies keineswegs in Frage stellen[40].

Dennoch ist relativ klar, dass Adel vor und auch noch lange nach 1800 nationale Grenzen überschreiten, transzendieren oder sich ihnen entziehen konnte, wenn ihm dies materiell möglich war. Er konnte sie auch unterschreiten. Klar ist aber auch, dass die Nation, sei es die deutsche, die französische oder irgendeine andere, schon in der Vormoderne für den Adel einen Wert und wesentlichen Bezugspunkt darstellte, wenngleich natürlich nicht unbedingt einen »Letztwert«[41]. Der lag in der Ehre des Hauses. Und standesbewusste, die Ehre des Hauses wahrende oder mehrende Heiratsverbindungen – die adelige Endogamie – ließen sich durchaus als Trennung von der Nation interpretieren oder vielmehr kritisieren: Ein Vorwurf, der nicht allein auf den Hoch- oder Höchstadel und seine internationalen Allianzen zielen konnte, sondern sehr wohl auch auf den Niederadel und sein Bemühen um die Reinheit des Geblüts (und den Erhalt der Stiftsfähigkeit)[42]. Ständische Solidarität, soweit man sie empfand, über eine Nationsgrenze hinweg, stellte dies nicht in Frage. Rauffenstein und Boieldieu, die Protagonisten der »Großen Illusion«, die beide recht eindeutig als Figuren der Vormoderne entworfen sind, gehören möglicherweise zu den besten, sicherlich aber zu den letzten Beispielen einer solchen Haltung[43].

Dynastische Loyalität konnte mit der Einbettung des Adels in die Nation zusammenfallen oder aber sich komplementär, gegebenenfalls auch konkurrierend dazu verhalten: Der *roi de France* wurde aus adeliger Sicht von Staat und Nation in der zweiten Hälfte des 18. Jahrhunderts tendenziell an den Rand gerückt. Erst die Revolution bewirkte dann, partiell und zu spät, eine Rückbesinnung[44]. Im deutschen Kontext trat als weiteres Moment hinzu, dass die Loyalität sich auf Kaiser und Reich beziehen konnte oder musste und zugleich also – komplementär wie konkurrierend – auf Fürst und Territorium. Äußerstenfalls konnte es hier sogar Ansätze zur Nationsbildung aus den Territorien heraus geben – sicherlich in Preußen, zweifellos in Österreich, wo die Ansätze bekanntlich auch zum Erfolg führten, aber vielleicht nicht nur dort[45]. Und auch die Religion beziehungsweise die Konfession war, blieb

40 Zur Kleinadelskritik am deutschen Beispiel WREDE, Vom Hochadel (wie Anm. 23), S. 352 f. Heranzuziehen sind natürlich vor allem Voltaires Novelle »Candide« (1759) bzw. darin die einschlägig bekannte Figur des Barons Thunder-ten-Tronckh sowie Johann Gottwerth Müllers »Siegfried von Lichtenberg« (1779). Ridiküle *hidalgos* finden sich etwa in Alain Lesages' Picaresca »Gil Blas« (1715–1735).

41 Zur Nation als Letztwert: Dieter LANGEWIESCHE, Nation, Nationalismus, Nationalstaat in Deutschland und Europa, München 2000, S. 16.

42 August Wilhelm REHBERG, Ueber den deutschen Adel, Göttingen 1803, S. 146, 168.

43 Eckart CONZE u. a., Aristokratismus und Moderne 1890–1945, in: DERS. (Hg.), Aristokratismus und Moderne. Adel als politisches und kulturelles Konzept, 1890–1945, Köln, Weimar, Wien 2013, S. 9–29, hier S. 9.

44 Michel FIGEAC, L'automne des gentilshommes. Noblesse d'Aquitaine, noblesse française au siècle des Lumières, Paris 2000, S. 324–331; Martin WREDE, Des Königs Rock und der Rock des Königs. Monarch, Hof und Militär in Frankreich von Ludwig XIV. zu Ludwig XVI., in: DERS. (Hg.), Die Inszenierung der heroischen Monarchie. Frühneuzeitliches Königtum zwischen ritterlichem Erbe und militärischer Herausforderung, München 2014, S. 382–408; siehe auch ibid., Einleitung, S. 8–39.

45 Um und nach 1800 ließ sich durchaus eine bayerische Nation postulieren: Ueberblick der Geschichte der baierischen Nation oder das Erwachen der Nationen nach einem Jahrtausend,

oder wurde vielfach, über die Frühe Neuzeit hinaus ein für die adelige Identität nur schwer zu überschätzendes Moment der Selbstfindung. Auch wenn dies zweifellos oft situationsgebunden war und zur Verabsolutierung wenig geeignet. »Sollen wir zur Römischen Kirche zurückkehren, so muss man uns dafür etwas bieten«, wie die Herzogin Sophie von Hannover mit letztlich wohl etwas aufgetragenem Zynismus im Zusammenhang der Kirchenunionspläne des Bischofs Rojas y Spinola erklärte[46]. Die Haltung der deutschen oder gar englischen protestantischen Eliten, auch die ihres eigenen Hauses, traf das nicht unbedingt oder zumindest nicht zu jeder Zeit, doch der Primat der Ehre des Hauses wird auch in diesem Zusammenhang deutlich[47]. Nach dem Zusammenbruch der alten Ordnung und dem Misslingen der Restauration suchten Teile etwa des französischen Adels ihre Identität dann vielfach gerade in einer Wendung zum Glauben. Ähnliches lässt sich nach dem Untergang des Reiches durchaus auch in Deutschland finden[48]. Der Stellenwert des Nationalen war in diesem Kräftefeld zwangsläufig schwankend.

IV.

Spricht man über Adel und Nation in der Neuzeit spricht man also über ein Spannungsverhältnis und eine Wechselbeziehung, über Identifikation und Abgrenzung

Straßburg 1800; Ansprache an die bayerische Nation zur Zeit der Landes-Deputirten-Wahl, Ansbach 1848. Vgl. Peter-Michael HAHN, Friedrich der Große und die deutsche Nation. Geschichte als politisches Argument, Stuttgart 2007, S. 57f. Zu Preußen Eckart HELLMUTH, Die »Wiedergeburt« Friedrichs des Großen und der »Tod für's Vaterland«. Zum patriotischen Selbstverständnis in Preußen in der zweiten Hälfte des 18. Jahrhunderts, in: DERS., Reinhart STAUBER (Hg.), Nationalismus vor dem Nationalismus? Hamburg 1998, S. 21–52. Wie weit die österreichische Nationsbildung vom 18. bis über die Mitte des 19. Jahrhunderts fortschritt, ist unklar, dass es jedoch einen Emanzipationsprozess weg von Reich und deutscher Nation gab, ist unstrittig. Vgl. Grete KLINGENSTEIN, Was bedeutet »Österreich« und »österreichisch« im 18. Jahrhundert. Eine begriffsgeschichtliche Studie, in: Richard G. PLASCHKA u. a. (Hg.), Was heißt Österreich? Inhalt und Umfang des Österreichbegriffs vom 10. Jahrhundert bis heute, Wien 1995, S. 149–220; Joachim WHALEY, Austria, Germany, and the Dissolution of the Holy Roman Empire, in: The Habsburg Legacy. National Identity in Historical Perspective, Edinburgh 1994, S. 3–12, Ernst BRUCKMÜLLER, Nation Österreich. Kulturelles Bewußtsein und gesellschaftlich-politische Prozesse, Wien, Graz, Köln ²1996, S. 276–293.

46 »Si l'on doit rantrer dans l'esglise Romaine, il faut qu'on nous recompense pour cela, car nous soumes d'opinion, que nous pouvons estre sauvés comme nous soumes, et qu'on peut l'estre aussi de l'autre manière, pourquoi donc changer pour rien?« Sophie von Hannover an Karl Ludwig von der Pfalz, 26.1.1679, in: Briefwechsel der Herzogin Sophie von Hannover mit ihrem Bruder, dem Kurfürsten Karl Ludwig von der Pfalz [...], hg. von Eduard BODEMANN, Leipzig 1885, S. 342f. Vgl. Matthias SCHNETTGER, Kirchenadvokatie und Reichseinigungspläne. Kaiser Leopold I. und die Reunionsbestrebungen Rojas y Spinolas, in: Heinz DUCHHARDT, Gerhard MAY (Hg.): Union – Konversion – Toleranz. Dimensionen der Annäherung zwischen den christlichen Konfessionen im 17. und 18. Jahrhundert, Mainz 2000, S. 139–169.
47 WREDE, Ohne Furcht und Tadel (wie Anm. 23), S. 211–215.
48 MENSION-RIGAU, Le Donjon (wie Anm. 13), S. 14–16; deutsche bzw. deutsch-niederländische Beispiele: Sylvia SCHRAUTH, Das Haus Schönborn. Eine Familienbiographie. Katholischer Reichsadel 1640–1840, Paderborn u. a. 2005, S. 341f.; NEU, Die Arenberger (wie Anm. 17), Bd. 5, S. 90–99. Auf protestantischer Seite, zunächst vom Ende der vorrevolutionären Ordnung weniger tangiert: DOHNA, Die Dohnas (wie Anm. 28), Bd. 1, S. 274–281.

oder zumindest über Reserve und Eigensinn. Trotz allen offensichtlichen Ansatz-
punkten ist das komplexe Verhältnis dieser beiden *imagined communities* von der
Geschichtswissenschaft bisher nicht systematisch als Thema aufgegriffen worden
und kaum je über die Epochengrenze vom 19. Jahrhundert zur Frühen Neuzeit hinweg. Die bereits angeführte Pionierstudie von William Godsey[49] ist eine markante
Ausnahme im deutschen Kontext. Gemeinsam mit neueren Arbeiten zum böhmischen Adel des 19. Jahrhunderts bietet sie für die ältere Epoche in ihrer Gesamtheit
wertvolle Anstöße[50].

Diese Anstöße will der vorliegende Sammelband aufnehmen, aber vor allem auch
weitergeben und das Forschungsfeld aufzeigen. Er will fragen nach dem Verhältnis
von Adel und Nation zu anderen Werten und Loyalitäten, nach Brüchen und Wandlungen. Wie ging der Adel mit dem nationalen Moment um, wie stellte sich aber auch
die Nation zum Adel? Beide Perspektiven müssen einander ergänzen. Der Rahmen
hierfür ist absichtsvoll weit gesteckt, er reicht vom 16. bis ins 20. Jahrhundert. Und
wiewohl zwischen den Deckeln dieses Buches nicht alle Teile des Kontinents gleich-
mäßige Berücksichtigung erfahren konnten, werden zumindest Momente eines europäischen Vergleichs gesucht. Der Schwerpunkt des Bandes liegt infolge seiner Ent-
stehungsgeschichte freilich auf Deutschland und Frankreich.

Zur Strukturierung des Vorgehens wurden vier Fragekomplexe definiert. Am Anfang steht dabei die Beschäftigung mit dem Adel als politischer Nation, etwa im Gegensatz zu einer vorgeblich oder tatsächlich ethnisch differenten Mehrheitsbevölke-
rung. Die Rede ist dabei konkret von Frankreich und Irland, untersucht von Arlette
Jouanna und Ronald Asch. Dabei zeigt der französische Kontext eine imaginierte, je
nach politischer Opportunität in den Vordergrund gespielte Differenz und der irische eine zwar reale, vom konfessionellen Moment gegebenenfalls sogar verstärkte
Differenz zwischen irischer Landbevölkerung und anglo-irischem Landadel, die
dann, je nach politischer Opportunität aber heruntergespielt werden konnte. Die
Rede ist weiterhin von der polnischen Adelsrepublik, untersucht von Hans-Jürgen
Bömelburg, in der Adel und politische Öffentlichkeit weitgehend in eins fielen. Exemplarisch wird hier auch der Begriff der Adelsnation hinterfragt und auf seine
grundsätzliche Brauchbarkeit hin geprüft.

Das Alte Reich, von Martin Wrede mit Blick auf die verschiedentlich ausgeprägt
teutschen Repräsentationsstrategien des Reichsadels betrachtet, fügt sich nur eingeschränkt in dieses Raster – weder ist hier das Interpretament der Adelsnation anwendbar noch war je eine ethnische Differenz zwischen Adel und Nichtadel vorhanden oder auch nur imaginierbar. Doch bietet das Alte Reich den Anschlusspunkt,
dass auch hier, auf Reichsebene, zumindest die politische Teilhabe ganz weitgehend
auf den Adel, naturgemäß vor allem den hohen Adel, beschränkt war, dass als *cives*
im Grunde genommen nur die *membra imperii*, die Reichsglieder, gelten konnten[51].

---

49 GODSEY, Nobles and Nation (wie Anm. 23).
50 Rita KRUEGER, Czech, German, and Noble. Status and National Identity in Habsburg Bo-
    hemia, Oxford, New York 2009. Vgl. GLASSHEIM, Noble Nationalists (wie Anm. 15).
51 Thomas LAU, Teutschland. Eine Spurensuche im 16. Jahrhundert, Stuttgart 2010, S. 39–49. Sie-
    he auch den Überblick zur Reichsverfassung von Axel GOTTHARD, Das Alte Reich 1495–1806,
    Darmstadt 2003, hier S. 13–19.

Und es ist zu erkennen, dass die Identifikation mit der Nation für den Adel, gar den hohen Adel, auch in der konfessionalisierten Ständegesellschaft eine attraktive Möglichkeit war und meist sogar eine Notwendigkeit.

Die Beschäftigung mit dem Reichsadel wirkt damit bereits als ein Scharnier zur zweiten Sektion des Bandes, die der Frage nach der »adeligen Internationale« gewidmet ist, das heißt der Überlegung, wo und wie Adel tatsächlich international wird oder agiert. Ausgewählt wurden regionale Zusammenhänge als Kontaktzonen: die spanischen Niederlande, vorgestellt anhand zweier Exempel von Luc Duerloo, beziehungsweise die Habsburgermonarchie als Ganze, analysiert von Christine Lebeau. Daneben stehen konfessionelle oder aber soziale Netzwerke: gemeint sind die weit ausgreifenden Verbindungen des reformierten französischen Adels und die Selbstpositionierungen der französischen Hochadelsschicht der *princes étrangers*, denen die Beiträge von Hugues Daussy und Jonathan Spangler gewidmet sind. Das durch Reisen und Korrespondenzen konstituierte protestantische Netzwerk diente dazu, über Grenzen hinweg den wahren Glauben und seine Anhänger zu stützen; die »fremden Fürsten« dienten der Krone Frankreich als Vermittlungsinstanzen in Grenzregionen, vor allem aber als höfisches Ornament, das heißt als Vehikel der Selbsterhöhung.

Die *princes étrangers* waren nämlich eigentlich recht indigen[52]; sie besaßen kaum je einen auch nur näherungsweise echten Migrationshintergrund und waren stattdessen meist auf dem Erbwege zu außerfranzösischen Titeln gelangt. Dennoch weisen sie in Richtung der dritten Sektion, die nach den Möglichkeiten und Bedingungen adeliger Migrationen fragt – vielleicht das Segment des Themas, das am deutlichsten unterforscht ist[53]. In den Beiträgen geht es, etwa bei Michael North, um die Ostsee umspannende (dabei von Holstein, Mecklenburg oder Pommern ausgehende) adelige Familiennetzwerke – auch sie natürlich wiederum ein Stück adeliger Internationale. Erkennbar sind dabei sowohl grenzüberschreitender familiärer Zusammenhalt als auch gelungene Integration in den jeweiligen (national-)staatlichen Kontext. Im Mittelpunkt stehen aber zwei ebenso bekannte wie bedeutende adelige Wanderungsbewegungen: Zum einen das Problem des Elitenaustauschs in Böhmen nach dem »Weißen Berg« 1620, das Olivier Chaline betrachtet und in die weitere Perspektive einer beständigen Erneuerung des böhmischen Adels durch Neuankömmlinge aus allen Teilen der Habsburgermonarchie stellt – Neuankömmlinge, die sich im Laufe der Zeit vor allem mit dem Land Böhmen identifizierten. Zum anderen das der hugenottischen Exulanten nach der Revokation des Edikts von Nantes 1685, das, in einem Bogen bis ins frühe 19. Jahrhundert, Silke Kamp vorstellt und hier auf einen geraume Zeit wirkenden Schwebezustand in den Loyalitäten zwischen Frankreich und Preußen eingeht. Auf eine dritte Konstellation geht der Beitrag von Anne Motta ein: nämlich auf die Entsicherung der Position des Adels im Herzogtum Lothringen angesichts eines Landesherrn im Exil und einer drohenden dauerhaften Anbindung des Territoriums an Frankreich. Der Adel löste sich hier von der Loyalität gegenüber dem Herzog, um die gegenüber dem Herzogtum, dem Land, zu stärken – eine Wen-

---

52 ANTONETTI, Les princes étrangers (wie Anm. 33), S. 33–62.
53 Vgl. Pierre-Yves BEAUREPAIRE, Pierrick POURCHASSE (Hg.), Les circulations internationales en Europe, années 1680–années 1780, Rennes 2010.

dung, die die nach 1737 dann tatsächlich unausweichliche Inkorporation ins französische Königreich keineswegs erleichtern sollte.

Die vierte, abschließende Sektion des Bandes ist chronologisch eingerichtet und dem 19. Jahrhundert gewidmet, verstanden als »Jahrhundert der Nation«, in dem der Adel sich zum einen einzurichten hatte in einer bürgerlicher, liberaler und meritokratischer werdenden Gesellschaft mit zumindest Momenten der Elitenkonkurrenz, zum anderen in einem Wertesystem, in dem die Nation zunehmend an die erste Stelle rückte und Uneindeutigkeiten – erinnert sei an den genannten Herzog von Arenberg – langfristig problematisch wurden. In den Blick genommen wird hier von Jay M. Smith zunächst die Situation in Frankreich um 1790, als der Adel mehr oder weniger bewusst seine Aufhebung als Stand erlebte und sich recht kurzfristig innerhalb der Nation neu zu verorten hatte. Ähnliches galt, wenn auch weit weniger dramatisch, im weiteren Verlauf des 19. Jahrhunderts für den preußischen Adel, der im Anschluss von Ewald Frie betrachtet wird. Hier stand lange eine Fokussierung auf die dynastische Loyalität im Vordergrund, noch mehr jedoch die Identifikation mit Stand und eigenem Landbesitz. Problematisch war dies nicht, denn Dynastie und Land standen in Preußen weniger weit auseinander als in anderen, größeren Einheiten. Auf größere Einheiten und zugleich höheren Adel führt die auf die Lebenswelt hochadeliger Frauen in der Habsburgermonarchie fokussierte Fallstudie von William Godsey zurück, die ergänzt wird durch den auf der gleichen sozialen Ebene angesiedelten Beitrag von Bertrand Goujon zum französischen Zweig des Hauses Arenberg. Für die von Godsey angesprochene Gräfin Rose Neipperg standen Dynastie, Stand und Land – durchaus nicht nur der eigene Besitz im besagten Land – vor jeder nationalen Zuordnung. Zugleich aber konnten die jungen Nationalbewegungen, namentlich die böhmisch-tschechische, durchaus prominente hochadelige Unterstützer besitzen, auch aus Neippergs Umfeld. Selbst diesen aber erschien ihr nationales Engagement keineswegs als eines, das gegen die Monarchie gerichtet war, das heißt den Vielvölkerstaat. Den Arenberg wiederum gelang in und aus Frankreich lange ein Spagat zwischen lokal-regionaler Verankerung und prononciert europäischem Horizont.

Abgeschlossen wird der Band mit einem neuerlichen Blick von Ralph Tuchtenhagen auf den Ostseeraum: ein Blick auf den baltischen Adel in seinem Verhältnis zu den ihn umgebenden russischen, estnischen, lettischen und natürlich auch deutschen Nationalismen. Zwischen ihnen oder vielmehr zwischen den Nationalismen einerseits, der Orientierung an der überkommenen dynastisch-ständischen Ordnung andererseits wurde der baltische Adel letztlich politisch zerrieben, kulturell auf sich selbst zurückgeworfen. Das letztere konnte dann freilich zu einem Moment der Selbstbehauptung werden.

Dass dieser Band in seinen Beiträgen das Themenfeld von Adel und Nation keinesfalls erschöpfend, gar abschließend behandeln will oder kann, ist bereits angesprochen worden und liegt auf der Hand. Was er versuchen kann, ist, Anregungen zu geben und weiteres Interesse auf einen Teil der Geschichte zu lenken, der durchaus nicht allein Adelsgeschichte ist.

I.
Adel als politische Nation

ARLETTE JOUANNA

Les débats sur l'origine étrangère de la noblesse française au XVIᵉ siècle

En présentant la thématique du présent colloque, ses organisateurs ont posé une question particulièrement pertinente pour évaluer l'engagement politique d'une partie de la noblesse dans la cinquième des guerres civiles françaises dites de Religion: »Lorsque la noblesse s'autopercevait en tant que nation distincte, sur quelles bases fondait-elle son identité, et surtout comment la transforma-t-elle pour devenir une élite nationale?«

Sans doute, dans la France du XVIᵉ siècle, la noblesse ne s'est-elle jamais perçue comme une nation distincte, ni même comme une »race« à part. La supériorité des races nobles – »races« étant entendu comme »lignées« – était expliquée par leur prédisposition héréditaire à la »vertu«, c'est-à-dire à l'excellence guerrière: une prédisposition seulement, qui devait être cultivée par une bonne éducation et par un exercice assidu[1]. La dérogeance, sanctionnée par la perte de statut, pouvait donc toujours survenir. Par ailleurs, rares étaient les gentilshommes qui déniaient aux roturiers la possibilité de fonder à la longue une lignée noble si leur valeur se trouvait digne de bénéficier d'une lettre royale d'anoblissement. La noblesse ne formait pas un ordre fermé et ne se concevait pas comme telle; ce qu'elle réprouvait, c'étaient les ascensions sociales trop rapides qui bouleversaient la hiérarchie sociale.

Ces précisions nécessaires rappelées, reste un point qui suscite l'étonnement. Dans la seconde moitié du siècle s'est accréditée l'idée que l'origine de la noblesse remontait à la conquête franque de la Gaule, donc à une invasion étrangère. Pour reprendre une boutade de Joël Cornette au sujet de la naissance de la France: »Après tout, les Francs ne sont pas français!«[2] Et pourtant, une partie des nobles malcontents qui se sont alliés aux protestants pendant la cinquième guerre (1574–1576) se sont appuyés sur la thèse d'une origine étrangère pour se présenter comme les meilleurs défenseurs de l'identité française, une identité qui elle-même avait trouvé sa source dans l'ancienne Germanie. C'est ce paradoxe qu'il faut tenter d'éclairer.

I.

Pour introduire la réflexion, voici les curieuses transformations subies par l'ancêtre d'une des plus prestigieuses lignées, celle des Montmorency: de Gaulois, il est peu à

---

1 Arlette JOUANNA, L'idée de race en France au XVIᵉ siècle et au début du XVIIᵉ, Montpellier 1981; EAD., Ordre social. Mythes et hiérarchies dans la France du XVIᵉ siècle, Paris 1977.

2 Interview de Joël CORNETTE et Johann CHAPOUTOT, Le Monde des livres, 18 octobre 2012, sous le titre: »La France est une invention«.

peu devenu Franc, un Franc de souche allemande. Au début du XVIᵉ siècle, comme l'a montré Jean-Marie Le Gall, Guillaume de Montmorency s'est plu à accréditer la légende selon laquelle il descendait d'un notable gaulois nommé Lisbius, qui aurait été le premier à avoir été converti par Denis l'Aréopagite en personne; en 1525, Montmorency fit placer une effigie de saint Denis sur son tombeau[3]. La légende connut un certain succès, notamment avec l'ouvrage que le juriste Étienne Forcadel publia en 1571 sous le titre »Montmorency gaulois«[4]. L'intention de cette généalogie mythique était claire: il s'agissait d'attester une ancienneté dans la foi chrétienne que nul en France ne pouvait surpasser.

Une telle prétention présentait toutefois quelques risques politiques, puisque la conversion présumée de Lisbius était censée avoir largement précédé celle du roi Clovis. C'est sans doute la raison pour laquelle l'évêque d'Avranches, Robert Ceneau, introduisit une variante en 1557 dans sa »Gallica Historia«: l'ancêtre des Montmorency, toujours présenté comme un Gaulois, aurait été baptisé juste après Clovis, tout en ayant réussi malgré tout à être le premier à l'imiter: il se serait précipité dans la cuve baptismale dès que le roi en fut sorti[5]. Cet épisode est repris en 1579 par le juriste Claude Fauchet dans les »Antiquitez gauloises et françoises«, mais avec un changement notable: l'ancêtre, qui s'appelle maintenant Lisoye, n'est plus un Gaulois; c'est le premier des trois mille guerriers francs qui accompagnaient le roi[6]. Dans l'ouvrage de Fauchet, l'origine germanique des Francs est encore présentée comme incertaine. Mais quand Henri de Montmorency-Damville, au cours de la cinquième guerre civile, devint l'un des chefs des malcontents, cette origine allemande fut clairement assignée à sa lignée comme d'ailleurs à celle de toute la noblesse française. Dans le commentaire qu'Innocent Gentillet donna en 1575 de la déclaration du duc François d'Alençon, qui venait de prendre la tête des nobles révoltés, les ancêtres de Damville étaient en effet dépeints comme »ayant tousjours esté employés aux affaires de ce royaume depuis sa premiere fondation, que les nobles et genereux François de Germanie se saisirent de l'Isle de France, sous leur Roy Merovée. Lequel assigna à un de ses principaux capitaines la terre de Montmorency, sise en ladicte Isle de France«[7]. Il n'était plus question de baptême, mais de distribution de fiefs par le roi d'un peuple conquérant venu de Germanie[8]. À la thèse de l'antériorité absolue de la conversion au christianisme succédait celle du compagnonnage guerrier donnant le droit de conseiller le chef.

---

3   Jean-Marie LE GALL, Vieux saint et grande noblesse à l'époque moderne: saint Denis, les Montmorency et les Guise, dans: Revue d'histoire moderne et contemporaine 50/3 (2003), p. 7–33.
4   Étienne FORCADEL, Montmorency gaulois, Lyon 1571.
5   Robert CENEAU, Gallica Historia, Paris 1557, fol. 94r et 108v–109r.
6   Claude FAUCHET, Recueil des antiquitez gauloises et françoises, Paris 1579, dans: Les œuvres de feu M. Claude Fauchet, Paris 1610, rééd. Genève 1969, p. 57.
7   Innocent GENTILLET [attribué à], Brieve Remonstrance à la noblesse de France sur le faict de la Déclaration de Monseigneur le duc d'Alençon, s. l. 1575, rééd. en 1576, p. 58.
8   André DUCHESNE, dans: Histoire généalogique de la maison de Montmorency et de Laval, Paris 1624, p. 51–52, mentionne les deux versions de l'origine des Montmorency (gauloise ou franque), sans trancher.

II.

Il faut s'arrêter un instant sur cette thèse de l'origine germanique des Francs, qui a fini par faire disparaître celle de leur origine troyenne. Elle fut d'abord propagée par les historiens allemands de la fin du XVe siècle et du début du siècle suivant, à la suite de la redécouverte de la »Germanie« de Tacite[9]. En France, les historiens qui contribuèrent le plus à l'accréditer furent le juriste Charles Dumoulin et le greffier au parlement de Paris Jean Du Tillet. Le premier, bon connaisseur de l'historiographie allemande, expliqua dans la première partie de ses »Commentaires sur la coutume de Paris«, parue en 1539, que les Francs étaient probablement des Germains et méritaient donc le nom de »Francs germains« (*Francigermani*); il n'hésitait pas à exalter leurs vertus guerrières d'hommes libres et farouches, si bien qu'un analyste de son œuvre a pu estimer qu'il se livrait ainsi à une défense et illustration de la »barbarie«, caractérisée par l'amour de l'indépendance, la simplicité des mœurs et la pureté raciale[10]. Or Dumoulin a sans doute eu l'occasion d'entretenir de ses idées les grands qu'il servait: il a fait partie des conseils permanents du connétable de Montmorency, du duc de Nevers et de la reine de Navarre[11]. Dans la dédicace à Anne de Montmorency de ses »Consilia et responsa juris analytica«, datée de juin 1560, il fait remonter aux Francs la dignité de connétable et exprime la fascination qu'il ressentait pour ces valeureux combattants: »J'avoue que je suis un zélateur du nom franc et de l'ancienne noblesse, dignité et vertu des Francs: toutefois je me sais conduit en cette affaire par le raisonnement plutôt que par l'émotion«[12].

Jean Du Tillet, pour sa part, a célébré la »liberté germanique« dans son »Recueil des Roys de France«. Il ne cachait pas son admiration pour l'ancienne Germanie. Les Francs, selon lui, en étaient issus; leur nom, dû à l'esprit d'indépendance qu'ils manifestèrent à l'égard des Romains, venait de l'allemand *freien*, signifiant »libres«[13]. On pourrait s'étonner des manifestations de cette sympathie proallemande alors que la France était en guerre avec les Habsbourg. Mais il n'y avait là rien d'incompatible: quand Henri II avait conquis, en 1552, Metz, Toul et Verdun, il s'était proclamé le défenseur de la liberté germanique contre la tyrannie impériale[14]. Étienne Pasquier lui-

---

9   Jacques Ridé, L'image du Germain dans la pensée et les lettres allemandes, de la redécouverte de Tacite à la fin du XVIe siècle, thèse univ. Paris 4 (1976).

10 Charles Dumoulin, Commentarii in consuetudines parisienses, Paris 1576, t. I, Epitome, n° 12–13. Selon Donald R. Kelley, Foundations of Modern Historical Scholarship. Language, Law and History in the French Renaissance, New York, Londres 1970, p. 203: »In general, what Dumoulin accomplished was a kind of transvaluation of values through the rehabilitation of ›barbarism‹«.

11 Jean-Louis Thireau, Charles Du Moulin (1500–1566). Étude sur les sources, la méthode, les idées politiques et économiques d'un juriste de la Renaissance, Genève 1980, p. 31.

12 Charles Dumoulin, Épître dédicatoire à Anne de Montmorency, Consilia et responsa juris analytica, dans: Caroli Molinaei omnia quae extant opera, 5 vol., Paris 1681, vol. II, p. 807 (trad. A. J.).

13 Jean Du Tillet, Recueil des Roys de France, leurs couronne et maison, Paris 1580, p. 1–6. Publié après la mort de l'auteur, cet ouvrage a été écrit pour l'essentiel avant le début des guerres civiles (Kelley, Foundations of Modern Historical Scholarship [voir n. 10], p. 226).

14 Jean-Daniel Pariset, Humanisme, Réforme et diplomatie. Les relations entre la France et l'Allemagne au milieu du XVIe siècle, d'après des documents inédits, Strasbourg 1981.

même, sans sous-estimer les Gaulois, s'est de plus en plus intéressé aux Francs et a fini par écrire: »[…] les anciens Germains, de l'estoc desquels nous sommes issus […]«[15]; dans le chapitre des »Recherches de la France« consacré à l'origine des fiefs, il expliquait que les rois francs, en imitant une coutume romaine, avaient distribué des terres à leurs compagnons d'armes les plus prestigieux, créant ainsi une catégorie de seigneurs féodaux qui avaient fini par se perpétuer héréditairement[16]. Le juriste Guy Coquille, entré en 1571 au service du duc de Nevers comme procureur fiscal, qualifiait les Francs de »nation étrangère«, originaire de Germanie, qui avait conquis la Gaule[17].

Il y eut, il est vrai, une réaction gauloise à ce germanisme; des historiens, parmi lesquels Guillaume Postel, François Connat et Jean Bodin, tentèrent de soutenir que les Francs étaient en réalité des Gaulois partis s'installer outre-Rhin puis revenus chez eux[18]. Cette thèse eut cependant du mal à contrecarrer celle de la filiation germanique des Francs, qui constituait une sorte d'antidote aux apports supposés néfastes venus de Rome, que ce soient les ingérences pontificales contre les libertés de l'Église gallicane ou les dérives absolutistes dont étaient accusés aussi bien le droit romain que les doctrines de Machiavel. Pour paraphraser le titre d'un livre de Claude Nicolet, »la fabrique de la nation« oscillait »entre Rome et les Germains«[19]. Les partisans de Rome se recrutaient parmi les auteurs favorables à un pouvoir royal fort; ceux des anciens Germains se rattachaient à l'idéal de la modération volontaire du souverain.

Pour Charles Dumoulin, la thèse germanique s'accompagnait en effet de l'apologie d'un système politique mixte, mêlé des trois types élémentaires, monarchie, aristocratie, démocratie[20]. Cette utilisation politique en faveur de la monarchie mixte se fit encore plus nette dans la »Francogallia« de François Hotman (1573), œuvre maîtresse du mouvement des monarchomaques[21]. Certes, dans ce livre, les »Francs germains« étaient devenus des »Francs gaulois«, car Hotman estimait que les conquérants s'étaient mélangés avec les peuples conquis. Mais les Francs n'en étaient pas

15 Étienne PASQUIER, Les Recherches de la France, éd. par Marie-Madeleine FRAGONARD, François ROUDAUT, 3 vol., Paris 1996, vol. II, chap. 19, p. 504. Ce chapitre date de l'édition de 1607.
16 Ibid., chap. XVI, p. 472–473; Arlette JOUANNA, Mythes d'origine et ordre social dans les »Recherches de la France«, in: Étienne Pasquier et ses »Recherches de la France«, Paris 1991 (Cahiers Saulnier, 8), p. 105–119.
17 Guy COQUILLE, Histoire du Pays et Duché de Nivernois, Paris 1612, dans: Les Œuvres de Maistre Guy Coquille, Paris 1646, t. 1, p. 389.
18 Guillaume POSTEL, Histoire memorable des expeditions depuys le deluge faictes par les Gauloys ou Françoys jusques en Asie, Paris 1552, fol. 9v–14v; François CONNAT, Commentariorum juris civilis tomus prior, Paris 1553, fol. 120v; Jean BODIN, Methodus ad facilem historiarum cognitionem, 1566, éd. et trad. par Pierre MESNARD, Paris 1951, p. 455–457. Sur la celtomanie du milieu du siècle, voir Claude-Gilbert DUBOIS, Celtes et Gaulois au XVIᵉ siècle. Le développement littéraire d'un mythe nationaliste, Paris 1972.
19 Claude NICOLET, La fabrique d'une nation. La France entre Rome et les Germains, Paris 2003.
20 Charles DUMOULIN, Les Commentaires analytiques tant sur l'edit des petites dattes […] que sur un ancien arrest de la souveraine Cour de Parlement de Paris contre […] les abus des Papes, 1552, dans: Caroli Molinaei omnia quae extant opera, 5 vol., Paris 1681, vol. III, p. 417–418.
21 François HOTMAN, Francogallia, 1573, éd. par Ralph E. GIESEY, John H.M. SALMON, Cambridge 1972; La Gaule françoise de François Hotoman [sic] jurisconsulte. Nouvellement traduite de Latin en François, Cologne 1574. Antoine LECA a donné une réimpression en facsimilé de cette traduction (Aix-en-Provence, 1991).

moins pour lui des »auteurs de liberté«, qui avaient libéré les Gaulois de la domination romaine[22]. Venus de Germanie, ils représentaient le Nord par opposition au Sud, le courage viril par contraste avec la mollesse et la chicane méridionales. L'esprit de liberté qu'ils avaient apporté avait heureusement fécondé un terreau prédisposé à le recevoir; les institutions qui en étaient nées, harmonieux équilibre entre le roi, le conseil du royaume et les états généraux, avaient trouvé leur perfection en France. C'était ce »bel ancien accord« que menaçaient les perverses influences venues du Sud. Hotman exhortait ceux qu'il nommait les »Francogalles« à se dresser contre les »Italogalles«[23]; les »bons François«, fidèles au génie national, devaient combattre les »corrompus Macchiavélistes et françois italianizés«[24].

Les nobles malcontents, qui s'estimaient écartés de l'accès aux bienfaits du roi par les Italiens de l'entourage de Catherine de Médicis, ne pouvaient qu'être séduits par le roman national que leur offraient les historiens germanophiles. L'analogie qu'ils percevaient entre leur expérience et l'histoire qu'on leur racontait était clairement suggérée par la déclaration du 13 novembre 1574 par laquelle Henri de Montmorency-Damville avait justifié sa prise d'armes. Pour Montmorency, la Saint-Barthélemy avait été un massacre de la haute noblesse perpétré à l'instigation des Italiens[25]. Pour Hotman, c'était l'extermination de trente mille »Francogalles« par des »Italogalles«[26]. Ainsi se trouvaient rapprochés le combat des malcontents et celui des Francogalles; les gentilshommes étaient appelés à lutter pour préserver à la fois l'identité française et l'identité nobiliaire, inséparablement liées et forgées dans une commune origine. Comme si, entre deux invasions étrangères, celle du passé reconstruite par leur imaginaire et celle du présent fantasmée comme italienne, c'était dans la première, sacralisée par l'histoire, que les nobles trouvaient le fondement de leur légitimité. La conquête devenait le révélateur de la liberté française et l'ancienne Germanie le lieu mythique de la vertu guerrière.

Toutefois la filiation revendiquée était plus idéologique que raciale. Dans les textes qui soutenaient le combat des malcontents[27], l'ancienneté des races nobles n'était invoquée que pour justifier leur place à l'avant-garde du combat des »bons François«. Être bon Français, c'était un état d'esprit, c'était lutter pour la liberté; Hotman esti-

22 La Gaule françoise (voir n. 21), p. 60.
23 François HOTMAN, Matagonis de Matagonibus, [...] Monitoriale adversus italogalliam sive antifrancogalliam Antonii Matharelli Alvergeni, s. l. 1575.
24 Qualificatifs appliqués par Pierre de L'Estoile aux adversaires d'Hotman (Pierre DE L'ESTOILE, Registre-journal du règne de Henri III, éd. par Madeleine LAZARD, Gilbert SCHRENCK, 6 vol. Genève 1992–2003, vol. I, p. 226).
25 Déclaration et protestation par monsieur le mareschal Dampville, 13 novembre 1574, in: Dom Claude DEVIC, Dom Joseph VAISSETTE, Histoire générale de Languedoc, éd. par Edward BARRY et al., 16 vol., Toulouse, Paris 2003–2006, vol. XII, col. 1105–1111, preuve 336.
26 Épître liminaire de »Matagonis de Matagonibus«, citée par Henri HELLER, Anti-Italianism in Sixteenth-Century France, Toronto 2003, p. 119.
27 Outre la déclaration justificative du duc d'Alençon (commentée par I. Gentillet) et celles du prince de Condé et de Montmorency-Damville, figurent parmi ces textes des ouvrages anonymes, tels la Resolution claire et facile sur la question tant de fois faicte de la prise des armes par les inférieurs, Bâle 1575, rééd. Reims 1577; la France Turquie, Orléans 1576; le Discours merveilleux de la vie, actions et déportements de Catherine de Médicis, 1576 et 1576, éd. par Nicole CAZAURAN, Genève 1995.

mait que, après la conquête, tous ceux qui surent se maintenir »en liberté honeste, mesme sous l'authorité des Roys« méritaient le nom de »bons François«[28]. Ce qui faisait l'identité française, c'était finalement le degré de perfection auquel la France était parvenue en faisant fructifier le ferment germanique originel, perfection que nul autre pays n'avait su égaler; l'Allemagne contemporaine elle-même, comme le constatait Du Tillet, avait perdu sa valeur de modèle[29]. La noblesse, caractérisée par son attachement atavique à la liberté, était incitée à devenir en quelque sorte l'élite civique des bons Français. Mission qui n'était d'ailleurs pas contraire à la solidarité avec la noblesse des autres pays. L'idéal de la liberté était transnational; partout il était menacé par les tendances autoritaires des rois. Simplement, aux yeux des malcontents, la lutte contre ces déviations absolutistes avait revêtu en France un caractère exemplaire, à imiter ailleurs par tous les nobles.

III.

On le voit, la filiation germanique avait, dans l'esprit des historiens germanophiles, une portée politique plutôt que sociale. Cela explique sans doute le caractère conjoncturel de la rencontre entre la révolte des nobles malcontents et la vision des origines nationales proposée par les monarchomaques; cela permet aussi de comprendre pourquoi beaucoup de gentilshommes n'éprouvèrent pas le besoin de revendiquer un ancêtre franc[30]. Cependant, la thèse de la conquête franque pouvait indiscutablement donner naissance à l'idée que la hiérarchie s'expliquait par une distinction raciale. On saisit les signes d'une telle évolution à la fin des guerres de Religion, lorsque les conflits firent surgir des tensions plus âpres. Les exemples restent malgré tout relativement rares[31]. Au plus fort de la Ligue, en 1590, parut un libelle anonyme qui appelait la noblesse à ne pas se laisser détruire par la »populace« ligueuse. L'auteur estimait qu'il y avait un antagonisme radical entre les nobles et le peuple; aussi adjurait-il les gentilshommes de se souvenir que leurs ancêtres »se sont non seulement soustraits de la subjection des Romains: mais passans le Rhein, ont conquis toute ceste grande estenduë de pays, et sur eux auparavant leurs seigneurs, fiers, hautains et superbes, et sur les Goths leurs victorieux«[32]. Cette exhortation ne visait pas seulement les meneurs de la Ligue urbaine; elle s'adressait aussi à l'Espagne qui les soutenait. Mais la violente animosité que manifestait le texte contre les artisans et les boutiquiers ligueurs prêtait une résonance vindicative à l'appel final: »Gardons que la cause qui a rendu noz premiers peres libres, victorieux et triomphans, venant à faillir, leur bon-heur par mesme moyen nous manque, et que nous ne devenions vaincus et

28 La Gaule françoise (voir n. 21), p. 48–49.
29 DU TILLET, Recueil des Roys de France (voir n. 13), p. 1.
30 Jean de Saulx-Tavannes, par exemple, fait remonter sa lignée à un seigneur gaulois: Mémoires de très noble et très illustre Gaspard de Saulx, éd. par J. F. MICHAUD, J. POUJOULAT, Nouvelle collection des mémoires pour servir à l'histoire de France, t. VIII, Paris 1838, p. 50, col. 1.
31 Arlette JOUANNA, Ordre social (voir n. 1), p 175–177.
32 Advis d'un François à la Noblesse Catholique de France, sur la remonstrance d'un Ligueur, Tours 1590, p. 37.

serfs miserables: mesmes de la race de ceux que nous avons battus et chassé, et qui longtemps avec crainte et respect ont suivy noz enseignes«[33].

En Dauphiné, où un conflit au sujet de la réalité des tailles a opposé pendant près d'un siècle la noblesse et le tiers état, les avocats qui ont plaidé la cause de chacun de ces deux ordres ont invoqué l'idée d'une stratification sociale fondée sur une conquête initiale, l'un pour s'en indigner, l'autre pour légitimer la supériorité sociale des nobles. L'avocat de la noblesse, Julien Du Fos, soutint en 1601 que les premiers barons du Dauphiné avaient été »les Nobles ordinaires compagnons des Princes conquerans ausquels l'on donne les fiefs, comme partages de la conqueste pour recompenser la valeur et l'animer à la defense asseurée de ce qui a esté peniblement et perilleusement acquis«[34]. L'avocat du tiers, Antoine Rambaud, réfutait énergiquement cette prétention et faisait valoir que nul document n'attestait une telle conquête, et que d'ailleurs, si elle avait eu lieu, les premières races des conquérants se seraient perdues, mélangées depuis longtemps avec les familles conquises[35]. Un peu plus tard, lors des états généraux de 1614, on trouve encore une allusion à la conquête franque dans le cahier de la noblesse de l'Orléanais, de la Normandie et de la Bretagne: ce texte faisait descendre la noblesse »de ces braves François qui, abandonnant le fleuve d'Al, passant le Rhin soubz les enseignes du généreux Merovée, ont donné nouvelle loy à la nation gauloise«[36].

Ces indices d'une croyance à l'origine raciale de la hiérarchie sociale sont assurément ténus; mais ils étaient sans doute suffisamment inquiétants pour susciter une vigoureuse riposte de la part de Charles Loyseau. L'éminent juriste admettait que la conquête franque avait au début créé une division sociale entre vainqueurs et vaincus; mais il ironisait sur l'illusion qui consistait à croire que cette distinction avait pu se pérenniser jusqu'à son temps. »La différence des Francs et des Gaulois, écrivait-il, est de longtemps abolie, dont la remarque seroit maintenant impossible [...]. Et certes la remarque differente des Francs et des Gaulois eust esté aussi pernicieuse à cet Estat, qu'à Rome celle des Romains et des Sabins. Partant c'est un abus de penser que la Noblesse de maintenant soit fondée sur la descente des Francs Allemans«[37].

Par ailleurs, il y eut des nobles pour repousser l'idée même de la conquête. Noël Du Fail, par exemple, affirmait que la Bretagne était »aussi entière et moins meslée et bigarée de sang et familles estrangeres qu'autre qui soit aux environs d'elle: ayant depuis unze cens ans en ça subsisté et soy tenüe debout, sans estre couruë ne pillée de ces peuples Septentrionaux et Allemans qui sont venuz habiter et occuper les Gaulles, Hespagnes et Italie, jouxtement après la rupture et dissolution de l'Empire Ro-

33   Ibid.
34   Julien Du Fos, Deffense de la noblesse du Dauphiné contre les demandes du Tiers Estat de la mesme province, Paris 1601, p. 14.
35   Antoine Rambaud, Plaidoyez pour le Tiers Estat du Dauphiné, Paris 1600, fol. 15r–v. Sur ce conflit, voir Daniel Hickey, Le Dauphiné devant la monarchie absolue. Le procès des tailles et la perte des libertés provinciales [1986], trad. par B. Malandain, Grenoble 1993.
36   Yves Durand (éd.), Cahiers de doléances de la noblesse des gouvernements d'Orléanais, Normandie et Bretagne pour les états généraux de 1614, in: Enquêtes et documents 1 (1971), p. 55–134, ici p. 60.
37   Charles Loyseau, Traicté des seigneuries, in Cinq livres du droict des offices, avec le livre des seigneuries et celui des ordres, Paris 1613, chap. 2, p. 76.

main«[38]. De même, Honoré d'Urfé imaginait, dans »L'Astrée«, son Forez natal comme ayant su conserver son identité en dépit de toutes les invasions subies[39]. En Languedoc, un peu plus tard, un historien vantait la liberté méridionale qui avait su résister à »la fatale inondation des peuples du Nord«[40]. Dans ces textes, les intérêts provinciaux de la noblesse l'emportaient sur les perspectives nationales ou internationales.

L'hétérogénéité sociale et idéologique de la noblesse interdit donc de formuler une conclusion valable pour l'ensemble du second ordre. Reste qu'il y a eu, au cœur des guerres de Religion, un »moment germanique« dans l'affirmation de l'identité nobiliaire, qui a coïncidé avec le sentiment qu'il fallait d'urgence défendre l'identité française menacée. Moment éphémère, mais qui devait réapparaître avec une nouvelle vigueur au début du XVIIIe siècle et attiser à nouveau le débat sur les origines étrangères du second ordre, jusqu'à motiver la célèbre apostrophe de Sieyès renvoyant les nobles dans leurs forêts de Germanie[41].

---

38   Noël Du Fail, Memoires recueillis et extraicts des plus notables et solennels arrests du Parlement de Bretagne, Rennes 1579, dédicace au prince de Guéméné.

39   Voir l'analyse que donne de »L'Astrée« Jean-Marie Constant, La folle liberté des baroques (1600–1661) Paris 2007, p. 73.

40   Pierre de Caseneuve, Le Franc-Alleu de la province de Languedoc establi et defendu. Seconde édition reveuë et augmentée, Toulouse 1645, liv. I, p. 60, 63.

41   Abbé Sieyès, Qu'est-ce que le tiers état?, s. l. 1789; Diego Venturino, Le Ragioni della tradizione: nobilità e mondo moderno in Boulainvilliers, 1658–1722, Florence 1993; Mona Ozouf, François Furet, Deux légitimations historiques de la société française au XVIIIe siècle. Mably et Boulainvilliers, in: Annales. Économies, sociétés, civilisations 34 (1979), p. 438–450.

HANS-JÜRGEN BÖMELBURG

Adlige, Polen, Sarmaten

Wie kann die Adelsnation konzeptualisiert werden?

Wenn in der europäischen vergleichenden Forschung über das Verhältnis von Adel und Nation in der Frühen Neuzeit nachgedacht wird, taucht vielfach das polnische Fallbeispiel als ein idealtypisches Muster, aber auch als besonderes Beispiel für die Reichweite eines solchen Verbandes auf. Die polnische »Adelsnation« besitzt solch einen europaweiten Referenzcharakter für eine spezifische Entwicklungslinie, in der der Adel zu einer Nation zusammengewachsen sei, solche organischen Begriffe tauchen hier nicht von ungefähr auf. Manchmal wird ihm der ungarische Adel an die Seite gestellt. Da der Begriff vielfach ohne Diskussion und Definition verwandt wird, soll im Folgenden 1.) das polnische Material zu Nation und Adel gesichtet, 2.) die sozialen und regionalen Abgrenzungen der Adelsnation diskutiert und 3.) die Relevanz der Abstammungslegenden erörtert werden. Am Schluss des Beitrags steht die Frage, welches erklärende Potential der Begriff der Adelsnation besitzt.

ADEL UND NATION – DIE POLNISCHE BELEGSITUATION

Es gibt im polnischen frühneuzeitlichen Quellenkorpus zwischen dem 16. und dem 18. Jahrhundert zahlreiche Belege für den Begriff der Nation. Altpolnisch *naród* kann frühneuzeitlich sowohl »Abstammung«, »Geburt«, »Stand« wie auch die politische *natio* heißen, besitzt also vielfältige Bedeutungen zwischen einer Abstammungs- und einer politischen Gemeinschaft[1]. Auch das trägt dazu bei, dass der Begriff *naród* in der frühneuzeitlichen Publizistik und Oratorik sehr häufig vorkommt, ja geradezu omnipräsent ist. Dies gilt auch für die ostslawischen Sprachen, mit *narod* wird im Altweißrussischen, im Ukrainischen oder Russischen vielfach die geburtsständische Herkunft, aber auch eine privilegierte Gruppe eines Kreises oder Bezirks bezeichnet. In Polen-Litauen können mit poln. *naród* die Eliten einer Stadt, eines Verwaltungsbezirks wie etwa einer Woiwodschaft, einer kommunikativen Region (Kleinpolen, Großpolen, die Rus') oder die politische Nation der Krone Polens oder Litauens bezeichnet sein. Auch der gesamte Staatsverband wird, allerdings seltener, staatsrechtlich in Sejmabschieden als »respublica beider Nationen« (*Rzecz-*

---

1   Zu den Belegen vgl. die Lexika des Altpolnischen: Słownik polszczyzny XVI wieku [Lexikon der polnischen Sprache des 16. Jahrhunderts], Bd. 16, Breslau 1985, S. 165–179; für das 17. und 18. Jahrhundert ist ein etymologisches Wörterbuch nur ansatzweise vorhanden: Słownik języka polskiego XVII i I. połowy XVIII wieku [Lexikon der polnischen Sprache des 17. und der ersten Hälfte des 18. Jahrhunderts], Krakau 1999 ff. Das Lemma *naród* ist noch in Bearbeitung, vgl. http://sxvii.pl/ (Zugriff 3.8.2016).

pospolita obojga narodów) bezeichnet, der Begriff besitzt deshalb auch eine verfassungsrechtliche Dimension[2].

Wohl häufiger als »Nation« wird in der altpolnischen Publizistik jedoch ein anderer Begriff benutzt, nämlich »Vaterland« (*ojczyzna*) – ein Begriff, der ebenfalls plastisch auf Stadt, Bezirk, Land, die beiden Staaten Polen und Litauen oder den gesamten Staatsverband rückbezogen werden konnte, gegenüber *naród* jedoch auf einen gemeinsamen Abstammungskonnex verzichtete und deshalb leichter auch auf die verschiedenen Komponenten des Staatsverbandes angewandt werden konnte.

Der Begriff »Adelsnation« (*naród szlachecki*) taucht demgegenüber im polnischen frühneuzeitlichen Quellenkorpus seltener auf – er lässt sich jedoch seit 1550 in mehreren Dutzend Belegen finden, wobei infolge der Zweideutigkeit des Begriffes *naród* – Stand oder Nation? – die Übersetzung kontextabhängig mit »Adelsstand« oder »Adelsnation« erfolgen kann[3]. Gegenüber diesem eher beschränkten Quellenbefund wird der Begriff dominant im Sinne von Adelsnation in der polnischen und internationalen Sekundärliteratur verwandt, was auch zu der Gegenthese des amerikanischen Historikers David Althoen geführt hat, eine wirkliche Adelsnation habe es in Polen vor dem letzten Drittel des 18. Jahrhunderts nicht gegeben und es handle sich hierbei im Kern um eine Erfindung national eingestellter polnischer Historiker des 20. Jahrhunderts wie Stanisław Kot oder Janusz Tazbir[4].

Diese Gegenthese ist ihrerseits erheblich überzogen. Sie zwingt jedoch zu einem genaueren Blick, wie denn der Rekurs auf die Nation in dem vorliegenden, vor allem in polnischer und lateinischer Sprache[5] verfassten Quellenkorpus argumentativ aufgebaut ist. Dazu ein Blick in zwei polnischsprachige Quellenkorpora: Einerseits in die von Marcin Bielski (nach 1495–1575) verfasste und in vier Ausgaben als »Weltchronik« (»Kronika świata«) oder »Polnische Chronik« (»Kronika polska«) zwischen 1551 und 1597 erschienene Sammlung, die von den slawischsprachigen, oft des Lateinischen noch nicht ausreichend mächtigen Eliten auch im östlichen Teil Polen-Litauens breit rezipiert wurde[6]. Andererseits in die Publizistik der Interregna seit 1572/1573, die auch in der Oratorik einen breiten Widerhall fanden und deren Publi-

---

2   Urszula Augustyniak, Polska i łacińska termnologia ustrojowa w publistyce politycznej epoki Wazów [Die polnische und lateinische Verfassungsterminologie in der politischen Publizistik der Wasazeit], in: Jerzy Axer (Hg.), Łacina jako język elit [Latein als Elitensprache], Warschau 2004, S. 33–71, bes. S. 52–53.

3   Etwa »gewisse Personen von adligem Stand« (*pewne osoby narodu szlacheckiego*) (1611), zit. nach Volumina legum, 9 Bde., Peterburg, Krakau 1859–1889 (Reprint 1980), Bd. III, S. 47.

4   David Althoen, That Noble Quest. From True Nobility to Enlightened Society in the Polish-Lithuanian Commonwealth, 1550–1850, Diss. Univ. Michigan (2001), S. 112–121; Ders., »Natione Polonus« and the »Naród szlachecki«. Two Myths of National Identity and Noble Solidarity, in: Zeitschrift für Ostmitteleuropa-Forschung 52/4 (2003), S. 475–508.

5   Grundsätzlich ist die lateinische Begrifflichkeit schlechter erforscht; zum Forschungsstand siehe Axer (Hg.), Łacina jako język elit (wie Anm. 2).

6   Marcin Bielski, Kronika wszytkyego świata, na ssesc wyekow, Monarchie cztery rozdzielona, s Kosmográphią nową [...] po polsku pisána, s figurámi. [...] Myędzy ktorémi też nászá Polska ná ostátku zosobná yest wypisána [Chronik der ganzen Welt, auf sechs Zeitalter und vier Monarchien aufgeteilt, mit einer neuen Kosmografie, polnisch geschrieben, mit Abbildungen. Darunter ist auch unser Polen endlich gesondert ausgeschrieben], Krakau 1551; weitere veränderte Ausgaben 1554 und 1564; neu überarbeitet: Ders., Kronika polska Marcina Bielskiego nowo przez Joachima Bielskiego syna jego wydana [Die polnische Chronik Marcin

zistik neben der Anwesenheitsgesellschaft auf den Reichs- und Landtagen auch eine breitere adlige Öffentlichkeit erreichte[7].

Bei Bielskis Chronik (1551, 1554, 1564, 1597) liegt eine strukturelle Parallele zur wenige Jahre (1544) zuvor erschienenen Kosmografie von Sebastian Münster vor, bei dem die »Beschreibung Teutscher Nation« einen ähnlichen Anteil am Gesamtvolumen einnahm. In den Widmungen nannte Bielski seinen Patriotismus als Ursache für die Berücksichtigung der Nationalgeschichte: »Unter anderen Königreichen vergaß ich nicht meine Mutter Sarmatien, die uns Polen bewahrt, nährt und aufwachsen lässt«[8]. Dominant ist in der Vorrede wie in der Darstellung die Identifikation mit einer austauschbar als »sarmatisch« und »polnisch« beschriebenen Nation, die sprachlich durch die wiederholte Verwendung des identifikationsstiftenden »wir« (*Naród nasz Sarmatów*/»unser Volk der Sarmaten«) ausgedrückt wird. Gewarnt wird vor einheimischen Tyrannen sowie der Überfremdung in Geschichtsschreibung und Literatur durch das Lateinische, einer Sprache, in der sich nicht jeder Bürger ausdrücken könne. Bielski erhebt den Anspruch, gerade für diese bisher nicht als Zielgruppe berücksichtigten »Staatsbürger« zu schreiben[9].

Bemerkenswert ist die nachdrückliche Berufung auf das Vaterland und das als Zielgruppe gedachte nationale Kollektiv. Dieses wird in einer modernen und für die polnische Begriffs-, Verfassungs- und Gesellschaftsentwicklung folgenreichen Terminologie angesprochen: Die Staatsbürger (*obywatele*) müssten in ihrer Tätigkeit für die *respublica* (*rzeczpospolita*) Kenntnis von der vaterländischen Geschichte besitzen. Mit der Verwendung des Staatsbürger-Begriffs, der sich in der zeitgenössischen Verfassungsentwicklung zunehmend an einen – durch Geburt oder Verdienst zu definierenden – Adel wandte, entstand ein neues, sich auch nationalhistorisch definierendes Kollektiv[10].

Neben der auf den Adel zugeschnittenen Sprache besaß die Darstellung Bielskis durch die Ausführung exemplarischer Episoden und durch Schilderungen mit didaktischem Anspruch große Breitenwirkung. Eine wiederholte direkte Ansprache

---

Bielskis, neu durch dessen Sohn Joachim Bielski herausgegeben]; Cum Gratia & Privilegio S. R. M. [...], Krakau 1597.

7 Jan Czubek (Hg.), Pisma polityczne z czasów pierwszego bezkrólewia [Politische Schriften aus dem ersten Interregnum], Krakau 1906.

8 Bielski, Kronika (1551) (wie Anm. 6), Widmung an Sigismund August [unpaginiert]: »Myędzy [...] królestwy inemi napisánemi nye zápomniałem mátki swoiey, Sármáciey, ktora nas wssech Polaki w swey zyemi chowa, żywi, ćwiczy«.

9 Ibid. (1554), unpaginierte Widmung: »[O]d tegoż czasu po trosse ięli sie czytać a pisać / Rusacy nasse bracia Greckiemi literami á my Łacińskimi / przetho nad nas wiele maią iż przyrodzonym ięzikiem pissą y czytaią / á my cudzoziemskim Łacińskim to iest Włoskim / kthori nie może iść każdemu u nas w posluch [...] gdiż nie każdi tey rzeczy Łacińskiey rozumie ani pisse [...] dla tych samych na tę pracą tylko podiął [...] ale przeto iż mie zwyciężyła miłość oyczyzny« [seit dieser Zeit machten wir uns daran, zu lesen und zu schreiben, unsere ruthenischen Brüder mit griechischen Buchstaben und wir mit lateinischen. Außerdem haben uns Andere voraus, dass sie in ihrer Muttersprache schreiben und lesen und wir im fremden Latein, d. i. Italienisch, das nicht jedem von uns eingängig ist; (...) nicht jeder versteht oder schreibt diese Sachen in Latein. Für diese habe ich die Arbeit auf mich genommen, (...) in mir siegte die Liebe zum Vaterland]; in der Randspalte: »vicit amor patriae«.

10 Belege unter dem Lemma *obywatel* in: Słownik polszczyzny (wie Anm. 1), Bd. 19, S. 519–522.

des Lesers, die Schilderung aus der kollektiven Wir-Perspektive[11] und die ausgiebige Verwendung des Sarmatia- und Polen-Begriffs[12] schufen ein hohes Identifikationspotential. Die Darstellung ermöglichte eine Selbstvergewisserung des Adels über die eigene polnische Geschichte. Dagegen wurden der litauische Adel und die litauische Geschichte in keiner Weise integriert.

Auszählungen ergaben, dass in keinem anderen polnischen Geschichtswerk der Frühen Neuzeit so zahlreich die Wahrnehmung steuernde Leitbegriffe wie »Polen« (629 Mal), »Volk« und »Nation« (*lud* und *naród*) oder »Vaterland« (*ojczyzna*) auftauchen[13]. Es wurde aus der Perspektive der »Unsrigen« (*naszy ludzie*/»unsere Leute«, *przodkowie naszy*/»unsere Vorfahren«) argumentiert, und auch die als Vorfahren aufgefassten Sarmaten, Goten und Vandalen (*nasi Wandality*/»unsere Vandalen«) wurden in dieses national vereinnahmende Geschichtsbild integriert[14]. Diese Konstruktionen wurden für den litauischen Adel vor allem von Maciej Stryjkowski (1547–1590) in dessen 1582 erschienenen polnischsprachigen Chronik adaptiert[15],

11 BIELSKI, Kronika (1551) (wie Anm. 6), Bl. 155r (*my, Sarmate*/»wir Sarmaten«), Bl. 116v (*do nas, Sarmatów*/»an uns Sarmaten«), Bl. 274r (*naszy Sarmatowie*/»unsere Sarmaten«), u. ö.

12 Eine Auszählung ergab, dass in der Ausgabe von 1564 297 Mal der Polen-Begriff verwandt wird, vgl. Ewa BEM-WIŚNIEWSKA, Funkcjonowanie nazwy Polska w języku czasów nowożytnych (1530–1795) [Der Begriff »Polen« in der frühneuzeitlichen Sprache], Warschau 1998, S. 78.

13 Ibid., S. 85 f., S. 190–196; unter politischen Begriffen werden die »Krone Polen« (*korona*), das »Königreich Polen« (*królestwo*), »Litauen« (*Litwa*), »Volk« (*lud*), »Nation« (*naród*), »Monarchie« (*monarchia*), »Vaterland« (*ojczyzna*), »Staat« (*państwo*), »Polen« (*Polska*) und »Respublica-Staat« (*rzeczpospolita*) und deren adjektivische Formen verstanden und ausgewählt, wobei die Autorin insgesamt 5892 »Leit- und Signalbegriffe« ermittelt. Allerdings sind die Forschungen Bem-Wiśniewskas für die Geschichtsschreibung nur begrenzt aussagekräftig, da lateinischsprachige Werke nicht berücksichtigt werden.

14 BIELSKI, Kronika polska (1597) (wie Anm. 6), S. 1: »[C]hocia[ż] Rzymianie wszystek świat posiedli, samych Sarmatów a Scytów nigdy posieść nie mogli: a nawet moc i sława Rzymska przez te tu ludzie Sarmackie, właszcza Wandality y Gotty, upadła: Tak iż ktorych nie przełomili, ani Kartaginczykowie, ani Persowie, ani Galli abo Francy, przez one zgineli, i swey siły pozbyli« [Obwohl die Römer die ganze Welt beherrschten, konnten sie die Sarmaten und Skythen niemals besiegen: sogar die römische Herrschaft und deren Ruhm wurde durch die Sarmaten, insbesondere die Vandalen und Goten, zerstört: durch diese, die sie nie zerbrechen konnten, gingen sie unter, nicht durch die Karthager oder Perser oder Gallier oder Franken]. Wegen dieser zentralen Funktion der Vandalen und Goten für die ruhmreiche sarmatisch-polnische Frühgeschichte fiel auch im Anschluss an Martin Kromer (1512–1589) der Verzicht auf die Reklamation von Vandalen und Goten als polnische Vorfahren so schwer.

15 Maciej STRYJKOWSKI, Ktora przedtem nigdy światła nie widziała, Kronika Polska Litewska / Żmodzka / y wszystkiey Rusi Kijowskiey / Moskiewskiey / Siewierskiey / Wolhińskiey / Podolskiey /Podgórskiey / Podlaskiey etc. Y rozmaite przypadki woienne y domowe / Pruskich / Mazowieckich / Pomorskich / y inszych krain Krolestwu Polskiemu y Wielkiemu Xięstwu Litewskiemu przyległych [...] z rozmaitych Historykow y Autorow postronnych / y domowych [...] y Długosza Oyca dzieiow Polskich [...] z wielką pilnością y węzkowatą pracą (Osobliwie około Dzieiow Litewskich y Ruskich od żadnego przedtym niekuszonych) [Die zuvor das Licht der Welt nicht sah, eine Chronik Polens, Litauens / Žemaitens / und der ganzen Rus' von Kiev / Moskau / Seversk / Wolhynien / Podolien / des Karpatenvorlandes / Podlachiens usw. Und verschiedene kriegerische und einheimische Ereignisse der Preußischen / Masowischen / Pommerellischen / und anderer Länder, dem Königreich Polen und dem Großfürstentum Litauen zugehörig (...) aus verschiedenen Historikern und fremden wie einheimischen Autoren und Dlugosz, dem Vater der polnischen Geschichte, erstellt mit großer

die auch bei den Ostslawen intensiv rezipiert wurde. Eine eigene *natio lituanica* ist für die Frühe Neuzeit durchgängig nachweisbar[16].

In den Interregna seit 1572 und auch in den Adelsfronden (*konfederacje*) und -aufständen (1606–1609, 1665–1666) wird in Publizistik und Rhetorik, insbesondere in didaktisch angelegten Dialogen zwischen den Stammvätern Lech und Piast, wiederholt an einen Vaterlands- und Nationsbegriff (*naród mój*) appelliert[17], wobei das »teure Polen« (*droga Polsko*) in Abgrenzung zu den tendenziell als feindlich dargestellten, benachbarten Nationen gesehen wurde: »Hier wurde ich geboren, diese Republik erzog mich von klein auf und ist mir vertraut; ich bin ein Adeliger von väterlicher und mütterlicher Seite, von den Ahnen und Urahnen her, meine Vorfahren stammen von keiner anderen Erde her«[18], äußerte Lech in solch einem didaktischen Dialog. Der Nachweis des Adels von väterlicher und mütterlicher Seite über die letzten drei Generationen zurück gewann im 16. Jahrhundert an Bedeutung, um ein ›Einschleichen‹ zu verhindern, eine adlige Reaktion, die sich ähnlich auch in Böhmen oder im Reich findet.

Zugleich konnten so aufgebaute Argumentationen auch die Jagiellonen als Fremde bezeichnen und national-ausgrenzend argumentieren:

Jagiello und seine Nachkommen bezeichne ich als Gäste. Er selbst war Litauer; Dein und mein Blut spüre ich dort nicht, denn er heiratete eine reußische Frau, erst Sonja gerufen und später in der lateinischen Kirche Sofia genannt. Hier blieb kein polnisches Blut zurück [...]. Hier findest Du nichts, weder Dein noch mein Blut herrschte. Ein ausländisches Volk gab hier lange Befehle, deshalb habe ich sie Dir gegenüber als Gäste bezeichnet[19].

Solche xenophoben Positionen besaßen in der Publizistik der Interregna und Adelsbünde eine große Reichweite. Zu diskutieren ist, ob sie sich auf vor allem populistisch und situativ genutzte fremdenfeindliche Affekte reduzieren lassen oder ob hinter ihnen ein ausformuliertes und im Kern nationalpolnisches Geschichtsbild steht, das durch die monarchiekritischen Einstellungen des ständisch-republikanischen Adels eine erhebliche Reichweite und Durchschlagskraft besaß. In der polnischen Forschung wird die Auffassung von einer wachsenden Xenophobie der adligen Eliten seit dem letzten Drittel des 16. Jahrhunderts vertreten, der an Schärfe zunehmende wirtschaftliche Verteilungskämpfe und eine wachsende konfessionelle

Sorgfalt und Arbeit (insbesondere im Umfeld der litauischen und ruthenischen Geschichte, die zuvor von niemandem versucht worden waren)], Królewiec 1582.

16 Mathias Niendorf, Das Großfürstentum Litauen. Studien zur Nationsbildung in der Frühen Neuzeit (1569–1795), Wiesbaden 2006 (Veröffentlichungen des Nordost-Instituts, 3), S. 55–94.

17 Czubek, Pisma polityczne (wie Anm. 7), S. 243, 247 »Vaterland« (*ojczyzna*), S. 240, 251 »meine Nation« (*naród mój*), S. 247 »teures Polen« (*droga Polsko*), Abgrenzung zu den umwohnenden Nationen: S. 248, 251, 259.

18 Ibid., S. 48: »Teżem się urodził, ta Rzeczpospolita wychowała mnię z dawna, jest mi przyzwoita; Ślachcicem z ojca, z matki, z pradziadów i dziadów, nie miałem z inszej ziemie swych [przodków] narodów«.

19 Ibid., S. 36 f.: »Jagiełła i potomki gościem mianuję. Był sam Litwin; krwie tam twej i mej nic nie czuję, bo pojął żonę Ruskę, Sończa pirwej zwaną, a w łacińskim kościele Zofią nazywaną. Tuć już namniej polskiej krwie było nie zostało [...]. Owa tu nic nie znajdziesz, aby panowała krew twoja, też i moja żeby królowała. Cudzoziemski naród, bacz, długo rozkazował, Prze tom ci je ja tobie za goście mianował«.

Frontstellung zu Grunde gelegen hätten[20]. Zunächst lag in der Situation der Interregna und noch mehr in einer Frondesituation ein populistisch kalkulierter Einsatz nationaler Argumente und Ressentiments auf der Hand, da hierdurch gegnerische Kandidaten und Parteigänger angegriffen, politisch beschädigt und ausgeschaltet werden konnten.

Erheblich maßvoller, aber von einem unmissverständlichen, auch nationalen Pathos getragen sind die Bestimmungen der Realunion von Lublin. Hier heißt es in der nur in polnischer Sprache überlieferten Fassung: »Das Königreich Polen und das Großfürstentum Litauen ist nun ein unauflösbarer und nicht unterscheidbarer Körper, eine nicht voneinander geschiedene, gemeinsame *respublica*, die sich aus zwei Staaten und Nationen zu einer Bevölkerung zusammenfügte und verband«[21]. Da die Unionsurkunde zu einem Referenztext auch frühneuzeitlicher Reflexion über die eigene Geschichte und Verfassung wurde, besitzt der Verweis auf die beiden »Nationen« auch hier eine besondere Relevanz.

Schließlich ist noch auf die besondere religiöse Aufladung der polnischen Adelsnation im 17. Jahrhundert bei katholischen Publizisten hinzuweisen. Autoren wie der Franziskaner Wojciech Dembołecki (1585/86–1647) vertraten die These von der »Anwerbung der polnischen Nation durch Gott« (*boski zaciąg Narodu Polskiego*)[22]; diese machte die Nation zum auserwählten Volk, das sich nun zu Recht auf den biblischen Gesellschaftsvertrag berief: »Darunter kann man nichts Anderes verstehen, als dass Er [Gott] aus einer besonderen Gnade die polnische Nation, die unter seiner Göttlichen Gnade und Fürsorge wie einst die Makkabäer kämpft, allen Nationen fürchterlich machen wollte«[23].

Noch einen Schritt weiter ging der Adelspolitiker und Schriftsteller Walerian Kochowski (1633–1700) in einer 1674 veröffentlichten Gedichtsammlung. Hier findet sich ein ausdrucksstarkes Bild, das die Vision der sarmatisch-polnischen Nation

20 Janusz Tazbir, Arianie i katolicy [Antitrinitarier und Katholiken], Warschau 1971, S. 238–275.
21 Stanisław Kutrzeba, Władysław Semkowicz (Hg.), Akta unji Polski z Litwą 1385–1791 [Die Akten der Union Polens mit Litauen 1385–1791], Krakau 1932, S. 343: »Iż już Krolestwo polskie i Wielkie Księstwo litewskie jest jedno nierozdzielne i nie rozrożne ciało, a także nierożna ale jedna spolna Rzeczpospolita, która się ze dwu państw i narodow w jeden lud zniosła i spoiła«. Dazu Niendorf, Das Großfürstentum Litauen (wie Anm. 16), S. 22 f.
22 Wojciech Dembołecki, Wywód Iedynowłasnego Państwa Swiata, [...] że nastarodawniejsze w Europie Krolestwo Polskie lubo Scythyckie: Samo tylko na świecie, na prawdziwe Succesory Iadama, Setha, y Iapheta; w Panowaniu światu od Boga w Raiu postanowionym: y że dla tego Polaki Sarmatami zowią. A gwoli temu y to sie pokazuie, że Ięzyk Słowieński pierwotny iest na świecie. [...] Za Pozwoleniem y Przywileiem Iego Krolewskiey Mści: po przeyrzeniu na to wysadzonych Theol[ogów] y Historykow [Herkunft des einzigartigen Staates der Welt, (...) des ältesten, polnischen oder skythischen Königreichs in Europa: einzigartig in der Welt, ein wirklicher Nachfolger Adams, Seths und Japhets; zur Beherrschung der Welt von Gott im Paradies auserwählt: weshalb die Polen auch Sarmaten genannt werden. Und demgemäß wird gezeigt werden, dass die polnische Sprache die ursprünglichste auf der Welt ist. (...) Mit Genehmigung und Privileg ihrer Königlichen Majestät, nach Durchsicht der dazu auserwählten Theologen und Historiker], Warschau 1633, S. 28.
23 Ders., Przewagi Elearów polskich. Co ich niegdy Lisowczykami zwano [...] [Übermacht der polnischen auserwählten Kämpfer], Posen 1623, S. 7: »W tym abowiem nic inszego się rozumieć nie może / tylko to / iż z osobliwey łaski swoiey / Naród Polski / pod Boskołaskawą opieką iego woiuiący / iako niegdy Machabeyski / wszem narodom straszny raczył chcieć uczynić«.

als neues Israel beschreibt: Nach Kochowski streckte der am Kreuz sterbende Jesus seine Hand zu den nördlichen Völkern (= den Sarmaten) aus. Maria – die Königin Polens – steht unter dem Kreuz und blickt nach Norden; das Kreuz schützt und die Gottesmutter verteidigt das auserwählte Volk[24]. Die Vorlage für dieses Bild schöpfte Kochowski wahrscheinlich aus zeitgenössischen Predigtsammlungen, wo die Vermittlerrolle Marias für die polnische Nation akzentuiert wurde[25]. Als Feinde erschienen die südlichen Nachbarn Polens, das Osmanische Reich, mit dem Polen in einen dreißigjährigen Krieg verwickelt war, in dessen Verlauf sich die *antemurale*-Konzeption weiter verfestigte.

Tendenzen zu solch einer Selbstbestimmung als auserwählte Nation verstärken sich im 17. Jahrhundert. Sie finden sich im Laufe des Jahrhunderts immer stärker vor allem im katholischen Adel, wobei die Verbindung zwischen Adel und Katholizität eine zusätzliche formierende und klar von der Außenwelt der Protestanten und Orthodoxen scheidende Funktion besitzt. Vorstellungen einer belagerten Festung lassen sich mit der Gedankenwelt von Cromwells Anhängern vergleichen, wobei die Konzepte aus dem Umkreis der katholischen Reform übernommen wurden[26].

SOZIALE UND REGIONALE ABGRENZUNGEN VON ADELSNATION

Im Altpolnischen meint der Begriff *naród* ohne attributive Erläuterung stets den Adel. Zwar tauchen auch selten Begriffe wie »Bauernstand« (*naród chłopski*) oder »Stadtbürgerstand« (*naród mieszczański*) auf, doch sind dies Ausnahmen. Dieser Befund ist insofern bemerkenswert, als noch der Stammvater der piastischen Herrscherfamilie, Piastus, der Überlieferung nach bäuerlicher Herkunft war, wie auch spätere adlige Wappenbücher vermerkten: »Piast aus Kruschwitz, zum polnischen

---

24 Walerian KOCHOWSKI, Utwory poetyckie.Wybór [Poetische Werke. Auswahl], hg. von Maria EUSTACHIEWICZ, Breslau 1991, S. 92–95. Dort das Gedicht »Der Kahle Berg mit dem Holz vom Hl. Kreuz im Sendomirer Land berühmt« (»Góra Łyssa depozytem drzewa Krzyża Ś. w sendomirskim kraju sławna«): »Kończąc mękę, / Skłania rękę / Na północnych ludzi. / Matka znać dając, że nam jest w pomocy, / Pod Krzyżem stoi ku nam na północy, / Krzyż zasłoni, / Matka broni«.

25 Antoni STEFANOWICZ, Dzieło zbawienia ludzkiego wystawione […]. Na Kazaniach po roznych Kościołach Krakowskich […] obiasnione [Das Werk der menschlichen Erlösung dargestellt (…). In Predigten in verschiedenen Krakauer Kirchen erklärt], 2 Bde., Krakau 1678, Bd. 2, S. 108: »Pytam teraz: na cosz Panna po lewey stronie pod Krzyżem stała gdy Pan umierał. Tenże solwnie. Gdy Pan wisiał na Krzyżu twarza był obrocony na wschód zaczym na lewey stronie pułnocna była kraina / tamże Panna we środku między Chrystusem y pulnocą / ktora oziębłych grzeszników symbolizuie. […] Z Pułnocy wszytko złe / na lewey stronie potępieni staną / tam Panna Przenaświętsza będzie poznawała swoich.« [Ich frage jetzt: Warum stand die Jungfrau zur linken Seite unter dem Kreuz als der Herr starb. Als der Herr starb, war sein Antlitz nach Osten gerichtet, dahinter auf der linken Seite im Norden war eine Gegend / dort die Jungfrau in der Mitte zwischen Christus und dem Norden / der die kaltherzigen Sünder symbolisiert. (…) Aus dem Norden kommt alles Böse / auf der linken Seite stehen die Verfluchten / dort wird die Allerheiligste Jungfrau die Ihrigen erkennen]. Vgl. auch ibid., S. 180.

26 Damien TRICOIRE, Mit Gott rechnen. Katholische Reform und politisches Kalkül in Frankreich, Bayern und Polen-Litauen, Göttingen 2013 (Religiöse Kulturen im Europa der Neuzeit, 1), S. 244–248.

Monarchen gewählt, war ein Mensch aus dem einfachen Volk, aber wegen seiner Tugenden und Taten beinahe heilig und regierte jenen Staat lange Zeit«[27].

Tugenden von Adligkeit und Freiheit sowie ein umfangreicher Katalog ritterlicher wie ethischer Eigenschaften sollten diesen Adel prägen: »Der polnische Adlige, mit dessen Freiheit sich die Freiheit keiner anderen Nation vergleichen kann, soll auf nichts Rücksicht nehmen, nur auf die Adligkeit und die Freiheit«[28]. Eine Aufstiegsmöglichkeit von Bauern und Bürgern in den Adel bestand im Prinzip kaum, zumal das Nobilitierungsrecht der Krone im 16. Jahrhundert immer stärker eingeschränkt wurde. Lediglich das Patriziat Krakaus, in anderen Staatsschriften auch das von Lemberg sowie von Danzig, deren Vertreter jedoch aus Angst vor einer Majorisierung keinen Sitz im Sejm einnahmen, besaß eine adelsgleiche Stellung und wurde in manchen Wappenbüchern in den Adel aufgenommen. Gelehrte, insbesondere der Krakauer Universität, beanspruchten im 16. Jahrhundert ebenfalls eine adlige Stellung, doch war der durchschnittliche Adlige weit davon entfernt, solche Prätentionen anzuerkennen[29].

So Theorie und Rhetorik – die Praxis sah aufgrund des Fehlens einer Adelsmatrikel jedoch ganz anders aus. Bereits altpolnische Polemiken und Kompendien, die mehrere Tausend Familien als plebeisch und bäuerlich denunzierten, kannten einen ganzen Katalog von Verfahren des ›Einschleichens‹ in den Adel: durch Adoption, falsche Beeidigung durch adlige Standesgenossen, Einheirat, Bestechung von Kanzleibeamten usw.[30]

Erleichtert wurde dieses Procedere durch die spezifische Struktur des polnischen Adels, der keine agnatischen Familienwappen kannte, sondern in Wappenverbänden mit mehreren hundert Familien eingeteilt war. Den 1584 erschienenen »Wappen der polnischen Ritterschaft« (»Herby rycerstwa polskiego«) wurde ein Exkurs über die Entstehung des polnischen Adlerwappens und die Geschichte der weltweiten adligen Nation (im Text *naród szlachecki*) von Noah über die Wappen antiker Herrscher bis zu den polnischen Anfängen vorangestellt, an die sich historische Informationen

---

27 Bartosz PAPROCKI, Gniazdo cnoty, zkąd Herby Rycerstwa sławnego Królestwa Polskiego, Wielkiego Księstwa Litewskiego, Ruskiego, Pruskiego, Mazowieckiego, Żmudzkiego y inszych Państw do tego Królestwa należących Książąt y Panów początek swoy maią [Das Tugendnest, woher die Wappen der Ritterschaft des berühmten Königreichs Polen, des Großfürstentums Litauen, Reußens, Preußens, Masowiens, Žemaitens und anderer zu diesem Königreich gehörender Staaten Fürsten und Herren ihren Anfang haben], Krakau 1578, S. 10: »Piast Kruszwicki / na Monarchiją Polską obran / człowiek acz narodu prostego / ale był cnot y spraw prawie świętych / który czas długi rządził ono państwo«.

28 Stanisław Stadnicki, zit. nach: Juliusz NOWAK-DŁUŻEWSKI, Okolicznicznościowa poezja polityczna w Polsce [Politische Gelegenheitsdichtung in Polen], Bd. 4: Zygmunt III. Warschau 1971, S. 348: »Szlachcic polski, z którego wolnością wolność żadnego narodu porównać się nie może, nie ma się ninacz oglądać, jeno na szlachectwo i wolność«.

29 Robert FROST, The Nobility of Poland-Lithuania, 1569–1795, in: H. M. SCOTT (Hg.), The European Nobilities in the Seventeenth and Eighteenth Centuries, 2 Bde., Houndmills, New York ²2007, Bd. 2, S. 266–310, hier S. 278.

30 Walerian Nekanda TREPKA, Liber generationis plebeanorum (»Liber chamorum«), bearb. von Rafał LESZCZYŃSKI, Breslau 1995.

über die ca. 250–300 Wappenverbände (nur zum Vergleich gegenüber ca. 200 000 Einzelwappen im Reich) anschlossen[31].

Dies besaß weitreichende Konsequenzen für die Entstehung imaginierter familiärer und genealogischer Beziehungen der polnisch-litauischen Eliten: Durch die Verbindung von Nationalgeschichte und Adelsgeschichte war jeder Wappenverband in der Nationalgeschichte präsent. Zugleich konnten Neuankömmlinge aus den unteradligen Schichten sich jedoch mühelos in die Wappenverbände einfügen. Erschwert wurde dagegen die Aufnahme zugewanderter adliger Exulanten vor allem aus dem Reich und aus Böhmen, die eigene Wappen und familiäre Genealogien mitbrachten, die jedoch nicht in die Struktur der Wappenverbände einfügbar waren. Solche Familien wurden auch bei der Erteilung des polnischen Indigenats in den Wappenbüchern am Schluss angefügt und besaßen in mancher Hinsicht einen minderen Status, ja unterlagen sogar dem Verdacht, weiterhin ausländische Interessen zu vertreten. Ein anderer Weg bestand darin, die eigene Familiengeschichte zu vergessen und eine Integration in einen bestehenden Wappenverband, etwa durch Adoption oder Familienverbrüderung, zu suchen, wie dies etwa vom zuvor deutschen Adel im polnischen Livland (*Inflanty polskie*) praktiziert wurde[32].

Weniger eindeutig verlief die Integration abgebrochener oder gescheiterter adliger Nationsbildungen und -gemeinschaften im östlichen Europa in die polnisch-litauische Gesamtformation. Nur einige bedeutende Zeugnisse sollen skizziert werden: In personalisierter Form traten in Mikołaj Rejs »Tiergarten« (»Zwierzyniec«, 1562), einer Allegorie auf die *respublica*, nacheinander die »Stände der polnischen Nation« auf, worunter König Sigismund August, dann geistliche und weltliche Senatoren sowie der polnische Adel, letzter aufgeteilt in verschiedene kleinpolnische Gruppen, Großpolen und die Rus', gefasst wurden[33]. Es folgte das Großfürstentum Litauen, wobei zunächst das Großfürstentum selbst als Person auftrat, während zuvor die Krone Polen nicht aufgetreten war. Darauf folgte der Senator Mikołaj Radziwiłł als Sprecher für den gesamten litauischen Adel. Diese Anlage des Werkes ist bei der Suche nach regionalen Bewusstseinsebenen aus mehreren Gründen bemerkenswert: Die Sonderstellung Litauens wird durch die Personalisierung (analog zur gesamten *respublica*) bestätigt, die Kernlandschaft der Krone Polen, nämlich

---

31 Bartosz PAPROCKI, Herby Rycerstwa Polskiego. Na pięcioro ksiąg rozdzielone [Wappen des Königreichs Polen auf fünf Bücher aufgeteilt], Krakau 1584, S. 1–8.

32 Hans-Jürgen BÖMELBURG, Erinnerungsbrüche im polnisch-litauischen Hochadel. Neukonstruktionen familiärer Erinnerung unter den Bedingungen egalitärer Adelsrhethorik und eines fehlenden Speichergedächtnisses, in: Martin WREDE, Horst CARL (Hg.), Zwischen Schande und Ehre. Erinnerungsbrüche und die Kontinuität des Hauses. Legitimationsmuster und Traditionsverständnis des frühneuzeitlichen Adels in Umbruch und Krise, Mainz 2007, S. 247–268.

33 Mikołaj REJ, Zwierzyniec, w ktorym rozmaitych stanow ludzi / zwirząth / y ptakow / kształty / przypadki / y obyczaye / są własnie wypisane […] [Tiergarten, in dem Menschen verschiedenen Standes / Tiere / und Vögel / Gestalten / Zufälle / und Sitten / dargestellt sind], [Krakau 1562], ND Krakau 1895, S. 108–183: »A tu sie już poczynają stany i domy niektóre zacnego narodu polskiego«. Als regionale adlige Gruppen tauchen nacheinander der Krakauer (*Panięta i ślachta krakowska*) und der großpolnische Adel, der Adel der Region um Sandomierz sowie der Adel von Rotreußen, Lublin und Podolien gemeinsam auf.

Kleinpolen, ist nicht als Region präsent, sondern zerfällt in kleinere Einheiten und schließlich fehlen Masowien und Preußen.

Im Interregnum 1572 wurde öffentlich darüber debattiert, dass infolge der zahlreichen Nationen in Polen-Litauen kein Herrscher aus diesen benannt werden könne: »Aber jetzt, wo in einer Respublica und in einem gemeinsamen Königreich ein Pole, ein Litauer, ein Preuße, ein Ruthene, ein Masure, ein Žemaite, ein Livländer, ein Podlachier, ein Wolhynier und ein Kiever zusammen sind, sehe ich keinen Weg, dass diese aus ihrer Nation einen Herrn wählen könnten«[34]. Gerade um eine Parteilichkeit zugunsten der eigenen Nation auszuschließen, erschien die Wahl fremder Könige geboten.

Der Notar des *Grodbezirk* (»Burgbezirk«) Przemyśl, Jędrzej Suski († um 1616), nannte 1612 in einer rechtshistorischen Schrift einen anderen Katalog der in den polnisch-litauischen Reichsverband integrierten Nationen:

[A]ls unsere Vorväter sahen, dass zu ihrer Krone verschiedene Nationen beitraten, Litauen, Deutsche oder Preußen, die Moldau und viele andere, forderten sie, dass alle unter einem Recht ständen [...]; dies ließen sie sich von ihren Königen zusichern, nämlich von Władysław Jagiełło, der ihnen das Recht und Privileg beschwor, dass alle unter einem Recht und unter einer Freiheit lebten[35].

Dieser polnische Blick auf die Union mit anderssprachigen Nationen ließ die Länder der Krone Polen als Einheit erscheinen[36].

Weit verbreitete Aufzählungen geben jedoch ein anderes Bild. So war 1575 von »allen Bewohnern Polens, Litauens, der Rus', Preußens, Masowiens, Kujawiens und des Karpatenvorlandes« die Rede[37]. Der Geistliche Jakub Wujek SJ (1541–1597) stellte 1570 sogar Polen, die Rus', Masowien, Preußen und Litauen als christliche Staaten auf eine Ebene mit Italien oder Spanien[38].

34 Czubek, Pisma polityzne (wie Anm. 7), S. 471: »Ale teraz, gdy w jednej R.P. i w królestwie spólnym siedzi Polak, Litwin, Prusak, Rusak, Mazur, Żmudzin, Inflant, Podlaszanin, Wołyńczyk, Kijowianin, żadnej drogi nie widzę, żeby z swego narodu pana obrać mogli«.
35 Jędrzej Suski, Deklaracja statutów koronnych o rozdawaniu dygnitarstw kościelnych i beneficyi ruskich [Die Erklärung der Kronstatuten über die Vergabe von kirchlichen Würden und ruthenischen Benifizien]. Krakau 1612, in: Bolesław Ulanowski (Hg.), Trzy broszury prawne z r. 1607 i 1612 [Drei juristische Broschüren von 1607 und 1612], Krakau 1893 (Biblioteka pisarzów polskich, 24), S. 45–68, hier S. 60: »Naszy przodkowie widząc, że do Korony ich rozmaite narody przystawały, Litwa, Niemcy abo Prusacy, Wołosza i inszych wiele, postrzegali się w tym, aby wszyscy pod jenym prawem byli [...] i przetoż warowali to sobie u królów panów swoich, a mianowicie u tego Władysława Jageła, że im to prawo i przywilej poprzysiągł, aby wszyscy pod jednym prawem i pod jedną wolnością żyli«.
36 Weitere Belege bei Andrzej Lipski, Społeczeństwo a historia. Czasy Zygmunta III Wazy [Gesellschaft und Geschichte. Die Zeit Sigismund III.], Diss. Univ. Warschau (1984), S. 54–61.
37 Marcin Czechowic, Rozmowy christiańskie. Ktore z greckiego nazwiska / Dialogami zowią: a ty ie nazwać możesz wielkim Katechizmem. W ktorych są rozmaite gadania o przedniejszych artykułach wiary Christiańskiey [...] [Christliche Gespräche. Nach der griechischen Bezeichnung Dialoge genannt: Du kannst sie einen großen Katechismus nennen. Worinnen verschiedene Plaudereien über die führenden Artikel des christlichen Glaubens], [Krakau] 1575, Bl. A2r; »[W]szytkim w Polszcze / w Litwie / w Rusi / w Prusiech / w Mazowszu / na Kuiawach / na Podgórzu«. Der Autor schrieb in Lublin.
38 Jakub Wujek, Iudicium albo Rozsądek niektorych katholików o Confessiey Sędomierskiej [...] [Urteil oder Vernunft einiger Katholiken über das Bekenntnis von Sandomierz], Krakau

Solche Auflistungen von adligen Nationen ließen sich noch weiter fortsetzen, ohne jedoch ein deutlicheres Bild zu ergeben[39]. Situativ werden jeweils unterschiedliche Zusammenstellungen gewählt, die sich nicht auf ein Schema reduzieren lassen. Im Gegenteil: Staatliche Einheiten (Polen, Litauen), historische Regionen (Großpolen, Kleinpolen, die Rus'), Woiwodschaften (Žemaiten, Kujawien, Podolien) sowie Verwaltungseinheiten wie die »Länder« (*ziemie*) oder Städte werden je nach Zusammenhang als *natio* oder *naród* gedacht und benannt.

Die von Stanisław Kot und dessen Schülern entwickelte *gens-natio*-Vorstellung (*gente Ruthenus, natione Polonus*), die in der polnischen Historiographie häufig vertreten wird, suggeriert, es gäbe in diesen undeutlichen und widersprüchlichen Zuweisungen ein hierarchisches System, das auf niederer Ebene sprachlich-religiöse Gemeinschaften (*gentes*) umfasse, die auf höherer Ebene in einer oder mehreren politischen Adelsnationen (Polen, vielleicht die Litauer) aufgingen. Diese im Kern rational-moderne Vorstellung geht an den vieldeutigen Lebenswirklichkeiten der frühneuzeitlichen Eliten vorbei.

Gegenüber älteren regionalen Identitäten, abgebrochenen Nationsbildungen und dem auch durch Abstammung definierten polnischen Adel besaß der Sarmaten-Begriff eine größere Offenheit. Er ermöglichte die Aufnahme verschiedene Nationen und Filiationen, wie dies 1607 der rotreußische Schriftsteller Marcin Błażowski († um 1628) in seiner Pluralbildung der »sarmatischen Völker« beweist[40]. Die Bevölkerung der *Sarmatia* konnte ebenso als multinationale wie als polnische gesehen werden: Der Danziger Publizist und Kartograph Clüver (1580–1623) unterschied unter der alteingesessenen Bevölkerung mit Berufung auf Tacitus' Germanen, die »nunc sunt Livones, Borussi« und Sarmaten, während andere Autoren wie Hartknoch alle Nationen von den Sarmaten ableiteten[41]. Auch die Preußen waren aus dieser Perspektive eine sarmatische Nation.

Alle synonymen Verwendungen von *gens Sarmatarum*, *gens Lechica* und *gens Polonorum* wie 1694 bei Johannes Schultz (1662–1704)[42] führten zu keiner Verengung der Sarmaten als ausschließlich polnische Vorfahren. Deshalb konnte die offene sarma-

---

1570, Bl. 132r: »[D]o ktoregokolwiek Państwa Chrześcijańskiego przydziesz / choć do Włoch / albo do Hispaniey / do Francyey / do Indyey / do Niemiec po wielkiey części / do Węgier / do Angliey / Skocyey / do Polski / do Rusi / do Mazowsza / do Prus / do Litwy etc. wszędzie [...]« [In welchen christlichen Staat du auch immer kommst / nach Italien / oder Spanien / Frankreich / Indien / in einem großen Teil Deutschlands / nach Ungarn / England / Schottland / Polen / in die Rus' / nach Masowien / Preußen / Litauen etc., überall].

39 Vgl. auch NIENDORF, Das Großfürstentum Litauen (wie Anm. 16), S. 89–94.

40 Marcin BŁAŻOWSKI, Tłumacz rokoszowego powiatu ruskiego [Übersetzer des Rokoszs des ruthenischen Bezirks], Krakau 1607, S. 15–19, bes. S. 16: »sarmackie narody«, die durch die Begriffe »Freiheit« (*wolność*), »Vaterland« (*ojczyzna*) und »Eintracht« (*zgoda*) miteinander verbunden sind.

41 Philippus CLÜVER, Philippus Cluverius, Introductionis in Universam Geographiam, tam Veterem quam Novam, libri VI., Leiden 1629, S. 246, 249; Christian HARTKNOCH, Selectae dissertationis historicae de variis rebus Prussicis. Opera et studio Christophori Hartknoch. o.O. 1679, S. 95.

42 Johannes SCHULTZ, Serenissimo atque Potentissimo Principi ac Domino, Domino Joanni III Poloniarum Regi, Pio, Felici, Augusto, Libertatis non Sarmaticae tantum, sed & Europaeae Vindici ac Statori invictissimo [...] ac memoria pacis Oliviensis [...] panegyris habita a Joanne Schultzio Prusso-Polono, Gedani 1694, passim (unpaginiert).

tische Herkunftslegende dazu tendieren, Integrationskonzepte anzubieten, die politische, konfessionelle, nationale und sprachliche Trennlinien überwölbten[43].

Zu beachten ist zudem, dass unter dem Adel Polen-Litauens im 17. Jahrhundert auch andere Nationskonzepte Karriere machten. Der Gebrauch der Bezeichnung »ruthenische Nation« (naród ruski) für die Gesamtheit der ruthenischen politischen Nation wurde vor allem von orthodoxen Kontroverstheologen unterstützt, die für die Bewahrung der orthodoxen Eigenart zusätzliche Argumente benötigten. Insbesondere das formelhafte »unser ruthenisches Volk« (naród nasz ruski) tauchte in den Texten zusammen mit Wendungen wie »unsere ruthenischen Privilegien«, die »russischen Staaten«[44] oder die »russischen Länder« auf[45]. Prägnant und publikumswirksam erfolgte in den Texten durchweg eine Aufspaltung in eine Wir-Gruppe und in eine ausgegrenzte Gruppe der »Anderen« sowie teilweise eine direkte Anrede an die »russische Nation« (naród ruski), die zu einer Bewahrung ihrer erworbenen Rechte aufgefordert wurde[46]. Hinter diesen Identitätskonstruktionen stand allerdings in

---

43 Piotr ZBYLITOWSKI, Rozmowa szlachcica polskiego z cudzoziemcem [Gespräch eines polnischen Adligen mit einem Ausländer, in: DERS., Niektóre poezje [Einige Gedichte], hg. von K.J. TUROWSKI, Krakau 1860, S. 11: »Jako pierwszy zakładacz ojczyzny Lech dawny / przywiódł z sobą w te kraje naród swój przesławny. / Tenże dawny sarmacki lud, zacny Słowianin / zwyciężył swą ludzkością, choćże był poganin. / Nie wojna: godne prawa o nim postanowił, / a grube obyczaje swą sprawą odnowił« [Als erster Begründer des Vaterlands führte Lech der Alte / mit sich in diese Länder seine berühmte Nation. / Dieses alte sarmatische Volk, bezwang er, der ehrwürdige Slawe / mit seiner Menschlichkeit, obwohl er Heide war. / Nicht den Krieg: ehrwürdige Rechte setzte er auf / und die rauhen Sitten erneuerte er mit diesem Schritt].

44 Im Polnischen verliert der Begriff des Staates (państwo) unter ostslawischem Einfluss zunehmend an Eindeutigkeit und kann auch stärker einen patrimonialen Herrschaftskomplex bedeuten.

45 [Meletyj SMOTRYC'KYJ], Obrona verificaciey od obrazy Maiestatu Krola Ie. Milosci czystey: Honor y Reputacie ludzi zacnych, Duchownych y Swietskich zachowuiącey […] [Verteidigung der Unschuldsbekundung gegenüber der Beleidigung der Majestät des Königs, die reine Liebe, die Ehre und die Reputation ehrbarer Leute, geistlichen wie weltlichen Standes bewahrend], Vilnius 1621: Narod nasz Rusky S. 2 (erster Satz des Textes), S. 7, 81, 119, 122 (naród Ruski, Ruska ziemia/»ruthenisches Land«), S. 14 (nam Rusi/»wir Ruthenen«), S. 22 (państwa ruskie/»ruthenische Staaten«), S. 88 (kraju ruskie/»ruthenische Länder«), S. 26f., 38, 66, 74, 125 (ruska cerkiew oder Cerkiew nasza Ruska/»ruthenische Kirche, unsere ruthenische Kirche«), S. 35, 39, 62–65, 80, 120, 123, 125f. (Narod nasz Ruski/»unsere ruthenische Nation«) und S. 63, 122 (Przywileje Narodu Ruskiemu/»Privileg der ruthenischen Nation«). Zugleich wird eine scharfe Trennung zwischen den ruthenischen Ländern und Moskau gezogen, vgl. ibid., S. 88. Ähnlich auch in [Meletyj SMOTRYC'KYJ], Verificatia niewinności: y omylnych po wszystkiey Litwie y Białey Rusi rozsianych, żywot i uczciwe cnego Narodu Ruskiego o upad przyprawić zrządzonych Nowin […] [Bekundung der Unschuld und Berichtigung der fehlerhaften, in ganz Litauen und Weißruthenien ausgestreuten Neuigkeiten, das Leben der ehrbaren Ruthenischen Nation zum Niedergang bringend], o. O. o.J. [Vilnius 1621], Bl. Iv, IVv, 2v, 23r, 31r, 41r, 45v, 58r, 49v (tatsächlich 59v), 52v, 54r, 59v, 64v (Zacny Narod nasz Ruski bzw. Narod nasz Ruski/»unsere (ehrbare) ruthenische Nation«), Bl. IVr, 1, 28r, (Narod Ruski), 60r–v (ruska krew, przezacna krwi ruska/»unser (ehrbares) ruthenisches Blut«), Bl. 61 (zacny Narodzie Ruski Scripta y protesty/»die Schriften und Proteste der angesehenen ruthenischen Nation«), Bl. 68v (Cerkwie naszey Swiatyni ze wszytkim Ruskim Narodem/»die Heiligtümer unserer Kirche mit der ganzen ruthenischen Nation«).

46 SMOTRYC'KYJ, Obrona verificyciey (wie Anm. 45), S. 119: »Ciebie / Zacny Narodzie Ruski […] uważamy: do ciebie iest nadpis / zaczym mowa nasza do ciebie też być / miałaby« [Für dich / angesehene ruthenische Nation (…), wir halten fest: An dich ist die Überschrift gerichtet /

erster Linie der konfessionelle Gegensatz, den die orthodoxen Theologen jedoch historisch unterfütterten. Solche Appelle fanden beim verbliebenen orthodoxen Adel Unterstützung.

In Meletij Smotryc'kyjs (um 1577–1633) Publizistik sowie in den von der gesamten orthodoxen Geistlichkeit mit Metropolit Iov Boŕec'kyj an der Spitze unterzeichneten Werken wurde auf historischem Grund ein autonomer Freiheits- und Selbstbestimmungsanspruch der Rus' eingefordert. Für ihre Taten und Verdienste seien der »angesehenen ruthenischen Nation« als »Gleicher unter Gleichen« durch die litauischen Großfürsten und polnischen Könige Freiheiten und das Recht gegeben worden, zusammen mit der polnischen und litauischen Nation senatorische Ämter zu bekleiden und sich aller Würden, Vorrechte, Ämter und Freiheiten zu erfreuen[47].

Geschichtspolitisch von Bedeutung war die Herleitung dieser Privilegien: Sie seien nicht ausschließlich durch den Beitritt zu dem polnisch-litauischen Staatsverband, sondern auch durch Verleihungen ruthenischer Herrscher erworben worden:

Für die erwähnten ehrlichen Taten und den besonderen Mut unserer angesehenen ruthenischen Nation wurde ihr von den Großfürsten, ihren Herren und Ihrer Liebten, den polnischen Königen, die Freiheit verliehen, gleichberechtigt mit den zwei Nationen der Polen und Litauer senatorische Ämter zu bekleiden und zum Besten ihrer Staaten und ihres Vaterlands Recht zu sprechen und sich aller Würden, Vorrechte, Ämter, Berufungen, Freiheiten, Rechte und Freiheiten zu erfreuen. Gegeben wurde dies ihr als Gleicher zu Gleichen, als Freier gegenüber der freien polnischen Nation[48].

---

deshalb soll unsere Rede auch an dich gerichtet sein]. Abschließendes Kapitel der »Apostrophe do Narodu Ruskiego« [Feierliche Anrede an die ruthenische Nation].

47 Ibid., S. 7–9: »Ktorzy w Przywileiach tey swey incorporaciey, narodowi Ruskiemu nadanych rzeczy pierwey to / że Ruska ziemia wszytka z dawnych czasow od Przodkow naszych Krolow Polskich / między innemi przednieyszemi członk[am]i / do Korony Polskiey iest przyłączona: ktorey my Obywatelow zaraz wszytkich i każdego z osobna ku Krolestwu Polskiemu / iako rownych do rownych / wolnych do wolnych ludzi […] przywracamy i złaczamy (…). Ku temu obiecuiemy […] wszech Książąt ziemie Ruskiey Obywatelow […] na Urzędy Zamkow / Dzierżaw / y Dworow naszych przekładać / y do Lawice Rad naszych / iako y inne szlachekie Narodu Ruskiego ludzie przypuszczać« [Die in ihren Inkorporationsprivilegien der ruthenischen Nation gegebenen Privilegien sind erstens / dass das ganze russische Land in alten Zeiten von unseren Vorfahren den polnischen Königen / mit seinen vornehmsten Gliedern / in die Krone Polen eingegliedert wurde: wobei wir die Staatsbürger gemeinsam und einzeln zum polnischen Königreich / als gleiche zu gleichen / freie zu freien Menschen (…) inkorporieren und eingliedern (…). Dazu versprechen wir, (…) alle und Bürger des ruthenischen Landes (…) in alle unsere Grod- / Pacht- / und Hofämter anzunehmen / und in unseren Rat / wie auch andere Adlige der ruthenischen Nation / aufzunehmen]; vgl. auch ibid., S. 63.

48 [Anonym], Justificacia niewinności [Bekundung der Unschuld], in: Archiv Jugo-Zapadnoj Rossii [Archiv Südwestrusslands], hg. von der Kommissieju dlja Razbora Drevnich Aktov, Bd. 1/7, Kiew 1859–1914, S. 511–532, hier S. 513. »Za te pomienione zacnego narodu naszego Ruskiego ku wielkim Xiążętom, Panom swoim, Krolom ich M[iłości] Polskim, uczciwe zadziały y przeważne odwagi dana iest iego od nich wolność, obok ich M[ości] zarowno z dwiema narodami Polskim y Litewskim w senatorskiey poważności siadać, o dobrym państw ich a oyczyzny swey radzić, y ze wszystkich krolestwa Polskiego dostoieństw, prerogatiw, urzędów zawołania, swobod, praw, y wolności cieszyć się. Dano to iest iemu iako rownemu do rownego, iako wolnemu do wolnego narodu Polskiego«.

Die Argumentation berief sich auch auf die Inkorporationsurkunde von 1569, deren pathetischer Freiheitsbegriff aufgegriffen und im ruthenischen politischen Denken verbreitet wurde[49]. Zugleich wurde ein in den polnischen Vorlagen so nicht existenter ruthenischer Nationsbegriff eingeführt.

Es ist kaum möglich, diese verschiedenen Nationsbegriffe gegeneinander zu verrechnen. Sinnvoll ist es deshalb insbesondere, die Situativität und Kontextualität der jeweiligen Nationszuschreibungen und der Selbstzeugnisse zu betonen. Der polnische Historiker Henryk Litwin fasste dies in die Hypothese, dass ein orthodoxer Adliger des Kreises Pińsk (heute Weißrussland) in Warschau auf die Frage, wer er sei, die Antwort wohl vom Ort und der Person des Fragenden abhängig gemacht hätte. Vor einer orthodoxen Kirche gefragt, hätte er »Ruthene« entgegnet, auf dem Sejm »Litauer«. Wenn er auf seiner Kavalierstour irgendwo im Alten Reich angesprochen worden wäre, hätte er entgegnet: »Ich bin ein polnischer Ritter« (*eques polonus sum*)[50]. Diese Situativität und Plastizität sollte in der historischen Forschung ernst genommen werden.

ABSTAMMUNGSLEGENDEN

Ein Faszinosum des polnischen Adels liegt darin, dass sich die Eliten auf eine Vielfalt von Ursprungslegenden zurückführten und diese auch in ihre Genealogien und Stammbäume einbauten. Sarmaten, Vandalen, Goten und Römer – auf alle diese Vorfahren berief sich der polnische Adel. Grundsätzlich besaß diese Berufungsebene im kompetitiven Europa der Ehrgemeinschaften eine stark legitimatorische Funktion: Im Angesicht der wachsenden Rolle der antiken Anbindung der eigenen Geschichte im Humanismus standen die polnischen Eliten vor dem Dilemma, dass über die eigene Frühgeschichte kaum schriftliche Nachrichten vorlagen. Während die romanischen Eliten von antiken Traditionen umstellt waren und der deutsche Adel sich auf Tacitus *Germania* zurückziehen konnte, blieb die Frühgeschichte der polnischen Eliten unklar und unbestimmt.

In diese Legitimationslücke drangen im frühen 16. Jahrhundert durch humanistische Autoren wie Maciej von Miechów (1457–1523) und Justus Ludovicus Decius (1485–1545) Abstammungsvorstellungen ein, die den Adel auf alle in der Region belegten Großgruppen zurückführten. Wenn die Region nach Ptolemäus Sarmatia hieß und von Sarmaten besiedelt sei, so musste der polnische Adel wohl von den antiken Sarmaten abstammen, so die am frühesten auftauchende und am besten mit Rückgriff auf Jan Długosz belegte Mehrheitsmeinung. Parallel taucht als Minderheitsmeinung

---

49 SMOTRYC'KYJ, Obrona verificyciey (wie Anm. 45), S. 515: »Narod nasz Rusky przy Xiążętach swych wolności też nabył; z tą przezacnemu krolestwu Polskiemu iest incorporowany; tę od Krolow Ich M. Polskich przywileiami y przysięgą ma potwierdzoną«. [Unsere ruthenische Nation erwarb bei seinen Fürsten diese Freiheiten und wurde mit ihnen in das Königreich Polen incorporiert; diese sind von den polnischen Königen mit Privilegien und einem Eid bestätigt].

50 Henryk LITWIN, Narody pierwszej Rzeczypospolitej [Die Nationen der ersten Republik], in: Anna SUCHENI-GRABOWSKA, Alicja DYBKOWSKA (Hg.), Tradycje dawnej Polski, Warschau 1993, S. 168–218, hier S. 199.

der Rückgriff auf die antiken Vandalen auf, für die die etymologische Gleichsetzung Vandalen = Wenden = Slawen = Polen sprach.

Im 17. Jahrhundert imaginierte sich die adlige Nation immer stärker als von Feinden umstellt, aber auch infolge göttlichen Beistandes siegreich. Dies zeigt ein Holzschnitt, der 1607 als Illustration zu Jan Jurkowskis Werk (um 1580–1639), »Das Banner des Vandalus« (»Chorągiew Wandalinowa«), erschien: Der als »Vater Weichsel« dargestellte Vandalus symbolisierte die adlige polnische Nation als Nachkommen der Vandalen. Nach der Legende soll die Weichsel von den Vandalen ihren Namen erhalten haben. Auf dem Banner des Vandalus verteidigte sich die Polonia gegen die von allen Seiten anbrandenden Feinde: Von Norden kamen die Schweden in Neptunsgestalt herangeschwommen, oberhalb der Polonia attackierte ein Moskowiter in traditioneller Kleidung mit einem Streitbeil, aus dem Osten schoss der wölfische Tatar seine Pfeile und aus dem Süden zogen die türkischen Zentaurenkrieger mit einer Kanone heran. Paralysiert ist die Polonia jedoch durch die dreiköpfige Gestalt mit einem Schweins-, Stier- und Hundekopf, die den inneren Aufruhr (den Zebrzydowski-Aufstand 1606/1607) symbolisieren soll und mit einer polnischen Waffe (der Lanze) das eigene Vaterland bedroht. Während die innere Eintracht (*zgoda*) die staatspolitische Ordnungsvorstellung der Nation darstellte, sah der regalistische Autor in der Adelsfronde das Gegenteil. Was mit der polnischen Nation zu geschehen drohte, sah der Betrachter plastisch auf der Rückseite des Banners: Die Hungaria wird von einem Ungeheuer (den muslimischen Osmanen) gefressen[51].

Gerade unter den militärischen Eliten des 16.und 17. Jahrhunderts besonders beliebt war die Abstammungslegende von den Goten – eine Reihe der militärischen Eliten um König Johann Sobieski führte ihre Abstammung auf die Goten zurück, Sobieski selbst sollte in weiblicher Linie von einer gotischen Familie abstammen[52]. Schließlich führten polnische und litauische Familien ihre Abstammung auf römische und italienische Familien zurück, die vor der Tyrannei eines Nero Zuflucht im Norden gesucht oder die adligen Eliten in Italien gestellt hätten; so beispielsweise die Pac, die sich auf die venezianischen Pazzi beriefen.

Sicherlich ist die sarmatische Abstammungslegende im 17. und 18. Jahrhundert unter dem Mitteladel dominant, verbunden wird damit manchmal auch die Vorstellung, die Sarmaten als Vorgänger des polnischen Adels hätten die anderen Völker der Sarmatia unterworfen; diese Unterworfenen seien zeitgenössisch die Vorfahren der

---

51 Jan Jurkowski, Dzieła wszystkie [Sämtliche Werke], Bd. 2: Utwory panegiryczne i satyryczne [Panegyrische und satirische Werke], bearb. von Czesław Hernas, Breslau 1968; detaillierte Analyse bei Magdalena Górska, Polonia. Respublica. Patria. Personifikacja Polski w sztuce XVI–XVIII wieku [Personifizierungen der Polonia in der Kunst des 16.–18. Jahrhunderts], Breslau 2005, S. 208–218.

52 Matthaeus Praetorius, Orbis Gothicus. Id est historica narratio omnium fere Gothici nominis populorum origines, sedes, linguas, regimen, reges, mores, ritus varios, conversionem ad fidem etc. etc. exhibens. Qua simul victricem olim tot gentium Gothiam, productis ultra Europae Asiaeque terminos in Afrciam armis, Gothiae Sarmaticae [...], lib. IV, Oliva 1688–1689; Ders., Mars Gothicus, id est tractatus historicus: Exhibens Veterum Gothorum militiam, potentiam, arma, machinas [...], Oliva 1691. Zusammenfassend Hans-Jürgen Bömelburg, Frühneuzeitliche Nationen im östlichen Europa. Das polnische Geschichtsdenken und die Reichweite einer humanistischen Nationalgeschichte (1500–1700), Wiesbaden 2006 (Veröffentlichungen des Nordost-Instituts, 4), S. 403–405.

heutigen Bauern – so barocke Juristen und Historiker wie Aaron Aleksander Olizarowski (1610–1659) oder Joachim Pastorius (1611–1681). Jedoch findet sich keine
ausgearbeitete Theoriebildung einer adligen sarmatischen versus einer unterworfenen bäuerlichen Rasse.

Inwieweit wurden solche adligen Abstammungslegenden geglaubt und ernst genommen? Auf diese Frage sind ebenfalls nur situative Antworten möglich, hier zwei
Beispiele: Die Gebildeten gingen mit diesen Konstrukten instrumentell und spiele-
risch um. Sie lebten davon, etwa für Publizisten und Lehrende an Jesuitenkollegs
stellte die Anfertigung von Stammbäumen, Wappenbüchern oder umfangreichen
Familiengeschichten eine erhebliche Einnahmequelle dar. Als im frühen 18. Jahrhundert die Kritik schärfer wurde, formulierte 1727 Samuel Friedrich Lauterbach (1662–
1728) eine ironisierende Distanzierung, die der scharfen Kritik der aufgeklärten Wissenschaft die Spitze nahm: »Und sey es auch mit dem Anfang dieser Völcker und
ihres Reichs bewand, wie es immer wolle, so müssen sie gleichwohl ihre Vorfahren
gehabt haben, uns werden wohl nicht aus den Steinen entsprungen, oder wie Pilze
aufgewachsen seyn?«[53]

Andererseits: Fürst Józef Aleksander Jabłonowski (1711–1777), der Begründer der
Fürstlich Jablonowskischen Gesellschaft der Wissenschaften (Societas Jablonoviana)
in Leipzig, einer eher aufgeklärten, bis heute existierenden Wissenschaftssozietät[54],
reagierte 1740 verstimmt auf die These Gottfried Lengnichs, Lech sei nur eine my-
thische Figur, und zog die Zustimmung zu einem ausgelobten Preis zurück.

***

Mit Hilfe des Begriffs der Adelsnation ist es möglich, die besonders intensive Verge-
sellschaftung des polnischen Adels und dessen führende Position im Reichsverband
Polen-Litauens zu beschreiben – jedoch könnte man dafür auch einen anderen Begriff finden. Vielfach werden Begriffe wie Nation (*naród*), Vaterland (*ojczyna*) austauschbar verwandt, formelhafte Wendungen wie die *respublica* (*rzeczpospolita*), die
sich aus mehreren Nationen und/oder Vaterländern zusammensetzen, sind an der
Tagesordnung.

Kritisch zu sehen ist, dass der Begriff der Adelsnation – und hierin liegt ein wis-
senschaftliches Problem – die Vorstellung einer deutlich zu stark unifizierten Nation
weckt, während wir es tatsächlich mit einer für Aufsteiger aus unteradligen Schichten
offenen, andere abgebrochene Nationsbildungen oder regionale Adelsidentitäten
überschichtenden und stark situativen Gruppenbildung in einer zusammengesetzten

---

53 Samuel Friedrich Lauterbach, Pohlnische Chronicke, Oder, Historische Nachricht von dem
    Leben und Thaten aller Hertzoge und Könige in Pohlen, von Lecho an bis auf […] Augustum II.
    Nebst ihren eigentlichen Bildnüssen, aus sehr vielen fleißig nachgeschlagenen Geschicht-
    Büchern bey einer noch nicht habenden angenehmen Ordnung, und in Acht unterschiedene
    Alter eingetheilet […], Frankfurt, Leipzig 1727, Vorwort S. B4.
54 Ewa Tomicka-Krumrey, Jozef Aleksander Jablonowski. Ein aufgeklärter Sarmate. Zur Per-
    sönlichkeit des Mäzens, in: Dietrich Scholze, Ewa Tomicka-Krumrey, Mit Wort und Tat.
    Deutsch-polnischer Kultur- und Wissenschaftsdialog seit dem 18. Jahrhundert, Leipzig 2001
    (Veröffentlichung zum 225. Jahrestag der Societas Jablonoviana an der Universität Leipzig
    1774–1999), S. 37–51.

Monarchie (*composite monarchy*) zu tun haben. Erst die rückblickende Identitäts-stiftung in den Diskussionen um die Verfassung vom 3. Mai 1791, in denen tatsächlich der Begriff der Nation übermächtig wird, sowie die Teilungen, polnische Reform-versuche und die Aufstände des 19. Jahrhunderts verleihen der Adelsnation klare Konturen. Für die Frühe Neuzeit sollte man den Begriff im Bewusstsein der Hete-rogenität und Situativität der Nationsbegriffe zurückhaltend verwenden.

MARTIN WREDE

La germanité conjoncturelle et culturelle de la grande noblesse allemande au cours du XVIIᵉ siècle*

INTRODUCTION

Vers la fin du XVIIᵉ siècle, l'Allemagne, le Saint Empire romain germanique, était dans la tourmente: c'était l'époque des guerres de Louis XIV, qui ébranlèrent assez fortement ordre politique et opinion publique outre-Rhin. Et cette tourmente toucha aussi la noblesse: du milieu des années 1670 au début des années 1690, bon nombre de pamphlets politiques adressèrent des critiques sévères soit au second ordre en général, soit à quelques-uns de ses représentants illustres – critiques qui visaient le profil culturel de la noblesse et, en même temps, son manque de profil national[1].

Car la noblesse allemande, les cours princières, étaient taxées de francophilie – une trop forte ouverture au modèle culturel français, aux modes et aux mœurs françaises. On condamnait alors le penchant nobiliaire pour la langue de Molière (ou plutôt de Louvois…) et pour les coiffures de mademoiselle de Fontanges, pour la soie de Lyon et pour le vin de Bordeaux. On critiquait le »grand tour« des gentilshommes ou, du moins, les étapes de ce tour en France; on critiquait également, avec autant d'ardeur, la réception de »courtisanes« et de maîtres de danse français en Allemagne. Ces derniers étaient littéralement considérés comme des espions; le grand tour, en revanche, était tenu pour une tentative de lavage de cerveau destiné à ôter aux nobles allemands ce qu'il leur restait de sentiment national[2].

S'ajoutait la vitupération des »vendus«, des »Françallemands« (*Teutschfrantzosen*) plus au moins déclarés – termes faisant référence aux quelques alliés dont disposait Louis XIV au sein du Saint-Empire après 1674, l'année où il fut déclaré officiellement *hostis imperii* par la diète de Ratisbonne. Étaient visés le duc Jean-Frédéric de Hanovre et le prince-électeur Ferdinand Marie de Bavière, mais comme ceux-ci n'étaient que des alliés couverts, non déclarés, la critique resta feutrée. Était également visé le

* Mes remerciements vont à Laurent Bourquin et à Thierry Jacob (LARHRA, Lyon) qui ont bien voulu relire le texte afin de le rendre moins germanique et plus lisible.

1 Pour l'histoire générale du Saint-Empire au XVIIᵉ siècle voir Georg Schmidt, Geschichte des Alten Reiches. Staat und Nation in der Frühen Neuzeit, 1495–1806, München 1999, p. 150–233; Volker Press, Kriege und Krisen. Deutschland 1600–1715, München 1991. Pour l'après-1648 voir surtout Karl Otmar von Aretin, Das Alte Reich 1648–1806, 4 vol., Stuttgart 1993–1997, vol. I: Föderalistische oder hierarchische Ordnung, 1648–1684, et pour les pamphlets antinobiliaires et autres Martin Wrede, Das Reich und seine Feinde. Politische Feindbilder in der reichspatriotischen Publizistik zwischen Westfälischem Frieden und Siebenjährigem Krieg, Mainz 2004, p. 407–450.

2 Wrede, Das Reich und seine Feinde (voir n. 1), p. 412–413. Cf. Rainer Babel, Werner Paravicini (dir.), Grand Tour. Adeliges Reisen und europäische Kultur vom 14. bis zum 18. Jahrhundert, Ostfildern 2012, en particulier les contributions de Joachim Rees, Dorothea Nolde et Thomas Grosser.

prince-évêque de Münster, Christophe-Bernard von Galen, le »Bombenbernd« (»Bernard la Bombe«) qui s'était ouvertement associé à Louis XIV pour conquérir Groningue, en vain d'ailleurs. Il eut droit à des »boulets« d'un calibre supérieur. Mais de tous les princes de l'Empire, les bêtes noires par excellence des propagandistes allemands furent sans aucun doute les frères Fürstenberg, Guillaume Egon et François Egon, ministres du prince-électeur de Cologne, Maximilien Henri de Bavière et eux-mêmes successivement princes-évêques de Strasbourg. Ils firent les délices de bon nombre d'auteurs et vraisemblablement aussi de quelques lecteurs. Plus tard, au début de la guerre de la Succession d'Espagne, le nouvel Électeur de Bavière, Maximilien Emanuel, leur succéda dans ce rôle de triste célébrité[3].

Les »Égonides« ainsi que tous les autres Françallemands de l'époque furent donc exclus de la nation, »expatriés« (*ausgebürgert*), de façon morale par l'opinion commune des écrits à tendance francophobe: on les considérait comme des »traîtres à la patrie« qui n'étaient plus dignes du nom d'Allemand. Pour les Fürstenberg, ce fut un verdict sans appel[4].

En revanche, la noblesse allemande en général, comme les princes d'Empire dans leur grande majorité, surent se tirer d'affaire d'une façon plus heureuse. Le chapitre antinoble de la propagande allemande des guerres de Louis XIV était, certes, haut en couleur, mais il ne marquait pas le genre dans son entier. Le véritable enjeu était ailleurs: il se trouvait à Versailles. Dénigrer Louis XIV était la voie royale dans cette guerre des plumes et des imprimeurs qui laissa des traces dans le cours des événements en Europe aussi bien que dans la culture politique en Allemagne[5].

Mais d'autres raisons expliquent pourquoi cette réprobation d'une noblesse allemande francisée ne put se généraliser. D'une part, les critiques de la cour et de la noblesse n'étaient qu'une tradition rhétorique, vénérable certes, mais très peu mobilisatrice. La maxime »Bei Hof, bei Höll« (»à la cour, en enfer«), était peut-être plus qu'une ficelle mais moins qu'un argument[6]. D'autre part, cette propagande antifrançaise des guerres de Louis XIV se voulait rassembleuse (à l'intérieur de l'espace allemand, bien entendu…): son but était de rassembler, de fédérer la nation à travers ses clivages et fractures – confessionnels mais également sociaux, ou plus simplement géographiques. À la fin du XVIIe siècle, les écrits de nature politique imaginaient une nation allemande inclusive, une nation dont l'empereur, les princes, les nobles pouvaient et devaient faire partie intégrante – tout comme le commun des mortels. Cette

---

3 Voir en général WREDE, Das Reich und seine Feinde (voir n. 1), p. 435–449, et en particulier Esteban MAUERER, Die Egoniden zwischen Frankreich und dem Kaiser. Zum Umgang mit abweichendem politischen Verhalten im Haus Fürstenberg im 17. und 18. Jahrhundert, in: Martin WREDE, Horst CARL (dir.), Zwischen Schande und Ehre. Erinnerungsbrüche und die Kontinuität des Hauses. Legitimationsmuster und Traditionsverständnis des frühneuzeitlichen Adels in Umbruch und Krise, Mainz 2007, p. 81–96; Johannes ARNDT, Max Emanuel, Kurfürst von Bayern oder Graf von Wittelsbach? Exil und Ächtung eines Barockfürsten in der bayerischen Historiographie, in: ibid., p. 65–80.

4 Pour approfondir MAUERER, Die Egoniden (voir n. 3), voir également John T. O'CONNOR, Negotiator out of Season. The Career of Wilhelm Egon von Fürstenberg, 1629 to 1704, Athens, Ga, 1978.

5 WREDE, Das Reich und seine Feinde (voir n. 1), p. 333–363, 474–483.

6 Helmuth KIESEL, »Bei Hof, bei Höll«. Untersuchungen zur literarischen Hofkritik von Sebastian Brant bis Friedrich Schiller, Tübingen 1979.

unité imaginaire de la nation passait aisément par l'intégration négative, par le dénigrement de l'adversaire[7].

Princes et nobles, de leur côté, réclamaient également leur place dans ce corps national ou, plus précisément, revendiquaient leur place à sa tête. La noblesse allemande ne cherchait pas à s'ériger en nation politique, distincte du corps des communs, et elle abandonna d'ailleurs, au fur et à mesure, les prétentions d'origine grecque, romaine, donc non germaniques. Ce fut plutôt le contraire qui s'établit: la noblesse allemande, du moins la haute noblesse immédiate, s'imaginait et se représentait comme le corps des pères, des guides de la nation[8]. Cette tradition nobiliaire qui consistait à afficher sa germanité, son appartenance nationale, était forte et solide, mais elle était également d'une nature quelque peu conjoncturelle comme nous allons le montrer.

Nous procéderons en trois étapes. Serons examinés d'abord les décors et l'esprit des fêtes princières à la veille de la guerre de Trente Ans. Puis, nous retracerons en quoi et pourquoi cette guerre de Trente Ans put contribuer à rendre une maison de la haute noblesse de plus en plus allemande, comment la guerre l'incita à se germaniser sur le plan généalogique et donc, en fin de compte, politique. Dans un troisième temps, nous reviendrons sur les guerres de Louis XIV pour faire le lien entre appartenance nationale et rang, aspiration sociale – lien qui consiste en l'ancrage de la grande noblesse, même francophile, dans la culture politique du Saint Empire romain germanique. Trois éléments essentiels de l'existence nobiliaire seront donc pris en compte: la représentation, la généalogie et les choix politiques.

LES FÊTES PATRIOTIQUES DE L'UNION PROTESTANTE

La noblesse y était ancrée, bien sûr, dès le début: elle était l'un des éléments constitutifs de cette culture politique »quomodo monstro simile«, pour reprendre la fameuse expression de Samuel Pufendorf[9]. Pourtant, l'Empire et sa culture politique ne se montraient pas seulement monstrueux, mais pouvaient aussi se révéler brillants et festifs. Ce fut justement le cas dans les années qui précédèrent le déclenchement de la guerre de Trente Ans, et ce malgré les tensions qui étaient en train de monter et en quelque sorte à cause d'elles.

---

7   SCHMIDT, Geschichte des Alten Reiches (voir n. 1), p. 44–54, 234–244; Joachim WHALEY, Kulturelle Toleranz – die deutsche Nation im europäischen Vergleich, in: Georg SCHMIDT (dir.), Die deutsche Nation im frühneuzeitlichen Europa. Politische Ordnung und kulturelle Identität, Munich 2010, p. 201–224.

8   Horst CARL, Europäische Adelsgesellschaft und deutsche Nation in der Frühen Neuzeit, in: SCHMIDT (dir.), Die deutsche Nation (voir n. 7), p. 181–199, ici 189.

9   Pour la discussion de la *forma imperii* voir Bernd ROECK, Reichssystem und Reichsherkommen. Die Diskussion über die Staatlichkeit des Reiches in der politischen Publizistik des 17. und 18. Jahrhunderts, Stuttgart 1984, et pour l'apport français au débat Martin WREDE, L'état de l'Empire empire? Die französische Historiographie und das Reich im Zeitalter Ludwigs XIV. Weltbild, Wissenschaft und Propaganda, in: Matthias SCHNETTGER (dir.), Imperium Romanum, irregulare corpus. Teutscher Reichs-Staat. Das Alte Reich im Verständnis der Zeitgenossen und der Historiographie, Mayence 2002, p. 89–110.

Ceci vaut plus particulièrement pour les princes protestants, organisés depuis 1608 dans une ligue, l'Union protestante. Ces princes de l'Union cherchaient à préserver la vraie foi – pour eux le protestantisme – et, pour bien y parvenir, ils se devaient de conférer une représentation appropriée à leur rang et à leurs aspirations politiques, et donc faire la fête! Ce sont notamment les travaux de Helen Watanabe-O'Kelly, mais aussi ceux d'Alexander Schmidt et autres, qui nous ont décrit les programmes, les décors et les significations de ces fêtes essentiellement politiques de l'Union protestante. Fête princière au début du XVIIᵉ siècle, cela signifie encore tournois et carrousels: mise en scène et mise en spectacle éblouissante des princes, des noblesses et des valeurs qu'ils embrassent et partagent[10].

Une des valeurs embrassées et partagées lors des fêtes de l'Union était la nation. Deux événements phares la mirent en lumière: d'une part le mariage du duc Jean-Frédéric de Wurtemberg avec la margrave Barbara Sophie de Brandebourg en 1609; et, d'autre part, le baptême de leur fils Frédéric, en 1616. Grâce aux descriptions imprimées de ces deux événements, nous les connaissons dans toute leur splendeur[11].

Mais cette splendeur ne doit pas faire oublier que les princes protestants de l'Union se trouvaient dans une situation politique compliquée. Bien avant 1618, la constitution de l'Empire devint de plus en plus dysfonctionnelle, la relation des protestants avec l'empereur, la maison de Habsbourg et leurs homologues princiers catholiques se faisant de plus en plus tendue[12]. Pour revendiquer une légitimité politique, il était nécessaire de disposer d'une stratégie représentative et, si l'ordre impérial ne s'y prêtait guère, la nation allemande, elle, était un terrain bien plus propice pour ce faire.

Furent donc représentés dans la cavalcade qui ouvrit le carrousel à Stuttgart en 1609 les héros de l'histoire ou plutôt de la mythistoire germanique: Brennus, Mannus, Arminius, Thidrek de Berne (alias Théodoric de Vérone) et autres. Le tout fut couronné et dominé par *Germania*, la Germanie, mère de la nation, accompagnée

---

10 Helen WATANABE-O'KELLY, Triumphall Shews. Tournaments at German-Speaking Courts in Their European Context, 1560–1730, Berlin 1992, p. 37–63, ID., The Protestant Union. Festivals, Festival Books, War and Politics, in: James R. MULRYNE et al. (dir.), Europa Triumphans. Court and Civic Festivals in Early Modern Europe, vol. II, Aldershot, Burlington, Vt. 2004, p. 15–34. Cf. les analyses d'Alexander SCHMIDT, Vaterlandsliebe und Religionskonflikt. Politische Diskurse im Alten Reich, 1555–1648, Leiden 2007, p. 328–350, et de Sara SMART, The Ideal Image. Studies in Writing for the German Court, 1616–1706, Berlin 2005.

11 Johann OETTINGER, Warhaffte Historische Beschreibung Der Fürstlichen Hochzeit [...] So Der Duchleuchtig Hochgeborn Fürst und Herr / Herr Johann Friederich Hertzog zu Württemberg und Teck [...] Mit Der auch Durchleuchtigen Hochgebornen Fürstin und Frewlin / Frewlin Barbara Sophia Marggräwin zu Brandenburg [...] celebriert und gehalten hat, Stuttgart 1610; Georg Rudolf WECKHERLIN, Triumf Newlich bey der F[ürstlichen] kindtauf zu Stutgart gehalten, Stuttgart 1616; Esaias VAN HULSEN, Repraesentatio der furstlichen Aufzug und Ritterspil so der Durchleuchtige Hochgeborne Furst und Herr / Herr Johann Friderich Hertzog zu Württemberg [...] bey Ihr. H.G. Neuwgebornen Sohn Friderich Hertzog zu Württemberg etc. fürstlicher Kindtauffen [...] den 17 Marty Anno 1616 [...] gehalten, Stuttgart 1616. Cf. ID., Aigentliche warhaffte Delineatio unnd abbildung aller Fürstlichen Auffzüg und Ritterspilen Bey deß Duchleuchtigen Hochgebornen Fürsten und Herren Herren Johann Friderichen Hertzogen zu Württemberg unnd Teck [...] besungen Printzen und Sohns Hertzog Ulrichen wohlangestellter fürstlicher Kindtauff [...] den 13. 14. 15. 16. und 17. July Anno 1617, Stuttgart 1618.

12 SCHMIDT, Geschichte des Alten Reiches (voir n. 1), p. 132–142. Voir également Axel GOTT-HARD, Das Alte Reich 1495–1806, Darmstadt 2003, p. 62–85.

d'allégories des vertus et avantages qui lui étaient propres – et donc aux Allemands. On y trouvait, notamment, la liberté, la religion, la justice et la concorde, la science, l'invention, la beauté et – pour ne pas l'oublier – la modestie… Les adversaires de *Germania* eurent également leur rôle, ne fût-ce qu'un rôle modeste et peu enviable: car la foi et la sincérité germaniques eurent l'occasion de mener, vaincus et captifs, la malveillance, la médisance, l'hypocrisie et la flatterie dans l'arène. Des jésuites donc, ou plutôt des allégories qui devaient être reconnaissables comme tels. Les épreuves du carrousel montrèrent par la suite des affrontements entre héros germaniques et divinités anciennes – les premiers remportant, bien sûr, la victoire[13].

Le carrousel de 1616 en rajouta. Cette fois encore, fut représentée une *Germania* sous une couronne de lauriers et de vertus, ainsi que des héros germaniques vertueux et victorieux. L'incontournable Arminius fut ici accompagné par une équipe différente, légèrement plus historique que mythique: Roland, Widukind de Saxe et »18 anciens capitaines et chefs de guerre allemands«, qui incitèrent les jeunes nobles à l'amour de la patrie[14]. Les adversaires furent mis en scène de façon un peu plus explicite: »par un monstre qui désignait l'Espagnol, le Jésuite et le Capucin«. Ce monstre ne resta pas seul: le pape et le sultan en personne lui tinrent compagnie lors d'autres apparitions[15]. À leur encontre, en bons disciples des anciens: la noblesse allemande – et protestante – au service de la nation. Le cartel des participants wurtembergeois stipulait qu' »aucun chevalier ne pouvait acquérir de plus grands mérites que celui qui s'employa à travailler de toutes ses forces à la concorde de la patrie«[16].

Les princes protestants cherchèrent donc refuge dans la nation allemande. Les Wurtemberg et leurs alliés n'affichèrent pas, lors des deux fêtes en question, leurs ancêtres dynastiques mais ils eurent recours aux ancêtres de la nation. Les princes s'inscrivirent donc dans l'histoire nationale allemande. Ils imaginèrent une nation, a priori protestante, où l'empereur n'avait plus de place propre et qui ignorait les princes catholiques. Mais, parallèlement, ce scénario germanique s'avéra plutôt inclusif, intégratif. La »concorde« joua tout son rôle. *Concordia* était sagement mise en scène près de la mère de la nation: en politique, concorde rimait avec Germanie. L'exaltation de la concorde indiquait que, tout d'abord, les tensions entre luthériens et calvinistes, question essentielle pour l'Union protestante, étaient dépassées ou qu'elles étaient perçues comme telles. Ensuite, la concorde impliquait que la mise en scène n'était pas outre mesure anticatholique et laissait envisager que la communauté nationale pût englober les deux confessions: lorsque l'on accentua valeur et grandeur nationale, on

---

13 OETTINGER, Warhaffte Historische Beschreibung (voir n. 11), p. 92, 108–111.
14 WECKHERLIN, Triumf (voir n. 11), p. 81–86, 92–95. Les fêtes de Stuttgart reprirent également beaucoup d'éléments de l'Antiquité grecque, mais qui ne diluèrent pas le message patriotique de l'événement.
15 Ludwig KRAPF, Christian WAGENKNECHT (dir.), Stuttgarter Hoffeste. Texte und Materialien zur höfischen Repräsentation im frühen 17. Jahrhundert, Tübingen 1979, vol. I, S. 333 (récit de voyage de Philipp Hainhofer par rapport à la fête de Stuttgart en 1616); WECKHERLIN, Triumf (voir n. 11), p. 26–27, ne mentionne pas cet élément, jugé peut-être trop provocateur pour cette publication quasi officielle.
16 WECKHERLIN, Triumf (voir n. 11), p. 56: »Daß wie alle deß Christlichen Fridens Feinde / Gottes und der Menschen Fluch / auff sich billich laden / Also kein Cavallier sich höher verdient machen kan / als welcher die Einigkeit des vatterlands / nach Müglichkeit befürdert«.

ne parla plus trop des divisions internes, et l'on évita donc de les amplifier. Cette union nationale au-dessus des confessions, d'ailleurs, fut remise en place après 1648. Les exaltations de la »patrie allemande« firent oublier (ou presque) le clivage confessionnel. Il faut ici rendre hommage à Dieter Langewiesche et Georg Schmidt d'avoir mis en relief cet aspect »fédérateur« du concept de la nation en Allemagne par-delà le clivage confessionnel[17]. Selon eux, le sentiment national fut plutôt renforcé par le manque d'unité confessionnelle. Et il ne faut pas oublier un autre élément fédérateur de la nation: la mise en scène germanique de Stuttgart était, certes, une mise en scène aristocratique, une mise en fête de la grande noblesse immédiate de l'Empire. Mais en même temps, elle était destinée à recueillir les applaudissements d'un public non aristocrate, citadin, bourgeois. Il ne faut pas sous-estimer cet effet, car être prince sans les applaudissements du public pouvait et peut encore se révéler une expérience peu enviable. En accueillant les applaudissements du public, les nobles champions (protestants) de la nation allemande pouvaient se rassurer sur la légitimité de leur cause[18].

GERMANISER UNE MAISON NOBLE, ANCIENNE ET CHEVALERESQUE: LES NASSAU

Tout le monde sait que, en realpolitik, le succès de ces représentations et imaginations nationales des princes protestants ne fut pas très considérable. Elles ne concordaient pas avec l'esprit du temps et encore moins avec le rapport de forces en présence. Entre 1619 et 1621, l'Union protestante, certes, ne fut pas vaincue mais, bien pire que cela, elle fut déchirée, neutralisée et enfin dissoute sans même avoir combattu. L'empereur Ferdinand II s'apprêta à donner la loi à l'Allemagne – à moyen terme, en 1629, il promulgua le *Restitutionsedikt* – et il fit peu de cas de ses adversaires vaincus (respectivement dissous) ni de leurs parents, vassaux ou associés[19]. Parmi ceux qui durent payer chèrement leurs mauvais choix politiques, une place éminente revient à la très illustre maison de Nassau, dont les possessions se situaient entre la

17 Georg SCHMIDT, Teutsche Kriege. Nationale Deutungsmuster und integrative Wertvorstellungen im frühneuzeitlichen Reich, in: Dieter LANGEWIESCHE, Georg SCHMIDT (dir.), Föderative Nation. Deutschlandkonzepte von der Reformation bis zum Ersten Weltkrieg, München 1999, p. 33–61. Cf. Martin WREDE, L'ennemi héréditaire entre croisades et convenances. Séculariser un concept sacral, Allemagne XVIe–XVIIIe siècle, in: Laurent BOURQUIN et al. (dir.) La politique par les armes. Conflits internationaux et politisation, XVe–XIXe siècle, Rennes 2014, p. 77–92.
18 Voir WECKHERLIN, Triumf (voir n. 11), p. 12, 27, 51, pour les réactions du public à Stuttgart. Cf. Martin WREDE, Ohne Furcht und Tadel – Für König und Vaterland. Frühneuzeitlicher Hochadel zwischen Familienehre, Ritterideal und Fürstendienst, Ostfildern 2012, p. 335–350, pour la relation entre magnificence princière et applaudissement public lors des fêtes de cour dans l'espace urbain, et notamment Joël BLANCHARD, Le spectacle du rite. Les entrées royales, in: Revue historique 127 (2003), p. 475–519, pour le »dialogue imaginaire« qui eut lieu à de telles occasions.
19 Pour la politique de Ferdinand II dans les années 1620, voir Thomas BROCKMANN, Dynastie, Kaiseramt und Konfession. Politik und Ordnungsvorstellungen Ferdinands II. im Dreißigjährigen Krieg, Paderborn 2011.

Hesse et le Rhin ainsi que dans la Sarre. Les Nassau, de par leur poids politique et généalogique, étaient la première des maisons comtales de l'Empire. Et à ce titre, ils faisaient donc partie de la grande noblesse immédiate protestante, sans pour autant pouvoir figurer au rang des grands princes territoriaux. Disposant d'un poids politique relatif, ils furent dépossédés, leurs territoires pillés et mis à sac lors des années 1620 et surtout 1630, après les déroutes successives du protestantisme armé. La branche aînée dut se replier d'abord à Sarrebruck, puis à Metz[20].

A priori, les Nassau ne se prêtaient pas particulièrement à la germanisation: avec leur branche d'Orange, ils furent (et sont) présents sur le plan européen. Pour le premier Orange au sens moderne du terme, Guillaume le Taciturne, issu de la branche de Nassau-Dillenbourg, la patrie dont il fut déclaré le père n'était pas, bien sûr, l'Allemagne[21]. Les rumeurs circulant au début du XVIIᵉ siècle selon lesquelles Maurice de Nassau, le deuxième stadhouder de la République, pourrait se faire élire empereur germanique, restèrent ce qu'elles étaient: des rumeurs[22]. Pourtant, nous savons que »Het Wilhelmus«, l'hymne national néerlandais, fête d'une part le sang allemand du Taciturne, »het duitse bloed« et d'autre part, ce qu'on oublie souvent, le fait que Guillaume était »de sang noble, de lignée impériale«, »edel en hooggeboren, van kejzerlijken stam«[23]. Le premier élément rassura les contemporains par rapport au caractère indigène et – surtout – non espagnol du »père de la patrie«, l'autre apporta, paraît-il, un peu de distinction princière dans la république marchande. Le sang impérial en question est celui d'Adolphe de Nassau, roi des Romains entre 1292 et 1298, l'un des roitelets du haut Moyen Âge allemand qui ne laissa guère de traces mais qui devint pourtant l'ancêtre phare de sa maison[24]. Les Nassau faisaient donc partie intégrante de l'ordre et de la culture politique du Saint-Empire, et les Orange y étaient étroitement associés.

Mais l'époque moderne apporta d'autres ancêtres aux Nassau que le malheureux roi Adolphe, mort »occis et écrasé« lors d'une bataille, vaincu par son rival Albert d'Autriche, comme le déplore l'une des histoires de la maison. En effet, les Nassau

20 Georg Schmidt, Der Wetterauer Grafenverein. Organisation und Politik einer Reichskorporation zwischen Reformation und Westfälischem Frieden, Marbourg 1989, p. 406, 418–421, 446, 521; Wrede, Ohne Furcht und Tadel (voir n. 18), p. 188–222.

21 Ibid., S. 188–190, 206–211.

22 Heinz Duchhardt, Protestantisches Kaisertum und Altes Reich. Die Diskussion über die Konfession des Kaisers in Politik, Publizistik und Staatsrecht, Wiesbaden 1977, p. 111–113. Voir également Wrede, Ohne Furcht und Tadel (voir n. 18), p. 210.

23 Par rapport à la rédaction, à la réception et au texte même du Wilhelmus voir E. Hofman, Het lied van Oranje en Nederland. Nieuw licht op het Wilhelmus en zijn dichters, Kampen 2003, p. 11–54, 213–262; Eberhard Nehlsen, Wilhelmus von Nassauen. Studien zur Rezeption eines niederländischen Liedes im deutschsprachigen Raum vom 16. bis zum 20. Jahrhundert, Münster et al. 1993, p. 45–51; J. de Gier (dir.), Het Wilhelmus in artikelen. Een bundel bedrukte studies over het Wilhelmus, Utrecht 1985. »Duits«, dans le sens du texte, peut signifier à la fois »allemand« et »néerlandais«, le dernier proche du »dutch«, de l'anglais moderne. Et l'un et l'autre devait affirmer que le prince d'Orange n'avait certainement rien en commun avec l'ennemi espagnol (ni, probablement, avec le voisin français).

24 Karl E. Demandt, Geschichte des Landes Hessen, Kassel ²1972, p. 379; Wrede, Ohne Furcht und Tadel (voir n. 18), p. 195–201. Pour les roitelets allemands des XIIIᵉ et XIVᵉ siècles, voir Peter Moraw, Von offener Verfassung zu gestalteter Verdichtung. Das Reich im späten Mittelalter, Berlin 1985, p. 222–226.

– comme toute la noblesse allemande – succombèrent à »l'épidémie généalogique«[25] apportée et nourrie par l'érudition humaniste. L'empereur Maximilien Ier se fit faire »dernier descendant d'Énée«[26] et donc de toute la Rome ancienne. Les Nassau, quant à eux, demeurèrent un peu plus modestes. Leur archiviste historiographe, Guillaume Knuttel, leur permit l'acquisition généalogique d'une lignée de comtes-sénateurs romains, appelés les »frères de Leopart de Lombardie«, qui avaient accompagné Jules César en Gaule et aux confins de la Germanie. Quelques historiographes plus tard, une variante fut apportée en ce que l'on trouva comme ancêtre la figure fondatrice d'un oncle de l'empereur Septime Sévère, connu sous le nom de Théodose de Loepern[27].

Cette généalogie s'avérait, dans toutes ses versions, aussi fictive que respectable, et d'autres maisons firent des acquisitions semblables. Mais l'époque voyait les humanistes allemands commencer à poursuivre leur projet de revaloriser, entre autres, les forêts germaniques et leurs habitants, l'*antiromanitas*, pour ces rejetons de Brennus et d'Arminius, n'étant jamais très loin[28]. Il fallait donc conjuguer descendances romaines et germaniques. Dans le cas des Nassau, ce processus passa par les femmes. Les »frères de Leopart«, ou respectivement Théodose de Loepern, éblouis par l'*amoenitas*, la beauté et la douceur du paysage, succombèrent à la douceur et à la beauté des filles du pays. Ils prirent femme dans une ancienne maison allemande, descendant d'un prince Nasua, qui fut mentionné et tenu en estime par César lui-même; ils adoptèrent leur nom de famille et devinrent alors de bons allemands[29].

Tout cela représentait certes une belle histoire, mais, dès le début du XVIIe siècle, une telle narration, un tel récit n'avait plus le même succès qu'auparavant. Sa crédibilité, bien sûr, posait problème, mais elle posait également la question de la germanité, ou plutôt celle de son défaut qu'il importait de résoudre. Or, comme nous allons le montrer, rendre crédible l'arbre généalogique rimait avec germaniser[30].

Deux ouvrages s'attelèrent à la tâche: la »Chronique nassavienne« (»Nassauische Chronik«) de Jean Textor, publiée en 1617, et les »Livres des généalogies nassaviennes« (»Genealogienbücher«), non publié, de la plume de Jean Andreae, rédigé et amendé au cours des années 1620 et 1630. Les deux auteurs étaient archivistes au service des deux branches principales de la maison[31].

25 Beat Rudolf JENNY, Graf Froben Christoph von Zimmern. Geschichtsschreiber, Erzähler, Landesherr. Ein Beitrag zur Geschichte des Humanismus in Schwaben, Lindau, Konstanz 1959, p. 26 (»Herkommensseuche«).
26 Marie TANNER, The Last Descendant of Aeneas. The Hapsburgs and the Mythic Image of the Emperor, New Haven, Ct, London 1993, p. 98–118.
27 Wilhelm KNÜTTEL, Epitome antiquissimi et nobilissimi stemmatis Comitum a Nassa, Hessisches Hauptstaatsarchiv Wiesbaden [HHStAW], Abt. 130 II, A 5; bibliothèque municipale de Trier (Trèves), Ms. 1326/631, fol. 4 (trois versions non identiques); Koninklijk Huisarchief, s'Gravenhage (La Haye), B 10/A 28 (copie de 1620). Cf. WREDE, Ohne Furcht und Tadel (voir n. 18), p. 193–197.
28 Caspar HIRSCHI, Wettkampf der Nationen. Konstruktionen einer deutschen Ehrgemeinschaft an der Wende vom Mittelalter zur Neuzeit, Göttingen 2005.
29 Voir WREDE, Ohne Furcht und Tadel (voir n. 18), p. 193–195.
30 Ibid., p. 201–204.
31 Johann TEXTOR, Naßawische Chronick / In welcher des uralt. hochlöblich und weitberühmten Stamms vom Hause Naßaw / Printzen und Graven Genealogi oder Stammbaum, deren ge-

Textor soutint rigoureusement que »cette lignée illustre de la maison des Nassau naquit en Allemagne dont elle défendit depuis toujours droit et liberté de façon virile et chevaleresque«. Il ne récuse pas tout à fait les frères lombardiens et Théodose de Loepern, mais la véritable éminence et grandeur de la maison résulte de son rôle quasi cofondateur de l'histoire et de la liberté allemandes. Selon Textor, il n'y avait pas de maison plus ancienne en Allemagne et donc aucune d'un caractère plus allemand[32].

Son confrère, Jean Andreae, va plus loin dans ce sens, de façon consciente et programmatique. Pour lui, il s'agit de réfuter toute *romanitas* présupposée de la maison. La germanité prime tout. Un tel argument constitue tout un programme confirmé et amplifié par le fait que l'auteur ne débute pas avec le commencement de la maison, mais avec les origines de la nation, qu'il développe et dans lesquelles il tente d'inscrire les Nassau. Il fait certes allusion aux hypothétiques pères fondateurs venus d'Italie, mais seulement pour les noyer dans une marée de *contraria* qui ne leur laisse aucune chance de survie. Andreae privilégie le très allemand Nasua comme souche de la maison, mais ce qu'il met davantage en avant, ce sont les mérites des anciens Nassau du bas Moyen Âge pour l'histoire allemande. Cherche-t-on un élément d'internationalité nobiliaire dans cet écrit, qu'on ne saurait le trouver – et c'est là un élément plutôt moderne –, que dans la consanguinité des Nassau avec les maisons royales et princières d'Europe, notamment les Habsbourg et les Wittelsbach ainsi que les Valois[33].

Une telle argumentation reflète la volonté des Nassau, en principe simples comtes d'Empire, de se hisser à un rang supérieur, de figurer parmi la »famille des rois«, grâce à Adolphe de Nassau (*van kejzerlijken stam*)[34]. Mais cette argumentation reflète également la situation de détresse politique qu'ils durent endurer au milieu des années 1630, lorsqu'ils se virent exilés et marginalisés à Metz, vivant de la bonne grâce du Roi Très Chrétien. Pour rentrer dans le jeu politique, il s'avérait donc plus sage de s'assurer du rang que les consanguinités pouvaient soutenir[35].

burt / leben / heurath / kinder / zu Frieden und kriegszeiten verrichtete sachen und thaten / absterben / und sonst denckwürdige Geschichten / [...] auß allerhand Büchern und Schrifften / auch eigener Erfahrung / zusammen gezogen / beschriben / und publicirt [...], Catzenelnbogen 1617 (repr. Bonn 1984). Les manuscrits des douze livres généalogiques (Genealogienbücher) de la maison de Nassau rédigés par Johann Andreae se trouvent dans les fonds du Hessisches Hauptstaatsarchiv Wiesbaden, Abt. 1002, 1–12. Voir surtout Johann ANDREAE, Das I.t Genealogien Buch über Die Nassaw Weilburg. Lini. Vom ersten anfangk der Graven von Nassaw biß uffs Jahr 1255 [...], HHStAW, Abt. 1002, 1; ID., Das 2t Nassauisch Genealogienbuch [...], HHStAW, Abt. 1002, 2; ID., Genealogia saraepontana. Der alleinigen Graven zu Saarprücken. Wie dieselben von alters her besondere Reichs-Graven gewesen, biß ufs Jahr 1380 [...] (= 4ᵉ Genealogienbuch), HHStAW, Abt. 1002, 4; ID., Delineationes über Nassawische Verwandtschafften mitt Röm. Kaysern, Königen, Ertzherzogen, Churfürsten, Fürsten, Landgraven, Marggraven, Pfaltzgraven, Burggraven, Graven und Freyherrn (= 12ᵉ Genealogienbuch), HHStAW, Abt. 1002, 12, non paginé.

32 TEXTOR, Naßawische Chronick (voir n. 31), p. 32. Cf. WREDE, Ohne Furcht und Tadel (voir n. 18), p. 203.

33 ANDREAE, Delineationes über Nassawische Verwandtschafften (voir n. 31). Cf. WREDE, Ohne Furcht und Tadel (voir n. 18), p. 217.

34 Lutz HATZFELD, Königsheil und Prädestination. Zur Leistung der Nassauer in der Ideengeschichte des 16. Jahrhunderts, in: Nassauische Annalen 68 (1957), p. 107–126; Gerhard OESTREICH, Grafschaft und Dynastie Nassau im Zeitalter der konfessionellen Kriege, in: Blätter für deutsche Landesgeschichte 96 (1960), p. 22–49.

35 SCHMIDT, Der Wetterauer Grafenverein (voir n. 20), p. 427–449.

Une telle argumentation vaut aussi pour la germanisation généalogique qu'appliquèrent Textor et Andreae. La quasi-totalité des branches de la maison de Nassau était balayée de l'échiquier politique du Saint-Empire et, pour y reprendre part, il fallait soutenir le rang et la légitimité politique que conférait l'implication la plus profonde dans l'histoire de la nation, donc, le caractère le plus allemand possible de la maison. Les Nassau se revendiquèrent de la nation allemande, *van duitsen bloed*, et firent appel à la nation allemande pour faire avancer leur rétablissement politique[36]. En fin de compte, ils eurent raison: peut-être moins en ce qui concerne l'enracinement dans l'histoire (ou la mythistoire) germanique que pour l'enracinement dans la culture politique du Saint-Empire. Mais la première en faisait partie intégrante[37].

AUTONOMIE PRINCIÈRE, APPARTENANCE NATIONALE ET CULTURE POLITIQUE

Notre troisième exemple aborde la crise suivante du Saint-Empire, celle des guerres de Louis XIV. La guerre de Hollande et surtout la guerre de la Ligue d'Augsbourg incitèrent, comme l'on sait, à une reconfiguration pleine, entière et durable du théâtre politique allemand. Les menaces extérieures, françaises et ottomanes, exigeaient de ressouder les rangs de la nation[38]. Le roi de France perdit son rôle et sa renommée d'»oracle et arbitre chéri de la liberté germanique«, selon l'expression du grand commis et jurisconsulte du XVIIIᵉ siècle, Chrétien-Frédéric Pfeffel[39]. En 1662, il eut encore droit à des éloges dans l'Empire même en tant que »soutien de la chrétienté, ennemi perpétuel des Ottomans, garant de la paix allemande«[40]. En 1674, il fut déclaré ennemi de l'Empire, honni et conspué depuis par d'innombrables écrits, élevé au grade d'»ennemi héréditaire de la chrétienté«, de l'humanité ou, du moins, de la nation allemande[41]. Si Louis XIV y était relativement indifférent, le baron de Lisola, précurseur de tous les autres pamphlétaires, eut encore droit toutefois à l'ire du Roi-Soleil. Mais par la suite, la cour de Versailles renonça aux poursuites et contre-attaques. La guerre des plumes – ou des imprimeurs – était perdue et reconnue

36 Wrede, Ohne Furcht und Tadel (voir n. 18), p. 215–219.
37 Cf. Barbara Stollberg-Rilinger, Des Kaisers alte Kleider. Verfassungsgeschichte und Symbolsprache des Alten Reiches, München 2008 (trad. française: Les vieux habits de l'empereur, Paris 2013), chap. 4. Voir également Notker Hammerstein, Jus und Historie. Ein Beitrag zur Geschichte des historischen Denkens an deutschen Universitäten im späten 17. und im 18. Jahrhundert, Göttingen 1972.
38 Wrede, Das Reich und seine Feinde (voir n. 1), p. 537–560.
39 Chrétien-Frédéric Pfeffel, Nouvel abrégé chronologique de l'histoire et du droit public de l'Allemagne, 2 vol., Paris 1776, vol. II, p. 506. Cf. Martin Wrede, Das Reich und seine Geschichte in den Werken französischer Historiker und Staatsrechtler des 18. Jahrhunderts, in: Francia 27/2 (2000), p. 177–211.
40 »Befästiger der Christenheit / der stätige Feind des Mahometischen Reichs / der tägliche Erhalter des Teutschen Friedens«. Deß Aller Christlichsten Königs Friedhaltendes Gemüth mit den Ständen deß Teutschen Reichs […], s.l. 1662, p. 6.
41 Wrede, Das Reich und seine Feinde (voir n. 1), p. 475–483.

comme telle. La vie, donc, ne fut pas facile pour les quelques alliés et serviteurs allemands qui restaient au roi de France[42].

Le scénario était donc très différent de celui de la guerre de Trente Ans: non seulement l'empereur avait réussi son »retour dans l'Empire« (*Rückkehr ins Reich*), selon l'expression fameuse d'Anton Schindling[43], mais il fut pleinement réintégré dans la nation allemande et ceci vaut notamment du point de vue de ses anciens adversaires protestants. Les princes d'Empire eux-mêmes se trouvaient devant un double défi: il leur fallait désormais faire preuve d'une fidélité inébranlable à l'égard de *Kaiser und Reich* – le diptyque formé par l'empereur et le corps germanique. Et, bien sûr, il leur fallait faire preuve aussi de germanité. Les deux aspects de la même médaille furent d'ailleurs tenus pour indissociables, tant l'Empire était redevenu la plate-forme politique de la nation allemande et l'empereur son incarnation. Empereur, empire, nation: après 1670, ces termes sont souvent employés comme synonymes[44].

Vers la fin du XVIIe siècle, on ne pouvait donc déplorer aucune pénurie de paladins de l'empereur ni de champions de l'Allemagne. Fussent-ils Welf, Wettin, Wittelsbach ou Hohenzollern. L'un des plus notoires de ces »champions de l'empereur« était le duc Georges Guillaume de Brunswick-Lunebourg, qui battit le maréchal de Créqui près de Trèves en 1674, ce qui lui valut des éloges commandités, le faisant premier capitaine de la chrétienté, épée et bouclier de l'empereur, pilier de l'Allemagne[45]. Un autre très bel exemple est fourni par le prince-électeur Maximilien-Emmanuel de Bavière, vainqueur des Turcs à la fin des années 1680, héros de la première prise de Belgrade en 1688. Mais il y avait pléthore d'»Hectors allemands«, de »héros d'Allemagne«, de »délices de la nation«. La fréquence des termes dans les pamphlets politiques et écrits panégyriques est élevée[46]. Et en même temps, bien sûr, elle est loin d'être surprenante. Les princes se drapaient dans le manteau d'un patriotisme osten-

---

42 Pour Lisola, ses écrits et la réaction française qu'ils provoquèrent voir Markus BAUMANNS, Das publizistische Werk des kaiserlichen Diplomaten Franz Paul Freiherr von Lisola (1613–1674). Ein Beitrag zum Verhältnis von absolutistischem Staat, Öffentlichkeit und Mächtepolitik in der frühen Neuzeit, Berlin 1994, p. 88–107, 168–169, 366–369; Charles-Édouard LEVILLAIN, Le procès de Louis XIV. Une guerre psychologique, Paris 2015. Pour la fin de la propagande française à l'étranger, voir Joseph KLAITS, Printed Propaganda Under Louis XIV. Absolute Monarchy and Public Opinion, Princeton, NJ 1976, p. 86.

43 Anton SCHINDLING, Die Anfänge des Immerwährenden Reichstags zu Regensburg. Ständevertretung und Staatskunst nach dem Westfälischen Frieden, Mainz 1991.

44 Martin WREDE, L'empereur, l'empire, la nation allemande. L'essor de l'esprit politique (milieu XVIIe–milieu XVIIIe siècle). In: Revue historique 643 (2007), p. 623–652.

45 Johannes FAES, Sieg-prangende Palmen / Welche Dem Durchleuchtigsten Fürsten und Herrn / Hn. Georg Wilhelm / Hertzogen zu Braunschweig und Lünaburg / Als Deroselben […] wider den Frantzösischen Marschall / Mons. de Crequi […] / eine völlige Victorie erhalten […], Helmstedt 1675; Friedrich FUNCK, Triumfirender Lorbeer-Kranz / Mit welchem Der Gerecht-Kriegende und Gnädigst-Siegende Herr und Gott Zebaoth / Den Durchleuchtigsten / Hochgebohrnen Fürsten und Herrn / H. Georg Wilhelm Hertogen zu Braunschweig und Lüneburg / Durch Ritterliche Uberwindung des Fürsten Creqvi […] als einen Tapffern und Keyser-Treuen Creiß-Obristen / Glücklich beehret und rühmlich beschencket hat […], Lüneburg 1675. Cf. Martin WREDE, The House of Brunswick-Lüneburg and the Holy Roman Empire. The Making of a Patriotic Dynasty, 1648–1714, in: Ronald G. ASCH, Andreas GESTRICH (dir.), Dynastic Politics, Monarchical Representation, and the Union Between Britain and Hanover, Oxford 2015, p. 43–70.

46 WREDE, Das Reich und seine Feinde (voir n. 1), p. 435–449.

tatoire, d'un dévouement sans faille à l'empereur, à l'ordre impérial et à la nation. Un choix, d'ailleurs, qui fut »alternativlos«, tant il était obligatoire, inévitable de justifier ses choix politiques en tant que prince d'Empire en se référant à l'empereur, à la nation et à l'ordre politique en place, c'est-à-dire aux libertés germaniques[47].

Une telle attitude ressort clairement lorsque l'on examine les prises de position et tentatives de justification des Françallemands. Le duc Jean-Frédéric de Hanovre parla ainsi de la paix de l'Allemagne, de la tranquillité du corps germanique, du maintien des libertés pour légitimer son pacte de neutralité avec Louis XIV. Et les Fürstenberg eux-mêmes dirent s'opposer à la maison d'Autriche, mais jamais à l'Allemagne ni à la constitution de l'Empire[48].

Faut-il donc comprendre cette référence – ou peut-être cette révérence – allemande seulement comme une ficelle rhétorique destinée à masquer les intérêts et objectifs politiques des princes en question? La maison de Georges Guillaume de Brunswick aspirait à obtenir un neuvième électorat[49], et, dans ce contexte, afficher mérite, loyauté et germanité, déclarer tout égoïsme politique un sacrifice national apparaissait être une idée particulièrement sage et appropriée. En fait, la nécrologie du premier Électeur de la maison, Ernest Auguste, duc de Hanovre et frère de Georges Guillaume, stipule que, étant donné les grands services rendus à l'Allemagne par le défunt ainsi que par les siens (dont son frère), l'empereur était quasiment obligé de lui conférer cette dignité électorale qui était due à sa maison depuis longtemps[50].

Il serait naïf de le nier: bien sûr, les prises de position nationales, loyales, comportent et déguisent plus qu'un brin d'opportunisme. Il s'agit ici de politique, ne l'oublions pas! Mais l'opportunisme s'avère une explication trop courte, tant on est confrontés ici également à une culture politique bien particulière qui exigeait et nécessitait un certain comportement de la part des acteurs. Vers la fin du XVIIe siècle, dans le Saint Empire romain germanique, ce comportement se devait d'être un comportement patriotique. Il n'était pas possible, du moins en paroles, de ne pas s'y conformer. Et ces paroles, cette »langue du patriotisme«, limitaient considérablement les choix politiques possibles. Jean-Frédéric de Hanovre dut assez vite s'en rendre compte, tant personne ne croyait au patriotisme de son engagement français – ni même Leibniz, son conseiller, historiographe et en quelque sorte responsable de

47 Georg SCHMIDT, Die deutsche Freiheit und der Westfälische Friede, in: Ronald G. ASCH, Martin WREDE (dir.), Frieden und Krieg in der Frühen Neuzeit. Die europäische Staatenordnung und die außereuropäische Welt, München 2001, p. 323–348; WREDE, L'empereur, l'empire, la nation allemande (voir n. 44), p. 630. Cf., dans un contexte plus large, Johannes ARNDT, Herrschaftskontrolle durch Öffentlichkeit. Die publizistische Darstellung politischer Konflikte im Heiligen Römischen Reich 1648–1750, Göttingen 2013.

48 Georg SCHNATH, Geschichte Hannovers im Zeitalter der neunten Kur und der englischen Sukzession, 1674–1714, Bd. 1, Hildesheim, Leipzig 1938, S. 50–80; MAUERER, Die Egoniden (voir n. 3), p. 84–86.

49 SCHNATH, Geschichte Hannovers (voir n. 48), p. 471–505.

50 Monumentum Gloriae Ernesti Augusti Principis Electoris Brunsvicensis Primi [...], Hannover 1704 [1707?]. Les »Personalia«, le curriculum vitae de l'Électeur défunt, ont été rédigées par Leibniz, qui a également assemblé les gravures. Cf. Gottfried Wilhelm LEIBNIZ, Sämtliche Schriften und Briefe, série 4, vol. VII, Berlin 2011, n° 12, p. 16.

communication[51]. Cela ne veut pas dire que le duc céda à la pression d'une opinion publique. Mais il dut céder en face de ses pairs – et rivaux – qui, eux, étaient capables de se revêtir de la tenue du patriote allemand d'une façon nettement plus crédible que leur cousin de Hanovre. Une crédibilité qui, en fin de compte, conforta leur légitimité.

La valeur ultime d'une maison noble, dans l'Empire ou ailleurs, était son honneur. Cet honneur, à géométrie variable, certes, se mesurait en honneurs, en titres, charges et pensions qui émanaient du prince, mais il se mesurait également en renommée. Et pour celle-ci, à part les titres, charges et pensions, à part (au cas où) l'ancienneté, l'appréciation des pairs et du public était essentielle. Celle-ci se nourrit des éléments susmentionnés, mais pas uniquement. L'actualité y laissa également ses traces. Que la renommée fût ternie parfois par quelques choix politiques – on pouvait, bien sûr, le prendre en compte, l'idée n'était pas absurde. Mais il fallait que les contreparties, en l'occurrence, les subsides français, vaillent d'encourir le risque et aussi que la perte de crédit public que l'on encourait reste limitée; on pouvait donc calculer, prendre en compte et anticiper les dégâts[52].

Il importe peut-être aussi de voir un peu plus de sincérité dans les revendications patriotiques princières tournées vers le corps germanique et la nation allemande. Pour les membres de la Fruchtbringende Gesellschaft, le patriotisme linguistique et le souci du rétablissement de la »chère patrie« étaient sincères et en quelque sorte tout naturels[53]. Et lorsque l'Électeur palatin Charles-Louis écrivit à sa sœur Sophie de Hanovre en 1674 qu'il »était un prince-électeur allemand« et qu'il ne voulait »d'autres grâces que celles procurées par Dieu, l'empereur et le corps germanique«[54], de tels propos traduisent son association profonde et – dans la mesure du possible – sincère à ce monde politique dont il faisait partie et qui était la base et le fondement de son existence. La pression politique de la France, la première dévastation du Palatinat étaient certainement de nature à affirmer son positionnement[55].

Mais tout cela n'explique toujours pas la ferveur avec laquelle la haute noblesse d'Empire, les princes, cherchaient à intégrer le corps d'une nation où ils risquaient très fortement de côtoyer le commun des mortels. Car, rappelons-le, la nation alle-

---

51 Voir le jugement relativement clément sur le poids politique de Leibniz de Günter SCHEEL, Leibniz als politischer Ratgeber des Welfenhauses, in: Herbert BREGER, Friedrich NIEWÖHNER (dir.), Leibniz und Niedersachsen, Stuttgart 1999, p. 35–52. Cf. Gerda UTERMÖHLEN, Leibniz im kulturellen Rahmen des hannoverschen Hofes, in: ibid., p. 213–226.

52 Voir WREDE, The House of Brunswick-Lüneburg (voir n. 45), pour l'exemple des ducs de Brunswick-Lunebourg. Cf. MAUERER, Die Egoniden (voir n. 3), p. 86–88.

53 SCHMIDT, Die deutsche Freiheit (voir n. 47), p. 336–338; ID., Geschichte des Alten Reiches (voir n. 1), p. 147–149.

54 Copia Chur-Pfalz Antwortschreibens an der Hertzogin von Orléans Königl. Hoheit, vom 14. Juli 1674, in: Briefwechsel der Herzogin Sophie von Hannover mit ihrem Bruder, dem Kurfürsten Karl Ludwig von der Pfalz […], éd. par Eduard BODEMANN, Osnabrück 1966 (répr. de l'éd. de 1885), p. 199–200. Charles-Louis envoya la missive à sa sœur qui, dans sa réponse, lui parla de l'admiration que ses mots avaient suscité à sa cour (ibid., n° 209, 10 août 1674, p. 200).

55 Cf. Summarische Relation dessen / Worin deß Pfaltzgrafens Churfürstl. Durchl. […] so wol von den Frantzösischen Commandanten und Guarnison der Vestung Philippsburg / als auch sonsten der Königl. Arméen durchmarsch […] in viel wege beschwäret / und unverschuldeter Dinge vergewaltiget […], s.l. 1674, p. 19, 22, 26, 30.

mande de l'époque moderne, dans son sens politique, était très éloignée de la société des masses et d'une participation politique moderne, contemporaine. La nation politique allemande façon *early modern*, prémoderne, était formée des noblesses immédiates et médiates, magistrats citadins, universitaires – y compris étudiants et pasteurs. Et son imaginaire politique, tel qu'il transparaît dans les pamphlets, mémoires et dissertations de l'époque, allait, sans hésiter, jusqu'à intégrer artisans, paysans, bref, le commun des mortels – ne fût-ce que de façon rhétorique[56]. Quelle était donc la plus-value pour la noblesse de s'inscrire dans cette nation à tendance sinon égalitaire du moins inclusive? Quelle était la plus-value pour un ordre, dont la raison d'être était de chercher honneur, distinction et même exclusivité? C'est sur cette question que nous allons conclure.

CONCLUSION
LA NOBLESSE ALLEMANDE EN LIBERTÉ

La réponse à cette question est double mais néanmoins facile, car la noblesse, et pas uniquement la noblesse allemande, se définit par deux principes: honneur et liberté. S'y ajoute, il est vrai, le service – service du prince, ou, pas seulement en France, service de la nation…[57]

L'honneur de la haute noblesse d'Empire ainsi que de la noblesse allemande en général reposait sur l'honneur de la nation sinon de façon exclusive, du moins dans de fortes proportions. Et dans l'Empire, c'était une vérité établie que la nation allemande occupait la première place dans la chrétienté, car elle était la plus ancienne, la plus valeureuse, la plus noble de toutes les nations, guidée et distinguée par une noblesse digne d'une telle prééminence[58].

Et ne l'oublions pas: l'Allemagne, à l'époque moderne, était, de toute évidence, le pays de la liberté: de la liberté germanique. Et cette liberté valait, bien sûr, en premier lieu pour la noblesse immédiate, elle seule étant véritablement en mesure de participer aux affaires de l'Empire, confortée dans la gestion quasi autonome de ses terres et

---

56 Georg SCHMIDT, »Wo Freiheit ist und Recht …«, da ist der Deutsche untertan?, in: Matthias WERNER (dir.), Identität und Geschichte, Weimar et al. 1997, p. 105–124, ID., Geschichte des Alten Reiches (voir n. 1), p. 48–51. Cf. Jean-François NOËL, Le concept de nation allemande dans l'Empire au XVIIᵉ siècle, in: XVIIᵉ siècle 176 (1992), p. 325–344.

57 Pour la liberté en tant que valeur de la noblesse française, voir les travaux de Jean-Marie CONSTANT, notamment: La noblesse en liberté, XVIᵉ–XVIIᵉ siècle, Rennes 2004; ID., La folle liberté des baroques, Paris 2007. Cf. également Jacques DE SAINT-VICTOR, Les racines de la liberté. Le débat français oublié, 1689–1789, Paris 2007.

58 WREDE, Das Reich und seine Feinde (voir n. 1), p. 547–548; ID., Die ausgezeichnete Nation. Nationale Identitätsstiftung im Reich Leopolds I. zwischen Feinden und Konkurrenten, in: Eckhard LEUSCHNER, Thomas WÜNSCH (dir.), Das Bild des Feindes: Die Konstruktion von Antagonismen und der Kulturtransfer zwischen Mittel- und Osteuropa und dem Osmanischen Reich im Zeitalter der Türkenkriege (16. – 18. Jahrhundert), München 2013, p. 19–31. Cf. pour les nations européennes en général Étienne FRANÇOIS, Hagen SCHULZE, Das emotionale Fundament der Nationen, in: Monika FLACKE (dir.), Mythen der Nationen. Ein europäisches Panorama. Begleitband zur Ausstellung des Deutschen Historischen Museums (20. März–9. Juni 1998), Berlin 1998, p. 17–32.

territoires. Rien de plus pitoyable, selon eux, que le sort de leurs homologues français, tenus en esclavage par un régime royal despotique. Leur point de vue fut adopté par bon nombre de pamphlets dirigés contre la France louisquatorzienne, absolutiste, et de l'autre côté du Rhin il arrivait que des voix s'élèvent – dont celle de Boulainvilliers – qui ne leur donnaient pas entièrement tort.[59]

Deux défis étaient liés à une telle vision: défendre un état des choses où seule la haute noblesse était en mesure de participer de façon active aux affaires du Saint-Empire et de maintenir l'exclusivité nobiliaire à l'intérieur de la nation allemande. En fait, le système des libertés germanique ne fut pas uniquement acclamé par les seuls princes, comtes et barons libres d'Empire. Jusqu'à la fin du XVIIIᵉ siècle, il faisait l'unanimité – à part, peut-être, auprès de Ferdinand II... Tout le monde pensait y trouver sa place et sa part en raison des règles que la constitution impériale imposait et notamment des protections juridiques qui en faisaient partie. Tant que la grande noblesse put jouir de sa liberté participative, le reste de la nation était content – et devait se contenter – d'une liberté protectrice, ébauche d'un État de droit sans droit de vote[60].

Et l'exclusivité nobiliaire dans une nation inclusive était également réalisable. Pour permettre au sang noble de bien transmettre la vertu nobiliaire, il fallait veiller à sa pureté, à la pureté des lignées nobles. Il fallait exclure toute mésalliance, tout »Mausdreck mit Pfeffer«, exécré non seulement par la Palatine[61]. Il faut avoir bien conscience de ce fait et non uniquement des attentes de prébendes ecclésiastiques pour arriver à comprendre la manie desquartiers de la noblesse allemande, qui, au XVIIIᵉ siècle, fit les délices de tant d'auteurs des Lumières. Pour ne pas se fondre dans la foule, il fallait bien défendre les quatre quartiers de la noblesse – et mieux valait en défendre soixante-quatre[62].

La noblesse allemande à l'époque moderne et certainement sa strate supérieure, la grande noblesse d'Empire, fut donc déterminée par la germanité. Les conjonctures politiques, inévitablement, y avaient leur part. Appartenance au corps, implication dans l'histoire germanique contribuaient à leur capital symbolique et donc politique.

Mais il y avait aussi l'aspect culturel. La grande noblesse appartenait à la *Kulturnation* sous deux points de vue: d'un côté elle adoptait, en partie, le patriotisme culturel et linguistique, hostile à toute influence *welche* ou française. Après 1648, c'était plutôt un signe politique, sans signification culturelle. Sophie de Hanovre admira son frère pour son patriotisme ostentatoire et son mépris public des Français et de leurs

59 Olivier Tholozan, Henri de Boulainvilliers. L'anti-absolutisme aristocratique légitimé par l'histoire, Aix-en-Provence 1999; Harold A. Ellis, Boulainvilliers and the French Monarchy. Aristocratic Politics in Early Eighteenth-Century France, Ithaca, NY, Londres 1988.

60 Schmidt, Die deutsche Freiheit (voir n. 47), p. 340–347; Carl, Europäische Adelsgesellschaft (voir n. 8), p. 191–197.

61 Michael Sikora, Über den Umgang mit Ungleichheit. Bewältigungsstrategien für Mesalliancen im deutschen Hochadel der Frühen Neuzeit. Das Haus Anhalt als Beispiel, in: Wrede, Carl (dir.), Schande und Ehre (voir n. 3), p. 97–124; Michael Sikora, »Mausdreck mit Pfeffer«. Das Problem der ungleichen Heiraten im deutschen Hochadel der Frühen Neuzeit, thèse d'habilitation non publiée, univ. Münster (2004).

62 Elizabeth Harding, Michael Hecht, Ahnenproben als soziale Phänomene des Spätmittelalters und der Frühen Neuzeit, in: Id. (dir.), Die Ahnenproben in der Vormoderne. Selektion – Initiation – Repräsentation, Münster 2011, p. 9–83.

»machinations«. Néanmoins, elle prit le chemin de Versailles, avec sa fille, quelques mois après la paix de Nimègue. Le but était d'épouser le Dauphin. Cela valait bien un voyage…[63] D'un autre point de vue, et cette fois-ci profondément et durablement, la proximité sociale et culturelle avec le modèle français n'empêchait pas que la noblesse allemande fût et restât formée, façonnée par la culture politique de l'Empire, par la liberté nobiliaire qu'elle y retrouvait et par le patriotisme que celles-ci lui inspirèrent inévitablement afin de maintenir rang et réputation.

63 Memoiren der Herzogin Sophie nachmals Kurfürstin von Hannover, éd. par Adolf KÖCHER, Stuttgart 1879 (réimpr. Osnabrück 1969), p. 120–121. Cf. Dirk VAN DER CRUYSSE, Madame Palatine. Princesse européenne, Paris 1988.

RONALD G. ASCH

»West Britons« oder »Irish Patriots«?

Die Identifikationsoptionen der Protestant Ascendancy in Irland im 18. Jahrhundert

I.

In der Grafschaft Mayo, im Westen Irlands, befindet sich Westport House, das Landhaus von Lord Altamont, elfter Marquess of Sligo und neunter Earl of Clanricarde. Westport ist seit dem frühen 18. Jahrhundert Sitz der Familie Browne, eines Geschlechtes, das, folgt man der offiziellen Familienüberlieferung und der Darstellung in der von Lodge im späten 18. Jahrhundert herausgegebenen »Peerage of Ireland«, im 16. Jahrhundert aus England nach Irland kam[1]. In England waren die Brownes prominente Katholiken, ihre Hauptlinie erlangte den Adelstitel Viscount Montague. Katholisch waren auch die irischen Brownes im späten 16. und im 17. Jahrhundert, obwohl sie zeitweilig zu den Amtsträgern der englischen Krone gehörten[2]. Erst nach 1692, als die Lage für katholische Landbesitzer aussichtslos geworden war, konvertierten die Brownes. Sie stiegen dann als Lords Mount Eagle und Lords Altamont in die englische und irische *peerage* auf, um schließlich im Jahre 1800 den Titel Marquess of Sligo zu erhalten[3]. Im 18. und 19. Jahrhundert gehörten sie eindeutig zur sogenannten »Ascendancy«, zur anglo-irischen Elite, die die Geschicke des Landes bis zur Agrarkrise des späten 19. Jahrhunderts und den Bodenreformen der 1880er Jahre bestimmte. Aber wenn man den Park von Westport House – eines der wenigen großen Landhäuser des 18. Jahrhunderts, das den inneririschen Bürgerkrieg der zwanziger Jahre und spätere Verwüstungen überlebt hat – besichtigt, stößt man im Garten auf eine große Statue. Es handelt sich um Grace O'Malley, der populären

---

1 Die offizielle Darstellung siehe http://www.westporthouse.ie/top/about-westport-house/
the-family/ (Zugriff 3.8.2016) und Denis BROWNE, 10th Marquess of Sligo, Westport House and the Brownes, Ashbourne, Derbyshire 1981; vgl. John LODGE, The Peerage of Ireland, Bd. 3, Dublin 1789, S. 271. Diese offizielle Darstellung muss aber bezweifelt werden. Siehe dazu das einschlägige Repertorium der National Library of Ireland: http://www.nli.ie/pdfs/mss%20lists/078_WestportCollection.pdf (Zugriff 3.8.2016), danach wurde die Abstammung von den englischen Brownes nie nachgewiesen.
2 Zu den englischen Brownes siehe auch Michael C. QUESTIER, Catholicism and Community in Early Modern England: Politics, Aristocratic Patronage and Religion, c. 1550–1640, Cambridge 2006, der den angeblichen Vorfahren der Brownes in County Mayo, Richard Browne, jedoch nicht aufführt.
3 LODGE, The Peerage (wie Anm. 1), Bd. 3, S. 272–276; vgl. http://www.thepeerage.com/p3471.htm#i34707 (lZugriff 3.8.2016), Eintrag »John Denis Browne, First Marquess of Sligo«; vgl. auch G. E. COKAYNE u. a. (Hg.), The Complete Peerage of England, Scotland, Ireland, Great Britain and the United Kingdom, 13 in 14 Bd., London 1910–1959, Nachdr. in 6 Bd., Stroud u. a. 2000, Bd. 1, S. 114.

Überlieferung nach eine Piratenkönigin, genauer gesagt wohl eine irische, das heißt gälische Adlige oder Fürstin. Diese erhob im späten 16. Jahrhundert von Kaufleuten und Fischern mit dem gebührenden Nachdruck an der Küste Connemaras Abgaben und verstand es am Ende, sich leidlich gut mit der englischen Krone zu arrangieren[4].

Warum dieser Hinweis auf eine irische Nationalheldin? Es lässt sich erklären: Wo heute Westport House steht, stand früher eine wichtige Burg der genannten irischen Seekönigin, das kann als gesicherte Erkenntnis gelten, und ein Vorfahre des ersten Lord Altamont heiratete im 17. Jahrhundert eine Maud Bourke (oder Burke), eine Ur-Urenkelin eben der berühmten Grace O'Malley. Ein Großteil des Besitzes der Bourkes, die ihrerseits in Galway lange Zeit eine der mächtigsten anglonormannischen Familien gewesen waren, ging damit auf die Brownes über, nachdem die Bourkes zuvor bereits auf anderem Wege einen Teil des O'Malley-Besitzes geerbt hatten[5]. Die Verbindung zu Grace O'Malley ist also keineswegs fiktiv, dennoch ist man auf den ersten Blick überrascht, dass eine protestantische anglo-irische Familie sich auf ihre gälischen Wurzeln beruft. Die Statue wurde in der Tat erst 2003 errichtet; der Künstler ist ein Verwandter der Gattin Lord Altamonts[6]. Es ist nur schwer vorstellbar, dass man im 18. Jahrhundert ein ähnliches Denkmal in Auftrag gegeben hätte. Im 21. Jahrhundert aber ist es für eine Familie wie die Brownes, wenn man einmal von dem Wunsch absieht, Touristen anzuziehen, offenbar vor allem wichtig, nachzuweisen, dass sie trotz ihres protestantischen Bekenntnisses gute Iren sind.

Im 18. und 19. Jahrhundert ging es hingegen eher darum, zu zeigen, dass man aus altem englischen Adel stammte, obwohl die Brownes von Mayo vermutlich eher mit dem Geschlecht der Brownes in Galway, einer der sogenannten Tribes of Galway, einer stadtadligen Familie anglonormannischer Herkunft, verwandt waren und eben nicht mit den namensgleichen englischen Brownes[7]. Hier wird in nuce deutlich, dass für die Nachkommen der irischen Ascendancy die eigene Identität immer noch Gegenstand ganz unterschiedlicher Strategien der Selbstdarstellung ist[8].

Die Selbstdarstellung der jetzigen Besitzer von Westport House beweist eigentlich zunächst nur, dass die Nachfahren einer ehemals quasikolonialen Herrenschicht, die sich nun in einem Nationalstaat zurechtfinden müssen, der von ihren früheren Untertanen regiert wird, es nicht immer ganz leicht haben, wenn es darum geht, eine Identität zu präsentieren, die auf Akzeptanz stoßen soll. Aber die Identitätsprobleme des anglo-irischen Adels respektive der landbesitzenden Oberschicht sind in

---

4   Sie wurde jedenfalls von Elisabeth I. in einer Audienz empfangen, bei der die beiden Frauen sich wohl auf Latein verständigten. Zu Grace O'Malley siehe Mary O'Dowd, O'Malley, Gráinne (1577–1597), in: Oxford Dictionary of National Biography, Oxford 2004, Onlineedition 2008: http://www.oxforddnb.com/view/article/20753 (Zugriff 3.8.2016).

5   Cokayne u. a. (Hg.), The Complete Peerage (wie Anm. 3), Bd. 8, S. 604; vgl. Anne Chambers, Granuaile: The Life and Times of Grace O'Malley c. 1530–1603, Portmarnock 1979.

6   http://www.westporthouse.ie/westport-house-and-gardens/ (Zugriff 3.8.2016).

7   Adrian James Martyn, The Tribes of Galway, Galway 2001.

8   Dies reichte bis zur Wahl der Vornamen. Die Brownes trugen im 19. und 20. Jahrhundert gerne den Vornamen Ulick, der eigentlich seit dem Mittelalter typisch ist für die anglonormannischen Burkes (auch Bourke, de Burgo respektive de Burgh). Siehe Browne, 10th Marquess of Sligo (wie Anm. 1).

Wirklichkeit nichts Neues, denn man stößt bei genauerem Hinsehen schon im 17. und 18. Jahrhundert auf ganz ähnliche Probleme.

II.

Bevor wir im Einzelnen auf diese Fragen eingehen, muss jedoch eine Begriffsklärung vorgenommen werden. Was meint man überhaupt, wenn man vom Adel in Irland im 17. und 18. Jahrhundert spricht? Diese Frage zu beantworten, ist nicht so einfach, denn klar juristisch definiert war nur die Mitgliedschaft im irischen House of Lords, das bis 1801 (also bis zur Begründung des Vereinigten Königreiches) als Teil des irischen Parlamentes bestand. Wollte man freilich in England und Irland nur die *peerage* zum Adel rechnen, dann hätte man es mit einer winzig kleinen Elite zu tun. So gab es in Irland 1685 genau 75 im Lande ansässige *peers*, eine Zahl, die bis 1780 auf ca. 150 Personen anstieg (einschließlich der in England residierenden Adligen). Selbst in England gehörten im 18. Jahrhundert kaum mehr als 170 Personen als Lords temporal dem Oberhaus an, jedenfalls vor 1780[9].

Bekanntermaßen gehörten schon die jüngeren Söhne eines Lord nicht mehr zur *peerage* und waren rechtlich *commoners*. Man hätte dann doch eine ganz andere Art von Adel vor sich als in anderen europäischen Ländern, es sei denn, man beschränkte sich auch dort auf Spitzengruppen wie die *ducs et pairs* in Frankreich und die Granden in Spanien. Also muss man die *gentry* mit einbeziehen. Hier entschieden jedoch eher informelle Kriterien wie Landbesitz, Lebensstil und der Zugang zu öffentlichen Ämtern über den sozialen Status, die Herkunft war nur ein Kriterium und sicher nicht immer das entscheidende. Gerade in den unteren Rängen der *gentry* waren die Grenzen, die diese Elite von anderen Statusgruppen trennten, schon im 16. und frühen 17. Jahrhundert nicht immer ganz klar, im 18. Jahrhundert verloren sie vollends ihre Trennschärfe[10].

Waren jedoch schon in England die Kriterien, die bestimmten, wer genau zur *gentry* gehörte und was einen *gentleman* von einem *peasant farmer* oder von einem Angehörigen der städtischen Mittelschicht unterschied, nicht immer klar, so galt das in Irland noch viel mehr. Die koloniale Erschließung des Landes durch die englischen Krone mit ihren großangelegten Enteignungen von einheimischen Landbesitzern, sodann die Ulster Plantation 1610, die kriegerischen Verwicklungen der 1640er Jahre und das anschließende Cromwellian Settlement sowie die erneuten Umwälzungen der Jahre 1689 bis 1692 hatten in Irland die Sicherheit von Eigentumstiteln immer

---

9   Jane OHLMEYER, Making Ireland British: The Irish Aristocracy in the Seventeenth Century, New Haven, Ct 2012, S. 48; Francis G. JAMES, Lords of the Ascendancy: the Irish House of Lords and its Members, 1600–1800, Dublin 1995, S. 87; vgl. Michael L. BUSH, The English Aristocracy. A Comparative Synthesis, Manchester 1984, S. 37.

10   Was freilich in England nichts daran änderte, dass sich seit der Reformation ein harter Kern wohlhabender, landbesitzender Familien behauptete, der das Land sozial und politisch zumindest bis zur Mitte des 19. Jahrhunderts dominierte. In den Kreis dieser Familien aufzusteigen, war außerhalb von ausgesprochenen Krisenzeiten keineswegs einfach, obwohl es keine juristischen Barrieren gab. Erst seit dem späten 18. Jahrhundert begann sich dies schrittweise zu ändern. Siehe Ellis WASSON, Born to Rule: British Political Elites, Stroud 2000.

wieder in Frage gestellt. Jede neue *plantation*, jede neue Enteignungswelle brachte neue Siedler ins Land, die an die Stelle der alten Eigentümer traten. Nur sehr wenigen gälischen Familien gelang es noch, sich als Landbesitzer zu behaupten. Aber auch die sogenannten altenglischen Familien, die von englischen respektive anglonormannischen Siedlern des Mittelalters abstammten, konnten ihre Position nur durch Konversion wahren, und es war am Ende nur eine Minderheit, die wirklich diesen Weg beschritt, oder vielleicht sollte man sagen, rechtzeitig genug beschritt.

Die wirklich wohlhabenden und einflussreichen Familien, die auch Verbindungen zum englischen Hof besaßen, konnten allerdings selbst nach 1650 ihre Position besser verteidigen, entweder weil sie rechtzeitig die Zeichen der Zeit erkannten und sich anpassten oder weil die Stuarts, die ja zumindest nach 1649 dem Katholizismus nicht ganz abgeneigt waren, immer wieder ihre schützende Hand über sie hielten. Immerhin waren noch 1685 fast 50 Prozent der *peers,* die im irischen Oberhaus saßen, altenglischer Herkunft, ihre Familien waren also im Land schon vor 1540 ansässig gewesen. Weitere knapp 10 Prozent waren sogar irisch-gälischer Herkunft. Bis in die innersten Kreise der Elite war also die neu-englische Elite (die Nachkommen der Amtsträger und Siedler des späten 16. und 17. Jahrhunderts) bis 1690 doch nur mit Einschränkung vorgedrungen[11]. Dies sollte sich im 18. Jahrhundert ändern, denn im frühen 18. Jahrhundert stammten nur noch neun hochadlige Familien von der anglonormannischen Elite des Mittelalters ab, fünf Familien waren gälischer Herkunft[12]. Umgekehrt stammten 39 der insgesamt 59 Familien, die mit ihren verschiedenen Zweigen zwischen 1692 und 1727 zur *peerage* gehörten, von Einwanderern ab, die zwischen 1530 und 1641 ins Land gekommen waren. Die Offiziere und Soldaten der Cromwell-Zeit, respektive deren Nachkommen, waren also nur schwach vertreten, anders als in den Reihen der einfachen *gentry,* wo man doch deutlich mehr Landbesitzer aus neueren Familien findet[13]. Diese Zahlen müssen allerdings insoweit relativiert werden, weil doch etwa 50 Prozent der anglo-irischen *peers* des 18. Jahrhunderts zumindest in weiblicher Linie anglonormannische oder sogar gälische Vorfahren besaßen, die in Irland schon vor 1500 respektive 1540 ansässig gewesen waren. Heiratsverbindungen zur alten mittelalterlichen Elite waren also zumindest bis 1688 durchaus wichtig gewesen[14].

Während sich unter der *peerage* noch einige, allerdings nun konvertierte ältere Familien gehalten hatten[15], war der Niedergang der katholischen *gentry* nach 1650 unübersehbar. Andererseits gab es doch eine ganze Reihe von Familien, die, nachdem

11 OHLMEYER, Making Ireland (wie Anm. 9), S. 48.
12 JAMES, Lords of the Ascendancy (wie Anm. 9), S. 100. James gibt die Zahl der *peers*, die wirklich an den Sitzungen des Oberhauses in den Jahren 1692 bis 1727 teilnahmen, allerdings mit 13 Adligen aus dem Kreise der sogenannten *Old English* (englische Landbesitzer, die schon vor 1540 nach Irland gekommen und danach altgläubig geblieben waren) und zwei Adligen aus gälischen Familien an.
13 Ibid., S. 129f. und Toby BARNARD, A New Anatomy of Ireland: The Irish Protestants, 1649–1770, New Haven, Ct 2003, S. 22.
14 JAMES, Lords of the Ascendancy (wie Anm. 9), S. 99–110, S. 155.
15 Die bedeutendsten waren wohl die Fitzgeralds Earl of Kildare und Dukes of Leinster und bis Anfang des 18. Jahrhunderts auch die Butlers Dukes of Ormonde, beides anglonormannische Familien. Zu den Butlers siehe Toby BARNARD (Hg.), The Dukes of Ormonde, 1610–1745, Woodbridge 2000.

sie ihre Eigentumsrechte in den 1650er Jahren oder später verloren hatten[16], als relativ wohlhabende Großpächter, sogenannte *middlemen,* auf lokaler Ebene Anspruch auf einen Status erhoben, der dem der *gentry* in England glich.

Englische Beobachter hatten auch aus diesem Grund den Eindruck, dass englische Statuskategorien auf Irland nur sehr begrenzt anwendbar waren[17]. Dieser Eindruck wurde noch verstärkt durch die Beobachtung, dass der Lebensstil irischer Landbesitzer wie überhaupt der anglo-irischen Oberschicht im 18. Jahrhundert nicht unbedingt englischen Vorstellungen von *politeness* entsprach. Eine ausgesprochen stark entwickelte Neigung, persönliche Differenzen gewaltsam auszutragen, verband sich, so sahen Engländer dies, mit ungehobeltem Betragen, wenn nicht generell einem gewissen Grobianismus. Hinzu kam eine Neigung, das Geld, das man hatte, vor allem für grandiose Trinkgelage und Gastmähler auszugeben und nicht für die elegante Möblierung eines standesgemäßen Landsitzes[18].

Viele entsprechende Einschätzungen mögen Vorurteile gewesen sein, aber insgesamt war die soziale Ordnung in Irland selbst im relativ friedlichen 18. Jahrhundert weniger stabil als in England, was freilich auch bedeutete, dass man leichter in die Oberschicht aufsteigen konnte. John Foster etwa, der vor 1801 15 Jahre lang der letzte Sprecher des irischen Unterhauses war, wurde nachgesagt, er stamme von einem Landarbeiter ab, der als Mäher auf einem Gut einen Wettbewerb gewonnen habe und dadurch zu Geld gekommen sei[19]. 80 Jahre zuvor hatte man seinem Amtsvorgänger William Conolly nachgesagt, sein Vater habe einen Landgasthof als Kneipenwirt geführt. Das mochte nicht stimmen, aber ein *self made man* war er sicherlich und seine eher wenig wohlhabenden Verwandten, von denen einige überdies Katholiken geblieben waren, wurden ihm daher auch gelegentlich von seinen Gegnern vorgehalten, was jedoch insgesamt seiner Karriere nicht schadete[20]. Interessanterweise lehnte es Conolly übrigens ab, Mitglied des Oberhauses zu werden, weil er glaubte, er könne die Rolle eines einfachen Landedelmannes besser spielen und sei auf diese Weise populärer. Einer seiner Amtsnachfolger, Henry Boyle, ein Nachfahre des Earl of Cork, wurde dann doch als Earl of Shannon ein *peer,* wurde dafür aber von vielen als Verräter verachtet; das Oberhaus galt zumindest bis zur Mitte des 18. Jahrhunderts zu sehr als Symbol der englischen Dominanz in Irland, um dasselbe Ansehen zu genießen, das das House of Lords in England ohne Zweifel besaß. Darüber hinaus verbrachten faktisch gerade die vermögenden Mitglieder der irischen *peerage* ihr

---

16 Die sogenannten Penal Laws der Jahre 1702 bis 1709 hatten es Katholiken endgültig nahezu unmöglich gemacht, sich im Besitz von Land zu behaupten. Siehe Sean J. Connolly, Divided Kingdom. Ireland 1630–1800, Oxford 2008, S. 198–203; vgl. zu ihren Folgen generell auch Ian McBride, Eighteenth-Century Ireland. The Island of Slaves, Dublin 2009.

17 Sean J. Connolly, Religion, Law and Power. The Making of Protestant Ireland, Oxford 1995, S. 63; vgl. Barnard, A New Anatomy (wie Anm. 13), S. 53–70.

18 Connolly, Religion, Law and Power (wie Anm. 17), S. 63–69.

19 A. P. W. Malcomson, John Foster (1740–1828). The Politics of Improvement and Prosperity, Dublin ²2011, S. 5–7.

20 Patrick Walsh, The Making of the Irish Ascendancy: the Life of William Conolly, 1662–1729, Woodbridge 2010, S. 11–25; Connolly, Religion, Law and Power (wie Anm. 17), S. 64.

Leben noch Mitte des 18. Jahrhunderts oft eher in England als in Irland, mochte diese Tendenz auch gegen Ende des Jahrhunderts nachlassen[21].

Wenn man sich eine Karriere wie die des William Conolly ansieht, so muss man darauf hinweisen, dass es in Irland natürlich durchaus denkbar war, dass jemand, der auf dem Lande ein Gasthaus führte, eigentlich von der alten katholischen Oberschicht der Periode vor 1650 abstammte, denn die Enteignungen unter Cromwell hatten manch eine Familie verarmen lassen. Regelrecht nachprüfen konnte man das oft freilich nicht, und wenn auch in anderen Teilen Europas phantasievolle Genealogien Konjunktur hatten, so galt das in Irland noch mehr. Auf irische Könige, von denen es vor den Normannen recht viele gegeben hatte, konnte man, wenn man gälischer Herkunft war, die eigene Abstammung auf jeden Fall zurückführen. Als Abkömmling der Anglonormannen bot es sich hingegen an, eine Verwandtschaft mit dem französischen Hochadel zu reklamieren, was im späten 18. und noch im 19. Jahrhundert durchaus beliebt war[22].

In jedem Fall waren die Kriterien, die einen *gentleman* von einem einfachen Untertanen in Irland unterschieden, nicht immer klar. Wie also grenzte sich die Oberschicht, die *quality*, dann überhaupt von der ländlichen und städtischen Mittelschicht ab? Was konstituierte die Ascendancy, wie die protestantische, genau genommen anglikanische Elite, allerdings erst im 19. Jahrhundert genannt wurde? Hier kam nun ein Faktor ins Spiel, der auch in anderen Teilen Europas eine gewisse Rolle spielte, der aber in Irland wie auch in England von besonders großer Bedeutung war: Die nachgewiesene Befähigung, öffentliche Ämter auch auf der lokalen Ebene etwa als Sheriff oder Friedensrichter oder als Mitglied der *grand jury* einer Grafschaft zu bekleiden, vor allem aber die aktive Teilnahme am politischen Leben und an der Tätigkeit des Parlamentes. So wie viele Adelsgruppen in Europa dort, wo die Ständeversammlungen erhalten geblieben waren, sich auch noch im 18. Jahrhundert über die Zugehörigkeit zu den Korporationen der Ritterschaft oder des Herrenstandes definierten, so definierte sich die anglo-irische Oberschicht nicht zuletzt durch die Teilnahme am parlamentarischen Leben, zumal dieses mangels regelmäßi-

---

21 Barnard, A New Anatomy (wie Anm. 13), S. 24, dort auch zu Boyle, dem vorgeworfen wurde, seine Standeserhöhung zeige, dass er ein »great pretended patriot and violent grumbler« sei. Zu den *absentee peers*, die im 18. Jahrhundert immerhin rund 40 Prozent der gesamten irischen *peerage* ausmachten siehe James, Lords of the Ascendancy (wie Anm. 9), S. 87–110.

22 Barnard, A New Anatomy (wie Anm. 13), S. 45–51, zur Bedeutung der Genealogie für die Oberschicht. Er weist am Ende aber darauf hin, dass zwar einerseits bis in eine ferne Vergangenheit zurückreichende Stammbäume in Irland weiter verbreitet gewesen seien als in England, aber es dennoch genug Familien gegeben habe, die es ablehnten, Vorfahren zu erfinden oder wahlweise, wenn sie schwer vorzeigbar waren, zu verbergen (S. 51). Im späten 18. und frühen 19. Jahrhundert scheinen viele dieser Hemmungen freilich verloren gegangen zu sein, und namentlich der Nachweis einer Verwandtschaft mit dem französischen Adel oder vornehmen normannischen Familien erfreute sich einer gewissen Beliebtheit. Ein Beispiel bietet Hervey de Montmorency-Morres, Genealogical Memoir of the Family of Montmorency, Styled de Marisco or Morres […]. Most Respectfully Adressed to his Majesty Louis XVIII, Paris 1817. Die Familie nennt sich in Irland noch heute »de Montmorency« und nicht mehr wie im 18. Jahrhundert »Morres«. Zur Konstruktion von Stammtafeln im späten 18. und frühen 19. Jahrhundert siehe auch: Jacqueline Hill, Making Sense of Mixed Descent: English and Irish Genealogy in the Memoirs of an Irish Loyalist, Ambrose Hardinge Giffard (1771–1827), in: Ruth Whelan, Bruno Tribout (Hg.), Narrating the Self, Bern u. a. 2007, S. 277–292.

ger Wahlen noch stärker als in England nach den Prinzipien des Klientelismus und der Steuerung durch die landbesitzende Elite funktionierte[23].

Die eben genannten Aufsteiger John Foster und William Conolly waren beide über viele Jahre Abgeordnete im irischen Unterhaus und dann sogar dessen Sprecher. Eine solche Position als Abgeordneter erlangte man in Irland nicht allein durch rhetorische Begabung oder andere entsprechende politische Talente. Entscheidend waren vielmehr Vermögen und Patronageverbindungen, respektive im Idealfall die Möglichkeit, die Wahlen in einem *borough* selbst auf Grund eigener Besitzrechte nach Belieben steuern zu können. Foster etwa war tatsächlich der Eigentümer eines *parliamentary borough*. Jemand, der sich selbst oder einen Klienten auf diese Weise zum Abgeordneten ernennen konnte, gehörte ganz eindeutig zum Kern der sozialen und politischen Elite, letztlich unabhängig von seiner Herkunft. Weil aber das irische Parlament namentlich im 18. Jahrhundert so wichtig war als Fokus für ihre soziale Identität, war für die Mitglieder der Ascendancy die Verteidigung der Rechte des Parlamentes auch und gerade gegen das House of Commons in Westminster mehr als nur Interessenpolitik. Es ging im Grunde genommen darum, jene Institution zu stärken, von der auch der eigene Status in der Gesellschaft unmittelbar abhing, so wie beispielsweise in katholischen geistlichen Territorien in Deutschland die Zugehörigkeit zu den Landtagen von essentieller Bedeutung war, um die Stiftsfähigkeit der eigenen Familie nachzuweisen.

Die Verteidigung ständischer Privilegien und korporativer Institutionen durch die protestantische Oberschicht Irlands seit dem späten 18. Jahrhundert unterscheidet sich in dieser Hinsicht wenig von jenen Formen des Patriotismus, wie wir sie in deutschen Territorien oder den Provinzen großer zusammengesetzter Monarchien generell in der Frühen Neuzeit finden[24]. Die eigene *patria* war zunächst einmal eine Rechtsgemeinschaft, die über ein System von Freiheitsrechten definiert wurde, wie Robert von Friedeburg ja auch für deutsche Territorien gezeigt hat[25]. Konstituiert wurde die *patria* durch diejenigen, die diese Rechte für sich in Anspruch nehmen konnten. Fragen der ethnischen oder gar nationalen Identität spielten dafür im Gegensatz zu konfessionellen Kriterien zunächst keine Rolle[26].

In der Tat hatten die irischen Protestanten ja an sich wenig Grund, sich mit einer wie immer gearteten irischen Nation zu identifizieren. Auch noch im 18. Jahrhun-

---

23 Vgl. David W. HAYTON (Hg.), The Irish Parliament in the Eighteenth Century: The Long Apprenticeship, Edinburgh 2001; DERS., Voters, Patrons and Parties: Parliamentary Elections in Ireland, c. 1692–1727, in: Parliamentary History 24 (2005), S. 43–70; Eoin MAGENNIS, The Irish Political System 1740–1765: The Golden Age of the Undertakers, Dublin 2000.

24 Vgl. dazu Jacqueline R. HILL, Corporatist Ideology and Practice in Ireland, 1660–1800, in: Sean J. CONNOLLY (Hg.), Political Ideas in Eighteenth-Century Ireland, Dublin 2000, S. 64–82. Siehe auch Colin KIDD, British Identities Before Nationalism: Ethnicity and Nationhood in the Atlantic World, 1600–1800, Cambridge 1999, S. 178–179.

25 Robert VON FRIEDEBURG, The Making of Patriots: Love of Fatherland and Negotiating Monarchy in Seventeenth-Century Germany, in: Journal of Modern History 77 (2005), S. 81–98, und DERS. (Hg.), Patria und Patrioten vor dem Patriotismus, Wiesbaden 2005.

26 Wenn man die eigene *patria* verteidigte, handelte es sich gewissermaßen um einen vormodernen Verfassungspatriotismus, der, so könnte man meinen, genauso weit vom modernen Nationalismus entfernt war, wie es der von manchen Philosophen geforderte Verfassungspatriotismus der Gegenwart in der besten aller möglichen europäischen Welten wäre.

dert waren mindestens 75 Prozent der Bevölkerung des Königreiches Katholiken und die Protestanten, die der Church of Ireland angehörten, also keine Presbyterianer oder sonstige *dissenters* waren, stellten sicher deutlich weniger als 20 Prozent der Bevölkerung. Aus ihrer Verachtung für die angeblich barbarische gälisch-katholische Bevölkerung, die man als halbe Kannibalen sah, aber auch aus ihrer Furcht vor dem konfessionellen Gegner machten die Protestanten namentlich in Krisenzeiten keinen Hehl, und in Irland war die Zahl der Krisenzeiten zwischen 1540 und 1745 doch sehr erheblich[27]. Faktisch stammten die Angehörigen der *gentry*, bei der *peerage* sah es, wie wir gesehen haben, etwas anders aus, in Irland doch zum größten Teil von englischen Familien ab, die entweder zwischen 1540 und 1640 oder aber mit der Armee Cromwells in den 1650er Jahren ins Land gekommen waren. Es waren also eigentlich der Herkunft nach Engländer, die die kulturelle Differenz zur gälischen Bevölkerung und die konfessionelle Abgrenzung gegenüber den sogenannten Old English, den katholischen Nachfahren der Siedler des Mittelalters, immer stark betont hatten. Um so mehr muss es erstaunen, dass die anglo-irische Elite sich namentlich in der zweiten Hälfte des 18. Jahrhunderts einem irischen Patriotismus hingab, der dann eben auch auf eine irische Nation Bezug zu nehmen suchte, deren Identität und Definition freilich relativ prekär und umstritten blieben. Wir können bei vielen Angehörigen der Oberschicht feststellen, dass nationale Identität für sie situationsbezogen war. Sie konnten sich bei einer Gelegenheit als in Irland lebende Engländer darstellen und bei einer anderen als gute Iren, die ihre Heimat gegen die Anmaßungen Londons verteidigen mussten[28]. Man hat es mit einer klassischen hybriden Identität zu tun, wie man sie vielleicht auch bei den Kreolen im spanischen Kolonialreich in dieser Epoche findet. In der Tat hatten englische Siedler und ihre Nachfahren auch schon vor 1640 Versuche unternommen, die Position, die sie im Zuge der elisabethanischen Landnahme erlangt hatten, zu legitimieren, indem sie an ältere Traditionen anknüpften und auch Verbindungen zu den Familien herzustellen suchten, die für diese Traditionen standen[29].

27 David HAYTON, Anglo-Irish Attitudes: Shifting Perceptions of National Identity, in: DERS., The Anglo-Irish experience, 1680–1730: Religion, Identity and Patriotism, Woodbridge 2012, S. 25–48; DERS., Patriots and Legislators, Irishmen and Their Parliaments, 1689–1740, in: Julian HOPPIT (Hg.), Parliaments, Nations and Identities in Britain and Ireland 1660–1850, Manchester 2003, S. 103–123. Vgl. auch CONNOLLY, Divided Kingdom (wie Anm. 16), S. 240–248, sowie Ian MCBRIDE, »The Common Name of Irishman«: Protestantism and Patriotism in Eighteenth-Century Ireland, in: Tony CLAYDON, Ian MCBRIDE (Hg.), Protestantism and National Identity: Britain and Ireland, c. 1650–1850, Cambridge 1998, S. 206–235 sowie Toby BARNARD, Protestantism, Ethnicity and Irish Identities, 1660–1760, ibid., S. 206–235.

28 Ronald G. ASCH, The Protestant Ascendancy in Ireland from the American Revolution to the Act of Union 1776–1801, in: DERS. (Hg.), Three Nations – a Common History? England, Scotland, Ireland and British History, ca. 1600–1920, Bochum 1993, S. 161–190, und die in der vorherigen Anmerkung genannten Titel. Vgl. auch KIDD, British Identities (wie Anm. 24), S. 146–183, und Roy FOSTER, Modern Ireland, 1600–1972, London 1988, S. 167–194.

29 Dafür bietet Richard Boyle, der erste Earl of Cork (1566–1643), ein besonders gutes Beispiel. Er etablierte über seine Kinder Heiratsverbindungen nicht nur mit englischen Adelsfamilien, sondern auch mit angesehen altenglischen Häusern. Den Ruhm dieser Familien, wie der – finanziell allerdings ruinierten – Fitzgeralds, Earls of Kildare, versuchte er für sein Haus zu instrumentalisieren. Er selber war übrigens Sohn eines bäuerlichen Landwirtes aus Kent und wurde durch recht skrupellose Geschäfte zum reichsten Mann der gesamten britischen Inseln.

III.

So sehr manche Abkömmlinge von Engländern versuchten, für ihre Familie eine irische Traditionslinie zu konstruieren, so waren es vor 1650 doch vor allem Katholiken gewesen, die die Rechte des irischen Parlamentes gegen London verteidigten. Zu diesem Zeitpunkt stellten die Katholiken immerhin noch einen großen Teil der Abgeordneten im Unterhaus, und im Oberhaus hatten sie angesichts der vielen Protestanten, die in England lebten und nicht zu den Sitzungen erschienen, zumindest eine Art Sperrminorität. Gegen Ende des 17. Jahrhunderts und im frühen 18. Jahrhundert waren es jedoch Protestanten, die diese Tradition wieder aufnahmen, mit zum Teil ganz ähnlichen Argumenten wie die Katholiken, was bemerkenswert sein mag. Dieser Prozess ist oft genug geschildert worden[30], so dass wir uns hier ganz kurz fassen können. Entscheidend war der Faktor, dass die Politik der Krone nun viel stärker als früher vom englischen Parlament kontrolliert wurde. Es galt nicht mehr, sich einer Dynastie unterzuordnen, die schottischer Herkunft war, und in Irland nicht notwendigerweise weniger beheimatet war als in England, sondern dem englischen Parlament Gehorsam zu leisten. Dieses aber verfolgte vor allem in wirtschafts- und währungspolitischen Fragen eine sehr einseitige Interessenpolitik zu Ungunsten irischer Produzenten und Kaufleute. Dass in den 1720er Jahren die englische Regierung einem Finanzmann namens Wood die Genehmigung gab, Irland mit minderwertigen Münzen zu überschwemmen, brachte das Fass zum Überlaufen. Swift, der Dean von St. Patrick's in Dublin war, verfasste damals seine berühmten »Drapier's Letters«, um Irland, sein Land, zu verteidigen. Es ist interessant, dass diese Briefe oder zumindest der vierte sich an »The whole people of Ireland« richteten, allerdings nicht an die *Irish Nation*. Diese Differenzierung zwischen *the people of Ireland*, gemeint waren hier dann doch primär die protestantischen Grundbesitzer und die städtische Elite, namentlich die Anglikaner, und der *Irish Nation* ist dann doch wichtig. Swift betonte freilich, dass die Engländer geneigt seien, auch die Protestanten, wie ihn selber und seine Leser, als »a sort of savage Irish« zu betrachten, so barbarisch wie die Ureinwohner, obwohl man diese doch unterworfen und zivilisiert und auch weitgehend auf den Weg zu einer Konversion gebracht habe; die Katholiken, die es noch gebe, seien jedenfalls nur noch »hewers of wood« und »drawers of water«, man könne sie ignorieren[31]. Die Protestanten aber seien der Krone treuer ergeben als viele Engländer, bestünden jedoch auch darauf, nur der Krone zur Treue verpflichtet zu sein, nicht den englischen Untertanen des Königs. Swifts Patriotismus war naturgemäß interessengeleitet und ebenso das Resultat einer gescheiterten politischen Karriere in England[32]. Nicht jedes Mitglied der protestantischen Elite, zu der

Siehe dazu Patrick LITTLE, The Geraldine Ambitions of the First Earl of Cork, in: Irish Historical Studies 33 (2002), S. 151–168 und Nicholas CANNY, The Upstart Earl. A Study of the Social and Mental World of Richard Boyle, First Earl of Cork, 1566–1643, Cambridge 1982.
30 Überblick bei FOSTER, Modern Ireland (wie Anm. 28), S. 241–258.
31 Joseph MCMINN, Swift's Irish Pamphlets. An Introductory Selection, Gerrards Cross 1991, S. 81 (A Letter to the Whole People of Ireland, 1724), S. 41 (A Letter […] Concerning the Sacramental Test, 1708).
32 Siehe Sean J. CONNOLLY, Old English, New English and Ancient Irish: Swift and the Irish

er als Kleriker und Prälat nur auf eher prekäre Weise gehörte, was ihn auch zur Kritik an der anglo-irischen Oberschicht veranlasste, sah die Dinge so radikal[33].

War hier eine gewisse Zurückhaltung erkennbar, so wurde der protestantische irische Patriotismus im späten 18. Jahrhundert doch ein wichtiger politischer Faktor, namentlich nach Ausbruch der Revolution in Amerika 1776 und in dem Maße, wie auch in England radikale Whigs wie etwas Wilkes an politischer Korruption und der angeblich wachsenden Macht der Krone scharfe Kritik übten[34]. 1782 erreichten die irischen Patrioten, wie sie sich selber nannten, unter Henry Grattan und Henry Flood dann auch ein höheres Maß an Autonomie für ihr Land[35]. Das Parlament konnte fortan ohne Genehmigung durch den britischen Staatsrat respektive das Kabinett Gesetze verabschieden und das Parlament in Westminister hob den Declaratory Act von 1720 auf, mit dem es das ausdrückliche Recht, auch Irland Gesetze zu geben, reklamiert hatte. Dieser Erfolg, der allerdings kurzlebig war, denn schon 1801 kam es ja zur Union mit Großbritannien, wurde weithin gefeiert und manche Landbesitzer errichteten auf ihren Ländereien sogar Denkmäler, um an diesen Sieg des Patriotismus zu erinnern, wie Sir Capel Molyneux[36].

Grundlegend für diesen irischen Patriotismus des späten 18. Jahrhunderts, der 1782 scheinbar triumphiert hatte, war das Gefühl relativer Sicherheit, das die Protestanten nach dem Ende der Bedrohung durch die Jakobiten genossen, also seit etwa 1745; erst der Aufstand von 1798 schuf dann wieder ganz neue Bedingungen. Zudem waren die konfessionellen Animositäten geringer geworden. Schließlich mag auch zu berücksichtigen sein, dass selbst von den Hochadligen, von denen viele noch im frühen 18. Jahrhundert eine Karriere in England einem Leben in Irland vorgezogen hatten, nun eine steigende Anzahl sich dauerhafter in ihrer irischen Heimat aufhielt[37]. Auch dies erklärt den Patriotismus der Ascendancy im späten 18. Jahrhundert zum Teil.

Past, in: Claude RAWSON (Hg.), Politics and Literature in the Age of Swift. English and Irish Perspectives, Cambridge 2010, S. 255–269.

33 Zum protestantischen Patriotismus und seiner Bewertung in der neueren Forschung im Allgemeinen siehe Sean J. CONNOLLY, Precedent and Principle, the Patriots and their Critics, in: DERS. (Hg.), Political Ideas in Eighteenth-Century Ireland, Dublin 2000, S. 130–158. Ein Mann wie Sir Richard Cox, Mitglied des irischen Unterhauses, schrieb in den 1740er Jahren in seinem Konflikt mit dem radikalen England-Kritiker Charles Lucas über wahren Patriotismus: »Patriotism is to be always defined from the circumstances of the country: and he who makes the best of her condition, and creates most friends for her is certainly her true lover, but the Don Quixote, who calls sheep wolves, and rushes into disputes with windmills, deserves to be pitied but not to be followed«, zit. bei CONNOLLY, Divided Kingdom (wie Anm. 16), S. 244; vgl. Jim SMYTH, Republicanism before the United Irishmen: The Case of Dr Charles Lucas, in: D. George BOYCE, Robert ECCLESHALL, Vincent GEOGHEGAN (Hg.), Political Discourse in Seventeenth- and Eighteenth-Century Ireland, Basingstoke 2001, S. 240–256.

34 James KELLY, Henry Flood, Patriots and Politics in Eighteenth-Century Ireland, Dublin 1998, S. 93, 143 f.

35 Zu Grattan und den von ihm durchgesetzten Reformen siehe Danny MANSERGH, Grattan's Failure: Parliamentary Opposition and the People in Ireland, 1779–1800, Dublin 2005.

36 Jack KERR, Castle Dillon and the Molyneux Famiy, in: Journal of Craigavon Historical Society (1996–1997), http://www.craigavonhistoricalsociety.org.uk/rev/kerrcastledillon.html (Zugriff 3.8.2016).

37 JAMES, Lords of the Ascendancy (wie Anm. 9). S. 157.

Ob man den Katholiken freilich politische Rechte einräumen solle, war umstritten. Einer der führenden Patrioten der Epoche, Henry Flood, der immerhin einen Lehrstuhl für Gälisch an der Universität von Dublin begründen wollte, war zum Beispiel bis zu seinem Tode ein entschiedener Gegner der Katholikenemanzipation[38]. Allerdings standen ihm Männer wie Henry Grattan gegenüber, der in den 1790er Jahren sehr nachdrücklich für eine solche Emanzipation eintrat und in einer seiner Reden sagte, die Protestanten müssten »the head of a growing nation« werden statt der »first sect in a distracted land, rendered by that division a province and not a nation«. An seine Glaubensgenossen richtete er den Aufruf: »you must find that strength, […] in adopting a people – a progressive adoption of the Catholic body in such a manner […] as shall gradually unite and ultimately incorporate«[39]. Ein Advokat der polnischen Adelsnation hätte es im späten 18. Jahrhundert nicht besser ausdrücken können, nur dass in Polen dieser Versuch am Ende erfolgreich war, in Irland nicht.

Grattans Patriotismus mit seinem Versuch, eine letztlich alle Schichten und alle Konfessionen umfassende Nation zu schaffen, ging sicherlich über den traditionellen Patriotismus einer Adelsnation, mit dem wir den irischen protestantischen Patriotismus sonst vergleichen können, deutlich hinaus. Die Vorstellungen Grattans waren unter den Protestanten selbst vor 1798 nicht dauerhaft mehrheitsfähig und nachher erst recht nicht. Wichtig ist aber, dass wir nach der Mitte des 18. Jahrhunderts auch ein verstärktes Interesse an der gälischen Kultur in den Kreisen der protestantischen *gentry* und Aristokratie feststellen können.

Dieses Interesse war zum Teil durch den Wunsch motiviert, ältere kulturelle und politische Traditionen für die protestantische Elite in Anspruch zu nehmen. Diesen Versuch hatte schon William Molyneux Ende des 17. Jahrhunderts unternommen, als er die Privilegien des irischen Parlamentes auf die Verfassungsinstitutionen der anglonormannischen Eroberer Irlands seit dem 12. Jahrhundert zurückgeführt hatte. Das irische ebenso wie das englische Parlament standen aus seiner Sicht für eine »noble gothick Constitution«, die es um jeden Preis zu bewahren gelte[40]. Dass die meisten Nachfahren der Anglonormannen Katholiken geblieben waren, was für Molyneux's eigene Familie allerdings nicht galt, ignorierte der Autor großzügig. Die irischen Protestanten entwickelten vor allem nach 1660 und wohl noch mehr nach 1692 eine starke Neigung, selektiv Elemente der anglonormannischen, aber im kirchlichen Bereich auch der frühmittelalterlichen Tradition, in den Dienst der eigenen Sache zu stellen, oder wie Colin Kidd dies formuliert hat: »The primary role of ethnic history was the legitimation of institutions. To invest in a variety of ethnic pasts was to take out an insurance, to spread the risk of one's ideological positions becoming discredited«[41].

---

38 KELLY, Henry Flood (wie Anm. 34), S. 305 f.
39 Henry GRATTAN, The Speeches of the Right Hon. Henry Grattan, Edited by His Son, 4 Bde., London 1822, Bd. II, S. 368, 370, Rede vom 18. Februar 1792.
40 Clare O'HALLORAN, Golden Ages and Barbarous Nations: Antiquarian Debate and Cultural Politics in Ireland, c. 1750–1800, Cork 2004, S. 57; vgl. auch Patrick KELLY, Recasting a Tradition: William Molyneux and the Sources of »The Case of Ireland ... Stated« (1698), in: Jane H. OHLMEYER (Hg.), Political Thought in Seventeenth-Century Ireland, Kingdom or Colony, Cambridge 2000, S. 83–106.
41 KIDD, British Identities (wie Anm. 24), S. 148; vgl. ibid. S. 163.

IV.

Im späten 18. Jahrhundert legten spezifische Zeitumstände eine positivere Bewertung auch der gälischen Geschichte Irlands nahe. In Schottland gab es nach dem Zusammenbuch der Bewegung der Jakobiten und im Kontext einer beginnenden Romantisierung der Hochlande eine Neubewertung der keltischen Wurzeln Schottlands, die sich vor allem in der Literatur niederschlug. In England machte sich namentlich seit etwa 1770 eine zunehmende Kritik an der politischen Oligarchie, die das Parlament beherrschte, bemerkbar. Die Vorstellung, die Masse der Bevölkerung sei in England 1066 einem *Norman yoke* unterworfen worden, das in einer autokratischen Monarchie ebenso wie in einem oligarchisch organisierten Parlament seinen Ausdruck finde, hatte im späten 18. Jahrhundert auch deshalb wieder Konjunktur, nachdem sie schon Mitte des 17. Jahrhunderts den Angriff auf die traditionelle Verfassung untermauert hatte[42]. Die irischen Protestanten gerieten damit in eine defensive Position, da die englische Herrschaft in Irland nun einmal normannische Ursprünge besaß und man sich nicht ohne weiteres auf ein sächsisches germanisches Erbe aus der Zeit vor den Normannen berufen konnte. Auch dies mag die Bestrebungen verstärkt haben, sich stärker der gälischen Vergangenheit zuzuwenden[43]. Umstritten blieb dies allerdings auch auf dem Höhepunkt des *patriot movement* in den 1780er und frühen 1790er Jahren, denn als Henry Flood 1790 durch sein Testament einen Lehrstuhl für Gälisch am Trinity College in Dublin einrichten wollte, wurde dieses Testament u. a. mit dem Argument angefochten, dass es alten Parlamentsgesetzen widerspräche, die den Engländern in Irland jede Assimilation an die gälische Kultur verboten hätten, weil dies einen Verrat an der englischen Zivilisation und der Krone darstelle. Die Anwälte, die das Testament verteidigten, konnten dem nur den Hinweis entgegensetzen, dass es hier ja nur um ein rein antiquarisches Interesse gehe und die Wiederbelebung des Gälischen als lebende Sprache nicht geplant sei. Vielmehr habe sich Flood in derselben Weise für die Frühgeschichte Irlands interessiert wie die Beamten der East India Company in Indien für die Kultur und Geschichte dieses orientalischen Landes[44]. Immerhin ist doch auffällig, dass nun eine ganze Reihe von Schriftstellern und Wissenschaftlern ein sehr viel positiveres Bild von der gälischen Vergangenheit Irlands zeichnete als das bis dahin üblich geworden war, wohl auch um den Anspruch zu untermauern, dass Irland mehr war als die verarmte Schwester des mächtigen England[45].

Innerhalb der aristokratischen Elite war es vor allem ein Mann, der diese antiquarischen Forschungen förderte, James Caulfeild, Lord Charlemont (1728–1799). Charlemont spielte eine maßgebliche Rolle bei der Aufstellung von Milizregimentern während des Amerikanischen Unabhängigkeitskrieges, der sogenannten *volunteers* und er war ein wichtiger Patron und Freund Henry Floods und Henry Grat-

---

42 O'Halloran, Golden Ages (wie Anm. 40), S. 56.
43 Ibid., S. 68f., zu Edward Ledwich.
44 Ibid., S. 55, 161; vgl. Kelly, Henry Flood (wie Anm. 34), S. 433.
45 Kelly, Henry Flood (wie Anm. 34), S. 434f.; vgl. Clare O'Halloran, Irish Recreations of the Gaelic Past: The Challenge of Macpherson's Ossian, in: Past and Present 124 (1989), S. 69–95.

tans – Grattan war Abgeordneter für einen Wahlkreis, der Charlemont gehörte[46]. 1790 nahm Charlemont, den man als Country Whig bezeichnen kann, übrigens in Belfast an einer Feier teil, bei der man an den Fall der Bastille ein Jahr zuvor erinnerte und auf Georg III. als König von Irland, nicht als König von Großbritannien, aber auch auf George Washington einen Toast ausbrachte[47].

Vor allem aber gehörte Charlemont zu den Gründungsmitgliedern der Royal Irish Academy und wurde 1785 deren erster Präsident[48]. Die neue Akademie hatte es sich auch zum Ziel gesetzt, die gälische Überlieferung Irlands wissenschaftlich zu erschließen und die Geschichte des Landes zu erforschen. In der Gründungsurkunde der Akademie sprach man ausdrücklich vom goldenen Zeitalter der Gelehrsamkeit, das Irlands Schulen und Seminare unter den frühen irischen Christen erlebt hätten[49].

Die frühmittelalterliche Vergangenheit Irlands zu rehabilitieren, war jedoch keine leichte Aufgabe, da schon seit den späten 1780er Jahren die Spannungen zwischen Katholiken und Protestanten in Irland wieder zunahmen und jede historische Frage immer auch politische Implikationen hatte[50]. Innerhalb der protestantischen Elite wurden jetzt auch die Stimmen jener lauter, die sich überhaupt gegen die Idee einer irischen Autonomie, und sei es unter protestantischer Führung, stellten und eine parlamentarische Union mit England forderten. Dazu gehörte etwa John Fitzgibbon, erster Earl of Clare, dessen Vater zum Protestantismus konvertiert war, und der den protestantischen Aristokraten, die ihn als Aufsteiger verachteten, ihre Herablassung dadurch heimzahlen wollte, dass er für ihre Unterwerfung unter die Herrschaft Englands eintrat[51]. Auch in Fragen der Geschichtspolitik traten protestantische und katholische Positionen wieder stärker auseinander.

Man könnte meinen, dass der Patriotismus der irischen Protestanten sowohl auf der politischen wie auf der kulturellen Ebene eine bloße Spielerei war. Allerdings wurde er von einigen der bedeutendsten Familien unterstützt, wie den Fitzgeralds Dukes of Leinster, deren Palast Kildare House in Dublin nach 1780 zu einem wichtigen Zentrum der Opposition wurde. Der jüngere Bruder des Herzogs, Edward Fitzgerald, schloss sich 1798 sogar den revolutionären United Irishmen an[52]. 1798 hatte sich freilich die anti-englische Stimmung in Irland namentlich unter Presbyterianern und Katholiken so radikalisiert, dass sie sich nicht mehr in die Bahnen einer liberalen und patriotischen Verfassungsreform unter aristokratischen Auspizien len-

---

46 CONNOLLY, Divided Kingdom (wie Anm. 16), S. 400; Michael McCARTHY (Hg.), Lord Charlemont and His Circle, Dublin 2001. Siehe auch James KELLY, Caulfeild, James, First Earl of Charlemont (1728–1799), in: Oxford Dictionary of National Biography, Oxford 2004, Onlineedition 2008: http://www.oxforddnb.com/view/article/4905 (Zugriff 3.8.2016).

47 JAMES, Lords of the Ascendancy (wie Anm. 9), S. 163.

48 James KELLY, Lord Charlemont and Learning, in: Proceedings of the Royal Irish Academy 106C (2006), S. 395–407, https://www.ria.ie/sites/default/files/james-kelly-lord-charlemont-and-learning.pdf (Zugriff 3.8.2016).

49 O'HALLORAN, Golden Ages (wie Anm. 40), S. 166–168.

50 Die anfänglich geplante Übersetzung alter irischer Texte ins Englische kam nur schleppend voran (ibid., S. 168–178) und die Werke katholischer Autoren, die zeitweilig auch von Mitgliedern der protestantischen Elite gefördert worden waren, gerieten nun ins Kreuzfeuer wissenschaftlicher Polemik von protestantischer Seite.

51 Dazu Anne C. KAVANAUGH, John Fitzgibbon, Earl of Clare, Dublin 1997, S. 17.

52 JAMES, Lords of the Ascendancy (wie Anm. 9), S. 163, 169.

ken ließ[53]. Es waren aber nicht zuletzt äußere Ereignisse, namentlich die Französische Revolution, die die Szene in so kurzer Zeit radikal veränderten. Ganz chancenlos wäre der Patriotismus der aus der Ascendancy stammenden Reformer sonst vielleicht nicht gewesen, mochten sie auch am Ende eher eine Minderheit ihrer Standesgenossen wirklich hinter sich wissen, zumal das Wiederaufleben starker konfessioneller Spannungen in Irland in dieser Form um 1780 noch nicht absehbar war[54]. Auch so leisteten Mitglieder der protestantischen Elite Irlands im 19. Jahrhundert immer noch einen bedeutenden Beitrag zur Wiederbelebung des Gälischen als Nationalsprache und zur Entwicklung einer nationalen Dichtung und Literatur in Irland, man denke etwa an die Gönnerin von Yeats, Lady Gregory, die Begründerin des Abbey Theatre[55]. Nach der Unabhängigkeit des Freistaates Irland traten die Protestanten sicherlich auch im kulturellen Leben immer mehr zurück. Einzelne Repräsentanten der alten landbesitzenden Elite wie etwa Hubert Butler vermochten es jedoch selbst noch nach 1945, aus einer spezifisch protestantischen Perspektive einen Beitrag zu intellektuellen und politischen Debatten in Irland zu leisten[56].

---

53 Thomas BARTLETT (Hg.), 1798. A Bicentenary Perspective, Dublin 2003.
54 JAMES, Lords of the Ascendancy (wie Anm. 9), S. 169.
55 FOSTER, Modern Ireland (wie Anm. 28), S. 446–456; vgl. DERS., William B. Yeats. A Life, 2 Bde., Oxford 1998–2003.
56 Zu Butler, der in der Nähe von Kilkenny lebte und wirkte siehe Robert TOBIN, The Minority Voice: Hubert Butler and Southern Irish Protestantism, 1900–1991, Oxford 2012. Butler stammte aus jener ursprünglich altenglischen Familie, der auch die Herzöge von Ormonde angehört hatten.

LOTHAR SCHILLING

Kommentar zur Sektion »Adel als politische Nation«

Die Sektion, deren Beiträge hier eine kurze zusammenfassende Würdigung erfahren sollen, deckt ein sehr breites thematisches Spektrum ab: in zeitlicher Hinsicht vom 16. bis zum späten 18. Jahrhundert, in geographischer von Polen über das Heilige Römische Reich deutscher Nation bis nach Frankreich und Irland. Entsprechend groß ist die Vielfalt der als Adel in den Blick genommenen sozialen Formationen. Dies gilt für die Abgrenzung des Adels gegenüber der übrigen Bevölkerung sowie die dabei wirksamen Mechanismen der Inklusion und Exklusion; es gilt für seine Größe und Zusammensetzung sowie für das Verhältnis von Schwert- und Amtsadel; es gilt für seine wirtschaftliche und rechtliche Stellung, die Verfügung über Vorrechte und deren Nutzung, für Lebensformen, soziale Praktiken usw. Die Liste ließe sich lange fortsetzen.

Dieser Pluralität adliger Existenz im Europa der Neuzeit (die im Französischen dank möglicher Pluralbildung besser auszudrücken ist als im Deutschen) kann mit einem essentialistischen Adelsverständnis schwerlich Rechnung getragen werden. Angemessen erscheint vielmehr ein Konzept, das den Adelsstatus als Ergebnis gesellschaftlicher Kommunikationsprozesse, Konstruktionen und Zuschreibungen definiert – ein Ansatz, der es zudem erlaubt, die in der traditionellen Adelsforschung verbreitete reduktionistische Vorannahme, das Handeln des Adels stelle per se einen entscheidenden Schlüssel zum Verständnis der europäischen Gesellschaften der Frühen Neuzeit dar, zu überwinden.

Tatsächlich vermeiden alle Beiträge dieser Sektion Essentialisierungen; sie untersuchen stattdessen, wie historische Akteure in jeweils spezifischen Kontexten versuchten, »Adligkeit« herzuleiten, abzugrenzen, zu legitimieren. Dabei wird deutlich, dass die Nutzung der auf Herleitung adliger Machtansprüche und adlige Identitätsstiftung abzielenden Konzepte in hohem Maße konjunktur- und situationsabhängig erfolgte. Außerordentliche Konjunktur hatten solche Konzepte in Krisenzeiten, in denen adlige Akteursgruppen besonders entschieden um ihre Selbstbehauptung im politischen Feld kämpften: bei Konflikten zwischen Adel und Monarch, bei konfessionellen Auseinandersetzungen (die unter Umständen, etwa bei den französischen *malcontents* der 1570er Jahre, gerade die Konstruktion einer überkonfessionellen Identität des Adels nahelegten), in Fällen der Bedrohung adliger Interessen von außen – sei es durch die Londoner Politik gegenüber Irland, sei es durch fremde, die angestammten Zugangs- und Beratungsrechte des indigenen Adels in Frage stellende Höflinge (Italiener in Paris, Deutsche in Warschau) oder durch auswärtige Mächte (etwa die Expansionspolitik des ludovizianischen Frankreich). Deutlich wird auch, dass die konjunkturelle (Jouanna, Wrede) bzw. situative (Asch, Bömelburg) Nutzung von Selbstlegitimations- bzw. Identitätskonstruktionen durch adlige Akteursgruppen erhebliche, teilweise auch konkurrierende semantische Anpassungen, Umdeutungen und Neubesetzungen überkommener Konzepte einschloss und somit nicht unerheblich zu deren diskursivem Wandel beitrug – die sich im Laufe des 16. Jahrhunderts grundlegend wandelnden historischen Herleitungen des französischen Adels sind dafür ein beredtes Beispiel.

Deutlich wird schließlich, dass es dabei nie allein um Abgrenzung, Identität und inneren Zusammenhalt der jeweiligen Adelsformationen ging, sondern stets auch um Akzeptanz seitens der Nichtadligen. Was Martin Wrede pointiert für den reichsunmittelbaren Adel formuliert, galt mit entsprechenden Abstufungen für alle hier in den Blick genommenen Adelsgruppen: »être prince sans les applaudissements du public [non aristocrate] pouvait et peut encore se révéler une expérience peu enviable«. Dass Kommunikation und kommunikativ hergestellte Akzeptanz nicht allein von der Senderseite her zu erfassen sind, stellt die Forschung freilich angesichts der meist einseitigen Quellenüberlieferung vor erhebliche Herausforderungen.

Als Kristallisationskerne adliger Selbstlegitimation und Identität fungierten in der Frühneuzeit verschiedene normative Konzepte, die europäisches Gemeingut waren, aber von Land zu Land, von Fall zu Fall spezifisch angepasst wurden. Besondere Aufmerksamkeit verdienen im Zusammenhang dieser Sektion die aus der Zugehörigkeit zu einem Lehns- und/oder Klientelverband abgeleitete Loyalität gegenüber einer Herrscherdynastie und zumal gegenüber dem Fürsten selbst sowie die Konzepte der *patria* und der *natio*. Grundsätzlich waren alle drei Konzepte miteinander vereinbar, wie das von Martin Wrede analysierte Beispiel des deutschen reichsunmittelbaren Adels im Zeitalter der ludovizianischen Kriege zeigt. Angesichts der bereits angesprochenen Krisen im Verhältnis vieler Adelsfamilien zu den jeweiligen Herrscherdynastien war die Herleitung und Legitimation des adligen Status aus der Anbindung an eine Herrscherfamilie aber zeitweise überaus problematisch. In solchen Konfliktfällen diente die Berufung auf *patria* und/oder *natio* Adligen nicht zuletzt dazu, die eigenen Machtansprüche von Adelsgruppen gegenüber dem jeweiligen Fürsten zu begründen oder gar Widerstand zu legitimieren.

Betrachtet man den frühneuzeitlichen Gebrauch von *patria* und *natio* im Rahmen adliger Legitimations- und Identitätsstiftung, dürfte eine klare semantische Abgrenzung schlechterdings unmöglich sein. Sie wurden vielfach in analoger Weise gebraucht, ja waren nicht selten austauschbar. Dies überrascht insofern nicht, als beide Konzepte an antike Vorstellungen und Traditionen anknüpften und dazu dienten, die Verbundenheit der sich auf sie berufenden adligen Gruppen mit einem Land zu unterstreichen, verknüpft mit dem Anspruch, dieses Land zu repräsentieren, ja es womöglich im Sinne des vielzitierten Brunnerschen Diktums recht eigentlich zu sein (in diesem Sinne entwickelte – wie Ronald Asch zeigt – selbst der aus England stammende irische Adel der zweiten Hälfte des 18. Jahrhunderts einen dezidiert irischen Patriotismus). Beide Konzepte konnten also gegebenenfalls gegen Herrschaftsansprüche eines Monarchen bzw. einer entfernten Zentrale ins Feld geführt werden.

Patria wie *natio* ließen sich im Sinne adliger Distinktionsansprüche sozial exklusiv deuten – mit etwas unterschiedlichen Akzentsetzungen. Während sich das Konzept der *patria* – wie Ronald Asch im Anschluss an Robert von Friedeburg zu Recht betont – zunächst einmal auf eine »über ein System von Freiheitsrechten definiert[e]«

Rechtsgemeinschaft bezog, bezeichnete *natio* seiner Etymologie nach eine durch gemeinsame Abstammung verbundene Herkunftsgemeinschaft. Das letztere Konzept war, gestützt auf historische Konstruktionen, im Sinne einer standesspezifischen Abstammung deutbar, aus der wiederum besondere Qualitäten, Werte und Vorrechte des Adels ableitbar waren. Die Konstruktion einer gemeinsamen Herkunft des Adels war freilich mit Problemen behaftet. Sie stand in einem gewissen Spannungsverhältnis zum europäischen Horizont und den europaweiten Verflechtungen zumal des hohen Adels. Vor allem aber sorgte die Tatsache, dass sie meist der Abgrenzung (zumal gegenüber der nichtadligen Bevölkerung) diente, für Widersprüche – nicht zuletzt im Hinblick auf den bereits genannten Anspruch auf besondere Verbundenheit mit dem jeweiligen Land. Damit mag zu erklären sein, dass das frühneuzeitliche Konzept der *natio* noch größeren konjunkturellen Schwankungen unterlag als das sich auf spezifische Rechte beziehende Konzept der *patria*.

Die semantische Offenheit beider Konzepte sorgte andererseits für eine hohe Anschlussfähigkeit gegenüber spezifischen verfassungsrechtlichen Forderungen. Wenn sich etwa Reichsfürsten auf die *teutsche* Libertät beriefen, adressierten sie damit eine komplexe Vorstellungswelt, die nationale, gegen Spanien, das Osmanische Reich, das Papsttum oder Frankreich gerichtete Vorstellungen ebenso einschloss wie die Abwehr von Alleinherrschaftsbestrebungen des Kaisers und die Wahrung eines spezifischen Rechtsstatus der Reichsstände. Die behauptete germanische Herkunft des französischen Adels kodierte ein umfassendes politisch-verfassungsrechtliches Programm, das auf adlige Partizipation im Rahmen einer *monarchie mixte* als Bollwerk gegen den Einfluss italienischer Höflinge, ihren angeblichen Machiavellismus und den Missbrauch der absoluten Gewalt des Königs setzte.

Anschlussfähigkeit und Offenheit der beiden Konzepte setzten freilich auch allen Versuchen, sie sozial exklusiv zu deuten, Grenzen, wobei die hier versammelten Beiträge die Vermutung nahelegen, dass die soziale Reichweite dieser Konzepte von Land zu Land erheblich variierte. In Polen etwa waren *naród* und *ojczyna* lange Zeit eng mit dem Adelsstatus verknüpft, auch wenn Hans-Jürgen Bömelburg den historiographischen Topos von der polnischen Adelsnation zu Recht problematisiert. In Frankreich hingegen war bereits in der Zeit der Religionskriege die Berufung auf *nation* und *patrie* auch außerhalb des Adels weit verbreitet. Im Laufe des 18. Jahrhunderts ist dann die soziale Inklusivität der beiden Konzepte entscheidend erweitert worden – verbunden mit der Entwicklung tiefgreifend veränderter Semantiken, die bewusst ausblenden muss, wer das je spezifische Verhältnis von Adel, Nation und Vaterland in den Gesellschaften der Frühen Neuzeit rekonstruieren will. Die in dieser Sektion vorgestellten Forschungen leisten hierzu fraglos einen wichtigen Beitrag.

II.
Die adelige Internationale der Frühen Neuzeit

LUC DUERLOO

Nobility, Institutional Horizons, and National Identities

A Diptych on the Flemish Nobility

At first glance Théodore de Croix d'Heuchin and Jacques-Abilius della Faille seem to have a lot in common. Flemish noblemen, born in the 1730s, they both held public office in the last third of the eighteenth century. At the end of their lives, both witnessed – directly or indirectly – how the French Revolution swept aside all noble privilege. In many ways their lives seemed to confirm Talleyrand's dictum on the *douceur de vivre* in the closing years of the Ancien Régime. Considered from the perspective of nobility and nation, these similarities proved, it will be argued, rather superficial though. While de Croix and della Faille both expressed their allegiance to the nobility of the Habsburg Netherlands, this did not keep the former from faithfully serving the Spanish Bourbons, nor did it restrain the latter from openly defying his sovereign, Emperor Joseph II. One would make his mark in Southern California and Peru. The other would spend the days in his native Antwerp, punctuated by an occasional mission to Brussels. These widely diverging trajectories revealed a structural difference. De Croix and della Faille may have enjoyed the same noble privileges, but they belonged to very different segments of the nobility. As such they operated within distinct institutional horizons that shaped their careers as well as the significance they attached to their noble and – using a somewhat premature term – national identities.

The term »institutional horizon« needs some explanation. Noble birth implied privilege, but it also weighed heavily on one's prospects in life. Ancestry was a determining factor. The right set of aristocratic ancestors could open the doors to a seat in the noble estate, an order of knighthood or a benefice in a chapter reserved for the nobility. For those unable to produce such an impressive pedigree no measure of fortune or service to the crown sufficed to enter into these noble corporations. Fortune was the second discriminating factor. Keeping up a noble lifestyle was expected from all members of the nobility. What that meant in practice nevertheless varied greatly from the simple comforts of a squire living within his means to the ostentatious grandeur of a duke. Alliances served as a tool to consolidate kinship as well as fortune. The right partner would secure a panoply of worthy ancestors for the next generation; a misalliance would exclude a family from the noble corporations for decades to come. Seeking an appropriate dowry was a means to prolong an acquired lifestyle; marrying an heiress held out the promise of launching a cadet branch[1]. The combination of ancestry, fortune and alliances set boundaries on the prospects of every nobleman. Offices that some might reasonably expect to attain or institutions that they

---

1 Paul JANSSENS, L'évolution de la noblesse belge depuis la fin du Moyen Âge, Brussels 1998, engages in the most recent discussion of the nobility of the Habsburg Netherlands.

considered their birthright to enter, would be wholly beyond the reach for others. These limitations should be understood as the institutional horizon. It not only determined the careers that noblemen would pursue, but also fostered a sense of allegiance that contributed in a significant way to the construction of their identities.

TEUTONIC KNIGHT IN THE ANDES

The inhabitants of Lima called him »el flamenco«. In keeping with local customs, they had presented him in each of the six years of his tenure as viceroy of Peru with a silver key that would open the bulls' pen at the festive *corrida*. While these tokens of homage were being carefully packed in the summer of 1790, the departing viceroy could prepare for the next step in his career[2]. Born at the ancestral chateau of Prévôtés at Frelinghien near Lille in 1730, Théodore de Croix d'Heuchin was by birth a subject of the king of France. It was only by the narrowest of margins though, for the river Lys – that marked the border between France and the Habsburg Netherlands in the area since the Treaty of Utrecht – ran immediately west of his native village. His father, Alexandre-Maximilien de Croix, marquis of Heuchin, became a chamberlain to Joseph Clement of Bavaria, Elector of Cologne and Prince-Bishop of Liège[3]. His uncle, Don Carlos Francisco, entered into Spanish military service. Rising through the ranks, he became governor of Ceuta in 1751 and of Andalusia three years later. In 1765 he was appointed viceroy of New Spain and served in that capacity until 1771. He was the first person from outside the Iberian Peninsula ever to hold such a post in the New World[4]. A distant yet contemporary cousin, François-Sébastien-Charles de Croix, count of Clerfayt, whose lands were across the border in Habsburg Hainaut, joined the Austrian army and ended his career during the Napoleonic wars as imperial field marshal[5].

Following the footsteps of his uncle, Théodore de Croix enlisted in the Walloon Guards of the king of Spain at the age of seventeen and advanced swiftly through the ranks. In spite of the two years he was off on leave to comply with the requirements for entering the Teutonic Order in the bailiwick of Alden Biesen, he was already a colonel by the time he was thirty. When his uncle left for Mexico, Théodore entered the vice regal entourage as captain of the guard. Shortly after reaching Mexico, he was also made commander of Acapulco and was as such responsible for overseeing the Manila galleon trade. Barely returned to Spain after his uncle's term of office had ended, King Charles III put him in 1776 in charge of the newly created captaincy general of the Provincias Internas, an area covering most of what is now northern Mexico, California and Texas. His record of service eventually earned him the vice-

2   Amédée d'ANDIGNÉE, Les vice-rois de Croix, in: Le Guetteur wallon 42/1 (1966), p. 8–19, esp. p. 18–19.
3   Jozef MERTENS, Van page tot landcommandeur. Opleiding, intrede en promotie in de Duitse Orde en militaire loopbaan van de ridders van de balije Biesen in de 18de eeuw, Bilzen 1998, p. 13–14.
4   D'ANDIGNÉE, Les vice-rois (see n. 2), p. 8–14.
5   Gustave GUILLAUME, Histoire du régiment de Clerfayt, Ghent 1865, p. 38–67.

royalty of Peru in 1784, where he served for six years. Upon his return to Spain in 1791, he was appointed colonel of the Royal Walloon Guards and a knight grand cross of the Order of Charles III. There was little time left to savour these rewards though, for he died in Madrid the following year[6].

The de Croix were firmly rooted in the county of Artois and Flandre Gallicante, the predominantly French speaking southern part of the medieval county of Flanders, and prided themselves on a pedigree stretching back to the thirteenth century[7]. When Théodore produced his seize quartiers in order to become a knight of the Teutonic Order in the bailiwick of Alden Biesen, they documented alliances with other regionally prominent families such as the d'Ongnies, de Sainte-Aldegonde-Noircarmes, de Locquenghien and de Thiennes. Reaching back to a generation that lived in the early seventeenth century, they also reflected the political situation of the day by the presence of a sprinkling of Spanish blood with names such as de Robles and del Rio. Another clear reminder of the ties of allegiance that had once bound these noble families to the Burgundo-Habsburg composite state were the names of Théodore's mother: Isabelle-Claire-Eugénie (de Houchin), a piously handed down token of the patronage once dispensed at the court of Archduke Albert and the Infanta Isabella Clara Eugenia in Brussels[8]. These traditional political ties had been uprooted in the 1660s. The family's possessions in Artois came under the French crown with the Treaty of the Pyrenees; those situated in Flandre Gallicante after the capture of Lille in 1667. Falling in step with the new regime, Théodore's grandfather, Alexandre-François, had been created marquis of Heuchin by Louis XIV in 1691[9].

The shifting borders took a toll. In terms of career profile within the nobility, the de Croix clearly belonged to the *noblesse d'épée*. Théodore's great-grandfather and grandfather had held officers' commissions. Pierre-Philippe had served as captain of a company of Walloon infantry; his son Alexandre-François »fut dans sa jeunesse guidon de la compagnie des gendarmes anglais«[10]. Almost all younger sons on his father's side had followed their example. The only two exceptions were his younger brothers, Herménegilde and Maximilien, who had taken holy orders. Careers were varied and more often than not pursued abroad. Apart from Théodore's own service in the Walloon Guards, his generation produced a captain in the French infantry (Ernest-Eugène) and a brigadier of the Spanish cavalry (Philippe-Charles). His only uncle – the viceroy of New Spain – attained the superior rank of captain general. Still within living memory, his three granduncles had become a colonel of the imperial cavalry (Joseph-Albert), a lieutenant general in the Spanish army (Eugène-François) and a captain of the French cavalry (Balthazar-Pierre). On a more symbolic level, baptismal names served to advocate the family's martial identity. The successive marquises of Heuchin all had Alexandre as their first name (Alexandre-François, Alex-

6 D'ANDIGNÉE, Les vice-rois (see n. 2), p. 15–19; see also: Correspondance du marquis de Croix. Capitaine général des armées de S. M. C., vice-roi du Mexique, 1737–1786, Nantes 1891, p. VIII–XI.

7 Jean-Charles DE VEGIANO, Léon DE HERCKENRODE, Nobiliaire des Pays-Bas et du comté de Bourgogne, vol. II, Ghent 1865, p. 551–561.

8 MERTENS, Van page (see n. 3), p. 80–81, 168.

9 VEGIANO, HERCKENRODE, Nobiliaire des Pays-Bas (see n. 7), p. 560.

10 Ibid.

andre-Maximilien and Alexandre-Louis) and although Théodore's brother Herménegilde preferred the cloth over the sword, the saintly Prince Hermenegild was by
any description a militant patron saint. It was therefore all the more remarkable that
the marquises' involvement in the military became limited at best. Théodore's father
never held a command and his eldest brother left the service with the rank of captain
in the French cavalry and a knighthood in the Order of St Louis[11].

Reflecting on the record of service of his family, the latter noted:

Beaucoup de familles des Flandres, ayant leurs biens en partie sur le territoire de la France, en
partie sur celui de l'Empire, s'exposaient en servant l'un de ces pays, a voir, en cas de guerre,
leurs biens confisqués par le souverain de l'autre ; une génération entière de ces provinces se vit
donc obligée de ne pas entrer au service. Ceci regardait les aînés, car les cadets n'avaient que peu
de biens[12].

It was a classic example of how a fortune, in the guise of a landed estate, could deter-
mine career prospects. The northward expansion of the Kingdom of France under
Louis XIV left the de Croix in suspense with possessions on either side of the border.
As long as the Habsburg-Bourbon enmity persisted, openly taking sides could en-
danger the family fortune. Until the *renversement des alliances* of 1756 the head of
the family had to act with prudence, effectively barring marquis Alexandre-Maximilien of joining the military in line with family tradition. Instead he took up the post
in the household of the Elector of Cologne. As younger sons his uncles had for their
part engaged in a careful balancing act. One had taken up arms for to the emperor,
while another was fighting for the king of France. Most of his kin, however, offered
their services to the king of Spain, which may at one and the same time have been a
way to honour family traditions and to keep some distance.

The women among the de Croix would spend at least part of their lives in one of
the region's noble chapters. Without exception, all of Theodore's aunts, sisters and
nieces were admitted to one of them. Two of his aunts, Marie-Maximilienne and
Anne-Madeleine, entered the Chapter of Ste Gertrude in Nivelles. The third, Marie-Claire, became a canoness at the Chapter of Ste Waudru in Mons. In time, two of
Theodore's three sisters, Louise-Isabelle and Ferdinande-Charlotte, would join her
there, while the youngest, Amélie-Isabelle, entered the Chapter of Ste Rainfroye in
Denain. That institution would subsequently also welcome his two nieces, Alexan-
drine-Isabelle and Ernestine-Charlotte[13]. Like the de Croix themselves, the latter establishment had come under French rule during the reign of Louis XIV, while the
other two remained in the Habsburg Netherlands. Regardless, however, of what side
of the border they happened to be on, the chapters demanded rigorous proof of ancient and chivalric nobility from all their applicants. The exact nature of these proofs
varied to a certain degree, but all were based on unquestioned ancestral noble birth in
the male as well as female lines.

11   Ibid., p. 559–561.
12   Correspondance du marquis de Croix (see n. 6), p. 239–240.
13   José Douxchamps, Chanoinesses et chanoines nobles dans les Pays-Bas et la principauté de
     Liège, Wépion ³1991, p. 54.

By succeeding generation upon generation in having its daughters accepted into these noble chapters, a family could reap important benefits. On the material level it secured its members a fitting upbringing and a guaranteed lifestyle. An upbringing and lifestyle moreover, for neither of which their relatives would have to pay. Since the canonesses only pronounced simple vows, entering such a chapter did not prevent them from afterwards returning to the world and contracting a prestigious marriage either. To this came the added advantage that families with a record of belonging to the *noblesse chapitrale* held an enviable position in the marriage market. In the case of the de Croix, the system certainly favoured the three youngest of the canonesses, who effectively surrendered their benefices in order to marry titled noblemen.

In terms of institutional horizons, belonging to the prized circle of families that could enter the noble chapters of the Netherlands was more than a matter of social distinction. It fostered a specific collective identity. As Arnout Mertens demonstrated in his publications on definitions of nobility, the noble corporations of the Habsburg Netherlands and those – such as the chapter of Denain – that drew from the same historical roots, were considered highly exclusive, particularly when confronted with nobility that hailed from elsewhere. In a report to Empress Maria Theresa on the proofs required for admittance to noble corporations her Grand Chamberlain Prince Johann Joseph von Khevenhüller-Metsch stated in 1768 that »zumahlen weltbekannt [ist], wie sehr der Niederländ[ische] Adel sich vor allen anderen hervorthun will«[14]. Defining such an attitude as a fully fledged sense of national identity would seem premature, but it did nonetheless make a clear distinction between those that belonged to the group and those that were considered outsiders.

Matters were put to the test when Théodore sought to become a knight of the Teutonic Order. At first sight, the conditions for entry were not that different from those of the noble chapters. According to the statutes of the order, candidates had to be of German stock and prove their seize quartiers. In practice, however, the regional bailiwicks that had to vet and accept the candidates tended to take a more restrictive view. Composed of twelve commanderies that were spread out over the duchy of Brabant, the prince-bishopric of Liège and various other territories between the Meuse and the Rhine, the bailiwick of Alden Biesen operated on the assumption that its members ought to be drawn from the nobility of that area[15]. Commenting on certain candidates in 1728, the chapter of the bailiwick defended its bias against outsiders with the argument that »weilen man sich sonsten den Adel und die Stände noch mehr zu wider machen und in der größten Gefahr stehen würde die noch habende Exemptiones und Privilegien vollendts zu verlieren«[16].

---

14 As quoted in: Arnout MERTENS, Ahnenprobe und Adelsdefinitionen in habsburgischen Territorien des 17. und 18. Jahrhunderts, in: Elizabeth HARDING, Michael HECHT, (eds.), Die Ahnenprobe in der Vormoderne. Selektion – Initiation – Repräsentation, Münster 2011, p. 287–308, esp. p. 298.

15 Jozef MERTENS, Ridder van de Duitse Orde worden. Pretendenten en toetredingsvoorwaarden tussen adellijke familiestrategie en Biesense balijepolitiek, 1500–1800, in: ID. (ed.), Adel, ridderorde en erfgoed in het Land van Maas en Rijn, Bilzen 2012, p. 77–133

16 Ibid., p. 125.

The argument could well serve its purpose when pushing aside candidates from further east in the Holy Roman Empire, yet it was not clear how far to the west the line of demarcation was being drawn.

The question was far from academic in the case of Théodore, who had been born in France and was serving the king of Spain. Frustrated when asked to produce an attestation signed by nobility of Westphalia, his father wrote an emotional retort. His arguments were threefold. Given the track record of his family in obtaining benefices and appointments reserved for the nobility, his son's qualifications for entering the order should be beyond question. It would also be most unfair »si par un faux préjugé on voudrait nous faire passer pour Français, parce que nous sommes passés sous la domination française«[17]. Otherwise, he continued, not a single nobleman could have entered the Order's bailiwick of Alsace-Burgundy for the last century. Having thus established – at least to his own satisfaction – that his family should still be counted among the nobility of the Netherlands, he entreated the members of the chapter: »qu'on ne voudra pas l'exposer à l'affront des plus mortels d'être le premier refusé pour être originaire des Pays-Bas«[18]. This goes to suggest that for a nobleman of the marquis' stripe, his foremost loyalty – which is probably as good a term to describe proto-national feelings as any – lay with the network of exclusively noble institutions, the noble chapters, the orders of knighthood and noble estates, in which admittance was dependent on the acceptance of one's peers. An imagined community that held out very tangible benefits, its membership was preeminently determined by privileged status. Its territorial reach was not so much based on the political borders of the day as on a common sense of what constituted true nobility in a vaguely defined geographical area.

CONSERVATIVE BURGOMASTER IN REBELLION

There could be no uncertainty over the allegiance of Jacques-Abilius della Faille, or indeed over how his nationality was understood in the days of his political career. Born in Antwerp on 21 February 1735 and baptized the next day on the feast of St Abilius, he was by virtue of his place of birth legally a Brabantine[19]. The Habsburg Netherlands constituted a confederate polity, in which the nationality of the subjects was as a rule determined by the province where they had been born. The matter was of consequence, most of all in the duchy of Brabant. Ever since the Dukes Wenceslaus and Johanna had conceded a written constitutional charter called the »Blijde Inkomst« or Joyous Entry in 1356, the natives of that duchy – and of the associated duchy of Limburg – prided themselves on enjoying a whole set of privileges that had never been granted to the other inhabitants of the Habsburg Netherlands. One of the most important and certainly the most jealously guarded of these was the undertaking that basically all public offices in the duchies were reserved for their natives. The only other province of the Habsburg Netherlands to hold a similar privilege was

17   MERTENS, Van page (see n. 3), p. 121.
18   Ibid., p. 121–122.
19   Yves SCHMITZ, Les della Faille, vol. V, Brussels 1974, p. 171.

Upper Guelders, but its territory had been reduced to Roermond and a few surrounding villages after the War of the Spanish Succession. In the remaining provinces eligibility for office was subject to the principle of reciprocity, which effectively excluded those born in Brabant, Limburg or Upper Guelders from being appointed in Luxembourg, Flanders, Hainaut, Namur or any of the smaller territories. The law allowed for only two exceptions. Children of those serving at the Court of Brussels or of members of the Collateral Councils in charge of administering the entirety of the Habsburg Netherlands ranked as *ubique natus* and could as such seek office in any province. Those less privileged by birth had no other choice but to go through the costly and time consuming procedure of obtaining *lettres de naturalité*. In Brabant and Limburg this procedure was complicated even further by the need to obtain the consent of the States[20].

The institutions and privileges of Brabant set the framework for Jacques-Abilius' career. As was common for those seeking administrative office, he obtained a degree in law from the University of Leuven in 1758. With the aim of completing his education he then went on a tour of the Holy Roman Empire together with his younger brother, Antoine-Vincent. The highlights of the trip included being presented to the Empress Maria Theresa in Vienna and to the Elector Palatine Charles Theodore in Mannheim. Shortly after his return to Antwerp in December 1760, he secured his appointment as judge in the local *chambre de tonlieu*, a court that dealt with domain-related matters. A few months later he married a cousin on his father's side, Claire-Josephe della Faille. From then on it was only a matter of time before the political career of Jacques-Abilius took off in earnest. In March 1763 the government designated him one of the aldermen of the city of Antwerp. As such he formed part of the so-called Magistrate that held the dual role of running the city and dispensing justice among its citizens. With only brief interruptions in 1772 and 1776, Jacques-Abilius would serve on the Magistrate in one capacity or another for almost three decades. In 1785 he became *binnenburgemeester* or second burgomaster; the following year he was promoted to *buitenburgemeester* or first burgomaster. While the former office consisted mainly of judicial duties, the latter entailed presiding over the Magistrate and representing the city in the States of Brabant. Jacques-Abilius would hold this prestigious office twice: from May 1786 to May 1788 and again from December 1789 to December 1790. During his first term he emerged as one of the figureheads of the resistance against the administrative and judicial reforms of Emperor Joseph II. Subsequently demoted to the post of alderman, he was reinstated as *buitenburgemeester* for the duration of the Brabantine Revolution. After the uprising collapsed, he refused all appointments in the first and second Austrian Restorations (1791–1792 and 1793–1794). The intervening first French Occupation saw him return briefly to public office, taking up a seat in the Assembly of the Representatives of the Sovereign People. He fared far worse at the onset of the second French occupation. Considered a prominent member of the despised old order, he was taken hostage for several

20   Edmond POULLET, Les Constitutions nationales belges de l'Ancien Régime à l'époque de l'invasion française de 1794, Brussels 1875, p. 451–460.

months. After his release, Jacques-Abilius lived as a private citizen in his native Antwerp until his death in 1808[21].

The events of his two terms as *buitenburgemeester* may have been exceptional, but his ascent in the city's administration had nothing out of the ordinary. A generation earlier, one of his uncles on his father's side, Charles-Joseph della Faille, lord of Coolputte, had entered the Magistrate of Antwerp in 1719, a few years after obtaining his law degree. With only a few months interruption, he had continued to serve in that body until his death in 1760. Appointed *binnenburgemeester* at the age of 32 in 1724, he had risen to *buitenburgemeester* for the first time three years later. Two more such appointments were to follow in 1737 and 1753[22]. Of the three younger brothers of Charles-Joseph, one became a Premonstratensian canon regular, while the two others prepared themselves for civic office by taking degrees in law. Philippe-Jérôme – the father of Jacques-Abilius – obtained one of the four posts of city clerk. His elder brother Emmanuel-Joseph – the father of Jacques-Abilius' wife Claire-Josephe – was chosen to become a clerk of the treasury. All three operating in the urban administration, they chose their marriage partners among the daughters of their colleagues[23]. A similar pattern prevailed in the branch of Jacques-Abilius' brother-in-law and distant cousin, Jean-Baptiste-Ange della Faille, lord of Waarloos. After acting as one of the city's almoners, Jean-Baptiste-Ange joined his brother-in-law in the Magistrate in 1776. His term of service would continue until 1793. No less committed to preserving the constitutional order – though less vocal in his resistance – he exercised the office of *schout* or sheriff of Antwerp during the Brabantine Revolution[24]. In the previous generation Jean-Baptiste-Ange's father Alexandre-Constantin had held the office of clerk of the Royal Mint in Antwerp, while his uncle and namesake Jean-Baptiste sat on the Magistrate for three terms and a total of nine years between 1724 and 1752[25].

Even if the degree of endogamy among the della Faille of the late eighteenth century may be termed pronounced, it was not wholly exceptional. Studies have shown that the Antwerp elite constituted a tight knit network of families. Many of these had earned their fortunes in trade before obtaining letters patent raising them to the nobility. Thus the great-grandfather of Jacques-Abilius, Augustin della Faille, had been ennobled by King Philip IV in 1642[26]. The integration of these descendants of erstwhile merchants into the noble estate did not, it would seem, lead to an immediate or profound cultural change. Even in the late eighteenth century they still differed markedly from the nobility of Brussels through their relatively modest way of life and their careful handling of the family fortune[27]. This cautious strategy went hand

21 SCHMITZ, Les della Faille (see n. 19), p. 171–194.
22 Ibid., p. 211–227.
23 Ibid., p. 147–162, 214–215.
24 Ibid., vol. II, Brussels 1970, p. 231–246.
25 Ibid., p. 211–227.
26 Luc DUERLOO, Paul JANSSENS, Wapenboek van de Belgische adel van de 15de tot de 20ste eeuw, vol. II, Brussels 1992, p. 37.
27 Karel DEGRYSE, De Antwerpse fortuinen: Kapitaalsaccumulatie, -investering en -rendement te Antwerpen in de 18de eeuw, Antwerpen 2005 (= Bijdragen tot de geschiedenis 88 [2005]), p. 181–194.

in hand, however, with a strong sense of entitlement to administer their native city and represent it alongside the delegates of Leuven and Brussels in the third estate of the States of Brabant. The same was more or less true in the spiritual realm. While those members of the elite who perpetuated the name and status of the family would take their seats on the city Magistrate, their ordained siblings would be elected to benefices in the Cathedral Chapter[28]. Until today the omnipresence of their coats of arms in the city churches testifies to their shared sense of allegiance and prerogative.

The divide between the urban nobility and the *noblesse chevaleresque et chapitrale* of the de Croix was almost impossible to cross. The rare example of the van de Werve – a family that occupied a position of note in the Antwerp Magistrate from the late thirteenth to the close of the eighteenth century and that entered into several alliances with the della Faille – aptly illustrated the point. In 1769 Charles-Philippe van de Werve was admitted to the Noble Estate of the States of Brabant as Count of Vorselaar. Most exceptionally, his two sons, Charles-Bernard and Philippe-Louis, were accepted on the same date, respectively with the titles of Baron of Lichtaart and Baron of Schilde[29]. As they implied in the genealogy that they had compiled to commemorate the occasion, the van de Werve had only been able to obtain their admittance because their nobility was of times immemorial and their ancestors had never engaged in trade[30]. As such they were a clear exception to the rule. Almost all other families that constituted the Antwerp elite were known to have been ennobled in the seventeenth or even eighteenth centuries. The mercantile origins of their fortunes were not a secret either. A similar integration in the corporations of the ancient nobility was therefore not on the cards. In fact, it might be added, it would take three more generations and slightly more than a hundred years before a descendant of Jacques-Abilius' uncle Charles-Joseph, Senator Charles-Martin Count della Faille de Leverghem, would become the first of his family to produce the required genealogical evidence and be honoured with a knighthood of honour and devotion in the Bohemian Priory of the Sovereign Order of Malta[31].

BY WAY OF AN EPILOGUE: THE INTRUSIVE STATE

The lifetime of Théodore de Croix and Jacques-Abilius della Faille coincided with a sustained – though not always consistent – drive on the part of the government in Vienna to reform the institutions of the Habsburg Netherlands. In the latter half of the seventeenth century the rapid decline of the power of Spain had undone some of

---

28 Bernard VANDERMEERSCH, Stratégies familiales et recrutement sacerdotal au XVIIIe siècle: le cas de l'élite ecclésiastique belgique, in: Le Parchemin 78 (2013), p. 282–319, esp. p. 297–300.

29 Paul JANSSENS, De Brabantse statenadel tegenover het absolutisme, 1587–1794, in: Jan VERBESSELT et al. (eds.), De adel in het hertogdom Brabant, Brussels 1985, p. 185–208, esp. p. 204.

30 Arnout MERTENS, Estates, Collegiate Foundations, and the Court. Definitions of Nobility in Eighteenth-Century Brabant, in: Gerhard AMMERER et al. (eds.), Bündnispartner und Konkurrenten der Landesfürsten? Die Stände in der Habsburgermonarchie, Vienna 2007, p. 349–373, esp. p. 349.

31 Georges DANSAERT, Histoire de l'ordre souverain de Saint-Jean de Jérusalem dit de Rhodes ou de Malte en Belgique, Brussels 1932, p. 318.

the achievements of earlier state formation. Confronted with a weakening regime, the regional and local elites had not hesitated to reclaim powers that they had previously had to cede to the emerging state. Little had changed during the first two decades of Austrian rule. The military setbacks suffered at the close of the reign of Emperor Charles VI brought home the need for reform. Spurred on by further defeats in the War of the Austrian Succession and the Seven Years' War, the government in Vienna and its representatives in Brussels strove to alter the balance of power in their favour. Gradually their policies yielded the desired effects. Initially an outlying possession that was burdened with a yearly deficit, the Habsburg Netherlands was transformed into a useful and profitable part of the Austrian Monarchy[32].

Utility was the order of the day. With that goal in mind, Vienna also sought to tap into the largely self-contained community of the *noblesse chevaleresque et chapitrale*. A first step was taken in 1754, when access to the post of imperial chamberlain was restricted to those able to prove a number of noble ancestors; eight on the paternal side and four on the maternal. The following years saw the creation of noble chapters for ladies in Prague (1755), Innsbruck (1765) and Vienna (1772). The first of their kind in Bohemia and the Hereditary Lands, they were organized after the muster of the chapters in the Habsburg Netherlands and Lorraine and required seize quartiers from their postulants[33]. In a parallel move, the rules of admission to the noble corporations of the Habsburg Netherlands were scrutinized and where necessary pruned of the more exorbitant requirements. Thus, the noble chapters were instructed by an edict in 1769 to cease the practice of demanding proof of nobility for several generations of each of the quarters. More significantly still was the proviso that any quarter accepted by the Teutonic or Maltese Orders, the noble corporations of the Holy Roman Empire and the newly erected chapters of Prague and Innsbruck, would automatically qualify for entry[34]. The overall aim seemed clear. Harmonizing the practices of the various noble corporations of the Austrian Monarchy would ultimately lead to broadening the institutional horizons of the families that dominated them. The policy apparently met with reasonable success. In the forty years that separated the publication of the new regulations for imperial chamberlains from the end of Austrian rule, more than 150 noblemen from the Habsburg Netherlands met the qualifications to obtain the gilded key. In a parallel move, some 50 noble ladies – many of whom were also canonesses of one of the noble chapters – received the insignia of its female counterpart, the Order of the Starry Cross. Among the latter were Théodore's aunt Marie-Claire (1761) and his sister Amélie-Isabelle (1773)[35].

Achieving change on the provincial or local level proved much more difficult. The institutions of the Habsburg Netherlands had a bewildering proclivity for variety. No two situations on the ground were truly identical. Their restricted institutional

32 Piet LENDERS, Ontwikkeling van politiek en instellingen in de Oostenrijkse Nederlanden. De invloed van de Europese oorlogen, in: Bijdragen tot de geschiedenis 64 (1981), p. 33–78.
33 William D. GODSEY, Adel, Ahnenprobe und Wiener Hof, in: HARDING, HECHT (eds.), Die Ahnenprobe (see n. 14), p. 317–329.
34 MERTENS, Estates, Collegiate Foundations (see n. 30), p. 356–364.
35 Almanach de la cour de Bruxelles sous les dominations autrichienne et française, la monarchie des Pays-Bas et le gouvernement belge, de 1725 à 1840, Brussels 1864, p. 15–16, 45–47, 68–69, p. 94–96.

horizons were part of their nature. Local elites were deeply entrenched. They had long since mastered the subtle art of manipulating the process of nominations to the local magistrate. Their obedience to the sovereign was conditional on his respect for their ancient liberties and privileges. Apart from a once in a lifetime presentation to the Empress, the government had very few instruments at its disposal to foster personal loyalty. In their absence, corporate reflexes remained strong. At least as long as Empress Maria Theresa reigned, reform therefore came at a cautious, often halting pace. It was highly significant that Vienna failed to harness the momentum to revise the qualifications for admission to the Noble Estate of Brabant. Instead of bringing them in line with those of the chamberlains or noble chapters, it ended up resigning to a compromise mixing several approaches[36].

Emperor Joseph II had no time for all this. When in 1787 he swept aside the age old institutions with the aim of replacing them with uniform structures to administer the land and dispense justice, all hell broke loose[37]. For men like Jacques-Abilius della Faille it was clear that as the emperor had reneged on his oath to respect the Blijde Inkomst, he was no longer under any obligation of obedience. When faced with the dilemma, his foremost loyalty was Brabant and its constitution, not with his sovereigns of the house of Habsburg. The difference could hardly be greater with Théodore de Croix, who not only served a sovereign of his choosing, but also acted as the instrument that implemented the royal desire for reform in Spain's colonies. Yet the irony was that the revolution that was about to engulf Europe would in the long run looked kinder upon the provincialism of the former than on the cosmopolitanism of latter.

36 MERTENS, Estates, Collegiate Foundations (see n. 30), p. 366–368.
37 Jean-Jacques HEIRWEGH, Het einde van het ancien régime en de revoluties, in: Oostenrijks België, 1713–1794. De Zuidelijke Nederlanden onder de Oostenrijkse Habsburgers, Brussels 1987, p. 469–474.

HUGUES DAUSSY

L'internationale nobiliaire protestante au XVIᵉ siècle

Grâce aux recherches conduites depuis une vingtaine d'années sur l'histoire politique et religieuse de l'Europe dans la seconde moitié du XVIᵉ siècle, il est désormais
acquis que les cadres nationaux ne sont plus pertinents pour décrypter les logiques
qui ont présidé au développement des affrontements confessionnels à partir de la fin
de la décennie 1550. Parmi les études fondatrices, l'ouvrage que Béatrice Nicollier a
consacré à Hubert Languet en 1995 a mis en évidence l'existence d'un réseau international cimenté par le partage d'une sensibilité évangélique[1]. Avant elle ou dans son
sillage, d'autres historiens ont dévoilé ponctuellement quelques bribes de ce réseau à
la faveur d'études conduites sur tel ou tel de ses membres[2], mais aucune recherche
globale n'a encore été entreprise afin de reconstituer, de manière rationnelle, cette internationale protestante dont le spectre social dépasse le cadre restreint de l'aristocratie. En raison de la thématique structurante de ce volume, les réflexions proposées
dans les pages qui suivent se concentrent néanmoins sur cette dimension nobiliaire.
Elles tracent les limites de ce que l'on sait et les perspectives qu'il est possible d'envisager en vue de recherches futures. Après avoir présenté les mécanismes et le processus d'agrégation des membres de la noblesse à ce réseau, il conviendra d'en définir les
objectifs et le mode de fonctionnement, avant d'illustrer ces considérations générales
par deux cas concrets de la mise en action de l'internationale protestante.

L'immatérialité du réseau, qui fonde sa nature même, en fait une réalité difficile à
appréhender. Ses contours sont inévitablement flous et fluctuants, au gré de l'intégration de nouveaux membres qui conditionne une extension résultant en grande
partie d'une succession de rencontres. Car les mécanismes de constitution de cette
internationale protestante n'ont rien de systématique. Ils sont étroitement liés au développement d'un tissu relationnel qui s'étend de manière empirique. Pour en en-

---

1   Béatrice NICOLLIER, Hubert Languet (1518–1581). Un réseau politique international de Me-
    lanchthon à Guillaume d'Orange, Genève 1995.
2   Outre les nombreuses études consacrées à des personnages éminents du réseau tels que Théo-
    dore de Bèze par exemple, on peut retenir: Cornelia BOER, Hofpredikers van Prins Willem van
    Oranie. Jean Taffin en Pierre Loyseleur de Villiers, La Haye 1952; Donald R. KELLEY, François
    Hotman. A Revolutionary's Ordeal, Princeton, NJ 1973; Hugues DAUSSY, Les huguenots et le
    roi. Le combat politique de Philippe Duplessis-Mornay (1572–1600), Genève 2002; Monique
    WEIS, Philippe de Marnix et le Saint-Empire (1566–1578). Les connections allemandes d'un
    porte-parole de la révolte des Pays-Bas, Bruxelles 2004; Matthieu ARNOLD (dir.), Johannes
    Sturm (1507–1589). Rhetor, Pädagoge und Diplomat, Stuttgart 2009; Hélène CAZES (dir.), Bo-
    naventura Vulcanius, Works et Networks (Bruges 1538–Leiden 1614), Leyde 2010. La plupart
    des membres identifiés de ce réseau ne sont correctement étudiés que dans des travaux anté-
    rieurs à 1950 ou beaucoup plus anciens. Certains d'entre eux conservent encore une réelle va-
    leur, comme Conyers READ, Mr. Secretary Walsingham and the Policy of Queen Elisabeth,
    Londres 1925.

visager la réalité, il est nécessaire de croiser l'exploitation de sources qui révèlent d'abord dans quelles circonstances ont pu se produire des rencontres décisives pour l'élargissement du réseau.

C'est souvent au cours de voyages accomplis par les jeunes nobles que les premiers contacts ont été noués avec des membres de cette internationale protestante. Le »grand tour«, qui les conduit à travers l'Europe d'université en université, de cour en cour, est l'une des circonstances qui président à la construction de ces liens inter-nobiliaires. Le parcours adopté lors de ces voyages d'étude n'est généralement pas construit au hasard et les étudiants partent munis de recommandations qui les guident inévitablement vers des interlocuteurs avec lesquels ils partagent déjà des convictions communes. L'exemple de Philippe Duplessis-Mornay est révélateur du déroulement d'un voyage que l'on pourrait qualifier d'intégrateur au réseau international protestant. À l'été 1568, il quitte la France en compagnie de son précepteur. Il passe d'abord par Genève, où il rencontre Théodore de Bèze, puis il se rend dans l'Empire, à Heidelberg, où il suit des cours de droit. La matricule de l'université, un document très précieux pour établir les conditions dans lesquelles de futurs membres du réseau ont noué leurs premiers liens, permet de découvrir que Paul Choart de Buzenval, qui devait plus tard devenir l'un de ses principaux correspondants et un membre très actif de l'internationale protestante, se trouvait alors également inscrit à Heidelberg, et il n'est pas douteux que leur amitié y est née. Les matricules des universités, dont beaucoup ont été publiées pour l'Empire notamment, constituent ainsi une source particulièrement précieuse si l'on veut reconstituer la genèse du réseau évangélique[3]. Quelques mois plus tard, Mornay est à Francfort afin d'assister à la foire du livre qui se tient au mois de septembre. En période de foire, Francfort est le lieu idéal pour tisser des relations, car la ville voit passer tout ce que l'Empire compte d'érudits ou d'imprimeurs, ainsi qu'un certain nombre de diplomates qui y trouvent

---

3   Parmi les universités allemandes fréquentées par des protestants, beaucoup ont vu leur matricule publiée. On peut notamment signaler: Karl E. FÖRSTEMANN, Otto HARTWIG, Karl GERHARD (éd.), Album Academiae Vitebergensis. Ältere Reihe, 1502–1602, Leipzig 1841 (réimp. Aalen 1976); Georg ERLER (éd.), Die jüngere Matrikel der Universität Leipzig, 1559–1809. Als Personen- und Ortsregister bearbeitet und durch Nachträge aus den Promotionslisten ergänzt, 3 vol. Leipzig 1909; Georg MENTZ (éd.), Die Matrikel der Universität Jena, 1548 bis 1652, Jena 1944; Georg ERLER (éd.), Die Matrikel und die Promotionsverzeichnisse der Albertus-Universität zu Königsberg in Preußen, 1544–1829, 3 vol. Leipzig 1910–1917; Julius CAESAR (éd.), Catalogus studiosorum scholae marburgensis, 1527–1628, Marbourg 1875–1877; Ernst FRIEDLAENDER (éd.), Die Matrikel der Universität Frankfurt an der Oder, 1506–1811, 3 vol. Leipzig 1887–1891; Gustav TOEPKE (éd.), Die Matrikel der Universität Heidelberg von 1386 bis 1662, 3 vol. Heidelberg 1884–1893; Heinrich HERMELINK (éd.), Die Matrikeln der Universität Tübingen, t. I: 1477–1600, Stuttgart 1906; Elias VON STEINMEYER (éd.), Die Matrikel der Universität Altdorf, Würzburg 1912. Cette liste n'est pas exhaustive. Les matricules de certaines universités françaises, anglaises, néerlandaises, suisses ou italiennes sont également des sources précieuses auxquelles il faut puiser. P. ex.: Hans Georg WACKERNAGEL (éd.), Die Matrikel der Universität Basel, t. II: 1532–1600, Bâle 1951; Willem Nicolaas DU RIEU (éd.), Album studiosorum Academiae Lugduno Batavae 1575–1875, La Haye 1875; Marcel GOURON (éd.), Matricule de l'université de médecine de Montpellier, 1503–1599, Genève 1957; Joseph FOSTER (éd.), Alumni Oxoniensis. The Members of the Universities of Oxford, 1500–1714, Oxford, 1891–1892 (réimp. Wiesbaden 1968). Il est naturellement impossible de dresser ici la liste de tous les documents publiés. Pour une approche générale de la question, voir Jacques PAQUET, Les matricules universitaires, Turnhout 1992.

l'occasion de fructueuses et opportunes rencontres. C'est là que Mornay fait la connaissance d'Hubert Languet, noble français d'origine bourguignonne alors au service de l'Électeur de Saxe. Languet, qui s'efforce de ne jamais rater l'événement constitué par la foire, est alors au cœur d'un réseau de connaissances dont il fait profiter son jeune interlocuteur. Il prodigue à Mornay de précieux conseils pour la poursuite de ses voyages et rédige en sa faveur des lettres de recommandation pour Paul de Foix, ambassadeur du roi de France dans la république de Venise[4]. Ce dernier n'est pas un évangélique, mais un modéré que sa sensibilité religieuse rapproche du groupe des »moyenneurs« et qui peut être considéré comme un sympathisant du réseau sans pour autant en faire réellement partie. Mornay entre en contact avec lui au moment où il est sur le point de quitter son poste au profit d'Arnaud Du Ferrier, tout aussi modéré, au contact duquel il reste pendant sept mois. Plus tard, il fera entrer le diplomate au service d'Henri de Navarre. À Padoue, où il étudie encore le droit, il rencontre Soffrey de Calignon, qu'il travaille à convertir à la Réforme et qui servira également, quelques années plus tard, les intérêts du réseau. Après quelques pérégrinations en Italie, en Autriche, en Bohême et en Moravie, puis un nouveau passage par l'Empire, il s'arrête à Cologne pour y passer l'hiver 1571. Il y fait la connaissance des Néerlandais Charles et Louis de Boisot, qui devaient bientôt remplir les charges de gouverneur de Zélande pour le premier et d'amiral de la flotte des gueux de mer pour le second, mais aussi d'un grand nombre de réfugiés qui ont été contraints de quitter les Pays-Bas à cause des persécutions perpétrées contre les calvinistes. Parmi eux figurent des compagnons de Guillaume d'Orange qui sensibilisent Mornay à la cause commune. Le jeune gentilhomme huguenot décide alors de séjourner brièvement aux Pays-Bas, puis il passe par l'Angleterre avant de regagner la France en juin 1572[5].

Ce voyage est en tout point exemplaire du processus d'intégration d'un jeune noble déjà soucieux du destin de la Réforme à grande échelle à un réseau international qui compte des ramifications à travers l'Europe entière, sa rencontre avec Hubert Languet apparaissant comme le pivot de cette agrégation progressive. Le grand tour accompli par Philip Sidney entre 1572 et 1575 offre un second exemple presque similaire. Avec la permission d'Élisabeth Iʳᵉ, il quitte l'Angleterre le 25 mai 1572 afin d'entreprendre ce voyage »pour parfaire sa connaissance des langues étrangères«. Il parcourt l'Europe, faisant notamment halte à Paris, Francfort, Vienne, où il se lie à son tour avec Hubert Languet, puis Padoue, Florence, Gênes et Venise, avant de passer en Pologne, à Dresde, Heidelberg, Strasbourg et Anvers, et de regagner finalement l'Angleterre le 31 mai 1575. Tout au long de ses pérégrinations, il s'intègre lui aussi au réseau international protestant, bénéficiant des conseils et des recommandations de Languet, qui l'introduit auprès d'une infinité de personnages tels que le comte Ludwig von Sayn zu Wittgenstein, Tileman Kleinfeld, représentant de Dantzig à Vienne, mais aussi Lazare von Schwendi ou encore le baron Michel de Slavata,

---

4 Nicollier, Hubert Languet (voir n. 1), p. 197–199.
5 Pour un récit plus détaillé de ce voyage, voir Daussy, Les huguenots et le roi (voir n. 2), p. 48–58.

originaire de Bohême, et bien d'autres dont la plupart ont également été en contact avec Mornay durant son propre voyage initiatique[6].

Le contact humain direct est ainsi l'un des vecteurs de l'entrée de nouveaux membres dans cette nébuleuse évangélique nobiliaire, mais ce contact ne s'établit pas seulement à la faveur de voyages de jeunesse, car tout séjour accompli au sein des cours princières de sensibilité protestante est aussi l'occasion d'une extension du cercle relationnel des membres du réseau. De tels séjours peuvent avoir lieu dans le cadre de missions diplomatiques, mais ils sont aussi parfois la conséquence de la fuite d'un certain nombre de nobles réformés, français ou néerlandais, dans le cadre du premier Refuge, celui qui s'organisa à la faveur des premières guerres civiles en France et aux Pays-Bas, et en particulier après le massacre de la Saint-Barthélemy, survenu en août 1572. C'est notamment à Londres, en Angleterre, que se sont alors retrouvés nombre de nobles huguenots qui ont vite intégré des cercles proches de la cour d'Élisabeth Ire, dont plusieurs des conseillers les plus influents appartenaient alors à la nébuleuse internationale protestante. Nicholas Throckmorton, Philip Sidney, Francis Walsingham, Robert Beale, William Cecil, pour n'en citer que quelques-uns, comptent parmi ces relais dont le réseau disposera à la cour d'Angleterre pendant tout le règne d'Élisabeth[7]. Quelques huguenots éminents bénéficient de leur soutien pendant leur séjour à Londres. Gabriel de Lorges, comte de Montgomery, Jean de Ferrière, vidame de Chartres, Jacques de Ségur-Pardaillan, dont il sera question plus loin, et une nouvelle fois Duplessis-Mornay font ainsi partie de ceux qui profitent de cette proximité afin de consolider des liens appelés à être activés à de nombreuses reprises au fil des années suivantes[8]. Deux pasteurs nobles de l'Église française de Londres, dont l'avenir au sein du réseau est tout aussi prometteur, appartiennent également à ce groupe: Robert Le Maçon, seigneur de La Fontaine, qui deviendra plus tard un relais essentiel du réseau auprès de la cour d'Élisabeth, et Pierre Loyseleur de Villiers, futur chapelain de Guillaume d'Orange[9].

Au-delà de ces rencontres directes, c'est aussi surtout par le truchement des relations épistolaires que le réseau se construit et s'étend. Nombreux sont ceux qui, parmi ses membres, n'ont jamais rencontré ceux avec lesquels ils correspondent pourtant assidûment. Les correspondances de certains d'entre eux sont particulièrement utiles pour procéder à la reconstitution de cette nébuleuse, une tâche ardue, car les sources sont diverses, dispersées dans de multiples fonds d'archives à travers l'Europe et souvent très lacunaires. L'exploitation des correspondances permet, par le système du rebond opéré de personnage en personnage, de retisser progressivement la toile déchirée du réseau. Béatrice Nicollier a pu le vérifier avec Hubert Languet, dont elle a su rassembler 1057 lettres actives ou passives échangées avec 114 corres-

---

6   Pour le récit détaillé de ce voyage voir James M. Osborn, Young Philip Sidney, 1572–1577, New Haven, Ct, Londres 1972, p. 36–309. Voir également Nicollier, Hubert Languet (voir n. 1), p. 329–334.
7   Roger Howell, The Sidney Circle and the Protestant Cause in Elizabethan Foreign Policy, dans: Renaissance and Modern Studies 19 (1975), p. 31–46.
8   Daussy, Les huguenots et le roi (voir n. 2), p. 88–93.
9   Boer, Hofpredikers (voir n. 2); Charles Littleton, The French Church of London in European Protestantism: the Role of Robert Le Maçon, dit de La Fontaine, Minister, 1574–1611, dans: Proceedings of the Huguenot Society 26 (1994), p. 45–57.

pondants entre 1550 et 1581. Ce socle documentaire lui a servi de base pour la re-constitution du système relationnel personnel du conseiller de l'Électeur de Saxe qui révèle, à lui seul, une partie sans doute importante des ramifications de l'ensemble plus vaste qu'était alors le réseau dans sa globalité[10]. Ma propre étude consacrée à Duplessis-Mornay, qui m'a conduit à dénombrer 246 correspondants identifiables, nobles dans leur immense majorité, à partir des 1198 lettres de sa correspondance ac-tive pour la période comprise entre 1568 et 1610, m'a permis de comprendre les lo-giques d'un système d'emboîtement[11]. Quant à Théodore de Bèze, il est au centre d'une toile qui vient également croiser celles des précédents[12]. De correspondance en correspondance, il est ainsi possible de rebondir presque indéfiniment jusqu'à pou-voir procéder à des recoupements suffisamment nombreux pour voir se reconstituer le maillage serré de ce maquis relationnel qui semble impénétrable tant il apparaît touffu. Les quelques constatations auxquelles il est possible de procéder, grâce à l'étude de diverses correspondances, tendent à prouver que personne n'est au centre de ce réseau, mais qu'il est par essence multipolaire, chaque membre servant de relais vers des aires géographiques ou des groupes aux profils différents. Ainsi, Charles de Danzay, ambassadeur de France au Danemark et néanmoins huguenot, s'affirme-t-il comme un intermédiaire épistolaire de première importance vers l'espace scandi-nave[13]. En Hongrie, c'est André Dudith, gentilhomme protestant d'origine croate, qui est au cœur d'une nébuleuse que les quelque 2000 lettres de sa correspondance permettent d'envisager[14]. La lecture de ces innombrables missives permet également d'apercevoir certaines ramifications de cette toile d'araignée nobiliaire, car ces lettres fourmillent de renseignements sur les cercles relationnels de leurs auteurs, mais aussi de recommandations diverses en faveur des enfants de nombreuses lignées de la no-blesse évangélique européenne, dans le cadre de l'accomplissement de voyages d'études ou de séjours plus ou moins prolongés au sein de la cour de tel ou tel prince protestant. Conscients de l'adversité à laquelle ils estiment être confrontés, les nobles protestants font ainsi preuve d'une solidarité transnationale qui s'exprime par une entraide qui caractérise le réseau et se manifeste notamment par une circulation des hommes qu'il n'est souvent possible d'appréhender qu'au prisme de ces échanges de lettres. Grâce à la correspondance de Théodore de Bèze, on découvre ainsi, par

10 NICOLLIER, Hubert Languet (voir n. 1), p. 490–618, pour le catalogue de sa correspondance.
11 Hugues DAUSSY, La correspondance de Philippe Duplessis-Mornay: inventaire et typologie, dans: L'épistolaire au XVIe siècle, Cahiers V.L. Saulnier 18 (2001), p. 211–226.
12 Cette correspondance fait l'objet d'une vaste entreprise de publication: Correspondance de Théodore de Bèze, éd. par Alain DUFOUR, Hervé GENTON, Monique CUANY, t. I–XXXVIII, Genève 1960–2014.
13 Correspondance de Charles Dantzai, ministre de France à la cour de Danemark. Handlingar rörande Skandinaviens Historia, t. XI, Stockholm 1824; Hugues DAUSSY, Un diplomate protes-tant au service d'un roi catholique: Charles de Danzay, ambassadeur de France au Danemark (1515–1589), dans: Frédérique PITOU (dir.), Élites et notables de l'Ouest, XVIe–XXe siècle. Entre conservatisme et modernité, Rennes 2004, p. 277–294.
14 Andreas Dudithius, Epistulae, éd. par Lecho SZCZUCKI, Tiburtio SZEPESSY, vol. I–VI, Budapest 1992–2002.

exemple, que Venceslas de Zastrisell, neveu du Morave Charles Zérotin, a séjourné à Genève en 1596 en compagnie de son précepteur Johannes Paludius[15].

Ce réseau international protestant n'est toutefois pas exclusivement composé de nobles, même s'ils y sont généralement majoritaires. Bien que roturiers, des lettrés, des théologiens, des humanistes, des imprimeurs, des marchands ou encore des membres de l'élite bourgeoise de certaines villes ne sont pas moins partie intégrante de cette toile relationnelle qui n'est pas homogène d'un point de vue social. Une source est particulièrement révélatrice de cette mixité, l'*album amicorum*. Petits livrets sur lesquels étudiants, professeurs, voyageurs, lettrés ou scientifiques faisaient signer leurs amis qui inscrivaient, sur la page qui leur était dédiée, une courte citation ou même quelques vers, les *alba amicorum* étaient très en vogue dans la seconde moitié du XVIᵉ siècle. Malgré les ravages du temps, nombre d'entre eux ont été conservés. Wolfgang Klose a ainsi pu en dénombrer près de 1 500 pour la seconde moitié du XVIᵉ siècle[16]. La pratique de l'*album* est rarement l'apanage des membres de la noblesse et bien davantage une habitude de lettrés, mais nombre de gentilshommes, diplomates ou hommes de cour sensibles aux idéaux humanistes, un profil assez couramment répandu au sein de l'internationale protestante, les ont signés. Ces documents sont ainsi extrêmement précieux dans l'optique de la reconstitution du réseau au sein duquel leurs possesseurs s'inséraient, mais aussi des connexions établies par les membres de la noblesse protestante au sein de cette nébuleuse. On peut par exemple le mesurer grâce à l'examen attentif de l'*album* que s'était constitué l'humaniste Bonaventure Vulcanius. En croisant les informations contenues dans sa correspondance et les inscriptions recelées par son *album*, il est possible d'établir au fil de quelles étapes il a progressivement quitté l'orbite catholique pour s'insérer dans le réseau protestant, au milieu de la décennie 1570. Le document donne une sorte d'instantané des contours de la portion du réseau alors fréquentée par Vulcanius: on y trouve les signatures de nombreux membres de la noblesse, comme Languet, Duplessis-Mornay, de Bèze, François Hotman, Jean Taffin ou encore Pierre Loyseleur de Villiers et Jacques de Ségur-Pardaillan[17]. L'*album* du géographe Abraham Ortelius est tout aussi instructif, car y voisinent les signatures de Jacques Bongars, André Dudith, Charles de L'Escluse, Hubert Languet ou encore Johann Crato von Crafttheim, membre de l'entourage des Habsbourg, médecin de Ferdinand, puis de Maximilien II, bien que luthérien, et qui réussit à maintenir son influence à la cour de Vienne jusqu'à l'avènement de Rodolphe, en 1576[18].

---

15   Correspondance de Théodore de Bèze (voir n. 12), t. XXXVII (1596), Genève 2013. Près de 2400 lettres ont été publiées à ce jour.

16   Wolfgang Klose, Corpus Alborum Amicorum, Beschreibendes Verzeichnis der Stammbücher des 16. Jahrhunderts, Stuttgart 1988. Voir également le Repertorum Alborum Amicorum. Internationales Verzeichnis von Stammbüchern und Stammbuchfragmenten in öffentlichen und privaten Sammlungen, réalisé sous la direction de Werner W. Schnabel: http://www.raa.phil. uni-erlangen.de/ (consulté le 3/8/2016).

17   Hugues Daussy, L'insertion de Bonaventure Vulcanius dans le réseau international protestant, dans: Hélène Cazes (dir.), Bonaventura Vulcanius, Works and Networks (Bruges 1538–Leiden 1614), Leyde 2010, p. 167–183.

18   Jean Puraye (éd.), Album amicorum Abraham Ortelius, Amsterdam 1969.

Ce qui cimente cet ensemble d'apparence hétérogène est une idéologie commune, dont on peut s'avancer à dire qu'elle connaît un léger infléchissement au cours de la seconde moitié du XVIe siècle. Au début de la décennie 1560, tous ces hommes nourrissent d'abord l'espoir de voir l'établissement en Europe d'une réforme religieuse modérée. Ils prônent la mise en œuvre d'une cohabitation confessionnelle pacifique, prélude à un retour à l'unité de foi qu'ils espèrent au profit de la ›vraie‹ religion. Ils sont également unis par leur détermination à lutter contre les ennemis de cette modération. Au cœur même du monde protestant, ce sont les théologiens radicaux qui, réformés ou luthériens, exacerbent les divergences doctrinales et nuisent à la constitution d'un front commun. Mais leur principal adversaire est naturellement dans le camp catholique, à la tête duquel le couple infernal formé par le pape et le roi d'Espagne est soupçonné de vouloir mettre sur pied une conjuration papiste internationale dont la finalité serait l'anéantissement de la Réforme à l'échelle européenne. Cette conviction induit toute la politique élaborée par les membres du réseau qui se décline en deux volets complémentaires. Il s'agit en premier lieu de parvenir à l'unité au sein du protestantisme afin d'être plus fort contre l'ennemi commun et d'être en mesure d'exercer des pressions sur les princes évangéliques afin qu'ils favorisent la mise en œuvre d'une union, si ce n'est doctrinale du moins politique. Il convient d'autre part d'empêcher les États à importante minorité protestante de basculer définitivement dans le camp catholique. Ainsi, les problèmes ne sont jamais abordés dans une optique nationale, mais toujours selon la problématique globale d'un affrontement général, celui de deux blocs, de deux entités qui se défient et se combattent. L'analyse faite par Béatrice Nicollier de la correspondance d'Hubert Languet a joué un rôle décisif dans la redécouverte de ces principes directeurs qui s'articulent à la conviction, partagée par le conseiller de l'Électeur de Saxe et ses correspondants, de l'existence d'un monde bipolaire[19]. L'Europe est conçue comme l'échiquier sur lequel la partie se joue et où les coups décisifs ne peuvent être portés que sur les cases dont l'attribution demeure incertaine: il s'agit des Pays-Bas et de la France, dont on ignore s'ils basculeront dans l'un ou l'autre camp. Selon une sorte de théorie des dominos avant l'heure, on considère que la coalition qui l'emportera acquerra alors suffisamment de puissance pour faire basculer toute l'Europe de son côté. Dans un second temps, après la Saint-Barthélemy, lorsque l'idée d'une éventuelle victoire totale du camp évangélique commence à sérieusement s'estomper dans l'esprit des plus optimistes[20], la perspective devient plutôt celle d'une résistance, qui se substitue ainsi à l'esprit de conquête des premiers temps.

Les membres du réseau éprouvent ainsi une solidarité qui repose avant tout sur leur sentiment d'appartenance supranational à une mouvance évangélique qui peut surpasser, dans certains cas, l'attachement national. Fidèles au principe selon lequel il faut obéir à Dieu plutôt qu'aux hommes, les nobles réformés français et néerlandais n'hésitent pas à désobéir à leur roi pour respecter ce qu'ils considèrent comme l'expression de la volonté divine. Cette rébellion, masquée généralement derrière la fiction politique du roi prisonnier ou manipulé par ses mauvais conseillers qui permet

19 Nicollier, Hubert Languet (voir n. 1).
20 À propos du rôle charnière de la Saint-Barthélemy dans cette optique, voir Hugues Daussy, Le parti huguenot. Chronique d'une désillusion (1557–1572), Genève 2014.

aux gentilshommes réformés français ou néerlandais de sauver les apparences de la fidélité à leur prince légitime, peut prendre des formes particulièrement radicales. La signature en 1562, par les représentants du prince Louis de Condé et de Gaspard de Coligny, du traité de Hampton Court, qui promet la restitution à l'Angleterre de la ville de Calais en cas de victoire huguenote remportée avec l'aide des troupes régulières envoyées en Normandie par Élisabeth, est un exemple des sacrifices que sont prêts à consentir les aristocrates réformés français au profit de l'établissement de la Réforme, au détriment de l'intérêt national si besoin est[21]. La promesse faite en 1575 par Henri de Condé au palatin Jean-Casimir de lui offrir le gouvernement à vie des Trois-Évêchés en échange de mercenaires levés dans l'Empire est du même ordre. Aux Pays-Bas espagnols, où revendications religieuses et politiques se mêlent de manière complexe, la noblesse réformée dirigée par le prince d'Orange va jusqu'à soustraire les provinces du Nord à l'autorité de Philippe II par la création, en 1579, des Provinces-Unies, un État calviniste indépendant.

Au-delà de ces cas extrêmes, la noblesse protestante entend généralement utiliser les moyens de pression offerts par le réseau afin de procurer de l'aide militaire et du soutien financier aux fidèles qui sont menacés par les forces catholiques, essentiellement en France et aux Pays-Bas. La diplomatie est dans cette optique un vecteur essentiel de l'activité des membres de cette internationale qui plaident sans relâche la cause commune auprès des princes protestants parfois peu enclins à s'engager dans un conflit ouvert avec leurs puissants voisins catholiques. Le réseau agit ainsi comme un groupe de pression tentaculaire qui étend son action au sein des cours évangéliques. L'exemple de l'Angleterre est particulièrement éloquent. Dans l'entourage d'Élisabeth Ire s'affairent les membres du réseau que l'on a déjà eu l'occasion d'évoquer. Ils forment une tendance, un courant, au sein du Conseil où ils s'efforcent de faire triompher leur politique. À la cour de l'Électeur palatin, ce sont successivement le comte Eberhard von Erbach, maréchal de la cour de Frédéric III, Christophe Ehem et Pierre Beutterich, proche conseiller du comte palatin Jean-Casimir, qui contribuent de manière très active à aiguillonner la politique de leur prince en faveur des huguenots. Ces hommes, auxquels il faut encore ajouter d'autres membres du réseau tels Wenzel Zuleger ou Pierre Dathenus, multiplient les efforts pour stimuler l'engagement de l'Électeur palatin dans sa démarche de soutien aux réformés menacés en France et aux Pays-Bas[22]. Ils jouent ainsi un rôle décisif dans la conclusion de son mariage, en avril 1569, avec Amalia, la veuve d'Henri de Brederode, un proche de Guillaume d'Orange et parent du prince de Condé[23]. Auprès du landgrave Philippe de Hesse, certains membres de la grande noblesse militaire, tels Friedrich von Rolshausen, Johann von Ratzenberg ou Heinrich von Schachten sont bien disposés à l'égard de la défense de la cause commune, mais au sein même du Conseil, les principaux appuis n'appartiennent pas à la noblesse hessoise, comme le chancelier Rein-

---

21 Ibid., p. 455–456.
22 Volker PRESS, Calvinismus und Territorialstaat. Regierung und Zentralbehörden der Kurpfalz 1559–1619, Stuttgart 1970.
23 Graeme MURDOCK, Beyond Calvin. The Intellectual, Political and Cultural World of Europe's Reformed Churches, Basingstoke 2004, p. 50.

hardt Scheffer et le secrétaire Simon Bing, issus de la bourgeoisie[24]. Dans l'entourage du prince d'Orange, Philippe de Marnix de Sainte-Aldegonde, qui fut d'abord au service du palatin Frédéric III[25], et Pierre Loyseleur de Villiers sont les plus ardents défenseurs de la politique offensive voulue par les membres du réseau, alors que Duplessis-Mornay est le principal promoteur d'une action d'ampleur internationale au sein de la maison de Navarre dont il est le surintendant conjointement avec Jacques de Ségur-Pardaillan et Claude-Antoine de Vienne, seigneur de Clervant, qui jouent également un rôle majeur dans l'élaboration de cette politique. Au sein d'autres cours, l'identification des relais dont disposent les membres du réseau est moins évidente. Ainsi en est-il de l'entourage immédiat de Frédéric II, roi du Danemark, où voisinent des conseillers dont l'orientation politique est parfois difficile à saisir avec finesse, mais dont l'action n'en est pas moins favorable, par intermittence, aux entreprises initiées par les leaders de cette internationale nobiliaire protestante. Le chancelier Niels Kaas, le grand trésorier Christoffer Valkendorf, issu de la plus haute aristocratie danoise, Heinrich Ramel, originaire de Poméranie, mais aussi Heinrich Rantzau et quelques autres nobles allemands passés au service de Frédéric, tous chargés des relations diplomatiques avec les princes de l'Empire, apparaissent comme des philippistes qui ont manifesté une réelle sympathie à l'égard de la cause protestante à l'échelle européenne. Certains, comme Breide Rantzau, fils de Heinrich, ou Christophe de Dohna peuvent même être considérés comme des membres à part entière de l'internationale nobiliaire[26].

Parmi tous les princes qu'ils servent, qu'ils soient luthériens, réformés ou anglicans, les membres les plus actifs du réseau cherchent celui qui acceptera de prendre la tête d'une véritable ligue protestante européenne qu'ils rêvent de voir se dresser afin de faire face à la fameuse conjuration papiste internationale dont ils fantasment l'existence. Lorsqu'un prince semble susceptible d'incarner cet espoir, ils se regroupent autour de lui. Tel est le cas de Guillaume d'Orange à la fin des années 1570. Son combat contre la tyrannie espagnole aux Pays-Bas est considéré comme décisif et son entourage nobiliaire devient dès lors cosmopolite. Duplessis-Mornay obtient ainsi l'autorisation d'Henri de Navarre d'aller s'établir auprès de lui, vite rejoint par Hubert Languet, qui quitte alors le service d'Auguste de Saxe, dont il a compris qu'il n'accepterait jamais de soutenir la politique agressive du réseau contre Philippe II. François de La Noue et quelques autres se pressent également d'agir en faveur de la cause commune[27].

---

24 Holger Thomas GRÄF, Konfession und internationales System. Die Außenpolitik Hessen-Kassels im konfessionellen Zeitalter, Marburg 1993, p. 67–79; Arthur HEIDENHAIN, Die Unionspolitik Landgraf Philipps von Hessen und die Unterstützung der Hugenotten im ersten Religionskriege (1557–1562), Halle 1890, p. 426–460.

25 WEIS, Philippe de Marnix (voir n. 2), p. 18–22.

26 Paul Douglas LOCKHART, Frederik II and the Protestant Cause. Denmark's Role in the Wars of Religion, 1559–1596, Leyde 2004, p. 189–194; Arthur G. HASSO, Rigshofmester Kristoffer Valkendorf til Glorup (1525–1601). En Biografi, Copenhague 1933, p. 134–158. Sur les Dohna, voir Hans-Jürgen BÖMELBURG, Reformierte Eliten im Preußenland. Religion, Politik und Loyalitäten in der Familie Dohna (1560–1660), dans: Archiv für Reformationsgeschichte 95 (2004), p. 210–239.

27 À propos du travail accompli en faveur du prince d'Orange et de la cause des révoltés par les

Les leviers politiques et diplomatiques activés au sein des cours par les membres du réseau se montrent plus ou moins efficaces, mais il est certain que les mercenaires allemands qui sont régulièrement entrés en France, au cours des guerres de Religion, afin de secourir les huguenots, n'auraient jamais pu être recrutés sans les efforts déployés par une nuée d'intermédiaires qui ont su convaincre quelques-uns des princes évangéliques allemands de soutenir officieusement ou officiellement ces expéditions militaires. Dès 1562, une véritable diplomatie réformée s'est ainsi mise en place, s'appuyant, afin de parvenir à ses fins, sur des conseillers auliques contactés par l'entremise de personnages tels que Jean Sturm, François Hotman ou encore l'agent anglais dans l'Empire Christopher Mont[28]. Le voyage entrepris à des fins diplomatiques s'est ainsi avéré l'un des moyens d'action les plus fréquemment employés par les membres de cette internationale protestante, mais la communication écrite joue également un rôle essentiel. La correspondance, souvent intense, entre les quelques chefs d'orchestre de cette politique conçue à l'échelle continentale, reste sans aucun doute le principal vecteur d'une véritable entreprise de lobbying dont le but ultime, au fil des décennies 1560, 1570 et 1580, est de parvenir à la constitution de cette fameuse ligue protestante internationale qui réunirait tous les princes évangéliques. À travers l'évocation sommaire de deux tentatives, conduites par les membres du réseau afin d'obtenir des princes protestants qu'ils concluent enfin cette alliance si ardemment désirée, il est possible d'observer de manière concrète la mise en mouvement de cette internationale nobiliaire.

La première de ces tentatives a pour occasion la troisième guerre de Religion française, qui se déroule de l'automne 1568 au printemps 1570. Nourri par la conviction qu'une alliance secrète a été conclue entre les rois de France et d'Espagne lors de l'entrevue qui s'est déroulée à Bayonne en 1565, le fantasme de l'existence de »ligues et confederations que les princes papisticques ont avec le pape, pour exterminer les princes et peuples faisant profession de la vraye religion«[29], pour reprendre l'expression du diplomate huguenot Arnaud de Cavagnes en mission auprès d'Élisabeth en octobre 1568, suscite la mise en œuvre d'une vaste entreprise soutenue par la souveraine anglaise, l'Électeur palatin, converti au calvinisme depuis 1563, et les chefs du parti huguenot afin d'unir leurs forces. Tout ce que le réseau compte de membres influents au sein des cours entre alors en action. Du côté français, la grande noblesse huguenote se mobilise dans un premier temps derrière Condé, Coligny et Andelot, puis bénéficie du soutien de Jeanne d'Albret, reine de Navarre, et de son fils le prince Henri. Une grande mission est confiée à Guillaume Stuart de Vezines, qui utilise tous les relais dont il dispose au sein des entourages princiers afin de mener à bien cette entreprise. Parmi les plus actifs d'entre eux figurent notamment Wenzel Zuleger, Christoph Ehem et Nikolaus Schenk von Schmiedberg, proches de l'Électeur pala-

membres de ce groupe international, voir la dernière tentative de synthèse: Blandine KRIEGEL, La République et le prince moderne. Les Français et la naissance des Provinces-Unies, Paris 2011.

28 DAUSSY, Le parti huguenot (voir n. 20), p. 387–466.

29 Instruction de Condé à Cavagnes, datée de son jour de présentation à Windsor, 6 octobre 1568, dans: Samuel HAYNES (éd.), A collection of State Papers Relating to Affairs in the Reigns of King Henry VIII, King Edward VI, Quenne Mary and Queen Elizabeth: From the Year 1542 to 1570, Londres 1740, p. 473–475.

tin, mais aussi les diplomates anglais Christopher Mont et Henry Killigrew. Ils multiplient les déplacements et les démarches diplomatiques afin de persuader les luthériens d'accepter la conclusion d'un accord, au minimum une ligue défensive, avec les réformés. La forte pression exercée par le réseau sur les deux princes dont l'avis sera décisif, les Électeurs Joachim II Hector de Brandebourg et Auguste de Saxe, bénéficie auprès de ce dernier du relais de Georg Cracow et d'Andreas Paull, sollicités par leur ancien collègue Hubert Languet. Afin de susciter un rapprochement d'Auguste avec l'Électeur palatin, qui ne manquerait pas de favoriser la réussite du projet de ligue, ces hommes œuvrent même à la conclusion d'un mariage entre Élisabeth de Saxe et le comte palatin Jean-Casimir[30]. Tous ces efforts ne peuvent toutefois éviter l'échec final de la tentative à l'issue de la conférence tenue à Erfurt, en septembre 1569, au cours de laquelle vingt et un princes évangéliques allemands ou leurs représentants rejettent la perspective d'une ligue protestante internationale[31]. En cette occasion, la rigidité théologique défendue par les deux Électeurs luthériens a empêché l'adoption de la politique pragmatique souhaitée par l'aile nobiliaire de l'internationale protestante.

La seconde tentative est de plus grande ampleur. Elle prend ses racines dans une mission diplomatique confiée en temps de paix par Henri de Navarre à Jacques de Ségur-Pardaillan. La véritable initiative en revient toutefois à Philippe Duplessis-Mornay, qui rédige des instructions à l'intention de l'ambassadeur huguenot chargé de parcourir l'Europe afin de stimuler une nouvelle fois la constitution d'une ligue protestante. Au cours d'une réflexion préparatoire à la conception du voyage de Ségur, Mornay prend conseil auprès de Danzay afin de bénéficier de sa connaissance des cours nord-européennes, puis il écrit à Walsingham pour solliciter son soutien[32]. Le parcours qu'il trace à l'intention de Ségur est particulièrement intéressant dans l'optique de la reconstitution du fonctionnement du réseau, puisque le surintendant de Navarre indique, pour chaque cour où le diplomate aura charge de s'arrêter, quels seront les conseillers sur lesquels il pourra s'appuyer en priorité afin de mener à bien sa mission. En Angleterre, outre Walsingham, il lui recommande la fréquentation de Philip Sidney, Henry Killigrew, Thomas Randolphe et William Davison. Aux Pays-Bas, auprès de Guillaume d'Orange, il le dirige vers Marnix de Sainte-Aldegonde, Adrian Van der Mylen, François Du Jon et Jean Taffin. Au Danemark, Danzay sera naturellement son interlocuteur privilégié[33]. Et pour favoriser la prise de contact de Ségur avec ces relais, Mornay leur écrit de manière séparée des lettres de recommandation en faveur du diplomate, les exhortant à favoriser la réussite de sa mission dans

30 Nicollier, Hubert Languet (voir n. 1), p. 233–243.
31 Daussy, Le parti huguenot (voir n. 20), p. 692–704; Erkki I. Kouri, England and the Attempts to Form a Protestant Alliance in the Late 1560s: a Case Study in European Diplomacy, Helsinki 1981.
32 Mémoires et correspondance de Duplessis-Mornay, 12 vol., Paris 1824–1825, vol. II, p. 235–241: Discours envoyé à M. de Walsingham, secrétaire d'estat d'Angleterre, pour induire la royne Élizabeth à embrasser l'union du roy de Navarre et des princes protestants d'Allemaigne, mai 1583.
33 Ibid., p. 272–294: Instruction pour traicter avec la royne d'Angleterre et aultres princes estrangers protestans, baillée par le roy de Navarre au sieur de Ségur, y allant de sa part en juillet 1583.

l'intérêt commun[34]. Munis de ces instructions, puis d'autres venues en complément au fil des quatre années que dure finalement sa mission, commencée en temps de paix en juillet 1583 et achevée en pleine guerre en 1587, Ségur parcours l'Europe de l'Angleterre aux confins de l'Empire, assisté par d'autres diplomates huguenots, tous membres actifs du réseau, tels que Paul Choart de Buzenval et Soffrey de Calignon.

Grâce aux 194 lettres de la correspondance active de Ségur et au 236 missives qu'il a reçues pendant l'accomplissement de sa mission, il est possible de dresser la liste ce ceux qui lui ont prêté main-forte et d'envisager les modalités d'action auxquelles ils ont pu avoir recours. Cette liste recoupe, sans surprise, en grande partie celle des contacts recommandés par Mornay dans ses premières instructions. En Angleterre, ce sont Francis Walsingham, Robert Beale, Philip Sidney, Henry Killigrew et Horatio Palavicino qui se sont montrés les plus engagés, alors que dans l'Empire, il a pu compter sur l'appui de Pierre Beutterich, Andreas Das, conseiller de Guillaume de Brunswick-Lunebourg, Johann Gruys, serviteur du landgrave Guillaume IV de Hesse, Johann Hugel, secrétaire de ce même landgrave, Lucas Maïus, son chapelain, Wilhelm-Rudolf von Meckbach, son chancelier, Heinrich Moller, théologien réformé de Hambourg, Johann Megbach, serviteur du duc de Deux-Ponts, Andreas Paull, chancelier de Christian de Saxe, Christoph Pezel, théologien réformé de Brême, Caspar Peucer, théologien réformé saxon, et sur le concours du Strasbourgeois Jean Sturm. Enfin, aux Pays-Bas, ses relais se nomment Marnix de Saint-Aldegonde, William Davison, Daniel Rogers et Abraham Ortelius, alors qu'au Danemark Danzay introduit le diplomate auprès de Heinrich Rantzau et Heinrich Ramel, conseillers du roi Frédéric II[35]. Cette liste est parfaitement représentative de ce que l'on sait du réseau évangélique : théologiens, diplomates et proches conseillers de princes s'y côtoient et agissent comme des solliciteurs au sein des cours protestantes d'Europe afin d'obtenir des souverains l'octroi du soutien requis. On remarque qu'à de rares exceptions près tous les personnages cités sont de noble extraction, ce qui confirme la forte dimension nobiliaire du réseau lorsqu'il s'agit de mener à bien une mission d'ordre politique. L'échec n'en est pas moins une nouvelle fois au rendez-vous en ce qui concerne la formation de la ligue protestante, mais Ségur a tout de même réussi à favoriser la levée, en 1587, d'une armée étrangère pour le service du roi de Navarre, un résultat obtenu en grande partie grâce à l'industrie et à la solidarité du réseau dont on perçoit bien le fonctionnement, par un jeu complexe de relais et de recommandations dont le véhicule est essentiellement la communication épistolaire.

Bien que difficile à saisir dans toutes ses nuances, le réseau international protestant apparaît bien comme une réalité en cette seconde moitié du XVIe siècle. Sa forte connotation nobiliaire s'impose avec tout autant d'évidence. Même s'il est hors de question de nier la force du sentiment national éprouvé par chacun de ses membres, qui s'efforcent de servir au mieux les intérêts de leur prince, une conclusion particulièrement opportune dans le cadre de la problématique de cet ouvrage, consacré à

---

34 Voir Daussy, Les huguenots et le roi (voir n. 2), p. 209–215.
35 Voir l'étude détaillée de Violaine Breteau, Défendre son prince, restaurer la Respublica Christiana. Les ambassades de Jacques de Ségur-Pardaillan (1583–1588). Diplomatie navarraise et réseau réformé européen à la veille de l'avènement d'Henri IV, mémoire de master, dir. par Hugues Daussy, univ. du Maine (2008).

l'articulation entre noblesse et nation, ne s'en impose pas moins comme une évidence. Ces hommes sont unis par un lien qui dépasse les cadres nationaux, qui surpasse l'attachement qu'ils peuvent éprouver à l'égard de leur patrie. Ce sentiment de solidarité supranational, conditionné par la défense commune de la vérité de l'Évangile, donne une dimension nouvelle aux conflits confessionnels qui déchirent l'Europe. Cette dynamique structurante d'un réseau qui unit, dans un même effort, des nobles et des roturiers d'horizons très variés exige, pour être comprise et décryptée, l'abandon résolu des cadres nationaux stricts si l'on veut mener à bien l'étude des affrontements politiques et religieux dans l'Europe du XVIe siècle.

JONATHAN SPANGLER

The »princes étrangers« – Truly Princes? Truly Foreign?

Typologies of Princely Status, Trans-Nationalism and Identity in Early Modern France

I.

From the late sixteenth century, more prevalently in the seventeenth, and with certainty in the eighteenth, an informal title of address evolved in its usage at the French court: the *prince étranger*, or »foreign prince«. At first merely a general description of the dual status of a person who was a foreigner and of princely rank, the phrase evolved into a recognised title delineating specific rank and status for a group of senior courtiers who resided in France and had acquired specific privileges, accorded personally by French sovereigns, but never formally given official standing in French law. It was not, in contrast to the title *duc-et-pair* or other letters patent granting titles of nobility, registered in the Parlement of Paris or other courts of law. But that was the point – the name *prince étranger* deliberately carried with it the notion of extra-territoriality, of a status existing outside the jurisdiction of French sovereignty. These princes, or so they maintained, lived under the protection of the French king, and worked with him as allies and clients, but were free to leave his service at any time. They based their claims to this status on their position as junior members of sovereign princely families in the Holy Roman Empire or in Italy, or as sovereigns themselves of independent territories, however small, or as potential heirs to foreign kingdoms, real or imagined.

Few historians have dedicated attention specifically to the *princes étrangers*, and their views are sometimes conflicting. The now standard definition by Robert Oresko points out the inherent contradiction of courtiers of French monarchs who presented themselves as independent members of foreign sovereign houses and at the same time as subjects of the Crown, due to extensive properties held within French jurisdiction[1]. In contrast, Guy Antonetti de-stressed the foreign quality of the foreign princes, and instead posed a thesis whereby the adoption of such a title was based mostly on the factor of blood relations of the *princes étrangers* with the royal house of France[2]. With the emergence of trans-nationalism as an important focus for

1 Robert ORESKO, Princes étrangers, in: Lucien BÉLY (ed.), Dictionnaire de l'Ancien Régime, Paris 1996, p. 1019–1020.
2 Guy ANTONETTI, Les princes étrangers, in: Jean-Pierre BARDET et al. (eds.), État et société en France aux XVIIᵉ et XVIIIᵉ siècles, Paris 2000, p. 33–62. See further analysis of both Oresko's and Antonetti's views in my own work on this subject: Jonathan SPANGLER, The Society of Princes: The Lorraine-Guise and the Conservation of Power and Wealth in Seventeenth-Century France, Farnham 2009, chap. 1.

the study of European elites and court societies, it is now easier for us to conceptualise this dichotomy of mixed loyalties and the associated contradictions between sovereign and subject.

The questions posed in the title of this chapter, therefore, ask whether the moniker *foreign prince* was completely appropriate. After living in France for several generations, can these elites still be reckoned as foreign, particularly in an era before the true onset of nationalism? And is this qualification uniform across the set of families who were accorded this title? Moreover, in what sense were they princely? What does that term mean, either symbolically or realistically? On the surface, we can observe that this subset of elite courtiers appear to have been French aristocrats who made use of merely honorific and exalted titles to assert and defend their position at the very top of the court hierarchy, a position they saw as under attack in the sixteenth century from powerful royal favourites, or from rising new nobles from the worlds of the judiciary and finance[3]. In some cases, this is an entirely correct assessment, and there is no more truth to their titular claims than the usage of Queen Elizabeth II as »Duke of Normandy« in her capacity as sovereign of the Channel Islands. In many instances, their titles were empty claims only, vague memories of past glories (real or imagined), maintained to distinguish themselves from the rising number of French nobles employing titles of *comte* or *marquis* at court[4]. At the same time, the titles were sometimes useful to the French crown, and therefore tolerated. For example, the claimed descent from semi-legendary kings of ancient Bretagne propped up the honour of the princes of Rohan, but it was acceptable to the French monarchy as it was a potentially useful claim in a completely different area: the restitution of lost territory of the Kingdom of Navarre south of the Pyrenees[5]. Other princes in France genuinely were perceived by the monarchy as individuals who needed to be treated with the respect due a sovereign because of this key word: potential. Since much of the European state system continued to function through the mechanisms of hereditary dynasticism, it was essential to remain attentive to potentiality. The most obvious example from the point of view of the French state is the Gonzague de Nevers family who left the French court in 1629 to become dukes of the strategic North Italian duchy of Mantua due to the extinction of the

---

3   On royal favourites, see Nicolas LE ROUX, La faveur du roi. Mignons et courtisans au temps des derniers Valois, Seyssel 2001. On new nobles of the state bureaucracy, see Charles T. LIPP, Noble Strategies in an Early Modern Small State. The Mahuet of Lorraine, Rochester, NY 2011.

4   Contemporary scepticism of the elevation of titles can be easily detected in one of the chief chronicles of families and honours of the French court: Père Anselme DE SAINTE-MARIE, Histoire généalogique et chronologique de la maison royale de France, des pairs, des grands officiers de la couronne & de la maison du roy, des anciens barons du royaume, avec les qualitez, l'origine, le progrès et les armes de toutes leurs familles [...], 9 vols., Paris 1726–1733. The author is careful to differentiate genuine elevated titles (with letters patent registered in Parlement) from those that were simply assumed, by adding the word »dit« before the title.

5   In the reign of Henri IV, the Rohans retained a position as heirs to Navarre if the Bourbon line should fail. Indeed, when Louis XIII moved to restore Catholicism to Béarn in 1617, the Huguenot estates there looked to the Protestant duc de Rohan as a potential saviour: Alain BOULAIRE, Les Rohan, Paris 2001, p. 58–59, 79–80.

senior branch of the family[6]. Cadets of the houses of Lorraine and Savoy came quite close to a similar scenario in the middle of the seventeenth century, as the numbers of heirs in both sovereign ducal families dwindled[7]. And of course, larger prizes were occasionally on offer for semi-sovereign princes or their cadets: the last duke of Lorraine, François III, became Holy Roman Emperor Francis I in 1745; the elector of Hanover, Georg Ludwig, became king of Great Britain in 1714; a cadet of the house of Savoy, Charles-Albert, Prince of Carignano, became king of Sardinia in 1831[8].

This evolution of the value of the term *prince étranger* is not, however, merely a question of a »game of thrones«: by the eighteenth century, there is in fact more to this story which should be explored in the context of »nations« and »nobility«. This has something to do with the emergence (or perhaps re-assertion) of a new type of European aristocrat: the trans-national prince[9]. These trans-national elites were, I propose, a reaction to a growing sense of national identity in the nation-states of Western Europe, perhaps even a yearning to return to a pre-Reformation world of Christian universality as a marker of identity; an identity that would continue well into the modern era[10]. Of course these princes were not the only members of this emerging trans-national aristocratic elite: we must certainly include diplomats, wealthy merchants and the artists and artisans who moved in and out of their service. But I would argue that those who moved the most smoothly in a »trans-aulic« manner did so due to an unassailable privilege of secured access to any royal court, be it Versailles, Vienna or St Petersburg, because of their rank of prince. This chapter will therefore examine this issue from two angles: firstly, the nature of princeliness and the development of the rank of the *princes étrangers* in France; and secondly, the solidification of the rank of prince in the hierarchy of European courts as a trans-national rank by the eighteenth century.

6   David PARROTT, A prince souverain and the French crown: Charles de Nevers, 1580–1637, in: Robert ORESKO et al. (eds.), Royal and Republican Sovereignty in Early Modern Europe, Cambridge 1997, p. 149–187.
7   In Lorraine, circa 1650, Duke Charles IV had three legitimate heirs (his brother and his nephews), then two aging bachelor cousins (the marquis de Mouy and the bishop of Verdun), between himself and the duke of Guise. In Savoy, Duke Charles Emmanuel II, thus far childless, had only an uncle, a cardinal, before the succession would fall to another uncle, the comte de Soissons, at that time in French service.
8   See recent biographical work highlighting the transformation of François III of Lorraine to Emperor Francis I in: Renate ZEDINGER, Wolfgang SCHMALE (eds.), Franz Stephan von Lothringen und sein Kreis/L'empereur François I et le réseau lorrain, Bochum 2009.
9   I use this term with reservations, given the difficulties in establishing the existence of nationalism in the pre-modern era. Other terms to consider carefully include »trans-regional«, or perhaps more aptly »pan-regional«, since the point is that such aristocrats not only moved across frontiers, but could feel at home anywhere; or »pan-aulic«, more specifically relevant to the discussion here, with a focus on the court.
10 Jonathan SPANGLER, Those in Between: Princely Families on the Margins of the Great Powers. The Franco-German Frontier, 1477–1830, in: Christopher H. JOHNSON et al. (eds.), Transregional and Transnational Families in Europe and Beyond: Experiences Since the Middle Ages, Oxford 2011, p. 131–154.

II.

In a study of nobilities and nations, it is perhaps relevant to begin with a quote from Saint-Simon, who offers his opinion that the »princes étrangers ne sont pas de la noblesse de France«, while at the same time admitting that they were a firm part of the political and cultural fabric of France and the French court[11]. Their position was ambiguous, and could be seen in one sense as a conservative element clinging to an elite feudal past where loyalties were determined personally between subject and sovereign, rather than to a nation. Alternately, it is possible to view the trans-national princes as looking towards a more enlightened future of pan-European integration, though it is doubtful this thought was intentional in either dynastic or individual strategy. Nevertheless, the ambiguity of the rank of the foreign prince was a useful feature for the French monarchy and for the families themselves: it allowed the former to make use of unofficial diplomacy, easing tensions through personal or even kin-based trans-national links between courts otherwise prohibited by protocol; and it allowed the latter to consolidate their hold on the topmost positions in court society, from the highest court offices to the most elevated positions in military and ecclesiastical hierarchies, until the collapse of the Ancien Régime itself.

European elites have often yearned for a sense of universality of identity. After the collapse of the unity of the Roman Empire, identity was held together by the conceptualisation of being part of the Christian World. Charlemagne re-forged this concept, and the »Imperial Idea«, the idea of universal monarchy, was preserved in his heirs in Germany, adopted of course by the Habsburgs, and repeatedly challenged by Charlemagne's other heirs, the kings of France[12]. Focusing on the border nobles, for example, those who lived in the valleys of the Meuse and the Moselle, we can see they had little sense that they needed to fight exclusively for one king or another, or adhere to one polity solely based on ties of language or culture. They had their formal feudal allegiances of course, but examination of detailed feudal maps of this region quickly demonstrates that for every fief held of the king of France, these nobles held another from the king of Germany[13]. Over time, some of these territories managed to slip outside the jurisdiction of either monarchy, and these formed one of the categories of the princely rank examined here. Mountainous regions far from centres of royal power were of course natural formation zones of these micro-principalities: the Ardennes, the Vosges, the Alps and the Pyrenees.

Some of these elites maintained a sense of universality through the common language of chivalry and crusade; others connected through learning – the Republic of Letters – or perhaps through finance, as in the multiple branches of the banking houses of Medici or Fugger. Latin remained the language of the Church and of high-

---

11 Additions inédites du duc de Saint-Simon, in: Journal du marquis de Dangeau, ed. by Eudore SOULIÉ, Louis-Étienne DUSSIEUX et al., 19 vol., Paris 1854–1860, vol. XIV, p. 448.
12 A useful examination of this idea from a literary and visual perspective can be found in: Andrew WHEATCROFT, The Habsburgs. Embodying Empire, New York 1995, chap. 3.
13 See for example, Michel PARISSE, Noblesse et chevalerie en Lorraine médiévale. Les familles nobles du XIᵉ au XIIIᵉ siècle, Nancy 1982; or more recently, Léonard DAUPHANT, Le royaume des quatre rivières. L'espace politique français (1380–1515), Seyssel 2012, notably sections that highlight the frontier mentality of noble families like the Lenoncourts (p. 325–328, 354–356).

er learning; Italian of commerce and diplomacy. As is well known, the political developments of the fifteenth century, particularly in France, England and Spain disrupted this universality and led to what we identify as the modern nation-state. The Hundred Years' War and the Reconquista forged national identities and loyalties to king and country that had only weakly existed before. But another great change which facilitated this transition happened simultaneously, partly by accident and partly by design. This was the elimination of a grouping of the most powerful elites who surrounded and supported – or sometimes threatened – medieval monarchs: the close kin of princely blood who had formed a layer of separation between the monarch and his nobles and subjects. The French monarchy at the beginning of the fifteenth century was dominated by the rivalries between the monarch and his kinsmen of the houses of Anjou, Orléans, Berry, Alençon, Bourbon, and of course Burgundy, not to mention his close kinsmen from across the Channel, the Plantagenets[14]. But through spectacular fortune, one by one these dynasties died out until by 1525, in the reign of François I, there were none left but the Bourbons[15]. Other historians have pointed to this development as the impetus for the creation of the new, non-princely order of *ducs-et-pairs*, necessary for the filling of ceremonial and real political posts that once were filled by these collateral princes of the blood[16]. Among the first new peers were favourites of the monarch, drawn from the old provincial nobility, such as Rouannais (1519) and Montmorency (1551), but it is important to stress that these were anomalies, and were resisted by Parlement[17]. Instead, the more normal of these new duchy-peerages were created for younger sons of foreign sovereigns who had been sent to the French court to solidify diplomatic and dynastic ties: Claude of Lorraine, first duc de Guise (1528); Philippe of Savoy, first duc de Nemours (1528); Jean of Cleves, first duc de Nevers (1538). There had been previous duchies granted to other foreigners to forge alliances, starting as far back as 1423, with the grant of the duchy of Touraine to Lord Archibald Douglas. This practice later included Villefranche (a county-peerage) for Federigo of Aragon, prince of Taranto; Valentinois for Cesare Borgia; Nemours for Giulano de' Medici; and Chartres for the duke and

---

14 For an overview, see Graeme SMALL, Late Medieval France, Basingstoke 2009. Similarly, political strife in England and the Iberian peninsula at the same time can be attributed to an over-abundance of magnates of princely rank, all with strong claims to participate in the governing of the realm: York versus Lancaster, *la Católica* versus *La Beltraneja* and so on.

15 Terminations of apanage branches, either through extinction of the line, or through succeeding to the Crown itself: Berry, 1416; Burgundy, 1477; Anjou, 1481; Orléans, 1498; Angoulême, 1515; Alençon, 1525.

16 This was discussed as long ago as Jean-Pierre LABATUT, Les ducs et pairs de France au XVIIᵉ Siècle, Paris 1972; and Richard JACKSON, Peers of France and Princes of the Blood, in: French Historical Studies 7 (1971), p. 27–47, esp. p. 37; and more recently (though less explicitly) by Cristophe LEVANTAL, Ducs et pairs et duchés-pairies laïques à l'époque moderne (1519–1790), Paris 1996, p. 173.

17 Artus Gouffier, grand maître de France under François I (and previously his governor) was created *duc-et-pair* in 1519, but died before the innovation could be registered (or not) in the Parlement. His son was re-created duke, but not peer in 1566. When subsequent generations attempted to revive the former peerage, in 1612 and 1620, it was rejected by the Parlement. Père Anselme DE SAINTE-MARIE, Histoire généalogique (see n. 4), vol. V, p. 604.

duchess of Ferrara[18]. One of the key personages in the development of the rank of *prince étranger* was in fact the daughter of the latter couple: Anne d'Este, who should be viewed as a *princesse étrangère* as wife of the duc de Guise, but also as a daughter of a sovereign herself, and indeed the grand-daughter of a French king, Louis XII[19].

In addition to forging foreign alliances, French kings also sought to consolidate their own borders. They began to manipulate the recognition of the rank of foreign prince as part of a process of integration of semi-sovereign border families within their domains. In 1458 the county of Foix was tied in more closely to the French crown via a formal re-granting of the previously semi-independent fief as a *comté-pairie* to Gaston de Foix[20]. A similar tactic was used two-hundred years later in 1651: in exchange for the cession of the sovereign principality of Sedan to the French crown, the king of France recognised the La Tour d'Auvergne formally as *princes étrangers*, and granted them the duchy-peerages of Albret and Château-Thierry and the counties of Auvergne and Évreux, all sizeable portions of the royal domain[21]. The La Tour d'Auvergne remained as sovereigns of the Duchy of Bouillon, however, justifying their continued use of a princely title. Shortly after, in 1659, by the Treaty of the Pyrenees, the province of Artois became part of France, and as part of the tactics of integration, several of the leading families of the province – notably two magnates, the prince d'Epinoy and the prince de Bournonville, previously pillars of the Spanish regime in the region – were wooed by the French Crown. Bournonville, governor of the province at the time of the treaty, soon returned to Spanish service (though his brother moved swiftly into French service, and was named governor of Paris in 1660, and *chevalier d'honneur* of Queen Marie-Thérèse)[22]. Epinoy was awarded the Order

18 Details on all of these can all be found in Père Anselme DE SAINTE-MARIE, Histoire généalogique (see n. 4). The topic of the luring of foreign princes to the French court as an aspect of diplomacy and trans-regional court culture is explored in more detail in a forthcoming article by this author, tentatively entitled, »Sons and Daughters Sent Abroad: Foreign Princes at the French Court in the early sixteenth century«.
19 Jessica MUNNS, Penny RICHARDS, Exploiting and destabilizing Gender Roles. Anne d'Este, in: French History 6 (1992), p. 206–215; Christiane COESTER, Schön wie Venus, mutig wie Mars. Anna d'Este, Herzogin von Guise und von Nemours (1531–1607), Munich 2007.
20 Père Anselme DE SAINTE-MARIE, Histoire généalogique (see n. 4), vol. III, p. 342. It is significant to note that only three years before, Gaston de Foix had been named (conjointly with his wife) as heir to the throne of Navarre, so it is not surprising that the king of France was anxious to keep him closely allied. My thanks to Elena Woodacre for pointing this out to me. See also Christian BOURRET, Un royaume »transpyrénéen«? La tentative de la maison de Foix-Béarn-Albret à la fin du Moyen Âge, Aspet 1998.
21 Details of the negotiations and outcomes of the exchange can be found in Simon HODSON, Sovereigns as Subjects: The Princes of Sedan and Dukes of Bouillon in Early Modern France, c. 1450–1652, unpublished DPhil thesis, Oxford Univ. (1999). On the Bouillon struggle for recognition later on see Martin WREDE, Ohne Furcht und Tadel. Für König und Vaterland. Frühneuzeitlicher Hochadel zwischen Familienehre, Ritterideal und Fürstendienst, Ostfildern 2012, p. 82–116.
22 Père Anselme DE SAINTE-MARIE, Histoire généalogique (see n. 4), vol. V, p. 839–840. In a clear indication of French frontier policy, Gaston d'Orléans, as commander-in-chief of forces in Flanders left the duc de Bournonville in command of Courtrai after it surrendered to the French in June 1646, »pour faire voir à ces peuples qu'on les veut traiter doucement en les faisant gouverner par ceux de leur pays meme«. Letter to Abel Servien, quoted in: Georges DETHAN, La vie de Gaston d'Orléans, Paris 1992, p. 224.

of the Holy Spirit in 1661, and given formal support of his on-going quarrel with the house of Ligne in the law courts of the Spanish Netherlands[23]. The Epinoy had received a princely title from the king of Spain in 1545, and the Bournonville in 1658, but neither title carried any real sense of sovereignty, and neither family was listed amongst the *princes étrangers* at the French court. They did however, marry into senior French courtly families: Bournonville made alliances with two of the ducal families most in favour with Louis XIV (Noailles and Albert de Luynes); while Epinoy aimed higher and married into the princely families of Rohan and Lorraine[24].

This brings us to the meaning of the title »prince«, and to the distinctions emerging in the seventeenth century between the old *prince étranger* families, the new ones that began to challenge them, and the other families who used a princely title but without any formal recognition by the French king. If the term *prince étranger* became prevalent in the late sixteenth century to distinguish high ranking courtiers from newer grandees with the title of *duc-et-pair*, by the seventeenth century, this struggle continued, and required further delineation between old and new – at least in their eyes, and in those of commentators obsessed with hierarchy such as the duc de Saint-Simon[25].

So what exactly is a prince? The Latin word *princeps* is formed from *primus* (first) plus *capere* (to take possession)[26]. Originally given to the leader of the Roman Senate, the title was then taken by the Roman emperor to legitimise his authority as »first citizen«[27]. This differed from terms used for sovereignty (*dominus* in Latin, *basileus* in Greek), and was more akin to *dux* (leader) from which emerged the title »duke«. In Germany and the Low Countries, the titles of prince and duke remained intertwined in the early modern period: a dukedom always implied princely rule with a degree of sovereignty (as it did in the parts of the Italian peninsula that remained under the influence of imperial governance). The distinction can be seen most clearly in the Southern Netherlands in the early modern period. A number of princely titles were created by the king of Spain: Chimay, Ligne, Arenberg, Berghes – to honour the leading provincial dynasties that had remained loyal during the Dutch revolt. But it was actually the title of duke, a rare title, that carried with it elements of alienated sovereignty: Aarschot in Brabant being the clearest example, with specifically delin-

---

23 The details of this dispute over possession of lands in Artois and the châtellenie of Lille can be found in Bibliothèque nationale de France (BNF), factums 5661 to 5677, wherein the king of France and the Parlement of Paris repeatedly uphold the terms of the Treaty of the Pyrenees which granted the lands to Epinoy. See also the »Memoir for the Princesse d'Espinoy on the lands of the Maison de Melun being returned from the Maison de Ligne« (c. 1713), pleading directly to the emperor for the restoration of the same lands seized by the allies, Archives départementales (AD), Meurthe-et-Moselle, 3F 317, n° 60.

24 See genealogical and career details for Bournonville and Melun-Epinoy in Père Anselme DE SAINTE-MARIE, Histoire généalogique (see n. 4), vol. V, p. 806 ff, and 221 ff, respectively. The Bournonville did not become completely a French courtly family, but remained mixed in their loyalties between France and Spain.

25 See below, p. 129.

26 Charlton LEWIS, Charles SHORT, A Latin Dictionary, Oxford 1879.

27 Michael GRANT, The Twelve Caesars, London 1975, p. 62.

eated regalian rights over justice and coinage[28]. Yet, even in the more carefully controlled environment (as regards titles and sovereignty) of seventeenth-century England, we do see dukes referred to, at least honorifically, as prince. See for example the full title of Margaret Cavendish's most famous work: »The Description of a New World, called the Blazing-World, Written by the Thrice Noble, Illustrious, and Excellent Princesse, the Duchess of Newcastle« (London 1668). As with France, the expansion in England of the title of duke outside the ranks of the royal family itself was at first limited to magnates with princely pretensions, those with royal blood (Holland, Beaufort, Stafford, Neville, Mowbray, La Pole, Howard), or those allied to the royal house by marriage (Brandon, Seymour). The same is true for Scotland (Lennox, Hamilton).

In the Holy Roman Empire, the term »prince« – *Fürst* (ruler), which in German (unlike French or English) can be distinguished from *Prinz*, more generically a rank rather than a title – came to refer to any territorial ruler who had no superior but the emperor, no matter what their title (duke, margrave, count), hence the emergence of the distinction between *Grafen* and *Gefürstete Grafen*[29]. From the 1620s, the Habsburg emperors began to create »new princes« as a means of constructing a specifically Catholic high aristocracy to counter-balance the old territorial princes, many of whom were now Lutheran or Calvinist. To solidify the claims of these new princes, rules were set up by which these men or their heirs were required to acquire feudal land – no matter how small – that they could hold directly from the emperor, after which they were qualified as genuine princes, or having *Reichstand* status, with a full vote in the Diet. This is clear in the well-known example of the Liechtenstein family who first obtained princely rank in 1608, but had to wait until they had purchased the out-of-the way county of Vaduz in 1712 before they were recognised by the older princely members of the Diet[30].

This is not the place to engage in analysis of the quite dissimilar use of the title of prince by the Spanish monarchy or the Papacy in Italy in the early modern period, where the title was used purely as an honour with no connotation of sovereignty. The dozens of families in the central and southern parts of the Peninsula who bore princely titles did so out of recognition of special proximity to royal or papal authority and kinship (various Neapolitan families who added »d'Aragona« to their surname to mark kinship with the royal house; various papal families in Rome), or ancientness of lineage and extent of landed wealth. By the 1670s there were over

---

28 Piet DE FRAINE, Gouvernés et gouvernants au pays et duché d'Aerschot, in: Anciens pays et assemblées d'états 33 (1965), p. 181–194. A later example can be seen in the duchy of Hoogstraten (also located in northern Brabant, near the frontier with the Dutch Republic), created for the princes of Salm-Salm by the emperor in 1740. The exact nature of the sovereignty of these duchies remains elusive, however, as most formal documentation has been lost. I thank Mirella Marini for this information.

29 The evolution of the princely title is examined in a comparative manner in Eric HAMOIR, Qualité princière et dignités nobiliaires, Brussels 1974. I thank Luc Duerloo for alerting me to this work.

30 In addition to his earlier works focusing on the Liechtenstein princes, see the more general recent study of the Habsburgs and power structures in the Empire by Thomas WINKELBAUER, Ständefreiheit und Fürstenmacht. Länder und Untertanen des Hauses Habsburg im konfessionellen Zeitalter, Vienna 2003.

one-hundred princely titles in the Kingdom of Naples alone, and another hundred across the straits in Sicily[31]. In sharp contrast, there was a sense that the title should be more restricted in a place where the sovereign was actually resident: in Spain itself. Here there were no titles of princely rank at all outside the royal family, except for those from foreign states. Those exceptions could be considered in the same light as the *princes étrangers* in France. Edward Corp highlights two individuals, for example, who both had periods of service at the Spanish court, and who later brought social and political clout to the court of Stuart exiles in Rome because of their princely status and their incumbent ability to smooth diplomatic and social relationships: the Princesse des Ursins was a La Trémoïlle by birth, and an Orsini by marriage; Ippolita Ludovisi was sovereign princess of Piombino[32]. Similarly, in the kingdoms of England and Scotland, there were no families who might be considered to have a similar rank and status as the foreign princes; again, only single exceptions, such as Prince Rupert of the Rhine (King Charles I's nephew) or Charlotte de la Trémoïlle, countess of Derby[33].

III.

This brings us back to France, where a similar ideological conflict existed: a princely title can add lustre to a royal court, but must not conflict with notions of royal sovereignty. Therefore, in general, princely titles were not created or granted, but were simply recognised as pre-existing for members of foreign dynasties resident in France: Cleves, Lorraine, Savoy. Nevertheless, we do find the exception of the barony of Joinville which was indeed raised to the level of a principality for the Lorraine-Guise in 1552 by Henri II, with regalian rights over nearly seventy villages, such as exemptions from taxation and billeting of royal troops, monopolies on fishing, hunting, milling, and appointments to local justice, hospices and clergy[34]. In the

---

31   See Claudio Donati, The Italian Nobilities in the Seventeenth and Eighteenth Centuries, in: H. M. Scott (ed.), The European Nobilities, 2 vols., London ²2007, vol. I, p. 286–321; Rosario Villari, The Revolt of Naples, Cambridge 1993, p. 118–121. Lists of princely titles and dates of creations are available on a variety of websites, for example, http://www.nobili-napoletani. it/index.htm (accessed 3/8/2016).

32   Edward Corp, The Stuarts in Italy, 1719–1766. A Royal Court in Permanent Exile, Cambridge 2011. Both women are discussed in chap. 3.

33   For a study of Charlotte de la Trémoïlle in context of dynastic rank and trans-national identity, see Sonja Kmec, Across the Channel: Noblewomen in Seventeenth-Century France and England, Trier 2010. In fact, the family into which she married, the Stanleys, could potentially have pressed their own claims to princely rank as sovereigns of the Isle of Man. One can speculate that there might have been a family of Anglo-Danish ›foreign princes‹ established at the British court if Queen Anne had not ascended the throne herself, and if any of her children by Prince George of Denmark had survived. The Duke of Marlborough was able to call himself a prince of the Empire (and was addressed as such in diplomatic correspondence) through the gift of the immediate lordship of Mindelheim (Swabia) by a grateful Joseph I in 1705. This was lost at Utrecht in 1713, but the Duke was compensated with the principality of Mellenburg (Upper Austria) instead. Richard Holmes, Marlborough, London 2008, p. 303, 466.

34   There are several copies of the letters patent: Archives nationales de France (ANF), K 617, n° 25; X¹ᴬ 8617, fol. 396; BNF, ms. fr. 8182, fol. 21; AD, Haute-Marne, 19 J, VII, fol. 302. Re-

letters patent the principality is formally removed from the jurisdiction of the local law-courts of Champagne, but it nevertheless remained subject to the jurisdiction of the Parlement of Paris and the Conseil du Roi; so it is a mistake for us to consider this a »sovereignty« any more than an ordinary duchy-peerage, which enjoyed much of the same legal privileges. This is even less applicable for the principality of Guémené created a few years later by Charles IX for the Rohan in 1570. Letters patent recognise that the family has a long history of valour and service to the French crown, but is also one of the oldest and most illustrious in Europe, having kinship with all the crowned heads in Christendom. Nevertheless, unlike for Joinville, the new prince de Guémené is specifically forbidden to make any ›innovations‹ regarding the ordinary course of justice or appeals; he will also not alter any of the succession conventions that are customary in Bretagne. Aside from this, the letters are vague, granting only such privileges and rights as have customarily been given to others who received principalities by creation (which was very few indeed)[35]. Similar erections of principalities are mentioned for the Gonzagas on their estates in Berry, and for the Croÿ in Champagne, though concrete evidence for these is thin[36]. But as before, the distinction between these principalities and duchy-peerages is that their creation did not elevate aristocrats to the rank of princes, but were given to families who already held (or claimed) this rank.

Historians have traditionally had difficulty in recognising this link between the sixteenth-century *princes étrangers* and the sovereignty of their ancestors and cousins. The problem stems from over-rigorous periodization, artificially creating a conceptual gap between the reigns of Louis XII and François I, between the late medieval and the renaissance eras. It is important to think of the Guise, for example, not as a dynasty that suddenly emerged onto the political stage from nowhere – as many histories of sixteenth-century France do[37] – but rather as merely the younger branch

galian rights are detailed in Emile HUMBLOT, Roger LUZU, Les seigneurs de Joinville, Saint-Dizier 1964, p. 181, 265.

35 ANF, MM 759, p. 942–946. These are printed in Dom Pierre-Hyacinthe MORICE, Mémoires pour servir de preuves à l'histoire ecclésiastique et civile de Bretagne, 3 vols. Paris 1742–1746, vol. III, col. 1366–1368.

36 David Parrott discusses the possible creation of a »principauté de Mantoue« erected by Charles IX on Gonzaga estates in Perche, though evidence for this is patchy: PARROTT, A prince souverain (see n. 6), p. 156. Several historical sources repeat that Antoine de Croÿ, nephew of the prince de Chimay, was created prince de Porcien in 1561 in recognition of his marriage to a Cleves princess who was also niece of the prince de Condé (which seems to be a singularly Protestant creation), Dom Nicolas LE LONG, Histoire ecclésiastique et civile du diocèse de Laon, et de tout le pays contenu entre l'Oise et la Meuse, l'Aisne et la Sambre, Châlons 1783, p. 435. LEVANTAL, Ducs et pairs (see n. 16), p. 885, cites letters patent (ANF, X[1A] 8617, fol. 372–374) for an additional Rohan principality of Soubise (in Saintonge), created in 1667 by Louis XIV (quite out of the ordinary for him), but there is little information available on what precise honorific, legal or fiscal privileges were derived from this, or from the other, more ancient Rohan principality of Léon (also in Bretagne, detailed in BOULAIRE, Les Rohan [see n. 5], p. 55, but without any citation). Clearly, closer scrutiny is required.

37 For example, Frederic BAUMGARTNER, France in the Sixteenth Century, New York 1995, p. 52, describes the Guise as one of »two noble families previously with little clout« (alongside the Montmorency) who emerged as leaders of the nobility in the mid-sixteenth century. More recently, William BEIK A Social and Cultural History of Early Modern France, Cambridge 2009, p. 88–90, understates the princely origins of Claude, first duc de Guise, by noting the »stunning

of a family that had been deeply intertwined with French politics for centuries. Indeed, the very reason young Claude of Lorraine, second son of Duke René II (himself the grandson and heir of René I d'Anjou, king of Sicily), was sent to the French court in 1506, was to keep alive Lorraine interests within the French kingdom, making good use of his close blood ties to both the king (Louis XII), and the heir to the throne, François d'Angoulême, a link that was further cemented by his marriage to François' cousin, Antoinette de Bourbon in 1513[38]. From this perspective it is more correct to argue that François I was not extending the rank of *duc-et-pair* to non-princes of the blood, but instead was extending the pool of princes of the blood itself, to whom he was willing to grant peerages. An equal case can be said for the peerage of Nemours, since Philippe of Savoy was the king's uncle. In default of other Valois princes, such agnatic kin were useful, even necessary, being of sufficient rank and blood kinship with the king to fill ceremonial roles such as representing the six lay peers at the coronation, acting as provincial governors, and leading the royal armies.

By the late sixteenth century the relationship between princes and peers was clarified, as part of the reaction of the old elites (notably the *princes du sang*) to the promotion of new peers, as discussed several years ago by Giesey and Jackson[39]. As with the princes of the blood, it was the *potential* to succeed to a sovereignty that was emphasized to create a new princely rank, a *rang intermédiare*, similar to that which the *princes légitimés* would fight for in the seventeenth century[40]. Henri III recognised four princely families residing in France: Lorraine, Savoy, Luxembourg, and Gonzaga (who had succeeded the Clèves in their duchy of Nevers). The Duchy of Luxembourg had of course been part of the Burgundian then Habsburg dominions since the mid-fifteenth century, so the likelihood of succession for the various cadet branches residing in France was minimal, yet they were specifically honoured in the terms of the letters patent erecting their duchy-peerage of Penthièvre in 1569, as descending from an ancient house that had provided several emperors and married numerous times within the royal house of France; or further, as in letters patent for the duchy-peerage of Piney in 1576, that they *should be* the more appropriate heirs to Luxembourg due to the Salic Law[41]. Here we see an excellent example of the usage of

alliance« of his marriage to a Bourbon, and the family's »establishment« of international links through his daughters' marriages into the houses of Stuart and Orange, as if there had been none of this type before. Pamela Ritchie, in her biography of Marie de Guise, similarly stresses the marriage to James V of Scotland as propelling the family into the ranks of princes, despite her family having intermarried with the French and Imperial houses for centuries. See Pamela E. RITCHIE, Mary of Guise in Scotland, 1548–1560. A Political Career, East Linton 2002, p. 11.

38 The secure position of the Guise in France derived from the will of Duke René II of Lorraine in 1506, solidified by a pact made by his sons in 1530, dividing the inheritance cleanly into French and non-French possessions. AD, Meurthe-et-Moselle, 3F 432, fol. 181; 3F 348.

39 Ralph GIESEY, The Juristic Basis of Dynastic Right to the French Throne, in: Transactions of the American Philosophical Society 51/5 (1961); JACKSON, Peers of France and Princes of the Blood (see n. 16).

40 See the »affaire des princes«, in Harold A. ELLIS, Boulainvilliers and the French Monarchy. Aristocratic Politics in Early Eighteenth-Century France, Ithaca, NY, London 1988, chap. 6.

41 Père Anselme DE SAINTE-MARIE, Histoire généalogique (see n. 4), vol. III, 715 (Penthièvre); and 869 (Piney); more specifically p. 873–874.

the recognition of princely rank for diplomatic purposes by the French monarchy, though one which in this case was never deployed.

In the next reign, Henri IV regulated the rank further in 1610, when he granted his bastards a position above the foreign princes, but below the princes of the blood – but this was overturned by Marie de Médicis and her Guise allies immediately after his murder[42]. Concurrent debates asked what exactly defined a prince of the blood, in connection with the rise of the notion of the »divine right of kings«: what was so special about blood? The jurist Louis Charondas Le Caron wrote: princes of the blood »sont nez tels, et ne peut le Roy, quelque souveraineté qu'il ait, faire aucuns Princes de son sang«[43]. Jean du Tillet complained that there were »too many kings« in France – the great magnates – despite the fact that the only true princes were ones who were born into it[44]. Chancellor Séguier chastised the young Louis XIV in a similar manner, stating that the kings of France »ne pouvaient faire de princes du sang qu'avec les reines, leurs épouses«[45]. Such was the force by the mid-seventeenth century of the mysterious and ill-defined fundamental laws of the kingdom[46].

By the reign of Louis XIV, well-known contemporaries recorded specific privileges which were granted to the *princes étrangers*, always unofficially (though outlined in published »États de la France«). The ambassador from Brandenburg, Baron Spanheim, details the privileges as including the right to remain covered before the king at ambassadorial audiences and to be seated in the presence of the queen, the dauphine or Madame[47]. Saint-Simon gives a similar account of these privileges[48]. One of the key differences here is that the privileges were given not just to the head of the family (as with *ducs-et-pairs*) but to all members, male and female; so each of the prince's daughters, not just his wife, could be seated on a *tabouret* in the presence of the queen[49]. This translated in the eighteenth century into the right of all daughters to be presented at court *before* they were married, again, as a means of distancing themselves from ›mere‹ duke's daughters. Publications stress that privileges were accord-

---

42 This is described in detail in Jean-Paul DESPRAT, Les bâtards d'Henri IV. L'épopée des Vendômes, 1594–1727, Paris 1994, p. 130–150.

43 Loys CHARONDAS, Pandectes ou Digestes du droict François, Lyon 1597, p. 283.

44 Jean DU TILLET, Recueil des rois de France, leur couronne et maison. Ensemble, le rengs des grands de France, Paris 1580.

45 This quote is often cited, for example, Ernest LAVISSE, Louis XIV. Histoire d'un grand règne, 1643–1715, Paris 1908 (reprint 1989), p. 607. For the context, see Jonathan SPANGLER, A Lesson in Diplomacy for Louis XIV. The Treaty of Montmartre, 1662, and the Princes of the House of Lorraine, in: French History 17/3 (2003), p. 225–250.

46 And it remains misconstrued today. See the recent article by Sarah Hanley in which she discusses uncritically assumptions made by Louis XIV and the French judiciary about the sovereignty of a principality (Neuchâtel), well outside the sphere of French jurisdiction: Sarah HANLEY, The Family, the State, and the Law in Seventeenth- and Eighteenth-Century France. The Political Ideology of Male Right versus an Early Theory of Natural Rights, in: The Journal of Modern History 78/2 (2006), p. 289–332.

47 Ezéchiel SPANHEIM, Relation de la cour de France en 1690, ed. by Émile BOURGEOIS, Paris 1973 (revised edition), p. 116, 119–120.

48 Mémoires de Saint-Simon, ed. by A. DE BOISLISLE, 41 vols., Paris 1879–1928, vol. V, p. 14–15; vol. VI, p. 423–424.

49 The resulting strength of numbers forms the core of my argument in my book on the Lorraine-Guise. See SPANGLER, The Society of Princes (see n. 2), p. 46–51.

ed to cadets as well as eldest sons, for example, the honour of having marriage contracts signed in the Cabinet du Roi, like the *princes du sang*[50]. Two court insiders,
Dangeau and Sourches, indicate through numerous examples that these princes had
a solid hold on one of the most sought after privileges of the court: regular access to
the sovereign. They had admittance to the *lever* and the *coucher*, and consistently
featured in key public ceremonies of Louis XIV's monarchy, such as the reception of
the Doge of Genoa in 1685, or the reception of the ambassadors from Siam in 1686[51].

Their ascent was limited, however, by the growth in number of the extended royal
family, as can be seen most clearly in the return of the *princes du sang* in representing
the six lay peers at royal coronations in the eighteenth century[52]. Further limitations
were placed on the recognition (or lack) by other courtiers, diplomats and officials.
Spanheim considers only the princes of Lorraine and Savoy as proper *princes étrangers*, and only somewhat grudgingly the Bouillon, Rohan and Grimaldi; he notes
that this distinction was highlighted in the promotion of the knights of the Saint-
Esprit in 1688, where the princes of Lorraine marched in the procession ahead of the
ducs-et-pairs, but behind the duc de Vendôme, a legitimated prince, which the comte
de Soissons, a prince of Savoy, refused to do; meanwhile, the prince de Soubise (a
Rohan) refused to march in his position as a *duc-et-pair*, the comte d'Auvergne (a La
Tour d'Auvergne) refused the order outright, and the prince de Monaco (a Grimaldi)
stayed conveniently away from court[53]. Saint-Simon also disputes the genuine *prin-
cerie* of some of the newly minted princely families, such as the La Tour d'Auvergne[54].
But so too did the princes of the older houses themselves. For example, in 1657,
Charles de Lorraine, duc d'Elbeuf, refused to sign his son's marriage contract with
Mademoiselle de Bouillon, of the house of La Tour d'Auvergne[55]. Officials were
concerned about the pretensions of the old and new princes alike: a memoir from
1688, written for the king's minister Seignelay, remonstrates against both the comte
d'Armagnac (a Lorraine) and the prince de Monaco adopting the style *tres haut &
tres puissant prince monseigneur*, normally reserved for the Dauphin[56]. Nevertheless,
the gradual breakdown of the barriers between old and new by the end of the reign
of Louis XIV eventually transformed the three families of Lorraine, La Tour and

50 See for example, Jean Du Mont, Jean Rousset de Missy, Le cérémonial diplomatique des
    cours de l'Europe, Amsterdam 1739, vol. I, p. 435–436.
51 See Spangler, The Society of Princes (see n. 2), chap. 3.
52 At the coronation of Louis XI in 1461, all six peers were princes of the blood. From the 1560s,
    the six peers were represented increasingly by non-royal dukes, culminating in the coronation
    of Henri III (1575) with only two princes of the blood. The trend would be reversed entirely
    by the eighteenth century, however, and all six peers at the coronations of Louis XV and
    Louis XVI were once again princes of the blood. See the lists of coronation peers in the appen-
    dices of Levantal, Ducs et pairs (see n. 16).
53 Spanheim, Relation de la cour de France (see n. 47), p. 106–108, 119–120.
54 Mémoires de Saint-Simon (see n. 48), vol. XVI, p. 26.
55 Parfait Maillé, Recherches sur Elbeuf. Esquisses ou silhouettes de ses seigneurs de la maison
    de Lorraine, 3 vol. Elbeuf 1859–1863, vol. I, p. 126. Maillé does not give a source for this story,
    but the Duke's signature is not on the copy of the marriage contract in AN, T 199[19].
56 BNF, Clairambault 534, fol. 727.

Rohan into a super-clan linked by marriage that would dominate the French court until the end of the monarchy[57].

Who were these new *princes étrangers*? Without going into full detail, we can provide a simple overview here. The Grimaldis are the most straightforward. The sovereignty of their rock at Monaco was formally recognised by the kings of Spain and France in the mid-seventeenth century, partly as a trade-off for a changing of alliances from one power to another[58]. The others are more complicated. The La Tour d'Auvergne were an ancient French noble family from the Midi who exercised fragments of genuine feudal sovereignty in their viscounty of Turenne in the Limousin, then acquired the sovereign principality of Sedan and the duchy of Bouillon in the Ardennes by marriage[59]. They published claims to princely status that were also founded on the sovereignty of the ancient house of Auvergne, and also by association with the house of La Marck-Cleves[60]. Even more shaky were the claims of the house of Rohan, whose princely identity was traditionally derived as representatives of the last independent kings of Brittany, whose origins and descent lines are hazy; but recognition by the French crown was more likely to have hinged on the fact that the Rohans had a strong claim to the Kingdom of Navarre should the house of Bourbon die out[61]. Finally, the La Trémoïlle, another ancient French noble lineage, with a solid power base in Poitou and Saintonge, defended their princely status as heirs to the Aragonese claim to the Kingdom of Naples (in opposition to the Angevin claim, which was maintained by the house of Lorraine, or indeed by the house of France itself). Their status was sometimes recognised by the king of France, and sometimes not. They used the title prince de Tarente to indicate this status, as used by kings of Naples for their heirs in the fifteenth century[62]. Similarly complicated was the position of the dukes of Longueville. They possessed the sovereign principality of Neuchâtel in Switzerland, but were not usually regarded as *princes étrangers* in France; instead they strove for recognition as *princes du sang*, or at least as *princes légitimés*, as descendants of Louis d'Orléans, Bâtard de Dunois[63].

---

57 See below, p. 138.
58 For an overview of this and the following, see Simon Hodson, Princes Étrangers at the French Court in the Seventeenth Century. The Grimaldi, the La Tour d'Auvergne, and the La Trémoïlle, in: The Court Historian 3/1 (1998), p. 24–28.
59 Françoise de Noirfontaine, Les privilèges de la vicomté de Turenne, in: Bardet et al. (ed.), État et société (see n. 2), p. 420–435. Simon Hodson, Politics of the Frontier. Henri IV, the Maréchal-Duc de Bouillon and the Sovereignty of Sedan, in: French History 19 (2005), p. 413–439.
60 Christofle Justel, Histoire généalogique de la maison d'Auvergne, Paris 1645, dedicated to »Tres-haut et tres-puissant prince, monseigneur«, the duc de Bouillon. See Wrede, Ohne Furcht und Tadel (see n. 21), p. 98–105.
61 See above, note 5.
62 Kmec, Across the Channel (see n. 33), p. 210–216. See also Guy Massin Le Goff, Les droits des La Trémoïlle au royaume de Naples, in: Id. (ed.), L'Europe des Anjou, Paris 2001, p. 267–269.
63 Père Anselme de Sainte-Marie, Histoire généalogique (see n. 4), vol. I, p. 219–220, 222, specifies that the Longueville received letters patent from Charles IX as *princes du sang* in 1570 and 1571, but these were never registered formally; they were confirmed by Louis XIV in 1653, but again, not registered in Parlement as law.

Some of the tiny sovereign territories that permitted a more solid hold on the title of prince were acquired by the old princely families in this period, just as they had for the new families. Some were located in the Ardennes and along the frontier between France and Lorraine: Château-Regnault and Commercy for the Lorraine-Guise, or nearby Charleville-Arches for the Gonzagas[64]. In contrast, some princely dynasties considered more genuinely foreign held lands enclaved in France, notably the Nassaus as princes of Orange or counts of Saarwerden (in the Vosges). Individual Nassaus did spend time in France, notably as Calvinist military commanders in the sixteenth century, as did members of the Palatine house of Zweibrücken (or Deux-Ponts), but they were not considered *princes étrangers* in court parlance, as they did not possess significant estates within France or establish permanent cadet branches. As the regions of Lorraine and Alsace were incorporated into the French kingdom, other princes came to reside at the French court in the eighteenth century whose princely titles derived from their position in the Holy Roman Empire[65]. Several were indeed holders of Imperial immediate fiefs that were by this point enclaved within France: Salm, Saarwerden, Leiningen, Criechingen, Fénétrange (though of these only Salm was formally called a principality). Sovereignty here was often divided and sub-divided (as imperial fiefs following Germanic custom), which challenges our very notion of sovereignty itself[66]. In the end any notion of sovereignty exercised by such princes came to an abrupt end during the revolutionary era when annexation of the estates of these so-called *princes possessionnés* provided the *casus belli* for the emperor to declare war on France in 1792[67].

Other families who were permanently resident in France used princely titles attached to fiefs whose sovereignty was vague at best, and whose pretensions were never formally recognised by the monarch. These need to be studied far more carefully and systematically[68]. As before, these were located along frontier zones: in the Pyrenees, Bidache for Gramont, Bédeille for Albret, and Luxe for Montmorency; in Artois and Picardie, Carency for La Vauguyon, Poix for Créqui, and Tingry for Luxembourg. In the formerly border regions of the Rhône Valley there was the afore-

---

64 We might also include here Yvois-Carignan, a duchy created by Louis XIV for the Savoie-Soissons after it was ceded to France in 1659, a remnant of the former semi-sovereign county of Chiny. The tiny lordship of Commercy, between Lorraine and Barrois, was held by the semi-sovereign imperial counts of Saarbrücken throughout the middle ages, repeatedly contesting claims of overlordship from the bishops of Metz, the dukes of Bar or the kings of France, then passed by succession and purchase through several non-sovereign families until it was sold (in propriety and in sovereignty) to a cadet of the Lorraine-Guise in 1665. Sovereignty issues are discussed for both of these (at length for Commercy) by Dom August CALMET, Notice de la Lorraine, qui comprend les duchés de Bar et de Luxembourg, l'électorat de Trèves, les trois evêchés Metz, Toul et Verdun, Lunéville ²1840, vol. I, p. 214–228, 454–456.

65 Examples include Prince Guillaume-Henri de Nassau-Sarrebruck, field marshal from 1744; Prince Frédéric-Jean de Salm-Kyrbourg, brigadier-general, 1771; and Prince Maximilien-Joseph de Deux-Ponts-Birkenfeld (the future king of Bavaria), major-general from 1780.

66 The incredible complexity of shared sovereignty, as well as the true extent of regalian rights, can be seen in a fascinating micro-study by Jean GALLET, Le bon plaisir du baron de Fénétrange, Nancy 1990.

67 François GENDRON, Art. »Princes possessionnés«, in: ID. et al. (eds.), Dictionnaire historique de la Révolution française, Paris 1989, p. 863–864.

68 A good, though brief, overview is provided by ANTONETTI, Les princes étrangers (see n. 2).

mentioned principality of Orange, but also the Dombes held by La Grande Made-moiselle (the duchesse de Montpensier) and later by the duc du Maine, with its own miniature parliament, its mint and its important printing press[69]. This region was home to families using several less well-defined princely titles, such as Soyons for the ducs d'Uzès, Sault for the ducs de Lesdiguières, and Martigues for the Lorraine-Mer-coeur, among others[70]. There were also some princely titles that were attached to bishoprics and archbishoprics in frontier regions. Some, such as Metz, Cambrai, Be-sançon, or Strasbourg retained genuine semi-sovereign authority within their epis-copal jurisdictions, akin to that exercised by prince-bishops of the Empire (as tech-nically, some of them remained[71]); indeed some monasteries in border regions retained their former imperial princely status (Lure and Murbach for men, Remire-mont and Andlau for women). Others were merely retained as memories of frontiers that no longer existed: the bishops of Viviers used the title prince de Donzère in Dau-phiné; the Alpine bishops of Apt, Embrun and Grenoble all used a princely title[72]. As with the duchy-peerages, it is conceivable that these ephemeral titles were used to distinguish some of the archbishoprics from the ancient, yet in some cases quite small and insignificant ecclesiastical peerages, notably Noyon, a relic of a faded Frankish heartland, or the even older and less-defined title of primate employed by Bourges, Lyon and Sens when trying to outrank the other archbishops of France[73].

IV.

Further afield, in the eighteenth century, some French families were given honours and privileges as princes of the Empire. The Mancini ducs de Nevers were princes by inheritance from a Spinola heiress. Others were given princely rank by the emperor directly, for example the maréchal-duc de Belle-Isle in 1742. These had no sense of territoriality or real sovereignty, but were honorific, rewards for solidifying alliances or winning battles. Some of these families owned lands that were annexed to France (as with Epinoy and Bournonville, above): the Gorrevod, for example, were given an imperial princely title (1623) in the Franche-Comté which became part of France in 1678; their title soon after passed to the Bauffremont, from the marches of Lorraine and Burgundy, whose princely claims were then boosted through marriage in 1712

69 Both Montpensier and Maine had short works dedicated to them on this subject: Samuel GUICHENON, Histoire de la souveraineté de Dombes, Lyon 1662; and Claude Cachet DE GAR-NERANS, Abrégé de l'histoire de la souveraineté de Dombe, Thoissey 1696. For the Diction-naire de Trévoux, see Alfred DESAUTELS, Les Mémoires de Trévoux et le mouvement des idées au XVIIIᵉ siècle (1701–1734), Rome 1956.
70 These are listed on numerous websites dedicated to genealogy and heraldry of the early mod-ern world, notably by the reliable scholar François Velde (who cites well-known sources such as Père Anselme, Du Cange, and Moréri). But further research is required to verify the usages and privileges (if any) of these shadowy titles.
71 As examined by Franklin FORD, Strasbourg in Transition, 1649–1789, Cambridge, Mass. 1958.
72 See for example, Lettres du cardinal Le Camus, evêque et prince de Grenoble (1632–1707), ed. by P. INGOLD, Paris 1892.
73 Joseph BERGIN, Crown, Church and Episcopate under Louis XIV, New Haven, Ct 2004, p. 48–49.

to the heiress of the ›royal‹ house of Courtenay, a distant offshoot of the French royal dynasty itself[74]. Other imperial princely titles were given to individuals with close personal ties to the dukes of Lorraine as allies (and later kin) of the Habsburgs in Vienna: Phalsbourg and Lixin (fiefs in the Vosges), Vaudémont (a purely personal title), and in particular, Beauvau-Craon, obtained in 1722 for the favourite of Duke Léopold – the first three were all granted to members of the ducal house itself, and thus already of princely rank, while the Beauvau-Craon had been careful to stress their descent from the French royal house publicly for at least a century[75]. Later instances of imperial princely rank given to French families with a trans-liminal nature include Broglie (1759, originally from the Piedmont), Montbarrey (1774, from Franche-Comté), and Béthune-Hesdigneul (1781, from Artois). These French imperial princes – even those with close personal ties to the French court in the reign of Louis XV, such as Beauvau-Craon – were not normally included in the lists of *princes étrangers*[76]. Nor were princes of the Empire or of the Austrian Netherlands whose titles were much older, but who increasingly moved in French courtly circles by the eighteenth century: Croÿ, Issenghien, Berghes, Merode. None of these bore any real sense of sovereignty; nevertheless, it can be argued that these personal princely links helped lubricate the wheels of diplomatic policy in the mid-eighteenth century. What their ranks translated into for these families in practical terms – finance, careers, status – remains to be explored in depth.

There were families who used the princely title at the French court that were entirely devoid of sovereignty, and on first consideration, noticeably distant from any frontier zone. Classified by Charles Loyseau as the *princes simples*[77], these individuals used ancient feudal titles held in their families for centuries with no feudal overlords aside from the king. In 1700, the intendant in Poitou and Saintonge was questioned by Louis XIV on the principalities in his jurisdiction. He replied that the lords of these estates did not enjoy any particular rights, any more than those of counts or marquises[78]. It is worth noting, however, that these principalities were in fact mostly located in the relatively remote and undeveloped regions of Limousin, Périgord and Angoulême-Saintonge, and it is no mere coincidence that this region was indeed for centuries a border zone between the rival powers of England and

74 Père Anselme DE SAINTE-MARIE, Histoire généalogique (see n. 4), vol. V, p. 662 (Gorrevod); vol. IX-b (⁴1868, Bauffremont). For the Courtenay's mostly unsuccessful claims for royal recognition, see Alice SAUNIER-SÉÏTÉ, Les Courtenay, Paris 1998, p. 222–233.
75 Scevole and Louys DE SAINCTE-MARTHE, Histoire généalogique de la maison de Beauvau, justifiée par titres, histoires & autres bonnes preuves, Paris 1626. See Jonathan SPANGLER, Transferring Affections. Princes, Favourites and the Peripatetic Houses of Lorraine and Beauvau as Trans-Regional Families, in: Barbara HAIDER-WILSON, Wolfgang MUELLER, William D. GODSEY (eds.), Internationale Geschichte in Theorie und Praxis: Traditionen und Perspektiven (in press).
76 ANTONETTI, Les princes étrangers (see n. 2), however, does include in his discussion the French branch of the princes of Jablonowski, cousins of Queen Marie Leszczynska. He also includes the Beauvau-Craon, and even the family of the duc de Saint-Simon, as an offshoot of the ancient Capetian branch of Vermandois.
77 Charles LOYSEAU, Traité des seigneuries, Châteaudun 1610, p. 15–17.
78 Lettres de Michel Bégon, cited by Edmond-René LABANDE (ed.), Histoire du Poitou, du Limousin, et des pays charentais, Toulouse 1976, p. 275.

France. As with the frontier between France and Germany, and France and the Low Countries, competition for sovereign favours in this region generated a dispropor-tionate number of the grandest noble families of France, many of whom used a princely title, usually for the heir: Marcillac for La Rochefoucauld, Chalais for Talley-rand, Mortagne for Richelieu, Tonnay-Charente for Rochechouart, Talmond for La Trémoïlle, all in the frontier between Poitou and Aquitaine. Recognition of some of these as genuine was given by the Regent Anne of Austria, but only in time of crisis during the Fronde (the *affaire du Tabouret*), and was in most cases swiftly revoked[79]. And while we should not take these claims to princely status too seriously, neither should we dismiss them entirely. They served as remnants or memories of formerly liminal spaces of the French kingdom. Moreover, an element of the original meaning of prince remained: while the eighteenth-century jurist La Roque defined principal-ities in France as a feudal title between duchies and counties – in fact he argued that some of the principalities should be considered as lower in rank than counties, as, for example, Marcillac was a fief of the county of Angoulême – yet in his opinion, what made these feudal dignities rise above their neighbours was that their holders were recognised as principal persons within the region, »qui a droit de commander«[80]. This is an important aspect of the nature of princely status at its widest definition.

Some families who were not given full recognition claimed princely status as heirs of other, older princely families, and tried to assert, as the La Tour d'Auvergne had done, that such status was transmittable through a female. Some were successful, no-tably the Goyon de Matignon (originally from Normandy) who were recognised as sovereign princes of Monaco in 1715 following marriage to the Grimaldi heiress. Others were unsuccessful. The Chabot dukes of Rohan, holding this title by virtue of marriage to the heiress, tried to boost their princely credentials by using the trad-itional Breton title prince de Léon for their heir, but were not accorded the same rights at court as the genuine (that is, patrilineally descended) Rohans of the Soubise and Guémené branches[81]. The Montmorency-Luxembourg did the same with Tin-gry (in Artois), and were similarly disappointed in their pursuits of the privileges of a *prince étranger*[82]. Yet sometimes simple persistence wins out. The Montmorency were supported by claims to a unique title, *premier baron chrétien*[83], and by the more concrete fact that they had cousins across the frontier in the Spanish Netherlands who had borne princely titles since 1630[84]. They boasted a long history of great

---

79 Discussed in the context of the La Trémoïlle in Kmec, Across the Channel (see n. 33), p. 206–210.

80 Gilles André de La Roque, sieur de La Lontière, Traité de la noblesse et de toutes ses differ-entes especes, Rouen 1735 (revised edition), p. 237.

81 Mémoires de Saint-Simon (see n. 48), vol. XIV, p. 134–166.

82 Guy Rowlands, The Dynastic State and the Army under Louis XIV, Cambridge 2002, p. 327–329.

83 According to La Chesnaye-Desbois, an early Montmorency baron was qualified as one of the »princes of the Kingdom« in a charter by King Philippe I (c. 1076). François-Alexandre Au-bert de La Chesnaye-Desbois, Jacques Badier (eds.), Dictionnaire de la noblesse, 19 vols, Paris ³1863–77, vol. XIV, col. 374–376.

84 At the same time, this connection serves as a concrete example of the threat seen by sovereigns from families with trans-regional links: in the trial and execution in 1570 of Floris de Mont-morency, baron de Montigny (younger brother of the Count of Hoorn), Philip II's wrath was

wealth, high court office, and numerous intermarriages with princely families. Thus, regardless of a lack of formal recognition of a princely title by the French crown, by the late eighteenth century the Montmorency were indistinguishable in court nomenclature from the recognised princely houses: in addition to Tingry, they were known variously as the princes of Aigremont, Robecq, Logny, or Tancarville. Often, these names of (fairly ordinary) estates were hyphenated with the name Montmorency itself, which underlines firmly that the princely title was by this point connected to a dynasty rather than a place[85].

Was genuine princely status therefore concerned with family or with territory? Official texts refer specifically to a »quality« borne by such families, transmissible therefore to all its members[86]. We can continue to unravel this question by examining the unique exceptions and oddities. Boisbelle, in the very centre of France (Berry), was given to the duc de Sully and his heirs by Henri IV (and renamed Henrichemont in the king's honour), complete with rights of taxation, justice and coinage[87]. But the estate had previously belonged to the Gonzague-Nevers (and before them the Cleves), so the princely rank was already attached, and the Béthune-Sully were never treated as princes at court. Even odder is the »Kingdom of Yvetot« in Upper Normandy, held by several families of varying rank, including that of the poet Du Bellay in the sixteenth century, and descendants of the once semi-sovereign delphinal family d'Albon in the eighteenth; its »kings« exercised rights of justice and tax exemptions, but for no concrete reason beyond tradition[88].

V.

But what jurisdictional rights were held by the recognised *princes étrangers*? As stated above, the status of the foreign princes was complex because they were personally members of sovereign dynasties but at the same time held most of their properties as fiefs of the king of France. Crown jurisdiction extended to their lands, not to them as individuals. This can be illustrated by a legal case drawn from my study of the Lorraine-Guise, in which the prince d'Harcourt, the younger son of a *duc-et-pair* (Elbeuf) but not himself a peer, was pursued in the Paris city law-courts in 1685 for adultery. His identity was kept secret, however, since his status as a prince would

---

fanned primarily by Montigny's correspondence and mutual aid agreements (for troops and money) with his uncle, Anne de Montmorency, the Constable of France. Geoffrey PARKER, Philip II, London 1988 (revised edition), p. 98.

85 Daniel DESSERT, Les Montmorency. Mille ans au service des rois de France, Paris 2015.

86 MORICE, Mémoire pour servir de preuves (see n. 35), col. 1366.

87 Marie-Hélène MARTIN, Henrichemont, ville du grand Sully et l'extraordinaire destin de la principauté de Boisbelle, Montsûrs 1977.

88 Nineteenth-century historians located specific documents that demonstrated the use of this title, starting in the late fourteenth century; but any actual practice of sovereign jurisdiction over the »franc-alleu« ended in the fifteenth century and was formally supressed by the Parlement of Normandy and Henri II in 1555. See Augustin LABUTTE, Histoire des rois d'Yvetot, Paris 1871; re-examined recently by Yves-Marie BERCÉ, Les dernières chances des alleux souverains, in: François LASSUS et al. (eds.), Mélanges offerts au professeur Maurice Gresset. Des institutions et des hommes, Besançon 2008, p. 29–42.

have necessitated that his case be presented before the fully assembled Parlement of Paris, or in the king's Council itself[89]. The lawsuit did not deal with any property he held in France, but with his person. But did the Parlement of Paris have jurisdiction over non-subjects? It was a contested space, deliberately cultivated by these families. Another example, on a larger scale, involved the archiepiscopal court in Malines and the Papal Rota in Rome, whose authority to judge the marital status of the fifth duke of Guise in the 1660s was vehemently challenged by the Parisian court[90]. So, it benefitted the *princes étrangers* to accept the jurisdiction of the French judiciary system when it suited their interests.

Returning to the prince d'Harcourt, his title can also help us further clarify the issue of territorial versus personal princely status. As with other princely titles held by the Lorraine cadets in the eighteenth century – prince de Pons, prince de Marsan, prince de Lambesc – his title of prince made no claim to any sovereign nature of his estate (the county of Harcourt in Normandy), simply to the princely nature of the person who owned it. He was a prince because he was in the line of succession (however remote) to the sovereign duchies of Lorraine and Bar. The same is true for the prince de Soubise or the prince de Rochefort for the Rohans, or the prince de Turenne or the prince d'Auvergne for the La Tour d'Auvergne. Moreover, the same practice can be seen for the princes of the blood: neither of the estates of Condé or Conti were territorial principalities, nor was Lamballe, held by the legitimated branch of Bourbon-Penthièvre. Instead, these titles pointed to the *qualité* of the dynasty overall, and to the potential of the individual to succeed to a position of sovereignty, even if extremely unlikely. This is further underlined when we look again at those few titles of prince that were created by letters patent of various French monarchs: Joinville and Mercoeur for the Lorraine, Porcean for the Croÿ, and Guémené for the Rohan. In every instance, the family was of princely rank already. The title should be considered therefore as attaching princely status not to the estate specifically, but reflecting the status of the person who owned it. This is the real definition of princely status in *ancien régime* France, though it remains imperfect, as it does not adequately take into consideration the phantom princely titles mentioned above for grandee families like Talleyrand or La Rochefoucauld, except in the consideration that the individuals of these families were suitable by their birth to command.

VI.

It is clear, therefore, that the use of the title prince was variable in early modern France, from members of the ruling dynasty, to those exercising genuine sovereignty, however small, to members of sovereign families whose jurisdiction lay outside the kingdom, and to those with no real sovereignty, but whose ancestry allowed them to claim a share in the leadership of the kingdom. Privileges extended to French ›principalities‹ in terms of real estate meant little more than limited tax exemptions

89 Detailed in BNF, Thoisy 95, »Requête« to the Lieutenant-Criminel de Paris by Nicolas de Chanterais, Sieur Dormoy, versus his wife, Catherine le Breton (c. 1685).
90 BNF, ms. fr. 16573, fol. 89, Memoir for Président de Harlay on the case of Guise versus Berghes.

and local jurisdiction, but the more important princely privileges instead were attached to individuals and families, recognised not by law, but by the variable good will of the monarch. This then needed to be maintained, in large part through public display, notably printed media. Recent studies have scrutinised public manifestos issued by Bourbon princes in their quest to remain relevant in an increasingly centralised monarchy[91]. More detailed work remains to be done, however, on the public identities of the other princes in France, through printed pamphlets, memoirs, or family genealogies. We can certainly perceive a sense of the princely order and its shifting loyalties and insecurities in the proclamations of rebel princes such as the comte de Soissons, the duc de Bouillon and the duc de Guise in 1641 – their primary goal was to remove Richelieu in order to restore access to the monarch, their natural right as princes[92]. A decade later, Guise's manifesto published in 1652 to justify his attempt to take the throne of Naples from the Spanish in 1647, stressed the independence of his actions based on his status as a member of the pan-European princely order[93]. Memoirs were published by Bouillon later in his career as a means of publicly justifying his activities and cultivating public favour; they even have a distinct scent of royalty in the subtitle, clear reference to the memoirs Louis XIV published for his own son[94]. At the wider, dynastic, level, numerous genealogical histories were printed in the seventeenth century, displaying the princely claims of France's grandest magnate families: for example, »Histoire généalogique de la maison d'Auvergne« (1645); »Rangs et alliances de la maison de Rohan depuis six cents ans« (1647); »Histoire généalogique de la maison royale de Courtenay« (1661); »Histoire généalogique de la maison de La Trémoïlle« (1668); and so on, each with a variant on the sub-title »justifiée par chartes, titres et histoires anciennes et autres preuves authentiques«[95].

A second indicator of the defence of princely identity can be seen in marriage patterns, meticulously observed in memoirs and journals by noble courtiers and urban bourgeois alike. Published genealogical histories from the period reveal that endogamy within the princely families increased in the reign of Louis XIV, and that during

91 Caroline BITSCH, Vie et carrière d'Henri II de Bourbon, prince de Condé. Exemple de comportement et d'idées politiques au début du XVIIᵉ siècle, Paris 2008; Pierre GATULLE, Gaston d'Orléans: Entre mécénat et impatience du pouvoir, Seyssel 2012.

92 Manifeste des princes de la paix assemblez à Sedan, 2 July 1641, printed in: Memoires de Monsieur de Montrésor. Diverses pieces durant le ministere du cardinal de Richelieu. [...] Affaires de Messieurs le comte de Soissons, ducs de Guise & de Boüillon, Brussels 1665, p. 373–394.

93 Manifeste de Monseigneur le Duc de Guise. Touchant les particularités de son emprisonnement. & les raisons de sa jonction avec M. le Prince, s.l. 1652 [among other copies, BNF, L37 b 3029]. Reiterated in: Les memoires de feu Monsieur le duc de Guise, Cologne, 1668. These, and other publications of Henri II de Lorraine, fifth duc de Guise, are the subject of a chapter by Michèle BENAITEAU, Political Uses of Reputation and Celebrity in the Seventeenth Century: The Case of Henri de Lorraine, Fifth Duke of Guise, in: Jonathan SPANGLER et al. (eds.), Aspiration, Representation and Memory. The Guise in Europe, 1506–1688, Farnham 2015, p. 61–83.

94 Les memoires de Henry de La Tour d'Auvergne, souverain duc de Boüillon: Adressez a son fils le prince de Sedan, Paris, 1666. The memoirs of Louis XIV for the Dauphin, however, were not published.

95 A cursory search on Google Books reveals numerous publications of a similar nature: Luxembourg (1619), Montmorency (1624), Beauvau-Craon (1626), Béthune (1639), Harcourt (1662), La Rochefoucauld (1675), etc.

the reigns of Louis XV and Louis XVI, intermarriage between the houses of Lorraine, Rohan and La Tour d'Auvergne rose to the point of exclusivity[96]. This super-clan's multiple arches supported itself, protecting its unsurpassable rank and its extensive properties from any outside incursion. This not only included lands and pensions cited in marriage contracts and wills, but also official posts, military regiments, and major court offices, such as the post of *gouvernante des enfants de France*, which passed from one female relation to another within the super-clan for nearly a century. Occasional exogamous marriages were brokered with other princes from outside the normal French courtly sphere, for example soldiers and diplomats who came to reside in Paris such as the prince de Salm-Kyrbourg or the duc de Deux-Ponts, but these were anomalies, and these Rhenish imperial princes usually married within their own endogamous super-clans. Another super-cluster that frequently interacted with the French court in the eighteenth century was that of Ligne-Arenberg-Croÿ based in the Austrian Netherlands[97].

Increasingly, such families found themselves at home at the court of Versailles, but equally in Vienna or Brussels. There is a frequently quoted remark attributed to Cardinal Mazarin that »au galant homme, tout pays est patrie«[98], which succinctly conveys the feeling of these trans-national elites in Europe in this period. It also reflects the persistence of an internationality of the community of Christian warrior elites discussed above, especially as the quote sounds so close to a phrase from Ovid: »Any country is homeland for the strong, as the sea is for fish«[99]. With connections and the right sort of fins, one can swim anywhere. The prince with interests and knowledge of humanists, painters, and musicians, and kinship connections across Europe could feel at home anywhere, especially once the accepted language of court culture became French continent-wide. The career of the prince de Ligne in the late eighteenth century makes this abundantly clear[100].

But this was certainly not novel for the eighteenth century: one of the most significant contributions to the flow of international politics and diplomacy in the early modern period had been that of the northern European Calvinist princely network of the late sixteenth and early seventeenth centuries, an aid to the Dutch Republic in its struggles against Spain, and a threat to the centralisation efforts of Cardinal Riche-

---

96 Percentages of endogamy rise from the earlier period to the later period: 13 to 25 % for the Lorraine, 20 to 31 % for the La Tour d'Auvergne, and, most dramatically, 13 to 44 % for the Rohan. For marriage strategies of the French court nobles in general, see Leonhard HOROWSKI, Die Belagerung des Thrones. Machtstrukturen und Karrieremechanismen am Hof von Frankreich 1661–1789, Ostfildern 2012, p. 315–350, 438–450.

97 See SPANGLER, Those in Between (see n. 10), p. 144–147.

98 Quoted in works by Geoffrey Parker, Geoffrey Treasure, and Georges Livet, among others. An early version appears in Italian (»ogni stanza ad Galant huomo è Patria«) in Gregorio LETI, La vie de Don Pedro Giron, duc d'Ossone, Viceroi de Sicile et de Naples, Amsterdam 1707, part 1, book 1, p. 17.

99 »Omne solum forti patria est, ut piscibus aequor«, OVID, Fasti, I. 493. Naturally, humanists attuned to the classics strengthened this idea of universality, as seen for example in the title of the eminently famous book by Erasmus, Institutio Principis Christiani (1516), dedicated to the most trans-national of all princes, the future Emperor Charles V.

100 Philip MANSEL, Prince of Europe. The Life of Charles Joseph de Ligne (1735–1814), London 2003.

lieu in France. The tightly inter-connected Protestant clans of Orange-Nassau, Hessen-Kassel, La Tour d'Auvergne, Rohan and La Trémoïlle transcended political boundaries, and ascended to even greater heights with the integration into their kinship cluster of the electoral house of the Palatinate and the royal house of Stuart[101]. The Thirty Years War brought an end to this network's strength, and by the end of the seventeenth century all of the *princes étrangers* in France had converted to Catholicism without exception[102]. The Catholic Church provided a basis for trans-national movement in Europe as well, Mazarin himself providing the archetype, but the Rohans took up the challenge in the eighteenth century and used their *prince étranger* status to help bridge the gap between France and the Empire in their dual role as French prelates and princes of the Empire (as successive prince-bishops of Strasbourg)[103]. The military of course continued to provide a clear channel for trans-national migration, as seen clearly in the career paths of Charles of Lorraine, prince de Commercy, and his close friend, Prince Eugene of Savoy[104]. Snubbed by Louis XIV who increasingly guarded the supremacy of the French crown over all people residing at his court, foreign or not, these two princes gravitated to the Imperial court in Vienna, where, as with the Church in Rome, an entrenched tradition of de-centralised national identity and incumbent cosmopolitanism continued to support a more independent sphere of activity for princely families into the eighteenth century, and indeed beyond: princely titles continued to be granted in both Vienna and Rome well into the nineteenth century[105].

Markers of identity – the sense of a princely order in memoirs and manifestos, the endogamous marriage patterns of princes within France, and with princely families in the Empire and elsewhere – meant that families such as these were ideally situated to move around as necessary to survive political or social change. This was not of course guaranteed. The journal of the duc de Croÿ, a prince of the Empire, enables us to see this clearly[106]. Despite his ancient and exalted pedigree in the Austrian Nether-

101 For a recent study of this network, see Simon HODSON, The Power of Female Dynastic Networks. A Brief Study of Louise de Coligny, Princess of Orange, and Her Stepdaughters, in: Women's History Review 16/3 (2007), p. 335–351; and KMEC, Across the Channel (see n. 33).

102 Of the three Protestant *prince étranger* families, the Rohans went into exile rather than convert (BOULAIRE, Les Rohan [see n. 5], p. 85–102); Bouillon converted in 1633 to marry a Catholic in Brussels, but his brother Turenne famously held out until his shocking change of heart in 1668 (Susan ROSA, »Il était possible aussi que cette conversion fût sincère«. Turenne's Conversion in Context, in: French Historical Studies 18/3 [1994], p. 632–666); and the La Trémoïlle moved back and forth before definitively »abjuring heresy« in 1670 (KMEC, Across the Channel [see n. 33], p. 23, 139; WREDE, Ohne Furcht und Tadel [see n. 21], p. 64–68).

103 Four Rohans succeeded one another in Strasbourg from 1704 to 1801.

104 For Commercy, see SPANGLER, The Society of Princes (see n. 2), p. 245–248 ; Derek McKAY, Prince Eugene of Savoy, London 1977.

105 Some of the Pontifical titles were given to prominent French families: Polignac (1820), Clermont-Tonnerre (1823), La Tour d'Auvergne-Lauraguais (1859), and others. See Louis DE MAGNY, Armorial des princes, ducs, marquis, barons et comtes romains en France, créés de 1815 à 1890, et des titres pontificaux conférés en France par les papes, souverains du Comtat-Venaissin, Paris 1890.

106 Journal inédit du duc de Croÿ (1718–1784), ed. by E.H. DE GROUCHY, P. COTTIN, 4 vols., Paris 1906. On the house of Croÿ and especially the duke Emmanuel, see WREDE, Ohne Furcht und Tadel (see n. 21), p. 135–143; Violet SOEN, Hans COOLS, L'aristocratie transrégionale et les

lands, his family had rarely appeared at the French court before his arrival in the
1730s, and he thus had to establish *crédit*, as any other courtier. As a prince, »il
revendiquait comme un droit naturel de partager l'intimité du roi«, but the favour of
Louis XV was elusive, and Croÿ had to make several attempts before he was admitted to the *honneurs de la cour* or given top positions in the military and household
hierarchies[107]. Nevertheless, he did get them, eventually, which might not have been
the case for the average foreigner without his dynastic credentials. Others from this
society of princes displayed trans-aulic flexibility in order to survive annexation and
revolution. Just as the ducal house of Lorraine moved to Vienna and transformed itself into the house of Habsburg-Lorraine to survive French aggression in the 1740s,
so too did their junior Lorraine cousins during the emigration of the 1790s: both the
prince de Lambesc and his brother the prince de Vaudémont moved to Vienna and
were rewarded with military posts, pensions, and significantly, recognition of status,
as princes of the blood imperial[108]. Thomas Kaiser has highlighted how the foreign-
ness of the *princes étrangers* once again came into question (for the first time since
the 1580s) during the French Revolution, when the house of Lorraine's kinship connections with Marie-Antoinette now discredited them in the eyes of the French nation[109]. Lambesc himself was said to have made himself as Austrian as possible in Vienna, pretending to forget the French language[110]. Indeed, legal documents from the
Restoration period paint Lambesc as a foreigner unworthy of restitution of his
French estates[111]. A Rohan, the prince de Guémené, also went to Vienna during the
emigration, and was also given positions within the Austrian military and court hierarchy; he was created a prince of the Empire, one of the last, in an effort to secure his
status[112]. Neither Lambesc nor Rohan returned to France after the Revolution, and
although Lambesc left no descendants, Rohan did; they simply became Austrians.

In sum, the trans-aulic identity of the foreign princes indicates someone who is
able to move from court to court easily. And while some princes required careful
treatment by monarchs due to the potential that they might someday take on a sovereign throne, others were not ever realistically going to rise to such heights. The status of the *princes étrangers* was never written into French law; instead it relied on the
situation of the moment, the reception of the court and courtiers, and the personal

frontières. Les processus d'identification politique dans les maisons de Luxembourg-Saint-Pol
et de Croÿ (1470–1530), in: Violet SOEN et al. (eds.), L'identité au pluriel. Jeux et enjeux des
appartenances autour des anciens Pays-Bas, XIVᵉ–XVIIIᵉ siècle, Lille 2014. p. 209–228.
107 Bernard HOURS, Louis XV et sa cour. Le roi, l'étiquette et le courtisan, Paris 2002, p. 154–159,
cit. p. 156.
108 Alexandrine Prévost de la Boutetière, baronne DU MONTET, Souvenirs de la baronne du Montet, 1785–1866, Paris 1904, p. 168. According to a note written to foreign minister Choiseul,
Lambesc had already been treated as a prince of the blood when he visited Vienna in 1770:
Thomas KAISER, Ambiguous Identities: Marie-Antoinette and the House of Lorraine from the
Affair of the Minuet to Lambesc's Charge, in: Dena GOODMAN (ed.), Marie-Antoinette. Writ-
ings on the Body of a Queen, New York 2003, p. 171–198, esp. p. 178.
109 Ibid., p. 188–189.
110 DU MONTET, Souvenirs (see n. 108), p. 36–37.
111 BNF, Factum 17253, Mémoire contre très haut et très puissant prince Charles Eugène, prince
de Lorraine et de Lambesc, Feld-Maréchal en Autriche (1822).
112 BOULAIRE, Les Rohan (see n. 5), p. 285.

favour of individual monarchs. This leaves one final question: why would French monarchs condone or even cultivate powerful magnates whose claims to sovereign status clashed with the increasingly unitary nature of absolute monarchy? In the end we can conclude that French monarchs recognised that being attended by and intimate with senior courtiers who considered themselves both »princely« and »foreign« projected an image of the highest majesty for the Bourbon monarchy. This was in clear emulation of royal stylings of power from the ancient world, the king of kings, an emperor above princes, not unlike the courts of the holy roman emperor or the pope, whose vassals included kings and princes. To outshine its rivals, the Bourbon monarchy encouraged and defended the pretentions of its grandest courtiers, employed them as leaders in the household, government, military and the church, and supported their kinship and patronage networks, thereby extending its own influence across political and cultural boundaries.

CHRISTINE LEBEAU

Les identités multiples de la noblesse habsbourgeoise au XVIIIᵉ siècle

Si, à l'issue de la guerre de la Succession d'Espagne, Charles VI n'a pas réussi à obtenir l'héritage castillan, une partie du royaume aragonais lui échoit cependant. Les guerres victorieuses contre l'Empire ottoman lui permettent également de rentrer en pleine possession du royaume de Hongrie, tandis que la Pragmatique Sanction de 1713 vient garantir l'indivisibilité de ce patrimoine. Les armes de Castille et d'Autriche qui dominent la chancellerie impériale, édifiée à partir de 1726, et la carte réalisée par Johann Christoph Homann qui présente la nouvelle Europe autrichienne uniformément colorée de jaune, témoignent de ce sursaut d'impérialité[1]. La désignation de »monarchie autrichienne« s'impose alors pour désigner l'ensemble des États dominés par les Habsbourg de Vienne.

Pour traiter du »siècle des héros« (Karl Vocelka), l'historien doit aborder deux historiographies qui ne dialoguent guère: d'une part, les études consacrées à la construction absolutiste et au dualisme formé par l'empereur et les États aristocratiques qui n'incluent pas toujours le règne de Marie-Thérèse (1740–1780) et, d'autre part, le règne de Joseph II (1780–1790) et l'analyse du joséphisme comme point de départ pour les études consacrées à la formation des nationalités[2]. L'histoire de l'idée d'État intégré (*Gesamtstaat*) dont Wilhelm Roscher fait une condition sine qua non pour l'avènement de l'empire d'Autriche comme État national, devient au milieu du XIXᵉ siècle un pendant aux histoires nationales[3]. Plus récemment, une approche postcoloniale de la monarchie des Habsbourg a mis l'accent sur l'émergence de l'idée nationale à la faveur de la réception de la philosophie émancipatrice des Lumières et des idéaux de la Révolution française[4]. Or, la carte de Homann présente aussi les »pays« (*Länder*) en une ronde de blasons qui annonce le programme du plafond de la grande galerie de Schönbrunn. Anciens et nouveaux pays y figurent à égalité: les pro-

1 Tabula Geographica Europae Austriacae Generalis sive Regionum Terrarumque Omnium et Singularum Augustissimae Domui Austricae Hereditaruium exacta Delineatio designata et edita a Joh. Christophoro Homanno M. D., Nuremberg 1725–1730.
2 Pour une synthèse bibliographique: Thomas WINKELBAUER, Ständefreiheit und Fürstenmacht. Länder und Untertanen des Hauses Habsburg im konfessionellen Zeitalter, Vienne 2003; Karl VOCELKA, Glanz und Untergang der höfischen Welt. Repräsentation, Reform und Reaktion im habsburgischen Vielvölkerstaat, 1699–1815, Vienne 2003; Peter G. M. DICKSON, Finance and Government Under Maria Theresia, 1740–1780, 2 t., Oxford 1987.
3 Éric HASSLER, La cour de Vienne, 1680–1740. Service de l'empereur et stratégies spatiales des élites nobiliaires dans la monarchie des Habsbourg, Strasbourg 2013, p. 34.
4 Entre autres, Johannes FEICHTINGER et al. (dir.), Habsburg postcolonial. Machtstrukturen und kollektives Gedächtnis, Innsbruck 2003 et Larry WOLFF, The Idea of Galicia. History and Fantasy in Habsburg Political Culture, Stanford, CA 2010.

ductions des pays font la ronde autour du souverain et composent la richesse de la monarchie autrichienne. Le discours hésite alors entre politique et ethnographie[5].

Dans tous les cas, les noblesses occupent une place centrale dans ces différentes approches, mais moins comme objet que sujet de problématiques connexes. Sans doute faut-il se méfier d'un récit téléologique qui leur assigne un destin national. Jean-Frédéric Schaub a pu dénoncer une quête effrénée du »sentiment national« qui inspirerait un questionnaire inadapté aux sources disponibles et aux catégories des contemporains, et Petr Mat'a évoquer une question mal posée[6]. La catégorie »noblesse« est également trop sommaire pour pouvoir rendre compte de la diversité des statuts et des situations à l'échelle des États qui composent la monarchie autrichienne. Mais précisément, appréhender cette diversité permet aussi de varier les positions sans tomber dans l'ornière du protonationalisme. Réfléchir au couple noblesse-nation dans cet espace-temps compose ainsi un prisme d'autant plus complexe qu'il met en jeu des définitions et des identités multiples, tant décentrées que centrées pour produire finalement plusieurs représentations de la nation qui témoignent, une fois de plus, de la capacité d'adaptation des noblesses. En suivant la suggestion de Robert Descimon, nous confronterons discours, normes et pratiques pour envisager finalement les différentes représentations nobiliaires de la nation comme autant de formes d'intégration[7].

QUELLE NATION POUR QUELLE NOBLESSE?

Qu'appelle-t-on »nation« au milieu du XVIIIe siècle à Vienne et dans les pays de la monarchie? Cette question n'appelle pas de réponse simple, dans la mesure où nous ne disposons d'aucun dictionnaire autrichien avant l'encyclopédie Gräffer et Czikann publiée en 1835 qui, au demeurant, n'est pas un dictionnaire de langue et donc ne comporte aucun article »Nation« mais seulement des articles »Nationalbank« et

---

5   Sur l'importance des blasons dans le discours politique autrichien, Christine LEBEAU, Les images d'une monarchie composite: le jeu des couleurs entre la maison d'Autriche et les »pays héréditaires«, dans: Denise TURREL et al. (dir.), Signes et couleurs des identités politiques du Moyen Âge à nos jours, Rennes 2008, p. 189–206.

6   »Que l'on fasse l'exégèse des cérémonies royales, de l'art oratoire sacré, de la propagande imprimée, du théâtre autorisé, des correspondances politiques, on atteint pour l'essentiel le niveau des injonctions, ce qui à dire vrai n'est pas si mal, mais interdit de prétendre cerner la réalité du ›sentiment national‹ Sans doute est-il indispensable d'interroger les sociétés à partir de questionnements théoriques *a priori*. Mais encore faut-il élaborer des questionnaires qui peuvent trouver une traduction dans le langage de celles-ci et des réponses dans les ressources documentaires qui nous sont restées«, Jean-Frédéric SCHAUB, Le sentiment national est-il une catégorie pertinente pour comprendre les adhésions et les conflits sous l'Ancien Régime?, dans: Alain TALLON (dir.), Le sentiment national dans l'Europe méridionale aux XVIe et XVIIe siècles (France, Espagne, Italie), Madrid 2007, p. 155–167, ici p. 159. Petr MAT'A, Der Adel aus den böhmischen Ländern am Kaiserhof 1620–1740. Versuch, eine falsche Frage richtig zu lösen, dans: Václav BŮŽEK et Pavel KRÁL (dir.), Šlechta v habsburské monarchii a císařský dvůr (1526–1740), České Budějovice 2003, p. 191–233.

7   Robert DESCIMON, Chercher de nouvelles voies pour interpréter les phénomènes nobiliaires dans la France moderne. La noblesse essence ou rapport social, dans: Revue d'histoire moderne et contemporaine 46/1 (1999), p. 5–21.

»Nationalmuseum«[8]. L'écart entre les deux dictionnaires de référence en français et en allemand, d'origine prussienne, signale encore la difficulté. L'»Encyclopédie« propose une définition qui laisse place à une relative indétermination: la nation permet à la fois de distinguer (»le caractère«) et d'unifier (»une quantité de peuple«) à l'échelle d'un territoire (»une certaine étendue de pays«)[9]. Le dictionnaire »Zedler« situe la nation sur un autre plan en soulignant son caractère à la fois discriminant et performatif. Les wendes ou slaves d'Allemagne sont certes inclus dans l'espace du Saint-Empire mais n'appartiennent pas à la nation allemande. L'article »Slaves«, »jadis une nation«, définit encore la nation comme un espace en quelque sorte communicationnel qui unit des peuples[10]. Il ne s'agit point ici de trancher entre une conception politique ou culturelle et »imaginée« de la nation mais de saisir, autant que faire se peut, des usages contemporains[11].

Les indications sont finalement ténues. En l'absence de dictionnaires de noblesse qui permettraient éventuellement de classer les familles par nations, on peut se tourner vers les dictionnaires d'érudits. L'entreprise d'Ignaz De Luca, professeur au lycée de Linz et censeur pour la Haute-Autriche, mérite une attention particulière. Le dictionnaire intitulé »Autriche savante« (»Gelehrtes Österreich«) et dédié à l'ordre des prélats de Haute-Autriche a pour ambition de répertorier et d'illustrer les »écrivains nationaux« (*Nationalschriftsteller*) morts[12]. L'ouvrage, bien que publié après la suppression de l'ordre des jésuites, est un hommage à l'érudition religieuse mais aussi au rôle culturel des noblesses réunies dans les assemblées d'états. Les souscripteurs, classés selon les pays qui constituent la monarchie d'Autriche, appartiennent majoritairement à la noblesse de service qui s'est fortement développée sous le règne de Marie-Thérèse[13]. Ces nobles autrichiens sont d'abord localisés par leurs fonctions: le comte de Clary, d'une noblesse réputée de Bohême, apparaît ainsi parmi les souscripteurs de Basse-Autriche. Les grands offices des pays justifient plus fortement l'ancrage provincial. Le comte Thürheim, capitaine de la Haute-Autriche, inscrit à ce

---

8   Franz GRÄFFER, Johann CZIKANN, Österreichische National-Enzyklopädie. Alphabetische Darlegung der wissenwürdigsten Eigenthümlichkeiten des österreichischen Kaiserthumes, Vienne 1835, p. 4.

9   »NATION, s. f. (*Hist. mod.*) mot collectif dont on fait usage pour exprimer une quantité considérable de peuple, qui habite une certaine étendue de pays, renfermée dans de certaines limites, & qui obéit au même gouvernement. Chaque *nation* a son caractere particulier: c'est une espece de proverbe que de dire, leger comme un françois, jaloux comme un italien, grave comme un espagnol, méchant comme un anglois, fier comme un écossois, ivrogne comme un allemand, paresseux comme un irlandois, fourbe comme un grec, & c«, Encyclopédie ou Dictionnaire raisonné des sciences, des arts et des métiers, éd. par Denis DIDEROT, Jean Le ROND D'ALEMBERT, 39 vol., Lausanne, Berne 1780–1782, vol. XXII, p. 221.

10   Johann Heinrich ZEDLER. Grosses vollständiges Universal-Lexikon aller Wissenschaften und Künste, Leipzig, 1731–1754, t. XXXI, p. 17, et t. XXXVIII, p. 31. Commentaire de cette définition sans contextualisation par Eric HOBSBAWM, Nations and Nationalism Since 1780: Programme, Myth, Reality, Cambridge 1990, p. 28.

11   Ibid., et Ernest GELLNER, Nations and Nationalism, Oxford 1984 pour l'approche politique, Benedict ANDERSON, Imagined Communities: Reflections on the Origin and Spread of Nationalism, Londres, New York 1993, pour l'approche culturelle. Auxquels s'ajoute une abondante littérature critique.

12   Ignaz DE LUCA, Das gelehrte Österreich. Ein Versuch, Vienne 1776, préface.

13   Ibid., Verzeichniss der Herren Pränumeranten.

titre parmi les souscripteurs de Haute-Autriche, est aussi grand fauconnier de ce pays. Parmi les souscripteurs tyroliens, le comte Trapp, conseiller de gouvernement à Innsbruck, est aussi grand maître du comté de Tyrol, et le comte Ferrari, également conseiller de gouvernement à Innsbruck, est encore seigneur d'Imst. Mais des logiques concurrentes apparaissent. Ainsi le baron Tobias Gebler, au demeurant originaire du comté de Reuss à la marge de la Saxe électorale, est-il présenté comme membre du »Conseil d'État à Vienne« et chevalier de l'ordre de Saint-Étienne, une création autrichienne mais dont De Luca rappelle opportunément qu'il est nommé d'après le roi de Hongrie. Enfin, tous les membres de la haute noblesse inscrits dans cette liste sont également comtes d'empire et témoignent de cette volonté d'ascension des noblesses habsbourgeoises dans l'espace impérial. Ces catégories procèdent bien de l'ordre et de la dignité et délimitent les frontières du politique, mais sont-elles véritablement des catégories nationales?

De fait, quelques autodésignations brouillent les cartes. Rudolf Chotek, chancelier d'Autriche et de Bohême, évoque sa »patrie« Prague mais sans se dire de Bohême[14]. Wenzel Kaunitz, chancelier d'État, peut se dire »de Bohême«, dans un rapport toujours cité, mais aussi »étranger« à Vienne[15]. À peine arrivé à Londres, Karl von Zinzendorf, dont la famille d'ancienne noblesse autrichienne a immigré en Saxe au XVIIᵉ siècle pour des raisons confessionnelles, rend une double visite à l'ambassadeur impérial et à l'ambassadeur saxon[16]. Grete Klingenstein, dans un article qui a fait date, affirme avec force que »nation« ne signifie pas autre chose que l'origine géographique (*geographische Herkunft*). Cependant, les deux exemples sur lesquels elle s'appuie vont plus loin qu'une acception simplement géographique. Dans le cas de l'énumération des »nations« de la nouvelle promotion d'ingénieurs, on retrouve la géographie politique des pays de la monarchie, doublée de la représentation humaniste des nations d'Europe[17]. Dans le deuxième cas, il paraît difficile d'admettre que Marie-Thérèse n'ait voulu désigner que l'origine géographique de son grand maître de la cour. Dans un texte qui a valeur de testament, l'impératrice dénonce les violents affrontements entre »ministres nationaux« (*Nationalministris*) qui seraient l'expression, au centre, des luttes de pouvoir qui opposent dans l'ensemble de la monarchie

14 »Ainsi loin de porter un jugement peu favorable de ma chere Patrie, je ne suis que trop persuadé que Prague ne le cède à aucune grande ville en divers genres d'amusemens«, Vienne, 23 mars 1771, Rodinný archiv Chotků (RACh), 1458, 1768–1771, Prague.
15 Staatskanzlei, Vorträge, 91, 1ᵉʳ mai 1763, cité par Franz A.J. Szabo, Perspective From the Pinnacle. State Chancellor Kaunitz on Nobility in the Habsburg Monarchy, dans: Gabriele Haug-Moritz et al. (dir.), Adel im »langen« 18. Jahrhundert, Vienne 2009, p. 249–260; »Monsieur de Kaunitz dit [...] que je voyois en lui comment on distinguoit les Étrangers quand ils le méritoient«,Tagebuch Zinzendorf, 15 mars 1763, Haus- Hof- und Staatsarchiv (HHStA), Vienne.
16 Tagebuch Zinzendorf (voir n. 15), 18 janvier 1768.
17 »Wie dann in dem löblichen Stift kein Unterschied der Nation gemachet wird und in demselben nicht allein Oesterreicher, sondern auch Steyermärker, Kärtner, Crainer, Tyroler, Croaten, Böhmen, Mähren und Schlesier, Hungarn, Siebenbürger, Spanier, Welsche und Niederländer sich befinden [...]«, Friedrich Gatti, Geschichte der k.k. Ingenieur- und k.k Genie-Akademie, 1717–1869, Vienne 1901, p. 20, cité par Grete Klingenstein, Was bedeuten »Österreich« und »österreichisch« im 18. Jahrhundert? Eine begriffsgeschichtliche Studie, dans: Richard G. Plaschka, Gerald Stouzh, Jan Paul Niederkorn (dir.), Was heißt Österreich. Inhalt und Umfang des Österreichbegriffs, Vienne 1995, p. 150–219.

les nations Autriche (*österreichische Landsmannschaft*) et Bohême au détriment de la Hongrie[18]. Bien loin de l'origine géographique et des caractères communs, nous voici, au contraire, ramenés au politique et, en même temps, à une géographie politique distincte des nationalités du XIXe siècle.

Aussi la relation entre noblesse et nation est-elle moins évidente dans la monarchie autrichienne que l'historiographie ne semble le suggérer. Même quand la perspective est centrée sur une famille ou un individu, une géographie implicite préside aux différentes études. L'objet est soit la noblesse du royaume de Bohême, soit la noblesse de Hongrie, rarement la noblesse des pays héréditaires ou des pays autrichiens. D'une perspective politique – la noblesse des différents royaumes qui forment la monarchie composite –, on passe rapidement à une géographie nationale. En effet, si la noblesse hongroise apparaît comme la »gardienne du passé et des mœurs magyars«, nonobstant la »nation« sicule, l'historiographie consacrée à la noblesse de Bohême cherche au contraire le moment du ralliement de la noblesse à la nation tchèque[19]. Le rôle culturel des noblesses est indubitable: on peut évoquer pêle-mêle la commande d'histoires des royaumes ou de cartes géographiques par les assemblées d'états, la collection d'»antiquités nationales«, le port du vêtement national (hongrois), la modernisation des langues, et finalement la création d'académies des sciences[20]. Mais il y a bien en même temps une forme de téléologie à identifier ces pratiques à une construction nationale. Les noblesses tyrolienne ou styrienne n'agissent pas autrement, tout en appartenant à la nation allemande au XVIIIe siècle, avant d'en être exclues au XIXe. Les distinctions nationales ne renvoient donc nullement à un héritage identitaire stable et ancien, et il n'est pas toujours aisé d'assigner une famille à une nation. Nombre d'Allemands ou d'Italiens se sont ainsi nationalisés, et une large partie de la noblesse de Bohême continue de se dire allemande au XIXe siècle, tandis que des listes de noblesses tchèques établies au XXe comportent des noms qui n'auraient pas été considérés comme originaires de Bohême au XVIII^{e21}. Plus largement, le cosmopolitisme nobiliaire peut entrer en contradiction avec le supposé destin national

18 »Und nachdeme das Ministerium meistenteils mehr aus österreichischen als aus böhmischen Ministris bestanden, so haben auch grössten Teils die erstere über letztere prädominieret. Diese wahrhafte Umstände haben zu einem eingewurzelten Hass unter beiden Nationen Gelegenheit gegeben […]. Besonders haben die Hungarn solches empfunden, die man in einer alständigen Unterdrückung zu halten gesuchet«, cité par Klingenstein, Was bedeuten »Österreich« und »österreichisch« (voir n. 17), p. 166. Voir Erste Denkschrift aus mütterlicher Wohlmeinung zu besonderen Nutzen meiner Posterität verfasste Instruktions-Puncta, dans: Kaiserin Maria Theresias politisches Testament, éd. par Josef Kallbrunner, Munich 1952, p. 25–73.

19 Claude Michaud, La noblesse hongroise à la fin des années 1780, dans: Id., Entre croisades et révolutions. Princes, noblesses et nations au centre de l'Europe (XVIe–XVIIIe siècle), Paris 2010, p. 61–72.

20 Pour une étude d'histoire culturelle et intellectuelle de la noblesse de Bohême, Claire Madl, Tous les goûts à la fois. Les engagements d'un aristocrate éclairé de Bohême, Genève 2013. Voir aussi István Monok, Les bibliothèques et la lecture dans le bassin des Carpates 1526–1750, Paris 2011.

21 Sur la nationalisation de la noblesse de Bohême, voir les travaux de Eagle Glassheim, Noble Nationalists. The Transformation of the Bohemian Aristocracy, Cambridge, Londres 2005, notamment p. 98–99. Au milieu du XIXe siècle, 73 % des nobles se disent allemands et 27 % tchèques, sans que l'on puisse établir une relation entre langue et localisation de la propriété foncière.

des noblesses. La tardive et contestée transformation de Charles IV (1316–1378), roi de Bohême et empereur du Saint-Empire, en »père de la patrie« par F. M. Pelzel en 1780 peut encore illustrer cette difficulté. Luxembourg par son père, Přemysl par sa mère, éduqué en France, Charles IV a séjourné en Italie, maîtrisait le tchèque et le latin mais aussi d'autres langues[22]. Le cosmopolitisme nobiliaire entendu comme acquisition d'une culture commune aux aristocraties européennes est un élément de l'intégration dans l'ordre et de l'ascension sociale[23]. L'apprentissage de l'allemand (pour la noblesse hongroise), du français, de l'italien (pour toutes), le voyage en Europe, le passage par les universités de Leipzig, Louvain, puis Vienne sont aussi une forme de patriotisme des Lumières qui complète sans l'annuler le lien à la »petite patrie«, forgé non pas par la langue, mais par la propriété[24].

L'énorme historiographie dédiée à l'étude de la construction culturelle de la nation ne doit finalement pas nous faire passer à côté de l'autre signification indiquée par le dictionnaire »Zedler« d'une nation comme *ordo* ou *societas*. Le Codex austriacus qui, comme son nom l'indique, ne concerne que l'archiduché d'Autriche, reproduit à l'article »noblesse« un décret datant de 1631 qui réglemente le port des titres et des armoiries. Le conseiller Bretschneider rappelle qu'il »n'omettait jamais de nommer Karl von Zinzendorf autrement que par tous ses titres«[25]. Les pays de la monarchie conservent ces salles couvertes d'armoiries qui donnent littéralement à voir la noblesse. Mais le titre ou les privilèges juridiques de la société féodale occupent finalement une position seconde par rapport au lien à la terre et donc au pays et à son souverain.

Ce sont les assemblées d'états qui tiennent le registre des états (*Landtafel*) ou matricule foncière et procèdent à la répartition et à la perception de l'impôt[26]. Non seulement la noblesse acquitte l'impôt sur les terres seigneuriales (*Dominical*), mais encore l'ambassadeur anglais Stormont veut y voir une proportion fixe et équitable qui n'exempte aucun propriétaire[27]. Dans le cas de la Hongrie, l'exemption personnelle de la noblesse est supprimée en 1723 pour la noblesse non possessionnée par don royal et rétablie en 1751 seulement pour ceux qui ont combattu dans la guerre de la Succession d'Autriche, sans pour autant devenir héréditaire. Si l'anoblissement pour service par le roi existe concurremment à l'acquisition de terre, les lettres de noblesse

---

22 F. M. Pelzel, Kaiser Karl der Vierte, König von Böhmen, Prague 1780. Cf. František Šmahel, »Old Cezchs were Hefty Heroes« The Construction and Reconstruction of Czech National History in its Relationship to the »Great« Medieval Past, dans: Robert J. W. Evans, Guy Marchal (dir.), The Uses of the Middle Ages in Modern European States. History, Nationhood and the Search for Origins, Basingstoke 2010, p. 245–258, ici p. 253.

23 Olga Khavanova, Born or Brought up a Hungarian Aristocrat? Count Antal Károlyi Educates his Son József, dans: Haug-Moritz et al. (dir.), Adel im »langen« 18. Jahrhundert (voir n. 15), p. 73–88; Ivo Cerman, Habsburgischer Adel und Aufklärung. Bildungsverhalten des Wiener Hofadels im 18. Jahrhundert, Stuttgart 2010.

24 Jerzy Lukovski, The European Nobility in the Eighteenth Century, Basingstoke 2003, chap. »Education« et »Lifestyles«.

25 Denkwürdigkeiten aus dem Leben des k. k. Hofrathes H. G. von Bretschneider 1739–1810, éd. par Karl Linger, Vienne 1892, p. 351.

26 Seuls les états du Tyrol continuent d'inclure un quatrième ordre au XVIIIᵉ siècle composé de représentants des communautés.

27 Dickson, Finance and Government (voir n. 2), t. I, p. 391.

demeurent proclamées dans les assemblées de comitat qui contrôlent aussi l'inscription au rang de la noblesse.

La noblesse est ensuite liée au souverain du pays. L'empereur, en tant qu'archiduc d'Autriche et roi de Bohême, fait de droit la noblesse dans l'archiduché d'Autriche et, depuis 1627, en Bohême – Johann Carl Chotek peut évoquer ces »fournées« de nobles promus lors des couronnements[28]. De même en Hongrie, les titres héréditaires de comte ou de baron ne peuvent être confirmés que par le roi. Mais la nationalisation est de fait d'abord le produit de la reconnaissance des pairs au moyen de l'indigénat ou de l'incolat, c'est-à-dire de l'intégration dans l'ordre des seigneurs[29]. Si la noblesse inclut dans chaque pays une large proportion de noblesse étrangère créée par le souverain, la propriété demeure un critère essentiel pour les états. En 1741, les états du royaume de Hongrie demandent ainsi explicitement à faire coïncider indigénat et propriété foncière.

Par la possession de la terre et son lien privilégié au souverain du royaume, la noblesse est bien ordre et société qui s'organisent dans les états. Ceux-ci rassemblent le haut clergé et la noblesse possessionnée, divisée en seigneurs et chevaliers, mais ils excluent progressivement le quatrième ordre initialement formé par les villes. Aussi faut-il encore tenir compte des hiérarchies qui traversent ces noblesses. En Bohême, au milieu du XVIIIe siècle, la noblesse comtale possède 90 pour cent de la terre[30]. En Hongrie, tandis que le juriste Stéphane Werbőczy pouvait souligner au XVIe siècle l'unité de la noblesse, la forte mobilité des XVIe et XVIIe siècles se ralentit au XVIIIe, entraînant des écarts croissants de revenus et de mode de vie. Une quinzaine de familles se partagent alors les grands offices du royaume, à distance de la petite noblesse des *portalistae* faiblement possessionnée et de la noblesse des *taxalistae* qui n'a que sa lettre de noblesse pour tout bien[31].

Otto Brunner a pu définir la monarchie d'Autriche comme une union monarchique d'états aristocratiques (*monarchische Union von Ständestaaten*)[32]. Point n'est besoin de réformation ni de théorie de la noblesse. Les états tiennent la terre, c'est-à-

---

28 Johann Karl Chotek à son père Václav de Vienne, »Il faudra donc avant tout attendre que la Reine soit affermie sur son trone et vous pourrres bien conter qu'au tems du couronnement de Boheme ce qu'on espere encore voir l'automne prochain, que nous faisons honte au monde pour vous faire avoir le caractere de sieur«, RACh 493 Jan Karel Chotek 1733–1748, 16 novembre 1740.

29 Ernst MISCHLER, Josef ULBRICH, Österreichisches Staatswörterbuch. Handbuch des gesamten österreichischen Staatsrechts, Vienne 1895, t. II, p. 137–143.

30 Eila HASSENPFLUG-ELZHOLZ, Böhmen und die böhmischen Stände in der Zeit des beginnenden Zentralismus. Eine Strukturanalyse der böhmischen Adelsnation um die Mitte des 18. Jahrhunderts, Munich, Vienne 1982, p. 312–371. Voir aussi James VAN HORN MELTON, The Nobility in the Bohemian and Austrian Lands, 1620–1780, dans: Hamish SCOTT (dir.), The European Nobilities 1600–1800. Eastern Europe, Londres 1995, p. 110–143.

31 Peter SCHIMERT, The Hungarian Nobility, 1600–1800, dans: SCOTT, The European Nobilities (voir n. 30), p. 144–182, p. 152; I.G. TOTH, Le monde de la petite noblesse hongroise au XVIIIe siècle, Revue d'histoire moderne et contemporaine 46/1 (1999), p. 171–184; Robert J.W. EVANS, Der Adel Ungarns in der Habsburgermonarchie im 18. Jahrhundert, dans: Ronald G. ASCH (dir.), Der europäische Adel im Ancien Régime, Cologne, Weimar, Vienne 2001, p. 345–362.

32 Otto BRUNNER, Das Haus Österreich und die Donaumonarchie, dans: Südost-Forschungen 14 (1955), p. 122–144, p. 126.

dire les pays, sans pour autant constituer toute la noblesse mais en ne cessant jamais d'attirer et de fédérer les hommes nouveaux et les étrangers.

Dans quel sens la monarchie autrichienne est-elle, à l'époque moderne, une union de »nations«? Marie-Thérèse attribue par exemple la responsabilité de la crise de succession au désaccord entre les ministres, les courtisans et les nations[33].

L'identification de la noblesse et du royaume de Bohême est réalisée dès le XIIIᵉ siècle. Cependant, le royaume de Bohême demeure un royaume composite, composé de trois entités, la Bohême, la Moravie et la Silésie, unies par des liens féodaux, qui n'a jamais possédé de diète commune et n'a été constitué qu'au XIXᵉ siècle, en partie sur l'exemple hongrois, en État national tchèque[34]. L'»intégration« du royaume de Bohême à la domination Habsbourg jusqu'à la création sous Marie-Thérèse de la chancellerie d'Autriche et de Bohême a aussi contribué à renforcer le rôle de la haute noblesse de Bohême dans le cœur de l'État Habsbourg, jusqu'à paraître comme un obstacle au pouvoir de la dynastie[35].

En Hongrie, dès le XVIᵉ siècle, le juriste Stéphane Werböczy étend la théorie de la sacrée couronne de Hongrie à la noblesse. D'une sanction religieuse pour le pouvoir royal, on passe ainsi à l'inclusion des états dans le gouvernement du royaume (*regnum*) et à une souveraineté partagée[36]. La diète discute les propositions, présente les remontrances (*gravamina*) du royaume et vote l'impôt. Les décisions de la diète (*decreta*) pour autant ne fondent pas le droit du pays mais s'appuient sur la coutume et sont le produit d'une négociation entre le roi et les états (*propositiones*), avant de devenir, sous l'influence des idées de Montesquieu, Constitution et législation[37]. Il faut dans le même temps se méfier de l'image du »comitat noble« comme espace de défense des privilèges de la noblesse[38]. Jusqu'au règne de Joseph II, le comitat fait plutôt fonction de courroie de transmission de l'administration royale. La diète de 1722–1723 qui réorganise le royaume et procède à une réforme administrative et judiciaire contribue aussi à forger une administration distincte du centre qui provoque un effet de séparation et justifie la levée de boucliers contre la »germanisation« or-

---

33 »Hierdurch entstunde zwischen Ministren, Hofleuten und Nationen eine ziemliche Spaltung«, Erste Denkschrift (voir n. 18), p. 33.

34 Victor-Lucien TAPIÉ, Le droit d'État du royaume de Bohême, dans: Revue historique 228 (1962), p. 359–380.

35 Joachim BAHLCKE, Regionalismus und Staatsintegration im Widerstreit. Die Länder der böhmischen Krone im ersten Jahrhundert der Habsburgerherrschaft (1526–1619), Munich 1994.

36 De Stephan WERBÖCZY, Tripartitum opus juris consuetudininarii inclyti regni Hungariae, Vienne 1517, à Illes Georch de Ettre-Karcha, Jus patrium, quod hungarica edidit, latinate a quodam veterano juris professore donatum, Presbourg 1817, des indications éparses et parfois contradictoires. Voir István M. SZIJÁRTÓ, A diéta. A magyar rendek és az országgyűlés, Budapest 2005, et pour une synthèse de la littérature en hongrois, ID., The Diet. The Estates and the Parliament of Hungary, 1708–1792, dans: Gerhard AMMERER et al. (dir.), Bündnispartner und Konkurrenten der Landesfürsten? Die Stände in der Habsburgermonarchie, Munich 2007, p. 151–171.

37 László PÉTER, Montesquieu's Paradox on Freedom and Hungary's Constitution, 1790–1990, dans: History of Political Thought 16 (1995), p. 77–104, ici p. 80.

38 Péter DOMINKOVITS, Das ungarische Komitat im 17. Jahrhundert. Verfechter der Ständerechte oder Ausführungsorgan zentraler Anordnungen?, dans: Petr MAT'A, Thomas WINKELBAUER (dir.), Die Habsburgermonarchie 1620 bis 1740. Leistungen und Grenzen des Absolutismusparadigmas, Stuttgart 2006, p. 401–441, ici p. 402.

donnée par Joseph II[39]. Aux côtés d'une aristocratie qui prétend incarner la nation, à l'instar du chancelier Karl Joseph Pálffy, il ne faut donc pas négliger le rôle d'intermédiaire (*broker*) exercé par une noblesse administrative qui sait le latin et le hongrois, connaît les lois du pays, et que Robert J. W. Evans décrit comme une noblesse semi-loyale, à la fois semi-magyare et semi-allemande, tout en plaidant pour une unité de la nation hongroise[40].

Le couple noblesse-nation s'avère donc plus complexe et plus multiforme que ne le suggèrent les écritures nationales de l'histoire et l'échelle régionale, aussi pertinente que le critère national[41]. La révision du paradigme de l'absolutisme a, par ailleurs, conduit également à infléchir la vision des noblesses gardiennes de la nation politique. Au-delà d'un simple partage par pays, diverses lignes de fracture, contemporaines ou construites par les historiens, traversent les noblesses de la monarchie des Habsbourg qui engagent également leur position dans et par rapport à la nation: noblesse »historique« contre noblesse »étrangère«, puis »nouvelle« ou »seconde société«, noblesse de cour ou noblesse intégrée (*Gesamtadel*), toutes deux dévouées au souverain contre noblesse des pays (*Landadel*). On ne peut donc conclure sans précaution à la transformation, entre les XVI° et XVIII° siècles, de noblesses particulières en une aristocratie supranationale[42].

UNE NOBLESSE AUTRICHIENNE?

Il faut encore souligner que les duchés autrichiens et le royaume de Bohême appartiennent au Saint-Empire romain »de nation germanique«. Marie-Thérèse rappelle ce lien de fidélité fondé sur le patriotisme impérial (*teutsch*). Élément essentiel du prestige de la dynastie, l'appartenance à la noblesse d'empire n'est pas moins essentielle pour le rang des noblesses[43]. Sur dix-sept nouveaux princes d'empire créés entre 1620 et 1740, neuf sont possessionnés en Bohême (Auersperg, Dietrichstein, Eggenberg, Fürstenberg, Lamberg, Liechtenstein, Lobkovitz, Piccolomini, Schwarzenberg)[44]. Lors de la révision de la Constitution du pays au début du XVIII° siècle, l'ordre déjà perturbé par la multiplication des charges auliques à Vienne est encore bouleversé par la multiplication des dignités impériales. Les conseillers privés réclament ainsi le pas

39   Robert J. W. EVANS, The Habsburgs and the Hungarian Problem, 1790–1848, dans: ID., Austria, Hungary and the Habsburgs. Central Europe c. 1683–1867, Oxford 2006, p. 173–192, ici p. 178.
40   Ibid., p. 179–181.
41   Dietrich GERHARD, Regionalismus und ständisches Wesen als ein Grundthema europäischer Geschichte, dans: Historische Zeitschrift 174 (1952), p. 307–337.
42   WINKELBAUER, Ständefreiheit und Fürstenmacht (voir n. 2), p. 28. Voir aussi Petr MAŤA, Vaclav BUŽEK, Wandlungen des Adels in Böhmen und Mähren im Zeitalter des Absolutismus (1620–1740), dans: ASCH (dir.), Der europäische Adel (voir n. 31), p. 287–321, ici p. 297.
43   Olivier CHALINE, Ivo CERMA, Présentation de la famille, in: ID. (dir.), Les Schwarzenberg. Une famille dans l'histoire de l'Europe XVI°–XXI° siècle, Lavauzelle 2012, p. 11–31, ici p. 17. Voir aussi, pour la noblesse du Trentin, Claudio DONATI, L'idea di nobiltà in Italia, secoli XIV–XVIII, Bari 1988.
44   Thomas KLEIN, Die Erhebungen in den weltlichen Reichsfürstenstand 1550–1806, dans: Blätter für deutsche Landesgeschichte 122 (1986), p. 137–192.

sur les grands officiers, et les princes d'empire sur les charges auliques. La date de nomination est finalement retenue pour déterminer la place au tribunal du pays[45]. Autant que la difficulté d'écrire une histoire strictement allemande du Saint-Empire,
l'appartenance impériale des noblesses d'Autriche, de Bohême et d'Italie rappelle
qu'il est nécessaire de proposer une histoire politique et sociale des noblesses qui ne se
limite pas à l'étude des ordres par pays mais intègre encore l'échelle de la maison
comme domination sur les différents niveaux de la société d'ordres[46].

Dans son testament, Marie-Thérèse tire les leçons d'une double crise successorale.
La monarchie lui apparaît comme un double lien filial qui la relie à ses pères et l'unit
à ses pays. Cette union politique est autant menacée par l'adversité que par la conni-
vence qui fédère les ministres nationaux (*Nationalministri*) et les ordres[47]. Contre
trente occurrences du terme de pays, le mot de nation ne paraît qu'en deux moments
quand il s'agit de critiquer les positions du grand chancelier (*Obristcanzler*) Kinsky,
accusé d'avantager systématiquement sa nation et de céder à une passion qui risque
de mener l'État à sa perte[48]. De fait, la critique de la nation justifie un programme que
l'historiographie du XIXe siècle a développé sous le terme d'»État intégré« (*Gesamtstaat*) mais que Marie-Thérèse décrit comme la défense du corps des États (*corpus
statuum*)[49]. Une longue tradition historiographique associe construction de l'État
central et modernisation politique[50]. En l'occurrence, renforcer le cœur de la monarchie que forment l'Autriche et la Bohême signifiait d'abord installer un centre qui
rétablisse l'équilibre, notamment fiscal, entre les états héréditaires et veille sur les privilèges du souverain (*Landesfürst*), et en confier la direction à des ministres qui aient
pour seule préoccupation l'administration de l'État et la conservation de la monarchie[51].

La création d'une noblesse de service dévouée à l'empereur participe également de
ce mouvement. De 327 anoblissements sous le règne de Charles VI, on passe ainsi à
478 sous Marie-Thérèse[52]. Plus largement, il s'agit bien de former une noblesse »autrichienne«. La garde suisse créée en 1748 est abolie en 1767, rendue inutile par la
création en 1760 d'une garde noble hongroise composée de 120 gardes financés par
les états de Hongrie, de Transylvanie et de Croatie. En 1763 s'y ajoutent les 80 gardes
des pays héréditaires et en 1767 la garde milanaise. Si le service dans les gardes était
d'abord précédé d'un service militaire de trois à cinq ans, les gardes rassemblent à

45 Petr Maťa, Wer waren die Landstände? Betrachtungen zu den böhmischen und österrei-
    chischen »Kernländern« der Habsburgermonarchie im 17. und frühen 18. Jahrhundert, dans:
    Ammerer (dir.), Bündnispartner (voir n. 36), p. 68–89, ici p. 85.
46 Otto Brunner, Land und Herrschaft. Grundfragen der territorialen Verfassungsgeschichte
    Südostdeutschlands im Mittelalter, Baden bei Wien 1939, p. 293–296.
47 Erste Denkschrift (voir n. 18), p. 46.
48 Ibid., p. 33.
49 Ibid., p. 64–73; Ignaz Beidtel, Geschichte der österreichischen Staatsverwaltung 1740–
    1848. Aus seinem Nachlasse herausgegeben von Alfons Huber, 2 vol., Innsbruck 1896–1898.
50 Voir la série Österreichische Zentralverwaltung, dir. par Thomas Fellner à partir de 1907.
51 »Bartenstein und Haugwitz gaben mir vor den Staat und Erhaltung der Monarchie das Benö-
    tigte in die Hand«, Erste Denkschrift (voir n. 18), p. 52. Pour la présentation des réformes thé-
    résiennes voir Dickson, Finance and Government (voir n. 2).
52 Ibid., t. I, p. 79–82.

partir de 1773 des vétérans de tous les pays[53]. Une académie de noblesse, le Theresianum, est également fondée en 1753. Celle-ci dispense un enseignement moderne émancipé de la *ratio studiorum* jésuite qui, à l'image des cours dispensés à l'archiduc Joseph, réunit le droit naturel et le droit impérial pour l'étude des lois des pays héréditaires[54]. A l'encouragement donné aux mobilités nobiliaires à l'intérieur de la monarchie, qui supprime la nécessité d'aller étudier à l'étranger, s'ajoute un changement structurel. À l'époque que nous étudions, les différences historiques entre les noblesses de la monarchie sont progressivement gommées. En 1752, Marie-Thérèse supprime la différence qui existait entre la noblesse de Bohême (*jure proprio monarchio*) et la noblesse d'Autriche (*ex privilegio imperatorum* et *ex privilegio beneficiario* pour l'archiduc d'Autriche). Cette différence était de plus en plus perçue comme un préjudice pour la première, qui s'en trouvait en quelque sorte rabaissée. Puis, en 1773, c'est la différence entre noblesse d'Empire et noblesse des pays héréditaires, ou »noblesse patrimoniale«, qui disparaît. Cette mesure mettait fin à la querelle de compétence entre la chancellerie aulique d'Empire et la chancellerie austro-bohémienne et surtout à une différence devenue théorique[55]. La noblesse patrimoniale (*landsässiger Adel*) est devenue une réalité juridique dans la monarchie des Habsbourg vers 1780: le juriste Schwabe la définit comme la noblesse possessionnée dans la monarchie et dépendant de l'archimaison, mais non du chef du Saint-Empire[56]. Alors que le nombre des entrées aux états de Basse-Autriche dépassait les créations de noblesse entre 1710 et 1719, il n'en représente plus que le quart entre 1770 et 1779, alors que le verrou de la possession de la terre est supprimé en 1782.

L'esprit national (*Nationalgeist*) désigne, à partir des années 1760, autant d'efforts qui visent à développer du centre une commune fidélité qui fasse obstacle au particularisme des pays (*Landespatriotismus*). Cette entreprise justifie également la gestion impériale des marges qui rassemblent les ›nationalistes‹, c'est-à-dire les populations orthodoxes du sud de la Hongrie, dotées d'un ensemble de caractéristiques religieuses, culturelles, voire ethniques et agrégées par une relation asymétrique, plus ou moins contraignante[57]. Le lien dynastique se superpose aux nations qu'il doit en même temps fédérer. L'édit du 11 août 1804 fonde une dignité impériale héréditaire d'Autriche (*erblicher Kaiser von Österreich*), mais pas une nation »autrichienne«, qui s'est construite sur d'autres bases au XXe siècle avec »ce qui restait«, pour paraphraser Clemenceau[58]. Comme nous y invite le testament politique de Marie-Thérèse, il faut considérer le système de la monarchie d'Autriche comme structuré à la fois

53 Ivan Žolger, Der Hofstaat des Hauses Österreich, Vienne 1917, p. 94–98.
54 Bibliographie dans Cerman, Habsburgischer Adel (voir n. 23).
55 Adelsgeneralia 22 ex Julio 1752, Allgemeines Verwaltungsarchiv, Vienne.
56 Schwabe, Versuch über die ersten Grundlinien des österreichischen Landadelsrechts, Vienne 1782, t. I, § 1, p. 8.
57 Robert J. W. Evans, Joseph II and Nationality in the Habsburg Lands, dans: Id., Austria, Hungary and the Habsburgs (voir n. 39), p. 134–146, ici p. 139–140. Voir Benjamin Landais, Nations, privilèges et ethnicité à l'époque des Lumières: l'intégration de la société banataise dans la monarchie habsbourgeoise au XVIIIe siècle, thèse univ. Paris 1 (2013).
58 »L'Ostarrîchi c'était ce qui restait«, cité par Herwig Wolfram, The Public Instrumentalization of the Middle Ages in Austria since 1945, dans: Evans, Marchal (dir.), The Uses of the Middle Ages (voir n. 22), p. 221–244, ici p. 224.

horizontalement et verticalement entre les ministres, la cour et les nations, et finalement reconsidérer la rupture de 1748.

COMMENT FONCTIONNE UNE NATION?

Les récentes études sur la noblesse de cour se sont focalisées sur le thème du melting-pot mais essentiellement dans la perspective de la présence des familles à la cour[59]. Le lien entre l'aristocratie de cour, titulaire des fonctions auliques et administratives (*Hofstaat*) et possessionnée dans plusieurs pays de la monarchie et la noblesse des pays reste mal connu, tout comme l'insertion des noblesses de service dans les hiérarchies politiques et administratives des pays[60]. Petr Mat'a a souligné la difficulté pour l'historien de pénétrer dans le cœur des États. Par exemple, la composition des commissions qui décident de l'attribution de l'incolat échappe toujours à l'investigation[61]. Après László Péter, István M. Szijártó a également montré que les rapports de force se modifient à la diète de Hongrie: si la *pars sanior et potior* correspond à l'aristocratie dans la première moitié du XVIIIe siècle à la suite du soulèvement Rakoczy, le rapport de force s'inverse ensuite et l'attraction exercée par la Chambre basse au détriment du pouvoir des magnats croît singulièrement à la fin du XVIIIe siècle. Un parallèle semble alors possible entre la diète de 1790–1791 et l'assemblée constituante[62]. Depuis les années 1990, l'historiographie hongroise s'intéresse également aux hiérarchies nobiliaires à l'intérieur du comitat[63]. Si les capitaines de comitat (*comes/főspán*) sont nommés par le roi, les transmissions héréditaires, par exemple des Esterházy dans le comitat de Sopron et les cumuls – l'évêque de Györ est également capitaine du comitat – demeurent un champ d'études ouvert.

Il faut donc aller au-delà d'une histoire supranationale totalisante ou d'une histoire par listes qui fige les hiérarchies à partir de l'appartenance aux états, aux unités fiscales ou au service de la cour et ne pas se limiter aux sources institutionnelles. Les correspondances entre acteurs donnent justement à voir la multiplicité des pratiques individuelles qui éclairent le collectif. Au prisme des ego-documents, la »nation« apparaît moins comme une culture ou un système politique que comme un recours qui, parmi d'autres, tisse un ensemble de rapports sociaux[64].

59   Katrin KELLER, Hofdamen. Amtsträgerin im Wiener Hofstaat des 17. Jahrhunderts, Vienne, Cologne, Weimar 2005, p. 58–59, classe significativement les dames de cour par régions d'origine. Voir aussi HASSLER, La cour de Vienne (voir n. 3).

60   BůŽEK, MAT'A, Wandlungen (voir n. 42), p. 302, 304; Grete KLINGENSTEIN, Der Wiener Hof in der Frühen Neuzeit. Ein Forschungsdesiderat, dans: Zeitschrift für historische Forschung 22 (1995), p. 237–245; EAD., Zwei Höfe im Vergleich: Wien und Versailles, dans: Francia 32/2 (2005), p. 169–179.

61   MAT'A, Wer waren die Landstände? (voir n. 45), p. 21

62   László PÉTER, The Aristocracy, the Gentry and Their Parliamentary Tradition in Nineteenth-Century Hungary, dans: Slavonic and East European Review 70 (1992), p. 77–110; SZIJÁRTÓ, The Diet (voir n. 36), p. 157.

63   DOMINKOVITS, Das ungarische Komitat (voir n. 38), p. 411.

64   Niklas LUHMANN, Inklusion und Exklusion, dans: Helmut BERDING (dir.), Nationales Bewusstsein und kollektive Identität. Studien zur Entwicklung des kollektiven Bewusstseins in der Neuzeit, Francfort/M. 1994, p. 15–46, part. p. 33–39.

Marie-Thérèse évoque notamment le rôle déterminant joué par Rudolf Chotek aux côtés de Haugwitz pour imposer la nouvelle proportion entre les pays et le recès décennal de 1748[65]. À partir de 1750, le chancelier Kaunitz supporte le projet de créer une »dette nationale« proposé par Ludwig Zinzendorf[66]. Les correspondances conservées dans les archives Chotek et Zinzendorf livrent aussi le récit conjoint d'une ascension politique au-delà de la nation et d'une (ré)intégration sociale au sein de la noblesse intégrée (*Gesamtadel*).

Les Chotek et les Zinzendorf sont deux familles anciennes, attestées, pour la première, depuis le XIVe siècle dans l'ordre des chevaliers de Bohême et, pour la seconde, dans l'ordre des seigneurs de Basse-Autriche depuis le XIIe siècle. Au début du XVIe siècle, les Chotek sont encore chevaliers et même rebelles. Actifs à la diète au début du XVIIe siècle, leurs biens sont en partie confisqués après 1620, et ils demeurent des parias jusqu'en 1693, date à laquelle Wenzel Anton Chotek von Chotkowa (1673–1754) parvient à épouser la fille d'un juriste anobli et fortuné de Prague et à acheter des biens. Il refonde le nom de Chotek, désormais von Chtotkowa und Wognin. En 1702, il obtient le titre de baron (*Freiherr*) et entre dans l'ordre des Seigneurs de Bohême, en 1723 celui de comte du royaume de Bohême, enfin, en 1745, celui de comte d'empire, tout en faisant partie des principaux conseillers du gouvernement (*Statthalterei*) de Bohême. Ses deux fils, Johann Karl (1705–1787) et Rudolph (1707?–1771), reçoivent une éducation soignée et font un »grand tour« en Europe entre 1727 et 1730[67]. L'acclamation de Charles-Albert de Bavière en 1741 ne semble pas avoir d'effet sur la carrière des deux frères. Johann Karl exerce à plusieurs reprises la fonction de commissaire de guerre pendant les guerres de la Succession d'Autriche et de Sept Ans, parallèlement à la fonction de vice-président du Directorium in publicis et cameralibus, de chancelier d'Autriche et de Bohême et, à partir de 1762, de chef des affaires économiques du conseil de la guerre (*Hofkriegsrat*). Aux fonctions politiques s'adjoint encore l'office héréditaire de grand portier de Basse-Autriche (*Erblandtürhüter*), qui clôt son intégration politique et sociale. Rudolf entre à la cour d'appel (*Appellationsgericht*) de Bohême en 1733, puis au gouvernement (*Statthalterei*) de Bohême en 1741. Grand chambellan de Bohême en 1747, il obtient en 1749 la présidence de la Ministerial-Banco-Deputation et du conseil de commerce, puis en 1759 celle de la chambre des comptes (*Hofkammer*), avant de succéder à son frère comme chancelier d'Autriche et de Bohême en 1761. Le clan Chotek comprend encore le beau-fils de Rudolf Chotek, Eugen von Wrbna (1728–1789), qui obtient la charge de grand maréchal de la cour après avoir étudié à Leipzig entre 1746 et 1749 et fait son grand tour entre 1750 et 1751, et Johann Rudolph Graf von Chotek (1748–1824), fils de Johann Karl et héritier de tous les biens de la famille. Après des études à Vienne, au Theresianum et à l'université, il reçoit une formation pratique dans un cercle de Bohême, avant de faire, à l'exemple de ses devanciers, son grand tour en Italie, en France et aux Pays-Bas entre 1768 et 1769. Johann Rudolf accompagne Marie-Antoinette en France en mars 1770 et épouse en 1772 Marie Sidonie

65   Le testament politique mentionne une commission au Tyrol et en Autriche-Intérieure.
66   Ludwig VON ZINZENDORF, Essai d'un établissement d'une banque générale des États, 1750, HS 105, Nachlass Zinzendorf, HHStA, Vienne.
67   Ivo CERMAN, Chotkové. Příběh úředické šlechty, Prague 2008, p. 256–257.

comtesse Clary, fille de la grande maîtresse de la cour de Marie-Thérèse. Conseiller à la chancellerie d'Autriche et de Bohême en 1771, il devient en 1781 président de la commission de censure et, en 1782, président des chancelleries (d'Autriche et de Bohême) réunies. Il prend ses distances avec Joseph II en se retirant de ses fonctions en 1789[68].

Les Zinzendorf au contraire font partie de l'ancienne et haute noblesse de l'archi-duché d'Autriche, ou noblesse apostolique, à l'origine de la création de la table des états (*Landtafel*). La Réforme compromet cependant la position de la famille. En 1608, les Zinzendorf signent la confédération de Horn, par laquelle les noblesses au-trichiennes refusent l'hommage à l'empereur Mathias, mais ils prêtent le serment d'hommage à Ferdinand II en 1623 et continuent d'exercer leurs fonctions de com-missaires de Basse-Autriche. Ils sont cependant démis de leurs fonctions en 1650 pour avoir signé la protestation des états de Basse-Autriche en faveur de la tolérance religieuse. Une partie de la maison se convertit au catholicisme et intègre la noblesse de cour, mais Otto Heinrich Zinzendorf émigre après avoir vendu ses biens et s'ins-talle près de Dresde avec l'appui d'une tante née Dietrichstein et épouse du grand maître de la cour de Saxe Friedrich Adolph August von Haugwitz. Le parcours est ici dominé par l'adhésion religieuse, qui l'emporte sur l'ancrage territorial, même si, par la diversité de leurs alliances, les Zinzendorf font déjà partie de la noblesse inté-grée (*Gesamtadel*). Au milieu du XVIIIe siècle, le retour à Vienne est toujours pos-sible, moyennant conversion au catholicisme. C'est la voie qu'emprunte Ludwig von Zinzendorf (1721–1780), aîné de la fratrie installée à Dresde, à la recherche d'une car-rière plus avantageuse que le service militaire de l'Électeur de Saxe. En 1745, avec la clef de chambellan, il reçoit en héritage les seigneuries de Basse-Autriche, auparavant en possession de son oncle, commandant de la forteresse de Spielberg à Brno et conseiller de guerre. Après avoir fait partie de la suite impériale pour l'élection de Francfort en 1745, il étudie le droit aux universités de Leipzig et de Vienne et devient en 1748 conseiller au tribunal des états de Basse-Autriche. Conseiller au Directorium in publicis et cameralibus en 1753, vice-président de la commission des mines et des monnaies en 1757, président de la Ständische Creditdeputation en 1761 et de la Cour des comptes, nouvellement créée, en 1762, il fait venir son demi-frère à Vienne en 1761. Titulaire de l'indigénat hongrois depuis 1764, chevalier de l'ordre de la Toison d'or et grand-croix de l'ordre de Saint-Étienne, il meurt en 1780. Après des études à l'université d'Iéna, étroitement encadrées par son demi-frère, Karl von Zinzendorf (1739–1814) entame en 1761 une carrière de conseiller de commerce qui le mène dans les principaux pays d'Europe. Président du port de Trieste en 1778, il devient pré-sident de la chambre des comptes en 1782 jusqu'à sa suspension en 1788, avant d'être l'un des acteurs majeurs de la diète de Basse-Autriche de 1790[69].

Au sommet de l'état de finance pendant près de quarante ans, les Chotek et les Zinzendorf continuent de faire partie de cette noblesse territoriale qui tire sa légiti-

---

68 Pour la carrière des frères Chotek, DICKSON, Finance and Government (voir n. 2), t. I, p. 334, 343, 346–347.
69 Pour la carrière des frères Zinzendorf, Gaston VON PETTENEGG (éd.), Ludwig und Karl, Grafen und Herren von Zinzendorf, ihre Selbstbiographien nebst einer kurzen Geschichte des Hauses Zinzendorf, Vienne 1879.

mité des assemblées et de l'administration des états, ce qui n'exclut pas une part de transnationalité[70]. Aussi les biographies compilées à partir du dictionnaire biographique Wurzbach demeurent-elles incomplètes en adoptant un point de vue autrichien qui limite les parcours à la liste des fonctions exercées à Vienne. Prendre en compte la dynamique des carrières permet de mettre au jour un ensemble de relations infiniment plus complexes que ne le suggèrent les études consacrées à la noblesse de cour (*Hofadel*) et focalisées sur le service et la relation au souverain[71].

Le décalage des correspondances donne à voir le jeu complexe de relations et de services qui se déploient autant entre la ›patrie‹ et Vienne qu'à l'intérieur de la nation[72]. Les travaux menés par Wolfgang Reinhard et ses élèves ont permis de valider un modèle d'interaction sociale (*Verflechtung*) résumé par quatre entrées, la parenté (*Verwandtschaft*), l'origine géographique (*Landsmannschaft*)[73], l'amitié (*Freundschaft*) et le patronage dont l'importance relative varie suivant le contexte et la position de l'acteur[74]. Le patronage, entendu comme intégration dans des institutions et des territoires, joue ici un rôle essentiel avant la grâce impériale, mais il varie dans ses formes et ses recours.

Rudolf Chotek fréquente la cour de Vienne entre 1731 et 1733, puis à nouveau en 1740, afin d'y rechercher le soutien de ceux qu'il nomme ses »conseillers in Obscuris«, pour une large partie issus de lignages possessionnés en Bohême mais pas originaires de Bohême[75]. Les grands officiers issus de la noblesse de Bohême et présents à Vienne lui fournissent cependant ses »plus forts cometans«, qui médiatisent l'accès sinon à l'empereur, au moins à son conseil, et lui permettent de pousser son affaire[76]. Il a en effet pour mission de régler l'affaire du dominical du village de Miley[77], d'obtenir une charge, puis finalement de se »faire revoir au Maitre et a ses ministres, tacher de cultiver les connoissances et les protections qu'(il a) commencer à (s)'attirer

---

70 Les Haugwitz, installés en Saxe et en Silésie, puis à Vienne, ont pu servir d'appui aux Chotek et aux Zinzendorf, même si la correspondance de Johann Karl Chotek, conseiller au gouvernement de Silésie, n'indique aucun lien privilégié avec Friedrich Karl Haugwitz, président de Troppau à partir de 1742. Ludwig von Zinzendorf épouse une Schwarzenberg.

71 Représentatif de cette perspective, Jeroen DUINDAM, Vienna and Versailles. The Courts of Europe's Major Dynastic Rivals, 1550–1780, Cambridge 2003.

72 Le gros des correspondances Chotek concerne essentiellement la période 1733–1751, les correspondances Zinzendorf, au contraire, la période 1760–1778.

73 La *Landsmannschaft* peut se doubler d'une connexion politique quand elle devient *Landschaft*, c'est-à-dire ordre ou corps.

74 Wolfgang REINHARD, Freunde und Kreaturen. Verflectung als Konzept zur Erforschung historischer Führungsgruppen. Römische Oligarchie um 1600, Munich 1979, et Nicole REINHARD, Birgit EMICH, Hillard VON THIESSEN, Christian WIELAND, Stand und Perspektiven der Patronageforschung. Zugleich eine Antwort auf Heiko Droste, dans: Zeitschrift für historische Forschung 32 (2005), p 233–265.

75 Les princes Liechtenstein et Abensperg und Traun font partie de la noblesse apostolique de Basse-Autriche. Les princes Khevenhüller sont originaires de Carinthie. Si les comtes Czernin sont un lignage bohémien, les Pötting sont également originaires de Basse-Autriche. Seuls les Abensperg ne sont pas possessionnés en Bohême.

76 RACh 494 Rudolf Chotek 1731–1752, 6 octobre 1731; »Gallasch et Nostitz sont les plus forts cometans«, ibid., 6 octobre 1731, 21 décembre 1740. Il s'agit sans doute de Philip Joseph Gallas, grand juge des affaires féodales de Bohême (*Obersthoflehenrichter*) de 1734 à 1747.

77 Pour la localisation de Miley, Johann Gottfried SOMMER, Das Königreich Böhmen, Leitmeritzer Kreis, Prague 1833, p. 63.

par le séjour qu'(il) vient de faire presentement et avec tout cela de persister dans le dessein d'avoir la meme charge la quel ils considerent pour l'unique dans (son) pays par ou (il) pourroit se pousser avec le tems«. La charge de chambellan qui semblait marquer la proximité avec l'empereur est interprétée dans ce contexte comme la volonté de servir[78]. Le déplacement de la chancellerie de Bohême à Vienne à la suite de la Constitution rénovée de 1627 rend le séjour de Vienne nécessaire à qui veut faire carrière dans les instances du pays – Rudolf Chotek obtient une place de conseiller à la cour d'appel de Prague – mais constitue aussi une opportunité de se rapprocher des grands officiers de la cour et des ministres.

Son frère Johann Karl le suit à Vienne, où il séjourne en 1733–1734, puis en 1740. La continuité familiale est assurée pour tenter de régler le conflit seigneurial et obtenir un titre de comte d'empire. Johann Karl cherche également à obtenir un emploi dans les institutions de Bohême, en l'occurrence un emploi de conseiller en Silésie, à défaut de pouvoir devenir capitaine de cercle. Comme son frère, il fait sa cour non pas au souverain mais aux grands officiers et ministres, ainsi à Thomas Starhemberg, président de la chambre des comptes, à Alois Thomas Harrach, maréchal de Basse-Autriche, qui, tout en appartenant à la noblesse autrichienne, dispose de l'un des revenus fonciers les plus importants de Bohême[79], au prince Rudolf Joseph Colloredo, vice-chancelier de Bohême, bien que ce dernier »n'ait pas de place«. Un comte Ostein paraît encore à plusieurs reprises dans la correspondance des deux frères[80]. Mais le référent principal est cette fois le grand chancelier de Bohême, qui a l'occasion de »témoigner son attachement et son dévouement« à Wenzel Anton Chotek, lui-même membre de l'administration des états à Prague[81]. Plus que la nation, ce sont les maisons qui sont requises: »Colloredo est parti hier après diner pour Prague. Il y sera avant ma lettre. [N]ôtre aimable Joseph Kinsky sera bien reparti pour l'Angleterre, ces deux Amis et maisons que nous perdons au moins pour quelques années, nous doivent etre tant plus sensible que nous en avons bien jouir et profiter pendant leure demeure dans ce pays, si le destin me mene encore en Silesie et a Glogau, je deviendrois bien solitaire et sauvage aussi«[82]. En 1740, la mort du comte Philippe est saluée comme la perte d'un »véritable ami«[83]. Observateur attentif de la noblesse de Bohême dans les années 1730, le baron Pöllnitz décrit précisément l'organisation de la maison

78 »Je sollicit[ois] la charge de Kammer Rath afin de ne pas faire soupçonner que je me relachois dans le desir de servir et d'etre employer a quelque chose que ce fut«, RACh 494 Rudolf Chotek 1731–1752, 6 octobre 1731.

79 HASSENPFLUG-ELZHOLZ, Böhmen und die böhmischen Stände (voir n. 30), p 369.

80 Hassenpflug-Elzholz, ibid., p. 343, classe les comtes Ostein dans les revenus supérieurs à 10 000 florins. Il doit s'agir de Johann Franz Heinrich Carl Graf von Ostein (1693–1742), dont la famille est originaire du Rheingau. Il sert comme envoyé impérial au moment où les Chotek le sollicitent et devient président du Conseil aulique en 1741. Sa fille épouse en 1755 le comte Hatzfeld, également issu d'un lignage rhénan, qui devient président de la chambre des comptes et de la Ministerial-Banco-Deputation en 1761.

81 »Cher Pere, Vous devez etre persuader que je suis bien assidu à faire ma cour au grand chancelier aussi bien qu'au Vice Chancelier«, Vienne, 25 novembre 1733, RACh 493 Jan Karel Chotek 1733–1748, 24.

82 Vienne, 10 février 1734, ibid. Il doit s'agir de Joseph Johann Kinsky, conseiller à la Chambre.

83 »Vous serés aussi sensiblement touché que je le suis du décès du comte Philip Kinsky qui a été de tout tems notre Patron et le plus véritable ami«, de Berlin, 18 décembre 1748, ibid., 25.

Kinsky: »La maison de Kinski est celle qui brille actuellement le plus à la Cour. Ils sont cinq Freres employés. L'Ainé est Grand-Chancelier de Boheme. Le Second, qu'on appelle le Comte Etienne, est Grand-Maréchal de Boheme, Ministre d'Etat, & Ambassadeur de l'Empereur à la Cour de Grande-Bretagne. Le troisième, le Comte Philippe, est Ministre Plénipotentiaire de l'Empereur auprès du Roi de la Grande-Bretagne. Les deux cadets, qui sont encore fort jeunes, sont dans les Troupes. (...) Le Comte Philippe a été chargé de son Ambassade, lorsqu'il n'avoit que vingt-neuf ans: il a fait voir par sa conduite, que la prudence n'attend pas le nombre des années & qu'il est digne Fils de l'un des plus grands Ministres qu'ayent eu les Empereurs Leopold & Joseph. La ville de Prague perd beaucoup par son absence; il y vivoit avec éclat; sa maison était ouverte à tout le monde, mais particulièrement aux Etrangers«[84]. Non seulement les Kinsky se relaient dans la fonction de grand chancelier, accaparent en 1741 trois grands offices au gouvernement (*Statthalterei*) de Bohême et gèrent la négociation commerciale avec l'Angleterre[85], mais encore leur lignage est le plus largement représenté dans les grands offices de Bohême depuis 1667 et figure parmi les plus riches du pays[86]. Or, Rudolf Chotek épouse Stephanie Kinsky, sœur des deux grands chanceliers, et reprend la direction de la Ministerial-Banco-Deputation après le décès du grand chancelier Philipp Kinsky. En revanche, aucune indication dans les sources ne permet de confirmer un patronage explicite du comte Haugwitz à la suite du gouvernement de Silésie. Les Chotek maintiennent pendant les règnes de Marie-Thérèse et de Joseph II la présence de la Bohême au sommet de l'Etat que les grands chanceliers Franz Ferdinand et Philipp Joseph Kinsky avaient su contrôler pendant le règne de Charles VI.

Haugwitz, Kaunitz, Chotek, le Silésien, le Morave, le Tchèque, héros administratifs du royaume de Bohême selon Ernest Denis[87]? Pris dans un système hiérarchisé de dons et de contreparties, ils participent d'un système mutuel de contrôle du centre et des parties. De rares indications témoignent de la puissance des liens financiers. Colloredo avance le montant des taxes pour la charge de Johann Karl Chotek, auquel s'ajoutent diverses régales, notamment au chancelier Kinsky. Les familles pratiquent également le prêt d'argent et l'avance de contribution à l'intérieur de la nation[88]. L'affaire de l'acclamation de Charles-Albert de Bavière en 1742 transcende de nouveau les frontières de la nation. Rudolf Chotek non seulement négocie le soutien financier des états de Bohême à l'Électeur mais encore prend la procuration pour l'hommage

---

84 Charles-Louis baron de Pöllnitz, Lettres et mémoires, contenant les Observations qu'il a faites dans ses voyages et le Caractère des Personnes qui composent les principales Cours d'Europe, Amsterdam 1735, t. XI, p. 209–210, cité par Hassler, La cour de Vienne (voir n. 3), p. 108.

85 Peter G. M. Dickson, English Commercial Negociations with Austria, 1737–1752, dans: Anne Whiteman et al. (dir.), Statesmen, Scholars, and Merchants. Essays in Eighteenth-Century History Presented to Dame Lucy Sutherland, Oxford 1973, p. 81–112.

86 Franz Ferdinand, grand chancelier de 1723 à 1736, Philipp Joseph de 1738 à 1745. Seuls les Schwarzenberg les dépassent en 1740. Hassenpflug-Elzholz, Böhmen und die böhmischen Stände (voir n. 30), p. 65, 335.

87 Cerman, Chotkové (voir n. 67), p. 7.

88 Crédit des Chotek au comte Nostitz, RACh 493 Jan Karel Chotek 1733–1748, 24, 13 février 1734; ibid. 494 Rudolf Chotek 1731–1752, 21 décembre 1740.

de plusieurs seigneurs de Bohême mais aussi de l'étranger demeurés à Vienne[89]. Une commission politique examine sa loyauté en 1744. Suffisamment incontournable, il retrouve la confiance de l'impératrice en acceptant une commission financière au Tyrol puis à Munich. Il est peu probable que le ministre cesse d'entretenir ses liens avec la nation Bohême, même si la configuration évolue du dualisme au partenariat.

La carrière ne se résume pourtant pas à la gestion des alliances et des amitiés. La cour, pourvoyeuse de pouvoir et d'argent, modifie les hiérarchies des pays et fait apparaître de nouvelles identités professionnelles que l'historien ne peut prendre en compte s'il se limite au schéma proposé par Wolfgang Reinhard.

Pour manifester leur dévotion au souverain, les aristocrates qui prétendent à l'exercice de fonctions centrales doivent passer par les missions diplomatiques. Les frères Chotek commencent leur ascension politique en exerçant bénévolement les fonctions de secrétaire pendant l'ambassade Kinsky à Paris en 1729–1730. Rudolf Chotek refuse pourtant l'ambassade du Danemark, faute de moyens financiers suffisants, et élude l'ambassade de Turin, mission également proposée au comte Wenzel Kaunitz[90]. Acculé par la commission de 1744 qui examine son rôle dans l'acclamation de Charles-Albert de Bavière par les états de Bohême en 1742, il finit par accepter de partir pour Munich en 1745[91]. Son beau-fils Eugène Wrbna, avec une ambassade à la cour de Madrid, se place pour sa part dans le sillage de Bartenstein, proche conseiller de l'impératrice mais homme nouveau, lui-même protégé par Kinsky[92]. Ludwig von Zinzendorf confirme sa fonction de conseiller financier de Kaunitz par une mission en Angleterre en 1751, accomplie dans le cadre de l'ambassade de Paris. La nécessité d'acquérir du monde, de parfaire son habitus nobiliaire et de participer au cosmopolitisme des Lumières est moins une finalité qu'un moyen de manifester sa dévotion au souverain, de pourvoir aux intérêts de sa famille et, secondairement, de veiller aux intérêts des pays. Assurément, la contrainte est plus forte pour les lignages qui cherchent à consolider leur position par le service de la dynastie. »Si vous étiés petit maître, vous ne seriés pas laborieux, instruit, solide, vous ne seriés pas assuré de votre fortune à vingt cinq ans«[93].

Plus largement, la dynamique de la réforme du gouvernement de la monarchie à partir de 1760 fige les clans entre partisans du protectionnisme économique qui dessine une géographie autour de l'Autriche et de la Bohême et repousse le royaume de Hongrie au-delà de la frontière douanière, et partisans de la liberté économique, qui plaident pour une construction de l'espace économique de la monarchie par son insertion dans le »doux commerce« (Vincent de Gournay) européen. Le projet de créer un »crédit national«, supporté par le chancelier Kaunitz et ses ›amis‹, au demeurant

89   Pour l'acclamation de Charles-Albert, Rudolf Chotek a la procuration du prince Auersperg, du comte Ostein, du »vieux Harrach« de »Guni« Lamberg, de Ferdinand Kuffstein, des comtes Martinitz et Zinzendorf. Il demande encore à son frère et à d'autres amis de venir à Prague pour éviter de perdre leurs biens, ibid., de Prague, 9 janvier 1742.

90   »Avec cette chiquenaude que l'on m'a donner on me propose d'aller à Turin comme envoyé de la Reine en lieu de Kaunitz, mais j'esserer d'en être exempt sans offenser la Cour, cela pourroit etre ma perte totale, en lieu de quelque avancement«, ibid., de Vienne, 24 octobre 1740.

91   Ibid., de Vienne, 26 décembre 1743

92   DICKSON, English Commercial Negociations (voir n. 85).

93   Ludwig à Karl, de Vienne, 18 mai 1764, Deutschordenszentralarchiv, Vienne.

autrichiens, lecteurs de l'économie politique française et anglaise dans les années 1760, auquel s'oppose avec force le »parti de Bohême«, est encore actualisé dans les années 1780 par l'observation attentive du combat politique mené en France par les cours souveraines et les états provinciaux pour la réforme fiscale et la représentation nationale et par la proposition de former une assemblée des propriétaires de la monarchie sous la houlette du carinthien Rosenberg[94].

Si le clientélisme de la cour de Vienne et l'opportunisme de ses noblesses font partie des *topoi* réitérés dans les projets de réforme et les rapports diplomatiques, il s'agit plutôt d'observer la stabilité »nationale« de ces configurations. Andreas Pečar a souligné la géométrie très variable des alliances partisanes sous le règne de Charles VI[95]. En dépit de la transformation permanente des institutions, les règnes de Marie-Thérèse et de Joseph sont au contraire caractérisés par une grande stabilité des partis en place et finalement par le maintien d'une bipolarité Autriche-Bohême au centre de l'État.

*
* *

Nous plaiderons finalement pour une approche contextualisée des noblesses de la monarchie autrichienne qui doit prendre en compte l'environnement politique impérial de la monarchie autrichienne et ne peut restreindre l'analyse du couple noblesse-nation à une analyse socio-culturelle de l'ordre.

Dans les pays et au centre coexistent, à la fin du XVIIIᵉ siècle, plusieurs visions de la nation qui témoignent aussi de la capacité des noblesses habsbourgeoises à s'adapter à des contextes politiques changeants. À côté de la pratique administrative, étudiée par Benjamin Landais[96], des grands administrateurs du Banat qui classent les »nationalistes« et favorisent l'affirmation nationale des Rasciens coexistent, à la fin de XVIIIᵉ siècle, la pratique politique traditionnelle des noblesses organisées en nations politiques et la proposition, en phase avec les idées politiques des Lumières, d'un gouvernement des propriétaires qui contribue à la formation d'une nation entendue comme »une société matériellement et moralement intégrée, à pouvoir central stable, permanent, à frontières déterminées, à relative unité morale, mentale et culturelle des habitants qui adhèrent consciemment à l'État et à ses lois«[97]. Dans les trois cas, il faut avant tout souligner le caractère intégrateur des liens sociaux qui génèrent autant de représentations de la nation et de formes possibles pour la monarchie autrichienne qui ne se limitent pas à la »prison des peuples«.

94 »Au cas où dans les principes de l'auteur de la Théorie de l'impôt on voulut procéder à la régénération de cette Monarchie, par où faudroit-il commencer?, Réflexions de l'année 1781«, HS 31, p. 745–755, Nachlass Zinzendorf, HHStA, Vienne; Christine Lebeau, Aristocrates et grands commis à la cour de Vienne (1748–1791). Le modèle français, Paris 1996, chap. 8; Ead., Verwandtschaft, Patronage und Freundschaft. Die Rolle des Buches in der Kaunitzschen Verflechtung, dans: Grete Klingenstein, Franz A.J. Szabo (dir.), Staatskanzler Wenzel Anton von Kaunitz-Rietberg (1711–1794), Graz 1996, p. 291–304.

95 Andreas Pečar, Die Ökonomie der Ehre. Der höfische Adel am Kaiserhof Karls VI., Darmstadt 2003.

96 Voir n. 57.

97 Marcel Mauss, La nation, Paris 2013, p. 84.

NICOLAS LE ROUX

Commentaire de la section
»Die adelige Internationale der Frühen Neuzeit«

La noblesse constituait-elle une sorte d'internationale à l'époque moderne? L'usage de ce terme peut surprendre, car la noblesse n'a pas toujours été réputée pour le caractère révolutionnaire de ses idées ou pour son intérêt pour la classe ouvrière. La »lutte finale« aristocratique a longtemps consisté en la défense de privilèges fiscaux et politiques. De surcroît, cette noblesse ne souhaitait pas abolir le passé, mais au contraire défendre des droits reposant sur l'ancienneté de son nom. L'idéal du service du roi et de l'Église se pensait-il pour autant dans le cadre national? Rien n'est moins sûr. Les États composites, comme l'empire des Habsbourg, voyaient cohabiter, dans les instances centrales, des hommes d'horizons divers qui paraissaient assez peu mus par la volonté de défendre des intérêts nationaux. En France, l'aristocratie accueillait des »princes étrangers« d'origines diverses qui conservaient des connections familiales et des alliances au-delà des frontières, notamment dans l'Empire et en Italie, mais en réalité cette titulature n'impliquait pas l'existence d'un véritable groupe social. Qu'y avait-il de commun entre les Rohan et les Gonzaga?

Plus que les autres segments de l'ancienne société, la haute noblesse pouvait utiliser ses connections familiales pour élargir géographiquement ses chances d'accéder à des charges susceptibles de renforcer sa prééminence sociale. Les liens de parenté permettaient d'accéder à un espace d'opportunités sociopolitiques. Ces liens n'étaient en rien figés, et il fallait constamment les renouveler ou les revivifier.

Nombre de monarchies de l'époque moderne offraient la figure d'États segmentaires, pour reprendre une catégorie utilisée par Georges Balandier, c'est-à-dire de configurations politiques dont la souveraineté territoriale était reconnue mais limitée, le gouvernement central coexistant avec des foyers de pouvoir relativement autonomes et le monopole de l'exercice légitime de la force par l'État restant contesté. Les noblesses étaient intégrées à un système d'obéissance personnel, domestique, et les élites servaient moins l'État que le prince ou la dynastie, et l'appartenance à une nation n'était pas, pour l'aristocratie, le critère premier de l'attachement ou de l'engagement. Les cours européennes constituaient une société autonome dépassant les frontières.

L'empire espagnol ou les possessions des Habsbourg d'Autriche constituaient des mosaïques politiques et géographiques permettant de multiplier les offices et les bénéfices. Certains seigneurs flamands pouvaient ainsi prétendre à des fonctions qui pouvaient les mener en Espagne, voire au Nouveau Monde, tout en conservant des relations avec les aristocraties néerlandaises et impériales.

Au XVIe siècle, les protestants constituaient une sorte d'internationale qui entendait s'opposer aux forces du pape, du roi d'Espagne et du roi de France. Très vite, les défenseurs de la religion catholique présentèrent les huguenots comme un parti de l'étranger ayant Genève pour capitale, qui était alimenté par des capitaux et renforcé par des troupes provenant de l'Empire ou d'Angleterre. Plus tard, l'argument sera retourné pour justifier le combat d'Henri IV contre la Ligue. Désormais, ce furent les catholiques exclusivistes qui apparurent comme les suppôts du roi d'Espagne.

Le parcours de Philippe Duplessis-Mornay révèle le caractère international de la nébuleuse huguenote. Plus encore que les voyages, ce sont les lettres qui permettaient d'entretenir des liens et de former un véritable réseau. La politique se faisait »par correspondance« au début de l'époque moderne, et pour les protestants comme pour les catholiques exclusivistes, les guerres civiles françaises ne constituaient qu'une pièce parmi d'autres dans une partie qui se jouait à l'échelle européenne, voire mondiale.

La nouvelle histoire des noblesses apparaît en définitive comme une »histoire connectée«, qui sait tirer partie de l'étude des réseaux, des relations familiales et des liens de fidélité à une large échelle.

III.
Adelsmigrationen

MICHAEL NORTH

Adelsmigration im Ostseeraum

EINFÜHRUNG

Seit dem Mittelalter zeichnete sich der Ostseeraum durch eine hohe Mobilität des Adels aus. So konstituierte sich im Rahmen der Besiedlung der südlichen Ostseeküste ein regionaler Niederadel, dem Bischöfe und Grafen Burgen und Land zu Lehen gaben. Im Bereich des Deutschen Ordens in Preußen und Livland stammten Ordensritter und ihre Vasallen aus denselben Reichsregionen[1]. Auch die dänische Krone gab zwei Drittel ihres estnischen Territoriums an die deutschen Ritter, während dänische Grundherren in der Minderheit waren. Als in Pommern oder in Mecklenburg der Zuzug von Geschlechtern aus dem Reich im 14. Jahrhundert zum Abschluss kam, setzte sich dieser im Bereich des Deutschen Ordens, der auf ritterlichen Nachwuchs angewiesen war, bis ins 15. Jahrhundert fort. Außerdem entstand als Folge der Auseinandersetzungen des Deutschen Ordens mit Polen-Litauen in der zweiten Hälfte des 15. Jahrhunderts ein neuer Adel, indem der Orden seine Söldnerführer mit Land ausstattete (Dohna, Finck, Kalckstein).

Außerdem regten die dynastischen Beziehungen zwischen Dänemark, Schleswig und Holstein beziehungsweise Mecklenburg, Dänemark und Schweden die Übersiedlung und Niederlassung von Adelsfamilien in den Nachbarterritorien an. Mitglieder des mecklenburgischen Geschlechts der Moltkes wurden beispielsweise bereits im 14. Jahrhundert Vasallen des dänischen Königs und einzelne Vertreter wie Viggo Moltke stiegen zu Reichsräten auf. So entstand neben der mecklenburgischen Linie der Moltkes eine dänische Linie, die sich in der Neuzeit mehrfach verzweigen sollte[2].

Einen großen Schub erhielt die Adelsmigration von Süd nach Nord im Zuge des Aufstiegs Schwedens zur Großmacht und seiner Expansion im Ostseeraum während des 17. Jahrhunderts. Mit dem Ausgreifen Schwedens nach Osten und Süden wuchs die Nachfrage nicht nur nach Offizieren, sondern auch nach Administratoren für die Staats- und Steuerverwaltung beträchtlich an und war im eigenen Land nicht mehr zu befriedigen. Dieser Bedarf traf sich mit der demographischen Vermehrung und der Verarmung des Niederadels, nicht nur in Mecklenburg, sondern auch in den brandenburgischen Gebieten der Prignitz und der Neumark. So gingen zwischen 1620 und 1699 neunzig schlossgesessene brandenburgische Familien zeitweilig oder

1   Heinz von zur Mühlen, Livland von der Christianisierung bis zum Ende seiner Selbständigkeit, in: Gert von Pistohlkors (Hg.), Deutsche Geschichte im Osten Europas. Baltische Länder, Berlin 1994, S. 26–172, hier S. 116–119.
2   Als allgemeinen Überblick zu den Moltkes siehe H. H. Langhorn, Historische Nachrichten über die dänischen Moltkes. Mit fünf genealogischen und einer heraldischen Tafel, Kiel 1871, hier S. 6 f.

für immer als Offiziere nach Schweden. Hinzu kamen ca. 400 Kleinadlige, die ebenfalls ihr Glück in Schweden suchten[3]. Ein besonders eindrückliches Beispiel bietet die Familie Mörner, deren Mitglieder bereits im 16. Jahrhundert in schwedische Dienste traten und in der zweiten Generation integriert wurden. Carl von Mörner (1605–1665), der nach seinem Studium in Straßburg und Leiden an der Seite Gustav II. Adolfs auf dem deutschen Kriegsschauplatz gekämpft hatte, dokumentiert in seinen weiteren Tätigkeiten als Landeshauptmann (*landshövding*) in Viborg (1641) und als Gouverneur von Ingermannland (1645) gleichsam die Expansion der schwedischen Ostseeherrschaft[4].

Im Folgenden werde ich versuchen, an einigen Beispielen für Schleswig und Holstein, Mecklenburg und Pommern zunächst die neuzeitliche Adelsmigration nach Dänemark und Schweden zu verdeutlichen. Im Anschluss wird auch die Auswanderung bzw. der personelle Austausch zwischen Schweden, Estland und Livland zur Sprache kommen.

Die Frage dabei lautet, in welchem Maße eine Integration in das neue Dienstterritorium bzw. eine Abgrenzungen vom Herkunftsterritorium erfolgte. Zu untersuchen ist, ob die Tätigkeit im fremden Militär-, Staats- und Hofdienst sowie der Erwerb von ausländischem Grundbesitz zu einer Einbürgerung (Naturalisation) nach Dänemark oder Schweden führten und ob es zur Aufnahme in den dortigen Adel kam.

Im Allgemeinen ist der Anteil ›fremder‹ Adliger beim Militär, in Staat und Hof nichts Ungewöhnliches. Obwohl sich die einheimischen Stände mit Indigenatsforderungen dagegen zur Wehr setzen, schienen ausländische Adlige eine größere Verlässlichkeit zu verkörpern. Für ihre Dienste wurden diese dann mit Grundbesitz und eventuell mit Hof- und Beamtenstellen versorgt. Falls ein ausländischer Adliger sich einen Heiratspartner aus dem schwedischen und dänischen Adel wählte, bildete dies einen ersten Schritt zur Integration.

MECKLENBURGISCHER ADEL IN DÄNEMARK

Insbesondere in Mecklenburg suchte sich der nachgeborene Adel aufgrund der begrenzten Möglichkeiten in herzoglicher Verwaltung und Heer Positionen in anderen Territorien; nicht nur in den welfischen Landen und in Brandenburg, sondern vor allem auch in Dänemark. Neben den bereits erwähnten Moltkes ließen sich im 17. Jahrhundert auch mehrere Vertreter der Familie von Bülow dauerhaft nieder. Joachim von Bülow wanderte nach Dänemark aus, wurde königlicher Amtmann von Vordingborg, erwarb das Gut Engelstädt in Dänemark und heiratete Ilsabe von Grube, die Tochter des dänischen Reichskanzlers. Ein Teil der Nachkommen integrierte sich in Dänemark; so zunächst der Enkel Christian von Bülow, der 1671 Mit-

3   Christopher VON WARNSTEDT, Brandenburgisk adel med svensk anknytning, Lund 1947, S. 23–29.
4   Eine deutsch-schwedisch Adelsfamilie im Ostseeraum. Das »Geschlechterregister« der Mörner (1468–1653), hg. von Herbert J. LANGER, Jens E. OLESEN, Greifswald 2001, S. 17–23 (Einleitung).

glied des Dannebrog-Orden wurde, der ausschließlich dänischen Staatsbürgern vorbehalten war. Da er aber auch die mecklenburgischen Ämter Lübz und Crivitz erbte, verbrachte er seine letzten Lebensjahre in Mecklenburg und wurde in der Bülowschen Grablege in Lübz beigesetzt. Obwohl man seit zwei Generationen in Dänemark gewirkt hatte, war die Verbindung zu Mecklenburg intakt geblieben. Einer seiner Söhne war weiterhin als dänischer Staatsrat in Dänemark tätig; ein Enkel ging zurück nach Mecklenburg[5].

Eine weitere Enkelgeneration des erwähnten Joachim von Bülow blieb fest in Dänemark verwurzelt, so Johan von Bülow (1751–1828), Kammerherr und Erzieher des dänischen Kronprinzen. Er beherrschte die deutsche und die dänische Sprache, wobei insbesondere Letzteres ein Indiz für eine sich wandelnde nationale Identität sein kann. Der formale Akt der Naturalisation ist für die Mehrzahl der dänischen Bülows allein im 19. Jahrhundert belegt, das heißt eine Aufnahme in den dänischen Adel unterblieb in der Mehrheit der Fälle, obwohl man sich mit diesem über Eheverbindungen verschwisterte.

Dagegen gingen die Moltkes in mehreren Linien im dänischen Adel auf. Joachim Moltke (1662–1730) stand sowohl in dänischen als auch in braunschweigischen Diensten und zog sich in den 1690er Jahren wieder auf seine mecklenburgischen Güter zurück. Einer seiner Söhne, Johan Georg Moltke (1703–1764), wurde dänischer Generalleutnant und Kommandant der Festung Kronborg. Er wurde der Stammvater der unbetitelten dänischen Linie, die sein Sohn, der in Dänemark hochverehrte General Adam Ludwig Moltke (1743–1810), fortsetzte[6].

Die gräfliche Linie begründete der Bruder Johan Georg Moltkes, der Lehnsgraf Adam Gottlob Moltke (1710–1792). Er war vom Erzieher des späteren Königs Friedrich V. bis zum Geheimen Staatsminister aufgestiegen und 1750 mit all seinen Nachkommen in den dänischen Lehnsgrafenstand erhoben worden. Seine Güter wurden zur Lehnsgrafschaft Bregentved zusammengefasst und sind bis heute im Besitz der Familie. Adam Gottlob Moltke war zeitweise der mächtigste Mann in Dänemark und hat sich auch als Kunstsammler, als Präsident der Königlichen Akademie der Künste sowie der Asiatischen Kompanie einen Namen gemacht. Dreizehn Kinder aus der Ehe mit Christiane Frederike von Brüggemann (Haus Ulrichsholm) und neun Kinder mit der Hofdame Sophie Hedwig Raben (Haus Aalholm) stehen – obwohl sechs Kinder in der Kindheit starben – für das große genealogische Potenzial der Moltkes[7].

5   Kathleen JANDAUSCH, Ein Name, Schild und Geburt. Niederadlige Familienverbände der Neuzeit im südlichen Ostseeraum, Bremen 2011, S. 251–253.

6   LANGHORN, Historische Nachrichten (wie Anm. 2), S. 18–25, 29–36.

7   Knud J. V. JESPEREN, Carsten Porskrog RASMUSSEN, Hanne RAABYEMAGLE, Poul HOLSTEIN, Moltke. Rigets Mægtigste Mand, Kopenhagen 2010, zur Genealogie siehe S. 395–413. Zur Rolle Moltkes als Kunstsammler siehe auch Michael NORTH, Gerhard Morell und die Entstehung einer Sammlungskultur im Ostseeraum des 18. Jahrhunderts, Greifswald 2012.

SCHLESWIG, HOLSTEIN UND DÄNEMARK

Für den Adel Schleswigs und Holsteins stellte sich die Situation unterschiedlich dar. Aufgrund der Tatsache, dass die holsteinischen Herzöge gemeinsam mit dem dänischen König die Herzogtümer Holstein und Schleswig regierten, besaßen Adlige Streubesitz in beiden Territorien, aber auch auf den dänischen Inseln. Familien wie die Rantzaus waren nicht nur Statthalter und Amtsleute in den Herzogtümern, sondern übernahmen ebenfalls wichtige Positionen im dänischen Staatsdienst. So war der berühmte Heinrich Rantzau (1526–1598) nicht allein Amtmann von Segeberg, sondern auch Statthalter des dänischen Königs für Schleswig und Holstein. Er war Mitglied des höchsten und ältesten dänischen Ordens, des Elephantenordens, und baute Holmekloster (heute Brahetrolleborg) auf Fünen zu seiner Residenz aus, die er Rantzauholm nannte. Heinrich Rantzau hatte sich hierum zwei Jahre lang bemüht, bis der König 1568 gegen eine Zahlung von 55 000 Talern seine Zustimmung zum Kauf gab. Über dem Eingang des Gutshauses ließ er eine Tafel anbringen, deren Text auch die dynastischen Ziele des Gutskaufes widerspiegelt:

Rantzovior[um] Insignia et Halle, Henricus Ranzovius, Johannis filius, Bredonis nepos, Caii abnepos, hoc predium cum circumiacentibus pagis a Frederico II rege Daniae ac proceribus regni durante bello Svetico octenni sibi haeredibus, familiae ac posteris coemit et Ranzovisholmium appelari voluit. Anno Dni. MDLXVII, Anno suae aetatis XLIII[8].

Sein Enkel Christian (1614–1663) versah die Ämter eines Amtsmannes zu Rendsburg, des dänischen Generalkriegskommissars, des Statthalters für die Herzogtümer Schleswig und Holstein und war außerdem Pfandinhaber des dänischen Amtes Tranekjær sowie Träger des Dannebrog-Ordens. Es gelang ihm mit königlich-dänischer Erlaubnis, seinen Pfandbesitz zur Reichsgrafschaft Rantzau umzugestalten, nachdem der Kaiser ihn zum Reichsgrafen erhoben hatte. Trotz seiner hohen Ämter, später als dänischer erster Minister (1661), unterhielt er enge Kontakte zum Reich und nahm sich selbst als holsteinischer Adliger wahr. Im Testament verfügte er seine Bestattung in der Familiengruft in Itzehoe bzw. der Reichsgrafschaft Rantzau. Die männliche Erbfolge legte er für die holsteinischen Güter fest, die dänische Erbfolge, nach der der Besitz im Verhältnis von zwei zu eins zwischen dem Sohn und seiner Tochter Margarete aufgeteilt wurde, für die dänischen Güter.

Weitere Rantzaus machten Karriere in dänischen Diensten, von denen Detlef Reichsgraf zu Rantzau (1644–1697) 1671 naturalisiert und – zusätzlich zum Reichsgrafenstand – auch in den dänischen Grafenstand erhoben wurde.

---

8   Zit. nach: Reimer HANSEN, Vom Holmekloster zu Rantzausholm (1566–1568). Geschichte und geschichtliche Bedeutung eines Gutskaufs, in: Klaus FRIEDLAND (Hg.), Stadt und Land in der Geschichte des Ostseeraums. Festschrift für Wilhelm Koppe, Lübeck 1973, S. 91. Die deutsche Übersetzung lautet: »Wappen der Rantzaus und Halles. Heinrich Rantzau, Johanns Sohn, Breides Enkel, Cais Urenkel, kaufte dieses Gut mit den umliegenden Dörfern von Friedrich II., König von Dänemark, und den Vornehmsten des Reiches während des achtjährigen schwedischen Krieges für sich und seine Erben, Familie und Nachkommen, und ließ es Rantzausholm nennen. Im Jahre des Herrn 1568, in seinem 43. Jahr«, siehe Michael NORTH, Die Entstehung der Gutswirtschaft im südlichen Ostseeraum, in: Zeitschrift für Historische Forschung 26/1 (1999), S. 43–59, hier S. 56.

Andere Linien der Rantzaus waren bereits vorher danisiert worden, indem sie sich auf die dänischen Ämter und ihre dänischen Güter konzentrierten. Hierzu zählte die Linie Rosenvold, deren Stammvater Otto Graf Rantzau (1632–1719) war. Sein Vater Frederik Rantzau besaß bereits ausschließlich die dänischen Güter Krapperup, Åsdal und Bollerup. Otto Graf Rantzau hatte dem König als Kammerherr und Gesandter in Paris gedient und war gleichzeitig 1671 mit Detlef Reichsgraf zu Rantzau naturalisiert und in den dänischen Grafenstand erhoben worden. 1712 folgte die Beförderung zum dänischen Geheimrat. Seine Ehefrau Sophie Amalie Krag (1648–1710) entstammte dem dänischen Adel[9].

In ihrer »Zwitterstellung zwischen dem Heiligen Römischen Reich und dem Königreich Dänemark«[10] war eine nationale Selbstverortung zunächst nicht möglich und auch nicht nötig. Erst in der nationalistischen Aufladung im 19. Jahrhundert wurden Träger holsteinischer wie dänischer Ämter vor die Wahl gestellt, sich für die eine oder andere Seite zu entscheiden. Konrad Graf zu Rantzau auf Breitenburg (1773–1845), der geborenes Mitglied der Schleswig-Holsteinischen Ritterschaft war, erreichte als Prinzenerzieher 1830 noch die Position des Geheimen Staatsministers und musste sozusagen mit sich selbst über eine Verfassung für die Herzogtümer Schleswig und Holstein verhandeln. Dabei vertrat der deutsch sprechende und schreibende Kunstliebhaber Rantzau (er hatte sich auf Schloss Breitenburg bei Itzehoe eine Thorvaldsen-Galerie eingerichtet) loyal den dänischen Gesamtstaat und damit die aristokratischen Ideale des Ancien Régime gegenüber einer sich aufladenden nationalen Stimmung auf deutscher wie dänischer Seite[11].

POMMERN UND SCHWEDEN

Die Verbindungen Pommerns mit Schweden sind durch die besondere Stellung der Krone als Ergebnis des Dreißigjährigen Krieges geprägt. Vorpommern mit Rügen und Stettin wurde als Schwedisch-Pommern faktisch schwedische Provinz, blieb aber weiterhin Teil des Heiligen Römischen Reiches. Auch die Stände erhielten ihre Rechte und Privilegien bestätigt. Während schwedische Adlige als Gouverneure und Beamte Funktionen in Pommern übernahmen, siedelten pommersche Adlige dauerhaft nach Schweden über. Die Fluktuation der Adelsfamilien war erheblich. In dem Teil Vorpommerns, der auch ab 1720 als Schwedisch-Pommern zu Schweden gehör-

---

9 JANDAUSCH, Ein Name, Schild und Geburt (wie Anm. 5), S. 255–257.
10 Ibid., S. 256.
11 Ulrich SCHULTE-WÜLWER, Exkurs: Die Verbürgerlichung der bildenden Kunst im 19. Jahrhundert, in: Ulrich LANGE (Hg.), Geschichte Schleswig-Holsteins. Von den Anfängen bis zur Gegenwart, Neumünster 1996, S. 487–495, hier S. 488; Hans SCHULTZ HANSEN, Demokratie oder Nationalismus. Politische Geschichte Schleswig-Holsteins 1830–1918, in: Ulrich LANGE (Hg.), Geschichte Schleswig-Holstein. Von den Anfängen bis zur Gegenwart, Neumünster 1996, S. 427–444; Michael NORTH, Von der nordeuropäischen Großmacht zum kleinen Nachbarn. Dänisch-deutsche Beziehungen im Wandel (17.–19. Jahrhundert), in: Dieter LOHMEIER, Renate PACZKOWSKI (Hg.), Landesgeschichte und Landesbibliothek. Studien zur Geschichte und Kultur Schleswig-Holsteins. Hans F. Rothert zum 65. Geburtstag, Heide in Holstein 2001, S. 79–89, hier S. 82–88.

te, fällt dies im besonderen Maße auf. Nach den Untersuchungen von Dirk Schleinert verzeichnete das Gebiet 73 adlige Familien am Anfang des 16. Jahrhunderts und
zu Beginn des 17. Jahrhunderts noch 63; vier neue Adelsfamilien waren eingewan-
dert[12]. Um die Mitte des 18. Jahrhunderts hatte sich die Zahl der ursprünglichen Familien auf 29 reduziert. Jetzt wurde der Adel mehrheitlich durch die 51 neu in die
Region gekommenen Familien repräsentiert. Die Zugehörigkeit zur schwedischen
Krone stimulierte eine starke Zuwanderung adliger Familien aus anderen Provinzen
des schwedischen Reiches ebenso wie die Nobilitierung ehemals bürgerlicher Familien. Unter den alten adligen Familien finden wir die Brahe und die Wachtmeister, zu
den Nobilierten gehörten zum Beispiel die Braun, Dahlstierna, Keffenbrink, Klin-
ckowström, Lagerström, Mevius und Wolffradt[13].

Exemplarisch für die Migration nach Schweden stehen Mitglieder der Familie von
Schwerin. Sie erhielten in Schweden Ämter und Grundbesitz und wurden zum Teil
in den schwedischen Adel aufgenommen, indem sie in das schwedische Ritterhaus
(*Riddarhuset*) eingeschrieben wurden[14]. Aus der Familie Schwerin entstanden durch
Übersiedlung nach Schweden die Linien Stegeborg, Husby und Wopersnow. Ein
Beispiel ist Claus Ulrich von Schwerin, der als schwedisch-pommerscher Adliger
(Güter Putenitz und Löbenitz) im schwedischen Militär gedient hatte und ebenso
wie auch seine Söhne als schwedische Offiziere als Belohnung königliche Lehnsgü-
ter in Pommern erhielt. Claus Philipp von Schwerin, der zum schwedischen Gene-
ralmajor aufstieg, heiratete Mariana Burenskiöld, die umfangreichen Grundbesitz
mit in die Ehe brachte, und wurde in den schwedischen Freiherrenstand erhoben.
Bereits 1720 war er ebenso wie sein Cousin Philipp Bogislaus von Schwerin aus der
Linie Wopersnow in das schwedische Ritterhaus immatrikuliert worden. Sein Sohn,
Jakob Philipp, machte eine schwedische Verwaltungskarriere, die ihn aber als schwedisch-pommerscher Regierungsrat und 1763 als Präsident des Wismarer Tribunals
wieder nach Pommern führte, bis er 1769 zum schwedischen Reichsrat avancierte.
Er und seine Söhne verkauften die pommerschen Lehnsbesitzungen und konzen-
trierten sich auf den schwedischen Güterkomplex um Borkhult, Odensgöl und Hus-
by, aus denen die Fideikommisse Odensgöl und Borkhult entstanden. Dennoch
heirateten Jakob Philipp und sein Sohn Curt Philipp Carl noch nach Pommern
(Charlotte Gräfin von Bohlen bzw. Ulrike Wilhelmine Gräfin zu Putbus). Durch
den Verlust Schwedisch-Pommerns 1815 war eine Doppelstellung zwischen dem
Reich und Schweden ohnehin nicht mehr möglich, die Trennung der schwedischen
Familienzweige von den pommerschen Zweigen war offenkundig. Dennoch riss die
Verbindung zwischen den schwedischen und den deutschen Linien nicht völlig ab,

---

12 Dirk SCHLEINERT, Jenseits von Mecklenburg – Die von Finecke in Pommern, Schweden und
     Dänemark und ihr Verhältnis zur Familie von Blixen, in: Wolf KARGE (Hg.), Adel in Mecklen-
     burg, Rostock 2013, S. 149–170.
13 Jan PETERS, Schwedische Ostseeherrschaft und Grundbesitzveränderungen in Vorpommern,
     in: Zeitschrift für Geschichtswissenschaft 9/1 (1961), S. 75–110; DERS., Schwedische Grundbe-
     sitzer in Neu-Vorpommern und Rügen im 18. Jahrhundert, in: Wissenschaftliche Zeitschrift
     der Ernst-Moritz-Arndt-Universität Greifswald 11. Gesellschafts- und sprachwissenschaftli-
     che Reihe 11/3–4 (1962), S. 237–247.
14 JANDAUSCH, Ein Name, Schild und Geburt (wie Anm. 5), S. 259–262.

da sich einzelne Vertreter der schwedischen Linie durchaus für die Gesamtfamilie in der Schwerinschen Familienstiftung engagierten[15].

Eine weitere Familie, die in Mecklenburg, Pommern, Schweden und schließlich auch in Dänemark zu Hause sein sollte, waren die Finecke[16]. Deren Migrationsgeschichte beginnt mit dem Mecklenburger Jürgen Christoff von Finecke, der als Rittmeister in schwedischen Diensten stand und 1686 der schwedisch-pommerschen Regierung in Stettin den Lehnseid für das in Pommern gelegene Gut Passow leistete. Seine Ehen zeigen eine gute Vernetzung im schwedischen Militär- und Beamtenapparat. Der erste Schwiegervater war der spätere schwedische Präsident der Provinz Bremen und Verden, Alexander von Erskein, der zweite Burchard Müller von der Lühne, der aus Lüneburg stammte und gleichfalls in schwedischen Diensten stand. Jürgen Christoffs dritte Ehefrau war auf Gut Näsbyholm in Schweden geboren, das im Jahre 1744 als Erbe an seinen Sohn Christian Hinrich fallen sollte. Dieser hatte sich interessanterweise nicht in schwedische, sondern in dänische Dienste begeben. Im selben Jahr heiratete seine Tochter in Greifswald den schwedischen Hauptmann Conrad Christoff von Blixen und ließ sich daraufhin in Näsbyholm in Schweden nieder. Blixen konnte auf vielerlei militärische Verwendungen zurückblicken und krönte seine Karriere als Generalleutnant in Stralsund. Indem Christian Hinrich einen Fideikommiss für Näsbyholm stiftete und den ältesten Sohn seiner Tochter, Conrad Christian von Blixen, als Inhaber des Fideikommisses einsetzte, ging die Nutzung an die Blixens über. Ein weiterer Sohn aus dieser Verbindung, Carl Philipp von Blixen, machte eine militärische Karriere bis zum Generalleutnant. Seine gesellschaftliche Vernetzung wurde durch die Mitgliedschaft in mehreren schwedischen und dänischen Ritterorden wie dem Vasa-, Schwert-, Seraphiner- und Dannebrog-Orden, dokumentiert. Er heiratete nicht nur in die vornehme pommersche Familie von Essen ein, sondern übernahm 1801 auch die dänischen Güter eines weitläufigen Verwandten auf der Insel Fünen in Dänemark mit Schloss Dallund als Fideikommiss. 1802 wurde er zum dänischen Freiherrn erhoben und verbrachte die ersten Jahrzehnte des 19. Jahrhunderts auf seinen pommerschen und dänischen Gütern[17].

Während die Vertreter der Familie Blixen den »Idealtypus eines multinationalen Ostseeraumadligen«[18] repräsentierten, bestätigt auch die Nord-Süd-Migration von Schweden nach Pommern dieses Bild.

Dennoch gab es einen entscheidenden Unterschied. Während die Migration nach Schweden die pommerschen beziehungsweise deutschen Adligen in das schwedische Dienst- und Sozialsystem integrierte, fanden die schwedischen Adligen in Pommern und ebenso auch in Estland und Livland eine völlig andere Agrarverfassung vor. Hier hatte sich ein gutwirtschaftliches System herausgebildet und die Güter wurden mit den Frondiensten leibeigener Bauern betrieben. Daher konnten schwedische

15 Jandausch, Ein Name, Schild und Geburt (wie Anm. 5), S. 259–262.
16 Schleinert, Jenseits von Mecklenburg (wie Anm. 12). Siehe ebenso Ders., Out of Pommern – der Übergang der Familie von Blixen nach Schweden und Dänemark, in: Martin Krieger, Joachim Krüger (Hg.), Regna firmat pietas. Staat und Staatlichkeit im Ostseeraum. Festgabe zum 60. Geburtstag von Jens E. Olesen, Greifswald 2010, S. 341–357.
17 Ibid.
18 Schleinert, Jenseits von Mecklenburg (wie Anm. 12), S. 159.

Adlige ihre gutsherrlichen Ambitionen in Pommern wie im Baltikum ungestört ausleben. Aus diesem Grunde erschien die wirtschaftliche Betätigung trotz Kriegszerstörungen und Bevölkerungsverlusten als attraktiv[19].

Entsprechend ließ sich der ursprünglich estnische Adlige und schwedische Freiherr Bleichert Wachtmeister auf Bassendorf und Fäsekow nieder, wogegen Hans Wachtmeister, Oberst im Kavallerieregiment von Östergötland, mit den Deyelsdorfer Gütern (ehemals Familie von Behr) belehnt wurde, was nach dem Krieg zu einem langfristigen Streit vor den obersten Reichsgerichten führte. Während zwei Söhne Hans Wachtmeisters in Pommern nachfolgten, begründeten zwei weitere Söhne wiederum die gräflichen Linien des Hauses Wachtmeister in Schweden[20]. Mit Nehringen belehnte König Karl XII. den Livländer Johann August Meyerfeldt (1664–1749), der Oberkommandant Stettins, Gouverneur, Generalgouverneur von Pommern und Reichsrat war und 1714 zum Grafen in Schweden avancierte. Meyerfeldt verbrachte zusammen mit dem König eine Zeit des Exils in Bender, im osmanischen Reich, währenddessen Dänemark, das Vorpommern 1715–1720 besetzte, seine Güter einzog und diese erst nach dem Friedensschluss den Meyerfeldts zurückgab[21].

Bereits 1643 war dem Kammerpräsidenten Gerdt Antoniison Keffenbrinck, den Königin Christina mit dem Namen Rehnskiöld in den Adel aufnahm, das ehemalige herzogliche Amt Grimmen zur Kompensation seiner finanziellen Forderungen als Pfand übergeben worden. Er errichtete den Herrensitz Griebenow, den seine Nachfolger mit einem neuangelegten Lustgarten versahen und damit Griebenow zu einem bedeutenden Zeugnis des schwedischen Barocks in Norddeutschland machten[22]. Der Architekt muss im engen Kontakt zu Nicodemus Tessin dem Jüngeren gestanden haben, denn Griebenow lehnt sich eng an das von Tessin entworfene Herrenhaus Sturefors in Östergötland an[23].

SCHWEDEN, LIVLAND UND ESTLAND

Besonders intensiv war der Adelsaustausch mit den schwedischen Provinzen Livland und Estland. Hier wurden verdiente Offiziere mit Landgütern ausgestattet, von denen ein Teil aber nie oder nur selten in Livland und Estland lebte.

Bereits 1641 hatten die großen schwedischen Familien, insbesondere Oxenstierna, Banér, Horn, de la Gardie, zwei Fünftel des bebauten Landes in Livland besessen und als große Landkomplexe bewirtschaftet. 1680 gehörte 16 schwedischen hochad-

19 North, Die Entstehung der Gutswirtschaft (wie Anm. 8); Ders., Geschichte der Ostsee. Handel und Kulturen, München 2011, S. 121–127, 153–156.
20 Haik Thomas Porada, Die Nachbarn der Familie Mevius. Mit einem Exkurs zur Kulturlandschaftsentwicklung zwischen Trebel und Peene zwischen dem 17. und 20. Jahrhundert, in: Nils Jörn, Haik Thomas Porada (Hg.), Lebenswelt und Lebenswirklichkeit des Adels im Ostseeraum. Festgabe zum 80. Geburtstag von Bernhard Diestelkamp, Hamburg 2009, S. 129–155, hier S. 142 f.
21 Ibid., S. 140 f.
22 Ibid., S. 144 f.
23 Zu Tessin und den vielfältigen Einflüssen im Ostseeraum siehe Kristoffer Neville, Nicodemus Tessin the Elder: Architecture in Sweden in the Age of Greatness, Turnhout 2009.

Schloss Griebenow, Foto: Michael North

ligen Familien fast die Hälfte der Güter. Sie hatten nach der Eroberung vor allem von den Landenteignungen der Polen und der polnischen Parteigänger profitiert und ihren Besitz systematisch ausgebaut und arrondiert[24]. Diese Latifundien waren der schwedischen Krone und dem schwedischen Reichstag ein Dorn im Auge. Entsprechend ordnete der Reichstag 1680 eine Reduktion der Güter an, das heißt eine Rückführung der ehemaligen königlichen Güter aus den Händen des Adels hin zur königlichen Domäne und fiskalischen Ausnutzung der Krone. Dies betraf nicht nur die Einziehung des schwedischen Grundbesitzes, sondern auch die Güter des estnischen und livländischen Adels, was dessen Widerstand provozierte[25].

24 Torkel JANSSON, Torbjörn ENG (Hg.), Stat – kyrka – samhälle: den stormaktstida samhällsordningen i Sverige och Östersjöprovinserna, Stockholm 2000 (»Staat – Kirche – Gesellschaft: die Gesellschaftsordnung der Großmachtzeit in Schweden und den Ostseeprovinzen«).
25 Anthony F. UPTON, Charles XI and Swedish Absolutism, Cambridge 1998, S. 190–198; Heinz VON ZUR MÜHLEN, Das Ostbaltikum unter Herrschaft und Einfluß der Nachbarmächte (1561–

Daneben überquerten andere schwedische und baltische Adelsfamilien mehrfach die Ostsee, zumeist in schwedischen Diensten. Auch berühmte livländische Adelsgeschlechter wie die Campenhausen hatten ihren Ursprung in Schweden. Dabei ist das campenhausische Beispiel besonders eindrücklich für die vertikale wie für die horizontale Adelsmobilität. Die Campenhausen stammten ursprünglich aus Lübeck, erst ein Hermann Kamphausen erhielt 1622 das Bürgerrecht in Stockholm. Seine Söhne, Lorenz und Johann Hermann, die militärische Karriere machten, wurden 1672 in die schwedische Ritterschaft aufgenommen, aber erst 1742 kam es zur Immatrikulation in die livländische Ritterschaft. Der davon betroffene, in russischen Diensten stehende, Balthasar von Campenhausen wurde zwei Jahre später außerdem in den schwedischen Freiherrenstand aufgenommen[26].

Interessant ist auch die Familie von Fersen, die seit dem 16. Jahrhundert in Estland ansässig war und im 17. Jahrhundert in schwedische Dienste trat. 1674 wurden sie in die Freiherrenklasse und 1719 in die Grafenklasse in der schwedischen Ritterschaft immatrikuliert. Um die Mitte des 18. Jahrhunderts folgten die Immatrikulationen in die estländische und die livländische Ritterschaft. Der kulturell bedeutendste Vertreter war im 17. Jahrhundert sicher der in Reval geborene Fabian von Fersen (1626–1677), der neben seiner militärischen Karriere zum Kommandanten Stralsunds zum Gouverneur von Livland und Riga sowie zum Generalgouverneur von Schonen, Halland und Blekinge aufstieg[27]. Ausdruck seiner kulturellen Tätigkeit an der östlichen Ostsee ist sein Herrenhaus Maardu (Udiküll), das von Jacob Stael von Holstein entworfen wurde und zu den bedeutendsten barocken Bauwerken Estlands und Livlands zählt. Das Herrenhaus steht damit in einer Reihe niederländischer paladianischer Bauten, zu denen auch der Stadtpalast Axels von Rosen in Reval zählt. Rosen wurde nach Studien in Uppsala, Leiden und Paris zum Vizepräsident des Dorparter Hofgerichts ernannt. Dies ist ein Zeugnis der kulturellen Wirksamkeit der schwedischen Adelsmigration über die Ostsee[28], die wir – wie oben beschrieben – natürlich auch in Pommern finden.

***

Der Ostseeraum war nicht nur eine Region intensiver Migration, sondern auch einer intensiven Adelsmigration. Dynastische Beziehungen sowie die Nachfrage nach Personal stimulierten diese Migration, die aber auch im Zusammenhang mit Migra-

---

1710/1795), in: Pistohlkors (Hg.), Deutsche Geschichte im Osten Europas (wie Anm. 1), S. 172–264, hier S. 195–202.

26   Imans Lacmanis (Hg.), Gutshof unter den Eichen. Orellen und die Familie von Campenhausen. Ausstellungskatalog, Marburg 1998.

27   Einer anderen Linie entstammte Reinhold Johan von Fersen, der nach kurländischen und niederländischen Diensten schließlich in das schwedische Heer eintrat und es bis zum Gouverneur in Riga und Wismar brachte, bis er 1715 zum Präsidenten des schwedischen Hofgerichts in Stockholm avancierte. 1712 in den erblichen Grafenstand erhoben, wurde er Stammvater der im 18. Jahrhundert kulturell bedeutsamen schwedischen Linie der Fersen. Siehe dazu Johanna Ilmakunnas, Ett ståndsmässigt liv. Familjen von Fersens livsstil på 1700–talet, Stockholm 2012.

28   North, Geschichte der Ostsee (wie Anm. 19), S. 159–161.

Herrenhaus Maardu (Udiküll), Foto: Zentralbank Estland

tionen von Kaufleuten, Handwerkern und Künstlern gesehen werden muss. Eine nationale Verortung des Adels ebenso wie eine Naturalisation im Zielland fand erst im 19. Jahrhundert statt. Früher erfolgte die Aufnahme in den einheimischen Adel, beispielsweise durch die Einschreibung in das schwedische Ritterhaus. Die Beziehungen zwischen den in Mecklenburg oder Pommern verbliebenen Adelsfamilien und ihren Verwandten in Schweden, Dänemark oder Russland waren unterschiedlich intensiv und müssen jeweils einzeln betrachtet werden.

Bemerkenswert erscheint die Tatsache, dass der Weg in fremde Dienste und die Adelsmigration ökonomischen Entwicklungen zuwiderlaufen bzw. diese sogar konterkarieren konnten. In Zeiten, als Pommern unter den Folgen des Dreißigjährigen Krieges litt und Livland noch von den schwedischen-polnischen Auseinandersetzungen gezeichnet war, kompensierten die Einkommen aus Militär- und Verwaltungsdienst durchaus die Einbußen aus dem Gutsbetrieb, so dass die neuen Dienstgüter prachtvoll ausgebaut wurden.

Insgesamt kann man den Ostseeraum auch als Adelslandschaft verstehen, der durch alltägliche Mobilität und Kommunikation des Adels zwischen den einzelnen Landschaften oder Territorien geprägt war. Eine wesentliche Folge der Migration waren die kulturellen Wirkungen. Vielfältige Verwendungen im schwedischen Imperium brachten eine kulturelle Offenheit mit sich. Entsprechend wirkten die migrierenden Adligen innovativ besonders in ihrer Rolle als Auftraggeber für Künstler, was sich beispielsweise in der Architektur der Herrenhäuser widerspiegelt. Im Windschatten des Adels und des Militärs migrierten dann auch die Künstler, die als Festungsbaumeister und Architekten in allen Regionen Verwendung fanden[29].

---

29 Ein Beispiel ist Rudolph Matthias Dallin, der als schwedischer *capitaine des mineurs* sowohl in Holstein-Gottorp, im Fürstbistum Lübeck und in Mecklenburg aktiv war. Siehe Gerhard EIMER, Schwedische Offiziere als Baumeister in Schleswig-Holstein. Beiträge zur Tätigkeit von N. Tessin d. J., Z. Wolff, R. M. Dallin und J. C. Löwen-Lewon für Holstein-Gottorp, in: Nordelbingen. Beiträge zur Kulturgeschichte und Heimatforschung 30 (1961), S. 103–133.

OLIVIER CHALINE

Noblesse et patriotisme territorial dans les pays de la couronne de Bohême après 1620

L'historiographie tchèque a longtemps volontiers juxtaposé ces deux lieux communs que sont, d'une part, la prise de contrôle des pays de la couronne de Bohême (la Silésie étant en général oubliée) par une noblesse étrangère au service des Habsbourg à la faveur de la guerre de Trente Ans et, d'autre part, les résistances nobiliaires au centralisme viennois un bon siècle plus tard au nom du droit d'État, autrement dit des privilèges du royaume. Mais, même en faisant la part du décalage chronologique, elle peine à expliquer comment les descendants des prédateurs honnis ont parfois pu s'identifier au royaume et à son histoire. C'est justement ce qui fera l'objet de mon propos.

En apparence, les migrations nobiliaires d'une part et le patriotisme territorial d'autre part sont deux notions qui s'excluent l'une l'autre. Envisagée dans la durée, la réalité historique s'avère plus subtile. Elle oblige à prendre en compte, à côté de l'évident afflux de familles étrangères et des amples transferts de biens dont elles bénéficièrent, le maintien d'une vieille noblesse, issue du pays ou anciennement installée. Ces lignées demeurées catholiques ou récemment redevenues telles ont été porteuses de toute une conception de l'État bohémien et du sens de son histoire, conception à laquelle bien des descendants de nouveaux venus ont adhéré au point de se sentir pleinement chez eux dans les trois pays de la couronne.

Une des difficultés du sujet tient justement à ce que nous sommes en présence, dans le Saint-Empire et dans la monarchie autrichienne, d'un ensemble politique fait de quatre puis de trois territoires, lorsque les deux margraviats de Lusace, Haute-Lusace et Basse-Lusace, furent cédés à l'Électeur de Saxe en 1635:

– le royaume de Bohême stricto sensu, capitale Prague, qui est aussi celle de l'ensemble des pays de la couronne et le lieu des couronnements royaux;

– le margraviat de Moravie, capitales Brno et Olomouc[1];

– le duché de Silésie, capitale Breslau, en fait une série de principautés, perdu à partir de 1740 du fait de l'agression prussienne[2].

---

1   Josef VÁLKA, Dějiny Moravy II: Morava reformace, renesance a baroka [Histoire de la Moravie, t. II: La Moravie de la Réforme, de la Renaissance et du baroque], Brno 1996.
2   Sur la Silésie, voir en allemand, Norbert CONRADS Zwischen Barock und Aufklärung (1618–1740), in: ID. (dir.), Deutsche Geschichte im Osten Europas: Schlesien, Berlin 1994, p. 271–274; en polonais, Wacław KORTA, Historia śląska do 1763 roku [Histoire de la Silésie jusqu'à 1763], Varsovie 2003, p. 279–328, ainsi que le catalogue de l'exposition tenue à Prague en 2007: Mateusz KAPUSTKA et al. (dir.), Silesia, a Pearl in the Bohemian Crown. History. Culture. Art, Prague 2007. Les historiens tchèques redécouvrent aujourd'hui cet ancien pays de la couronne de Bohême, voir notamment l'ouvrage très bien venu de Radek FUKALA, Slezsko, neznámá země koruny české. Knížecí a stavovské Slezsko do roku 1740 [La Silésie, pays inconnu de la

Loin de former un tout cohérent et unifié, les pays de la couronne ont chacun leur spécificité, leurs institutions (une diète notamment ou une assemblée des princes en Silésie), leurs noblesses, leur patriotisme territorial. Précisons enfin que, depuis le XVᵉ siècle en Bohême et en Moravie, il existe deux états nobiliaires, les seigneurs (*Herren, pani*) et les chevaliers (*Ritter, rytíři*), sans hiérarchie de titres avant 1627, tandis qu'en Silésie des princes quasisouverains (ducs, princes, propriétaires de seigneuries libres) surplombent une noblesse beaucoup plus modeste. La problématique migrations nobiliaires – enracinement territorial – qui est la nôtre ne peut donc être la même dans chacun des trois pays de la Couronne, la Silésie se distinguant fortement des deux autres.

Voyons d'abord quelles furent ces migrations, puis comment s'effectua l'acceptation dans les pays de la couronne et, enfin, quelles voies y emprunta l'intégration des familles nouvellement possessionnées pour faire d'elles des lignées inséparables de leur territoire devenu, pour certaines, une véritable patrie.

MIGRATION

Le phénomène des migrations nobiliaires vers les pays de la couronne de Bohême ne date pas d'après la défaite des ordres révoltés survenue en 1620. S'il connaît une évidente accélération lors de la reprise en main du pays par Ferdinand II, il n'est pas moins antérieur, si bien que la césure représentée par la bataille de la Montagne-Blanche ne doit pas être exagérée. Les départs en exil de nobles protestants, seigneurs ou chevaliers, compromis dans la rébellion de 1618 ou refusant de se convertir à la religion de leur prince, ne sont pas les seules causes de l'installation de familles nobles étrangères, qu'elles soient venues de pays proches (parfois d'un autre pays de la couronne) ou lointains (et même extérieur à l'orbite de la maison d'Autriche).

Signalons tout de suite une difficulté sérieuse liée à la principale source concernant les installations de migrants, à savoir l'incolat (ou *Landsmannschaft*). Mais cette procédure ne distingue pas l'anoblissement de la naturalisation, si bien qu'on ne peut tenir toutes les familles qui reçurent l'incolat pour des familles étrangères. Il faut tenir compte aussi des chevaliers rejoignant l'ordre seigneurial. Il est donc impossible de raisonner, sans plus de précision, sur le seul nombre des nouveaux bénéficiaires de l'incolat.

L'afflux, bien réel, d'étrangers (nobles ou non) à partir de la guerre de Trente Ans a été précédé de plusieurs siècles d'arrivées dans l'un ou l'autre des pays de la couronne.

Du XIVᵉ au XVIᵉ siècle, on assiste à des migrations vers la Bohême stricto sensu depuis les territoires d'Empire les plus proches à l'ouest et au nord: le Vogtland, le pays de Meißen, les deux Lusaces et la Basse-Silésie (qui font partie de la couronne de Bohême). Les comtes Schlick, venus d'Eger (Cheb), s'établissent en Bohême du

couronne de Bohême. La Silésie des princes et des états jusqu'à 1740], České Budějovice 2007 et plus récemment encore la synthèse de Zdeňka JIRÁSKA (dir.), Slezsko v dějinách českého státu [La Silésie dans l'histoire de l'État tchèque], t. II: 1490–1763, Prague 2012.

Nord-Ouest, avec notamment la seigneurie minière de Joachimsthal (Jachymov). En mai 1618, le comte Joachim Andreas est une des figures de la révolte.

L'élection d'un roi Habsbourg en 1526 a entraîné l'arrivée de familles venant de territoires appartenant à la maison d'Autriche. C'est le cas des Dietrichstein, originaires de Carinthie, qui deviennent, en 1575, propriétaires de Mikulov en Moravie[3]. Trois ans plus tard, Albrecht von Fürstenberg, venu de Souabe, grand écuyer de Rodolphe II, épouse Elisabeth de Pernštejn, d'une grande famille moravo-bohémienne. En 1601, il obtient l'incolat en Bohême. L'installation de la cour impériale de Rodolphe II à Prague en 1583 a donné aux migrations nobiliaires une impulsion évidente. C'est ainsi que Paul Sixt III von Trautson, ministre de l'empereur, d'une lignée tyrolienne, acheta en 1604 la seigneurie de Nové Hrady (près de Vysoké Mýto).

Pour la période 1544–1615, en Bohême stricto sensu, une estimation donne, pour les seigneurs comme pour les chevaliers, un quart de nouvelles familles étrangères (surtout autrichiennes et allemandes du Sud) contre trois quart originaires des pays de la couronne[4]. La proportion était manifestement plus faible encore en Moravie et surtout en Silésie, où l'acquisition de Troppau en 1613 par le prince de Liechtenstein (d'une grande famille de Moravie) avait soulevé une vive opposition.

Les Habsbourg ont joué, dès le XVIe siècle, un rôle déterminant dans le développement de ces migrations nobiliaires, à la fois par la volonté qui fut la leur de créer, dans la longue durée, une aristocratie autrichienne dont les alliances et les horizons dépasseraient un unique territoire, et par le foyer d'appel que représentait la présence de la cour impériale à Prague. Puis la rébellion des ordres protestants dans la monarchie autrichienne et son échec portèrent Ferdinand II à prendre des décisions qui donnèrent aux migrations nobiliaires une intensité sans précédent.

En réponse aux confiscations de biens prononcées par le nouveau pouvoir pragois, Ferdinand II décide de faire de même, ce qui lui permet de châtier des rebelles tout en récompensant ses serviteurs[5]. Le comte de Buquoy, qui commande son armée, reçoit

---

3   Tomáš Parma, František kardinál Dietrichstein a jeho vztahy k římské kurii: prostředky a metody politické komunikace ve službách moravské církve [Le cardinal François de Dietrichstein et ses relations avec la curie romaine. Moyens et méthodes de communication politique au service de l'Église de Moravie], Brno 2011, p. 19–24, fait une mise au point très documentée sur la situation de l'acheteur de Mikulov, Adam (1527–1590), époux en 1555 de Margarita de Cardona (1531–1609), dans la famille de laquelle on trouve sept cardinaux, trois papes et quelques dizaines d'évêques espagnols, mais surtout fils de Sigismond Dietrichstein et de Barbara Rottal (1500–1550). Celle-ci, tout en portant le nom Rottal, qui était celui du gouverneur de Styrie, était en fait une bâtarde de Maximilien I de Habsbourg. Après la mort d'Adam, elle se remaria avec l'*hejtman* d'Opava Oldřich Čertice z Kynšperku, puis avec Balthasar Švejnice z Pilmsdorfu. Quoi qu'il en soit, l'acheteur a dans les veines un quart de sang Habsbourg, qui pèse sans doute plus que le reste, car l'archimaison le sait et agit en conséquence. Merci à Nicolas Richard d'avoir attiré mon attention sur ce point.

4   D'après Josef Polišenský, Changes in the Composition of the Bohemian Nobility, Documenta bohemica bellum tricennale illustrantia 1618–1648, t. I, p. 205–206, qui s'appuyait sur les données rassemblées, sans doute en 1615, par le grand magnat morave Karel z Žerotína.

5   Olivier Chaline, Les seigneurs conquérants: confiscations et redistribution foncière en Bohême au temps de la guerre de Trente Ans, in: Caroline Le Mao, Corinne Marache (dir.), Les élites et la terre, du XVIe siècle aux années 1930, Paris 2010, p. 13–24.

ainsi, le 6 février 1620 plusieurs seigneuries en Bohême du Sud[6]. C'est un moyen peu onéreux de lui payer une partie de ce qui lui est dû en tâchant de le fixer dans les pays de la monarchie.

Après la victoire, le châtiment des rebelles (pas tous nobles) se traduit par une politique de confiscations à grande échelle, en Bohême et en Moravie, bien moins en Silésie[7]. Environ 50 % des terres changent de propriétaire et le roi n'en conserve qu'une très faible part, puisqu'il en vend ou redistribue la majeure partie[8]. Les perdants sont loin d'être tous des nobles et les chevaliers sont, en proportion, plus touchés que les seigneurs. Les bénéficiaires sont, pour l'essentiel, des officiers de l'armée impériale et des membres de la cour[9]. Ils viennent d'Autriche mais aussi d'Italie du Nord, de pays d'Empire, parfois de la monarchie espagnole. Tous ne restent pas dans le pays ou n'y font pas souche.

Le plus grand bénéficiaire de cette grande vague de confiscations et de départs des années 1620, encadrées par la bataille de la Montagne-Blanche d'une part, l'édit de 1627 d'autre part, qui impose le catholicisme à la noblesse bohémienne et morave (mais pas à celle de Silésie), fut pourtant un noble de Bohême, Wallenstein. En 1627, il fit l'acquisition du duché silésien de Sagan, puis, en 1632, de celui de Glogau. Mais sa chute et celle de ses lieutenants tchèques, en 1634, provoquent une nouvelle redistribution de biens qui profite à des officiers pour l'essentiel italiens, tel Matteo di Gallasso, originaire du Trentin, et, dans le cas du duché de Sagan, des Lobkovic, en 1646. En Silésie, on assista, en 1634, à la confiscation des biens du général Schaffgotsch, accusé de complicité de haute trahison.

Précisons enfin que, sous Ferdinand III, la fin de la guerre et le retour à la paix furent l'occasion pour de nouvelles familles étrangères de s'établir en Bohême et en Moravie[10]. Signalons simplement le défenseur de Brno en 1645, le huguenot rochelais Jean-Louis Raduit de Souches, qui est admis l'année suivante dans le *Herrenstand* de

---

6　Olivier CHALINE, Charles Bonaventure de Longueval, comte de Buquoy, au service de la maison d'Autriche, dans: XVIIe siècle 240 (2008), p. 399–422 (= Les Pays-Bas espagnols au XVIIe siècle).

7　Pour la seule Bohême, il y a l'ouvrage de Tomáš BÍLEK, Dějiny konfiskací v Čechách, po roku 1618 [Histoire des confiscations en Bohême après 1618], 2 vol., Prague 1882, publié sous les auspices du Musée national. Pour la Moravie, voir Tomáš KNOZ, Državy Karla staršího ze Žerotína po Bílé hoře. Osoby, příběhy, struktury [Les propriétés de Charles de Žerotín après la bataille de la Montagne-Blanche. Personnes, événements, structures], Brno 2001. Voir aussi sa présentation synthétique en allemand portant aussi sur les pays autrichiens: ID., Die Konfiskationen nach 1620 in (erb)länderübergreifender Perspektive. Thesen zu wesentlichen Wirkungen, Aspekten und Prinzipien des Konfiskationsprozesses, in: Petr MAT'A, Thomas WINKELBAUER (dir.), Die Habsburgermonarchie 1620 bis 1740. Leistungen und Grenzen des Absolutismusparadigmas, Stuttgart 2006, p. 99–130; Tomáš KNOZ, Pobělohorské konfiskace. Moravský průběh, středoevropské souvislosti, obecné aspekty [Les confiscations après la Montagne-Blanche. Déroulement morave, contexte propre à l'Europe centrale et traits généraux], Brno 2006.

8　Petr MAT'A, Svět české aristokracie (1500–1700) [Le monde de l'aristocratie tchèque], Prague 2004, p. 124–128 ainsi que p. 735.

9　C'est le temps des Buquoy, Marradas, Aldringen, Paradis, Huerta, Magni, Verdugo, Saint-Julien.

10　Au lendemain de la paix reçoivent l'incolat 25 familles de militaires et 18 d'administrateurs.

Bohême et achète une première terre en 1649 (Jevišovice)[11]. La victorieuse défense de Prague en 1648 permet à quelques familles étrangères d'obtenir l'incolat, c'est le cas du tanneur d'origine brabançonne Servais Engel, à la fois anobli et naturalisé avec le prédicat de von Engelfluß (il s'était retranché dans sa maison au bord de la Vltava).

Pendant cette période qui correspond à la guerre de Trente Ans et à ses suites immédiates, la proportion de bénéficiaires étrangers de l'incolat en Bohême a plus que doublé, passant du quart aux deux tiers[12]. Ces étrangers au royaume ne le sont pas pour autant à la monarchie autrichienne ou à l'Empire. On dénombre ainsi 200 Allemands, surtout autrichiens, 43 Italiens, 20 Français (en fait souvent lorrains), 11 Espagnols, 7 Wallons (des Pays-Bas espagnols), face à 107 bénéficiaires des pays de la couronne (89 d'entre eux étant bohémiens). Regardons ce qu'il en est pour la Moravie: sur 125 personnes étrangères au margraviat et y ayant obtenu l'incolat entre 1626 et 1650, le groupe le plus nombreux était formé par les Bohémiens (22), suivis par les Autrichiens (21) et, loin derrière, les Hongrois et les Italiens (13 à chaque fois), les Allemands (12), sans oublier les Silésiens (9)[13]. Autrement dit, 31 sur 125, soit à peu près le quart des nouveaux venus, venaient d'un autre pays de la couronne de Bohême. L'impression d'invasion étrangère est ici bien moins forte. Il s'agit davantage d'une intégration plus poussée aux noblesses d'Europe centrale, à commencer par celle de Bohême.

Quant à la Silésie, l'impact des migrations nobiliaires liées à la guerre n'y est que peu marqué[14]. Les confiscations y furent moindres qu'en Bohême et en Moravie, et les arrivées d'étrangers au pays limitées également par la géographie féodale du pays. Elles se firent uniquement à un niveau princier pour un très petit nombre de familles bohémiennes ou moraves. Les Liechtenstein (princes en 1608) ajoutèrent en 1622 Jägerndorf à Troppau, en 1627 Wallenstein acquit Sagan que les Lobkovic (1623) achetèrent à leur tour en 1646, puis les Auersperg (1653) devinrent les possesseurs de Münsterberg en 1654.

Mais les migrations nobiliaires ont continué après le milieu du XVIIe siècle, donc après le temps des confiscations, au moment où s'effectue la reconstruction des pays de la couronne. Désormais, la cour impériale est établie à Vienne et ne se rend plus qu'exceptionnellement à Prague. Mais, depuis 1627–1628, c'est le roi, et non plus la diète, qui confère l'incolat, l'accès à la communauté des ordres. Les pays tchèques présentent de grands domaines et des élites nobiliaires en plein renouvellement (à la différence de la Silésie moins affectée par ces mutations à la fois sociales et foncières).

L'exemple le plus spectaculaire et le plus durable de ces nouvelles familles est fourni par les Schwarzenberg, protégés par l'archiduc Léopold-Guillaume: incolat en

---

11   Petr KLAPKA, Jean-Louis Ratuit de Souches. De La Rochelle au service des Habsbourg. Contribution à l'étude des migrations nobiliaires francophones, thèse univ. Paris 4 (2012).
12   Données d'après POLIŠENSKÝ, Changes (voir n. 4), p. 210.
13   František MATĚJEK, Morava za třicetileté války [La Moravie dans la guerre de Trente Ans], Prague 1992, p. 405.
14   Voir Josef ZUKAL, Slezské konfiskace 1620–1630. Pokutování provinilé šlechty v Krnovsku, Opavsku a Osoblažsku po bitvě bělohorské a po vpádu Mansfeldově [Les confiscations silésiennes 1620–1630. La punition de la noblesse dans les régions de Jägerndorf, Troppau, Opava et Hotzenplotz après la bataille de la Montagne-Blanche et l'invasion par Mansfeld], Prague 1916. Voir enfin KNOZ, Pobělohorské konfiskace (voir n. 7), p. 419–444.

Bohême en 1654 au profit de Johann Adolf, qui obtient en 1660 le duché de Wittin-
gau/Třeboň donné par l'archiduc, puis fait l'acquisition en 1661 de la seigneurie de
Frauenberg/Hluboká. Son petit-fils hérite en 1719 de l'énorme duché de Krumau/
Český Krumlov, à la mort de sa tante Marie Ernestine, veuve sans postérité de Johann Christian von Eggenberg. La plus grosse fortune nobiliaire de Bohême a été
constituée après la guerre de Trente Ans et ne doit rien aux confiscations.

Des familles nobles de tous rangs se fixent en Bohême ou en Moravie, parmi les seigneurs, tels les Windischgrätz (à Přerov en Moravie, 1695, puis à Červená Lhota en
Bohême) ou une branche des Lützow, qui achète des biens en Bohême occidentale à
la fin du XVIIᵉ siècle. À un niveau plus modeste, on trouvera des lignées plus dis-
crètes qui n'ont pas atteint la même notoriété, comme les Vernier de Rougemont,
d'origine bourguignonne, passés au service des Habsbourg dans les années 1630 via
le duc de Lorraine.

Il y a donc un flux continu, dont l'intensité a varié dans le temps, et qui se prolonge
sous Marie-Thérèse puis au temps des Habsbourg-Lorraine. Les origines et les
causes n'ont pas cessé d'être diverses, même si les unes et les autres sont le plus souvent à rapporter, d'une manière ou d'une autre, à la dynastie. Peut-on quantifier le
phénomène? Seulement de manière indirecte en Bohême pour le siècle après la guerre
de Trente Ans: en 1757, sur 301 propriétaires de seigneuries dont les ancêtres n'étaient
pas originaires de Bohême, 87 étaient membres de familles établies dans le pays avant
1620, 53 issus de celles arrivées entre 1620 et 1654, mais 161 de celles installées depuis
1654. Il ne fait pas de doute que les deux premières catégories avaient été amenuisées
au fil du temps par les départs et surtout les extinctions, Josef Polišenský estimant à
plus de 40 % la proportion des disparitions pour les nouveaux venus de la guerre de
Trente Ans[15]. En revanche, pour la Moravie du second XVIIᵉ siècle, František Maté-
jek indique que les Bohémiens sont toujours les plus nombreux, et de loin désormais:
21, suivis à bonne distance par 11 Autrichiens, 8 Allemands et 6 Silésiens, sur un total
de 75[16]. S'il n'y a plus de migrations princières vers la Silésie pour cette période, on ne
peut manquer de remarquer que la Bohême et la Moravie n'avaient pas cessé d'attirer,
ce qui pose la question de la manière dont on y était reçu.

ACCEPTATION

La période allant de la Montagne Blanche à la mort de Charles VI a connu une nouvelle répartition de l'autorité entre le roi et les ordres, celui-là étendant son pouvoir
tandis que ceux-ci étaient loin de voir le leur anéanti, puisqu'ils gardaient le consentement fiscal. Une première Constitution rénovée du pays fut donnée en 1627 pour
le royaume de Bohême, puis une seconde en 1628 pour le margraviat de Moravie.

---

15 Les chiffres qu'il donne pour 1656 sont les suivants: sur 102 familles reçues avant 1631, 45 dis-
     paraissent ensuite, soit 45 %, sur 48 dans les années 1635–1638, 15, soit 31 %, sur 44 dans les
     années 1640, 21, soit 48 %.
16 Matějek, Morava (voir n. 13), p. 405.

Mais rien de tel pour la Silésie[17]. C'est dans ce contexte qu'il faut examiner l'acceptation des nouveaux venus dans les trois pays.

Le roi s'est rendu maître en Bohême puis en Moravie de la procédure de l'incolat qui n'est plus désormais de la compétence de la diète[18]. Cela veut dire que la communauté des ordres, ici nobiliaires, ne coopte plus les nouvelles familles admises à posséder des terres nobles dans le pays[19].

Il y a eu, dans la longue durée, un desserrement du contrôle des ordres sur l'admission de nouvelles familles. Une décision de la diète de Bohême prise en 1486 puis reprise telle quelle dans la *Landesordnung* de 1500 faisait de l'incolat, alors concédé par le roi et la diète, un choix exclusif en faveur du royaume de Bohême, le bénéficiaire ne devant plus avoir de propriétés au dehors. Cette mesure fut rapportée par la diète de 1564. Cette logique de l'exclusivité qui faisait qu'on était ou dehors ou dedans s'exprimait encore dans la *Landesordnung* morave de 1604, toute acquisition par un étranger de châteaux, villes ou biens dans le margraviat restant prohibée. Il fallait faire une démarche devant la diète ou le tribunal du pays et attendre la décision des seuls seigneurs moraves. À partir de 1627 en Bohême et de 1628 en Moravie, tout dépendit exclusivement de la volonté royale.

La Constitution rénovée bohémienne de 1627 prévoyait aussi que les nobles des pays incorporés (Moravie, Silésie et Lusaces) n'auraient plus besoin de cette autorisation royale s'ils voulaient acheter des biens en Bohême. Mais la cession des Lusaces à l'Électeur de Saxe conduisit Ferdinand III, par un rescrit du 28 mai 1651, à rétablir la nécessité de demander l'incolat pour les nobles qui en seraient originaires[20].

La maîtrise exclusive par le roi de l'accès aux catégories nobiliaires en Bohême et en Moravie est allée de pair avec un autre phénomène lié, lui aussi, aux migrations nobiliaires, l'imposition des titres de noblesse et de la hiérarchie propres au Saint-Empire. Non seulement, il y a eu des familles anciennes et d'autres nouvelles, mais l'ordre des

---

17   Obnovené Právo a Zřízení Zemské dědičného Království Českého/Verneuerte Landes-Ordnung des Erb-Königreichs Böhmen 1627, éd. par Hermegild Jireček, Prague, Vienne 1888; Obnovené Zřízení Zemské marghrabství moravského/Verneuerte Landes-Ordnung deroselben Erb-Marggraffthumbs Mähren 1628, éd. par Id., Prague, Vienne 1890. La Constitution rénovée pour la Bohême a fait l'objet de deux études récentes: Lutz Rentzow, Die Entstehungs- und Wirkungsgeschichte der Vernewerten Landesordnung für das Königreich Böhmen von 1627, Frankfurt/M. et al. 1998, et Hans-Wolfgang Bergerhausen, Die Verneuerte Landesordnung in Böhmen 1627. Ein Grunddokument des habsburgischen Absolutismus, in: Historische Zeitschrift 272 (2001), p. 327–351.

18   L'incolat n'existait pas dans les Lusaces. Sur les autres pays de la couronne de Bohême, pour la Bohême, voir Anton Gindely, Die Entwicklung des böhmischen Adels und der Inkolatsverhältnisse seit dem 16. Jahrhunderte, Prague 1886 (Abhandlungen der k. böhm. Gesellschaft der Wissenschaften, série 7, vol. I, Philosophisch-historische Klasse, 3), p. 1–40; pour la Moravie, Christian d'Elvert, Das Incolat, die Habilitirung zum Lande, die Erbhuldigung und der Intabulations-Zwang in Mähren und Oesterr.-Schlesien, in: Notizenblatt der historisch-statistischen Section der Kais. königl. mährisch-schlesischen Gesellschaft zur Beförderung des Ackerbaues, der Natur- und Landeskunde, 1882, p. 17–18, 29–32, 47–48, 51–55.

19   Il fallut attendre le règne de Charles VI pour que les diplômes d'incolat mentionnent explicitement et régulièrement dans quel groupe nobiliaire entrait le bénéficiaire, Gindely, Die Entwicklung (voir n. 18) p. 28. Cette double caractéristique anoblissement/naturalisation empêche par conséquent de considérer a priori tous les bénéficiaires de l'incolat comme des étrangers.

20   Ibid., p. 30.

seigneurs s'est trouvé subdivisé en princes[21], comtes[22], barons, ce qui provoqua une véritable inflation de titres dans laquelle furent prises les lignées, quelles que fussent leur ancienneté et leur origine. L'empereur et roi créa également des titres comte propres au royaume de Bohême et que les bénéficiaires ajoutaient à ceux d'Empire[23].

L'incolat ouvre le droit à la possession de biens nobles dans le pays. L'enregistrement des transactions était une obligation et se faisait, comme avant les années 1620, grâce à la Table du royaume (*Landtafel/Desky zemské*), en Bohême, dans la catégorie des *desky trhové* (*libri contractuum, quaterni contractuum*). La Table du royaume, apparue à partir de la seconde moitié du XIIIe siècle pour les jugements, puis établie en 1321 comme institution liée aux ordres, eut ensuite des équivalents en Moravie (à partir de 1348) ainsi qu'en Silésie (au cours du XIVe siècle)[24]. C'est cette inscription qui fonde la propriété et la rend héréditaire, mais c'est elle aussi qui marque l'appartenance à la noblesse du pays et le droit de siéger à la diète. Les lois et les jugements furent aussi consignés dans la Table. Pour la Bohême, l'ensemble de ces registres se trouvait conservé au château de Prague, à proximité de la salle où se réunissait la diète. Pour la Moravie, il y eut, jusqu'en 1642, deux lieux d'archivage, Olomouc et Brno, puis uniquement dans cette dernière ville après cette date. À partir des Constitutions rénovées de 1627 et 1628, l'inscription sur la Table du pays se fit au nom du roi. Dans les registres, l'allemand, désormais reconnu comme langue du pays à égalité avec le tchèque, s'imposa progressivement. Dès lors, le tchèque ne constituait plus un obstacle pour les nouveaux venus. Il l'était encore moins pour ceux qui avaient reçu ou acquis des biens dans des régions germanophones. Celles-ci, au nord comme au sud, furent particulièrement concernées par les changements de propriétaires. Il est vraisemblable qu'une partie des nouveaux venus, au moins de leur famille, n'avaient qu'une connaissance réduite de l'allemand mais parlaient italien ou français.

L'inscription était donc un point de passage obligé pour l'admission dans les noblesses du royaume. Celles-ci connaissaient de profondes mutations, là encore de longue durée, lorsque de nouvelles familles vinrent s'y adjoindre. La proportion de nobles dans la population totale n'avait cessé de diminuer depuis le XVe siècle, passant de 2 % vers 1450 à 0,5 % vers 1700, puis à 0,1 % à la fin du XVIIIe siècle. Dans cette noblesse en peau de chagrin, le rapport entre seigneurs et chevaliers s'était profondément modifié au profit des premiers qui, dès 1600, avaient possédé davantage

21 Les Liechtenstein (1608), Eggenberg (1623), Lobkowitz (1623), Dietrichstein (1631), Auersperg (1653), Schwarzenberg (1670)…
22 Un titre très recherché, si bien que les deux tiers de l'ordre seigneurial en jouissaient au milieu du XVIIIe siècle, soit 200 familles.
23 C'est le cas d'une branche Lobkowitz en 1677, déjà élevée au rang comtal dans l'Empire en 1667, puis des Kaunitz, comtes d'Empire en 1664, puis de Bohême en 1703. Il s'agissait de deux familles de la noblesse ancienne bohémienne ou morave. Il fallut attendre Marie-Thérèse pour voir concéder des titres de prince propres à la Bohême.
24 Voir Václav Letošník, Die böhmische Landtafel. Inventar, Register, Übersichten. Prague 1944; Pavla Burdová, Desky zemské království českého [La Table du royaume de Bohême], Prague 1990. Pour la Moravie, voir Karl Josef Demuth, Geschichte der Landtafel im Markgrafthume Mähren. Brno 1857. Miloslav Rohlík, Moravské zemské desky. III. sv. řady brněnské 1567–1641 [Tables du pays moraves 1567–1641], Prague 1957 et František Matejěk, Moravské zemské desky. III. sv. řady olomoucké 1567–1642 [Tables du pays moraves 1567–1642], Brno 1953.

de terres que les seconds, une tendance brutalement accélérée par la guerre de Trente Ans et qui perdura ensuite (vers 1600, 60 % des biens nobles sont aux seigneurs, 90 % vers 1750). L'arrivée des familles nouvelles (dans leur catégorie, pas nécessairement dans le pays) n'a pas modifié ces tendances déjà bien dessinées.

Si elle a changé profondément la physionomie des deux grands groupes nobiliaires en Bohême et en Moravie (mais pas en Silésie), elle n'a pas non plus signifié la constitution d'élites politiques majoritairement étrangères, car les anciennes familles sont demeurées les plus nombreuses: 72 % contre 28 % en 1656, d'après les données de la *berní rula* pour la Bohême stricto sensu[25]. Elles possédaient à cette date un tout petit peu plus de tenures serviles que les familles nouvelles: 27 180 contre 26 749, mais les plus grandes seigneuries sont désormais entre les mains de nouveaux venus[26]. Dans le cas morave, où une partie appréciable des nouveaux venus sont en fait des Bohémiens, il importe aussi de constater que les trois familles qui comptent le plus dans la vie du margraviat et qui en dominent la hiérarchie à la fois sociale et foncière étaient déjà là avant 1619 et en très bonne position: les Liechtenstein, les Dietrichstein et les Kounice (Kaunitz)[27].

Si les nouveaux venus dans les deux ordres nobiliaires, parmi lesquels une importante proportion de migrants nobiliaires, se rendent propriétaires d'une forte proportion du sol, peut-on dire qu'ils ont été aussi présents dans les institutions du pays? Faute d'études, la question reste irrésolue pour l'assistance et la participation effectives aux diètes. Mais on peut donner des éléments à propos des principales charges politiques du royaume auxquels l'incolat ouvre théoriquement l'accès. Les familles originaires du royaume, ou du moins anciennement présentes, ont-elles fait une place à celles arrivées après 1620? Il faut, bien entendu, examiner la situation dans la durée, autrement dit sur plusieurs générations.

Les grands offices du royaume de Bohême, désormais au nombre de douze (avec l'inclusion dans la liste de l'*Appellationspräsident* et du *Kammerpräsident*), sont depuis 1627 à la nomination du roi. Ils ont cessé d'être héréditaires et leurs détenteurs ne les tiennent que pour une durée de cinq années. Pourtant, l'examen de la liste des titulaires de ces prestigieuses fonctions fait tout de suite apparaître combien elles sont demeurées solidement tenues par la vieille noblesse de Bohême. Celle-ci a pourvu sans défaillance la charge de grand chancelier de Bohême et la plupart des autres

25 Données d'après POLIŠENSKÝ, Changes (voir n. 4), p. 202–215.
26 Ibid., p. 215: la répartition de la propriété en 1656 selon l'ancienneté des familles et la taille des patrimoines.

	Familles	Nombre de familles	Nombre de tenures serviles
A : moins de 100 tenures serviles	nouvelles	137	3620
	anciennes	262	4125
B : 100 à 500	nouvelles	41	8776
	anciennes	37	7428
C : 500 à 900	nouvelles	5	3447
	anciennes	10	7483
D : plus de 900	nouvelles	5	10346
	anciennes	6	8823

27 C'est ce qu'a mis en évidence VÁLKA, Morava Reformace (voir n. 1), p. 140.

aussi[28]. Neuf des douze charges revenaient à des familles de seigneurs. De 1628 à 1741, celles-ci furent au nombre de vingt-cinq. Il n'y eut parmi elles que quatre lignées qui n'étaient pas dans le pays avant 1620: Trauttmannsdorff, Sinzendorf, Colloredo et Gallas. Les deux premières sont parvenues à une des neuf charges rapidement après leur établissement en Bohême. Trois Trauttmannsdorf ont détenu chacun une charge entre 1645 et 1696, tandis que la présence de l'unique Sinzendorf fut éphémère en 1672. En revanche, il fallut plusieurs générations avant qu'un Colloredo ou un Gallas accèdent à une de ces charges en 1708, trois bons quarts de siècle après l'installation de leurs ancêtres. Quant aux trois charges réservées aux chevaliers, sur les vingt-et-une familles qui y eurent accès de 1628 à 1741, seules deux (peut-être quatre) étaient d'origine étrangère, celle du juriste néerlandais Willem Gervasius Van Gollen et celle de Johann Franz Goltz, venue de Poméranie. Si, en 1682–1685, le premier offre ici un rare exemple de trajectoire individuelle, le second, entre 1720 et 1749, est issu d'une famille installée en Moravie depuis 1636. Regardons par comparaison la liste des capitaines du pays en Moravie de 1640 à 1746. Sur neuf noms, trois sont apparus dans le pays depuis le début du XVIIe siècle: Rottal (1611 pour l'achat d'une première seigneurie, 1648 pour l'entrée en charge), Serényi (début XVIIe pour la première seigneurie, 1655 pour la charge), puis Colloredo (1636 pour l'achat d'Opočno, 1714 pour la charge)[29]. Même si le sommet de l'édifice institutionnel du margraviat est un peu plus ouvert aux familles d'installation récente, il n'en demeure pas moins que celles originaires du pays occupent sans contestation les charges les plus importantes. Avec des institutions différentes, on arrive à une conclusion similaire en Silésie à propos du *Landeshauptmann*. Il faut certes mettre à part les évêques de Breslau, mais les seuls princes récents non directement issus du pays sont en 1639–1641 Karl Eusebius von Liechtenstein, prince de Troppau et de Jägerndorf, puis, en 1671–1676, Václav Eusebius Lobkovic, prince de Sagan[30]. Le premier est originaire de Moravie et le second de Bohême.

Les fonctions les plus en vue de nos trois pays sont donc très inégalement ouvertes aux nouveaux venus. On comprendra d'autant mieux la discrète mais réelle fierté du petit-fils de Servais Engel von Engelfluß, juge au tribunal d'appel de Bohême, qui se fit représenter avec les armes attribuées à son grand-père dans un tableau conservé dans le château familial de Mníšek pod Brdy montrant Charles VI présidant une audience[31]. Ainsi, dans les trois pays de la couronne, les familles anciennes conservent les positions institutionnellement prééminentes. Est-ce que ce sont elles qui donnent le ton?

---

28 Voir les listes nominatives données par Eila Hassenpflug-Elzholz, Böhmen und die böhmischen Stände in der Zeit des beginnenden Zentralismus. Eine Strukturanalyse der böhmischen Adelsnation um die Mitte des 18. Jahrhunderts, Munich, Vienne 1982, p. 65–70.
29 Válka, Morava reformace (voir n. 1), p. 245.
30 Jiráska (dir.), Slezsko (voir n. 2), annexes non paginées.
31 Miloš Dempir, Státní zámek Mníšek pod Brdy [Le château d'État de Mníšek sous Brdy], Prague 2006, p. 15.

INTÉGRATION

Une fois possessionné dans un des pays de la couronne de Bohême, comment devient-on un noble attaché à son pays? Combien de temps faut-il pour se sentir chez soi dans un des pays de la couronne et être reconnu, et pas seulement juridiquement, comme faisant pleinement partie de la noblesse de ce territoire? Au-delà de la diversité des histoires familiales, il est possible de dégager quelques traits essentiels sur la manière de s'enraciner dans un territoire qui devient perçu comme la patrie.

Les horizons qui sont ceux d'une famille et ses ambitions sont une donnée majeure facilitant ou retardant l'enracinement dans le pays. Que représentaient pour elle les biens reçus ou acquis dans un territoire qui n'était pas le sien? Conservait-elle des liens avec le berceau familial? L'établissement en Bohême ne veut pas dire la même chose pour toutes les lignées.

Il y a d'abord celles pour qui tout est à gagner en Bohême (au sens large), parce que le retour au pays est impossible (Raduit de Souches), ou parce que le patrimoine qui leur est dévolu chez eux est insuffisant – plutôt des militaires.

On remarque ensuite celles pour qui la Bohême signifie une installation imprévue, voire non désirée, mais assumée afin de ne pas perdre les biens qu'on y a reçus: Marie-Madeleine de Buquoy, vivant à la cour de l'Infante à Bruxelles, doit aller s'établir en Bohême afin de conserver les biens donnés par Ferdinand II à son défunt mari, en dédommagement partiel des frais que celui-ci avait réglés.

Pour d'autres, enfin, la Bohême est un élément dans une ample stratégie visant à la constitution d'un vaste ensemble de biens, dans le royaume et ailleurs: pour les Eggenberg, qui reçoivent de Ferdinand II le duché de Krumlov, qui s'ajoute à leur patrimoine styrien; pour les Schwarzenberg, qui s'établissent en Bohême alors qu'ils ont déjà des biens dans l'Empire et en Styrie; pour les Salm, au XVIIIe siècle, en Moravie.

Dès lors, horizons et attentes ne sont pas les mêmes. On remarque aussi bien des familles dont la totalité des biens se trouve dans un ou plusieurs des pays de la couronne de Bohême et d'autres dont le patrimoine s'étend dans plusieurs territoires de la monarchie autrichienne, voire en dehors, les seigneuries bohémiennes ou moraves formant ou non le gros de ce qu'elles possèdent.

Cette question du centre de gravité d'un patrimoine est majeure. Pendant tout le XVIIe siècle, l'histoire des Buquoy se déroule à la fois aux Pays-Bas espagnols (où ils obtiennent le titre de prince en 1688) et en Bohême[32]. Ce n'est qu'au tournant des XVIIe et XVIIIe siècles que la Bohême, avec le fidéicommis établi dès 1663, devient l'unique horizon de la famille, qui a cessé de fréquenter la cour de Vienne. Les Schwarzenberg se sont constitué une base territoriale considérable en Bohême du Sud dès le début des années 1660, et celle-ci est encore accrue par l'énorme héritage

---

32 Sur cette famille, Olivier CHALINE, Les Buquoy, d'Artois en Bohême, Revue des études slaves 78/4 (2007), p. 431–450, ainsi que Marie-Élisabeth DUCREUX, Les Buquoy dans l'histoire de la Bohême (1621–1848), in: Le palais Buquoy, ambassade de France à Prague, Paris 2005, p. 67–112.

Eggenberg en 1719[33]. Si la Bohême constitue l'essentiel du fidéicommis instauré en 1703, nous sommes ici dans le cas d'une famille princière dont l'horizon conjugue la cour impériale et ses hautes charges, la monarchie et l'Empire. Les biens de Bohême deviennent le premier champ d'action des princes Schwarzenberg dans la seconde moitié du XVIIIᵉ siècle lorsqu'il faut rétablir l'opulence familiale, un temps compromise. Encore un siècle et la famille, surtout sa branche cadette, incarne à la diète de Bohême la noblesse historique tchèque.

S'enraciner dans le royaume, c'est aussi s'allier à des familles qui y sont présentes depuis plus ou moins longtemps. Mais les choix sont fonction de ce que nous venons de voir à propos des horizons et des ambitions. Les épouses des Buquoy sont jusqu'au XVIIIᵉ siècle choisies soit aux Pays-Bas, soit à la cour de Vienne. Celles des princes Schwarzenberg sont de rang équivalent, mais avec manifestement une préférence pour les pays de la couronne car elles sont souvent Lobkowitz ou Liechtenstein. L'exemple des Gallas est tout à fait éclairant quant au rôle intégrateur des alliances[34]:

– Matteo (1588–1647), le premier à venir en Bohême et à y obtenir des seigneuries, dont celle de Friedland, confisquée à Wallenstein, avait épousé auparavant successivement deux compatriotes, Isabella Arco puis Dorotea Lodron. Celle-ci, une fois veuve, se remaria avec Ferdinand Liechtenstein, de Moravský Krumlov;

– à la deuxième génération en Bohême, les deux filles se marient toutes deux en 1657 dans le pays: Teresa avec Ferdinand Léopold Piccolomini, comte de Náchod (donc d'une famille au profil comparable à la sienne), Maria Victoria à Jan Václav Novohradský z Kolovrat (d'une famille appartenant à la vieille noblesse tchèque). La même dualité se retrouve avec les deux garçons: l'aîné, Franz Ferdinand (1635–1697), épousa en premières noces Kateřina Barbora z Martinic (d'une famille politiquement très influente) puis, en secondes, Johanna Emerentia Gašín z Rosenbergu, tandis qu'Anton Pancraz se maria avec Anna Victoria Arco;

– la troisième génération confirme l'enracinement: des enfants parvenus à l'âge adulte de Franz Ferdinand, Johann Wenzel/Jan Václav épouse successivement deux sœurs Dietrichstein, Kajetana un comte Vrbna z Bruntálu et Johanna Aloysia un comte Colonna von Fels (dont la famille est en Bohême depuis le XVIᵉ siècle). Leur cousin Philipp Franz s'est marié avec une Mansfeld, veuve d'un Žerotin.

Il y a donc eu deux types d'alliances, celles entre familles comparables originaires d'Italie du Nord et du Trentin, celles entre lignées anciennes bohémiennes et moraves. Mais avec le temps, la différence s'estompe peu à peu.

Aux liens de famille, il faut ajouter la conformité de mode de vie qui, dans la durée, facilite l'intégration. Elle passe par la propriété foncière et seigneuriale mais aussi par celle d'un palais à Prague. Matteo di Gallasso obtint en 1634 les seigneuries de Friedland et Reichenberg (Liberec), confisquées à Wallenstein, puis, en 1636, celle de Smiřice, prise à Trčka; il avait aussi reçu le palais de Vilém Kinský, dans la vieille ville de Prague. Mais son horizon restait autant trentin que bohémien car il acquit un palais à Trente et acheta des biens dans la région alentour. Dès la deuxième génération,

---

33   Voir Olivier CHALINE (dir.) avec la collaboration d'Ivo CERMAN, Les Schwarzenberg, une famille dans l'histoire de l'Europe, Panazol 2012.
34   Voir la commode mise au point de Martin KRUMMHOLZ, Gallasové (1634–1757), in: Clam-Gallasův palác – Johann Bernhard Fischer von Erlach, Prague 2007, p. 11–30.

le lien fut rompu avec le berceau familial. Franz Ferdinand vécut à Prague et sur ses terres tchèques. Sa seconde femme et lui y fondèrent un pèlerinage marial (à Hernice, près de Frýdlant), et y firent édifier un couvent et une sépulture familiale, leur fils Johann Wenzel achevant l'église commencée par ses parents et faisant rebâtir par Fischer von Erlach le palais pragois.

L'exemple des Gallas fait apparaître plusieurs éléments sur lesquels il importe de revenir pour comprendre l'enracinement dans les pays de la couronne de Bohême. Signalons d'abord le choix du lieu de sépulture: mettre les morts de la famille en terre bohémienne, les confier à la prière d'une communauté religieuse sont des décisions qui achèvent de créer un lien fort avec un pays. Matteo di Gallasso avait été enterré dans l'église des jésuites de Trente, mais son fils aîné établit en 1691 la nécropole familiale en Bohême du Nord, à Hernice, et la confia à la garde des franciscains. À l'autre extrémité du pays, Ferdinand Buquoy se fit inhumer à Nové Hrady/Gratzen, auprès de sa grand-mère Marie-Madeleine, dans l'église qui devint celle du couvent de servites qu'il fonda en 1677.

L'Église joue un rôle notable dans l'enracinement familial, à la fois par les bénéfices qui peuvent être obtenus pour des cadets (notamment dans des chapitres) et par les dévotions, qui poussent à bâtir des églises de pèlerinage sur les seigneuries. C'est le cas d'Ignac Engel von Engelfluß, le fils de Servais Engel, déjà rencontré plus haut. Son père avait acheté en 1655 la seigneurie de Mníšek pod Brdy, au sud-ouest de Prague, et y avait fait construire un vaste château. Lui-même aménagea dans le voisinage un sanctuaire dédié à sainte Marie-Madeleine. L'enracinement par les sanctuaires vaut aussi pour les Buquoy sur leurs terres de Bohême méridionale, à Lomec d'abord, puis à Dobrá Voda et à Trhové Sviny[35]. Construire une réplique de la Santa Casa di Loreto dans sa seigneurie, c'est aussi dire que la terre qui est la vôtre en Bohême ou en Moravie est devenue portion de la Terre sainte. S'associer au culte d'une figure aussi prestigieuse pour l'histoire nationale que celle de saint Venceslas ou celle de Saint Jean Népomucène est une manière éloquente de montrer son attachement au royaume.

Le ciel tchèque est en ce temps de reconquête catholique un enjeu essentiel pour l'affirmation d'un patriotisme bohémien fidèle à l'Église romaine. Le choix des prénoms peut ainsi aller de pair avec la dévotion et l'enracinement territorial sous la protection du saint patron: il n'est pas sans intérêt de noter que le petit-fils et héritier de Matteo di Gallasso reçoit en 1671 comme second prénom Wenzel/Václav, celui du premier duc chrétien de Bohême. Saint Jean Népomucène, le chanoine de Prague, canonisé en 1729, trouve chez les Schwarzenberg des dévots fidèles qui adoptent son culte avec ferveur, et leur cas n'est pas isolé[36].

35   Olivier CHALINE, Les églises des Buquoy en Bohême du Sud, in: ID. (dir.), Familles nobles, châteaux et seigneuries en Bohême, XVIᵉ–XIXᵉ siècle, Histoire, économie et société 26/3(2007), p. 127–143.

36   Hans-Jürgen BECKER, Ein neuer Staatspatron für Böhmen: die verfassungsrechtliche Dimension des Johannes von Nepomuk-Kultes im 18. Jahrhundert, dans: Karel MALÝ, Ladislav SOUKUP (Hg), Vývoj české ústavnosti v letech, 1618–1918 [Le développement des institutions tchèques, 1618–1918], Prague 2006, p. 215–231; Martin GAŽI, La »pietas schwarzenbergica« dans la Bohême de l'époque moderne, in: CHALINE (dir.), Les Schwarzenberg (voir n. 33), p. 163–172.

Il y a donc plusieurs manières pour une famille de s'intégrer dans le pays. On pourrait aussi examiner la manière dont on a pu se rattacher à l'histoire, vraie ou mythique, de ce qui devient avec le temps la terre des pères. Au temps des flatteuses généalogies développées par les auteurs baroques, les Dietrichstein purent se faire présenter comme des descendants du grand prince morave Svatopluk…, tandis que les Questenberg, issus du patriciat colonais, préféraient exalter l'origine du château qu'ils occupaient.

***

Quelques remarques pour conclure: les migrations nobiliaires se sont faites dans les deux sens, du pays vers l'extérieur, essentiellement à l'époque de la guerre de Trente Ans, de l'extérieur vers les pays de la Couronne (surtout Bohême et Moravie), pendant une durée beaucoup plus longue, avant comme après. Les nobles n'ont pas été les seuls migrants à venir s'établir en Bohême: il faudrait pouvoir faire la part aussi des ecclésiastiques, des artisans et des artistes, des soldats etc.

L'image d'une noblesse tout étrangère enrichie grâce aux dépouilles de la noblesse nationale relève de la mythologie nationaliste des XIXe et XXe siècles et non de l'histoire, même si elle peut avoir encore un écho aujourd'hui dans une opinion publique mal informée. Elle ne résiste pas face au constat, d'une part, d'une proportion demeurée importante de familles du pays et, d'autre part, des circulations entre les différents pays de la Couronne. Au moins autant que la composition de ces noblesses, ce sont leurs horizons qui ont changé en s'élargissant, lorsque la cour impériale est venue s'ajouter aux diètes.

À condition qu'ils soient restés sur place et aient évité l'extinction biologique, les nouveaux venus se sont intégrés au(x) pays où ils ont obtenu l'incolat en un nombre variable de générations, selon les ambitions et les horizons qui étaient les leurs. Deux ou trois générations ont suffi pour des familles qui ont trouvé sur place femmes et charges. Pour d'autres, de rang princier et davantage tournées vers les carrières auliques, il a fallu plus de temps et un autre contexte, celui du romantisme. Mais leurs terres et leurs morts les ont enracinées.

ANNE MOTTA

Le pouvoir princier délocalisé

Errances de la noblesse lorraine et sentiment national au XVIIᵉ siècle

Indépendants seulement depuis le traité de Nuremberg de 1542, les duchés de Lorraine et de Bar[1] forment ce »pays d'entre-deux«[2] dont l'existence est continuellement menacée au cours de l'époque moderne. La faiblesse géopolitique de ce petit État contraste avec les prétentions des ducs qui, à partir du règne de Charles III (1545–1608), veulent être reconnus sur l'échiquier politique européen. Imitant les puissances voisines, les ducs s'entourent d'une cour et d'une administration de plus en plus étoffées, peuplées de serviteurs dévoués, choisis pour la plupart d'entre eux parmi le second ordre.

En effet, l'affirmation de l'autorité ducale a fait reculer l'esprit d'indépendance qui caractérise l'ancienne chevalerie composée des plus anciennes maisons originaires du duché de Lorraine – Du Châtelet, Haraucourt, Lenoncourt et Ligniville – auxquelles sont venues s'agréger des familles étrangères, dont les membres apparaissent sous le nom de »pairs fieffés« dans les sources: soixante-dix lignages environ, au début du XVIIᵉ siècle, représentent ainsi la fine fleur de l'aristocratie locale. Cette caste au caractère féodal encore très marqué s'est imposée comme l'élite sociale, morale et politique des duchés dès la fin du Moyen Âge. Associée de près aux responsabilités, l'ancienne chevalerie entretient avec la dynastie régnante une proximité qui structure les liens au sommet du pouvoir.

C'est cette construction politique, légitimée par la prestation d'un serment mutuel, réactivé à chaque avènement, et renforcée par une affectivité fixée sur la personne du duc, qui est remise en cause à partir de 1633: l'irruption dans les duchés des Français se préparant à un conflit ouvert contre les Habsbourg donne le signal d'une longue occupation qui ne prendra fin qu'avec le traité de Ryswick en 1697. La Lorraine sombre alors dans la guerre et l'occupation, tandis que le cardinal de Richelieu fait table rase des institutions existantes[3], contraignant le duc Charles IV (1624–1675) à quitter son territoire patrimonial. En dehors d'un court répit et de brèves retrouvailles entre le prince et ses sujets de 1661 à 1670, les duchés sont coupés de leur souverain naturel, et les nobles sont brutalement privés du service princier.

---

1   L'union des duchés de Lorraine et de Bar est effective depuis 1483. Bien que reconnus »libres et non incorporables« à partir de 1542, les duchés continuent à bénéficier de la part de l'Empire d'une forme de protection qui réduit leur marge de manœuvre, notamment dans le domaine de la politique extérieure.

2   L'expression est de l'historien René Taveneaux. Elle rappelle la position géographique inconfortable de la Lorraine, prise en tenaille entre la France et le Saint Empire romain germanique.

3   Dès l'automne 1634, les Français installent une nouvelle administration dans les duchés, confiée au gouverneur, le comte de Brassac. Le conseil souverain, pièce maîtresse du dispositif, absorbe les compétences de toutes les autres cours de justice de Lorraine.

Cette intrusion de »l'autre« dans l'espace ducal a mis au premier plan la question de l'identité lorraine, notamment chez les nobles, qui se considèrent comme les gardiens de ce jeune État et qui ont érigé en principe la fidélité à celui qui l'incarne. Dans le même temps, le comportement du duc, évoluant au gré de la conjoncture européenne et parfois selon ses seuls intérêts, questionne l'identité nobiliaire basée sur cette loyauté. C'est dans les réactions des nobles à ces perturbations croisées que nous allons tenter de décrypter l'expression d'un sentiment national, ainsi que la signification qu'il revêt pour le groupe. L'expérience de l'exil pour une partie de la noblesse crée une situation inédite, propice à une réflexion dans ce sens.

Il nous faut d'abord revenir sur la vocation ancienne des nobles à incarner l'identité lorraine avant d'observer le renforcement du sentiment dynastique chez les exilés, alors même que vole en éclat le triptyque formé par le prince, l'État et le territoire d'origine, autrement dit les signes les plus matériels de la nation. L'errance renvoie aux mouvements des individus dans l'espace, mais le terme renferme aussi une dimension idéologique car les positions politiques, individuelles et lignagères évoluent au cours de la période envisagée, soit des années 1630 aux années 1690. En effet, la durée des épreuves, ainsi que les incertitudes liées au pouvoir central, sont à l'origine d'une tension entre idéal de loyauté collective et conscience de soi qui révèle la complexité et l'ambiguïté du rapport que noblesse et nation entretiennent à l'époque moderne.

LA VOCATION ANCIENNE DE LA NOBLESSE À INCARNER LA CONSCIENCE NATIONALE

Si le terme »nation« est utilisé par les contemporains pour désigner l'ensemble des sujets du souverain lorrain, les nobles sont alors considérés comme les »héros de la nation«[4] parce qu'ils ont participé au processus simultané de concentration de l'espace et de l'autorité centrale. Leurs dispositions à servir le premier des gentilshommes les placent ainsi parmi les principaux acteurs de l'histoire locale.

Selon Jean-Marie Moeglin, la forme étatique qui s'impose dès la fin du Moyen Âge en Europe occidentale est »un État de type dynastique, reposant sur l'idée d'un lien nécessaire entre une terre et un peuple d'un côté, une dynastie donnée de l'autre«[5]. L'État lorrain s'est bel et bien construit sur ce modèle, et l'ancienne chevalerie peut de son côté se prévaloir d'un ancrage territorial et juridique ancien et puissant. À la tête d'un important maillage de maisons fortes[6] et détentrice de droits seigneuriaux nombreux, cette minorité aux attaches terriennes solides est parvenue à asseoir sa propre domination sur les campagnes. Vivant sur des territoires morcelés et sans

4   Charles-Ambroise PELLETIER, Nobiliaire ou Armorial de la Lorraine et du Barrois, en forme de dictionnaire, (1758), Nancy 1974, t. I, p. V.
5   Rainer BABEL, Jean-Marie MOEGLIN (dir.), Identité régionale et conscience nationale en France et en Allemagne du Moyen Âge à l'époque moderne, Sigmaringen 1997, p. 10.
6   Gérard GIULIATO, Châteaux et maisons fortes en Lorraine centrale, Paris 1992.

cesse en guerre[7], habitués à un pouvoir lointain et encore mal assuré, les grands seigneurs lorrains continuent de jouir d'une belle indépendance malgré les progrès accomplis par l'État au cours du XVe siècle.

Durant cette période, les menaces que font peser sur les duchés les luttes d'influence entre la Bourgogne[8] et la France ont suscité des réflexes défensifs au sein de l'ancienne chevalerie, provoquant aussitôt une complicité entre cette dernière et le prince, désireux de préserver l'intégrité de son territoire. Le rapprochement entre les gentilshommes et le meilleur d'entre eux s'est produit sur le champ de bataille, dans cette résistance commune à l'adversaire. Prévue par le traité de Foug du 20 mars 1418, l'union des duchés de Lorraine et de Bar, fondée sur le mariage entre René d'Anjou (1431–1453), fils adoptif de Louis de Bar, et Isabelle de Lorraine, fille et héritière du duc de Lorraine, a reçu l'approbation de l'ancienne chevalerie[9]. Celle-ci s'est rangée du côté de René d'Anjou alors même que son héritage lorrain était convoité par son rival, Antoine de Vaudémont[10]. Bien qu'obtenu dans un contexte d'urgence, cet appui des familles les plus influentes des duchés a donné une légitimité au lien naissant entre dynastie et territoire. Au début du XVIIe siècle, l'ancienne chevalerie consent cette fois au montage juridico-politique imaginé par le futur Charles IV et son entourage, qui permet au jeune duc d'évincer son épouse, la princesse Nicole, seule héritière du duc défunt Henri II (1608–1624), afin de régner en son nom seul à partir de 1625: après avoir exhumé le testament de René II (1473–1508), l'intéressé soutient devant une assemblée composée des membres les plus éminents de l'ancienne chevalerie, et convoquée pour la circonstance, que le document atteste de la validité de la loi salique en Lorraine. Prise à témoin dans cette manipulation du droit, la haute noblesse a permis au nouveau duc de confisquer la couronne à son seul profit.

Associée à ces actes fondateurs, la chevalerie lorraine s'est donnée pour mission de conserver l'État lorrain qu'elle a contribué à faire progresser. Elle n'avait aucune raison de s'opposer à ses avancées, car non seulement sa primauté dans le service était maintenue, mais ses prérogatives se trouvaient même augmentées. Conscient de la fragilité d'un pacte scellé pour freiner le danger extérieur, le duc René a voulu pérenniser cette alliance en lui donnant des bases juridiques et institutionnelles: pour la première fois, en 1431, le serment prêté par un duc ne s'adressait plus seulement aux représentants de l'Église, conformément à la tradition, mais à l'ensemble du »bras séculier«, et par conséquent en premier lieu à la noblesse. L'ancienne chevalerie a vu dans la foulée son autonomie judiciaire renforcée: seule admise au tribunal des as-

---

7   Si, dès 1400, les duchés de Bar, de Lorraine et de Luxembourg se dégagent de cet ensemble géopolitique disparate, les ducs doivent encore composer avec une multitude de seigneurs locaux. Les rivalités entre grands lignages sont source de tensions continuelles, voire de guerres privées.

8   La bataille de Nancy qui a vu la défaite de Charles le Téméraire le 5 janvier 1477 fait encore l'objet d'une commémoration annuelle au XVIIIe siècle.

9   Christophe RIVIÈRE, La noblesse, pilier de l'État princier. L'exemple du duché de Lorraine entre Royaume et Empire, dans: Marco GENTILE, Pierre SAVY (dir.), Noblesse et États princiers en Italie et en France au XVe siècle, Rome 2009, p. 157–172, ici p. 161.

10 Antoine de Vaudémont est le neveu de Charles II (1390–1431). Le duc de Bourgogne, Philippe le Bon, soutient ce dernier à la succession de Lorraine contre René d'Anjou, gendre du duc Charles II. René d'Anjou est fait prisonnier par le duc de Bourgogne au lendemain de la bataille de Bulgnéville (2 juillet 1431).

sises – sorte de cour des pairs –, elle a obtenu le privilège exclusif de juger sans appel tous les litiges entre chevaliers, entre l'un des siens et un tiers, et même tout appel interjeté des cours où se trouvent impliqués vassaux et arrière-vassaux du duc. Quant au prince, il devait lui aussi relever de cette justice. Cette réforme judiciaire voulue par René d'Anjou a placé ainsi les assises au-dessus de toutes les autres instances, seigneuriales et ducales. Bien que rabaissée par ses successeurs[11], cette cour fonctionne jusqu'au début des années 1630, alors que partout ailleurs en Europe de tels tribunaux ont pour ainsi dire disparu[12]. La survivance d'une institution de ce type fait de la Lorraine du XVIIe siècle »un pays de profonde féodalité«[13] et témoigne du maintien d'un pouvoir aristocratique fort, à côté de l'autorité ducale. Outre cette prérogative exclusive dans le domaine de la justice, les familles nobles les plus anciennes exercent leur domination dans le cadre des états généraux, dont l'existence est attestée depuis le XVe siècle[14]. C'est dans cette institution chargée avant tout de consentir l'impôt que s'incarne le mieux leur rôle politique. Véritable tribune pour le second ordre, cette assemblée conforte le gentilhomme dans son rôle »d'interprète naturel du sentiment des populations«[15] et permet d'entretenir l'idéal de collaboration cher à l'ancienne chevalerie, entre le souverain, le Conseil et les États.

En même temps qu'ils se considèrent comme les défenseurs de l'intérêt commun, les nobles cherchent à se différencier du reste de la population: au cours du XVIe siècle, l'œuvre d'unification territoriale des duchés est complétée par une tentative d'uniformisation par le droit qui affirme la supériorité des catégories nobiliaires. En effet, la coutume de Lorraine, homologuée en 1594, a parachevé l'ancrage juridique des nobles dans le territoire: les »laïcs sont de trois sortes: gentilshommes, annoblis et roturiers«, lit-on à l'article IV[16]. Non seulement le texte fixe la hiérarchie sociale, mais il établit une distinction claire entre ancienne chevalerie et anoblis, ces derniers étant toujours plus nombreux dans l'administration[17].

C'est au prix de telles concessions que le prince a pu asseoir son pouvoir et gagner la confiance de la noblesse. Il a ainsi freiné l'inclination du second ordre à la liberté et a rassemblé ses membres qui, au-delà de leur diversité, se retrouvent dans le service pour relayer et soutenir son autorité. Par ailleurs, la noblesse participe au rayonnement du pouvoir, formant de surcroît, comme dans toute autre monarchie, l'»ornement«[18] de l'État et de la cour.

11   Charles III a empiété sur les prérogatives des assises en obligeant ce tribunal à partager, par exemple, certaines causes avec le tribunal du change et avec le conseil ducal.
12   Un tribunal équivalent aux assises subsiste au Luxembourg. Il a été confirmé par une ordonnance impériale du 16 février 1548.
13   Micheline CUENIN, La dernière des Amazones. Madame de Saint-Baslemont, Nancy 1992, p. 13.
14   Émile DUVERNOY, Les états généraux des duchés de Lorraine et de Bar jusqu'à la majorité de Charles III, Paris 1904.
15   G.-E. MEAUME, Histoire de l'ancienne chevalerie lorraine (1869), Nîmes 2003, p. 48.
16   Charles-Antoine BOURDOT DE RICHEBOURG, Nouveau coutumier général ou corps des Coutumes générales et particulières de France et des provinces, Paris 1724, p. 1023, 1048.
17   La nouvelle noblesse compte environ 500 familles à la fin du XVIe siècle.
18   Dans les sources relatives à la noblesse (lettres patentes par exemple), l'expression est un lieu commun pour désigner le groupe.

Selon Jean-Frédéric Schaub, les formes de mobilisation collective n'ont en rien préparé le nationalisme[19]. Pourtant, il nous semble que dans le cas lorrain elles ont pu contribuer à entretenir l'adhésion à la maison régnante, indispensable dans ce petit État dynastique. La pompe funèbre de Charles III, en 1608, considérée comme l'archétype du cérémonial mortuaire en Europe à l'époque moderne, relève de ce dessein tant il constitue une »formidable entreprise de communication«[20]: après le long règne de son père, Henri II veut asseoir sa propre légitimité et, dans la lignée politique du duc défunt, proclamer à la face du monde l'indépendance des duchés. Cette cérémonie est une démonstration de grandeur orchestrée par le souverain qui, en associant les serviteurs de l'État, tous issus de la noblesse, veut apparaître comme le fruit d'une entreprise collective[21]. La médiatisation de l'événement participe à la fabrication de l'emblématique princière, qui nourrit à son tour l'idéal national.

À leurs ambitions politiques, les princes lorrains ont ajouté l'idéal de croisade qu'ils ont porté aux nues, au point de faire de la lutte contre l'Infidèle »l'apanage providentiel du duché«[22]. Partageant les valeurs de l'ancienne chevalerie qui ne rêve que d'exploits militaires et de conquêtes religieuses, les ducs ont, par cette voie, encore augmenté leur pouvoir charismatique et convaincu leurs meilleurs sujets que la vraie noblesse se gagne dans le combat spirituel[23]. Comme l'a souligné Wolfgang Reinhard à propos de l'espace germanique[24], l'appartenance confessionnelle a aussi joué un rôle important dans les mécanismes d'identification au sein du second ordre. Dans les duchés où la lutte contre l'hérétique est une priorité politique, les mobiles religieux ont créé une osmose entre le prince et les élites nobiliaires, portés par un même idéal chrétien.

Victorieux de la menace extérieure, et seul bénéficiaire de l'unification territoriale, le pouvoir princier s'est imposé au cours du XVIe siècle et s'est constitué en pôle unique, capable de capter le regard des élites. Face aux offensives du modèle centralisateur français, le prince et la noblesse ont dû résister ensemble pour affirmer les particularismes locaux. Les dangers extérieurs ont donc joué le rôle de catalyseur dans l'émergence de l'État et dans la construction d'une identité lorraine, incarnée par les

19 Jean-Frédéric SCHAUB, Le sentiment national est-il une catégorie pertinente pour comprendre les adhésions et les conflits sous l'Ancien Régime?, dans: Alain TALLON, Le sentiment national dans l'Europe méridionale aux XVIe et XVIIe siècles, Madrid 2007, p. 155–167.
20 Le sens politique de la cérémonie a été mis en lumière par Philippe MARTIN, Les funérailles de Charles III, dans: ID. (dir.), La pompe funèbre de Charles III, 1608, Metz 2008, p. 7–16. Sur ce cérémonial des funérailles en général, voir Ralph E. GIESEY, Le roi ne meurt jamais; les obsèques royales dans la France de la Renaissance, Paris 1957.
21 Le récit de la pompe funèbre de Charles III, publié par Jean Savine en 1609, est accompagné d'un recueil de soixante-trois planches dont l'auteur est Claude de La Ruelle, alors maître des cérémonies. Sur ces gravures sont représentés et nommés les membres de la haute aristocratie qui occupent une fonction importante au sein de l'État.
22 Paulette CHONÉ, Emblèmes et pensée symbolique en Lorraine, Paris 1991, p. 57. Sur la construction de ce mythe, lire René TAVENEAUX, L'esprit de croisade en Lorraine aux XVIe et XVIIe siècles, dans: L'Europe, l'Alsace et la France. Études réunies en l'honneur de Georges Livet, Strasbourg 1986, p. 257–268.
23 Se reporter aux travaux d'Ariane Boltanski sur les liens entre noblesse et réforme catholique.
24 Wolfgang REINHARD, Konfession und Konfessionalisierung in Europa, dans: ID. (dir.), Bekenntnis und Geschichte. Die Confessio Augustana im historischen Zusammenhang, Munich 1981, p. 165–189, ici p. 188.

»principaux de la noblesse«[25] et arrimée au souverain. Forts de leur prééminence et assurés de leurs libertés, les nobles se sont laissé séduire par les nouvelles exigences du service induites par la transformation de l'État. Cependant, si la loyauté est devenue le point nodal de l'honneur nobiliaire, le sentiment national n'est pas figé à cette époque au point d'empêcher le dépassement d'une frontière omniprésente. Plus qu'ailleurs, dans cet État des confins, le prince doit veiller à retenir une noblesse tentée de rejoindre des souverainetés plus puissantes, en temps de paix, et *a fortiori* dans les périodes de troubles. D'où cette nécessité constante de prévenir les aléas de la fidélité et de légiférer dans ce sens; ainsi Henri II puis Charles IV sont-ils obligés, à plusieurs reprises, de défendre à leurs sujets de prendre parti ailleurs, sans avoir obtenu au préalable leur approbation[26]. L'irruption soudaine des Français dans cet espace politique fragile, à l'aube du XVIIᵉ siècle, et la rupture immédiate du lien entre territoire et dynastie qui s'ensuit obligent les nobles à exprimer plus clairement leur appartenance. Cette nouvelle confrontation à l'étranger met à l'épreuve la fidélité, devenue la clé de voûte de la conscience nationale nobiliaire.

NOBLES EN EXIL
RENFORCEMENT DU SENTIMENT DYNASTIQUE

Le projet de la France de consolider ses frontières à l'est conduit Richelieu à occuper les duchés: le 24 août 1633, le roi franchit les portes de Bar et un mois plus tard, le 25 septembre, son entrée solennelle à Nancy, capitale des duchés, sonne le glas de l'indépendance lorraine pour une longue période. Le duc Charles IV, partisan des Habsbourg et *condottiere* dans l'âme, abandonne ses duchés et s'aventure sur le champ de bataille. Son territoire devient objet d'administration et les Lorrains sont soudainement étrangers chez eux. Contraints d'exprimer leur fidélité, les sujets de Charles IV se voient imposer un serment au nouveau maître des lieux à l'automne 1634[27]. Dès lors, les Lorrains se divisent entre »acceptants« et »refusants«[28]. Si les premiers s'inclinent pour la plupart par accommodement plus que par adhésion à la nouvelle autorité, seuls les seconds intéressent notre réflexion car le refus de signer est un acte d'insoumission qui marque une opposition à une autre identité politique. En quittant les duchés, le plus souvent à la suite de Charles IV, ces nobles ont pris ouvertement parti pour leur maître et ont manifesté ainsi leur attachement au duc. Parmi les premiers exilés se trouvent de nombreux serviteurs du prince dont beaucoup sont des nobles engagés depuis toujours dans la vie politique et institutionnelle des duchés. Sur les quatre-vingts cas de »refusants« signalés dans les archives du conseil

25 C'est une expression fréquente dans les sources. Voir p. ex., Henri DE BEAUVAU, Mémoires pour servir à l'histoire de Charles IV, duc de Lorraine et de Bar, Cologne 1688, p. 371
26 Bibliothèque municipale de Nancy (BMN), ms 119 (189)⁴, et archives départementales de Meurthe-et-Moselle (ADMM), Nancy, 4F 4, 239.
27 Anne MOTTA, Les Lorrains s'inclinent devant la France: le serment de 1634, dans: Annales de l'Est (2012), p. 181–200.
28 Ce sont les termes utilisés par les commissaires royaux. Voir Bibliothèque nationale de France (BNF), Paris, ms Lorraine 495.

souverain français, et sanctionnés par la confiscation de leurs biens par la France, environ un tiers sont issus du second ordre, dont plusieurs personnalités issues de familles de l'ancienne chevalerie, tels que Ferry de Ligniville, le baron de Mercy, Henry de Tavagny, Bassompierre, François de Lenoncourt, Saint-Baslemont etc.[29] L'exil concerne rarement l'ensemble du lignage car il est plutôt le fait d'une décision individuelle. Sur la trentaine de nobles exilés, mentionnés dans les quelques témoignages subsistant pour cette époque, près de la moitié sont représentés par au moins deux membres de la même maison. Sensibles au sens politique du serment et redoutant le déshonneur, des membres de l'ancienne chevalerie ont rejeté l'allégeance à un souverain étranger, aussi puissant fût-il. Épousant à leur tour la cause de leur maître, des officiers anoblis ont, de la même manière, rejoint Charles IV, exposant leurs biens et parfois leur vie. Pour les exilés, même si tous ne restent pas aux côtés du prince[30], dans tous les cas, le départ précipité traduit le refus de se fondre dans une nouvelle communauté politique.

La question de l'appartenance s'est posée de manière plus aiguë chez ces individus coupés de leur terre d'origine. Spontané ou encouragé par le duc en détresse, le sentiment national se confond alors plus que jamais avec la soumission au pouvoir délocalisé. Il est perceptible dans les comportements de la noblesse exilée, mais aussi de manière plus diffuse dans ses écrits.

Bien que physiquement absent de ses duchés, le duc continue à incarner le pouvoir légitime. Les incursions régulières des armées lorraines, qu'il dirige personnellement ou qu'il confie à des individus illustres, maintiennent un lien avec les sujets passés sous domination française. Philippe-Emmanuel de Ligniville est une figure emblématique de l'ancienne chevalerie lorraine, exemplaire dans son dévouement: durant l'hiver 1650, il prend la tête de 4000 hommes, sans parvenir cependant à reconquérir les duchés. C'est donc d'abord par des actions militaires que les nobles déracinés manifestent leur parti pris en faveur de leur souverain naturel et qu'ils entretiennent l'espoir de son retour au sein de la population locale. Mais à défaut d'une victoire capable de retourner la situation en sa faveur, le duc stimule la ferveur dynastique dans les duchés à coup d'ordonnances, de placards et de lettres: »Se seroit un exemple indigne du nom Lorrain sy dans la conspiration de toute l'Europe nos subiectz demeuroient sans faire paroistre autres effects de leur zèle et sans prendre autrement part à la gloire de nostre restablissement«, écrit-il dans un texte du 25 août 1635 qui somme les Lorrains de prendre les armes[31]. Pourtant peu indulgent à l'égard de son maître dans ses »Mémoires«, le marquis de Beauvau rend compte de l'»espèce d'adoration« dont le duc est l'objet lors de ses rares apparitions parmi ses sujets[32]. Alors que l'État lorrain semble réduit à une fiction, les gentilshommes continuent à défendre le »pro-

29 Motta, Les Lorrains s'inclinent (voir n. 27). Les quelques registres du conseil souverain subsistant sont conservés aux archives départementales de Moselle, Saint-Julien-lès-Metz, B 2318 à 2328.
30 Le noble François de Florainville, par exemple, part en Picardie après avoir suivi le duc. Jean Rhingraff, autre fidèle exilé, se replie sur Strasbourg après avoir passé quelques mois aux côtés de Charles IV. Voir ministère des Affaires étrangères, Paris, Correspondance politique lorraine, vol. XXVII, fol. 48: lettre du 13 novembre 1635.
31 Bibliothèque de l'Institut, Paris, collection Godefroy, ms 332, fol. 70.
32 Beauvau, Mémoires (voir n. 25), p. 74.

duit de leur imagination«[33] sur le champ de bataille, tandis que les officiers composant la nouvelle cour de justice itinérante créée en 1641 par Charles IV symbolisent la permanence institutionnelle de l'État et font écho à la parole ducale. En effet, les juges, tout juste admis au sein du second ordre, ont été choisis par le duc pour continuer à rendre tant bien que mal la justice et légiférer en son nom. Cette cour peuplée d'hommes de confiance est le symbole par excellence de l'esprit de résistance à l'ennemi. Ainsi, bien que divisée, la noblesse fait cause commune autour du dessein ducal de recouvrer le territoire confisqué par les Français, assimilé dès lors à un projet national.

Dans de nombreux documents de cette époque émanant directement du pouvoir ou de personnalités nobles, »État«, »duc« et »nation« sont très souvent liés[34]; ainsi sous la plume d'Henri de Beauvau rapportant qu'un de ses pairs, le marquis de Haraucourt, fut prié de prendre »une résolution qui pût être agréable au Duc, utile à l'État, et avantageuse et honorable à toute la Nation«[35]. Charles IV rapproche de la même manière ces termes dans sa correspondance. Afin de maintenir ses serviteurs dans l'obéissance, au cours de l'été 1655, le duc achève la lettre qu'il leur adresse en rappelant qu'il en va »du bien et de l'honneur de l'Estat et de toute la nation«, avant de signer: »Celuy qui a tout sacrifié de nuit et de jour pour vous tous et qui attend de vous les dernières preuves de fidélité«[36]. Pour les contemporains, la nation est liée à l'action de l'État, aussi les nobles se sentent-ils visés au premier chef par ce combat car ils se considèrent comme les dépositaires d'une partie de la puissance publique. Ils sont encouragés dans cette voie lorsque, pour raviver le patriotisme, le duc fait appel à la fois aux qualités chrétiennes et à des valeurs plus spécifiquement nobiliaires: en août 1635, il adresse son commandement à prendre les armes aux »ames bien faictes«[37] puis, en novembre 1642, alors qu'il presse une nouvelle fois ses sujets de s'armer, il rappelle qu'il s'agit d'un commandement prescrit par »les Loix de Dieu, de la nature et de l'honneur«[38]. Honneur et obéissance à Dieu formant la clé de voûte de la mentalité du gentilhomme lorrain, cette convocation résonne comme une injonction à l'adresse des nobles, assimilés, sous la plume de leur maître, aux sujets les plus vertueux[39].

C'est durant la détention de Charles IV à Tolède, orchestrée par les Espagnols[40], de février 1654 jusqu'à la conclusion du traité des Pyrénées en 1659, qu'apparaît le mieux ce lien entre le Lorrain idéalisé et le noble. Au plus fort des tensions franco-

---

33 Benedict ANDERSON, L'imaginaire national. Réflexions sur l'origine du nationalisme, Paris 1996.
34 En France, à la même époque, »nation« et »État« se confondent aussi sous la plume des historiographes.
35 BEAUVAU, Mémoires (voir n. 25), p. 139.
36 ADMM, ms 24 J 2, fol. 111: lettre écrite de Tolède le 25 juillet 1655.
37 Bibliothèque de l'Institut, collection Godefroy, ms 332, fol. 70.
38 BNF, ms Lorraine 16, fol. 184.
39 L'engagement des Guises au XVIe siècle entre Dieu et le souverain, dont le souvenir est encore très présent, a valeur d'exemple dans l'imaginaire des aristocrates lorrains. Voir Éric DUROT, François de Lorraine, duc de Guise entre Dieu et le roi, Paris 2012, p. 35.
40 Les manœuvres du duc durant la guerre franco-espagnole, ainsi qu'au cours de la Fronde, ont fini par éveiller la suspicion des Espagnols, que le duc servait jusque-là, et provoquer son arrestation.

espagnoles, les ordres contradictoires de Charles IV depuis sa prison, à destination des autorités lorraines et des chefs militaires, ainsi que la mésentente avec son frère Nicolas-François, l'héritier légitime, au sujet de la direction des armées, créent une grande confusion parmi les généraux. Des deux côtés de la famille princière divisée, les libelles s'adressent au »bon Lorrain« qui, agissant »par touttes maximes de conscience et d'honneur«, se doit de rester fidèle à la »sérénissime maison« de Lorraine[41]. Plus explicitement, un manifeste favorable à Nicolas-François exhorte »tous les Lorrains et principallement Messieurs de la Noblesse et ceux qui font profession de porter les armes« à rester unis derrière le frère puîné[42]. Alors que règne la plus grande confusion au sommet de l'État, les différents membres de la dynastie locale comptent de toute évidence sur la noblesse pour montrer la voie la plus honorable pour la nation. Le passage en masse des troupes lorraines vers la France, en 1655, ne peut être interprété comme un désenchantement de la nation car à une époque où les armées se professionnalisent et deviennent un carrefour de nationalités multiples, intégrer un régiment étranger n'indique, ni un renoncement à sa propre nationalité, ni un changement de fidélité. En dehors de quelques cas de nobles lorrains qui ont fait le choix personnel de s'engager du côté de la France[43], ce revirement s'explique avant tout par les circonstances: cet acte a été une réponse militaire conjoncturelle décidée par Nicolas-François, qui incarnait la continuité dynastique pendant la vacance du trône.

Le sentiment national est encore plus durement mis à l'épreuve au sein du second ordre lors de la troisième occupation française, à partir de 1670[44], car le duc Charles IV meurt cinq ans plus tard sur le champ de bataille, le 18 septembre1675, et son successeur Charles V est un prince sans territoire et définitivement nomade. Des institutions lorraines à peine restaurées, Louis XIV a fait table rase, et de l'armée ne subsiste qu'un corps lorrain incorporé aux troupes impériales. L'idée de l'État lorrain se réduit plus que jamais à la seule personne du prince dont la filiation avec le duc défunt est le principal atout. Véritable champion du catholicisme et général hors pair, il remporte plusieurs victoires contre les Turcs dans les années 1680, qui portent au plus haut l'esprit de croisade parmi les gentilshommes[45]. S'inscrivant dans la lignée de ses ancêtres glorieux, Charles V redonne ainsi vie au mythe héroïque lorrain. Placé à la tête du gouvernement du Tyrol autrichien par l'empereur Léopold en 1678 et entouré d'une cour à Innsbruck, il endosse officiellement le statut de prince exilé. Les nobles lorrains, bien qu'en petit nombre, témoignent de leur fidélité par leur présence à ses côtés, alternativement sur le champ de bataille et à la cour. Le terme

41 ADMM, ms 24 J 2, fol. 87. On peut faire ici le parallèle avec les »bons Français« mobilisés par Richelieu durant la guerre de Trente Ans.

42 ADMM, ms 3F 96, fol. 17.

43 Les sources signalent le cas des colonels Charles de Thomesson de Remenecourt et François-Charles de Mauléon, tous deux des serviteurs proches de Charles IV. Ils sont les premiers à avoir répondu aux sollicitations de Louis XIV.

44 Après quelques mois de paix en 1641, les Français ont occupé à nouveau les duchés jusqu'en 1659. La troisième occupation dure jusqu'en 1697.

45 Le nom de Charles V est notamment associé au siège de Vienne de septembre 1683, à la prise de Bude en septembre 1686 et à la victoire de Mohacs en août 1687. Son prestige lui vaut d'être surnommé »grand vizir des Chrétiens«. Voir Stéphane GABER, Et Charles V arrêta la marche des Turcs... Un Lorrain sauveur de l'Occident chrétien, Nancy 1986.

»nation« n'apparaît pas dans les sources pour désigner ce groupe minoritaire exilé. Néanmoins, rassemblés dans les postes auliques les plus importants, ces nobles expatriés forment un noyau d'une vingtaine de fidèles, soit environ quinze pourcents de la maison civile qui compte alors environ 130 personnes: des membres de la plus haute noblesse tels que le prince de Lixheim, à la tête de l'hôtel, côtoient des hommes d'une noblesse récente, comme François Le Bègue, sorte de Premier ministre, ou encore Marc-Antoine Mahuet, intendant de son hôtel...[46] Soudés par des liens de parenté ou de clientèle, ces hommes ont vécu pour beaucoup d'entre eux le premier exil, soit personnellement, soit à travers un autre membre de leur lignage. L'évocation nostalgique de »l'air natal«[47] dans certaines correspondances rappelle indirectement que ces hommes forment bien un milieu à part, différent de celui qui les accueille. Originaires de la même patrie et unis dans une même allégeance, ces nobles exilés nourrissent le même espoir de regagner leurs terres et de revoir leur souverain à la tête de ses duchés.

Ces nobles nomades témoignent en effet de leur adhésion à une cause nationale par le soutien qu'ils apportent au projet politique de leur souverain. Ils prennent des risques dans une conjoncture de guerre, parcourant les cours européennes en quête d'appuis, avant de se rendre dans les congrès diplomatiques: Claude-François Canon, ancien confident de Charles IV, est le véritable porte-parole du duc dans les négociations de l'année 1676, mais malgré sa fermeté il ne parvient pas à faire aboutir les prétentions de son maître à Nimègue. Charles Parisot, créature de la maison de Lorraine, est un autre noble très engagé, qui a passé une grande partie de sa vie à arpenter l'Europe, sans obtenir davantage de satisfaction[48].

Dans un mouvement continu entre duchés et terres d'exil, ces serviteurs zélés tentent de sauver l'idéal dynastique: ils relaient la parole ducale afin de pallier une souveraineté de plus en plus lointaine et de moins en moins consistante. L'abondante correspondance engendrée par l'éclatement du second ordre maintient les liens entre les différents acteurs du pouvoir et entretient une chaîne de loyautés à l'égard du prince. Ces serviteurs ont laissé dans leurs écrits les marques d'un dévouement qui confine parfois à l'héroïsme. Le baron Hennequin écrit que la conservation de son honneur est »le bien le plus précieux« qu'il s'est acquis par les services de »quarante-six années rendus à [la] sérénissime maison«[49]. Dans la continuité de ses aïeux et à la suite de son frère Charles, François Le Bègue est entré dans le service ducal en 1667 et a fait preuve d'une fidélité indéfectible à la maison de Lorraine jusqu'à la fin de sa vie. Dans le »Journal« qu'il dédie à Charles V, il souligne en préambule qu'écrire pour la renommée de son prince, c'est rappeler que »tous les sujets d'un État doivent le service de leur plume«. Le récit de cet anobli exemplaire dans sa conduite est en effet l'apologie posthume d'un héros guerrier, libérateur de la chrétienté[50].

---

46 Les états de l'hôtel conservés sont rares. Voir ADMM, 3 F 228, fol. 112–117 et 121.
47 ADMM, 3 F 411, fol. 159.
48 Nicolas DE PARISOT DE BERNECOURT, Charles de Parisot 1645–1711, diplomate lorrain, Lyon 2003.
49 ADMM, 3 F 228, fol. 92.
50 BMN, ms 827 (350): Le Journal fidel De tout Ce qui s'est passé Dans L'armée impériale commandée par Charles V, duc de Lorraine en l'an 1683.

Face à la menace extérieure, l'exil a été une réponse radicale pour une partie des nobles lorrains, prêts à suivre leur maître au-delà des frontières des duchés. En dépit de l'épreuve que représente le déracinement, le prince demeure un référent identitaire déterminant pour les nobles attachés à un État pleinement souverain. L'expérience partagée de l'émigration a forcément contribué à resserrer les liens affectifs entre les »refusants« et le duc malmené par les puissances étrangères.

Cependant, dans une conjoncture de guerre compliquée et changeante qui prive le souverain de sa gouvernance, les nobles n'hésitent pas à se rapprocher du représentant de la famille ducale qui incarne le mieux l'indépendance de l'État lorrain, glissant ainsi du lien personnel à la fidélité dynastique. Et dès lors que l'équilibre avec le pouvoir central se rompt et qu'un sentiment d'insécurité s'installe au sein du second ordre, la fraction supérieure de la noblesse cherche à nouveau à affirmer sa singularité, qu'elle considère ancrée dans l'histoire du pays. Les frontières entre sentiment national et réflexes communautaires se brouillent alors et le prince n'occupe plus tout à fait la première place dans la conscience nobiliaire.

ENTRE PRINCIPE DYNASTIQUE ET INTÉRÊTS LIGNAGERS
LES INCERTITUDES DU SENTIMENT NATIONAL NOBILIAIRE

Lors de l'emprisonnement de Charles IV, en 1654, les nobles lorrains sont pour la plupart d'entre eux passés naturellement sous l'allégeance de Nicolas-François car sa position de frère cadet faisait de lui l'héritier de droit. Cette capacité des nobles à transférer leur fidélité à un autre membre de la famille régnante est la preuve que le principe dynastique l'emporte finalement sur la dimension personnelle et affective dans la notion de service. Plus qu'un individu, le second ordre soutient la légitimité et la continuité de l'État, comme le montre sa réaction huit ans plus tard lorsque Charles IV, une fois libéré par les Espagnols, tente d'orienter le destin de ses duchés à des fins personnelles. Alors que ses sujets sont impatients de le retrouver, le souverain s'attarde à Paris et prend l'initiative de négociations avec Louis XIV. Par le traité de Montmartre du 6 février 1662, Charles IV décide de son propre gré de céder à sa mort son territoire patrimonial au roi de France. En contrepartie, l'accord prévoit de verser au duc une pension pour le reste de sa vie et de reconnaître par ailleurs les princes de la branche cadette de Lorraine, les Guises comme des princes du sang, intégrés à la maison royale[51]. Cette décision unilatérale provoque aussitôt un tollé de part et d'autre des frontières. En Lorraine, la noblesse, solidaire de l'héritier lésé par cet accord, Charles de Lorraine[52], futur Charles V, se mobilise aussitôt. La cour souveraine, recomposée par le duc en 1661, se range du côté des membres de l'ancienne chevalerie pour dénoncer la manœuvre et rappeler que les souverainetés sont »sacrées et hors de tout commerce«[53]. Officiers anoblis et membres de l'ancienne cheva-

---

51   Gaston ZELLER, Le traité de Montmartre d'après des documents inédits. Extrait des mémoires de la Société d'archéologie lorraine, t. LXII, Nancy 1912.
52   Charles de Lorraine est le fils de Nicolas-François, frère de Charles IV. Le duc aurait aimé légitimer son fils bâtard, Charles-Henri de Vaudémont, né de son union avec Béatrix de Cusance.
53   ADMM, 3 F 96, 28.

lerie font fi de leurs divergences pour s'opposer unanimement à la dérive autoritaire du duc. Méprisant l'idée vitale du »consentement commun« cher au second ordre[54] et bafouant le principe de l'inaliénabilité de la couronne, Charles IV commet une double faute aux yeux des nobles, qui brandissent les lois fondamentales pour justifier leur désaccord. Aux yeux de la noblesse, la sauvegarde de l'État doit l'emporter sur les mobiles dynastiques et personnels. Se considérant comme la gardienne des lois des duchés, elle se doit de compenser les faiblesses du prince régnant. Dans une exhortation adressée conjointement aux membres de l'ancienne chevalerie et aux magistrats de la cour souveraine, Charles de Lorraine fait écho à ces arguments, terminant son plaidoyer par cette phrase: »Conservez toujours la même passion que vous avez pour le bien public«. Sous sa plume, »bien de la patrie« et »conservation de l'État« se confondent et doivent faire l'objet d'un seul et même combat, que les nobles sont appelés à mener à ses côtés[55]. Face au péril que représente l'engagement égoïste de Charles IV pour l'avenir des duchés, le second ordre est implicitement reconnu comme le meilleur garant de l'État et comme le rempart à toute tentation absolutiste. Le traité est annulé *de facto* mais l'énergie déployée par la noblesse dans cet épisode montre sa capacité à s'éloigner de la personne du prince dès lors que l'indépendance de l'État, au cœur de l'identité lorraine qu'elle prétend incarner, est en jeu[56].

Dans un premier temps, la confrontation avec l'ennemi a renforcé le lien qui unissait la noblesse à son maître, mais lorsque le duc a voulu dissocier son destin de celui de ses duchés, il a provoqué une perte de confiance qui a affaibli la relation entre les deux parties. De plus, l'atomisation du pouvoir durant les troubles de la guerre a ravivé le goût de l'indépendance auquel les nobles n'avaient renoncé que pour mieux servir le prince.

La confusion qui règne au sommet de l'État a fini par provoquer un repli identitaire dans la fraction supérieure du groupe, qui se traduit par un raidissement de sa part et qui s'exprime par la revendication de ses droits les plus ancestraux. L'ancienne chevalerie tend en effet à se recentrer sur ce qui faisait autrefois sa spécificité et sa supériorité. Privée du service princier à cause des troubles du temps, ou tenue à distance de la politique ducale par un prince dont l'autorité n'a cessé de s'affirmer depuis le XVIe siècle, elle a cherché dans le passé les marques d'une légitimité que le duc ne semblait plus lui reconnaître. Comme en France, la guerre a catalysé le renforcement du pouvoir ducal aux dépens de la noblesse. Au début des années 1660, on voit ainsi l'ancienne chevalerie lutter pour faire revivre le tribunal des assises que les autorités françaises avaient ignoré dès 1634 et que Charles IV, malgré la paix rétablie en 1659, avait refusé de restaurer. La convocation des états généraux a été de même reléguée aux vieilles lunes durant les troubles. De mars 1661 à septembre 1663, les gentils-

---

54 Arlette JOUANNA, Le devoir de révolte. La noblesse française et la gestation de l'État moderne, 1559–1661, Paris 2002, p. 286–288, montre l'ancienneté et la force de cette idée du »commun consentement« dans l'imaginaire nobiliaire.
55 ADMM, 3 F 96, 41.
56 Anne MOTTA, Le traité de Montmartre (6 février 1662). Résonances et dissonances au sein de la noblesse lorraine, dans: François ROTH (dir.), La Lorraine et la France du Moyen Âge à nos jours. Relations, différences et convergences, Nancy 2012, p. 41–51.

hommes lorrains sont à l'origine de plusieurs assemblées chargées de présenter au duc une requête dans le sens de leurs intérêts. La décision de signer leurs remontrances »en rond afin de dérober au prince les chefs de party«[57], prouve que l'ancienne chevalerie se percevait alors comme un corps uni et qu'elle entendait par conséquent parler d'une seule voix. Le pacte rompu avec le prince, elle voudrait réaffirmer des prérogatives qui faisaient autrefois sa force et qui la plaçaient dans un rapport plus égalitaire avec le duc. Bien que restée lettre morte face à un prince déterminé à couper court aux prétentions du groupe, cette demande appuyée et réitérée encore par la suite, montre que l'identité nobiliaire ne peut se réduire à la fidélité ducale. C'est cet attachement à des privilèges qui lui assuraient sa domination qui explique la tentation de certains de ses membres à prêter l'oreille aux agents français, présents en Lorraine et disposés à promettre »des merveilles à chacun«, pour gagner de nouvelles fidélités[58]. Freinée par des principes d'honneur et de fidélité, l'ancienne chevalerie n'en a pas moins montré sa capacité à s'affirmer et à se penser autrement qu'à travers les intérêts ducaux.

Outre la durée des désordres, le mécontentement à l'égard du prince explique que certains individus finissent par renoncer à subir les méandres de la vie politique. Ceux-là délaissent le combat pour la restitution des duchés et tendent à se replier sur les terres de leurs ancêtres. Ils ravivent ainsi leur appartenance, non plus à la société politique animée par le devoir princier, mais à une communauté de droits fondée sur la propriété terrienne. Avant de voir le mot »patrie« s'enrichir des notions de service et de loyauté, les historiens ont reconnu dans cet attachement à la terre d'origine le sens premier de ce vocable. Ce retour au »pays où l'on est né«[59] s'accélère à l'époque de Charles V: au fur et à mesure que s'amenuise l'espoir de recouvrer ses duchés, le prince autorise ses sujets à le quitter et à revenir en Lorraine pour retrouver »l'état de particulier«. Le retour vers les siens, ainsi que la réappropriation de domaines délaissés, contribue à faire revivre les pratiques du passé, les liens entre patrimoine des ancêtres et communauté rurale. C'est là une autre manière, plus passive et plus diffuse, de maintenir le sentiment patriotique sur un territoire où le prince est absent, et même inconnu de ses sujets, dans le cas de Charles V. Néanmoins, si la notion de territoire est bien un moteur de la conscience nationale, elle ne doit pas être surestimée dans le cas lorrain car elle est encore floue à cette époque: elle est d'une part violemment remise en cause par l'occupation étrangère au XVIIe siècle, et d'autre part, la facilité du duc à renoncer à son héritage en 1662 est apparue comme la preuve même qu'il ne s'identifiait pas à son territoire.

Ces incertitudes mêlées à un contexte politico-militaire compliqué expliquent par ailleurs la propension de certains nobles lorrains à s'éloigner de leur terre d'origine pour aller servir dans d'autres cours. La vie sur les frontières prédisposant à nourrir plusieurs fidélités, certaines familles renouent avec les loyautés multiples et privilégient là encore les intérêts lignagers: prête à saisir de nouvelles opportunités de car-

---

57   ADMM, 133 J 25, p. 312.
58   BMN, ms 1306 (914). Charles Colbert de Croissy, intendant d'Alsace et des Trois-Évêchés, aurait ainsi tenté de rallier les gentilshommes lorrains.
59   André CORVISIER, La France de Louis XIV. Ordre intérieur et place en Europe, Paris 1979, p. 34.

rière, la noblesse s'émancipe de ses obligations à l'égard du prince et s'engage, soit au service de la France, soit auprès de l'empereur. Sans pouvoir être chiffrée, cette diffraction du service est plus nette à partir de la troisième occupation française. De la correspondance provenant de l'occupant et formant la principale documentation pour cette époque se dégage l'impression d'une fidélité plus chancelante à l'égard du prince. D'après un compte-rendu de l'intendant français, Jean-Baptiste Desmarets de Vaubourg, envoyé dans les duchés en 1691, quatorze gentilshommes appartenant aux meilleures familles de la chevalerie lorraine sont dans les armées du roi de France à la veille de la paix de Ryswick[60]. De son côté, le parlement français, installé à Metz depuis 1633, attire une noblesse plus récente, formée au droit et privée de la possibilité de mettre sa compétence au service du duc, du fait de la suppression des institutions locales par Louis XIV: les officiers lorrains représentent environ trente pourcents de l'effectif des magistrats réunis dans cette cour au XVIIe siècle[61]. De la même manière, les liens anciens avec l'Empire expliquent l'attraction qu'exercent les armées autrichiennes, ainsi que la cour de Vienne, sur les gentilshommes lorrains. En liant son destin à celui des Habsbourg, Charles V a encouragé les plus ambitieux des nobles lorrains à suivre des parcours plus prometteurs au sein de l'Empire[62]. Plus que des transferts de fidélités, il faut voir dans ces trajectoires plus chaotiques la volonté de sauvegarder la renommée du lignage à un moment où les duchés n'offrent plus de perspectives de carrière. Les départs sont cependant rarement définitifs, et, dans la plupart des cas, la liaison avec les duchés est rarement rompue car allées et venues entre territoire d'origine et terre d'accueil rythment la vie de ces nobles exilés. Une correspondance régulière et abondante avec les sujets restés en Lorraine entretient également le lien avec le pays et crée un espace virtuel de dialogue dans lequel l'attachement à la nation peut s'exprimer librement et autrement[63].

Les nobles lorrains ont donc incarné les formes primitives d'un sentiment national fondé sur l'adhésion au principe dynastique. Forts de leur vocation à servir le prince, ils se considéraient comme les »véritables e fidels lorrains«[64]. L'exil a été pour ceux-là la preuve ultime du refus d'entrer dans une communauté politique imposée et dirigée par la France à partir de 1634. À travers leur résistance et un combat mené au-delà des frontières, ils ont ainsi contribué à affirmer l'identité politique de leur pays. La durée et la dureté des épreuves, mais aussi les inconstances du prince, expliquent les variations dans les prises de position des nobles. Au fil du temps, la priorité donnée à la défense d'un État indépendant se précise et l'emporte sur les liens de fidélité personnelle et affective envers un prince dont l'image s'est considérablement ternie avec Charles IV. De leur côté, les officiers anoblis, de plus en plus nombreux, ont contri-

60 Marie-José LAPERCHE-FOURNEL (dir.), L'intendance de Lorraine et Barrois à la fin du XVIIe siècle, Paris 2006.
61 Benoît BOUTET, Messieurs du parlement de Metz au XVIIIe siècle. Étude sociale, thèse univ. Besançon, 2 vol. (2010); Antoine DE MAHUET, Biographie de la cour souveraine de Lorraine et Barrois et du parlement de Nancy (1641–1790), Nancy 1911.
62 Alain PETIOT, Les Lorrains et l'Empire. Dictionnaire biographique des Lorrains et leurs descendants au service des Habsbourg de la maison d'Autriche, Versailles 2005.
63 Voir notamment le fonds de Vienne (3 F) conservé aux ADMM.
64 L'expression est souvent utilisée dans les sources émanant des diverses autorités lorraines durant la période étudiée.

bué à modifier la notion de service car ils ont ajouté le talent au dévouement. Ils ont ainsi encouragé une conception plus administrative de l'État, davantage dissociée du souverain.

Des liens relâchés, des droits menacés, la loyauté dynastique a fini par céder le pas aux réflexes identitaires du groupe: la défense de libertés consubstantielles à la conscience nobiliaire émerge à nouveau. Il faut interpréter ce raidissement de la part de l'ancienne chevalerie comme une tentative de recouvrer une forme d'indépendance et de retrouver un équilibre dans sa relation au pouvoir. Ces revendications menacent d'autant plus le consensus créé autour du duc qu'elles sont le fait d'une minorité seulement.

Néanmoins, malgré ce sursaut et ces divisions internes, l'identité nobiliaire s'est bel et bien construite autour de l'image princière et s'est forgée dans l'altérité: elle s'est renforcée dans une lutte commune, dirigée contre les puissances extérieures, au XVᵉ siècle d'abord, puis tout au long du XVIIᵉ. Malgré les infortunes qu'elle a connues depuis la guerre de Trente Ans, la fidélité reste une qualité chère à la noblesse lorraine, qu'il revenait au jeune duc Léopold (1697–1729) de raviver, une fois la paix rétablie en 1697. Dès son avènement, la célébration autour des victoires de son père, Charles V, provoque une résurgence du sentiment dynastique qui lui permet de rassembler et de revaloriser une noblesse affaiblie numériquement, dispersée et dévalorisée. En récompensant plus abondamment que ses prédécesseurs l'attachement à ses ancêtres par l'octroi de titres de noblesse[65], le nouveau duc a redonné vie à l'idéal politique fondé sur le service princier.

Au début des années 1730, l'envoyé de la France Jean-Baptiste d'Audiffret, présent à la cour de Lorraine depuis 1702, décrit brièvement les courtisans de Lunéville: »bon Lorrain«, »esprit lorrain«, »Lorrain à l'excès«, sont les expressions qui reviennent le plus souvent sous sa plume pour qualifier les nobles de l'entourage du souverain[66]. En plaçant ainsi l'attachement au pays au cœur de ses portraits sommairement brossés, l'observateur étranger ne rappelle-t-il pas que dans ce petit État des confins, la noblesse a été un fanal sur le chemin de la cohésion nationale?

65 Le duc Léopold a procédé à environ à quatre cents anoblissements.
66 BMN, ms 732 (133).

SILKE KAMP

Babylon oder das gelobte Land?

Hugenottische Adlige zwischen Frankreich und Preußen

EINFÜHRUNG

Für die im Zuge der Aufhebung des Edikts von Nantes am 18. Oktober 1685 und dem damit verbundenen Verbot der evangelischen Konfession aus Frankreich fliehenden Protestanten wurde Brandenburg-Preußen zum wichtigsten Aufnahmeland, das schätzungsweise 15000 bis 20000 sogenannte Hugenotten aufnahm[1]. Im Edikt von Potsdam vom 29. Oktober und 8. November 1685, das die Aufnahme regelte, wurde den französischen Glaubensflüchtlingen nicht nur freie Religionsausübung, sondern in den als französischen Kolonien privilegierten Ansiedlungsorten auch ein eigenes Bürgerrecht gewährt[2]. Darin wurde auch der refugierte Adel dem brandenburgischen Adel gleichgestellt. Sein Anteil an den *réfugiés* betrug etwa neun Prozent[3]. Als reformierte Minderheit in einem lutherischen Land suchten die *réfugiés* in Brandenburg-Preußen die Nähe zum ebenfalls reformierten Herrscherhaus. Berlin wurde schnell zum Zentrum der hugenottischen Niederlassung, auch weil es kulturell den Mittelpunkt der brandenburgischen Kernlande darstellte und eine große Anziehungskraft auf das gehobene Bürgertum und den brandenburgischen Adel ausübte[4]. Hier erhielt der refugierte Adel mittels der französischen Sprache auch leicht Zugang zu den Häusern der vornehmen Gesellschaft.

---

1   Die genaue Zahl lässt sich nur schwer bestimmen. Einerseits war die Fluktuation der *réfugiés* unter den Aufnahmeländern in den ersten Jahren sehr hoch, andererseits gibt erst die Kolonieliste von 1699 einen Anhaltspunkt. Sie erfasst die *réfugiés* in den Städten und Dörfern Brandenburg-Preußens, wo die Privilegien des Edikts von Potsdam in Anspruch genommen werden können, anders gesagt, wo französische Kolonien bestehen. Dieses Verzeichnis wurde also erstellt, um den Missbrauch von Privilegien zu unterbinden, nicht um die exakte Zahl der Glaubensflüchtlinge zu ermitteln, vgl. Richard BÉRINGUIER (Hg.), Die Colonieliste von 1699. Rôle général des françois refugiez dans les estats de sa sérénité electorale de Brandenbourg, comme ils se sont trouvez au 31. Décembre 1699, Berlin 1888. Zum Begriff »Huguenotte« und der regionalen Herkunft dieser sehr heterogenen und keineswegs auf Frankreich begrenzten Glaubensflüchtlinge vgl. Matthias ASCHE, Hugenotten in Europa seit dem 16. Jahrhundert, in: Klaus J. BADE u. a. (Hg.), Enzyklopädie Migration in Europa. Vom 17. Jahrhundert bis zur Gegenwart, Paderborn ²2008, S. 635–642.
2   Das Edikt findet sich abgedruckt bei Ernst MENGIN (Hg.), Das Recht der französisch-reformierten Kirche in Preußen, Berlin 1929.
3   Jürgen WILKE, Zur Geschichte der französischen Kolonie, in: Gottfried BREGULLA (Hg.), Hugenotten in Berlin, Berlin 1988, S. 54–87, hier S. 65 ff.
4   Allgemein zu den französischen Kolonien in Berlin vgl. ibid. Auch als Potsdam unter Friedrich Wilhelm I. zur Hauptresidenz aufstieg, blieb der Adel in Berlin, vgl. Wolfgang NEUGEBAUER, Staatsverwaltung, Manufaktur und Garnison. Die polyfunktionale Residenzlandschaft

Die Hinwendung zum brandenburgischen Adel ist vor allem in Taufbüchern der französischen Gemeinden in den Residenzstädten ablesbar. Adlige tauchen vermehrt in den ersten beiden Generationen als Paten auf, und dann wieder zum Ende des 18. Jahrhunderts[5]. Umgekehrt versuchte sich der refugierte Adel von Anfang an durch Heirat mit dem brandenburgischen Adel zu verbinden[6]. Erst allmählich dehnte er seinen Heiratskreis auf Kaufleute, das Militär und das Bildungsbürgertum aus[7].

Obwohl er die Nähe zu seinen brandenburgischen Standesgenossen suchte, hielt der Adel von allen sozialen Schichten der französischen Kolonien am stärksten an der französischen Sprache fest[8]. Zu Beginn des 17. Jahrhunderts wurden sogar französische Ritterakademien gegründet, jedoch nach wenigen Jahren wieder geschlossen, so dass einzig das Französische Gymnasium als höhere frankophone Schule für die Nachfahren der *réfugiés* erhalten blieb[9]. Bereits zur Mitte des 18. Jahrhunderts häuften sich die Kirchenaustritte aus Sprachgründen[10], und so wurde die französische Sprache im Laufe des Jahrhunderts mehr und mehr zu einem Distinktionsmerkmal der hugenottischen Eliten.

Eine wichtige Quelle für den hugenottischen Adel in Brandenburg-Preußen, vor allem in Bezug auf seine Wahrnehmung durch das französische Koloniepatriziat, ist die in ihrer Anfangszeit stark vom Adel geprägte hugenottische Geschichtsschreibung[11]. Bereits 1688 verfasste der Berliner Pastor François de Gaultier eine »Histoire apologétique«, worin er den Kurfürsten Friedrich Wilhelm als *père* der *réfugiés* pries und ihm für seine Privilegien dankte. Bis ins Jahr 1730 reicht die Arbeit an der »Histoire des réfugiés« des Kolonierichters und Geheimen Rats Alexandre Auguste de Campagne zurück, die bis zu seinem Tod 1781 zwar unvollendet blieb, aber von den Herausgebern Jean Pierre Erman und Pierre Christian Frédéric Reclam zur Grundlage ihrer neunbändigen Abhandlung wurde[12]. Die »Mémoires pour servir à l'histoire des réfugiés françois dans les États du roi« erschienen von 1782 bis 1799 und bildeten zu Zeiten des hundertjährigen Jubiläums des Edikts von Potsdam den Höhepunkt hugenottischer Selbstvergewisserung. Da diese Aufzeichnungen sich

von Berlin-Potsdam-Wusterhausen zur Zeit Friedrich Wilhelms I., in: Forschungen zur brandenburgischen und preußischen Geschichte N. F. 7 (1997), S. 233–257, hier S. 254.

5   Silke KAMP, Die verspätete Kolonie. Hugenotten in Potsdam (1685–1809), Berlin 2011, S. 275–283.

6   Susanne LACHENICHT, Hugenotten in Europa und Nordamerika. Migration und Integration in der Frühen Neuzeit, Frankfurt a. M. 2010, S. 379.

7   KAMP, Die verspätete Kolonie (wie Anm. 5), S. 286.

8   Zur Sprachkompetenz der französischen Kolonisten vgl. Manuela BÖHM, Sprachenwechsel. Akkulturation und Mehrsprachigkeit der Brandenburger Hugenotten vom 17. bis 19. Jahrhundert, Berlin 2010.

9   Christian DECKER, Vom Höfling zum städtischen Handwerker. Soziale Beziehungen hugenottischer Eliten und »gemeiner« Kolonisten in Preußen 1740 bis 1813, Frankfurt a. M. 2012, S. 45 f.

10   LACHENICHT, Hugenotten in Europa (wie Anm. 6), S. 407; KAMP, Die verspätete Kolonie (wie Anm. 5), S. 298.

11   Einen fundierten Überblick hierzu gibt bspw. LACHENICHT, Hugenotten in Europa (wie Anm. 6), S. 495–502.

12   Viviane ROSEN-PREST, L'historiographie des huguenots en Prusse au temps des Lumières entre mémoire, histoire et légende: Jean Pierre Erman et Pierre Christian Frédéric Reclam, Mémoires pour servir à l'histoire des réfugiés françois dans les États du roi (1782–1799), Paris 2002.

aus Informationen etlicher Zuträger speisen, unter anderem aus Familienerinnerungen vieler Adliger, geben sie auch ein Selbstbildnis des hugenottischen Adels wieder. Allerdings wird diese Sicht durch die Auffassung der Herausgeber gefiltert, die zeigt, wie sie als bürgerliche Elite den Adel sehen und ihn für die hugenottische Gruppenidentität inszenieren wollen[13].

Obwohl für Erman und Reclam das Bürgertum der eigentliche Held der »Mémoires« ist, nimmt der Adel fast ein Drittel des Werkes ein[14]. Unter Ludwig XIV. habe sich die adlige Moral unmerklich aus der bürgerlichen Moral entwickelt. Sich der Bedürftigkeit zu entledigen und durch Arbeit und Handel seinen Besitz zu vermehren werden als höchste Werte der protestantischen Gesellschaft vorgestellt. Somit wird bei Erman und Reclam der Adel gleichsam verbürgerlicht und das Bürgertum nobilitiert. Die »Mémoires« enthalten eine sehr detaillierte Aufzählung des refugierten Adels bis 1799, der sich aus drei Gruppen zusammensetzt[15]. Einige Familien führen ihre Ahnentafel bis in die Zeit der Kreuzzüge zurück, andere berufen sich auf einen jüngeren Adel, der zuweilen dem Amtsadel entstammt. Die dritte Gruppe bilden diejenigen, die erst im Refuge für ihre Verdienste für das Herrscherhaus nobilitiert wurden.

Was seinen Charakter anbelangt, so sei der reformierte französische Adel zwar nicht frei von Fehlern[16]. Dennoch hoben sich nach Erman und Reclam die refugierten Adligen von ihren in Frankreich verbliebenen Glaubensgenossen ab: Sie behielten im Unglück ihre Würde und zeichneten sich durch tätige Barmherzigkeit und Loyalität zum neuen Vaterland aus. Ruhm und Anerkennung würden ihnen aufgrund ihrer Tugend und ihres Standes gleichermaßen zuteil. Die sie auszeichnende Tapferkeit und ihr Edelmut seien eigentlich militärische Tugenden, aber zugleich auch französische, wie die Autoren mehrfach betonen. Sei ein refugierter Adliger arm, dann aus Tugend, denn seine Armut rühre von den Opfern her, die er für seinen Glauben dargebracht habe. Weiterhin werden Adlige als uneigennützige Wohltäter der Gemeinde beschrieben.

Für das Thema Adel und Nation ist der hugenottische Adel vor allem deshalb ergiebig, weil bislang allein für hugenottische Eliten familiäre Bindungen nach Frankreich über die Mitte des 18. Jahrhunderts hinaus nachweisbar sind[17], die Frage nach der Rückkehr für diese Gruppe demnach latent bleibt. Obwohl die Beziehung der Hugenotten zu Frankreich ein wichtiges Thema für die Hugenottenforschung ist[18],

13 Zur Rolle des Adels in den Erinnerungen vgl. ROSEN-PREST, L'historiographie des huguenots (wie Anm. 12), S. 277–313.
14 Ibid., S. 277.
15 Ibid., S. 307 f.
16 Für die in diesem Absatz aufgeführten Beispiele zur Charakterisierung des Adels bei Erman und Reclam vgl. ibid., S. 311 f.
17 Sie tauchen als Taufpaten in den Kirchenbüchern oder als Erben in Testamenten auf, siehe KAMP, Die verspätete Kolonie (wie Anm. 5), S. 315. Am Beispiel einer Leipziger Kaufmannsfamilie macht dies folgender Aufsatz deutlich: Katharina MIDDELL, Hugenotten in Leipzig – Etappen der Konstruktion einer »hybriden« Identität, in: Comparativ: Leipziger Beiträge zur Universalgeschichte und vergleichenden Gesellschaftsforschung 7/5–6 (1997), S. 56–75.
18 Siehe stellvertretend hierzu die Arbeiten von Jens Häseler, vor allem Jens HÄSELER (Hg.), La correspondance de Jean Henri Samuel Formey (1711–1797). Inventaire alphabétique. Avec la bibliographie des écrits de J.H.S. Formey établie par Rolf Geißler, Paris 2003 (Vie des hugue-

wurde der hugenottische Adel in Brandenburg-Preußen bislang noch nicht systematisch untersucht. Erst im Rahmen der Netzwerkforschung schenkte ihm Ursula Fuhrich-Grubert in einem Aufsatz zu dem Salon der Marthe de Rocoulle[19] und ihrer Verbindung zu Friedrich II. Beachtung. Ebenfalls bei Friedrich II. setzt die jüngst erschienene Studie von Christian Decker über die sozialen Beziehungen hugenottischer Eliten in Preußen an[20]. Aber noch warten in der Staatsbibliothek zu Berlin dutzende Nachlässe hugenottischer Adliger darauf, gelesen zu werden – und auch das bereits 2008 von Andreas Flick monierte Forschungsdesiderat zum Einfluss der Hugenotten am Hof der brandenburgischen Kurfürsten ist noch nicht behoben[21]. Immerhin konnte Peter Bahl bereits 2001 nachweisen, dass die Hugenotten nicht bis in die höheren Ämter vorgedrungen sind[22]. Ob die brandenburgischen Adligen angesichts der Aufnahme der Hugenotten um ihren Einfluss bei Hofe bangten und sich gleichlautender Unmut wie am Hof des braunschweigischen Herzogs in Celle erhob: »Der Hof ist ganz verfranzt«?[23] Jedenfalls wurden solche Widerstände nicht Teil der hugenottischen Erinnerungskultur in Brandenburg-Preußen.

Ich möchte für die Zeit von der Aufnahme der Hugenotten durch das Edikt von Potsdam bis zur Auflösung der französischen Kolonien anhand von Fallbeispielen das Verhalten hugenottischer Eliten zu ausgewählten Zeitpunkten untersuchen und ihre Stellung zu Frankreich und dem Haus Hohenzollern befragen. Diese Zeitpunkte sind: das ausgehende 17. Jahrhundert, die Mitte des 18. Jahrhunderts bis zum Ende des Siebenjährigen Krieges, die Hundertjahrfeiern des Edikts von Potsdam und die Zeit der Auflösung der französischen Kolonien. Zu fragen gilt dabei: Wie positioniert sich der hugenottische Adel in den Kriegen gegen Frankreich? Wie arrangiert er sich zwischen seiner Erinnerung an Frankreich und dem Leben als preußischer Untertan? Inwieweit wird die Remigration vom Adel ernsthaft in Erwägung gezogen und, falls ja, wann kehren die Adligen zurück? Andernfalls, was hält sie in Brandenburg-Preußen und welche Rolle spielt dabei die französische Sprache?

nots, 29) sowie Ders., Entre la France et le Brandebourg: la république des lettres. Choix et repères de gens de lettres huguenots au XVIIIᵉ siècle, in: Guido Braun, Susanne Lachenicht (Hg.), Hugenotten und deutsche Territorialstaaten. Immigrationspolitik und Integrationsprozesse, München 2007, S. 231–240.

19 Ursula Fuhrich-Grubert, »Meine gute Mama Camas, vergessen sie mich nicht. Friedrich«. Hugenottische Netzwerke um Friedrich II. von Preußen, in: Andreas Flick, Walter Schulz (Hg.), Von Schweden bis Südafrika. Vorträge der internationalen Hugenotten-Konferenz in Emden 2006, Bad Karlshafen 2008, S. 147–174.

20 Decker, Vom Höfling zum städtischen Handwerker (wie Anm. 9).

21 Andreas Flick, »Der Celler Hof ist ganz verfranzt«. Hugenotten und französische Katholiken am Hof und beim Militär Herzog Georg Wilhelms von Braunschweig-Lüneburg, in: Hugenotten 3 (2008), S. 87–120, hier S. 107.

22 Peter Bahl, Der Hof des Großen Kurfürsten. Studien zur höheren Amtsträgerschaft Brandenburg-Preußens, Köln, Weimar, Wien 2001.

23 Flick, »Der Celler Hof ist ganz verfranzt« (wie Anm. 21), S. 87.

IM KRIEG GEGEN DAS ALTE VATERLAND

Wenn wir die Einstellung des refugierten Adels zu Beginn seines brandenburgischen Refuge betrachten wollen, geben uns hierzu die »Mémoires« eine Fülle von Beispielen für das Verhalten hugenottischer Militärs, die fast ausschließlich adlig waren. Zwar ist in den »Mémoires« auch von Offizieren die Rede, die ihren Dienstherren wechselten, aber es überwiegen die Berichte von den Militärs, die unverzüglich den Kurfürsten Friedrich Wilhelm und dessen Nachfolger als neuen Souverän annahmen und ihm unbedingte Treue erwiesen, für die sie im Einzelfall sogar ihre familiären Bindungen aufgaben[24].

Tatsächlich war mit schätzungsweise drei- bis sechshundert eine sehr große Zahl hugenottischer Offiziere, darunter auch eine Reihe hochrangiger, in der brandenburgischen Armee vertreten[25]. Ihre Aufnahme wurde durch die Formierung eigener Regimenter, wie den Grands Mousquetaires, erleichtert, die zwar nicht ausschließlich, aber doch immerhin mehrheitlich aus *réfugiés* bestanden. Nach 1700 wurden auch die letzten hugenottischen Regimenter aufgelöst und in die deutschen Regimenter integriert[26]. Nach französischem Vorbild entstanden Kadettenschulen für die Söhne der refugierten Offiziere in Brandenburg-Preußen, die so der zweiten Generation den Weg in die preußische Armee ebneten[27].

Nicht zuletzt aus der weitgehend landsmännischen Geschlossenheit der hugenottischen Regimenter ergab sich das Problem der Treue zu dem neuen Souverän. Erman und Reclam nennen das Beispiel des Admirals Duquesne, der seinen refugierten Söhnen verbot, jemals die Waffen gegen ihr altes Vaterland zu erheben[28]. Andererseits berichten Erman und Reclam, wie die *réfugiés* in den Türkenkriegen und im Spanischen Erbfolgekrieg treu für ihren neuen Souverän kämpften und wie in den Gefechten gegen Frankreich der Groll der *réfugiés* gegen ihre »Verfolger« von den Generälen gezielt ausgenutzt wurde[29].

Das Verhältnis des hugenottischen Adels zu Frankreich bleibt somit in den »Mémoires« ambivalent. Auch Ludwig XIV. kann von den Autoren nicht verdammt werden, ohne dass Zweifel an der Loyalität der Hugenotten zum Haus Brandenburg aufkämen. Ludwig XIV. sei kein schlechter König gewesen, er sei nur den Einflüsterungen falscher Berater aufgesessen, wie Erman und Reclam betonen[30]. Hierin zeigt sich der gerade für die hugenottische Geschichtsschreibung so typische emotionale Schwebezustand zwischen Frankreich und dem Refuge, auf den ich im nächsten Kapitel noch ausführlich zu sprechen kommen werde.

---

24 Rosen-Prest, L'historiographie des huguenots (wie Anm. 12), S. 308.
25 Eduard Muret, Geschichte der französischen Kolonie in Brandenburg-Preußen, unter besonderer Berücksichtigung der Berliner Gemeinde, Berlin 1885, S. 51.
26 Lachenicht, Hugenotten in Europa (wie Anm. 6), S. 458.
27 Rosen-Prest, L'historiographie des huguenots (wie Anm. 12), S. 304.
28 Ibid., S. 289.
29 Ibid., S. 292–302.
30 Ibid., S. 246f.

LEBEN IM REFUGE

Nachdem der französische König Ludwig XIV. sein Verbot der reformierten Religion 1697 im Frieden von Rijswijk und 1713 im Frieden von Utrecht bekräftigt hatte, mussten die *réfugiés* in Brandenburg-Preußen die Hoffnung auf baldige Rückkehr begraben und sich im Aufnahmeland auf Dauer einrichten. Um die Bindung nach Frankreich nicht vollends abreißen zu lassen, entwickelten die hugenottischen Eliten in Brandenburg wie in allen anderen Aufnahmeländern eine von Hybridisierungen gekennzeichnete Identität[31]. Entscheidungen für das eine und gegen das andere Vaterland konnten so auf unbestimmte Zeit aufgeschoben werden. Vor allem in zweiter und dritter Generation empfanden sie sich kulturell als Franzosen. Zum Teil überwog hierbei sogar das Bewusstsein für die regionale Herkunft[32]. Frankreich blieb, wie 1750 für den Berliner Prediger Isaac de Beausobre, die *ancienne patrie*[33]. Dies wird auch anhand von Erinnerungsstücken aus Frankreich deutlich, die bislang aber nur durch Haushaltsinventare von Adligen belegt sind, wie etwa das Hugenottenkreuz des Baumeisters Pierre Gayette[34]. Zugleich sahen sie sich wie der Pastor der reformierten Gemeinde in Celle, Rocques de Maumont, als französische Untertanen ihres Aufnahmelandes[35]. Die heranrückenden französischen Soldaten im Siebenjährigen Krieg bezeichnete Maumont hingegen als »Ausländer«. Diese französisch geprägte Identität galt den hugenottischen Eliten als etwas Besonderes und Bewahrenswertes. Sie funktionierte solange unbeschadet, wie die Hugenotten nicht unvorbereitet auf Landsleute aus ihrem alten Vaterland stießen.

Bei der Bewahrung einer französisch geprägten Identität war für den Adel das Festhalten an der französischen Sprache von zentraler Bedeutung. Die französische Sprache öffnete ihm aber auch Türen bei Hofe – und dort, wo er nebenher auch die deutsche Sprache erlernte, boten sich für den hugenottischen Adel Karrierechancen in der Verwaltung. Schon als Kronprinz in Rheinsberg umgab sich der spätere Friedrich II. vorzugsweise mit frankophonen Gesprächspartnern. Den Grundstein für seine französischen Sprachkenntnisse hatte die hugenottische Erzieherin Marthe de Rocoulle (1669–1741) gelegt, die Friedrich von 1714 an zugeteilt war[36]. Sein Interesse für französische Literatur und Philosophie weckte ein weiterer Hugenotte, der Präzeptor Jacques Egide Duhan de Jandun (1685–1746). Friedrich nannte die beiden zärtlich Mutter und Vater und hielt bis zu ihrem Lebensende Kontakt zu ihnen[37]. Zusammen mit seiner Gemahlin war Friedrich Stammgast in Rocoulles Salon in Ber-

31 LACHENICHT, Hugenotten in Europa (wie Anm. 6), S. 452–465.
32 So bezeichnete sich der erste Pastor der französischen Gemeinde in Potsdam, Thomas Le Cointe, stolz als *normand*, obwohl er bereits als Dreijähriger mit seiner Familie aus Elbeuf geflohen war. Für seine Umwelt war er der starrköpfige Normanne, vgl. KAMP, Die verspätete Kolonie (wie Anm. 5), S. 291 f.
33 LACHENICHT, Hugenotten in Europa (wie Anm. 6), S. 460.
34 KAMP, Die verspätete Kolonie (wie Anm. 5), S. 253 f. Die Familie Gayette wird auch im Adelsregister der »Mémoires« aufgeführt und beschrieben, siehe Jean Pierre ERMAN, Mémoires pour servir à l'histoire des réfugiés françois dans les États du roi, Bd. 9, Berlin 1799, S. 133.
35 LACHENICHT, Hugenotten in Europa (wie Anm. 6), S. 460.
36 FUHRICH-GRUBERT, »Meine gute Mama Camas, vergessen sie mich nicht. Friedrich« (wie Anm. 19), S. 149.
37 Ibid., S. 150 f. Duhan de Jandun wurde von Friedrich nur indirekt als Vater bezeichnet.

lin. Über diesen Kreis gelang es der französischen Gemeinde, Friedrich um Unterstützung für ihre diakonischen Einrichtungen oder für einzelne Gemeindemitglieder zu bitten[38]. Jandun vergalt Friedrich dessen Zuneigung mit lebenslanger Treue, die sogar seine Festungshaft in Folge der gescheiterten Flucht des Kronprinzen von 1730 bis 1733 und die Entlassung seines Vaters als Legationsrat überstand[39]. Janduns Neffe kehrte hingegen nach 1787 in die Champagne zurück. Kaum dass Janduns Zögling als Friedrich II. den preußischen Thron bestiegen hatte, rehabilitierte er ihn noch im Jahr 1740. Später ernannte Friedrich Jandun zum Geheimen Rat im Auswärtigen Departement und zum Ehrenmitglied der Akademie der Wissenschaften.

Ein weiterer Höfling Friedrich II. war Henri Auguste de La Motte Fouqué (1698–1774)[40]. Fouqué wurde mit 21 Jahren Leutnant in der preußischen Armee und gehörte schon in Rheinsberg den Tischgesellschaften an. Aus Enttäuschung über seine von Friedrich Wilhelm I. verfügte Versetzung nach Ostpreußen nahm Fouqué 1739 seinen Abschied und ging in dänische Dienste. 1740 berief Friedrich II. Fouqué zurück und nahm ihn wieder in die Armee auf. Aus Dankbarkeit vor allem für seine militärischen Verdienste in den Schlesischen Kriegen übernahm Friedrich II. nach Fouqués Tod die Patenschaft für dessen Enkel, Friedrich Heinrich Karl Baron de La Motte Fouqué (1777–1842), den Dichter der Romantik.

Ein Beispiel für einen hugenottischen Adligen, der nicht die Nähe des Kronprinzen suchte und dennoch die Karriereleiter erklomm, ist der Geheime Rat Alexandre Auguste de Campagne[41], der 1708 in Berlin geboren wurde. Sein Vater Henri Auguste de Campagne hatte als Obristleutnant in der preußischen Armee gedient. Nach dem Besuch des Joachimsthaler Gymnasiums wurde Campagne zunächst Revisionsrat, dann Kolonierichter in Prenzlau (Uckermark) und empfahl sich bald auch für höhere Verwaltungsaufgaben. 1737 war er als Mitglied im französischen Oberkonsistorium und Oberdirektorium in den beiden höchsten Gremien der französischen Kolonie vertreten. Ab 1743 beaufsichtigte er den Seidenbau der französischen Kolonien, bekanntlich ein Projekt, dem Friedrich II. zeitlebens große Aufmerksamkeit schenkte[42]. Dass Campagne das besondere Vertrauen Friedrich II. genoss, zeigt folgende Episode: 1752 begab er sich, als einfacher Kaufmann getarnt, nach Genf, um dort im Seidenbau erfahrene *réfugiés* aus dem Languedoc zur Niederlassung in Brandenburg-Preußen anzuwerben. Und wie bereits erwähnt arbeitete Campagne seit 1737 an einem Geschichtswerk zu den Hugenotten in Brandenburg, ein Vorhaben, das wohl aufgrund seiner danach einsetzenden Karriere in der preußischen Verwaltung unvollendet bleiben sollte. Allein seine Übersetzung des Codex Fridericianus ins Französische unterstreicht die ausgeprägte Zweisprachigkeit Campagnes.

Auch der berufliche Werdegang eines weiteren hugenottischen Absolventen des Joachimsthaler Gymnasiums verlief zur gleichen Zeit überaus erfolgreich: Der eben-

38 Ibid., S. 154 ff.
39 Zur Biografie von Duhan de Jandun vgl. DECKER, Vom Höfling zum städtischen Handwerker (wie Anm. 9), S. 76–81.
40 Zu Fouqué siehe ibid., S. 110–114.
41 Die biografischen Angaben zu Campagne beziehen sich auf ibid., S. 147–152.
42 Zu den Anstrengungen und Erfolgen Friedrich II. auf diesem Gebiet vgl. Ilja MIECK, Preußischer Seidenbau im 18. Jahrhundert, in: Vierteljahresschrift für Sozial- und Wirtschaftsgeschichte 56 (1969), S. 478–498.

falls in Berlin geborene Philippe-Joseph Pandin de Jariges (1706–1770) stieg als Großkanzler der Justiz sogar zum Vorsitzenden einer zentralen preußischen Behörde auf[43].

Mit Jandun, Campagne und Jariges sind bereits die einflussreichsten Hugenotten in der preußischen Verwaltung unter Friedrich II. benannt. Trotz der Vorliebe Friedrichs für die französische Sprache und der hohen Wertschätzung seiner hugenottischen Untertanen als besonders fleißig und tugendhaft[44] blieben die Aufstiegschancen der hugenottischen Adligen vergleichbar mit denen ihrer deutschen Kollegen[45]. Fragt man nach ihren politischen Einflussmöglichkeiten, so waren sie, bedingt durch den autokratischen Herrschaftsstil Friedrich II., gleich schlecht wie die ihrer deutschen Kollegen. Wie Christian Decker in seiner Studie zu den sozialen Beziehungen hugenottischer Eliten nachweist, knüpften die Hugenotten in der Verwaltung und bei Hofe keine Netzwerke, um ihre Landsleute zu protegieren. Zwar bestand zwischen ihnen eine kulturelle Solidarität angesichts gemeinsamer historischer Erfahrungen, diese führte aber nicht zur Ausbildung einer homogenen Identität[46]. Gerade die Beispiele der Höflinge Jandun und Fouqué zeigen, dass ihre Loyalität nicht dem Aufnahmeland, wohl aber ihrem Patron, dem Kronprinzen und späteren König Friedrich II., galt. Die Frage ist daher, ob Frankreich als *ancienne patrie* unter Friedrich II. für die Hugenotten eine Utopie blieb.

DER SIEBENJÄHRIGE KRIEG

Noch mit Erlaubnis Friedrich Wilhelms I. reiste der aus dem Languedoc stammende David Dumas de l'Espignol wegen einer Erbschaftsangelegenheit nach Frankreich[47]. Auch die Familie Dumas scheint die in Adelskreisen häufig praktizierte Strategie angewandt zu haben, dass wenigstens der älteste Sohn in Frankreich blieb, zum Katholizismus konvertierte, um so den Familienbesitz zu sichern[48]. Als David Dumas nach drei Jahren noch nicht zurückgekehrt war, stellten die französischen Koloniebehörden daraufhin die Zahlung seiner Pension als Offizier im Ruhestand an seine in Potsdam zurückgebliebene Familie im Mai 1742 ein. Der Entzug der Pension hatte Du-

---

43 Zu Jariges siehe Decker, Vom Höfling zum städtischen Handwerker (wie Anm. 9), S. 152–164.

44 Gustav Berthold Volz (Hg.), Die Werke Friedrichs des Großen. In deutscher Übersetzung, Bd. 1, Berlin 1913, S. 212.

45 Decker, Vom Höfling zum städtischen Handwerker (wie Anm. 9), S. 182.

46 Ibid., S. 136.

47 Zu Dumas vgl. Kamp, Die verspätete Kolonie (wie Anm. 5), S. 316–318. Das Reisen wurde Mitte des 18. Jahrhunderts in Brandenburg-Preußen stark reglementiert. In diesem Fall wog das Versprechen auf eine große Erbschaft, die ins Land gebracht werden sollte, die Risiken der Flucht eines Untertanen auf. Zum Problem der Desertion siehe Mathis Leibetseder, Reisen unerwünscht. Über ein Kapitel frühneuzeitlicher Gesetzgebung in Bayern und Brandenburg-Preußen, in: Forschungen zur brandenburgischen und preußischen Geschichte N. F. 13/2 (2003), S. 227–247.

48 Vgl. Lachenicht, Hugenotten in Europa (wie Anm. 6), die hier auf Bertrand Van Ruymbeke, From New Babylon to Eden. The Huguenots and Their Migration to Colonial South Carolina, Columbia, S. C. 2006, S. 59 ff., verweist.

mas anscheinend zur baldigen Rückkehr bewogen, denn neun Monate später, am 24. Februar 1743, gebar seine Frau Elisabeth den gemeinsamen Sohn Marc-Antoine. Ein zweites Mal reiste Dumas 1751 nach Frankreich. Diesmal musste seine Frau ihm nachreisen, um ihn zurück nach Potsdam zu holen, was ihr im Herbst 1753 auch gelang. Angesichts eines Hausverkaufs im Jahr 1764 stand erneut zu befürchten, dass der mittlerweile verwitwete Dumas seine Besitztümer, die er durch Immobiliengeschäfte erworben hatte, nach Frankreich verbringen wollte. Wenig später begab sich Dumas ein drittes Mal nach Frankreich – diesmal für immer.

Pensionen konnten demnach zur Kontrolle der adligen Kolonisten herangezogen werden, jedenfalls solange in Brandenburg-Preußen lebende Familienangehörige auf sie angewiesen waren. Der drohende Verlust motivierte sie, selbst die schnelle Heimkehr des verreisten Familienoberhauptes zu befördern. Dumas Rückkehr nach Frankreich als gescheiterte Integration anzusehen, greift zu kurz. Bei Dumas handelte es sich um einen für Potsdamer Verhältnisse gut situierten Bürger. Die in etwa zur selben Zeit flüchtenden Offiziere im Ruhestand, La Rouvière und Malbosc, hatten die angesehene Stellung von Seidenbauinspektoren inne, die ihnen zumindest den Vorwand gab, geschäftlich nach Frankreich zu reisen, um Raupeneier oder Maulbeersamen zu besorgen[49]. Ob sie sich tatsächlich nach Frankreich absetzten, bleibt unklar. Finanzielle Not scheint alle drei nicht zur Desertion bewogen zu haben. Auffällig ist aber, dass alle für Potsdam nachweisbaren Deserteure aus den Reihen des Adels während oder unmittelbar nach dem Siebenjährigen Krieg das Land verlassen haben[50]. Haben die hugenottischen Adligen also unter dem Eindruck des Krieges gegen Frankreich ihr Verhältnis zu ihrem alten Vaterland neu bedacht? Im Siebenjährigen Krieg wird jedenfalls erstmals ein Patriotismus spürbar. Er äußert sich etwa in den Gedichten Ewald von Kleists auf preußischer Seite und in der massenhaften Desertion sächsischer Soldaten aus preußischer Kriegsgefangenschaft ins österreichische Heer[51]. Katharina Midell hat anhand der Leipziger Kaufleute Dufour den Siebenjährigen Krieg als Zeitpunkt identifiziert, zu dem sich die Hugenotten einer Selbstbefragung unterwarfen[52]. Ein solcher Identitätskonflikt muss in Preußen, dem Feind Frankreichs, tiefgreifender gewesen sein als in Sachsen, dem Verbündeten Frankreichs. Zum ersten Mal wäre damit die Identität hugenottischer Eliten in Brandenburg-Preußen ins Wanken geraten[53]. Von den emotionalen Erschütterungen, die

---

49 KAMP, Die verspätete Kolonie (wie Anm. 5), S. 318.
50 Dagegen Birnstiel, der die Remigration schon 1760 praktisch für beendet erklärt: Eckart BIRNSTIEL, Asyl und Integration der Hugenotten in Brandenburg-Preußen, in: BRAUN, LACHENICHT (Hg.), Hugenotten und deutsche Territorialstaaten (wie Anm. 18), S. 139–154, hier S. 153. Inwieweit er seine Untersuchungen aber für den Adel spezifizieren konnte, ist mir nicht bekannt, da mir der Aufsatz, auf den sich diese Erkenntnis stützt, nicht zugänglich war: Eckart BIRNSTIEL, Le retour des huguenots du refuge en France, de la révocation à la Révolution, in: Les protestants et la Révolution française, Sondernummer des Bulletin historique et littéraire de la Société de l'histoire du protestantisme français 135 (1989), S. 774–778.
51 Marcus VON SALISCH, Treue Deserteure. Das kursächsische Militär und der Siebenjährige Krieg, München 2009.
52 MIDDELL, Hugenotten in Leipzig (wie Anm. 17), S. 56, 62–66.
53 Birnstiels Einschätzung, die Krise der hugenottischen Identität hätte schon vor 1760 begonnen, bewahrheitet sich hier also auch für den Adel, siehe BIRNSTIEL, Asyl und Integration (wie Anm. 50), S. 153.

ihnen nach dem Tod Friedrich II. blühten, sollten sie sich bis zur Auflösung der französischen Kolonien nie richtig erholen.

VON DER HUNDERTJAHRFEIER BIS
ZUR FRANZÖSISCHEN REVOLUTION

Zu einer Zeit, wo nach Einschätzung der hugenottischen Eliten der Sprachverlust unter den einfachen Kolonisten die Privilegien der französischen Gemeinde gefährdete[54], kamen die Feierlichkeiten zum Hundertjährigen Jubiläum des Edikts von Potsdam im Oktober 1785 gerade rechtzeitig, sich einer gemeinsamen Identität zu vergewissern. Zugleich bot dieser Tag für die hugenottischen Eliten Anlass, über die Verherrlichung des Kurfürsten Friedrich Wilhelm seinem Urenkel Friedrich II. zu huldigen und ein Bekenntnis zu Brandenburg-Preußen als Vaterland abzulegen. Wenn auch die Lobpreisungen des Herrscherhauses schier endlos waren, blieben die Bekenntnisse zu Preußen als Vaterland vieldeutig.

Für Berlin beschwor der uns bereits als Mitherausgeber der »Mémoires« bekannte Pastor Jean Pierre Erman in seiner Predigt am 30. Oktober 1785 in der Friedrichstadt-Kirche vor der Königin und zahlreichen Vertretern des Hauses Hohenzollern das Motiv der Hugenotten als das aus der ägyptischen Knechtschaft geführte Volk Israel[55]. Für ihre Rettung müssten die Hugenotten ihrem Gott und ihrem Souverän, also dem Kurfürsten und seinen Nachfolgern, ewig dankbar sein. Einen Tag zuvor wurde an seinem eigentlichen Jahrestag das Edikt von Potsdam in der Französischen Kirche in Potsdam gefeiert. Die kronprinzliche Kapelle spielte eine eigens für dieses Jubiläum komponierte Kantate und der spätere König Friedrich Wilhelm II. war selbst mit seiner Familie anwesend[56]. Ermans Sohn, Jean George Erman (1762–1805), stellte den Gottesdienst in seiner Potsdamer Gemeinde unter das Motto »Liebe zum Vaterland«. Hierzu wählte er aber Jeremia 29, Vers 7, worin es heißt: »Suchet der Stadt Bestes, dahin ich euch habe wegführen lassen, und betet für sie zum Herrn; denn wenn's ihr wohl geht, so geht's auch euch wohl«. Der Prophet Jeremia wendet sich hier an das aus Jerusalem nach Babylon verschleppte Volk Israel. Es soll nicht in Verzweiflung verharren, sondern ein ganz normales Leben im Exil führen – bis zum Tag der Rückkehr. Auch wenn die Auslegung dieser Bibelstelle dem Anlass entsprechend angepasst wurde, wie das Protokollbuch der Gemeinde betont, erscheint doch durch den Verweis auf Jeremia Brandenburg-Preußen nicht wie in der vorherrschenden Jubiläumsrhetorik als das Gelobte Land und der Aufenthalt in den Landen Friedrich II. somit nur als ein vorübergehender. Wie ernst es den

---

54 Vgl. hierzu Böhm, Sprachenwechsel (wie Anm. 8), S. 94–103.
55 Jean Pierre Erman, Sermon prononcé dans le temple du Werder le 30 octobre [1785], à l'occasion du jubilé de la fondation des colonies françoises dans les États du roi, par monsieur Erman, conseiller du Consistoire supérieur et pasteur du Werder, Berlin 1785.
56 Archiv Französischer Dom, 5970, 29.10.1785. Die Kantate wurde von Marie Henriette Charlotte Reclam, geborene Stosch (1739–1799), der Ehefrau des Verlegers Reclam, komponiert. Zu ihrer Biographie vgl. Johann Georg Meusel, Lexikon der vom Jahr 1750 bis 1800 verstorbenen teutschen Schriftsteller, Bd. 11, Leipzig 1811, S. 79.

Hugenotten tatsächlich mit der Rückkehr nach Frankreich war, zeigte sich bereits wenige Jahre später.

Zwar hatten in Frankreich lebende Protestanten im späten 18. Jahrhundert keine religiöse Verfolgung mehr zu befürchten, doch das Verbot ihres reformierten Bekenntnisses wurde erst 1787 durch das Toleranzedikt Ludwig XVI. aufgehoben. Dies nötigte die in Brandenburg-Preußen lebenden Hugenotten, sich ernsthaft mit ihrer Beziehung zu Frankreich auseinanderzusetzen. Weil jedoch der Zugang zu öffentlichen Ämtern weiterhin beschränkt war, fiel die Reaktion im brandenburgischen Refuge verhalten aus. Erst mit der Französischen Revolution wendete sich das Blatt[57]. Nach Artikel 10 der Menschenrechtserklärung konnten die Hugenotten nun bei ihrer Rückkehr nach Frankreich auf Glaubensfreiheit und Gleichstellung hoffen. Das 1790 erlassene Restitutionsgesetz eröffnete den Nachfahren der *réfugiés* nicht nur die Möglichkeit, den bei der Flucht ihrer Vorfahren beschlagnahmten und seitdem treuhänderisch verwalteten Familienbesitz wieder in Empfang zu nehmen, sondern auch die französische Staatsbürgerschaft zu beantragen. Wegen seiner aktiven Französischkenntnisse wäre der hugenottische Adel der eigentliche Nutznießer dieses Gesetzes gewesen, sofern es den Familien nicht ohnehin schon gelungen war, den Besitz über den Erstgeborenen von Generation zu Generation zu bewahren. Als erstes reagierte denn auch in Berlin die Witwe Gautier auf das Restitutionsedikt, die Ansprüche auf eine Grundherrschaft ihres Urgroßvaters in Vitry (Champagne) geltend machte[58]. Galt der Anspruch auf Rückgabe des beschlagnahmten Besitzes nur bis 1795, wurde der zweite Teil des Restitutionsgesetzes, die Repatriierung, erst 1946 aufgehoben[59]. Die Beantragung der französischen Staatsbürgerschaft lässt Angaben zum Ausmaß der Rückkehr nach Frankreich zu. Demnach betrug die Rückkehrquote unter den Hugenotten lediglich 0,1 Prozent. Die meisten Remigranten kamen wegen der sprachlichen und geografischen Nähe aus der Schweiz[60].

War die Frage nach der Rückkehr ins alte Vaterland bislang eher eine hypothetische gewesen, stürzte das Toleranzedikt die hugenottischen Eliten nun in eine Identitätskrise[61]. Die meisten, die sich doch weiterhin als Franzosen betrachteten, blieben in Preußen. Damit lösten sich auch allmählich die Hybridisierungen auf. Zum äußeren Zeichen ihres Bekenntnisses zu Preußen gingen einige sogar zur deutschen Schreibung ihres Namens über[62]. Die Zeit der Napoleonischen Kriege wurde zur Be-

57 Zu Toleranzedikt und Restitutionsedikt und ihren Auswirkungen vgl. Eckart Birnstiel, Zurück in die Fremde. Zur Frage der Remigration der hugenottischen Réfugiés und ihrer Nachkommen nach Frankreich, in: Comparativ 5/6 (1997), S. 95–110.
58 Ibid., S. 103–105.
59 Birnstiel, Asyl und Integration (wie Anm. 50), S. 149.
60 Nur 23 von insgesamt 226 Personen kamen aus Deutschland, siehe ibid. Birnstiel beruft sich hierbei auf Estelle Aebersold, Les rémigrés du refuge huguenot. Le retour des descendants des religionnaires fugitifs en France depuis la loi du 9 décembre 1790 jusqu'au code de la nationalité du 19 octobre 1945, Magisterarbeit Univ. Toulouse (2005).
61 Ihre Identität im Refuge war auf die Unmöglichkeit der Rückkehr nach Frankreich gebaut, siehe Birnstiel, Asyl und Integration (wie Anm. 50), S. 148.
62 Ein Beispiel hierfür ist die Familie des Hofrates Saint Paul, auf die ich im nächsten Abschnitt zurückkommen werde. Der Sohn Wilhelm übernimmt nicht nur die deutsche Schreibweise des Familiennamens, zu der bereits sein Vater übergegangen war, er verzichtet auch auf das Adelsprädikat: Friedhild-Andrea Anders, Die Familie Saint Paul. Spuren von drei Generationen in

währungsprobe für die hugenottischen Eliten. Waren sie bereit, sich nicht nur für ihre französischen Gemeinden, sondern auch für die Stadt, in der sie lebten, zu engagieren?

DAS ENDE DER FRANZÖSISCHEN KOLONIEN

Zu den mittelbaren Folgen der Niederlage gegen Frankreich in der Schlacht von Jena und Auerstedt 1806 zählte die Modernisierung des preußischen Staates durch die Stein-Hardenbergschen Reformen[63]. Sie beinhaltete die sogenannte Städteordnung, die es im Jahre 1809 den Bürgern einer preußischen Stadt wie Potsdam erstmals erlaubte, ihren Magistrat und ihr Stadtparlament selbst zu wählen[64]. Für die Hugenotten bedeutete dies ebenfalls das aktive und passive Wahlrecht, aber auch den Verlust ihres eigenen französischen Bürgerrechts und damit auch ihrer französischen Kolonien[65]. Von den im März 1809 gewählten 60 Stadtverordneten waren zwei französische Kolonisten, einer davon war Wilhelm Sankt Paul[66].

Mit 33 Jahren verfügte Sankt Paul bereits über langjährige Erfahrung in Justiz und Verwaltung. So begann er seine Karriere zunächst als Beisitzer am französischen Koloniegericht und war während der französischen Besatzung Rendant der Stadtkasse und Quartiermeister[67]. Sein Urgroßvater stammte aus der Bretagne, kam 1672 über Heidelberg nach Berlin und diente am kurfürstlichen Hof als Sprachmeister. Wilhelm Sankt Pauls Eltern waren der Hofrat und Kolonierichter Guillaume de Saint Paul und eine Deutsche namens Kamrad. Seine Muttersprache war somit Deutsch, die seines Vaters hingegen Französisch. Diese Zweisprachigkeit kam ihm während der französischen Besatzung zugute. In der Stadtverordnetenversammlung ließ sich Sankt Paul als Kandidat für das Amt des Oberbürgermeisters aufstellen und erhielt am 28. März 1809 die Mehrheit der Stimmen der Stadtverordneten[68]. Die Wahl eines Hugenotten zum ersten Oberbürgermeister und damit ins höchste zu vergebende Amt ist einmalig in der Geschichte Brandenburgs[69], ebenso wie das Einschreiten Friedrich Wilhelms III., der dem in der Abstimmung unterlegenen Kandidaten Ja-

Potsdam, in: Mitteilungen der Studiengemeinschaft Sanssouci e. V. Verein für Kultur und Geschichte Potsdams 2/1 (1997), S. 5–23.

63 Vgl. hierzu allgemein Hans-Werner HAHN, Helmut BERDING, Reformen, Restauration und Revolution 1806–1848/49, Stuttgart [10]2010.

64 Erschienen als: Ordnung für sämtliche Städte der preußischen Monarchie, mit dazugehöriger Instruktion, Behufs der Geschäftsführung der Stadtverordneten bei ihren ordnungsmäßigen Versammlungen, vom 19. November 1808, Berlin 1822.

65 Nur die französischen Koloniegerichte blieben noch für eine Übergangszeit bestehen. Vgl. BIRNSTIEL, Asyl und Integration (wie Anm. 50), S. 150.

66 Silke KAMP, Zwischen Thron und Ballotage. Die erste Wahl der Stadtverordnetenversammlung in Potsdam, in: Christiane BÜCHNER, Andreas MUSIL (Hg.), Die Stadtverordnetenversammlung von Potsdam im Wandel der Zeit, Potsdam 2010, S. 39–56.

67 ANDERS, Die Familie Saint Paul (wie Anm. 62), S. 7.

68 KAMP, Zwischen Thron und Ballotage (wie Anm. 66), S. 51.

69 In Berlin wurde der *réfugiés*-Nachfahre Johann Paul Humbert immerhin Vorsteher der Stadtverordnetenversammlung. Vgl. Paul CLAUSEWITZ, Die Städteordnung von Berlin, Reprint der Ausgabe Berlin 1908, Berlin 1986, S. 106–109. Für Brandenburg stützt sich diese Aussage auf die Durchsicht des Verzeichnisses der brandenburgischen Magistrate.

cob Brunner den Vorzug gab und so den Bürgerwillen einschränkte. Es handelt sich hierbei nicht um einen Vorbehalt Friedrich Wilhelms III. gegenüber der Person Sankt Pauls und dessen familiären Hintergrund. Vielmehr muss in diesem Vorgehen eine Machtdemonstration des Königs gesehen werden, der den Untertanen seiner Residenzstadt mit Brunner einen unter den politischen Repräsentanten Potsdams höchst unbeliebten Verwaltungsbeamten an die Spitze des Magistrats setzte[70]. Sankt Paul stand zunächst der Stadt Potsdam als Syndikus mit seiner juristischen Sachkenntnis zur Seite, bis er 1821 tatsächlich Oberbürgermeister der Stadt Potsdam wurde und dies bis zu seinem Rücktritt aus Altergründen im Jahr 1846 blieb.

***

Die Beispiele der Höflinge und Verwaltungsbeamten unter Friedrich II. sowie der Familien Dumas und Sankt Paul haben gezeigt, dass für den hugenottischen Adel die Erinnerung an Frankreich durch die französische Sprache und nicht selten auch durch familiäre Bindungen lebendig blieb. Sie waren ein Grund für die Remigration. Dennoch dachte die Mehrheit nicht ernsthaft daran, nach Frankreich zurückzukehren. Für den hugenottischen Adel bedeutete die französische Sprache nicht nur eine kulturelle Identität, sie wurde zunehmend zum Standesmerkmal. Was ihren Verbleib in Preußen zementierte, war aber ihre Zweisprachigkeit. Nur so konnten hugenottische Adlige ihre Französischkenntnisse in der Verwaltung karrierefördernd einsetzen. Das Beispiel Sankt Paul hat gezeigt, wie ein Adliger sich mit Französisch als Vatersprache Kompetenz erwerben konnte, mit Deutsch als Muttersprache aber das Vertrauen seiner Mitbürger.

---

70 Vgl. zu den Hintergründen ausführlich Kamp, Zwischen Thron und Ballotage (wie Anm. 66), hier S. 52 f.

RAINER BABEL

Kommentar zur Sektion »Adelsmigrationen«

Dass in der Frühen Neuzeit auch Adlige mobil waren, dass auch sie migrierten, mag eine Binsenweisheit sein, wenn man etwa an die zahllosen bekannten Fälle von militärischen wie zivilen Dienstnahmen Adliger außerhalb ihres Stammterritoriums denkt. Dennoch fehlt es bisher an systematischer Forschung zum Problemkreis adliger Migration. Wichtige Fragen, etwa solche nach der Akzeptanz neuer Loyalitäten und Zugehörigkeiten, nach der Beharrungskraft alter Bindungen, nach den Katalysatoren der dem Übergang von einer alten in eine neue Lebenswelt zugehörigen Wandlungsprozesse, harren nach wie vor einer differenzierten Antwort. Insofern ist es höchst sinnvoll, dass eine Sektion dieses Bandes sich mit vier Beiträgen aus unterschiedlichen Kontexten dieser Problematik angenommen hat und gleichsam Schneisen in das Dickicht schlägt.

Die von Michael North in den Blick genommene Ostseeregion, in der Verschränkungen des Alten Reiches mit anderen Ländern eine besondere Situation schufen, erweist sich als ein höchst bedeutender Schauplatz adliger Migration: Mecklenburgischer und holsteinischer Adel trat häufig und gern in dänische Dienste; für pommersche, aber auch für livländische oder estländische Adlige bildete das schwedische Kernland die wichtigste Destination. Es zeigt sich freilich, dass die treibenden Faktoren dabei recht unterschiedlich waren: Mecklenburg bot seinem Landesadel nicht genügend Verwendungsmöglichkeiten, was zu Migration in die benachbarten Reichsterritorien, mehr aber noch nach Dänemark führte. Der holsteinische Adel hingegen fand aufgrund der Tatsache, dass das Land gemeinsam bzw. anteilig von Herzog und dänischem König regiert wurde, von Anfang an andere Verhältnisse vor. Hiermit waren, so legen Michael Norths Ergebnisse nahe, auch Unterschiede des Integrationsgrades verbunden. Für den mecklenburgischen Adel scheint eine Dienstnahme in Dänemark nicht – jedenfalls nicht in erkennbarem Ausmaß – zur Aufnahme in die dänische Nobilität geführt zu haben. Die Verbindungen in die alte Heimat wurden dementsprechend aufrechterhalten, und erst unter den gewandelten Bedingungen des 19. Jahrhunderts lässt sich ein stärkeres Interesse an Naturalisierung erkennen. Anders verhielt es sich mit Holstein: Hier führten Dienstnahmen zu einer wesentlich früheren »Danisierung« der Betreffenden – wobei Bande zur alten Heimat und zur alten Identität durchaus erhalten blieben. Eine Aufgabe dieser anscheinend nicht als Nachteil empfundenen Doppelstellung und eine Entscheidung für die eine oder die andere Seite erzwang auch hier erst der heraufziehende Nationalismus des 19. Jahrhunderts. Die Beziehungen zwischen Schweden und seinen jenseits der Ostsee gelegenen Besitzungen in Pommern, Livland und Estland stellen sich im Unterschied hierzu stärker als Austauschverhältnis dar, da eine rege Migration des Adels in beide Richtungen festzustellen ist. Die ins schwedische Kernterritorium ge-

wanderten pommerschen Familien wurden, wie das Beispiel des Hauses Schwerin
zeigt, alsbald in das schwedische Dienstsystem wie auch in die Netzwerke integriert
und so in die Adelslisten aufgenommen. Als attraktiv für die Wanderung in umge-
kehrter Richtung erwiesen sich die von Schweden abweichenden agrarischen Strukturen mitsamt den ihnen innewohnenden Möglichkeiten, wie etwa im Falle der in
Pommern geltenden Gutsherrschaft. Auch Livland und Estland ermöglichten den
Erwerb vergleichsweise großer Güter und übten insofern eine nicht zu unterschät-
zende Anziehungskraft auf Adelsfamilien des schwedischen Kernlandes aus.

Das bei Michael North bereits anklingende Motiv des Verhältnisses von »alter«
und »neuer« Identität wird auch von Silke Kamp aufgenommen, die sich am Beispiel
Brandenburgs der Hugenottenproblematik annimmt, und damit eines freilich gänz-
lich anderen, nämlich erzwungenen Typs von Migration. Deutlich wird, dass der hugenottische Adel in Brandenburg längere Zeit noch in einer ambivalenten Haltung
verharrte. Sein Militärdienst war zwar durch Loyalität gegenüber dem neuen Souverän charakterisiert, allerdings kannten einzelne Familien sehr wohl auch Verbote,
gegen den alten Souverän zu kämpfen. In einer ersten Phase bis ca. 1750 blieb, anders
als bei bürgerlichen Hugenotten, insbesondere die Anhänglichkeit an die französische Sprache ein wichtiges Identitätsmerkmal hugenottischer Adliger. Im Rahmen
der zeitgenössischen Adelskultur lag das nahe. Es gibt ferner Anzeichen dafür, dass
der Siebenjährige Krieg eine Erfahrung darstellte, die zu einer gewissen »Renationali-
sierung« mancher refugierten Adligen führen konnte. Doch scheint der Grad der Integration in die neue Heimat schon bald darauf unumkehrbare Züge angenommen
zu haben. Stellte schon die Hundertjahrfeier der Emigration ein willkommenes Ereignis zur Bestätigung der Bindungen an die brandenburgischen Landesherren dar,
so zeigte sich dies erst recht, als mit der Einführung der Religionsfreiheit in Frankreich im Jahr 1787 und der Gewährung der vollen Bürgerrechte während der Revolution der eigentliche Exilgrund fortfiel. Eine Rückwanderung von Hugenotten, adliger wie bürgerlicher, gab es in nennenswertem Umfang nicht. Das Inkrafttreten der
Steinschen Städteordnung, die die Privilegien der französischen Kolonien beseitigte,
entzog einer doppelten Identität schließlich die Grundlage. Silke Kamps Beitrag
weist auf das große Interesse hin, das einem Vergleich mit der Integrationsgeschichte
hugenottischer Adliger in anderen Ländern und Regionen zukommt: Könnte dieser
doch zeigen, ob und inwieweit der in Brandenburg von Ambivalenzen anscheinend
nicht freie Verlauf der Eingliederung einem allgemeineren Muster entsprach. Näher
zu bestimmen wäre in diesem Zusammenhang auch, welche Wirkungen das Be-
streben, alten Besitz nicht restlos aufzugeben, auf ein »rückwärtsgewandtes« adlig-
hugenottisches Sonderbewusstsein hatte. Silke Kamp weist darauf hin, dass in einigen Familien die ältesten Söhne nicht emigrierten, sondern konvertierten, um die
Familiengüter zu erhalten. Auch könnte so wohl näher in Erfahrung gebracht werden, inwieweit ein spezifisch adliges Festhalten an der eigenen Sprache einer eigenen
Standesidentität durch Abgrenzung gegen das refugierte Bürgertum diente.

Auf einen weiteren Fall erzwungener Emigration – hier infolge der militärischen
Besetzung des Landes – kommt Anne Motta im Zusammenhang mit dem lothringischen Adel zu sprechen. Dessen besondere Identifikation sowohl mit der herzog-
lichen Dynastie als auch mit dem Land drückte sich seit dem Mittelalter in einer

starken Vertretung in den *états généraux* wie in den neben dem Herzog Recht spre-
chenden Assisengerichten aus. Die Ereignisse des Dreißigjährigen Krieges, die französische Besetzung des Herzogtums und die Exilierung Karls IV. veranlassten einen
nicht unerheblichen Teil des Landesadels, an der Seite des Landesherrn zu bleiben
und in seiner mit Kaiser und Spanien alliierten Armee oder den Institutionen der
Exilregierung zu dienen. Anders als im Fall der Hugenotten blieb hier die baldige
Rückkehr ins Stammland und die Wiederherstellung des als rechtmäßig gesehenen
Vorkriegszustands das Ziel. Die zunehmende Aussichtslosigkeit des Kampfes änderte hieran nichts. Auch bei der Festsetzung des für seine Verbündeten unkontrollier-
bar gewordenen Herzogs durch Spanien im Jahre 1654 blieb der lothringische Adel
der Dynastie – jetzt verkörpert durch den jüngeren Bruder und präsumptiven Nachfolger – treu. Als nach dem Friedensschluss der enttäuschte Karl IV. seine Herrschaft
durch einen Vertrag Frankreich überlassen wollte, zog der Adel die Loyalität zum
Land der zum Herrscher vor und opponierte gegen diese Vereinbarung, die letztlich
wirkungslos blieb. Als Lothringen ab 1670 erneut auf Jahre hinaus französisch besetzt wurde, entschied sich Karl IV. wiederum – und nach ihm auch sein Neffe und
Nachfolger – für das Exil und für eine Existenz in kaiserlichen Diensten. Auch hier
formte sich nochmals ein aus Lothringern bestehender Exilhof mit eigenen Verwal-
tungs- und Rechtssprechungsinstitutionen, der sich deutlich von seiner Umgebung
abhob. Erst eine von Herzog Karl V. schließlich erteilte ausdrückliche Rückkehr-
erlaubnis für die bei ihm verbliebenen Untertanen reduzierte das um den Herzog
gescharte lothringische Exil. Diese von Anne Motta eindrücklich herausgestellte
Verbundenheit von Land, Dynastie und Adel in Lothringen dürfte für eine Adelsmigration im herkömmlichen Sinn eher hinderlich gewesen sein – zumindest auf den
ersten Blick. Es wäre durchaus reizvoll, den Bedingungen hierfür gerade in einem
Territorium wie diesem, das durch seine besondere Lage zwischen Frankreich und
dem Reich gekennzeichnet war, weiter nachzuspüren. Hinzu kam eine außerordentlich komplexe territoriale Gemengelage mit den großen Nachbarn, aber auch mit
den umgebenden Kleinherrschaften, die lothringische Adlige nicht selten multiplen
Loyalitäten unterwarf. Das Herzogshaus selbst hatte aus solchen Gegebenheiten die
Konsequenzen gezogen, als es zu Beginn des 16. Jahrhunderts Claude, einen nachge-
borenen Sohn Herzog Renés II., mit den in Frankreich gelegenen Besitzungen der
Familie ausstattete und damit das nunmehr französische (aber in der neuen Umgebung häufig als »fremd« abgelehnte) Haus Guise begründete. Auch die europaweite
Heiratspolitik des Herzogshauses, das mit den Großherzögen der Toskana und den
bayerischen Kurfürsten eng verschwägert war, könnte adliger Migration Anstöße
gegeben haben. Und nicht zuletzt wechselten einige der Begleiter des exilierten Herzogs Karl IV. schließlich in andere Dienstverhältnisse. Erinnert sei nur an den späteren bayerischen General Franz von Mercy, der einer lothringischen Ritterfamilie
entstammte.
  Bleibt das Ausmaß freiwilliger Adelsmigration im Fall Lothringens damit künfti-
ger Forschung anheimgestellt, so gibt Olivier Chaline auf der Grundlage eines schon
relativ weit entwickelten Forschungsstandes einen präzisen Einblick in die Geschichte adliger Einwanderung in die Länder der böhmischen Krone unter den Habsbur-
gern. Diese lässt sich bis ins 15. Jahrhundert zurückverfolgen, doch gaben ihr 1526

die Wahl eines Habsburgers zum böhmischen König und 1586 die Verlegung der kaiserlichen Residenz nach Prag– im Interesse der Schaffung eines gesamthabsburgisch orientierten Adels – wichtige Impulse. Von 1544 bis 1615 betrug der Anteil adliger Zuwanderer am gesamten Landesadel etwa 25 Prozent, in Mähren und Schlesien jedoch deutlich weniger. Die Rebellion und die teilweise Emigration des böhmischen Adels mit der Folge der Konfiskation seiner Güter schuf eine Situation, die der Aufnahme von zuströmenden Adelsfamilien äußerst günstig war und unter anderem die Gratifikation verdienter kaiserlicher Militärs gestattete, wofür neben vielen anderen etwa die ursprünglich wallonische Familie der Buquoy oder die aus Norditalien stammenden Gallas Beispiele sind. Eine Hürde für die rechtlich definitive Aufnahme in den Landesadel stellte das »Inkolat« dar, das als Kooptationsverfahren in Böhmen bis 1627 in den Händen der Stände lag. Erst dann wurde die Gewährung des Inkolats und damit der Aufnahme in das böhmische Adelsverzeichnis zum königlichen Privileg. Zahlenmäßig blieb der zugewanderte Adel in allen drei Gebieten gegenüber den Vertretern des alten Landesadels jedoch immer in der Minderheit. Insofern kam es auch nicht in überproportionalem Maß zu einer Besetzung der wichtigen öffentlichen Funktionen durch den neuen Adel; hier blieben die alteingesessenen Familien bis ins 18. Jahrhundert hinein tonangebend. Was aber tat der zugewanderte Adel von seiner Seite für die Integration in die neue Umgebung? Deutlicher als an den anderen Beispielen werden hier die Integrationsstrategien des neuen Adels. Zwar vollzog sich diese Integration zunächst auch nur allmählich, doch lässt sich in der zweiten und dritten Generation für die Familien, die auch anderswo begütert waren, eine Verlagerung der Lebensschwerpunkte auf ihre böhmischen und mährischen Güter feststellen. Allgemein gilt dies auch für eine Konzentration der Heiratskreise auf die Region. Als besonders wichtig erwies sich – vor dem Hintergrund von Gegenreformation und katholischer Reform – die bewusste Teilhabe an den religiösen Lebensformen der neuen Umgebung, von der Versorgung Nachgeborener mit Benefizien bis hin zur Förderung regionaler Heiligenkulte, zur Errichtung von Gnadenstätten und zur Schaffung von Familiengrablegen, durch die sich in besonders sinnfälliger Weise die Verbindung von Adelshaus und Land darstellen ließ.

Alle vier Beiträge dieser Sektion haben mithin das Verdienst, in ihrer jeweiligen Perspektive die Reflexion über das Phänomen der adeligen Migration weiterzuführen. Wer sich dem übergreifenden Problem zuwendet, wird ihr anregendes Potenzial für seine eigenen Ansätze fruchtbar machen können.

IV.
Adel im Zeitalter der Nation

JAY M. SMITH

The Decline and Fall of the French Nobility

An Invisible History?

The National Assembly's abolition of nobility on 19 June 1790 has been represented, on the one hand, as gratuitous and unwarranted, and, on the other hand, as an inevitable act that counted as »un des décrets qui a causé le plus de joie en France«[1]. It is beyond dispute, however, that many noble observers of the event – including both deputies to the Assembly and bystanders from all across the political spectrum – expressed shock and dismay at the Assembly's measure. The astounded comte de Lévi-Mirepoix reminded the Assembly, in a pamphlet critical of the decision, that even on the night of August 4 the Assembly itself had »reconnu la légitimité des distinctions de la naissance«[2]. The comte de Rully would later excoriate the Assembly for having created a »spectacle hydeux« and he accused it of having allowed its uncontrolled passions to plunge the nation »dans une anarchie dont il est hors de son pouvoir de nous tirer«[3].

The agitated reaction on the part of noble critics of the decree of June 19 has often been attributed, at least in part, to the elaborate choreography that preceded the event. The sparsely attended session of the National Assembly was held at night, the deputies' speeches soon diverted from the announced agenda, the initial call for the elimination of noble titles was quickly seconded by a succession of the most radical noble deputies, and dissenters were denied a chance to offer counter-arguments. The abolition of nobility, in other words, appears to have been a product of careful advance planning. No wonder the opponents of the decree were surprised. The vicomte de Hautoy reacted to the obvious stagecraft with astonishment. »Le décret dont il s'agit, he wrote, n'est par conséquent qu'une surprise«[4].

But this depiction of the nobles as naive victims of political maneuvering in June of 1790 raises as many questions as it answers. Is it really plausible to imagine that after

---

1 For the gratuitous see Michael P. Fitzsimmons, The Night the Old Regime Ended. August 4, 1789, and the French Revolution, University Park, Pa 2003, p. 134; for the unwarranted see Rafe Blaufarb, Nobles, Aristocrats, and the Origins of the French Revolution, in: Robert M. Schwartz, Robert Schneider (eds.), Tocqueville and Beyond. Essays on the Old Regime in Honor of David D. Bien, Newark, Del. 2003, p. 86–110, esp. p. 98. For the quote, which comes from the comte de Montlosier, see Léonard Burnand, Necker et le débat sur l'abolition de la noblesse, in: Philippe Bourdin (ed.), Les noblesses françaises dans l'Europe de la Révolution, Rennes 2010, p. 41–51, esp. p. 42.

2 [Comte de Lévis-Mirepoix], Noblesse, s. l. n. d., p. 2.

3 Comte de Rully, Protestation du comte de Reuilly, député de la noblesse du bailliage de Châlons en Bourgogne, contre toutes les opérations de l'asssemblée se disant nationale, s. l. n. d., p. 3.

4 M. J. Madival, M. E. Laurent (eds.), Archives parlementaires de 1787 à 1860, première série, vol. XVI, Paris 1883, p. 380.

a year of unending drama and rapid reversals, the political instincts of the noble deputies to the Assembly remained so underdeveloped? The formal abolition of orders
had already occurred in October of 1789, and rumors had floated around Paris in the
weeks after that event that nobility was next in line for elimination[5]. The marquis de
Ferrières, who expressed his own dismay at the Assembly's unexpected destruction
of nobility, nevertheless believed that »le décret qui supprime la Noblesse est, depuis longtemps, l'objet des vœux publics de la grande partie de la nation«[6]. Should
the defenders of nobility not have been more sensitive to possible political threats
from within the Assembly itself?

In this essay I suggest that the expressions of noble anger and dismay that followed the events of 19 June 1790 had less to do with political naiveté or the devious-
ness of anti-noble conspirators than with a long process of ideological conditioning
that left many nobles unprepared to imagine a polity without nobility – even though
they operated in a political environment where others were ready and eager to imagine such a polity. Revisionist historians, stretching from Alfred Cobban to François
Furet and their many followers, demonstrated the continuing social and economic
dominance of the nobility to the eve of the Revolution, and recent research has also
made clear its conceptual and political centrality in the last decades of the Ancien Régime[7]. Impassioned discussions about the definition, character, and role of nobility
had been a constant feature of political discourse since the 1740s. Often laced with
bitterness and sarcasm, these discussions are easily misread as symptoms of the wan-
ing appeal and influence of nobility in an age of commerce, Enlightenment, and an
increasingly empowered »public opinion«. In fact, the nobility remained a subject of
animated, sometimes heated, discussion between the 1740s and 1780s precisely because of its continued cultural power. Questions about the viability or continuing
existence of nobility were almost never seriously broached in this period. Debates
about nobility tended to focus, instead, on its definition, the degree of its social per-
meability, its legal and institutional parameters, and its accessibility to other groups
in society. These debates engendered any number of social imaginaries, but little
space was created for a social imaginary that lacked the nobility. It was the conceptual and intellectual formation they had experienced in the last decades of the Ancien
Régime, I argue, that left so many nobles confounded and embittered in the face of
the decree of 19 June 1790.

To underscore the fine gradations of disagreement that informed most discussions
about nobility in the last decades of the Ancien Régime, I focus especially on a little-
noticed debate from the 1760s involving two historically minded commentators
concerned about the state of French society in the wake of the Seven Years' War. The
abbé Mignot de Bussy published in 1763 his »Lettres sur l'origine de la noblesse

5 FITZSIMMONS, The Night the Old Regime Ended (see n. 1), p. 118.
6 Marquis de Ferrières to Monsieur de Chacé, 20 June 1790, in: Henri CARRÉ (ed.), Marquis de
   Ferrières. Correspondance inédite (1789, 1790, 1791), Paris 1932, p. 207.
7 See, for example, Jay M. SMITH, Nobility Reimagined. The Patriotic Nation in Eighteenth-
   Century France, Ithaca, NY, London 2005; Antoine LILTI, Le monde des salons. Sociabilité et
   mondanité à Paris au XVIIIᵉ siècle, Paris 2005; Josette PONTET et al. (eds.), La noblesse de la fin
   du XVIᵉ siècle au début du XXᵉ siècle. Un modèle social?, 2 vols. Anglet 2002.

française, et sur la manière dont elle s'est conservée jusqu'à nos jours«[8]. In 1766, the vicomte d'Alès de Corbet published a thorough refutation of Mignot de Bussy's arguments in his »Origine de la Noblesse Françoise, depuis l'établissement de la Monarchie, contre le système des Lettres imprimées à Lyon en 1763«. As the titles of their texts suggest, Mignot de Bussy and Alès de Corbet fought over familiar historical terrain. Both claimed to find first principles in the Middle Ages, both engaged the arguments of Boulainvilliers and Dubos over the respective rights and powers of monarchy and nobility, and both were acutely aware of the recent reformulations of those arguments provided by Montesquieu, the parlementaire Jean-François Hénault, and the various participants in the debate over »noblesse commerçante«[9].

Conflicting readings of the past informed their respective arguments. Mignot de Bussy, for example, insisted that neither the Franks nor the Gauls had had a separate corps of nobility at the time of the Frankish invasion, while Alès de Corbet argued precisely the opposite. They also differed sharply over the monarchy's presumed authority to create nobles – Mignot de Bussy claimed that monarchs had always had that right, while Alès de Corbet maintained that nobility existed independent of any form of *droit positif*[10]. One surprising common thread linking the two texts, however, was an emphasis on the dignity and value of all subjects of the French crown – whether noble or *roturier*. Mignot de Bussy condemned »ces étiquettes récentes et injurieuses« that preserved some honors and dignities exclusively for those of noble birth. The greatest effect of such distinctions was to »détruire l'harmonie qui doit regner entre les citoyens d'une même Monarchie«[11]. Mignot de Bussy was drawn to the example of the Franks in part because they had awarded distinctions only on the basis of merit. »Il n'y avoit qu'un seul Ordre de citoyens dans la Nation des Francs; la naissance les rendoit tous égaux«[12].

Alès de Corbet followed more closely the Frankish conquest narrative laid out by Boulainvilliers, and he sought to preserve distinctions that rightfully belonged to the nobility alone, but he, too, was eager to affirm the worth of those outside the noblesse.

Je suis bien éloigné de regarder le reste des citoyens comme issus d'un sang vil, et, en quelque sorte, encore souillés de la tache d'esclavage[. J]'espère faire voir que non seulement parmi la bonne bourgeoise, mais dans le peuple même, grand nombre de familles ont toujours joui de l'avantage immémorial de la liberté; et que plusieurs peuvent partager avec les plus illustres,

---

8 Abbé Mignot de Bussy, Lettres sur l'origine de la noblesse française, et sur la manière dont elle s'est conservée jusqu'à nos jours, Lyon 1763
9 Charles-Jean-François Hénault, Nouvel abrégé chronologique de l'histoire de France, contenant les événemens de notre histoire depuis Clovis jusqu'à la mort de Louis XIV, Paris 1749; on the »noblesse commerçante« see especially Gabriel-François, abbé Coyer, La noblesse commerçante, London 1756, and Philippe-Auguste de Sainte-Foy, chevalier d'Arcq, La noblesse militaire, ou le patriote français, Paris 1756.
10 [Pierre Alexandre d'Alès de Corbet], Origine de la Noblesse Françoise, depuis l'établissement de la Monarchie, contre le système des Lettres imprimées à Lyon en 1763, Paris 1766, p. 15–17.
11 Mignot de Bussy, Lettres (see n. 8), p. x.
12 Ibid., p. 4.

celui d'être issus, non seulement des anciens Nobles Gaulois ou Romains, mais même du sang de ces braves Francs, leurs vainqueurs[13].

Both authors therefore rejected a strict racial determinism and envisioned, both in the past and for the future, processes of social assimilation that made nobility both a sign of and a reward for superior virtue. Their sharpest disagreements had to do precisely with the process through which non-nobles might enter the corps of nobility. Mignot de Bussy, who celebrated the legal equality that had allegedly prevailed among the original Franks, claimed that nobility had remained a personal distinction well into the feudal age, and that many avenues of entry into the noblesse had remained open throughout most of France's history. Even after nobility became hereditary with the development of feudalism, he noted, the fairly easy acquisition of fiefs meant that »les roturiers ou non-nobles furent tacitement agrégés à la Noblesse«[14]. In addition, the institutions of chivalry had facilitated the rise to eminence of former *roturiers* and had permitted the constant replenishment of a class of nobility inevitably diminished by losses in battle. Just as the Franks had had only one order of citizens, the French nation to which they had given birth left open for all individuals of merit the same paths to distinction – military service preeminent among them. »Il semble en effet que le courage et la valeur sont plus naturels à la Nation Française qu'à aucun autre peuple; aucun n'est sitôt soldat que le Français«[15].

One of the great turning points in French history was the establishment of the Estates-General under Philippe le Bel, because this was the event, according to Mignot de Bussy, that first gave formal recognition to an order of nobility distinct from non-nobles. The political right of electing deputies for representative assemblies had effectively constituted the nobility as a separate order[16]. Philippe le Bel was also the first to issue letters of ennoblement, and the franc-fief tax was created in the 1290s. By about 1300, in Mignot de Bussy's account of French history, nobility had become a visible and formal distinction. Henceforth, processes of ennoblement – which until this time had been tacit, informal, and tied to the possession of fiefs – became explicit legal procedures controlled by the crown. But even these somewhat lamentable developments, in lending a new formality to nobility, had not closed down routes of entry into the corps. Only in the late sixteenth century, when possession of fiefs and a record of military service were excluded as presumptive proofs of nobility and the sale of offices began to harden into a system, did the path to nobility narrow. Mignot de Bussy regretted this momentous change for three reasons. First, it encouraged excessive pride among »nobles de race«, whose genealogical superiority came to be displayed more self-consciously. Second, it inspired scorn – some of it admittedly deserved – for all who had won access to nobility through the wealth they had accumulated. Finally, and most important, the changes of the late sixteenth century created a social system which »indépendamment des talents et du savoir, réserve les

13   [D'Alès de Corbet], Origine (see n. 10), p. 14–15.
14   Mignot de Bussy, Lettres (see n. 8), p. 237.
15   Ibid., p. 247.
16   Ibid., p. 277.

honneurs et les dignités à une petite portion de la nation«[17]. Such a system erected barriers between social classes and discouraged emulation.

Mignot de Bussy favored instead the social system he saw prevailing between the fourteenth and the sixteenth centuries, when assimilation to the nobility was common but policed by the agents of the crown. He called for »la multiplication utiles des Nobles, opérée par différentes voies«[18]. After all, widespread respect for antiquity guaranteed that the oldest families would always enjoy the greatest esteem. Mignot de Bussy even acknowledged that only »les familles qui dans une suite de plusieurs générations ont joui des titres & d'une partie des honneurs & des privilèges des Nobles« would be regarded as true nobles. He believed, nonetheless, that the class of the newly ennobled could be regarded as enduring »une espèce de noviciat« during which they could enjoy at least some of the privileges and distinctions of the nobility they aspired to join. The novitiate would ensure that, over the space of generations, the newly ennobled would be successfully »agrégées au corps des Nobles«[19]. Nobility would then serve as a stimulant to excellence. It would stand both as a reward for past actions and as an incitement to virtue, without the burden of those *étiquettes injurieuses* that encouraged disdain for some and excessive veneration for others.

Que les maisons nobles disputent entre elles de zèle à servir l'Etat, & d'amour pour la patrie; cette émulation digne d'elles leur assurera des distinctions indépendantes des fables et des préjugés[20].

Much of Alès de Corbet's »Origine de la Noblesse Françoise« is devoted to a repudiation of the historical arguments set out in Mignot de Bussy's »Lettres sur l'origine de la noblesse«. The vicomte argued vigorously that the nobility had always comprised a distinct corps, and that, throughout most of French history, the »mélange« of nobles and non-nobles had been »rare et difficile«[21]. Fiefs, when they changed hands, did not bring with them the presumptive status of nobility, and the conferring of a knighthood in the age of chivalry was understood not as a grant of nobility but as recognition for an already existing nobility. A concern to maintain a clear and visible barrier between nobles and *roturiers* – and also to show that such a clear hierarchy had always been part of the natural order of things – colors the entire treatise of Alès de Corbet.

But Alès de Corbet wanted to affirm more than the legal and historical reality of status differences. He placed great emphasis on the moral value and moral function of such status differences, which, he acknowledged, arose against a background of natural equality between men. He even quoted Rousseau at length on natural equality and its corollary—the inevitable development of social inequalities. His main point, one resonating with the political currents of the 1760s, was that noble status must always reflect the collective will of the people. Status must follow, but never precede, a reputation for glorious actions and generous inclinations. This, of course,

17   Ibid., p. ix.
18   Ibid., p. 337.
19   Ibid., p. 334.
20   Ibid., p. 341.
21   [D'ALÈS DE CORBET], Origine (see n. 10), p. 13.

was why he contested the monarchy's claim that it had the authority to create nobles and to grant nobility in exchange for money or the promise of future service. True nobility occurs when moral qualities have become such an unconscious habit in some families that the posterities of those families come to be recognized, respected, and honored by their fellow citizens – a form of acknowledgment that also grows out of habit. This slow process of ennoblement creates among noble families

une certaine émulation, une certaine ambition, qui les portent à vouloir égaler et quelquefois surpasser leurs ancêtres, et justifier la distinction qu'on leur accorde en la méritant; et chez leurs concitoyens, une disposition à compter sur eux pour les choses importantes […], à leur confier par préférence les places d'autorité. La *noblesse ainsi conçue*, n'en existeroit pas moins et seroit héréditaire tout de même, quand aucun droit positif ne viendroit à son secours pour l'appuyer[22].

Alès de Corbet envisioned a nobility whose existence, and whose privileges, would be accepted by and remain consonant with *l'opinion publique*. In fact, *l'opinion publique* was the creator, the original principle, of nobility in the mind of Alès de Corbet. Only long possession of the reputation for being noble, only the long and honorable exercise of professions associated with nobility in the popular imagination, »peut vaincre […] la résistance publique« which otherwise would prevent a family's incorporation into the real nobility – the nobility acknowledged by all.

L'anoblissement donc tombe sur des hommes déja illustrés par leurs vertus et leurs actions; et alors le Prince, qui n'est que l'organe de la voix publique, est bien sûr de faire jouir leur postérité, autant de la considération même, que des privilèges de l'ordre[23].

Alès de Corbet could certainly be accused of harboring some traditional noble prejudices. He articulated seemingly ageless resentments against usurpers and men of finance, for example. He referred to purchasers of ennobling offices as »tout à fait indignes […] qui n'ont à offrir que de l'argent, et quelquefois de l'argent servilement acquis, peut-être injustement & par des concussions«[24]. But perhaps even more than Mignot de Bussy himself, Alès de Corbet made nobility compatible with the interests of a nation bent on exercising its will. He relocated the essence of nobility from the domain of law to the domain of opinion, away from the realm of objective measurement and toward the realm of subjective perception. He wanted to solidify the status of the nobility, but he seems genuinely to have believed that firmly and visibly established nobility could only be the product of a moral consensus. Hierarchy was inevitable, he noted, but to reconcile hierarchy with natural equality, the hierarchy had to be secure from arbitrary manipulation – that is, it had to have the support and confidence of the citizenry, it had to reflect the general will. Social inequalities had to be seen as emanating from differences of ability and character that had emerged against the background of natural equality. Otherwise, injustice would seem to be locked in place. »On sent assez bien combien est maladroite la politique qui se conduit ainsi; et l'histoire nous offre un tableau continuel des effets pernicieux de ces

22 Ibid., p. 317–318 (emphasis J.S.).
23 Ibid., p. 323.
24 Ibid., p. 323.

choix contre le vœu public, pour des places importantes«[25]. *Le vœu public, la voix publique, l'opinion publique*: these were the arbiters of moral excellence that Alès de Corbet continually invoked.

The vicomte was inspired to contest Mignot de Bussy's account of the origins of nobility not because he was defensive or resistant to change, and not because he was any less committed to maintaining »l'harmonie qui doit regner entre les citoyens de la même Monarchie«[26], as Mignot de Bussy had put it. Alès de Corbet opposed Mignot de Bussy's ideas because he thought only a distinct and untainted nobility could serve its proper moral purpose in a nation of naturally equal citizens. He sought to restore to the nobility its lost luster, »un lustre qu'on s'efforce de lui ôter, et une distinction à laquelle on a déja donné tant d'atteintes, qu'il est surprenant qu'elle [puisse] encore donner de la jalousie«[27]. Alès de Corbet understood that ennoblements would occur, and like Mignot de Bussy, who had celebrated the practice of a tacit ennoblement that depended for its legitimacy on its acceptance by others, Alès de Corbet saw the process of ennoblement as an instrument of social bonding between nobles and *roturiers*. But the vicomte maintained that the gate of entry into the noblesse had to be policed vigilantly, and that the second estate must remain an exclusive and therefore respected corps. Only distinctions regarded as exclusive could inspire pride and ambition for those inside the corps and emulation for those outside the corps.

The exchange between Mignot de Bussy and Alès de Corbet typified public discussion about the French nobility in the years between the Seven Years' War and the Revolution. Although there was some debate about the respective merits of hereditary versus personal nobility, the social and political utility of nobility itself were practically never questioned. Commentators almost all agreed on the qualities that characterized, or should characterize, the nobility: honor, courage, love of the patrie, generosity, a capacity for sacrifice. There was also broad agreement in the 1760s that these qualities could be found in, and should be encouraged among, *roturiers*. Indeed, the wish to provide a model that could be emulated across classes lay behind many of the efforts to refurbish the nobility in the second half of the eighteenth century.

The great preoccupation of those who discussed nobility in the last decades of the Ancien Régime was not the question of the desirability of its existence but the question of its relationship to the larger non-noble population with which it comprised the newly self-conscious French nation. The challenge was to define a nobility that could be situated within a nation of patriotic citizens. Reformers gave critical attention to the modalities of entry into the nobility, to the gradations of honor that separated one class of citizens from another, to the points of articulation between noble and ostensibly non-noble professions, and to the project of promoting and maintaining patriotic fraternity while protecting legitimate distinctions of status.

Giving all their intellectual energy to the challenge of reconciling the principles of hierarchy and equality, as well as the imperatives of national and corporate loyalty, noble participants in the reformist discourse of the pre-Revolutionary era probably

25 Ibid., p. 321.
26 MIGNOT DE BUSSY, Lettres (see n. 8), p. 8, p.x.
27 [D'ALÈS DE CORBET], Origine (see n. 10), p. 14.

never noticed the emergence of the condition that arguably made nobility redundant: the apparent homology between the noble and the patriot. With patriotism affirmed for all, and with the qualities once associated specifically with nobility – such as honor, selflessness, and love of country – having been assimilated to the image of the patriot, the need for noble distinctiveness of any sort gradually sank from view. Ironically, the rehabilitation and wide propagation of noble values during the shared pre-Revolutionary project of French moral renewal had disguised the reabsorption of those same qualities in a ubiquitous patriotic rhetoric that applied equally to all citizens.

Surely it was no coincidence that the evening session of the National Assembly on 19 June 1790 had opened with a proposal that the conquerors of the Bastille be granted honorific distinctions in recognition of their »action noble et généreuse« of the previous summer. When threatened by the movement of royal troops on the perimeter of Paris, Armand-Gaston Camus recalled in his opening address, »de braves citoyens se réunissent à la maison commune, l'amour de la patrie les rend tous soldats«[28]. These citizens marched to »l'odieuse citadelle qui menaçait leur liberté et insultait leur patriotisme«, and, having taken up arms, »dans le même instant la citadelle est en leur pouvoir«[29]. Camus, the chair of the National Assembly's committee on pensions, lamented that the heroism of the brave citizens of July 14 had thus far gone »sans récompense. C'est la nation qui en réclame une pour eux aujourd'hui«[30]. The committee proposed, and the Assembly approved by acclamation, that each of the conquerors of the Bastille be granted several marks of distinction: a »brevet honorable« that expressed »la reconnaissance de la nation«, a place in the National Guard (for all able-bodied survivors), a saber that bore »l'écusson de la nation«, a special uniform that carried distinguishing insignia and the title »vainqueur de la Bastille«, and pecuniary rewards for those whose »généreux sacrifices« left them or their families in a state of need[31].

Thus would the instigators of the Revolution at last enjoy »de la reconnaissance et de l'honneur dû à tous ceux qui ont fait triompher la liberté sur le despotisme«[32]. The proposal from the committee on pensions was connected organically to the controversial proceedings that would follow later in the evening of 19 June because both sets of proposals addressed the relationship between patriotic service and the forms of recognition most appropriate to that service. Camus had begun his address in favor of the heroes of July 14 by acknowledging that »nous avons paru porter un oeil sévère sur toutes les anciennes attributions de grâces« for the simple reason that »la plupart n'étaient pas méritées«[33]. Having moved to recognize the patriotism, generosity, and *noble* feats of common citizens who had shown »héroïque intrépidité«[34] at a moment of national crisis, the abolition of nobility and all hereditary marks of hon-

28   Madival, Laurent (eds.), Archives parlementaires (see n. 4), p. 371.
29   Ibid.
30   Ibid.
31   Ibid.
32   Ibid. p. 374.
33   Ibid.
34   Ibid.

or probably struck many deputies as a logical next step in the refinement of the attributes of citizenship. As Charles de Lameth explained, hereditary nobility erases »égalité politique, il n'est point d'émulation pour la vertu là où des citoyens ont une autre dignité que celle qui est attachée aux fonctions qui leur sont confiées, une autre gloire que celle qu'ils doivent à leurs actions«[35]. Hereditary nobility, Lameth might have added, functioned as a form of *grâce non méritée*.

The evidence makes clear, nonetheless, that the decree abolishing nobility came as a shock to many of the noble deputies in the Assembly. In the formal protests they lodged, and in the pamphlets they published in the wake of the event, they complained repeatedly about the Assembly's violation of protocol. All affairs of general interest were to be discussed in morning sessions only, according to the Assembly's published regulations. The session's agenda, which had been posted earlier in the day, had made no mention of a discussion of constitutional issues. And when deputies suddenly began proposing the abolition of all titles and marks of hereditary distinction, multiple requests for adjournment were simply ignored by the president of the session, Jacques-François, baron de Menou. The marquis de Ferrières complained of the »tumulte« that characterized the entire evening session: »on ne pouvait ni entendre, ni être entendu«[36].

Beyond the curious timing of the debate and the decree that resulted from it, however, a principal cause of the shock expressed by so many nobles in the summer of 1790 was the nature of prior political debate about the shape of the regenerated French nation. Those earlier debates had conditioned the nobility to associate reform with the correction and purification of social hierarchy – not with its abolition. In eliminating titles, liveries, coats of arms, and hereditary nobility, objected the abbé Maury, »vous attaquez [la noblesse] dans son principe«[37]. Maury expressed confidence that the Assembly could not really intend to do such a thing.

Un savant moraliste disait qu'en France on ne reconnaissait plus ni les hommes à leur nom, ni les femmes à leur visage. Votre patriotisme s'élève contre ces abus de la vanité, et vous êtes digne d'éloge; mais il ne faut pas passer le but. Ce ne sont pas les noms qu'il faut condamner, mais les usurpateurs de noms[38].

Vanity, artifice, and dishonesty were indeed inimical to patriotism and civic virtues, but an honorable name in itself »ne porte point d'atteinte à notre liberté«. On the contrary, history proved that hereditary honors often functioned as stimulants to virtue. The Romans had had knightly orders, »et les Romains se connaissaient en liberté«[39]. In France, »la noblesse existait deux cents ans avant les fiefs« and could be considered as old as the monarchy itself, whose honorable essence it shared[40].

Nearly all of the vocal critics of the decree of 19 June affirmed their support for the Revolution. They invoked the rights of man in their defense of property, and they

---

35 Ibid., p. 374.
36 CARRÉ (ed.), Marquis de Ferrières (see n. 6), p. 206.
37 MADIVAL, LAURENT (eds.), Archives parlementaires (see n. 4), p. 375.
38 Ibid.
39 Ibid.
40 Ibid., p. 377.

recalled with pride the sacrifice of their pecuniary privileges and the destruction of
feudalism on the night of August 4. But they had considered the principle of nobility
to be inviolate. In a published protest, the vicomte de Hautoy, a representative from
Lorraine, cited the »Declaration of the Rights of Man«, »qui, en reconnaissant que
les hommes sont égaux en droits, ne dit pas un mot de l'égalité des conditions, qui
n'est qu'une chimère philosophique«[41]. How could the abolition of nobility, he
asked, »concourir au bien de la patrie?« Its existence had always been essential to the
strength of the French throne, and the decree of 19 June was therefore »nuisible au
bien de l'Etat«[42].

Many critics who spoke out in the wake of the Assembly's decree stressed the
broadly positive impact of the existence of nobility on the collective psychology of
the nation. The comte de Mazancour insisted that nobility served »l'intérêt général«
because of the model of excellence it provided. »Au lieu de peser sur les autres classes
de citoyens, [la noblesse] est au contraire un motif d'émulation qui les porte aux
grandes actions dont cette distinction honorable a été le prix«[43]. The marquis de La-
queuille sounded a similar refrain, and he pointed to the implications of emulation
for the future evolution of the French social order. »Ce sera toujours avec empresse-
ment, he wrote, that the nobility admettra parmi elle ceux qui, par des services en
tout genre rendus à la patrie, auront mérité de devenir les défenseurs du roi et du
peuple. L'honneur français est le garant de nos titres«[44]. A proper understanding of
l'honneur français required not the abolition of nobility, he suggested, but the main-
tenance of a distinctive, standard-setting, and ever permeable nobility[45].

Jacques Necker, in a formal dissent submitted to the National Assembly in the
days after it announced its decree, reminded the deputies of the power of public
opinion and of the gradations of moral character that opinion inevitably recognized
and affirmed. The prerogatives attached to nobility can be nullified by the will of the
legislator, he observed, but »ses décrets ne sauraient anéantir la valeur d'opinions«[46].
Necker suggested – whether he did so hopefully, naively, or with the intent to influence the Assembly is not clear – that the Assembly had perhaps decreed the abolition
of hereditary nobility only so as to clear the path toward a new, personal form of
nobility that it might soon seek to institute. »Une pareille idée, fort simple et pratic-
able, n'exigerait en ce moment aucun éclaircissement«. But, assuming that some »ci-
devant nobles« would ultimately earn the new distinction of personal nobility, »aucun décret, aucune loi«[47] could prevent that distinction from becoming hereditary
once again. Necker implied that the same would be true of conventionally *roturier*
beneficiaries of this new personal distinction. Like Alès de Corbet in the 1760s,
Necker pointed to a power higher law than *droit positif*; he pointed to opinion. »Car
la noblesse est, par son essence, transmissible de père en fils, à moins qu'une dégrada-

41 Ibid., p. 379–380.
42 Ibid.
43 Ibid., p. 385–386.
44 Ibid.
45 Ibid.
46 Ibid., p. 388.
47 Ibid., p. 389.

tion flétrissante n'arrête cette succession dans son cours«. Necker, too, cited the functioning of emulation, as well as the natural »gradation des talents et des connais-sances, toutes ces disparités productrices du mouvement social«, as reasons to resist the formal abolition of nobility and an overly rigid interpretation of equality. Both »l'habitude et l'imagination« supported the principle of hierarchy, and certain »gen-res de supériorité« proved useful »chez une nation civilisée et dans une société déjà subsistante«[48].

When the marquis de Ferrières lamented the abolition of nobility in a letter to a fel-low nobleman of Saumur on 20 June 1790, he might as well have spoken for the vi-comte d'Alès de Corbet himself. Ferrières noted the many sacrifices already endured by the nobility since the beginning of the Revolution. The surrender of tax privileg-es, the elimination of noble monopolies over certain military and civil professions, the end of exclusive noble membership in religious chapters, the institution of equal inheritance. All of these measures, he said, »avaient déja réellement anéanti la no-blesse«. In light of these many prior attacks on the privileges of the nobility, the mar-quis asserted, »il ne restait plus d'autres distinctions que celle qui tient à l'opinion, et qui résulte d'une longue habitude de respect. C'est donc cette opinion que le décret [de 19 juin] veut détruire«[49]. Was it really necessary to try to obliterate even that form of nobility that comes from opinion itself? Ferrières affirmed that, in the end, this would not be possible – »parce que l'opinion est hors des forces de la loi«[50]. Alès de Corbet had confidently made the same argument a generation earlier.

What the marquis de Ferrières, the vicomte d'Alès de Corbet, Jacques Necker, and a long line of reform-minded nobles had perhaps not realized was that by ceding to the public the power to adjudicate the qualities of nobility, and even to affirm true nobility, they had also authorized that public to adopt a standard of excellence met by all good patriots. The marquis de Ferrières, tellingly, omitted from his account of the session of 19 June any mention of the *vainqueurs de la Bastille* and the national *reconnaissance* to which their advocates had laid claim. The new moral order had ef-fectively ennobled the nation, and it had therefore made *the* nobility a gratuitous ex-travagance in the eyes of many. Nobles who had invested untold amounts of hopeful optimism and intellectual energy into the rejuvenation of the nobility to which they belonged probably never saw coming their final eclipse.

48 Ibid.
49 CARRÉ (ed.), Marquis de Ferrières (see n. 6), p. 207.
50 Ibid.

EWALD FRIE

Preußischer Adel und deutsche Nation
im 19. Jahrhundert

Das Spannungsverhältnis von Adel und Nation gestaltet sich unterschiedlich – je nach gewähltem Zeitausschnitt, nach Nation und Adelsformation. Im Folgenden geht es um ein besonders langes 19. Jahrhundert von 1750 bis zum Ersten Weltkrieg; es geht um viele Nationen – eine pommersche, schlesische oder kurmärkisch zunächst, dann um die preußische und deutsche Nation – und es geht um eine Adelsformation, deren sozial- und wirtschaftshistorische Grundlagen den Umgang mit ihnen zugänglichen Nationskonzepten präformierten. Unser zentrales Argument basiert auf dem Zusammenhang zwischen Armut und sozialer Schichtung in einer langen Übergangsepoche zwischen ständischer und bürgerlicher Gesellschaft. Das mag in diskurs- und kulturgeschichtlichen Zeiten etwas angestaubt wirken. Die Berücksichtigung sozial- und wirtschaftshistorischer Grundlagen hat aber für die preußische Geschichte auch ein Vierteljahrhundert nach dem Tod Hans Rosenbergs weiterhin ein hohes Erkenntnispotential.

DIE SÖHNE DES MAJORS VON GABEIN

Im Jahre 1839 schickte der preußische Hauptmann von Gabein eine »Darstellung [...], betreffend die Opfer der Familie von Gabein für ihren angestammten König und das Vaterland«[1] an den preußischen König. Er war am 18. März 1839 zur Disposition gestellt worden, offiziell wegen Dienstunfähigkeit; Gabein selbst vermutete eine Strafaktion. Er hatte an öffentlicher Tafel Kritik an der Versetzung seines Regiments von Memel nach Pillau geäußert und war ins Grundsätzliche geraten: Mittlerweile sei es üblich geworden, selbst für die Unteroffizierslaufbahn Examina zu verlangen. Weil Adelstitel und Königstreue für die Militärkarriere nicht mehr ausreichten, seien Offiziere geradezu gezwungen, sich um die Schulbildung ihrer Kinder zu kümmern. Die aber leide unter den ständigen Umzügen. Für verheiratete Offiziere und ihre Familien – Gabein hatte zehn Kinder – seien häufige Versetzungen daher ein wirkliches Beschwernis.

Schon die Offizierskollegen hatten Gabein darauf hingewiesen, dass er überzogen habe und Konsequenzen befürchten müsse. Als die »schreckliche Katastrophe« eintrat, schrieb er seine Darstellung. Der König solle Verdienste und Fehltritte gegen-

---

1   Geheimes Staatsarchiv Berlin, PK I. HA Rep. 89 Nr. 7537: von Gabein, Hauptmann (vielen Dank an Frau Chelion Begass, die die Quelle im Rahmen ihrer Recherchen für das Teilprojekt D03 »Armer Adel« des Tübingers SFB 923 entdeckt und mir freundlicherweise zur Verfügung gestellt hat).

einander abwägen und ihn entweder wieder einstellen oder mindestens die nach
dreißig Dienstjahren angemessene Pension verleihen. Die gut vierseitige Darstellung
Gabeins ermöglicht einen guten Einstieg in unsere Variation über ein altes Thema:
»Preußischer Adel und deutsche Nation« ist ein, wenn nicht *das* Thema der deutschen Neuzeithistoriographie des 19. Jahrhunderts[2]. Im 20. Jahrhundert ist es mithilfe verschiedener Sonderwegsversionen[3] und 1945–1989 ohne neue Quellen traktiert
worden. Das hat seiner Attraktivität nicht gutgetan. In den letzten zwanzig Jahren
aber haben wir neue Quellen und neue Interpretationsansätze hinzugewonnen. Das
macht eine Neubehandlung des Themas im europäischen Rahmen attraktiv.

Laut »Neuem Preußischen Adelslexikon« aus dem Jahre 1836 waren die Gabeins
zur Zeit des Großen Kurfürsten aus Frankreich nach Brandenburg geflüchtet und
hatten ihr Geld im Fabrik- und Manufakturwesen und in der Armee verdient. Der
Hauptmann von Gabein gab als Heimatort Wesel an, ohne dass wir wüssten, wie sein
Vater, vor 1807 *Stabs-Capitain* im Regiment Kurfürst von Hessen, dahingeraten war.
Vater Gabein war 1806 in Jena dabei gewesen, war gefangengenommen und nach
Nancy verbracht worden. Nach 1807 erhielt er in Berlin ein kümmerliches Wartegeld von 12 Reichstalern monatlich. Erst 1822 wurde er in Preußen, wie sein Sohn
schreibt, »als Etappen-Kommandant versorgt«. Er starb 1837, mittlerweile 78 Jahre
alt, als Major. Sein wohl jüngster Sohn, der Hauptmann, diente wie vier seiner Brüder in der preußischen Armee: Die beiden Ältesten, Leutnants im gleichen Regiment
Kurfürst von Hessen wie der Vater, gerieten wie dieser bei Jena 1806 in Kriegsgefangenschaft und wurden nach Frankreich verbracht. Die beiden flüchteten aber
und wurden 1807 in Preußen wieder angestellt. Der Älteste verlor in den Kämpfen
in Pommern ein Auge, wurde entlassen und erhielt in Westphalen eine Stelle als
Oberförster. Später war er als Oberförster in Hambach im Regierungsbezirk Aachen
tätig. Seine drei Söhne traten in das Garde-Jäger-Corps ein »und sind zum Theil auch
dort versorgt«, wie es in der Darstellung heißt.

Der zweite Sohn des alten Gabein schloss sich wie der dritte dem Schillschen
Korps an, das 1809 versuchte, im Umfeld des österreichisch-französischen Kriegs
und im offenen Gegensatz zum preußischen König in Norddeutschland einen Volks-
krieg gegen die französischen Besatzer loszutreten. Das später legendäre Unternehmen scheiterte kläglich. Einer der beiden Schillschen Gabeins gehörte zu den in Wesel erschossenen engsten Getreuen Schills; der andere entkam, starb aber 1812 in
Russland. Der vierte Bruder war 1812 Unteroffizier, musste 1823 den Heeresdienst
quittieren und »sich drei Jahre in der niedrigsten Sphäre des Steuerdienstes herum-
plagen«, bevor ihn königliche Protektion 1826 zum *Ober-Controlleur* machte. 1831
starb er, von seinen zehn Kindern lebten zu dieser Zeit noch sieben, für die Hauptmann Gabein als Vormund zu sorgen hatte. Der älteste Sohn diente im 1. Infante-
rie-Regiment, dem auch sein Vater nach 1815 angehört hatte. Der zweite stand dort
auf der Warteliste und trat 1839 ein, der dritte befand sich im Kadetten-Institut.
Über die anderen vier Kinder erfahren wir nichts.

---

2   Vgl. Friedrich MEINECKE, Preußen und Deutschland im 19. Jahrhundert, in: Historische Zeit-
    schrift 97 (1906), S. 119–136.
3   Vgl. Francis L. CARSTEN, Geschichte der preußischen Junker, Frankfurt a. M. 1988.

Unser Hauptmann ging 1809, damals schon 16-jährig, ins Kadettenkorps und trat 1812 als Fähnrich in die Armee ein. Mehrfach verwundet und mehrfach versetzt, avancierte er langsam, wurde 1826 *Capitain*, erhielt aber erst 1834 das entsprechende Gehalt. Mittlerweile mit einer Cousine des preußischen Ministers von der Reck verheiratet und Vater von zehn Kindern, geriet er in Schulden, aus denen er sich mithilfe des seit 1834 einträglichen Gehalts langsam herauswirtschaftete. Die Entfernung aus der Armee traf ihn daher nicht nur mental, sondern auch finanziell sehr hart. Der König, so beendete er seine Darstellung, sei »[s]eine letzte Hoffnung; schwindet die, so kann und mag [er] nicht mehr leben«.

Das ist natürlich Rhetorik, und aus der Tatsache, dass die Darstellung dem König 1842 erneut vorgelegt wurde, können wir schließen, dass Gabein sein Leben doch lieber war als er 1839 gedacht hatte. Doch darauf kommt es heute nicht an. Im Zusammenhang mit dem Thema »preußischer Adel und deutsche Nation« interessiert eine Adelsgruppe, die sich offenbar völlig auf den preußischen Militärdienst eingestellt hatte, ihre Reproduktion auf ihn ausrichtete und ohne ihn gar nicht mehr lebensfähig war. Patriotismus und Versorgung waren für sie zwei Seiten einer Medaille. Vater Gabein soll zwei Jahre nach Jena und Auerstedt ein Angebot des französischen Divisions-Generals Luichon, Gouverneur des Königreichs Westphalen, erhalten haben, dort ein Bataillon zu errichten. Seine beiden noch unversorgten Söhne hätten Freistellen in einer französischen Militärschule erhalten sollen. Obwohl der älteste Sohn, der Oberförster, nach Westphalen ging oder gegangen war, habe Vater Gabein abgelehnt. Unser Hauptmann führt patriotische Motive zur Begründung der Entscheidung an, die – wäre sie anders gefallen – sein Leben in radikal andere Bahnen gelenkt hätte. Mindestens genauso wichtig erscheint der mit dem Übertritt in französische Dienste verbundene Verlust an Protektionsnetzwerken, die in der Darstellung Gabeins immer wieder auftauchen, ihn aber 1839 und 1842 offenbar nicht mehr retten konnten.

Die Gabeins waren kein Einzelfall. Im Rahmen des Projekts »Armer Adel« im Sonderforschungsbereich 923: Bedrohte Ordnungen wurden hunderte ähnliche Familien entdeckt, die zwischen Militärdienst und nicht standesgemäßem Verdienst lebten und auch nackte Armut bis hin zu Armenfürsorge[4] und Armenhaus[5] erfuhren. Wir nutzen diese Quellenerfahrungen implizit und den Fall Gabein explizit, um eine neue Perspektive für die Beobachtung des Themas »preußischer Adel und deutsche Nation« zu gewinnen.

4   Vgl. Konrad Wutke, Die Gründung des landschaftlichen Pensionsfonds für arme adlige Witwen und Waisen durch Friedrich den Großen, in: Zeitschrift des Vereins für Geschichte Schlesiens 43 (1909), S. 183–216.
5   Ewald Frie, 1806 – das Unglück des Adels in Preußen, in: Martin Wrede, Horst Carl (Hg.), Zwischen Schande und Ehre. Erinnerungsbrüche und die Kontinuität des Hauses. Legitimationsmuster und Traditionsverständnis des frühneuzeitlichen Adels in Umbruch und Krise, Mainz 2007, S. 335–350, hier S. 346.

ADEL IN PREUSSEN – PREUSSISCHER ADEL?

Seit wann kann man von einem preußischen Adel sprechen? Die Gabeins kamen aus Frankreich und scheinen an verschiedenen Orten Preußens tätig gewesen zu sein. Ab wann ist der Adel preußisch? Mitte des 18. Jahrhunderts offenbar noch nicht. Friedrich II. betonte in seinem politischen Testament von 1752, dass es verschiedene Nationen (im zweiten politischen Testament von 1768 spricht er von verschiedenen Völkern[6]) in Preußen gebe. Der Fürst müsse sie einschätzen, um angemessen regieren zu können. Die Nationen seien in ihrem Adel repräsentiert. Und dann folgen durchaus amüsant zu lesende Charakteristiken, die wir nur auszugsweise wiedergeben: Die Preußen – gemeint sind die späteren Ostpreußen – seien fein, gewandt und geschmeidig, weshalb ihnen auch Falschheit vorgeworfen werde. Die Pommern hätten einen gerade und schlichten Sinn und seien daher für alle Aufgaben zu gebrauchen, nur nicht für die Diplomatie – ihnen fehle die Schlauheit. Der Adel der Kurmark sei genusssüchtig, der altmärkische scharfsinnig, die Niederschlesier seien eitel und etwas beschränkt, hassten Arbeit, Fleiß und Disziplin[7]. Strukturell ähnlich, aber etwas weniger feinfühlig hatte Friedrichs Vater Friedrich Wilhelm I. bereits 1722 seine Adelsnationen charakterisiert. Erneut in Auszügen: Die Pommern »seindt getreue wie goldt«, die Altmärker »sein schlimme ungehorsame leute die dar nichts mit guhten tuhn sondern [...] rechte leichtfertige leute gegen Ihren Landesherren«, die Adeligen der Grafschaft Mark seien »dume oxen aber Malicieus wie der deuffel«[8].

Weil er Preußen als einen aus vielen »Völkern« zusammengesetzten Staat betrachtete, hielt Friedrich II. es für notwendig, »ihnen den Namen Preußen einzuhämmern, um alle Offiziere zu lehren, aus welcher Provinz sie auch kommen mögen, daß sie alle Preußen sind und daher aus allen diesen Provinzen, auch wenn sie verstreut liegen, einen zusammengehörigen Körper bilden«[9]. Der Adel müsse Preußen und in Preußen dienen, auswärtige Dienste des Adels seien zu verhindern. Im Dienst werde der pommersche, kurmärkische oder niederschlesische Adlige zum Preußen, und die nichtadligen Pommern, Kurmärker oder Niederschlesier würden es mit und nach ihm. Die Verstärkung des Preußenbezuges hat es wirklich gegeben. Sie wurde durch die Militär- und Verwaltungserfahrung (letztere numerisch viel weniger wichtig) vor allem des nicht-grundbesitzenden Adels vorangetrieben, aber auch durch die Erfahrungen, die Offiziere und Gemeine im Siebenjährigen Krieg machten, sowie durch die fritzische Propaganda und Literatur danach. Der Bezug auf eine gemeinsame, die regionale Herkunft überwölbende Identität war bis in die Reformjahre nach 1806

---

6   Friedrich II, Testament politique [1768], in: Richard DIETRICH (Bearb.), Die politischen Testamente der Hohenzollern, Köln u. a. 1986, S. 587, 589, 593. Hier wird gelegentlich auch »Volk« übersetzt; im französischen Original heißt es durchgehend »peuples«.

7   Ibid., S. 307–309.

8   Politisches Testament Friedrich Wilhelms I. vom 17.2.1722, vgl. http://germanhistorydocs.ghi-dc.org/docpage.cfm?docpage_id=3741 (Zugriff 3.8.2016); Vgl. Carmen WINKEL, »Getreue wie goldt« oder »malicieus wie der deuffel«? Der brandenburg-preußische Adel und der Dienst als Offizier, in: Lorenz F. BECK, Frank GÖSE (Hg.), Brandenburg und seine Landschaften. Zentrum und Region vom Spätmittelalter bis 1800, Berlin 2009, S. 199–219.

9   Friedrich II., Testament (wie Anm. 6), S. 311.

allerdings nicht für den ganzen Adel dominant. Noch das Allgemeine Landrecht wurde 1794 für »die preußischen Staaten« gegeben. Und im Kampf gegen einzelne Reformen Steins und Hardenbergs fanden die adligen Rittergutsbesitzer nicht zu einer Einheit zusammen, die die regionalen ständischen Aktionsräume überwölbte. Es blieb bei regionalen Zusammenkünften und Handlungen.

Das Spannungsfeld zwischen Nation und Adel ist nicht nur auf der Seite der Nation (landschaftlich? preußisch? deutsch?) komplex und erläuterungsbedürftig. Auch der Adel bedarf einer genaueren Betrachtung. Sein Nachfolger, schrieb Friedrich II. in seinem politischen Testament von 1752, könne »vielleicht einen reicheren, aber niemals einen tapfereren und treueren [Adel] haben«[10]. Hinter dieser Bemerkung verbarg sich eine politische und sozialhistorische Eigentümlichkeit von großer Tragweite. Die meisten Adligen in den preußischen Staaten – Schlesien ausgenommen – gehörten, was Besitz und Einkommen anging, wie die Gabeins nicht zur Elite. Sie waren arm; ein Schicksal, dass sie mit vielen Adligen Polens und Ungarns teilten. Friedrich II. hatte es in seinem politischen Testament von 1768 ausdrücklich abgelehnt, den Adel auf Reichtum zu gründen. Wenn man den Reichtum auszeichne, der keinen Verdienst habe, so erniedrige man die Tugend, und die Öffentlichkeit gewöhne sich daran zu denken, »dass man mit Vermögen alles machen kann und dass Begabungen und Redlichkeit nur ins Armenhaus führen«[11].

Friedrich II. gab sich große Mühe, den Grundbesitz des Adels zu schützen, ebenso wie den Grundbesitz der Bauern, die er als Rekruten brauchte. Seine Interventionen in das Bodenmarktgeschehen hatten durchaus Effekte, wenn auch nicht unbedingt die, die Friedrich angestrebt hatte. Ende des 18. Jahrhunderts finden wir eine große Anzahl an Rittergutsbesitzern, oft hoch verschuldet, in der Regel auskömmlich, aber nicht üppig lebend. Wirklich reichen Adel gab es kaum; eine personell stabile Hofgesellschaft oder eine exklusive Adelssozietät bildete sich in Berlin nicht aus[12]. Daneben gab es eine große und weiter zunehmende Zahl an Adligen, die jede Bindung zum Landbesitz verloren hatte und sich ausschließlich über den Armeedienst finanzierte. Viele von ihnen empfanden sich nicht mehr repräsentiert durch Landschaften oder Stände. Sie verorteten sich im Regiment und in der Armee als Ganzer, und damit in familiären Netzwerken und in Abhängigkeit von der preußischen Krone. Für diesen Militäradel hatte »Nation« eine andere Bedeutung als für die Rittergutsbesitzer, und sie bezog sich wesentlich stärker auf Preußen oder mindestens auf den preußischen König (Friedrich II. und Friedrich Wilhelm III. trugen Uniform). Stärker als in Österreich oder Frankreich entstand, so Bernhard Kroener, »ein militärischer Dienstadel innerhalb der Adelsgesellschaft«[13]. Über das Militär konnten Adelige, die als Jugendliche noch nicht einmal in der Lage gewesen waren, ihre Ausrüstung zu

10 Ibid., S. 311.
11 Ibid., S. 500f.
12 Vgl. Ewald Frie, Herrschaftsstäbe, Adelskreise und des Königs Rock. Vom Bestattungsverhalten der brandenburgischen Nobilität im 18. Jahrhundert, in: Mark Hengerer (Hg.), Macht und Memoria. Begräbniskultur europäischer Oberschichten in der Frühen Neuzeit, Köln u. a. 2005, S. 291–315.
13 Bernhard R. Kroener, »Des Königs Rock«. Das Offizierskorps in Frankreich, Österreich und Preußen im 18. Jahrhundert – Werkzeug sozialer Militarisierung oder Symbol gesellschaftlicher Integration, in: Peter Baumgart, Bernhard R. Kroener, Heinz Stübig (Hg.), Die preu-

finanzieren, bis in höchste Ränge und in Königsnähe aufsteigen und gleichzeitig vernetzt bleiben mit Habenichtsen aus ihrer Region. Ernst von Rüchel, über den Olaf Jessen eine sehr lesenswerte Biographie geschrieben hat[14], ist ein gutes Beispiel hierfür. Mit den von deutschen Historikern häufig untersuchten süd- und westdeutschen Adelsgruppen (Reichsritter, Stiftsadlige etc.) hatten diese Adligen wenig gemeinsam. Sie hielten wenig von Familiensolidarität über die Kernfamilie hinaus, betrieben kaum Familienplanung (man denke an die zehn Kinder des Hauptmanns Gabein und seines Bruders, des Unteroffiziers), waren wenig interessiert an Stabilität im Gutsbesitz (falls es überhaupt welchen gab) und orientierten sich nicht an Stammbäumen. Ihre Uniformen verdeckten nur mühsam, dass den meisten von ihnen die längste Zeit ihres Lebens die Mittel fehlten, um standesgemäß zu leben. Der massive Ausbau des Militärs seit dem Soldatenkönig führte eine materiell dürftige, auf den Dienst und den Dienstherrn fixierte, allmählich deregionalisierte, strukturell ostmitteleuropäisch-preußische Adelsformation herbei. Besonders präsentabel waren diese Adligen im europäischen Vergleich nicht. Außerhalb von Kriegszügen machten die meisten von ihnen allerdings auch kaum Erfahrungen jenseits der Landesgrenzen.

AUF DER KIPPE: PREUSSISCHER ADEL 1800–1830

Genau dieser vergleichsweise schon preußische Militäradel geriet ironischerweise ins Visier der preußischen Administration, die nach 1806/1807 das Nationsbildungsprojekt »Reformen« aufnahm. Die Reformen waren auf eine preußische Staatsbürgergesellschaft der Zukunft hin ausgerichtet. Die Rolle des Adels und insbesondere des nicht grundbesitzenden Adels in ihr war umstritten. Die Niederlage von Jena und Auerstedt und die teils beschämenden Festungskapitulationen, die folgten, hatten die Legitimation des preußischen Adels infrage gestellt. Im eigentlichen Feld seines Aufstiegs und Machterhalts hatte er versagt. Wer wollte da seine im interregionalen Vergleich unfeinen Züge noch ertragen? Das Versagen des Offizierskorps wurde in einer militärischen Untersuchungskommission aufgearbeitet[15]. Doch die öffentliche Kritik ging darüber hinaus. War die Adelsfrage vor 1806 in Preußen eher zurückhaltend debattiert worden, stand sie nun im Zentrum der Abrechnung mit den verzopften Strukturen des preußischen Ancien Régime. Manche Kritiker bezeichneten den »Umsturz des Adelthums in Frankreich« als »Morgenröthe« auch für Preußen[16].

ßische Armee. Zwischen Ancien Régime und Reichsgründung, Paderborn u. a. 2008, S. 72–95, hier S. 84.

14 Olaf Jessen, »Preußens Napoleon«? Ernst von Rüchel 1754–1823. Krieg im Zeitalter der Vernunft, Paderborn u. a. 2007.

15 Vgl. Jürgen Kloosterhuis, Sönke Neitzel (Hg.), Krise, Reformen – und Militär. Preußen vor und nach der Katastrophe von 1806, Berlin 2009; 1806. Das Preußische Offizierskorps und die Untersuchung der Kriegsereignisse, hg. vom Großen Generalstab,. Berlin ²1906; Gerhard von Scharnhorst Private und dienstliche Schriften, Bd. 5: Leiter der Militärreorganisation (Preußen 1808–1809), hg. von Johannes Kunisch, Michael Sikora, Köln u. a. 2009.

16 Zitiert nach Ludger Herrmann, Die Herausforderung Preußens. Reformpublizistik und politische Öffentlichkeit in napoleonischer Zeit (1789–1815), Frankfurt a. M. 1998, S. 387.

Die Verwaltungs-, Agrar- und Militärreformen wollten den Adel nicht beseitigen, aber seine Vorherrschaft brechen und seine Vorrechte beseitigen. Der nicht grundbesitzende Adel sei, so Freiherr vom Stein, der Nation

lästig, weil er zahlreich, größtenteils arm und anspruchsvoll auf Gehälter, Ämter, Privilegien und Vorzüge jeder Art ist. Eine Folge seiner Armut ist Mangel an Bildung, Notwendigkeit, in unvollkommen eingerichteten Cadettenhäusern erzogen zu werden, Unfähigkeit zu oberen Stellen [...] oder Drängen des Brots halber nach niedrigen geringfügigen Stellen. Dieser große Haufen halbgebildeter Menschen übt seine Anmaßung zur großen Last seiner Mitbürger in ihrer doppelten Eigenschaft als Edelleute und Beamte aus[17].

Für den Reformer Stein repräsentierte der Adel nicht mehr, wie Friedrich II. angenommen hatte, die Nationen und führte sie zu einer preußischen Nation zusammen. Er stand der Nationsbildung im Wege. Friedrich II. hatte ihn an den Staat und das Militär gebunden. Nun schienen Staat und Militär durch den Adel gebunden und am Fortkommen gehindert.

Nun ist während der napoleonischen Zeit nicht nur in Preußen über Adelsreform nachgedacht worden. Napoleon selbst entwickelte einen neuen Adel, der einerseits sein Kaiserreich Frankreich wieder europakompatibel machen, andererseits Verdienste belohnen und so sein Regime innenpolitisch festigen sollte. In Bayern wurde der bestehende Adel einer Prüfung unterzogen[18]. Verstärkte Nobilitierungen sollten ebenso wie das Instrument des persönlichen Verdienstadels für die Entstehung einer staatszugewandten Elite sorgen. Gegenüber solchen Entwürfen nimmt sich die preußische Adelspolitik bescheiden aus. Radikale Neuadelsentwürfe finden sich bezeichnenderweise außerhalb des realpolitischen Raumes, in Ludwig von der Marwitz' Traum von einem Kriegeradel beispielsweise[19]. Aber angesichts der schwierigen Lage der preußischen Adligen nach 1806 mochten die Reformer glauben, dass sich das Problem im Zuge der Beseitigung von Stellenreservaten und Steuervorteilen selbständig lösen werde.

In der Tat ging es vielen preußischen Adligen während der ersten Jahrzehnte des 19. Jahrhunderts sehr schlecht. Als das Heer nach 1807 drastisch verkleinert wurde, fielen zahlreiche preußische Offiziere buchstäblich ins Nichts. Vater Gabein erhielt immerhin noch ein Wartegeld; aber von dem konnte er nicht leben. Sein ältester Sohn kam als Oberförster außerhalb Preußens unter. Dass die beiden jüngeren Brüder den Schill-Zug mitmachten, kann auch als Hinweis darauf gewertet werden, dass sie die Situation 1809 für unhaltbar hielten. Der spätere General von Wachholtz suchte nach seiner Entlassung aus der preußischen Armee 1807 händeringend nach irgendeiner

17 Zitiert nach Elisabeth FEHRENBACH, Politischer Umbruch und gesellschaftliche Bewegung. Frankreich und Deutschland im 19. Jahrhundert, München 1997, S. 238, Anm. 31.
18 Vgl. Walter DEMEL, Struktur und Entwicklung des bayerischen Adels von der Mitte des 18. Jahrhunderts bis zur Reichsgründung, in: Zeitschrift für bayerische Landesgeschichte 61 (1998), S. 295–346; DERS., Ferdinand KRAMER (Hg.), Adel und Adelskultur in Bayern, München 2008.
19 Friedrich August Ludwig VON DER MARWITZ, Über eine Reform des Adels (Januar 1812), in: Friedrich MEUSEL (Hg.), Friedrich August Ludwig von der Marwitz. Ein märkischer Edelmann im Zeitalter der Befreiungskriege, 2 Bde., Bd. 2: Politische Schriften und Briefe, Berlin 1913, S. 156–159.

militärischen Beschäftigungsmöglichkeit, weil er keine andere Verdienstmöglichkeit sah[20]. Berichtet wurde von Offizieren, die versuchten, nachträglich als Kriegsgefangene nach Frankreich gebracht zu werden, weil sie hofften, dort verpflegt zu werden[21]. Für diese Offiziere bedeutete die Wiedereröffnung der Armee im Zuge des Krieges 1813 die Rettung, weshalb sie ohne zu zögern nicht nur in die reguläre Armee zurückkehrten, sondern auch die Landwehr organisierten.

Aber nicht nur die Militäradligen gerieten in Schwierigkeiten. Truppendurchmärsche, französische Besatzung, Kontributionen und dann in den 1820er Jahren der Verfall der Getreidepreise gefährdeten die adligen Grundbesitzer existenziell. René Schiller konnte zeigen, dass in der brandenburgischen Kur- und Neumark der adlige Anteil am Rittergutsbesitz im ersten Drittel bzw. in der ersten Hälfte des 19. Jahrhunderts deutlich zurückging, sich dann aber stabilisierte. Bei den großen und ertragreichen Gütern war der adlige Besitzverlust deutlich weniger ausgeprägt[22]. In den von uns untersuchten Quellen finden wir neben vielen Offizieren und Offiziersfamilien auch eine Reihe von ehemaligen Gutsbesitzern, die zwischen 1806 und den 1830er Jahren buchstäblich ums Überleben kämpften. Wir finden adelige Unteroffiziere, Kleinbauern, Pächter, Förster und Mühlenschreiber. Sie alle schrieben Petitionen an den König, der sie aus ihrer Not retten sollte, und der das, nachdem sich der preußische Staat nach 1815 einigermaßen erholt hatte, auch in zunehmendem Maße tat.

ERHOLUNG DES ADELS NACH 1830

Nach dem Ende der Befreiungskriege deutete zunächst wenig darauf hin, dass der preußische Adel einmal das Maß für Adligkeit in Deutschland setzen würde. Dass dies gelang, hatte ökonomische, soziale und politische Gründe.

Zunächst stabilisierten die Agrarreformen und die gute Agrarkonjunktur zwischen 1830 und 1875 den adligen Gutsbesitz[23]. Die Gutsherren dürfen wir uns nicht als Müßiggänger, als Angehörige einer *leisure class*, vorstellen. Schon, weil viele von ihnen auf kleinen und mittleren Gütern saßen, handelte es sich um nach den ökonomischen Logiken der Zeit wirtschaftende Haushälter. Mit der Reformadministration hatten sie in den 1830er Jahren ihren Frieden gemacht, was mit abnehmenden wirtschaftlichen Problemen ebenso zusammenhing wie mit einer zunehmend restaurativen Einstellung der Verwaltung[24]. Mitte des Jahrhunderts wurden in Brandenburg

---

20 Vgl. Aus dem Tagebuch des Generals Fr. L. von Wachholtz. Zur Geschichte der früheren Zustände der preußischen Armee und besonders des Feldzugs des Herzogs Friedrich Wilhelm von Braunscheig-Oels im Jahre 1809, hg. von Carl Friedrich VON VECHELDE, Braunschweig 1843.

21 Vgl. 1806. Das Preußische Offizierskorps (wie Anm. 15), S. 30 f.

22 Vgl. René SCHILLER, Vom Rittergutsbesitz zum Großgrundbesitz. Ökonomische und soziale Transformationsprozesse der ländlichen Eliten in Brandenburg im 19. Jahrhundert, Berlin 2003.

23 Ibid., 192 f.

24 Vgl. Karsten HOLSTE, Landständische und nationale Partizipationsforderungen. Die Provinziallandtage Brandenburgs und Posens aus der Sicht adliger Gutsbesitzer, in: Roland GEHRKE (Hg.), Aufbrüche in die Moderne. Frühparlamentarismus zwischen altständischer Ordnung

wieder aufwändige und architektonisch durchaus anspruchsvolle Gutshäuser gebaut[25]. Sie dokumentierten die Präsenz des Adels im Land und legten die Grundlage für landläufige Vorstellungen von Gutsherrenart und Gutsherrschaftsgesellschaft, die dann in die Geschichte zurückverlängert worden sind[26]. Als Mitte des 19. Jahrhunderts der Staat die Zügel in der Verwaltung auf dem Lande anzog und die Handlungsspielräume der Landräte einengte, zogen sich bedeutendere Adelsfamilien aus den regionalen Verwaltungsämtern zurück. Einige begannen, die ländliche Gesellschaft gegen den mächtiger werdenden Staat in Vereinen und Verbänden zu organisieren[27]. Sie können als Pendant zu den westfälischen Adligen verstanden werden, denen Heinz Reif[28] eine Entwicklung vom Herrschaftsstand zur regionalen Elite bescheinigt hat.

Neben den Gutsbesitzern stabilisierte sich auch der Militäradel, wie erneut die Geschichte der Gabeins zeigt. Er konnte die Forderung der Heeresreformen nach einer standesblinden Besetzung der Offiziersstellen im preußischen Heer abwehren und seine dominierende Stellung im Offizierskorps festigen. Weil die Offiziere ihren Nachwuchs auswählten – und nicht die Gemeinen, wie während der Reformzeit auch diskutiert worden war –, konnten die Gabein-Brüder ihre Söhne und Neffen im Regiment des Vaters, des Bruders, des Onkels usw. unterbringen. Freunde und Getreue in der Truppe waren von unschätzbarem Wert. Aber die Netzwerkstrategie hatte Grenzen, wie das Beispiel des Hauptmanns Gabein zeigt. Er kritisierte die Einführung von Prüfungen für Unteroffiziere, weil sie den Nachzug der nächsten Generation ins Regiment erschwerten. Und ihn selbst schützten die Netzwerke nicht. Typischerweise wandte er sich daraufhin an den König, den preußische Adlige jedenfalls in der ersten Jahrhunderthälfte als ihren einzigen Protektor verstanden.

Wenn Hauptmann Gabein auch in Schwierigkeiten geriet, das Beispiel seiner Familie zeigt, dass für den darbenden Militäradel in den 1820er Jahren die existenzielle Gefährdung vorüber war, die nach Jena und Auerstedt und mit den Militärreformen gedroht hatte. Auch der Gutsbesitz hatte sich, wie wir sahen, stabilisieren können. Ab Mitte des Jahrhunderts wuchsen die beiden Gruppen wahrscheinlich stärker zusammen. Angesichts abnehmender rechtlicher Privilegierung und bürgerlicher Kritik organisierten sich Adlige über ihre funktionalen Spezifizierungen hinweg zunehmend in Familienverbänden oder regionalen Organisationen[29].

und monarchischem Konstitutionalismus 1750–1850. Schlesien – Deutschland – Mitteleuropa, Köln u. a. 2005, S. 269–296.

25 Vgl. Peter-Michael HAHN, Neuzeitliche Adelskultur in der Provinz Brandenburg, in: DERS., Hellmut LORENZ (Hg.), Herrenhäuser in Brandenburg und der Niederlausitz. Kommentierte Neuausgabe des Ansichtenwerks von Alexander Duncker (1857–1883), Bd. 1, Berlin 2000, S. 19–56; Hellmut LORENZ, Zur Architekturgeschichte der Herrenhäuser in Brandenburg und der Niederlausitz, in: ibid., S. 57–80.

26 Vgl. Monika WIENFORT, Der Adel in der Moderne, Göttingen 2006, S. 69.

27 Vgl. Patrick WAGNER, Bauern, Junker und Beamte. Lokale Herrschaft und Partizipation im Ostelbien des 19. Jahrhunderts, Göttingen 2005.

28 Heinz REIF, Westfälischer Adel 1770–1860. Vom Herrschaftsstand zur regionalen Elite, Göttingen 1979.

29 Vgl. Kathleen JANDAUSCH, Ein Name, Schild und Geburt. Niederadlige Familienverbände der Neuzeit im südlichen Ostseeraum, Bremen 2011; Daniel MENNING, Standesgemäße Ordnung

Parallel zur guten Agrarkonjunktur, zur Reorganisation des Militäradels und zur beginnenden Selbstorganisation des Adels im Ganzen lief freilich auch die Industrialisierung an. Die preußischen Reformen waren ja auch ein ökonomisches Modernisierungsprogramm gewesen und hatten trotz schwieriger erster Jahre die Grundlage für den wirtschaftlichen Aufstieg Preußens gelegt. Hier muss nicht die Geschichte des Zollvereins erneut erzählt werden, um die Attraktivität Preußens für das Wirtschaftsbürgertum zu erläutern. Mitte des 19. Jahrhunderts liefen Industrie- und Agrarkonjunktur noch relativ unverbunden nebeneinander her. Wirtschaftsbürger und Agrarier mussten ihre jeweiligen Konjunkturen und Krisen nicht bemerken. Aus Adelsperspektive war jedoch irritierend, wie schnell und dauerhaft nun bürgerliche Vermögen außerhalb von Landwirtschaft und Handel entstanden, die nicht mehr in die Adelsgesellschaft überführt werden konnten. Seit den 1840er Jahren wuchsen diese Vermögen aus der goldenen Mittelmäßigkeit oder dem mäßigen Wohlstand heraus, die auch Bürger selbst bis dahin zum Ideal erklärt hatten[30]. Überhaupt waren die Bürger nicht mehr bereit, sich durch den Adel repräsentieren zu lassen. Selbst auf den mit wenig Macht ausgestatteten Provinziallandtagen kam das zum Ausdruck.

Thomas Nipperdey hat betont, dass sich »aus der Unterschiedlichkeit der Reformen […] unterschiedliche Linien der deutschen Geschichte, […] der preußische, der österreichische, der süddeutsche Weg entwickelt« haben. In Preußen hatte der höchst gefährdete Adel sich über die Reformjahre gerettet. In Segmenten der preußischen Gesellschaft, die aus den Reformen herauswuchs, blieb er für nichtpreußische Beobachter befremdlich hegemonial[31], während er gleichzeitig als gesellschaftliche Führungsschicht wenig beeindrucken konnte. Die Adelsdebatte der Frankfurter Paulskirche 1848 war geprägt von unterschiedlichen Adelserfahrungen der Redner, deren Verallgemeinerbarkeit erst ermessen werden musste[32].

WESSEN NATION? WELCHE NATION?

Diese Fragen bildeten den wirtschafts- und sozialhistorischen Hintergrund, als vor dem Ende des 19. Jahrhunderts Debatten über die Selbstbeschreibung Preußen-Deutschlands losbrachen: Agrarstaat oder Industriestaat, Preußen oder Deutschland. Wir wollen dies am Beispiel der Interpretation der Kriegsereignisse von 1806 und 1813–1815 zeigen, um so eine preußisch-adlige Zukunftsperspektive um 1900

---

in der Moderne. Adlige Familienstrategien und Gesellschaftsentwürfe in Deutschland, 1840–1945, München 2014.

30 Christina von HODENBERG, Der Fluch des Geldsacks. Der Aufstieg des Industriellen als Herausforderung bürgerlicher Werte, in: Manfred HETTLING, Stefan-Ludwig HOFFMANN (Hg.), Der bürgerliche Wertehimmel. Innenansichten des 19. Jahrhunderts, Göttingen 2000, S. 79–104.

31 WIENFORT, Der Adel in der Moderne (wie Anm. 26), S. 69, 109.

32 Vgl. Peter WENDE, Die Adelsdebatte der Paulskirche, in: Adolf M. BIRKE u.a. (Hg.), Bürgertum, Adel und Monarchie. Wandel der Lebensformen im Zeitalter des bürgerlichen Nationalismus, München 1989, S. 37–51; Ewald FRIE, Oben bleiben? Armer preußischer Adel im 19. Jahrhundert, in: Gabriele B. CLEMENS u.a. (Hg.), Hochkultur als Herrschaftselement. Italienischer und deutscher Adel im langen 19. Jahrhundert, Berlin, Boston 2011, S. 327–340.

WILLIAM D. GODSEY

Adelige Frauen zwischen Nationalpostulaten und vergleichbaren Bezugsrahmen

Das Beispiel einer böhmisch-österreichischen Hocharistokratin aus dem späten 19. Jahrhundert[*]

Die Frage nach Adel und Nation weist auf zwei Großnarrative hin, die die Geschichtsschreibung zur Habsburgermonarchie im 19. Jahrhundert bis heute prägen: erstens der scheinbar unaufhaltsame Aufstieg der Nation, zweitens der gleichsam unabwendbare Niedergang des Adels. An einem entscheidenden Punkt kreuzen sich diese Meistererzählungen: Der Abstieg des Adels wird als Folge des Aufstiegs der Nation verstanden. Dabei mutierte der Adel fallweise im klassischen Zeitalter des Nationalismus ab 1800 zu einer supranationalen Gruppe, die gerade dadurch zwangsläufig an Einfluss und Bedeutung verlor. Durch die Prozesse der Nationsbildung kam der Adel sozusagen außerhalb der neu-alten Nationalgesellschaften zu stehen, ein Zustand, der sich gegebenenfalls bequem auf frühere Zeiten zurückprojizieren ließ – man denke etwa an die früher häufig thematisierte, angebliche Überfremdung des böhmischen Adels nach dem Ständeaufstand von 1620[1].

Die Nation dürfen wir bis heute als *das* Leitmotiv der historischen Forschung zur späten Habsburgermonarchie bezeichnen. Vor allem nach dem Ende der Monarchie und der Entstehung von neuen Staaten setzte sich die nationale Sicht auf die Geschichte durch. Bei allen Meinungsverschiedenheiten zu Einzelfragen widmeten sich maßgebliche Vertreter der jeweiligen Historikerzunft der vermeintlichen Nationalgeschichte. Dazu wurde die passende Nationalgenealogie gegebenenfalls bis in die weit zurückliegende Vergangenheit entworfen, um der Legitimation der neu entstandenen Ordnungen zu dienen. Das geschah selbstverständlich nicht ohne Zuhilfenahme von außen, etwa aus den USA, wo das Interesse an Ethnie, Rasse und Nation in Fachkreisen traditionell stark ausgeprägt ist. Mittlerweile füllen die Ergebnisse bekanntermaßen ganze Bibliotheken. Auch dank späteren politischen Ereignissen – etwa der Auflösung der Tschechoslowakei und dem Zerfall Jugoslawiens – ist die Nation bis in die unmittelbare Gegenwart ein historischer Schlüsselbegriff auf dem Gebiet der ehemaligen Monarchie geblieben. Erst in jüngster Zeit wird die Nation – ob nun als naturgegebene oder konstruierte Größe gedacht – nicht einfach als Gegebenheit vorausgesetzt. Darauf wird in weiterer Folge zurückzukommen sein.

---

[*]   Der Autor bedankt sich bei Pieter Judson (European University Institute, Florenz) für seine wertvolle Kritik einer früheren Fassung dieses Artikels.
1   Eagle GLASSHEIM, Noble Nationalists. The Transformation of the Bohemian Aristocracy, Cambridge, Mass., London 2005, S. 44–47.

Nicht zuletzt dank den nach 1918 entstandenen nationalstaatlichen Grenzen, Mentalitäten und Machtstrukturen hat sich andererseits das wissenschaftliche Interesse an historisch überregional ausgerichteten Adelsgruppen in engen Grenzen gehalten. Dieser Befund gilt übrigens auch für den habsburgischen Gesamtstaat, der, wenn nicht gar als »Völkerkerker«, dann doch im Wesentlichen als Vielvölkerstaat verstanden worden ist, bestehend aus klar umrissenen Nationen. Institutionen, Strukturen und soziale Formationen dieses Reiches, die sich nicht leicht in nationalen Kategorien denken und noch dazu mit der untergegangenen Monarchie assoziieren lassen, eignen sich aus nationaler Perspektive häufig nur als negativ besetzte Hintergrundfolie. Auch dank der Auffassung, dass im bürgerlichen Zeitalter der Adel seine Funktionen verloren hatte und daher kein geeigneter Gegenstand der Forschung sei, bleibt die Frage nach dem hohen österreichisch(-ungarischen) Adel überhaupt ein bedeutendes historiographisches Desiderat. Eine Generation nach Arno Mayers bekannter These zur Beharrungskraft des Ancien Régime im Europa des 19. Jahrhunderts ist diese für Österreich nur ansatzweise überprüft worden. Studien zum dortigen supraregionalen Adel beziehungsweise zur Hocharistokratie sowie zu einzelnen Adelsgeschlechtern sind die Ausnahme geblieben[2]. Anders stellt sich die Forschungslandschaft zu vergleichbaren, ehemals staatstragenden Schichten etwa in Westeuropa dar[3].

In diesem kurzen Beitrag können solche Mängel freilich nicht behoben werden, zumal sich das Spannungsverhältnis zwischen Adel und Nation gerade in der Habsburgermonarchie als so vielschichtig erwies. Daher wird im Folgenden das Problem von einem Fallbeispiel her betrachtet werden; dabei wird auch auf noch in der zweiten Hälfte des 19. Jahrhunderts lebendige, nichtnationale Ordnungs- und Bezugsrahmen eingegangen, die sich als Alternativen zu älteren und neueren Nationalpostulaten verstehen lassen. Gleichzeitig wird aber – nur scheinbar paradox – das herkömmliche Bild eines supranationalen Adels in Frage gestellt. Über das Fallbei-

2   Arno J. MAYER, The Persistence of the Old Regime. Europe to the Great War, New York 1981. Speziell zur österreichischen Hocharistokratie siehe Hannes STEKL, Österreichs Aristokratie im Vormärz. Herrschaftsstil und Lebensformen der Fürstenhäuser Liechtenstein und Schwarzenberg, Wien 1973; DERS., Zwischen Machtverlust und Selbstbehauptung. Österreichs Hocharistokratie vom 18. bis ins 20. Jahrhundert, in: Hans-Ulrich WEHLER (Hg.), Europäischer Adel 1750–1950, Göttingen 1990, S. 144–165; Hannes STEKL, Marija WAKOUNIG, Windisch-Graetz. Ein Fürstenhaus im 19. und 20. Jahrhundert, Wien u. a. 1992; William D. GODSEY, Quarterings and Kinship. The Social Composition of the Habsburg Aristocracy in the Dualist Era, in: Journal of Modern History 71 (1999), S. 56–104. Siehe auch die Aufsätze zu einzelnen Adelsgruppen (erbländische, galizische und ungarische) in: Helmut RUMPLER u. a. (Hg.), Die Habsburgermonarchie 1848–1918, Bd. IX/1: Soziale Strukturen. Von der feudalagrarischen zur bürgerlich-industriellen Gesellschaft, Teilband 1/2: Von der Stände- zur Klassengesellschaft, Wien 2010, S. 951–1089. Eine bibliographische Übersicht zum Adel in der Habsburgermonarchie bietet Lothar HÖBELT, The Discreet Charm of the Old Regime, in: Austrian History Yearbook 27 (1996), S. 289–302.

3   Zum Beispiel bei David HIGGS, Nobles in Nineteenth-Century France. The Practice of Inegalitarianism, Baltimore, Md., London 1987; David CANNADINE, The Decline and Fall of the British Aristocracy, New Haven, Ct 1990; Dominic LIEVEN, The Aristocracy in Europe, 1815–1914, New York 1992; Eckart CONZE, Von deutschem Adel. Die Grafen Bernstorff im 20. Jahrhundert, Stuttgart, München 2000; Monika WIENFORT, Der Adel in der Moderne, Göttingen 2006.

spiel richtet sich der Blick in erster Linie auf die sogenannte Hocharistokratie der Habsburgermonarchie. Sie bildete eine auf das späte 16. Jahrhundert zurückgehende, relativ überschaubare Gruppe von meistens großgrundbesitzenden, überregionalen und ausnahmslos auf den Wiener Hof ausgerichteten Adelsfamilien, die in den einzelnen Ländern stark verankert waren und sich als Herrschaftsträger der Gesamtmonarchie schlechthin positioniert hatten. Ihr ursprünglicher Kern entstammte größtenteils den böhmisch-österreichischen Territorien, im Laufe der Zeit kamen zahlreiche ungarische Familien sowie Geschlechter aus anderen Teilen der Monarchie und Europas hinzu[4]. Noch bis ins 20. Jahrhundert konnte diese auf einige hundert Familien angewachsene Gruppe in vielfacher Hinsicht – nicht zuletzt auf Grund der wirtschaftlichen Potenz – eine herausragende Position im öffentlichen Leben behaupten. Wo sie in früheren Zeiten eine vergleichsweise offene Elite mit durchlässigen sozialen Grenzen darstellte und sich durch viele Aufsteiger auszeichnete, bildete sie ab dem 18. Jahrhundert mehr und mehr eine durch die Praxis der Endogamie und die zunehmende Betonung der reinadeligen Abstammung weitgehend abgeschlossene Schicht, die sich etwa mit dem Stiftsadel der alten Reichskirche vergleichen lässt[5]. Zum Schluss galt sie manchen gar als eine eigene »Rasse«. Auf Grund der Beschaffenheit des Fallbeispiels wird insbesondere die Hocharistokratie mit Besitzschwerpunkt in Böhmen bzw. im nichtösterreichischen süddeutschen Raum zu berücksichtigen sein. Das komplexe Verhältnis des böhmischen Adels zur Nation (etwa zur deutschen oder zur tschechischen) ist überdies immer wieder Gegenstand des historischen Interesses gewesen[6].

In der Forschungslandschaft ist der hier vorgestellte Fall insofern ungewöhnlich, als es sich um eine Frau handelt. Im Allgemeinen und speziell für die Habsburgermonarchie sind die Beziehungen von Frauen zu Nationalpostulaten für das Europa

---

4   Zur Frühgeschichte dieser Gruppe siehe R. J. W. Evans, The Making of the Habsburg Monarchy, Oxford 1979; Thomas Winkelbauer, Ständefreiheit und Fürstenmacht. Länder und Untertanen des Hauses Habsburg im konfessionellen Zeitalter, Bd. 1, Wien 2003, S. 191–196.

5   William D. Godsey, Der Aufstieg des Hauses Pergen. Zu Familie und Bildungsweg des »Polizeiministers« Johann Anton, in: Gabriele Haug-Moritz u. a. (Hg.), Adel im »langen« 18. Jahrhundert, Wien 2009, S. 141–166; William D. Godsey, Adel, Ahnenprobe und Wiener Hof. Strukturen der Herrschaftspraxis Kaiserin Maria Theresias, in: Elizabeth Harding, Michael Hecht (Hg.), Die Ahnenprobe in der Vormoderne. Selektion – Initiation – Repräsentation, Münster 2011, S. 309–331.

6   Hugh LeCaine Agnew, Noble »Natio« und Modern Nation. The Czech Case, in: The Austrian History Yearbook 23 (1992), S. 50–71; Solomon Wank, Some Reflections on Aristocrats and Nationalism in Bohemia 1861–1899, in: Canadian Review of Studies in Nationalism 20 (1993), S. 21–33; Robert Luft, Nationale Utraquisten in Böhmen. Zur Problematik »nationaler Zwischenstellungen« am Ende des 19. Jahrhunderts, in: Maurice Godé u. a. (Hg.), Allemands, Juifs et Tschèques à Prague de 1890 à 1924, Montpellier 1996, S. 37–51; Ralph Melville, Adel und Revolution in Böhmen. Strukturwandel von Herrschaft und Gesellschaft in Österreich um die Mitte des 19. Jahrhunderts, Mainz 1998; Eagle Glassheim, Between Empire and Nation. The Bohemian Nobility, 1880–1918, in: Pieter M. Judson, Marsha L. Rozenblit (Hg.), Constructing Nationalities in East Central Europe, Oxford, New York 2005, S. 61–88; Miloš Řeznik, Elitenwandel, tschechische Nationsbildung und der böhmische Adel, in: Historical Social Research 33 (2008), S. 63–81; Rita Krueger, Czech, German, and Noble. Status and National Identity in Habsburg Bohemia, Oxford 2009; Ute Hofmann, Aristokraten als Politiker. Der böhmische Adel in der frühkonstitutionellen Zeit (1860–1871), München 2011.

des 19. Jahrhunderts selten thematisiert worden[7]. Die hier im Mittelpunkt stehende Frau hieß Gräfin Rosa Neipperg, eine geborene Prinzessin Lobkowicz[8]. Zur Zeit ihrer Geburt im Jahr 1832 in Wien stellte das Kaisertum Österreich ein immer noch aus historischen Territorien mit altständischen Landtagen zusammengesetztes, wenn auch vergleichsweise hochintegriertes Staatswesen dar. Im Jahr ihres Todes, 1905, ebenfalls in Wien, erlangten Nationen, wie sie sich gegen Ende des 19. Jahrhunderts allmählich herausbildeten, zum ersten Mal staatlich-gesetzliche Anerkennung als Bestandteile einzelner Länder der westlichen Reichshälfte Österreich-Ungarns[9]. Väterlicherseits entstammte Rosa einem alten, reichbegüterten Herrengeschlecht des böhmischen Adels; ihr Vater, Fürst August Longin Lobkowicz (1797–1842), der Chef eines Familienzweigs, legte eine erfolgreiche Karriere in österreichischen Staatsdiensten zurück und stieg zum Hofkanzler auf, ein Amt in der Wiener Zentralverwaltung, das er zur Zeit der Geburt seiner Tochter innehatte. Dagegen war Rosas Großvater, Fürst Anton Isidor Lobkowicz (1773–1819), um die Wende zum 19. Jahrhundert ein bekannter Förderer landespatriotischer Bestrebungen im Königreich Böhmen. Ihre Mutter, Anna Bertha, eine geborene Prinzessin Schwarzenberg (1807–1883), war eine Tochter von Böhmens reichstem Großgrundbesitzer überhaupt. Mit 20 Jahren heiratete Rosa Graf Erwin Neipperg (1813–1897), einen österreichischen Kavallerieoffizier sowie Spross und späteren Chef eines süddeutschen standesherrlichen Hauses mit vergleichsweise bescheidenem Gutsbesitz im Kraichgau in Württemberg. Seine Laufbahn beendete er im hohen Rang eines Generals der Kavallerie.

Die geographischen Bezugsrahmen von Rosa Neipperg-Lobkowicz und ihrem Mann waren allerdings nicht auf die Territorien des jeweiligen Besitzschwerpunktes beschränkt. Beide standen durch Geburt, Verbindungen und die bekleideten Ämter und Würden am Wiener Hof (in ihrem Fall als zeitweise diensttuende Sternkreuzordens- und Palastdame, in seinem als Kämmerer, Geheimer Rat, Ritter des Golde-

---

7   Bonnie G. SMITH, Changing Lives. Women in European History since 1700, Lexington, Mass., Toronto 1989. Siehe dagegen Mrinalini SINHA, Gender and Nation, in: Bonnie G. SMITH (Hg.), Women's History in Global Perspective, Bd. 1, Urbana, Ill., Chicago 2004, S. 229–274; Waltraud HEINDL, Mythos Nation, Geschichte und Geschlecht in der österreichischen Monarchie, in: Hans Peter HYE, Brigitte MAZOHL, Jan Paul NIEDERKORN (Hg.), Nationalgeschichte als Artefakt. Zum Paradigma »Nationalstaat« in den Historiographien Deutschlands, Italiens und Österreichs, Wien 2009, S. 201–219.

8   Vor dem Ende der Monarchie war »Lobkowitz« die gängige Schreibweise des Familiennamens. Da aber sowohl Rosas Vater als auch ihr Bruder (beide Chef ihres Familienzweigs) sowie Rosa selbst sich der vermeintlich älteren Schreibweise »Lobkowicz« bedienten, wird letztere in diesem Beitrag verwendet. Rosas Verwendung ist belegt in einem Brief an ihre Mutter, Mainz, 26. Dez. 1865. Dieses Schreiben sowie alle im Folgenden zitierte Briefe befinden sich im Gräflich von Neipperg'schen Archiv Schwaigern, Baden-Württemberg. Dem Erbgrafen Karl Eugen von Neipperg sei an dieser Stelle für die freundliche Erlaubnis, diese Korrespondenz einzusehen, vielmals gedankt. Kurt Andermann (Karlsruhe/Freiburg i. Br.) hat in großzügiger Weise für die bequeme Benützung der betreffenden Archivalien gesorgt. Auch ihm ist dafür herzlich zu danken.

9   Jeremy KING, Budweisers into Czechs and Germans. A Local History of Bohemian Politics, 1848–1948, Princeton, Oxford 2003, S. 114f., 143f.; Pieter M. JUDSON, Guardians of the Nation. Activists on the Language Frontiers of Imperial Austria, Cambridge, Mass., London 2006, S. 13. Vgl. Gerald STOURZH, Die Gleichberechtigung der Nationalitäten in der Verfassung und Verwaltung Österreichs 1848–1918, Wien 1985, S. 189–240.

nen Vlieses und Hauptmann der Trabantenleibgarde) der Gesellschaftsspitze der Habsburgermonarchie insgesamt nahe[10]. Sowohl väter- als auch mütterlicherseits ist Rosa dem alten, harten Kern der Hocharistokratie zuzurechnen, die Neipperg stießen erst im Laufe des 18. Jahrhunderts dazu, dafür aber umso nachhaltiger[11]. Von besonderer Bedeutung in der neueren Familiengeschichte gestaltete sich die zweite Ehe von Erwins Vater, Graf Adam Albert Neipperg, mit der Erzherzogin Marie-Louise (1791–1847), Tochter von Kaiser Franz I. und zweite Ehefrau beziehungsweise Witwe Napoleons. Obwohl er selbst aus der ersten Ehe seines Vaters stammte, wuchs Erwin durch diese Verbindung in deutlicher, wenn auch schwer zu definierender Nähe zum österreichischen Kaiserhaus auf. Durch ihre süddeutschen Besitzungen gehörte seine Familie der württembergischen Adelslandschaft an, als Standesherren sodann auch zur Adelswelt des 1871 ausgerufenen deutschen Reiches.

Formal kommt die überregionale Ausrichtung durch die Korrespondenz Rosa Neippergs deutlich zum Ausdruck. Tausende von ihr verfasste Familienbriefe sind erhalten. Eine stichprobenartige Auswertung der Schriften, die sie zwischen den 60er Jahren des 19. Jahrhunderts und dem frühen 20. Jahrhundert an ihre Mutter, später an ihre Schwiegertochter, Gabrielle Neipperg, geborene Gräfin Waldstein (1857–1948), eine Hocharistokratin ebenfalls böhmischer Prägung, richtete, bildet die Quellengrundlage dieses Beitrags. Durchweg auf Deutsch verfasst, sind die Episteln mit französisch- und englischsprachigen Ausdrücken und ganzen Sätzen geradezu übersät. Diese Einlässe lassen erkennen, dass Rosa diese Sprachen mühelos beherrschte. Die in Betracht stehenden Jahre erlebte sie zunächst in Pressburg (Bratislava), dann in Wien und später in Lemberg (L'viv), den Karrierestationen ihres Mannes als k. u. k. Offizier; manchen Sommerurlaub verbrachte sie auf dem Schloss ihres Mannes in Württemberg; um das Neujahr herum war sie immer wieder auf den Gütern ihrer böhmischen Verwandten zu Besuch. Nach der Versetzung ihres Mannes in den Ruhestand und bis zu ihrem Tod lebte sie abwechselnd zwischen Wien und einer von ihrer Mutter geerbten Villa in Salzburg. Noch um 1900 überlegte sie, von Wien nach Prag zu übersiedeln, weil sie – wie sie schrieb – »doch dort das Gefühl der Heimat hatte«[12]. Auf Grund der Herkunft und Lebenserfahrung zwischen Württemberg im Westen und Galizien im Osten führte sie eine Existenz quer zu den später oft als naturgegeben verstandenen nationalen Ordnungs- und Bezugsrahmen. Speziell die Habsburgermonarchie im Zusammenhang der damaligen Großmächtekonstellation bildete den für sie bestimmenden Raum.

Diesbezüglich dürfte sie typisch sowohl für ihre Standesgenossinnen aus dem hohen Adel als auch für Frauen bestimmter Funktionseliten (beispielsweise in Armee und Verwaltung) gewesen sein[13]. Andererseits besticht ihr Schriftwechsel durch die

---

10 Rosa Neipperg-Lobkowicz an Gabrielle Neipperg-Waldstein, Wien, 22. März 1888, erwähnt ihren Dienst als Sternkreuzordensdame in der Hofburgkapelle.

11 Zu Lobkowicz siehe Evans, The Making (wie Anm. 4), passim; Petr Maťa, Svět České Aristokracie (1500–1700), Prag 2004, passim; zu Neipperg William D. Godsey, Strategie und Zufall. Der österreichische Aufstieg des Hauses Neipperg (18.–20. Jahrhundert), in: Kurt Andermann (Hg.), Ministerialen, Reichsritter und Hocharistokraten, Epfendorf 2014, S. 163–180.

12 Rosa Neipperg-Lobkowicz an Gabrielle Neipperg-Waldstein, Wien, 14. Mai 1900.

13 Zum Offizierskorps siehe István Deák, Beyond Nationalism. A Social and Political History of the Habsburg Officer Corps, 1848–1918, New York, Oxford 1990; zu den Beamten siehe Wal-

Neugier, Lebendigkeit und Aussagekraft in Hinblick auf Themen, die weit über das engere familiäre Leben und die häuslichen Umstände hinausgingen. Unter anderem interessierte sie sich für das Gesellschaftsleben der großen Welt, der sie selbst angehörte, für politische Entwicklungen im Wiener Machtzentrum sowie in den Ländern, nicht zuletzt in Böhmen, für diplomatische Beziehungen und Komplikationen auf dem internationalen Parkett, aber auch für Begebenheiten in der weiteren europäischen und außereuropäischen Welt. Die von ihr immer wieder vermutete und befürchtete ausländische Einmischung in die inneren Angelegenheiten Österreich-Ungarns (insbesondere von deutscher Seite) erklärte womöglich ihre ausgesprochene Sympathie für die chinesischen Aufständischen im Jahr 1900:

Ich bin sehr beschäftigt mit den Ereignissen in China, – Ihr nicht? Ich bin unbedingt von der Parthey, die ihr Land gegen die Eindringlinge vertheidigt, Boxer und Kaiserinn=Mutter. Christen und Missionare sind nur der *Vorwand* der Europäischen Invasion, – der Beweggrund ist doch nur die gemeine Habsucht und Gewinnsucht der Europäer, die colonisiren und profitiren wollen![14]

Wie gestaltete sich nun ihr Verhältnis zu älteren und neueren Nationsbegriffen? Inwieweit können wir in ihrem Fall von einer supranationalen Einstellung reden? Setzte sich die Habsburgermonarchie für sie (primär) aus Nationen zusammen? Welche politische Ordnungs- und Bezugsrahmen überhaupt sind bei ihr sichtbar? Wegen des wissenschaftlichen Fokus auf den (fehlenden) Nationalbezug sind gerade sonstige Loyalitäten, die durch überkommene Strukturen mitbestimmt waren oder als eine Antwort auf neuere Phänomene wie Säkularisierung und Demokratisierung zu interpretieren wären, weitgehend unterbelichtet geblieben. Wie unterschieden sich ihre Vorstellungen von denen ihrer männlichen Standesgenossen oder nichtadeliger Frauen? Diese Fragen bauen zum Teil auf jüngeren theoretischen Ansätzen und Erkenntnissen der Nationalismus- und Imperienforschung auf, die insbesondere mit den Namen des US-amerikanischen Historikers David Bell, des US-amerikanischen Soziologen Rogers Brubaker und des britischen Historikers David Cannadine verbunden sind. In seiner 2001 erschienenen Studie »The Cult of the Nation in France« unterschied Bell zwischen »Nationalgesinnung« (*national sentiment*), die auch in der frühen Neuzeit nachzuweisen ist, und »Nationalismus« (*nationalism*), den er als ein politisches Programm der Spätmoderne auffasste[15]. Ein nationalpolitisches Glaubensbekenntnis geht nicht zwangsläufig aus einem sprachkulturellen Zusammengehörigkeitsgefühl hervor.

---

traud HEINDL, Josephinische Mandarine. Bürokratie und Beamte in Österreich, Bd. 2: 1848 bis 1914, Wien u. a. 2013.

14 Rosa Neipperg-Lobkowicz an Gabrielle Neipperg-Waldstein, Hořín, 19. Juni 1900 (Hervorh. i. Orig.). Eine genuine Ablehnung des kolonialen Wettrennens und dessen Auswüchse scheint bei ihr durchaus vorhanden gewesen zu sein. In Zusammenhang mit einem Vorfall in Deutsch-Südwestafrika, an dem ein Prinz Arenberg, ein Verwandter, beteiligt war, schrieb sie an ihre Schwiegertochter (Salzburg, 14. Juli 1900): »Und dann findet Ihr, ich soll nicht Parthey ergreifen für die ›Eingeborenen‹. Die Weißen sind immer und über grausam!«

15 David A. BELL, The Cult of the Nation in France, Cambridge, Mass., London 2001, S. 3–6.

Die Leitthese von Rogers Brubaker besagt, dass die Gruppenbildung nicht auf Grund von angeblich objektiv erkennbaren nationalen Kriterien, sondern auf Grund der Wahrnehmung der sozialen Umwelt erfolgt. In seinem Werk »Ethnicity without Groups« schrieb er: »Ethnicity, race, and nationhood are fundamentally ways of perceiving, interpreting, and representing the social world. They are not things *in* the world, but perspectives *on* the world«[16]. Dementsprechend wären Nationen nicht als klar umrissene, einheitlich auftretende Gruppen, sondern als wechselhafte, schwer fassbare, von dem jeweiligen geschichtlichen Zusammenhang gestaltete Phänomene zu verstehen, die überdies nicht einfach auf natürliche Art und Weise entstehen, sondern von historischen Akteuren durchgesetzt werden müssen. Wie Brubaker stellt Cannadine ebenfalls das Problem der Wahrnehmung in den Mittelpunkt seiner Überlegungen und hinterfragt dabei bisher gängige Sichtweisen auf das britische Weltreich. Er weist darauf hin, dass »the British Empire has been extensively studied as a complex racial hierarchy [...]; but it has received far less attention as an equally complex social hierarchy or, indeed, as a social organism, or construct of any kind«[17]. Ein ähnlicher Befund ließe sich für die Habsburgermonarchie erstellen, die immerfort als Vielvölkerstaat gesehen worden ist, kaum aber als ein Gebilde mit starker historisch-territorialer und ständisch-gesellschaftlicher Prägung. Unter dem Aspekt, dass Sprache nicht mit Gesinnung verwechselt werden darf, dass ein Nationalzugehörigkeitsgefühl nicht zwangsläufig mit einem politischen Glaubensbekenntnis gleichzusetzen sei, dass die Existenz von Nationen – trotz der Vielfalt an Sprachen und Kulturen im alten Österreich – nicht einfach vorausgesetzt werden kann und dass aus der Sicht von Zeitgenossen die Monarchie durchaus auch eine durch die Länder gegliederte gesellschaftliche Hierarchie darstellte, werden die Aussagen von Rosa Neipperg zu untersuchen sein.

In ihren Schriften wird über den ganzen Zeitraum hinweg ein Zusammenspiel zweier ausgeprägter patriotischer Loyalitäten sichtbar, das mit den damals an Konturen gewinnenden nationalen Ordnungspostulaten nicht übereinstimmt. Einerseits ist ein gesamtösterreichisches Bewusstsein, andererseits ein böhmischer Landespatriotismus festzustellen. Beide waren für sie weder sprach- noch ethnisch-kulturell zu deuten[18]. Es geht ebenfalls klar daraus hervor, dass sich diese Loyalitäten für sie nicht widersprachen, sondern ergänzten – in etwa wie die *patria civitatis* bzw. *patria communis* und die *patria naturae* bzw. *patria propria*, die Cicero in seinem Dialog »Über die Gesetze« thematisierte[19]. Für Rosa Neipperg galten »die böhmischen Herren« im

---

16 Rogers Brubaker, Ethnicity without Groups, Cambridge, Mass., London 2004, S. 17 (Hervorh. i. Orig.).

17 David Cannadine, Ornamentalism. How the British Saw Their Empire, London 2001, S. 9. Vgl. Jane Burbank, Frederick Cooper, Empires in World History. Power and the Politics of Difference, Princeton, NJ, Oxford 2010, S. 14.

18 Dass der österreichische Staatspatriotismus deutsch ausgerichtet oder unterlegt gewesen sein soll, ist eine These, die in der Literatur gelegentlich vertreten wird, bspw. bei Peter Hanák, Österreichischer Staatspatriotismus im Zeitalter des aufsteigenden Nationalismus, in: Reinhard Urbach (Hg.), Wien und Europa zwischen den Revolutionen (1789–1848), Wien, München 1978, S. 315–330. Sie lässt sich bei Rosa Neipperg-Lobkowicz keinesfalls bestätigen.

19 Dazu Caspar Hirschi, The Origins of Nationalism. An Alternative History from Ancient Rome to Early Modern Germany, Cambridge 2012, S. 57.

Gegensatz etwa zu den Deutschliberalen und Befürwortern der ungarischen Unabhängigkeit als »die guten österreichischen Patrioten«[20]. Als Angelpunkt ihres gesamtösterreichischen Patriotismus fungierte das Herrscherhaus. Dass die Gefühlslage, die dieser Patriotismus herbeiführen konnte, alles andere als ein blutleerer Gegensatz zu den emotionalen Ergüssen des nationalistischen Zeitalters darstellte, wie manchmal behauptet wird[21], legen ihre Schriften ebenso dar. Ihrer Sorge um die Reichseinheit und die Bedeutung, welche sie der Dynastie in ihrer politischen Vorstellungswelt beimaß, gibt sie in einem Brief deutlichen Ausdruck, den sie 1867 anlässlich ihrer Anwesenheit bei der ungarischen Königskrönung in Buda verfasste. Dieses Ereignis besiegelte den Ausgleich zwischen Österreich und Ungarn und gewissermaßen auch die Teilung der Monarchie in zwei Reichshälften.

Wenn man auch ganz ohne Illusionen über die politischen Consequenzen dieser Krönung dies- u. jenseits der Leitha ist und das jetzige régime in Ungarn noch so sehr deplorirt, es war *unmöglich* sich dem Eindruck zu entziehen, den diese magnifique Carawane machte. Alles was man von dynastischen und monarchischen Gefühlen von Jugend auf zu hegen gewohnt ist, wurde erregt u. gehoben. Im Moment, wo der Kaiser auf den Hügel hinauf sprengte, mußte man weinen und beten, ich konnte nur deßhalb nicht mitschreien, weil mir die Stimme versagte. Der Enthusiasmus war *immens* und wirklich in den Maßen sehr wahr, das sah man. Gemacht hat es der Kaiser *magnifique*; Du weißt daß ich sehr enthusiasmuslos in regard of him bin, aber man *konnte* nicht majestätischer, ruhiger, imposanter und brillanter diese Sache machen als er[22].

Der fehlende Enthusiasmus bezüglich Kaiser Franz Josephs blieb eine Konstante ihrer Sichtweise über Jahrzehnte hinweg – für sie war er eine schwache Figur die die Interessen der Gesamtmonarchie mehr schlecht als recht verteidigte[23].

Weniger die Person des Herrschers – wie etwa im Cäsarismus eines Napoleons III. oder bei den Führerkulten im 20. Jahrhundert – als vielmehr das Haus Österreich insgesamt als Verkörperung der Einheit der Monarchie belebte ihren Patriotismus. Bei Aufenthalten während der Wintersaison in Wien pflegte Rosa Neipperg als Angehörige der Hofgesellschaft durchaus den persönlichen Kontakt zu kaiserlichen Prinzen und Prinzessinnen, wobei fallweise Idee und Wirklichkeit auch hier auseinanderklafften und die »erzherzoglichen Aufwartungen« sie langweilen konnten[24]. Eine Einladung zum Diner beim Erzherzog Ludwig Viktor, dem Bruder des Kaisers,

---

20　Rosa Neipperg-Lobkowicz an Anna Bertha Lobkowicz-Schwarzenberg, Lemberg, 4. Nov. 1871.

21　Etwa bei HANÁK, Österreichischer Staatspatriotismus (wie Anm. 18), S. 325.

22　Rosa Neipperg-Lobkowicz an Anna Bertha Lobkowicz-Schwarzenberg, Preßburg, 11. Juni 1867 (Hervorh. i. Orig.). Zu dynastischen Festen und gesamtösterreichischem Patriotismus siehe Daniel L. UNOWSKY, The Pomp and Politics of Patriotism. Imperial Celebrations in Habsburg Austria, 1848–1916, West Lafayette, Ind. 2005.

23　Anlässlich eines kaiserlichen Regierungsjubiläums nach der Jahrhundertwende schrieb sie: »Heute sind's 55 Jahre, seit der ›glorreichen‹ Regierung unseres *armen* Kaisers. Wenn ich denke, mit welchem Enthusiasmus man damals den Regierungswechsel begrüßte!« Rosa Neipperg-Lobkowicz an Gabrielle Neipperg-Waldstein, Wien, 2. Dez. 1903 (Hervorh. i. Orig.).

24　Rosa Neipperg-Lobkowicz an Anna Bertha Lobkowicz-Schwarzenberg, Wien, 6. Dez. 1868 (Erzherzogin Theresa, Erzherzogin Rainer und Erzherzogin Annunziata) und 9. Dez. 1868 (Kaiserinmutter; Erzherzoginnen Elizabeth und Sofie; Modena). Rosa Neipperg-Lobkowicz an Gabrielle Neipperg-Waldstein, Wien, 21. März 1886 (Erzherzogin Rainer), 8. Jan. 1888

kommentierte sie folgendermaßen: »Morgen trifft mich einer meiner unliebsten Schicksalsschläge«[25]. Die geschichtliche Tiefe und das historische Erscheinungsbild der Dynastie bildeten auf jeden Fall eine wesentliche Quelle ihres gesamtösterreichischen Bewusstseins, das auch in geistig anspruchsvoller Lektüre Verstärkung fand. Sie las und beurteilte die Werke damals wirkender Historiker, wie Alfred von Arneth und Adam Wolf, die biographische Pionierarbeit zu österreichischen Herrschergestalten leisteten und Editionen kaiserlicher Korrespondenzen herausgaben[26]. Noch nach der Jahrhundertwende blieb ihr die Person Kaiserin Maria Theresias (reg. 1740–1780), die damals schon eine Schlüsselrolle in der neueren Staatswerdung der Habsburgermonarchie zugeschrieben wurde, noch zu nahe und ehrwürdig, um auf die Bühne gebracht zu werden: »Für uns ist sie noch nicht eine bloße historische Persönlichkeit«[27].

Auch ohne Bezugnahme auf die Dynastie sind die gesamtstaatliche Einstellung und der gesamtstaatliche Patriotismus auf vielfältige Weise offenbar. Speziell äußere Bedrohungen zur Sicherheit und Integrität der Monarchie riefen Rosa Neipperg-Lobkowicz auf den Plan. In der äußerst heiklen, weil isolierten internationalen Lage Österreichs zur Zeit des französisch-preußischen Kriegs 1870 wollte sie »mit Passion zugleich gegen Turin, Berlin und Petersburg« vorgehen[28]. Dabei freute sich die Gräfin, dass Österreichs Feinde des vorangegangenen Jahrzehnts, Frankreich und Preußen, sich gegenseitig auf den Kopf schlugen. Wenige Jahre zuvor hatte sie sich über die berühmte Thronrede Kaiser Napoleons III. empört, in der dieser über Österreich als eine europäische Notwendigkeit sprach: »Also weil dieser Kerl die Gnade hat uns nothwendig oder für sich nützlich zu finden, darum dürfen wir existieren. Ich habe seit dem Sommer nicht mehr so viel Wuth und Scham empfunden, und am Ende ist was Wahres dran«[29].

Die Umgestaltung Deutschlands unter Preußens Ägide stimmte Rosa allerdings allmählich versöhnlicher gegenüber Frankreich. Trotz der deutschen Muttersprache rief die deutsche Einigung – die mit einer schweren Niederlage Österreichs auf dem (böhmischen) Schlachtfeld von Königgrätz (1866) und dem Ausschluss aus Deutschland einherging – einen dauerhaften Hass auf Preußen und das Ordnungspostulat einer deutschen Nation bei ihr hervor. Im Jahr 1870 meldete sie sich »rasend« glücklich, wenn deutsche Einheiten auf den Schlachtfeldern Frankreichs Rückschläge er-

(Erzherzog Rainer), 11. Jan. 1888 (Kronprinzessin Stephanie), 14. Jan. 1888 (Erzherzog Karl Ludwig), 17. Feb. 1888 (Erzherzog Albrecht), 11. Feb. 1900 (Erzherzogin Maria Rainer).

25 Rosa Neipperg-Lobkowicz an Gabrielle Neipperg-Waldstein, Wien, 7. März 1886.
26 Rosa Neipperg-Lobkowicz an Anna Bertha Lobkowicz-Schwarzenberg, Preßburg, 17. Juni 1867 und 15. Okt. 1867 sowie Wien, 16. März 1869.
27 Rosa Neipperg-Lobkowicz an Gabrielle Neipperg-Waldstein, Wien, 13. Dez. 1903. Dieser Kommentar bezog sich auf das damals am Wiener Volkstheater spielende Stück »Maria Theresia« des Schriftstellers Franz Schönthan von Pernwaldt. Siehe Werner TELESKO, Maria Theresia. Ein europäischer Mythos, Wien u. a. 2012, S. 142.
28 Rosa Neipperg-Lobkowicz an Anna Bertha Lobkowicz-Schwarzenberg, Lemberg, 23. Nov. 1870.
29 Rosa Neipperg-Lobkowicz an Anna Bertha Lobkowicz-Schwarzenberg, Preßburg, 19. Feb. 1867.

litten, während deren Siege sie »trostlos« machten[30]. Der »dumme ›deutsche‹ Rausch«, den sie vom fernen Lemberg bei der Bevölkerung um die Neipperg'schen Besitzungen in Süddeutschland vermutete, irritierte sie[31]. Unter den standesherrlichen Häusern, die in der bewaffneten Auseinandersetzung 1866 sozusagen zwischen die Fronten Österreich und Preußen gerieten, wurden die Neipperg allmählich berüchtigt dafür, dass sie die deutsche Reichsgründung ablehnten. Als »württembergische Standesherrin« (wie sie sich selbst um dieselbe Zeit bezeichnete) stellte Rosa schon vor deren formalen Ausrufung fest, »[dass] Kaiser Wilhelm von Deutschland [...] an mir keine gute Unterthaninn haben [wird], das weiß ich. Und an meinen Nachkommen hoffentlich auch nicht; jedenfalls thu' ich, was ich kann, um ihnen Abscheu und Verachtung einzuflößen, gegen Alles, was Preußen u. Hohenzollern heißt«[32].

Die antipreußischen und antideutschen Affekte, die bis zu ihrem Tod ein ständiges Motiv ihrer Korrespondenz bildeten, hatten freilich andere Ursachen. Davon war die bedeutendste konfessionell. Für die Gräfin stand das Deutschtum jener Jahre auch hier auf der falschen Seite. Obschon keine Frömmlerin, war sie doch eine tiefgläubige Katholikin, die die Kirchen- und sonstige Politik der zeitweise deutschliberal geprägten Wiener Regierung zutiefst missbilligte[33]. Seit der Zeit vor 1866, als sie mit ihrem Mann bei der Bundesfestung Mainz stationiert war, war sie eine Anhängerin des dortigen Bischofs Wilhelm Emmanuel Freiherr von Ketteler (1811–1877) gewesen, dem Mitbegründer der katholischen Soziallehre und Gegner Bismarcks[34]. Nach der Reichsgründung erfolgte mit dem vom Reichskanzler heraufbeschworenen Kulturkampf gegen die katholische Kirche eine schlagartige Verschärfung der Politisierung von Religion. Das ging auch an Rosa Neipperg nicht spurlos vorüber: »Seit ich weiß daß der Katholicismus das Einzige ist, was Bismarck fürchtet, fühle ich mich katholischer als je, und möchte fortwährend in Katholicismus ›machen‹, wenn es nur wäre, um ihn zu ärgern«[35]. Im Übrigen scheint weniger das Bedauern über die verlorene deutsche Reichsfreiheit als der antideutsche Reflex, der auf den Erfahrungen des dritten Viertels des 19. Jahrhunderts gründete, die Erinnerung an die Mediatisierung der eigenen Familie am Ende des Heiligen Römischen Reiches bei ihr wachgehalten zu haben. Als sie 1903 erfuhr, dass ihr Sohn und ihre Schwiegertochter ein Fest zum hundertjährigen Jubiläum der Zugehörigkeit der Stadt Wimpfen zu Hessen mitmachten, fragte sie:

30 Rosa Neipperg-Lobkowicz an Anna Bertha Lobkowicz-Schwarzenberg, Lemberg, 12. Aug. und 14 Nov. 1870.
31 Rosa Neipperg-Lobkowicz an Anna Bertha Lobkowicz-Schwarzenberg, Lemberg, 7. Aug. 1870.
32 Rosa Neipperg-Lobkowicz an Anna Bertha Lobkowicz-Schwarzenberg, Lemberg, 21. Juli und 28. Nov. 1870. Vgl. Heinz GOLLWITZER, Die Standesherren. Die politische und gesellschaftliche Stellung der Mediatisierten, Göttingen ²1964, S. 144, 159.
33 Rosa Neipperg-Lobkowicz an Anna Bertha Lobkowicz-Schwarzenberg, Preßburg, 20. März 1868.
34 Rosa Neipperg-Lobkowicz an Anna Bertha Lobkowicz-Schwarzenberg, Preßburg, 13. März 1867 und Wien, 2 Apr. 1869.
35 Rosa Neipperg-Lobkowicz an Anna Bertha Lobkowicz-Schwarzenberg, Sandown (Isle of Wight), 17. Aug. 1871.

Wie war denn das Fest in Wimpfen? Die Leute feiern so spaßige Jubiläen. Ich hätte nicht gedacht, daß die Zugehörigkeit zum Großhzgth. Hessen eine Freude ist für eine ehemalige freie
Reichsstadt, – nur ein unausweichliches demüthigendes Übel. C'est comme si nous voulions
fêter notre médiatisation. Übrigens kann ich nur sagen, daß mich beim Nachdenken die politische Characterlosigkeit der Deutschen schon oft frappirt hat. Ils acceptent *tout*. Trotz all' ihrer
Gesänge und all' ihres Geschreis sind sie *sehr* leicht zu haben für den, der sie energisch behan-
delt[36].

Ebenfalls als Alternativkonzept zu damaligen deutschen Positionen ist Rosa Neippergs böhmischer Landespatriotismus aufzufassen. Nach der Einführung des parlamentarischen Lebens im Jahr 1861 in Österreich entbrannten heftige Debatten
über das zukünftige Gefüge der Monarchie. Die Deutschliberalen befürworteten ein
möglichst zentralregiertes Reich, während Nationalisten und Ländervertreter verschiedener Couleur für eine Föderallösung des Staatsproblems auf Grund der über-
kommenen Länderteilung eintraten. In der Folge ging speziell in Böhmen der
landespatriotische Adel ein Bündnis mit tschechischen Nationalisten (später als
Alttschechen bekannt) ein. Beide beriefen sich trotz aller Interessen- und Meinungsverschiedenheiten auf das damals bemühte »alte böhmische Staatsrecht« mit der Forderung nach der Unteilbarkeit des historischen Königreichs – ein Beispiel dafür, dass
die überkommenen Länder auch für Nationalisten bestimmende Größen waren.

Beim Adel speiste sich der Landespatriotismus aus zwei Quellen: Einerseits aus
dem Festhalten an der Idee der Landesautonomie und der damit verbundenen historischen Rolle der böhmischen Adelsnation. Dabei müssen wir uns vergegenwärti-
gen, dass sich in Böhmen der altständische Landtag, in dem die Klosteraufhebungen
Josephs II. ein erdrückendes Übergewicht des Adels etabliert hatten, sich bis 1848
eines ununterbrochenen Fortbestands seit mindestens zwei Jahrhunderten hatte erfreuen können[37]. Nach 1861 sicherte das neue parlamentarische Kurienwahlrecht
dem Großgrundbesitz – namentlich auch dem fideikommissarisch gebundenen und
damit einem bedeutenden Teil des alten landständischen Adels – eine überaus bevor-
zugte Stellung im Landtag. In der Folge teilte sich der böhmische Adel in zwei politische Großrichtungen auf, die die Spaltung zwischen Zentralisten und Föderalisten
widerspiegelte: die sogenannten Verfassungstreuen, die sich einen starken deutschliberal geprägten Zentralstaat erhofften und zu den deutsch gesinnten Parteien neig-
ten, und die sogenannten Feudalkonservativen, die der Landesautonomie den Vorzug gaben und zu den tschechischen Nationalisten hielten[38].

36 Rosa Neipperg-Lobkowicz an Gabrielle Neipperg-Waldstein, Salzburg, 6. Sept. 1903 (Her-
    vorh. i. Orig.).
37 William D. GODSEY, Habsburg Government and Intermediary Authority under Joseph II
    (1780–1790). The Estates of Lower Austria in Comparative Perspective, in: Central European
    History 46 (2013), S. 699–740.
38 Lothar HÖBELT, The Great Landowners' Curia and the Reichsrat Elections during the Forma-
    tive Years of Austrian Constitutionalism 1867–1873, in: Parliaments, Estates and Representa-
    tion 5 (1985), S. 175–183; Tatjana TÖNSMEYER, Luboš VELEK (Hg.), Adel und Politik in der
    Habsburgermonarchie und den Nachbarländern zwischen Absolutismus und Demokratie,
    München 2011, besonders die Beiträge von Hans Peter HYE, Die Stellung des Adels in der
    böhmischen Landesordnung des Oktoberdiploms von 1860, S. 225–250, Lothar HÖBELT, Der
    Adel und die Kurie des Großgrundbesitzes 1861–1918, S. 251–263 sowie Luboš VELEK, Politi-
    sche Organisation der Großgrundbesitzer in den böhmischen Ländern 1860–1914 am Beispiel

Obwohl häufig nur als Ausfluss älterer Landestraditionen verstanden, hatte sich der Landespatriotismus dagegen doch aus starken und lebendigen neueren Impulsen fortentwickelt, die einerseits auf die Reform- und Fortschrittsideen der Spätaufklärung und andererseits auf den Abwehrkampf des napoleonischen Zeitalters zurückgingen. Diese Impulse stellen eines der am wenigsten untersuchten politischen und kulturellen Phänomene der Habsburgermonarchie der ersten Hälfte des 19. Jahrhunderts dar. Sie werden vorwiegend wegen des dabei erwachenden Sprachinteresses ohne weiteres in die jeweilige, erst im 19. Jahrhundert entstehende Nationalteleologie integriert – statt etwa als Manifestation der sich anhaltenden, wenn auch sich wandelnden Bedeutung der historischen Länder der Monarchie für die Selbstverortung und das Selbstverständnis damaliger Menschen verstanden zu werden. Wie die zahlreichen patriotischen Vereine und Gesellschaften mit ihren vom Adel bis zum reichen Bauerntum gesellschaftlich durchgemischten Mitgliederlisten zeigen, war diese Form des Landespatriotismus außerdem breiter abgestützt als die herkömmliche Adelsnation. Auch in der Literatur zu Böhmen wurde die Wiederbelebung des Landespatriotismus bisher weitgehend im Licht der nationaltschechischen Erzählung gesehen[39]. Dabei wäre verstärkt nach einer autochthonen Beschaffenheit dieses Phänomens zu fragen und dieses in den Zusammenhang ähnlicher Erscheinungen in den übrigen Ländern der Monarchie zu stellen.

Rosa Neipperg nannte Böhmen ihr »engeres Vaterland« oder ihre »cara patria« und war eine leidenschaftliche Verfechterin der Sache der Feudalkonservativen, die sich der Wiedererlangung der vermeintlichen historischen Rechte des Königreiches beziehungsweise der Erlangung eines diesbezüglichen Sonderstatus' innerhalb des österreichischen Staatsverbandes verschrieben hatten[40]. Ihre Vorfahren hatten sich in vielfältiger Weise auf Landesebene betätigt und ihr Bruder, Fürst Georg Christian Lobkowicz (1835–1908), setzte als führender Kopf der Prager feudalkonservativen Kräfte über Jahrzehnte hinweg die Tradition fort[41]. Mit der betont böhmischen Gesinnung stand sie daher ganz in der Familientradition. Ihr politisches Interesse spie-

---

des sog. konservativen Großgrundbesitzes in Böhmen, S. 265–317; Ernst RUTKOWSKI (Hg.), Briefe und Dokumente zur Geschichte der österreichisch-ungarischen Monarchie unter besonderer Berücksichtigung des böhmisch-mährischen Raumes. Teil I: Der Verfassungstreue Großgrundbesitz 1880–1899, München 1983, Teil II: Der Verfassungstreue Großgrundbesitz 1900–1904, München 1991, Teil III: Der Verfassungstreue Großgrundbesitz 1905–1908, München 2011.

39 Etwa bei KRUEGER, Czech, German, and Noble (wie Anm. 6); Miroslav HROCH, Social Preconditions of National Revival in Europe. A Comparative Analysis of the Social Composition of Patriotic Groups Among the Smaller European Nations, Cambridge 1985 und Claire NOLTE, Voluntary Associations and Nation-Building in Nineteenth-Century Prague, in: Laurence COLE (Hg.), Different Paths to the Nation. Regional and National Identities in Central Europe and Italy, 1830–1870, Houndmills u. a. 2007, S. 82–99. Differenzierter Joachim HÖSLER, Von Krain zu Slowenien. Die Anfänge der nationalen Differenzierungsprozesse in Krain und der Untersteiermark von der Aufklärung bis zur Revolution 1768 bis 1848, München 2006.

40 Zitate aus den Briefen: Rosa Neipperg-Lobkowicz an Anna Bertha Lobkowicz-Schwarzenberg, Lemberg, 24. Feb. 1871 bzw. Rosa Neipperg-Lobkowicz an Gabrielle Neipperg-Waldstein, Wien, 6. März 1900.

41 Milan HLAVAČKA, Der 70. Geburtstag des Fürsten Georg Christian Lobkowicz oder Aufstieg und Fall des konservativen Großgrundbesitzes in Böhmen, in: Études danubiennes 19 (2003), S. 87–94; DERS., Sketch of a Political Biography of Prince Jiří Kristián Lobkowicz, in: Michal

gelte aber auch die traditionelle Nähe adeliger Frauen – als Vertreterinnen der über-kommenen Herrschaftsschicht – zur Macht wider. Fallweise erlangten sie auf Grund ihrer Geburt, Position oder Verbindungen Einfluss auf die Politik und unter Umstän-den politische Rechte[42]. Unter den veränderten Rahmenbedingungen des 19. Jahrhun-derts blieb das weiterhin der Fall, wohl auch in der Habsburgermonarchie[43]. Die Auf-merksamkeit, die Reichskanzler Beust ihrer eigenen Mutter entgegenbrachte, legte Rosa Neipperg beispielsweise als einen Versuch aus, sie für seine innenpolitischen Plä-ne in Bezug auf Böhmen zu gewinnen[44].

Denn in den Großgrundbesitzerkurien waren Frauen durchaus wahlberechtigt, falls sie das dafür erforderliche landtäfliche Gut besaßen. Dieses Recht konnte frei-lich nur durch Vollmacht wahrgenommen werden – persönliches Erscheinen war nicht vorgesehen –, knüpfte aber an den Gebrauch am altständischen Landtag an. Gegebenenfalls bemühte sich die Regierung auch um die Stimmen der betreffenden Frauen[45]. Auf dieser Weise gehörten sie und in der Folge potenziell alle erbberechtig-ten Frauen aus Familien mit den vorgeschriebenen Besitzungen – auch Rosa Neip-perg-Lobkowicz – der politischen Nation an. Aber auch in der ausschließlich weib-lichen Eigenschaft der Gebärenden spielte nach Rosas Ansicht die Frau eine politische Rolle. Als sie von der Schwangerschaft ihrer Schwägerin, der Frau ihres Bruders Georg Christian, erfuhr, wünschte sie sich – paradoxerweise – »einen Bu-ben, um die staatsrechtliche Opposition zu verstärken«[46]. Ein männliches Kind hatte nämlich größere Chancen als ein weibliches, in den Besitz landtäflicher Güter zu ge-langen und somit politisch teilnahmeberechtigt zu werden. Gerade in der Zeit, als Rosa diese Zeile schrieb, stand die zentralisierende Wiener Regierung in besonders heftigem Konflikt mit den böhmischen Föderalisten[47].

Trotz der Nähe der Feudalkonservativen zur tschechischen Nationalpartei haben sich keine Hinweise auf eine tschechische Nationalgesinnung bei Rosa Neipperg fin-den lassen. Auf jeden Fall aber besaß sie tschechische Sprachkenntnisse. Einmal be-richtete sie beispielsweise auf Tschechisch von einem tschechischen Gespräch, an dem sie beteiligt gewesen war[48]. Bei anderer Gelegenheit drückte sie leicht spöttisch ihre Überzeugung aus, dass »die Germanischen Kinder« ihrer Schwiegertochter

SVATOŠ u. a. (Hg.), Magister Noster. Sborník statí věnovaných in memoriam prof. PhDr. Janu Havránkovi, CSc., Prag 2005, S. 343–351.

42 Katrin KELLER, Mit den Mitteln einer Frau: Handlungsspielräume adeliger Frauen in Politik und Diplomatie, in: Hillard VON THIESSEN, Christian WINDLER (Hg.), Akteure der Außenbe-ziehungen. Netzwerke und Interkulturalität im historischen Wandel, Köln u. a. 2010, S. 219–244.

43 K. D. REYNOLDS, Aristocratic Women and Political Society in Victorian Britain, Oxford 1998; Steven D. Kale, Women, Salons, and the State in the Aftermath of the French Revolution, in: Journal of Women's History 13 (2002), S. 54–80.

44 Rosa Neipperg-Lobkowicz an Anna Bertha Lobkowicz-Schwarzenberg, Schwaigern, 24. Aug. 1868.

45 Jiří MALÍŘ, Die Teilnahme von Frauen an den Ergänzungswahlen in den mährischen Landtag 1865, in: SVATOŠ u. a. (Hg.), Magister Noster (wie Anm. 41), S. 419–431, hier S. 426 f.; HOF-MANN, Aristokraten als Politiker (wie Anm. 6), S. 79.

46 Rosa Neipperg-Lobkowicz an Anna Bertha Neipperg-Schwarzenberg, Lemberg, 1. Apr. 1872.

47 Dazu HÖBELT, The Great Landowners' Curia (wie Anm. 38), S. 181 f.

48 Rosa Neipperg-Lobkowicz an Gabriele Neipperg-Waldstein, Wien, 16. Mai 1885.

– die in Württemberg aufwuchsen – eine tschechische Bezeichnung auf einer Ansichtskarte, die sie ihnen aus Böhmen geschickt hatte, nicht würden verstehen können[49]. Dass die dahinter steckende Gesinnung aber landespatriotisch im böhmischen und nicht nationalistisch im tschechischen Sinne war, belegt ein weiterer Umstand. Für dieselben Kinder hatte sie sich eine mehr »böhmisch-deutsche« Sprachumgebung im ausdrücklichen Gegensatz zu deren bisherigen »deutschen« gewünscht[50].

Trotz ihrer Vorliebe für anderssprachige Einlässe in ihrer Korrespondenz blieb die Verwendung von tschechischen Worten und Redewendungen bei Rosa eine Seltenheit. Das lässt sich womöglich nicht mit den eigenen Sprachfähigkeiten, sondern mit denjenigen ihrer Mutter bzw. Schwiegertochter erklären. Selbst aber wenn sie diese Sprache häufiger verwendet hätte, würde das nicht unbedingt auf eine Nationalgesinnung hindeuten, denn das Tschechische war – gerade für den altansässigen Adel – nicht nur gewissermaßen eine neue Nationalsprache, sondern auch die alte Staatssprache des Königreichs Böhmen. Zumindest bis in die Zeit Josephs II. (1780–1790) fanden wesentliche Handlungen etwa der Landtage auf Tschechisch statt[51]. Ein Nationalzugehörigkeitsgefühl lässt sich aus einem vereinzelten, verhaltenen Hinweis auf »berechtige Nationalitätsbestrebungen« in den Ländern, wobei sie wohl an alttschechische Forderungen dachte, auch nicht zwingend ableiten[52]. Eine vergleichbare Sympathie, die der deutschen Sache in Böhmen zuzuordnen wäre, findet sich in ihren Schriften freilich nicht. Von einem tschechischen oder deutschen Nationalismus im Sinne eines politischen Programms ist darüber hinaus keine Spur bei ihr vorhanden.

Der Bruder der Gräfin, Georg Christian, sprach fließend Tschechisch und trat öffentlich für tschechisch-nationale Förderungen ein. Durch die aktive Teilnahme an der Politik kam er nationalistischen Bezugs- und Ordnungsprinzipien – insbesondere jenen der alttschechischen Partei – gezwungenermaßen näher als sie. Schon vor längerer Zeit hat die Forschung die These aufgestellt, dass durch diese Nähe adelige Politiker weniger landespatriotisch oder supranational eingestellt gewesen seien als gemeinhin vermutet wird. Ihr politisches Engagement ging nicht zuletzt um die Verteidigung ihrer Interessen und derjenigen der Standesgenossen; dazu diente gegebenenfalls sowohl die Zusammenarbeit mit Nationalisten als auch die Instrumentalisierung des Nationalismus[53]. Als sich die Nationalbewegung zunehmend radikalisierte gegen Ende des 19. Jahrhunderts, etwa durch die weitgehende Ablösung der Alttschechen durch die Jungtschechen im parlamentarischen Betrieb, erhöhte sich der Druck auf den Adel, dessen Handlungsspielraum auf der politischen Bühne sich in der Folge einengte. Das bekam auch Georg Christian Lobkowicz deutlich zu spüren[54]. Im Laufe

---

49　Rosa Neipperg-Lobkowicz an Gabrielle Neipperg-Waldstein, Hořín, 19. Juni 1900.
50　Rosa Neipperg-Lobkowicz an Gabrielle Neipperg-Waldstein, Wien, 28. Okt. 1888.
51　GODSEY, Habsburg Government (wie Anm. 37), S. 728–729.
52　Rosa Neipperg-Lobkowicz an Anna Bertha Lobkowicz-Schwarzenberg, Lemberg, 4. Nov. 1871.
53　WANK, Some Reflections (wie Anm. 6), S. 28 f.
54　HLAVAČKA, Sketch (wie Anm. 41), S. 347; Bruce M. GARVER, The Young Czech Party 1874–1901 and the Emergence of a Multi-Party System, New Haven, Ct, London 1976, S. 130; Hans Peter HYE, Der Aufstieg der Jungtschechen im böhmischen Landtag im Spiegel der Quellen der Wiener Regierung, in: Paula VOŠAHLIKOVÁ, Milan ŘEPA (Hg.), Bratři Grégrové a česka společnost v druhé polovině 19. století, Prag 1997, S. 67–85, hier S. 73 f.

der Zeit wurden männliche Angehörige des hohen Adels, die sich die Welt von betont nationaler Warte aus (sei sie eine tschechische oder deutsche gewesen) vorstellten, in der Tat etwas zahlreicher, sie blieben aber Ausnahmeerscheinungen. Auf tschechischer Seite wären in diesem Zusammenhang Prinz Rudolf Thurn und Taxis (1833–1904), Graf Wenzel Kaunitz (Václav Kounic, 1848–1913) und Graf Vladimír Lažanský (1857–1925) zu nennen[55]. Nach vorläufigem Erkenntnisstand hatte dagegen nur eine Trägerin eines historischen Namens der Monarchie – eine Gräfin Kaunitz (Mutter des oben genannten Václav) – diesen Weg eingeschlagen[56].

Von einem fast entgegengesetzten Ausgangspunkt her ist die simplifizierende Idee eines sogenannten supranationalen Adels ebenfalls zu hinterfragen. Die Wortbildung »supranational« setzt ja eine oder mehrere Nationen voraus. Bis vor wenigen Jahren ist die Forschung davon ausgegangen, dass sich geschlossene und integrale Nationalgesellschaften allerspätestens bis um 1900 voll herausgebildet hatten. Insbesondere auf dem flachen Land, wo ein Großteil der Bevölkerung noch lebte und wo der grundbesitzende Adel seinen Schwerpunkt hatte, scheint diese Annahme aufgrund der jüngsten Forschungen von Jeremy King, Pieter Judson, Tara Zahra und anderen nunmehr zweifelhaft[57]. Ihre Befunde weisen auf eine weitverbreitete »nationale Indifferenz« sowie auf die häufige Zwei- und Mehrsprachigkeit und überhaupt auf die pragmatische Einstellung der Menschen zu Nationalpostulaten bis weit nach 1900 hin. Häufig bekannte man sich zu einer Nation, wenn es einem einen Vorteil brachte – eben wie es der böhmische Adel tat, falls es ihm politisch vorteilhaft schien. Zudem beschränkten sich die Befürworter von Nationalgesellschaften zunächst weitgehend auf Personen aus städtischem und kleinbürgerlichem Milieu, deren Nationalrhetorik ländliche Realitäten nicht zwangsläufig widerspiegelte[58].

Von einem supranationalen Adel könnte eigentlich erst ab dem Todesjahr Rosa Neipperg-Lobkowiczs gesprochen werden. Im sogenannten mährischen Ausgleich von 1905 erlangten Nationen als politisch handelnde Größen zum ersten Mal Anerkennung in der Gesetzgebung Österreichs durch die Aufstellung nationaler Wahlkataster – eingerichtet bezeichnenderweise innerhalb der historischen Ländergrenzen. Großgrundbesitzer und hohe kirchliche Würdenträger gehörten diesen Körperschaften freilich nicht an und sollten »outside and above the national camps, as powerful guardians of more-than-national interests«[59] stehen. Davor ist der Begriff »national indifferent« auf jeden Fall passender – ebenfalls in Bezug auf Rosa

55   Garver, The Young Czech Party (wie Anm. 54), S. 67; Velek, Politische Organisation (wie Anm. 38), S. 276f.; Glassheim, Noble Nationalists (wie Anm. 1), S. 42f.
56   Für diesen Hinweis danke ich Luboš Velek (Prag). Siehe Jiří Malíř, Martin Rája (Hg.), JUDr. Václav Kounic a jeho doba, Brno 2009.
57   King, Budweisers (wie Anm. 9); Judson, Guardians (wie Anm. 9); Tara Zahra, Kidnapped Souls. National Indifference and the Battle for Children in the Bohemian Lands, 1900–1948, Ithaca, NY, London 2008; Jonathan Kwan, Nationalism and all That: Reassessing the Habsburg Monarchy and its Legacy, in: European History Quarterly 41 (2011), S. 88–108. Siehe auch die sieben Aufsätze zur Frage »Sites of Indifference to Nationhood«, in: Austrian History Yearbook 43 (2012), S. 21–137.
58   Tatjana Tönsmeyer, Adelige Moderne. Großgrundbesitz und ländliche Gesellschaft in England und Böhmen 1848–1918, Wien u.a. 2012, S. 324–326.
59   King, Budweisers (wie Anm. 9), S. 145.

Neipperg-Lobkowicz, auch deshalb, weil er unterstreicht, dass der Adel von einer
vergleichbaren Ausgangsbasis aus wie sonstige gesellschaftliche Gruppen den Nati-
onalisierungsprozessen unterworfen war.

Gewiss nahm Rosa Neipperg kulturell-nationale Unterschiede wahr. In ihrer Zeit
in Lemberg bezeichnete sie hin und wieder den dortigen Adel sowie andere Einheimische abschätzig als »Polacken«[60]. Dennoch nahm sie die soziale Umwelt viel stärker als eine politisch nach Ländern gegliederte, gesellschaftliche Hierarchie denn als
einen Vielvölkerstaat wahr. Das lässt sich nicht nur am Beispiel ihrer Beziehung zu
Böhmen, sondern gerade auch am Beispiel ihres Lebens in Galizien belegen, wohin
ihr Mann im Jahr 1869 als kommandierender General versetzt worden war. In den
darauffolgenden Jahren bewegte sie sich dort vornehmlich in zwei Gesellschaftskrei-
sen, einerseits dem hohen, großgrundbesitzenden und zum Teil hoffähigen Adel, andererseits der dort lebenden kaiserlichen Funktionselite deutscher Zunge – sie nannte sie die »Ärarischen« – der sie als Offiziersfrau selbst auf gewisser Weise angehörte.
Ihre zahlreichen Briefe zeigen sehr anschaulich, dass sie sich mehr in ersterem Kreis
zu Hause fühlte. Die Namen der führenden galizischen Adelshäuser tauchen immer
wieder in den ausführlichen Gesellschaftsberichten an ihre Mutter auf, die Jahrzehnte davor selber als Frau des Gouverneurs in Lemberg gelebt hatte. Dabei werden
auch familiäre und freundschaftliche Beziehungen des dortigen Adels zum übrigen
Adel in der Habsburgermonarchie thematisiert[61]. Das geschieht selten bei den »Ärarischen« und dann zuweilen in ironischem Ton[62]. Der Unterschied, den sie zwischen
den zwei Gruppen machte, ist aus einem Brief ersichtlich, den sie nach einem Besuch
eines Kinderballs im Hause des Vizepräsidenten der Statthalterei in Lemberg, Freiherrn von Possinger, verfasste:

Gestern Abends war ein Ball bei Possinger. Eigentlich war's kein Ball sondern nur ein kleines
Adolescenten-Tanzerl. Unsere Kinder waren eingeladen, ich führte sie aber wegen ihrer
[kränklichen] Zustände nicht [hin]; sie hätten auch nicht hingepaßt, das jüngste Mädchen war
15 Jahre alt, alle Tänzer Studenten oder Einjährige Freiwillige [d. h. Offizierskandidaten]. Von
der Societät war Niemand, nur Statthalterei-Räthe u. solche Größen. Ich lernte ein halbes Dutzend Statthalterei-Räthinnen kennen; unterhaltlich [sic] war's nicht[63].

Hier übertrumpfte das Standesbewusstsein die muttersprachliche Gemeinsamkeit.
Bezeichnend für die Bedeutung der Länder und ihrer historischen Gesellschafts-
strukturen in ihrem Denken war ein Vorfall bei einem Festessen im eigenen Haus, an

---

60 Rosa Neipperg-Lobkowicz an Anna Bertha Lobkowicz-Schwarzenberg, Lemberg, 27. März
    1869, 18. Okt. 1869 und 17./19. Jan. 1870, 6. Apr. 1871.
61 Zum Beispiel Rosa Neipperg-Lobkowicz an Anna Bertha Lobkowicz-Schwarzenberg, Lem-
    berg, 2. Jan. 1869.
62 Zum Beispiel Rosa Neipperg-Lobkowicz an Anna Bertha Lobkowicz-Schwarzenberg, Lem-
    berg, 19. Nov. 1869: »Ich habe hier eine ärarische Freundin, die Frau des Oberintendanten
    Löw, die enorm lächerlich ist. Sie war einmal Gouvernante bei Franziska Salm, daher so gewiß
    verwandt mit der St. Quentin und jetzt habe ich sie geerbt. Es sind respectable, brave Leute
    aber sie ist so ridicule! Gestern erzählte sie mir, sie hätte 17 verheirathete Cousinen in Prag
    und 32 in Wien, ihre Mutter wäre eine Wallenau, daher aus einer sehr reichen Familie. Kannst
    Dir denken, wie uns das beglückte«.
63 Rosa Neipperg-Lobkowicz an Anna Bertha Lobkowicz-Schwarzenberg, Lemberg, 11. Feb.
    1870.

dem die Spitzen des öffentlichen Lebens in Galizien teilnahmen. Bei dieser Gelegenheit gab sie den Ehrenplatz dem galizischen Landmarschall, dem Fürsten Sapieha,
und versetzte dadurch den kaiserlichen Statthalter, den Grafen Gołuchowski, in
einen »Hundshumor«, der während des ganzen Essens andauerte. Im Nachhinein
machte ihr Mann ihr den Vorwurf, dass sie dem Statthalter den Arm hätte reichen
sollen, sie gab aber nicht klein bei und fragte nach der Meinung ihrer Mutter: »Ich
möchte eigentlich wissen ob das wo anders so ist. Würde man zum Beispiel in Prag
dem [Grafen] Chotek als Statthalter den Arm geben und nicht dem Gox [Spitzname
ihres Bruders Georg Christian], der Fürst ist und Landmarschall?«[64] Der Stellenwert
der Länder in ihren politischen Vorstellungen äußerte sich auf sonstige Weise. Nur
zehn Tage vor dem Festessen hatte sie aus eigenem Interesse eine Sitzung des galizischen Landtags – wo Sapieha den gewöhnlichen Vorsitz führte – besucht. Das war
nur insofern außerordentlich, als sie landfremd war. Denn adelige Frauen pflegten
im frühen Konstitutionalismus immer wieder »die Landtags– und Reichsratsver-
handlungen von der Besuchertribüne aus« zu verfolgen[65]. In der Epistel, in der sie
ihrer Mutter von ihrem Besuch erzählte, befasste sie sich zudem mit den »böhmischen Angelegenheiten« sowie dem Geschehen am niederösterreichischen Landtag
über das sie sich ebenfalls informiert hatte[66]. In ihren Briefen erscheint sie auf alle
Fälle als eine eifrige Zeitungsleserin.

Zeitgemäße Vorstellungen gesellschaftlicher Hierarchien, der Ländereinteilung in
einem zusammengesetzten Staatswesen und der katholischen Konfession stellten für
Rosa Neipperg-Lobkowicz wesentliche Orientierungs- und Ordnungsprinzipien
dar. Dabei sollten wir in Erinnerung rufen, dass das alte Regime in Österreich nicht
um 1800, wie oft impliziert wird, sondern erst 1848 – als Rosa fast erwachsen war –
mit der Aufhebung von Grundherrschaft und landständischen Ordnungen zu Ende
gegangen war. In ihrer Wahrnehmung der Welt spielten dagegen nationale Unterschiede eine untergeordnete Rolle. Nationalpostulate, die sie als Bedrohung für die
Fortexistenz der schwarzgelben Monarchie auffasste, lehnte sie zudem entschieden
ab. Die Anwendung von Nationalkriterien etwa in der Bestellung von Offizieren betrachtete sie als »Nationalitätenschwindel«, weil sie eine Zersetzung der Armee befürchtete[67]. Hier herrschte große Übereinstimmung zwischen ihr und ihrem Mann,
der sich als kaiserlicher Offizier in einem damals aufsehenerregenden Konflikt für
»die gute Sache« mit Vertretern der ungarischen Landwehr (Honvéd) verwickelte
und dafür versetzt wurde[68]. Nicht nur aus der Perspektive einer glühenden Patriotin
bildete die bewaffnete Macht eine wesentliche Säule der Einheit des vereinten habsburgischen Ländererbes.

64 Rosa Neipperg-Lobkowicz an Anna Bertha Lobkowicz-Schwarzenberg, Lemberg, 23. Okt.
    1871.
65 HOFMANN, Aristokraten als Politiker (wie Anm. 6), S. 79.
66 Rosa Neipperg-Lobkowicz an Anna Bertha Lobkowicz-Schwarzenberg, Lemberg, 15. Okt.
    1871.
67 Rosa Neipperg-Lobkowicz an Anna Bertha Lobkowicz-Schwarzenberg, Lemberg, 4. Nov.
    1871.
68 Zitat aus Rosa Neipperg-Lobkowicz an Anna Bertha Lobkowicz-Schwarzenberg, Preßburg,
    24. März 1868. Zu diesem Konflikt siehe [Otto] Ritter BINDER Edler VON DEGENSCHILD,
    Neipperg Erwin Franz Graf, in: Allgemeine Deutsche Biographie 52 (1906), S. 605–610.

In Rosas Vorstellungswelt prallten Konfession und Nation weiterhin aufeinander. In den 1860er und 1870er Jahren verschränkte sich aus ihrer Sicht der Deutschnationalismus mit dem »kirchenfeindlichen« Liberalismus in der Innenpolitik und der durch die protestantische Macht Preußen herbeigeführten Reichseinigung und der damit einhergehenden Demütigung der Großmacht Österreichs in der Außenpolitik. Bis nach der Jahrhundertwende hatte sich der deutsche Nationalismus zunehmend weg vom liberalen Anstrich früherer Jahrzehnte in eine antiliberale, autoritäre und völkische Richtung bewegt. Auch dieses Erscheinungsbild lehnte sie ab. Als sie beispielsweise erfuhr, dass der katholische, nur mehr in Österreich beheimatete Deutsche Orden ein nationalistisch aufgeladenes Jubiläum des wilhelminischen Kaiserreichs in Marienburg (heute Malbork, Polen) mit beging, wusste sie »nicht recht, ob [sie] lachen oder [s]ich ärgern sollte«[69]. Es gibt freilich Anzeichen dafür, dass unter dem Einfluss des Aufkommens von Massenparteien und -bewegungen mit konfessionellem Inhalt auch die politischen Ansichten der Gräfin weiterhin im Wandel begriffen waren. Die zunehmende Politisierung der Religion – vergleichbar mit der sich um die gleiche Zeit abspielenden Politisierung der Nation – erlebte sie auf gewisse Weise aus nächster Nähe. Denn ihr Sohn Reinhard Neipperg ließ sich als Abgeordneter der katholischen Zentrumspartei in Deutschland in den Reichstag wählen (1881). Durchaus neidisch reagierte sie auf die Möglichkeit ihrer Schwiegertochter, gemeinsam mit dem bekanntesten Repräsentanten der Zentrumspartei und Gegner Bismarcks, Ludwig Windthorst (1812–1891), zu essen; und sie wollte unbedingt den Freiherrn von Franckenstein, einen anderen führenden Zentrumspolitiker, kennenlernen[70]. Im österreichischen Kontext wären ihre politischen Ansichten näher zu untersuchen. Die Indizien deuten auf alle Fälle auf eine starke anfängliche Ablehnung der neuen christlich-sozialen Bewegung hin, die bekanntlich antiepiskopal eingestellt und von dem Prager Erzbischof Schönborn verurteilt worden war. Später allerdings war sie bereit, eine bestimmte Verbesserung der Wiener Stadtverwaltung dem Bürgermeister Karl Lueger persönlich zuzuschreiben (»C'est une justice à rendre à Lueger«)[71]. Mit ihm wird sie allenfalls den Antiliberalismus und Antisemitismus geteilt haben[72].

✳✳✳

Ein breites Spektrum an Beziehungen zu nationalen Ordnungs- und Bezugspostulaten dürfte die habsburgische Hocharistokratie in der zweiten Hälfte des 19. Jahrhunderts ausgezeichnet haben: von nationaler Indifferenz über eine kulturell be-

---

69 Rosa Neipperg-Lobkowicz an Gabrielle Neipperg-Waldstein, Wien, 13. Jan. 1903. Zum Deutschen Orden in Österreich siehe William D. GODSEY, Adelsversorgung in der Neuzeit: Die Wiederbelebung des Deutschen Ritterordens in der österreichischen Restauration, in: Vierteljahrschrift für Sozial- und Wirtschaftsgeschichte 90 (2003), S. 25–43.
70 Rosa Neipperg-Lobkowicz an Gabrielle Neipperg-Waldstein, Wien, 22. Apr. 1886.
71 Rosa Neipperg-Lobkowicz an Gabrielle Neipperg-Waldstein, Wien, 24. Jan. 1900.
72 Bei früherer Gelegenheit äußerte sie den Verdacht, dass die Juden die »Hauptstütze« antiklerikaler Politik seien (Rosa Neipperg-Lobkowicz an Anna Bertha Lobkowicz-Schwarzenberg, Lemberg, 23. Okt. 1869). Ein weiterer Brief an die gleiche Adresse, Lemberg, 8. Jul. 1870, enthält eine wüste Beschimpfung der Juden. Das Erscheinen einer Rothschild auf einem Hof-

dingte Nationalgesinnung bis hin zur nationalistischen Parteinahme. Von großer Bedeutung dürfte auf jeden Fall die Aufrechterhaltung des herkömmlichen Herrschaftsanspruchs gewesen sein. Schließlich ist der Nationalismus zunehmend eine geläufige Form der Politik geworden und der Adel stellte bekanntlich die herkömmliche politische Nation dar. Im Einzelfall konnte die Beziehung zur Nation gerade aus diesem Grund überaus widersprüchlich oder paradox anmuten. Zum Bedauern seiner Mutter, einer Gräfin aus altungarischem Haus, schloss sich Prinz Ludwig Windisch-Graetz, Angehöriger eines durchaus überregional ausgerichteten Geschlechtes des hohen Adels, nationalistischen Kreisen in der Budapester Politik an. In der Gestalt von »Prinz Wulffenstein«, dessen »ungarisches Blut« angesichts der Politik der Wiener Regierung immer wieder »kochte«, wurde er später sehr erfolgreich karikiert[73]. Der Bruder Rosa Neippergs, Fürst Lobkowicz, unterstützte fallweise tschechisch nationalistische Positionen, offenbar ohne dass er entsprechend nationalgesinnt war. Mit Graf Oswald Thun-Salm (1849–1913), einem Führer der Partei des Verfassungstreuen Großgrundbesitzes in Böhmen, haben wir dagegen ein Beispiel eines Deutschgesinnten, dessen Ziel keinesfalls der Anschluss der deutschsprachigen Gebieten der Habsburgermonarchie an das Deutsche Reich darstellte: »Unsere [deutsche] Nationalität [hat] bestimmte Grenzen in unserem [gesamtösterreichischen] Patriotismus«[74]. In der Frage eines politischen Bekenntnisses zu einer Nation dürfte zunächst, wie bei der übrigen Bevölkerung, ein Stadt-Land-, ebenfalls ein Geschlechtergefälle, das allenfalls mit der Nähe oder Ferne zur Politik zu tun hatte, festzustellen sein.

Wie auch immer sich die Beziehung zur Nation im Einzelfall gestaltete, können wir davon ausgehen, dass sich die überwiegende Mehrheit des hohen Adels weiterhin an die Habsburgermonarchie als wesentlicher übergeordneter Bezugsrahmen orientierte. Die Korrespondenz von Rosa Neipperg-Lobkowicz belegt auf jeden Fall die Bedeutung davon für ihr Selbstverständnis. Dass dieser Rahmen weitgehend ausgeblendet geblieben ist, hängt mit der stark durch den Nationalismus geprägten Vorstellung eines Vielvölkerstaates zusammen, die die Bevölkerung bequem in klar definierten, politisch handelnden Nationen aufteilt. Diese Vorstellung verstellt den Blick auf die vielen Misch- und Zwischentöne sowie auf wesentliche nicht-nationale politische Bezugsrahmen einschließlich der Länder, welche letztendlich die Hand-

---

ball rief eine süffisante Bemerkung bei ihr hervor (Rosa Neipperg-Lobkowicz an Gabrielle Neipperg-Waldstein, Wien, 23. Jan. 1888).

73 In Miklós BÁNFFYS Roman »Die Schrift in Flammen«, übersetzt von Andreas Oplatka, Wien 2012. Vgl. STEKL, WAKOUNIG, Windisch-Graetz (wie Anm. 2), S. 235–237. Zu Adel und Nation in Ungarn siehe Georg BARANY, Hungary. From Aristocratic to Proletarian Nationalism, in: Peter F. SUGAR, Ivo J. LEDERER (Hg.), Nationalism in Eastern Europe, Seattle, London 1969, S. 259–309; László DEME, From Nation to Class. The Changing Social Role of the Hungarian Nobility, in: Politics, Culture and Society 1 (1988), S. 568–584; László PÉTER, The Aristocracy, the Gentry and Their Parliamentary Tradition in Nineteenth-Century Hungary, in: Slavonic and East European Review 70 (1992), S. 77–110; George BARANY, From Fidelity to the Habsburgs to Loyalty to the Nation. The Changing Role of the Hungarian Aristocracy before 1848, in: Austrian History Yearbook 23 (1992), S. 36–49; Peter F. SUGAR, The More it Changes, the More Hungarian Nationalism Remains the Same, in: Austrian History Yearbook 31 (2000), S. 127–155.

74 RUTKOWSKI, Briefe und Dokumente (wie Anm. 38), Teil I., S. 468.

lungsspielräume auch von nationalistisch Gesinnten mitbestimmten. Mit wenigen
Ausnahmen gibt es überdies kaum Indizien dafür, dass die Angehörigen der Hocharistokratie ihre Loyalität zur Monarchie nicht mehr oder weniger erfolgreich in Einklang mit einer allfälligen Nationaleinstellung gebracht hätten. Hierin wird sie sich
übrigens unwesentlich vom Großteil der Bevölkerung unterschieden haben. Erst die
Not und die Entbehrungen des Ersten Weltkriegs untergruben das habsburgische
Regime und öffneten so mit dem verlorenen Krieg den Weg zu neuen nationalstaatlichen Ordnungen mit teilweise ebenfalls großen Legitimitätsdefiziten. Diese Ordnungen sollten das Problem von Adel und Nation wiederum auf eine neue Basis stellen, die sich als viel schwieriger erweisen sollte, als es die der Habsburgermonarchie
gewesen war. Rosa Neipperg-Lobkowicz erlebte sie allerdings nicht mehr.

BERTRAND GOUJON

Un lignage aristocratique d'envergure européenne à l'épreuve du national

La maison d'Arenberg en France au XIXe siècle

»Autrichien en France, Français en Autriche, l'un ou l'autre en Russie«: sous la plume du prince Charles-Joseph de Ligne (1735–1814)[1], cette autodésignation à géométrie variable témoigne du caractère intrinsèquement transfrontalier d'une partie de l'aristocratie européenne, dont les ambitions, les pratiques et les représentations ne se restreignent pas aux cadres territorialement circonscrits des États. Pour minoritaires qu'elles soient (numériquement parlant) au sein des élites nobiliaires, les grandes familles du gotha européen dont les généalogies peuplent les pages du célèbre almanach aux côtés des maisons souveraines régnantes n'en constituent pas moins une »internationale du sang bleu« dont la singularité repose sur un statut juridique exorbitant[2], des assises foncières et des patrimoines dont l'ampleur et la dispersion leur confèrent, à l'égard des autorités étatiques, une (relative) indépendance, des stratégies matrimoniales alliant exclusivisme et ouverture internationale, ainsi que des modes de vie et une culture précocement teintés de cosmopolitisme[3]. En cela, elles sont irréductibles aux noblesses d'envergure provinciale, qui trouvent dans l'échelon régional, voire local, le terrain privilégié d'exercice de leur pouvoir et d'affirmation de leur suprématie, et nationale, pour lesquelles la fidélité à une dynastie et/ou à une nation constitue la pierre de touche des stratégies familiales et individuelles et avec lesquelles elles entretiennent des relations empreintes d'ambiguïté. La coopération dans la promotion et la défense de leurs intérêts communs n'exclut en effet ni un rapport de forces inégalitaire ni des formes de distance sociale au sein des sociétés nobiliaires, ce dont les pouvoirs monarchiques s'accommodent et tirent profit d'autant plus qu'ils se méfient des velléités d'indépendance des grandes familles dont le contrôle leur échappe partiellement et qu'il leur faut ménager pour se les concilier. De fait, c'est dans les marges territoriales des États les moins et/ou les plus tardivement unifiés et centralisés que se concentrent tout particulièrement ces familles de la haute aristocratie transnationale[4].

1 Le prince incarne à lui seul l'archétype du cosmopolitisme européen du XVIIIe siècle finissant: Philip MANSEL, Le charmeur de l'Europe. Charles-Joseph de Ligne, 1734–1814, Paris 1992.
2 C'est notamment le cas des maisons médiatisées du monde germanique, qui conservent jusqu'en 1918 des droits de semi-souveraineté et se dotent de lois de famille (*Familiengesetze*), réaffirmant leur irréductibilité au reste de la noblesse, notamment en termes d'exclusivisme matrimonial et d'égalité de rang avec les maisons régnantes (*Ebenbürtigkeit*).
3 Jean d'Ormesson parle à ce titre de »cette aristocratie internationale qui ne se sent liée à aucune nation parce qu'elle appartient en même temps à plusieurs cultures différentes et opposées«, Jean D'ORMESSON, Le Vent du soir, Paris 1985.
4 En sus de certaines maisons médiatisées du Saint Empire romain germanique (anciennement régnantes et privées de leur souveraineté, mais conservant une égalité de rang avec les maisons

L'exemple de la maison d'Arenberg constitue à cet égard un observatoire saisissant d'une multiterritorialité d'envergure européenne. Figurant parmi les plus grands propriétaires fonciers d'Europe occidentale, celle-ci est à la tête d'assises foncières qui, au XIXe siècle, sont dispersées de la Vénétie à l'Emsland et de la Bretagne à la Bohême. Il en résulte un éparpillement des châteaux familiaux particulièrement propice à une itinérance résidentielle transnationale qui est également polarisée par les villes-capitales (où les Arenberg sont partie prenante des sociétés de cour et des milieux mondains les plus distingués) et les lieux de villégiature élitistes que sont les stations thermales et balnéaires. L'entre-soi aristocratique qui caractérise la vie de cour, de salon et de château est renforcé par un exclusivisme matrimonial allant de pair avec une ramification transnationale des réseaux de sociabilité et de parenté sur la quasi-totalité du continent européen, ce qui facilite notamment les réorientations des carrières militaires et diplomatiques (au prix de transferts de loyautés) et éclaire la valorisation du multilinguisme et de la mobilité des jeunes gens (à travers la pratique de la *Kavaliersreise*) dans les processus éducatifs. La maison d'Arenberg entretient ainsi un *habitus* transnational aujourd'hui valorisé – et perpétué – par ses membres comme un élément déterminant de l'identité familiale: en témoigne notamment la création de la Fondation d'Arenberg. Cette dernière entend non seulement promouvoir l'histoire et la culture européennes ainsi que »le dialogue entre les différentes cultures européennes dans le respect de la diversité et de la subsidiarité«, mais aussi encourager à »une prise de conscience ›pan-européenne‹ des racines des peuples d'Europe«[5]. Par ailleurs, depuis un quart de siècle, elle soutient la publication d'une collection d'ouvrages scientifiques consacrée à l'histoire de la maison d'Arenberg et opportunément sous-titrée »Histoire d'une dynastie européenne« (»Geschichte einer europäischen Dynastie«): à la suite des volumes consacrés aux implantations familiales dans l'Eifel (1987), en Westphalie et dans l'Emsland (1990), dans les Pays-Bas méridionaux (2002), en Wallonie et dans le grand-duché de Luxembourg (2011) sont actuellement en cours de rédaction les opus relatifs à la France (pour une parution en 2016) et aux États des Habsbourg (dont la publication est prévue en 2017). Ce contexte éditorial offre ainsi l'opportunité de se pencher sur les défis singuliers que pose la France à une maison transnationale comme les Arenberg, en particulier à partir de la fin du XVIIIe siècle lorsque s'y affirment, d'une part, »le premier grand exemple, le concept

souveraines) qui étaient possessionnées hors de l'Empire (à savoir dans les Pays-Bas méridionaux pour les Arenberg, les Croÿ ou les Looz-Corswarem, en Bohême pour les Auersperg, les Fürstenberg, les Harrach, les Lobkowitz, les Schwarzenberg et les Windisch-Graetz, en Hongrie pour les Esterhazy, en Grande-Bretagne pour les Bentinck – dont une des branches a donné les ducs de Portland – ou en Espagne pour les Khevenhüller – dont une des branches se fixe dans la péninsule Ibérique), ce sont notamment: dans les Pays-Bas méridionaux, les maisons de Ligne, de Merode, de Beaufort-Spontin, de Caraman-Chimay et d'Ursel; dans la péninsule italienne, les Aldobrandini, les Borghese, les Collalto et San Salvatore, les Odescalchi, les Orsini (dont une des branches, unie aux comtes de Rosenberg, entre au Reichstag en 1683), les Ruffo et les Ruspoli (dont une branche, fixée en Espagne, a donné les ducs de Alcudia y de Sueca); en Pologne, les Czartoryski et les Radziwill; en Bohême, les Kinsky et les Rohan; en France, les Bauffremont-Courtenay (Grands d'Espagne) et en Grande-Bretagne, les Berwick (dont sont issus les ducs de Fitz-James – en France – et les ducs de Liria et d'Albe – en Espagne).

5   http://www.arenbergfoundation.eu/fr/foundation/ (consulté le 3/8/2016).

même et le vocabulaire du nationalisme«[6] et, d'autre part, une remise en cause radicale des hiérarchies sociales d'Ancien Régime qui se traduit notamment par l'abolition des privilèges, prélude à la suppression du Second Ordre le 19 juin 1790. À l'échelle de l'Europe, la France s'impose précocement comme un terrain inconfortable, voire périlleux, pour les noblesses, d'autant qu'au cours du XIXᵉ siècle, elle offre des conditions politiques (avec une succession d'épisodes insurrectionnels et l'expérimentation de régimes républicains démocratiques), juridiques (avec le maintien des dispositions successorales du Code civil et les ambiguïtés persistantes d'une législation nobiliaire fluctuante[7]), socio-économiques (avec la montée en puissance de concurrences bourgeoises et du principe méritocratique) et religieuses (avec des processus de sécularisation et de déchristianisation précoces) qui constituent pour les élites aristocratiques autant de défis aigus – et sans commune mesure avec les configurations, bien autrement conformes à leurs intérêts et riches en opportunités, qui s'offrent à elles dans les États monarchiques européens jusqu'en 1914[8].

Rien ne prédisposait la maison d'Arenberg à figurer au premier rang de la noblesse française[9]. C'est en effet dans le Saint Empire romain germanique qu'il faut aller chercher ses racines, puisqu'elle s'enorgueillit de faire remonter ses prétentions généalogiques jusqu'à un duc franc, membre influent de la cour de Clotaire II et Dagobert Iᵉʳ, du nom d'Arembert, qui serait le fondateur de la première maison d'Arenberg[10]. Implantée dès 1032 sur la rive gauche du Rhin, celle-ci détient le titre de burgrave de Cologne jusqu'au XIIIᵉ siècle, avant de s'éteindre en ligne masculine directe. Mathilde d'Arenberg ayant épousé en 1298 son cousin, le comte Engelbert de La Marck († 1328), c'est le fils cadet du couple, Évrard Iᵉʳ de La Marck († 1387), qui relève le nom d'Arenberg[11]; il est à l'origine des branches qui se forment au cours du XVᵉ siècle, à savoir celles des seigneurs de Sedan[12] et ducs de Bouillon (éteints en ligne masculine en 1588), des barons de Lummen, comtes de Schleiden (avec lesquels s'éteindra le nom des La Marck au XVIIIᵉ siècle) et des seigneurs d'Arenberg (restés en possession du fief ancestral du même nom dans le massif montagneux de l'Eifel) dont le dernier représentant masculin, Robert III de La Marck-Arenberg, meurt sans descendance en 1544. Le mariage en 1547 de la sœur de ce dernier, Marguerite de La Marck (1527–1599), avec Jean de Ligne, baron de Barbançon (1525–1568), est à l'origine de la fondation de la troisième (et actuelle) maison d'Arenberg. Issu d'un prestigieux lignage hennuyer dont la noblesse remonte au XIᵉ siècle, Jean de Ligne inaugure

6   Eric Hobsbawm, L'ère des révolutions, 1789–1848, Paris 1969, p. 74.

7   Yves Texier, Qu'est-ce que la noblesse?, Paris 1988.

8   Arno Mayer, La persistance de l'Ancien Régime. L'Europe de 1848 à la Grande Guerre, Paris 1988.

9   Il est à ce titre révélateur de ne pas voir la maison d'Arenberg figurer dans l'armorial établi par Charles d'Hozier.

10 Jacques Descheemaeker, Essais sur les origines de la maison d'Arenberg (de la Bourgogne à la Rhénanie, 426–1006), Neuilly 1971.

11 Le fils aîné du couple, Adolphe II de La Marck, est quant à lui à l'origine des comtes (puis ducs en 1417) de Clèves, Juliers, Berg et Ravensberg, dont la branche aînée s'éteint en 1609 en la personne de Jean-Guillaume de Clèves (provoquant la guerre de la Succession de Juliers) et dont une branche cadette détient le duché de Nevers entre 1491 et 1564.

12 Heinrich Neu, Comment les seigneurs d'Arenberg-de La Marck sont venus à Sedan, Sedan 1965.

avec éclat une tradition de service militaire des Habsbourg auxquels ses descendants, catholiques irréductiblement fidèles à la cause impériale[13], ne dérogent pas pendant plus de deux siècles, ce qui leur vaut maints honneurs et dignités: de 1545 à 1782, ce ne sont pas moins de quatorze membres de la famille d'Arenberg qui entrent ainsi dans l'ordre de la Toison d'or, tandis que l'érection de la seigneurie d'Arenberg en comté au profit de Jean de Ligne est le prélude à l'élévation du fils de ce dernier, Charles d'Arenberg (1550–1616), au titre de prince d'Empire avec voix virile à la diète et prédicat d'altesse sérénissime en 1576, à l'obtention de la dignité de Grand d'Espagne par Philippe-Charles d'Arenberg (1587–1640) en 1612 et à l'érection du comté d'Arenberg en duché en 1644. Cette double proximité avec les cours de Madrid – comme membres de l'aristocratie des Pays-Bas espagnols – et de Vienne – caractéristique d'une partie de la noblesse immédiate (*reichsunmittelbarer Adel*) catholique du Saint-Empire[14] – est confortée par des stratégies matrimoniales privilégiant les grandes familles aristocratiques des Pays-Bas méridionaux[15], d'Allemagne du Sud[16] ou des péninsules italienne[17] et Ibérique[18] qui gravitent autour de la dynastie des Habsbourg. Au gré des dots, des héritages et des achats de terres, il en résulte une implantation territoriale et foncière durablement centrée sur les Pays-Bas méridionaux et l'Eifel (où se trouve le siège du duché), si bien qu'à la veille de la Révolution, les ducs d'Arenberg ne détiennent dans les frontières du royaume de France qu'un nombre limité de domaines frontaliers, à savoir les forêts de Raismes et Wallers (près de Valenciennes), le domaine châtelain de Lallaing (près de Douai)[19] et la terre de Hierges (dans la pointe des Ardennes)[20].

---

13 À l'exception notable de Philippe-Charles d'Arenberg, impliqué en 1634 dans une conspiration de la haute noblesse des Pays-Bas méridionaux contre la monarchie espagnole, qui finit ses jours en captivité à Madrid.

14 Christophe DUHAMELLE, Les noblesses du Saint-Empire du milieu du XVIe siècle au milieu du XVIIIe siècle, dans: Revue d'histoire moderne et contemporaine 46/1 (1999), p. 146–170, ici p. 166–167.

15 Du XVIe au XVIIIe siècle, des mariages sont ainsi conclus avec les familles de Croÿ (1587), de Lalaing (1569), de Melun-Épinoy (1610 et 1615), de Berlaymont (1620), de Merode (1617 et 1744), de Hornes (1626), de Bournonville (1656), de Cusance (1660), d'Egmont (1687) et d'Ursel (1771).

16 Des Arenberg convolent ainsi avec des représentants des maisons d'Isenburg-Grenzau (1577 et 1625), de Hohenzollern-Sigmaringen (1632), de Waldburg-Wolfegg (1648), de Fürstenberg (1660), de Bade-Bade (1735) et de La Marck-Schleiden (1748).

17 Les mariages italiens de la maison d'Arenberg sont inaugurés en 1622 par l'union d'Albertine d'Arenberg, fille de Charles Ier de Ligne-Arenberg, et d'Ottavio Visconti, 1er comte de Gamalero, gouverneur de Côme. Deux mariages sont conclus à la fin du XVIIe siècle avec la famille del Carretto, des marquis de Savone, avant que le duc Léopold-François d'Arenberg n'épouse en 1711 Marie-Françoise-Caroline Pignatelli, fille du duc de Bisaccia et de Monteleon, vice-roi de Sardaigne, et de la dernière héritière des comtes d'Egmont.

18 Le mariage du duc Philippe-François d'Arenberg, 1er duc d'Arenberg, avec Magdalena Francisca Luisa Esperanza de Borja, fille du 8e duc de Gandia, marquis de Llombay et comte de Oliva, en 1642, reste à ce titre exceptionnel.

19 Cette partie du Hainaut est devenue française à la suite des guerres de conquête de Louis XIV.

20 Cette partie des Ardennes, qui dépendait de la principauté de Liège, est devenue française à la suite d'une convention conclue en 1772.

GRANDES ESPÉRANCES ET ILLUSIONS PERDUES
UNE GREFFE FRANÇAISE AVORTÉE À LA CHARNIÈRE
DES XVIIIᵉ ET XIXᵉ SIÈCLES

De fait, ce n'est que dans les dernières décennies du XVIIIᵉ siècle, alors que s'opère un »retournement des alliances« avec un rapprochement des Habsbourg et des Bourbons consacré par l'union du Dauphin (futur Louis XVI) et de l'archiduchesse Marie-Antoinette, que s'amorcent dans les rangs de la maison d'Arenberg les prémisses d'une orientation des ambitions familiales vers la France. La francophilie de l'épouse du duc Charles-Marie-Raymond d'Arenberg (1721–1778), la comtesse Louise-Marguerite de La Marck (1730–1820), en est un facteur favorable. Apparentée aux Rohan-Chabot et héritière par sa mère d'une partie des propriétés bretonnes des Visdelou de Bienassis, celle-ci a fréquenté dans sa jeunesse la cour de Louis XV, que son père a servi comme lieutenant général; même après son mariage (célébré en la paroisse Saint-Paul, à Paris), elle réside volontiers dans son hôtel particulier parisien de la rue de La Ville-l'Évêque. Si son fils aîné, Louis-Engelbert (1750–1820), épouse en 1773 l'un des meilleurs partis de France en la personne de Pauline-Louise de Brancas (1755–1812), fille du comte de Lauraguais et d'Élisabeth-Pauline de Gand-Vilain, princesse d'Isenghien, il se contente de brefs séjours en France: non seulement la cécité précoce dont il est frappé à la suite d'un accident de chasse en 1774 (et qui lui vaut le surnom de »duc aveugle«) lui fait préférer la quiétude de ses résidences de Bruxelles, Héverlé et Enghien à l'effervescence versaillaise, mais il est retenu outre-Quiévrain par ses fonctions de grand-bailli du Hainaut de 1779 à 1787[21]. En revanche, ses deux frères cadets s'agrègent remarquablement à la cour de Versailles sous le règne de Louis XVI. Ayant relevé le titre de comte de La Marck et repris le commandement du régiment de son grand-père maternel en 1773, Auguste-Marie-Raymond d'Arenberg (1753–1833) convole en 1774 avec Marie-Françoise Le Danois (1757–1810), fille du marquis de Joffreville, marquise de Cernay et baronne de Bousies; après s'être illustré aux Indes, il est promu maréchal de camp et inspecteur divisionnaire d'infanterie en Aunis et Poitou, avant d'être désigné pour représenter la noblesse du bailliage du Quesnoy – où sa femme a reçu en dot la terre de Raismes – aux états généraux de 1789, sans que son statut de frère d'un prince souverain du Saint-Empire ne soit un obstacle à son élection. Quant à Louis-Marie-Eugène d'Arenberg (1757–1795), colonel d'infanterie allemande au service du roi de France, il épouse en 1788 Marie de Mailly-Rubempré (1766–1789), fille du marquis de Nesle, premier écuyer de feue la Dauphine et maréchal de camp.

Cette greffe prometteuse sur la haute société française est radicalement compromise durant la Révolution. Proche de Marie-Antoinette et ami personnel de Mira-

---

21   Cette fonction avait déjà été occupée par les ducs Philippe-François d'Arenberg (1663–1674), Charles-Eugène d'Arenberg (1675–1681), Léopold-Philippe (1709–1754) et Charles-Marie-Raymond d'Arenberg (1754–1778). Louis-Engelbert devait en être démis par Joseph II, l'empereur jugeant inapproprié l'exercice d'une telle fonction par un aveugle et lui reprochant de ne pas résider à Mons: il en résulte une rupture avec les Habsbourg, qui conduit le duc d'Arenberg à quitter les Pays-Bas méridionaux pour son duché allemand, d'où il revient en 1790 pour prendre part à la révolution brabançonne.

beau, le comte de La Marck joue un rôle décisif dans les intrigues visant à gagner le tribun à la cause royale dès l'été 1789. Ces conciliabules ayant été révélés après la mort de Mirabeau – qui expire dans ses bras le 2 avril 1791 –, il quitte Paris en octobre 1791, n'ayant »plus d'autres liens qui le retiennent que le stérile désir d'être utile à la reine«[22], et se rallie aux Habsbourg – qu'il avait pourtant défiés lors de la révolution brabançonne. Les biens de son épouse, portée sur la liste des émigrés, ne tardent pas à être saisis – et partiellement vendus – comme biens nationaux[23]. De fait, les Arenberg ne sont pas épargnés par la vindicte antinobiliaire qui sévit dans la France révolutionnaire. En dépit de la modération affichée par le »duc aveugle« qui a interdit aux émigrés de pénétrer sur le territoire de son duché allemand pour ne pas prêter le flanc à l'ire de la Convention[24], l'exécution de sa belle-mère, la comtesse de Lauraguais, condamnée à mort et guillotinée le 6 février 1794 pour »intelligence avec l'étranger«[25], justifie un repli vers l'Eifel, puis vers l'Europe centrale à la fin du printemps 1794 face à l'avancée des armées françaises et à son cortège de déprédations qui n'épargnent pas les propriétés familiales. Si le chef de la sérénissime maison reste fidèle à une ligne de conduite attentiste et prudente, Auguste d'Arenberg met alors ses talents de conspirateur au service de la diplomatie impériale pour tenter (sans succès) de faire échouer les négociations de paix de Bâle. Quant au fils de ce dernier, Ernest (1777–1857), il entre en 1795 dans les armées autrichiennes; après s'être illustré, notamment à Marengo – où il est gravement blessé à la jambe –, et avoir été promu au grade de général-major en 1801, celui-ci est contraint de renoncer à la carrière des armes dès 1803 – l'année même où un arrêté du Premier Consul lui octroie… la nationalité française, qu'il a sollicitée pour pouvoir recouvrer les biens toujours séquestrés de ses père et mère! Pourtant, le prince s'est marié entre-temps en Bohême avec une de ses cousines germaines, la comtesse Marie-Thérèse de Windisch-Graetz, et persiste à résider dans les États des Habsbourg où, non content d'acquérir les seigneuries de Widim-Kokorzin et Paschlawitz, il finit par solliciter en 1814 l'octroi de l'*Inkolat* qui lui permet d'intégrer la Chambre des seigneurs (Herrenhaus) de Bohême[26]. Par ailleurs, son attitude réservée par rapport à la France – où il se garde d'élire domicile sous l'Empire – n'est pas sans évoquer celle de son père qui, installé à Vienne, tire prétexte de soucis de santé pour décliner les offres d'un Napoléon désireux de l'attirer à Paris et de l'intégrer aux »masses de granit«[27] qui doivent servir de fondement au régime impérial.

22 Correspondance entre le comte de Mirabeau et le comte de La Marck, pendant les années 1789, 1790 et 1791, t. I, Paris 1851, p. 267.
23 Leur fils unique, le prince Ernest d'Arenberg, touchera à ce titre une indemnité de 8068 francs de rente (représentant un capital de 268 930 francs) pour ses seuls biens dans le seul département du Nord en vertu de la loi d'indemnisation des émigrés de 1825. De plus, les 5/6e de la terre de Joffreville (Aisne) sont vendus révolutionnairement.
24 Ghislain DE DIESBACH, Histoire de l'émigration, 1789–1814, Paris 1998.
25 Henri WALLON, Histoire du tribunal révolutionnaire de Paris avec le journal de ses actes, Paris, 1880, t. II, p. 144.
26 Peter NEU, Die Arenberger und das Arenberger Land, vol. V: Das 19. Jahrhundert. Adelsleben – Besitz – Verwaltung, Coblence 2001, p. 309–326.
27 Louis BERGERON, Guy CHAUSSINAND-NOGARET, Les »masses de granit«. Cent mille notables du Premier Empire, Paris, 1979.

Le contraste avec la voie suivie par le »duc aveugle« et ses fils n'en est que plus frappant. Soucieux de récupérer ses biens toujours placés sous séquestre, en dépit des sollicitations de sa mère (restée dans les Pays-Bas méridionaux) et de son épouse (rentrée à Paris dès l'été 1798 pour tenter d'obtenir la mainlevée sur les propriétés de sa défunte mère), Louis-Engelbert d'Arenberg doit s'adapter aux contraintes créées par le traité de Lunéville – qui, signé le 8 février 1801, oblige les princes possessionnés sur la rive gauche du Rhin à renoncer à toute souveraineté en Allemagne et à prendre la nationalité française pour recouvrer leurs biens en vertu de son article 9 – et par le recès de la diète de Ratisbonne – qui réorganise la carte territoriale de l'Allemagne et indemnise la sérénissime maison de la perte de son duché eifelien en lui attribuant les districts de Meppen et Recklinghausen en avril 1803. Le 15 août 1803, le »duc aveugle« cède ainsi ses droits de prince souverain outre-Rhin à son fils aîné, Prosper-Louis (1785–1861), et sollicite une naturalisation française qui lui est accordée par arrêté du 6 brumaire an XII (29 octobre 1803)[28] ainsi qu'à ses fils puînés, les princes Paul (1788–1844), Pierre (1790–1877) et Philippe d'Arenberg (1794–1815). Il est vrai que, pétri du préjugé de noblesse et soucieux de donner »une belle patine à la société de parvenus« qui forme son entourage, Napoléon souhaite tout particulièrement obtenir le ralliement des Arenberg, dont le prestige dans les anciens Pays-Bas autrichiens est inégalé[29]. Louis-Engelbert d'Arenberg est ainsi désigné pour entrer au Sénat impérial en mai 1806[30], avant d'être titré comte de l'Empire en avril 1808, deux mois après que son fils aîné, le duc Prosper-Louis d'Arenberg, a épousé une nièce de l'impératrice Joséphine, Stéphanie Tascher de la Pagerie (1788–1832). Représentative de la politique matrimoniale transnationale qu'encourage personnellement l'Empereur, cette union s'inscrit dans un double souci de légitimation dynastique des Bonaparte (ainsi que des familles qui leur sont apparentées) et de fusion des élites anciennes et nouvelles dans le cadre du Grand Empire[31], dont Paris doit devenir le creuset: le jeune couple est ainsi invité à employer la dot d'un million de francs consentie par Napoléon à sa parente par alliance pour acquérir le grand hôtel de Bouillon, sis au n° 17 du quai Malaquais, afin d'y établir le siège de la sérénissime maison.

Couverts d'honneurs par le régime impérial qu'ils servent avec loyauté et dévouement[32], Louis-Engelbert d'Arenberg et ses fils ne sont pourtant pas épargnés ni par

28 Le même jour, le prince Louis-Eugène-Lamoral de Ligne fait l'objet d'une procédure identique de naturalisation, tandis que son père Charles-Joseph renonce à ses biens situés en France et dans les anciens Pays-Bas méridionaux pour conserver la nationalité autrichienne.

29 Voir à ce sujet: Marquise DE LA TOUR DU PIN, Journal d'une femme de cinquante ans (1778–1815), suivi de sa correspondance (1815–1846), Paris 2002, p. 384. L'épouse du préfet nommé à Bruxelles en 1808 souligne que c'est la duchesse douairière d'Arenberg qui, en la recevant aimablement à son arrivée dans la ville, a donné »le signe de la considération avec laquelle [le préfet et son épouse devaient] être traités; toute la ville se fit [dès lors] inscrire chez [eux], on y vint en personne«.

30 Vida AZIMI, Les premiers sénateurs français, Paris 2000, p. 32.

31 Aurélien LIGNEREUX, L'empire des Français, 1799–1815, Paris 2012, p. 248.

32 Le duc Prosper-Louis d'Arenberg forme dès 1806 un régiment de chevau-légers belges qui s'illustre brillamment aux côtés des armées françaises lors de la campagne de Prusse (1806) et en Poméranie suédoise (1807) avant d'être envoyé en Espagne où le frère cadet du duc, le prince Pierre d'Arenberg, conquiert les galons de lieutenant. En tant que prince souverain à la tête

les épreuves familiales (du fait de la mésentente notoire qui scelle l'échec du ménage Arenberg-Tascher de la Pagerie[33], mais aussi de la mort tragique de la princesse Schwarzenberg, née Pauline d'Arenberg, brûlée vive dans l'incendie qui éclate accidentellement à l'ambassade d'Autriche lors des noces de Napoléon et de l'archiduchesse Marie-Louise[34]), ni par le retournement de conjoncture politico-militaire qui s'opère dès le début des années 1810. Retenu en Espagne où il finit par être blessé au combat à Arroyo-Molinos en octobre 1811 et fait prisonnier par les Britanniques, Prosper-Louis d'Arenberg ne peut empêcher la médiatisation de ses États au profit de l'Empire français et du grand-duché de Berg en vertu du sénatus-consulte du 13 décembre 1810 et du décret impérial du 22 janvier 1811. L'année 1812 voit quant à elle le »duc aveugle« perdre son épouse et le prince Pierre d'Arenberg rentrer les pieds gelés de Russie, où il a suivi Napoléon comme officier d'ordonnance. Louis-Engelbert d'Arenberg se garde pourtant de rompre ostensiblement avec la France napoléonienne: en décembre 1813, il persiste encore à déplorer l'opposition à l'Empire qui se manifeste au sein du Corps législatif et, le 3 avril 1814, il fait partie des 74 sénateurs abstentionnistes lors du vote de la déchéance de Napoléon. Il est vrai qu'il s'est entre-temps prudemment retiré à Bruxelles, où il est l'un des premiers notables à accueillir le prince d'Orange. Prenant acte de la création du royaume des Pays-Bas par le congrès de Vienne, il sollicite promptement la nationalité néerlandaise pour lui-même et ses fils cadets. La faillite de l'Empire napoléonien semble alors consacrer le retrait de la maison d'Arenberg d'une scène française qui a été pour elle source de déconvenues et de compromissions: l'annulation du mariage de Prosper-Louis d'Arenberg et Stéphanie Tascher de la Pagerie[35], puis le remariage du duc avec la princesse Ludmilla de Lobkowitz (1798–1868) constituent à cet égard tout un symbole, que conforte la vente de l'hôtel du quai Malaquais en 1823[36]. Encore est-ce sans compter sur la coïncidence dans les années 1820 entre des considérations patrimoniales liées au partage de diverses successions familiales et les opportunités offertes par la restauration des Bourbons aux élites nobiliaires, qui favorise la constitution d'une branche française de la maison d'Arenberg.

d'un État-satellite de la France dans la Confédération du Rhin, Prosper-Louis d'Arenberg se montre tout aussi loyal à l'Empereur, en appliquant scrupuleusement les exigences françaises en matière de conscription militaire et de blocus commercial: Neu, Die Arenberger (voir n. 26), vol. IV: Das 19. Jahrhundert. Vom Souverän zum Standesherrn, Coblence 2001.

33 Mariée à contrecœur, Stéphanie Tascher de la Pagerie refuse catégoriquement de se rendre à Bruxelles ou dans le duché d'Arenberg en dépit des sollicitations de son époux et de sa belle-famille. Installée à Paris, elle y mène une vie frivole, loin du duc qui est accaparé par le gouvernement de ses États et sa participation aux opérations militaires napoléoniennes.

34 Le fils puîné du »duc aveugle«, le prince Philippe d'Arenberg, devait également mourir prématurément en 1815 des suites d'une chute de cheval.

35 Engagée dès 1815, la procédure d'annulation de mariage aboutit sur le plan civil en 1816 et sur le plan religieux en 1818. Stéphanie Tascher de la Pagerie devait se remarier en 1819 avec le marquis de Chaumont-Quitry.

36 Archives départementales de la Seine, DQ[10] 10600 (697): vente de l'hôtel de Bouillon, quai Malaquais. Passé ultérieurement aux princes de Caraman-Chimay, l'hôtel de Bouillon a été intégré dans les locaux de l'École nationale supérieure des beaux-arts.

FORMALISATION ET CONSOLIDATION
D'UNE BRANCHE FRANÇAISE DE LA MAISON D'ARENBERG

L'année 1820 voit en effet disparaître à quelques mois de distance le »duc aveugle« et sa mère, la duchesse douairière d'Arenberg, née La Marck. La liquidation de leurs successions (auxquelles s'adjoint celle de Louise de Brancas, dont l'époux survivant avait gardé l'usufruit depuis 1812) ne laisse pas d'être compliquée par l'ampleur et la dispersion des propriétés concernées. Exécuté conformément au principe d'égalité successorale inscrit dans le Code civil et resté en vigueur en France et au royaume des Pays-Bas, le partage offre cependant l'opportunité d'une rationalisation des assises foncières qui va de pair avec des considérations historiques et symboliques: en tant que chef de famille, Prosper-Louis d'Arenberg reçoit les biens les plus prestigieux (notamment le palais bruxellois sis place du Petit-Sablon et les châteaux d'Enghien et Héverlé ainsi que les œuvres d'art et souvenirs dynastiques qu'ils contiennent), qui sont de longue date entre les mains de la sérénissime maison, tandis que ses frères cadets obtiennent des propriétés de moindre importance et/ou plus récemment acquises. C'est ainsi que Pierre d'Arenberg entre en possession des 3500 hectares que possédait sa grand-mère maternelle, la comtesse de Lauraguais, »grande suzeraine au XVIIIᵉ siècle« selon les termes de Georges Dansaert[37], en Franche-Comté, autour du château d'Arlay et de la forêt de la Haute-Joux. Par ailleurs, il obtient de l'héritage de ses père et grand-mère paternelle la terre de Lallaing (Nord) et des droits indivis sur diverses propriétés bretonnes.

Ainsi placé à la tête de l'essentiel du patrimoine familial situé en France (avant même qu'il n'acquière en 1834 de son frère Paul, alors chanoine au chapitre cathédral de Namur, la terre berrichonne de Ménetou-Salon, moyennant une rente compensatoire), Pierre d'Arenberg n'a de cesse d'en reprendre en main la gestion, passablement négligée depuis la Révolution. Il en résulte de multiples et tumultueux conflits, tant avec les régisseurs – qui, soupçonnés de négligences et d'indélicatesses, sont remerciés sans ménagement et parfois traînés en justice[38] – qu'avec les communautés villageoises – auxquelles sont contestés jusque devant les plus hautes instances judiciaires les droits d'usage, notamment forestiers, qui compromettent la maximalisation de la rente foncière ambitionnée par le prince[39] qui, en reprenant pied en France, remet en cause les équilibres précaires qui s'étaient mis en place localement à la faveur des événements révolutionnaires, puis de l'absentéisme résidentiel de ses pa-

---

37 Georges DANSAERT, Une grande suzeraine au XVIIIᵉ siècle: Élisabeth-Pauline de Gand-Merode-Isenghien, comtesse de Lauraguais, Bruxelles 1943.

38 C'est notamment le cas avec les Milhiet, régisseurs de Ménetou-Salon, ou avec les Maraux, receveurs des biens comtois. Les procédures engagées contre ces derniers donnent notamment lieu à la publication de deux volumineux mémoires: FRIZON, CLERC DE LANDRESSE, PARANDIER, Réponse des princes Prosper-Louis, Paul d'Arenberg, domiciliés à Bruxelles, et Prince d'Arenberg, pair de France, domicilié à Arlay, au précis de M. Alexis Maraux, propriétaire à Vers-en-Montagne, Arbois 1828, et CLERC DE LANDRESSE, Mémoire pour S.A.S. le prince Pierre d'Arenberg, pair de France [demandeur], contre le sieur Jean-Baptiste Maraux, propriétaire à Arlay, Arbois 1829.

39 Voir à cet égard: Claude-Isabelle BRELOT, Pour une histoire des forêts comtoises dans la première moitié du XIXᵉ siècle: le procès de la Haute-Joux, dans: Travaux de la Société d'émulation du Jura (1977–1978), p. 181–225.

rents. Très sourcilleux dans la défense de ses intérêts, Pierre d'Arenberg est conscient de ce que sa position d'étranger – en tant que sujet néerlandais – compromet ou ralentit certaines de ses démarches. Pourtant, arguant de sa domiciliation à Arlay (Jura) où il fait remettre son château et le parc qui l'entoure au goût du jour jusqu'à en faire une des plus élégantes résidences nobiliaires de Franche-Comté[40], il parvient à bénéficier de la loi d'indemnisation pour les biens d'émigrés vendus révolutionnairement promulguée en avril 1825 et connue sous le nom de »loi du milliard des émigrés«, alors que seuls les citoyens français peuvent en profiter[41]. Il est vrai que le prince bénéficie des meilleurs appuis à la cour: apprécié à titre personnel par Charles X et la Dauphine, il fait partie de la ›fournée‹ de nouveaux pairs créés par l'ordonnance royale du 5 novembre 1827 en vue de constituer au gouvernement Villèle une majorité stable à la Chambre haute[42]. Cette nomination lui vaut les sarcasmes d'une partie de l'opinion libérale, qui dénonce un coup de force du »parti de la cour« et s'insurge de »la gravité et [du] danger qu'il y avait de laisser envahir les bancs de la Chambre par des étrangers«[43]. Elle contraint aussi Pierre d'Arenberg à solliciter des lettres de grande naturalisation; celles-ci sont enregistrées par la Commission du sceau en session extraordinaire le 30 avril 1828, trois semaines avant que le prince ne reçoive l'autorisation d'affecter ses biens comtois à son majorat de duc et pair. La formalisation juridique d'une branche française de la maison d'Arenberg est ainsi confortée sur le terrain politique: elle traduit le désir de Pierre d'Arenberg de faire souche en France, ce que confirme son mariage en 1829 avec Alix de Talleyrand-Périgord (1808–1842), fille d'un pair de France, apparentée au »diable boiteux« et appartenant au gratin du faubourg Saint-Germain.

Dès lors, le prince n'a ainsi de cesse, pendant deux décennies, de consolider ses assises terriennes en France, finançant une partie de ces acquisitions foncières et améliorations domaniales par la liquidation de biens qu'il avait conservés outre-Quiévrain, comme son hôtel bruxellois de la rue Ducale ou la terre de Drogenbosch. Veuf dès 1842, il continue de loger à Paris chez ses beaux-parents, le duc et la duchesse de Périgord (née Choiseul), avec lesquels il conserve d'étroits liens affectifs et auxquels il confie l'éducation de ses enfants. C'est d'ailleurs en arguant de son attachement à ses grands-parents maternels que l'un de ses fils, Auguste (1837–1924), obtient de demeurer à Paris. Contraint à l'oisiveté par les strictes consignes abstentionnistes du comte de Chambord auxquelles son père a exigé qu'il se conforme et qui lui interdisent notamment d'entrer à l'École spéciale militaire de Saint-Cyr, membre éminent

40 Claude-Isabelle BRELOT, La noblesse réinventée. Nobles de Franche-Comté de 1814 à 1870, Paris 1990, p. 430–431, 628–629.

41 Au titre de la loi de 1825, Pierre d'Arenberg est indemnisé à hauteur de quelque 415 000 francs de capital: André GAIN, La Restauration et les biens des émigrés. La législation concernant les biens nationaux de seconde origine et son application dans l'Est de la France (1814–1832), vol. II, Nancy 1928, p. 458. Ce n'est pas le cas de son petit-cousin, le duc Maximilien en Bavière, petit-fils du prince Louis-Marie-Eugène d'Arenberg et de Mlle de Mailly, qui se voit opposer une fin de non-recevoir par le comte Roy pour des biens provenant de sa grand-mère et vendus dans les départements de la Marne, de la Somme et de la Moselle (ibid., p. 244–247).

42 Emmanuel DE WARESQUIEL, Un groupe d'hommes considérables. Les pairs de France et la Chambre des pairs héréditaires de la Restauration, 1814–1831, Paris 2006, p. 196–199.

43 Archives départementales du Pas-de-Calais, 13 J 89 (Chartrier de Lallaing): lettre du prince Pierre d'Arenberg à son frère le duc Prosper-Louis (13 avril 1828).

du Jockey Club et copropriétaire (avec le comte Gustave de Juigné) de l'une des meilleures écuries de courses de son temps, Auguste d'Arenberg fait figure de »jeune lion« durant les années de la »fête impériale«, au grand dam de ses cousins belges qui le trouvent par trop français[44]… Marié en 1868 à la fille aînée du comte Greffulhe, l'un des plus riches banquiers de la place parisienne et dont la famille, anoblie par Louis XVIII, est alliée par les femmes à l'élite du »noble faubourg« (Vintimille du Luc, La Rochefoucauld, Ségur, L'Aigle), il décide de s'implanter à Ménetou-Salon, dont il a reçu l'usufruit en dot et dont il fera remanier à grands frais le château par Ernest Sanson, la coqueluche du gratin parisien en matière d'architecture[45], à qui il confie également la construction de son hôtel particulier parisien, sis rue de la Ville-l'Évêque, dans le quartier de la Madeleine[46].

C'est dans le Berry qu'Auguste d'Arenberg gagne ses galons de grand notable. Élu conseiller municipal en 1870, il s'illustre en prenant la tête d'un bataillon de mobiles du Cher lors de la guerre franco-prussienne de 1870–1871 et en secourant généreusement les populations du département éprouvées lors de la déroute militaire des armées françaises. De ces gages de patriotisme courageux et de sollicitude prodigue, il tire un prestige qu'il ne tarde pas à valoriser sur le terrain politique[47]. Conseiller général du canton de Saint-Martin d'Auxigny (Cher) à partir de 1871 (un siège que la famille d'Arenberg conservera sans interruption jusqu'en 1919), il se fait élire député dans la 1re circonscription de Bourges en 1877. Professant alors des idées légitimistes et conservatrices, il est battu aux élections de 1881 et 1885, mais revient à la Chambre à la faveur des élections de 1889 en drainant sur sa candidature les voix boulangistes, bien qu'il n'éprouve qu'un mépris teinté de méfiance pour l'entreprise du général »la Revanche« à laquelle il n'accorde aucun crédit[48]. Dès l'année suivante, il se rallie avec éclat à la République, anticipant les directives de Léon XIII dans l'encyclique »Inter sollicitudines« (20 février 1892), et en 1893, il compte parmi les personnalités fondatrices de la Droite républicaine.

44   Archives et Centre culturel d'Arenberg (Enghien), Biographie 137: lettre de la princesse Antoine d'Arenberg, née Marie-Ghislaine de Merode, à la princesse Ernest d'Arenberg, née Sophie d'Auersperg (28 février 1859? et 8 août 1860): Auguste est décrit comme »aussi français que possible«, sa cousine notant qu'il »a les plus grands succès à Paris, [qu'] il est la coqueluche de toute la société, et [qu'elle] ne doute pas qu'il s'établisse un jour brillamment«.

45   Archives privées du château de Ménetou-Salon: reconstruction du château (1884–1886); Valérie SADET, Les princes d'Arenberg et leur domaine de Ménetou-Salon (Cher), 1792–1914, mémoire de maîtrise univ. Tours (1994), p. 83–92.

46   Édifié dans le style néo-Louis XVI, cet hôtel est relié par les jardins aux hôtels Greffulhe et de L'Aigle, ce qui vaut à ce complexe – situé dans l'un des plus élégants quartiers de la capitale – le surnom de »Vatican« dans la bouche du duc de Gramont.

47   Comme en atteste la récurrence de la mention de cet épisode dans les professions de foi et discours de campagne électorale qui jalonnent sa carrière politique.

48   Archives nationales (Paris), 567 AP 178: Fonds Vogüé. Correspondance du marquis Melchior de Vogüé: lettres (en vrac) du prince Auguste d'Arenberg au marquis de Vogüé (4 février 1889). Lorsque Boulanger est élu député de Paris dans le cadre d'une élection partielle, le prince d'Arenberg estime qu'on »s'aperçoit qu'un peu de prudence aurait été préférable et que s'il est bon de ne négliger aucune arme, il en est que l'on ne doit toucher qu'avec des gants«, précisant que »le premier résultat de ce retour au bon sens sera de ne se prêter en aucune façon à l'élection qui va avoir lieu à Paris« et que, »mis en présence des alliances qu'il faudrait subir, [il] préfère, pour [son] compte, faire campagne sans conclure de marchés humiliants et onéreux«.

Ce pragmatisme traduit une évolution personnelle vers une forme de libéralisme modéré que le prince professe également en matière religieuse, économique ou sociale, et qui lui vaut d'être reconduit au Palais Bourbon par ses électeurs en 1893 et 1898. Méfiant à l'égard des lois sociales dont il estime qu'elles étendent abusivement le pouvoir de l'État, Auguste d'Arenberg promeut activement l'initiative privée en termes d'action sociale en tant que président de la Société philanthropique de Paris et membre du Comité central des œuvres de bienfaisance. S'il s'oppose par ses votes aux mesures de sécularisation initiées par les gauches, il ne résiste pas moins aux tentations réactionnaires et nationalistes qui traversent les droites fin-de-siècle: en témoigne l'attitude très réservée qu'il adopte au cours de l'affaire Dreyfus, durant laquelle il se refuse à rompre avec ses amis juifs – au nombre desquels se trouvent les Straus ou les Rothschild – et affiche ostensiblement son soutien au président Loubet lors de l'›attentat‹ commis à Longchamp par le baron Christiani le 4 juin 1899[49].

De fait, plus que dans la surenchère nationaliste, c'est sur la scène internationale que se donnent à voir les manifestations de patriotisme d'Auguste d'Arenberg. D'une part, il s'impose comme une des grandes figures colonialistes de son temps, en fondant le Comité de l'Afrique française (1890) et en soutenant activement l'expansion française en Afrique occidentale, tant sur les bancs du Parlement (où il est membre du groupe colonial) que par le biais de généreux financements (notamment en faveur de l'expédition Marchand, dont la progression dans le Soudan est à l'origine de la crise de Fachoda en 1898). D'autre part, en tant que président de la Compagnie universelle du canal de Suez, il a à cœur de défendre les intérêts français en Égypte face aux ambitions britanniques. Encore cela ne l'empêche-t-il pas de cultiver une anglophilie de bon aloi pour un aristocrate de son rang: ami personnel du prince de Galles, futur Édouard VII, il contribue ainsi (avec son beau-frère, le comte Henry Greffulhe), grâce à son entregent mondain et politique, à faciliter le rapprochement franco-britannique qui est couronné en 1904 par l'Entente cordiale.

Si elle ne joue pas un rôle politique de la même ampleur (à la suite des échecs répétés du prince Pierre d'Arenberg aux élections législatives en 1902 et 1906, qui l'incitent à se replier sur de simples mandats locaux), la troisième génération de la branche française de la maison d'Arenberg pérennise et approfondit l'ancrage familial dans les élites parisiennes. Cette évolution va de pair avec une érosion des relations entretenues avec les autres branches familiales qui tendent à se réduire à une dimension protocolaire et formaliste. En se mariant dans la noblesse française d'ancienne extraction (Gramont, La Rochefoucauld, Laguiche, Vogüé), en participant à la brillante vie mondaine du Paris de la Belle Époque, en s'engageant dans la modernisation agricole des campagnes (comme en témoigne l'organisation par Pierre d'Arenberg d'expositions d'automobiles agricoles et de concours de produits fruitiers et viticoles dans le Berry au début des années 1910) alors même que leur fortune fait désormais la part belle aux valeurs mobilières, en contribuant à l'essor des sports (l'automobile, l'aviation et la pêche pour le prince Pierre[50], l'escrime et la fauconnerie

49　Journal du Cher, 7 juin 1899.
50　Membre de l'Automobile Club et de l'Aéro Club de France, Pierre d'Arenberg figure parmi les fondateurs de la Société de pêche au lancer et il s'associe en 1905 à l'initiative d'Henri Desgranges de fonder une Académie des sports qui réunit l'élite des *sportsmen* français.

pour son frère Ernest[51]), les enfants du prince Auguste partagent désormais les usages et les valeurs dominants au sein du grand monde parisien de leur temps dont ils ne se démarquent plus guère[52], avant même que l'»impôt du sang« versé par Ernest d'Arenberg (mortellement blessé au champ d'honneur en mars 1915) et Pierre d'Arenberg (disparu prématurément des suites de la guerre en 1919) ne témoigne tragiquement d'une intégration nationale qui n'hésite pas à aller jusqu'au sacrifice ultime, au risque de compromettre la continuité généalogique[53]. La dimension générationnelle apparaît ainsi cruciale pour appréhender le degré et l'irréductibilité d'une francisation qui, en dépit des lettres de grande naturalisation octroyées en 1828, ne va pas de soi et n'exclut pas l'attachement à d'autres formes d'identification nationale durant l'essentiel du XIXe siècle.

LES AMBIGUÏTÉS D'UNE FRANCISATION PARTIELLE ET RÉVERSIBLE

Le fondateur de la branche française, Pierre d'Arenberg, a tout particulièrement cultivé l'ambiguïté en la matière. Non seulement il conserve, au terme des partages successoraux de ses parents et de sa grand-mère La Marck, quelques propriétés en Belgique (à savoir les terres de Rassenghien, Wassemen et Isenghien dans les Flandres, les châteaux de Beersel et Drogenbosch dans le Brabant et un hôtel particulier sis rue Ducale à Bruxelles), mais il n'hésite pas à entrer en conflit avec son frère aîné pour obtenir de la succession de leur grand-mère paternelle la terre de Saffenburg, en Rhénanie prussienne, qui est restée indivise jusqu'en 1840[54]: mieux, il obtient en mai 1841 du roi de Prusse l'autorisation d'ériger ce domaine en fidéicommis au profit de sa descendance en ligne masculine directe[55]. Le prince entend ainsi profiter d'une opportunité législative de contournement du partage successoral égalitaire dont il ne peut plus profiter en France – faute d'avoir effectivement fondé son majorat avant la loi du 12 mai 1835, qui interdit la création de nouveaux majorats –, mais aussi conserver et conforter une position de repli pour sa famille hors du royaume de France,

51   Membre du Cercle d'escrime de la rue Las Cases, Ernest d'Arenberg est l'auteur de plusieurs ouvrages d'ornithologie dont: Les oiseaux nuisibles de France et les modes de chasse et de piégeage propres à leur destruction, Orléans 1912.

52   Voir Isabelle BRAVARD, Le grand monde parisien, 1900–1939. La persistance du modèle aristocratique, Rennes 2013.

53   Ernest d'Arenberg meurt sans laisser d'enfants de son mariage avec Thérèse de La Rochefoucauld, fille du duc d'Estissac. Quant aux enfants de Pierre d'Arenberg et d'Emma de Gramont, ils sont encore tous jeunes lors du décès de leur père, qui interrompt brutalement un quart de siècle de domination politique incontestée de la famille d'Arenberg sur le canton de Saint-Martin d'Auxigny.

54   Archives départementales du Pas-de-Calais, 13 J 57 (Chartrier de Lallaing): papiers Parmentier, succession Créquy-La Marck (1834–1837): accord relatif aux terres de Schleiden et Saffenburg (10 juillet 1840).

55   Geheimes Staatsarchiv Preußischer Kulturbesitz (Berlin), I HA Rep 84 a: Justizministerium. 43763: Familienfideikommis des prince Pierre d'Arenberg (1841–1907). Lettre du prince Pierre d'Arenberg au ministre prussien de la Justice (20 mai 1841). Ce fidéicommis a été liquidé en 1907 seulement.

dont la situation politique ne laisse pas de l'inquiéter. Ayant connu dans sa prime enfance les affres de l'émigration, il garde un souvenir cuisant des événements de 1830, lorsque la chute de Charles X l'a contraint à quitter précipitamment Paris avec son épouse – qui était alors enceinte – pour gagner Bruxelles, puis Maastricht. De retour en France, Pierre d'Arenberg persiste à bouder ostensiblement le régime de Juillet qui l'a privé de sa pairie et dont il doute de la capacité à incarner une solution politique stable: durant dix-huit ans, il se conforme à »l'émigration de l'intérieur« en vigueur dans le »noble faubourg«. La révolution de février 1848 achève de le dissuader de maintenir sa résidence en France: ayant gagné la Belgique avec ses enfants contre l'avis de ses beaux-parents Périgord, il y marie sa fille, la princesse Marie-Nicolette (1830–1905), avec le comte Charles de Merode-Westerloo (1824–1892) en 1849 et y place ses fils dans le collège jésuite de Brugelette (Hainaut).

L'instauration du Second Empire ne change rien à cette prise de distance d'avec la France: les ambitions du prince se tournent dorénavant vers l'empire d'Autriche, dans lequel il perçoit l'ultime bastion des traditions aristocratiques et du maintien de l'ordre en Europe au lendemain du »printemps des peuples«. Il est à cet égard significatif qu'en 1856 il fasse l'acquisition de la villa et de la terre de Bagnoli, en Vénétie, où il applique les mêmes méthodes énergiques de reprise en main domaniale que dans ses propriétés comtoises et berrichonnes. Son remariage en 1860 avec Caroline de Kaunitz-Rietberg (1801–1875), veuve (depuis 1842) du comte Anton-Gundakar Starhemberg et immensément riche depuis qu'elle est entrée en possession en 1853 du *fidéicommis* de la branche morave de la maison de Kaunitz, est plus décisif encore. Intégré par ses liens de famille et sa nouvelle épouse à la haute société viennoise et à la cour de la Hofburg, Pierre d'Arenberg n'a dès lors de cesse de voir ses fils renouer avec la tradition dynastique plurieculaire de service des Habsbourg. À défaut d'avoir pu convaincre son fils Auguste, il se félicite – ainsi que le reste de la maison d'Arenberg – de ce que le jumeau de ce dernier, le prince Louis d'Arenberg (1837–1870), entre dans les armées autrichiennes et s'illustre dans les campagnes d'Italie de 1859–1860 et la guerre austro-prussienne de 1866, avant que son assassinat en 1870 – alors qu'il est attaché militaire à l'ambassade d'Autriche à Saint-Pétersbourg – ne mette un terme aux espoirs paternels de voir sa descendance faire souche en Europe centrale. Ayant perdu sa seconde épouse en 1875, le vieux prince passe les dernières années de sa vie en Belgique, auprès de sa fille, la comtesse de Merode, avant d'aller rejoindre en 1877 dans la crypte du couvent des capucins d'Enghien (Hainaut) la dépouille mortelle d'Alix de Talleyrand-Périgord que – de manière symptomatique – il avait fait inhumer dans la nécropole dynastique des Arenberg, loin du tombeau de famille des Périgord au cimetière parisien de Picpus.

S'il fait plus clairement que son père le choix d'une insertion nationale en France, Auguste d'Arenberg n'en conserve pas moins un mode de vie cosmopolite. Habitué des champs de courses d'Ascot, Spa et Baden-Baden, le prince – qui avait parcouru l'ensemble du bassin méditerranéen et l'Amérique du Nord dans sa jeunesse – prend l'habitude de passer une partie de l'année en Égypte, une fois qu'il accède à la présidence du canal de Suez; il entretient à Ismaïlia une brillante vie mondaine, rythmée par des fêtes et des réceptions auxquelles participe l'élite internationale des hivernants. Il se montre également attaché à la conservation – au moins symbolique – de ses attaches supranationales en termes patrimoniaux. S'il cède à sa sœur les propriétés que leur père avait conservées en Belgique – et qui sont opportunément situées à proximité des biens des Merode-Westerloo –, s'il finit par vendre la terre de Bagnoli en 1916, il conserve obstinément la terre de Saffenburg, à proximité du berceau eifelien de sa famille, au risque de la voir séquestrée – en tant que bien d'un ressortissant français – durant la Grande Guerre. Loin d'être le fait des seuls membres de la branche française de la maison d'Arenberg, cette préservation d'assises terriennes qui se jouent des frontières des États se retrouve également chez leurs cousins des branches germano-belge et austro-bohémienne: elle témoigne autant d'un souci de sécurisation patrimoniale et d'adaptation à la variété des régimes de propriété foncière dans les diverses législations nationales que des limites de l'intériorisation du critère de la nationalité comme élément déterminant de l'identité aristocratique.

LA PERSISTANCE DÉLICATE D'IMPLANTATIONS FRANÇAISES POUR LES BRANCHES GERMANO-BELGE ET AUSTRO-BOHÉMIENNE DE LA MAISON D'ARENBERG

S'il garde de ses déconvenues avec Napoléon et de son mariage malheureux avec Stéphanie Tascher de la Pagerie une rancune tenace contre la France, Prosper-Louis d'Arenberg n'hérite pas moins d'une partie des propriétés françaises de ses parents et de sa grand-mère La Marck dans le Nord (Wallers et Prouvy), le Pas-de-Calais (Oignies), les Ardennes (Hierges) et le Finistère. Marginaux dans l'organisation géographique de son patrimoine, d'une rentabilité médiocre (notamment en ce qui concerne ses terres bretonnes, dont l'éparpillement et le mode d'amodiation sont peu propices à une gestion rationalisée et efficace), dépourvus de valeur symbolique forte et d'attrait résidentiel (faute de château en état d'habitation[56]), ces biens ne constituent que des sources de revenu secondaire pour le duc qui n'hésite pas à s'en défaire pour acquérir des terres à sa convenance en Belgique et en Allemagne: la vente du domaine d'Oignies, en 1828, précède ainsi celle de Prouvy, en 1835, puis des propriétés bretonnes (restées en indivision avec ses frères), entre 1839 et 1843. Par ailleurs, lors du partage de la succession de Prosper-Louis d'Arenberg en 1863, la terre de Hierges sort du patrimoine de la sérénissime maison en étant intégré dans le lot des enfants de la princesse Aldobrandini, née Marie d'Arenberg (1823–1861). La branche aînée ne conserve ainsi en France que le domaine de Wallers, qui a été amputé de quelque 140 hectares entre 1833 et 1847. Sous la houlette des régisseurs, la surexploitation agricole (qui se traduit par des déboisements massifs et une culture intensive de la betterave), dans un souci exclusif de maximalisation du profit, ne s'encombre guère des devoirs de patronage aristocratique[57]; cela ne contribue pas à apaiser les relations entre les populations locales et les propriétaires absentéistes, étrangers de surcroît,

---

56 Le château d'Oignies avait été vendu comme bien national pendant la Révolution; celui de Toulgoat-en-Penhars a été converti en corps de ferme et celui de Hierges n'était plus qu'à l'état de ruines depuis le XVIIᵉ siècle. Quant à la terre de Wallers, elle était dépourvue de toute résidence châtelaine.

57 Bertrand GOUJON, Le grand domaine aristocratique dans le monde rural en France et en Bel-

qui se dégradent progressivement dans une région dont l'industrialisation bouleverse l'organisation socio-économique et où la contestation des notables traditionnels est particulièrement vive. En témoigne en 1884 la mobilisation d'une foule hostile devant la maison de régie aux cris de: »À bas les Belges! À bas les Prussiens!«, après que les princes d'Arenberg ont affiché leur soutien au maire conservateur de la commune, Pierre-Joseph Lavechin, lors des élections municipales. Face à cette situation tendue où l'expression d'une xénophobie latente recouvre un enchevêtrement complexe de contentieux, la sérénissime maison joue la carte de l'apaisement, comme le montre notamment la décision de contribuer en 1896 à la construction d'un monument aux morts de la guerre de 1870 – alors même qu'en tant que sujets allemands les princes Philippe (1848–1906), François (1849–1907) et Jean d'Arenberg (1850–1914) ont guerroyé dans les armées prussiennes – et de renoncer à exiger la célébration d'une messe – pour ne pas heurter les radicaux-socialistes qui ont conquis entretemps la mairie – lors de l'inauguration de celui-ci. S'ils renoncent à donner suite à un projet de vente envisagé en 1897[58], les Arenberg ne tombent pas moins sous le coup du séquestre et des procédures de liquidation appliqués aux biens ennemis situés en France en vertu de l'article 297 du traité de Versailles, de la loi du 7 octobre 1919 et du décret du 23 octobre suivant: le domaine de Wallers finit ainsi par être vendu au profit de la République en 1923, ce qui met un terme à l'ultime reliquat d'une présence de la branche aînée de la maison d'Arenberg sur le territoire français.

A contrario, arguant de leur citoyenneté belge, la duchesse douairière de Croÿ, née Ludmilla d'Arenberg (1870–1953), et la princesse Étienne de Croÿ-Solre, née Marie-Salvatrix d'Arenberg (1874–1956) parviennent à conserver la forêt de Raismes, provenant de la succession de leur mère, la duchesse douairière Éléonore-Ursule d'Arenberg (1845–1919), ultime héritière de l'éphémère branche austro-bohémienne qui avait été établie par son propre père, le prince Ernest d'Arenberg. En dépit de l'incolat obtenu en 1814, ce dernier n'avait jamais complètement rompu avec la France, comme le signale l'abondante correspondance qu'il échange jusqu'à sa mort, en 1857, avec son ami Richard Surbled et qui témoigne d'une remarquable sagacité en matière de politique intérieure française. Il était resté très attaché à son domaine valenciennois, où il avait continué de faire de nombreux séjours et qu'il avait considérablement amélioré en engageant de grandes opérations de plantation, en encourageant la culture du houblon et en en faisant reconstruire le château à la fin des années 1820.

De fait, c'est à Raismes que sa veuve, née Sophie d'Auersperg (1811–1901), demande à être inhumée: ce souhait apparemment incongru de la part d'une princesse autrichienne de naissance, qui vivait entre Vienne, Salzbourg et Bruxelles, s'explique par une considération personnelle et sentimentale: le désir de reposer aux côtés de sa fille cadette, Louise, décédée à Raismes à l'âge de 9 ans en 1855. De fait, quoique absentéiste dans le département du Nord, la princesse Ernest d'Arenberg y a maintenu un intense et constant évergétisme, notamment en finançant les écoles congréganistes et en contribuant généreusement aux diverses dépenses municipales. Cette perpétua-

---

gique au 19ᵉ siècle: l'exemple de trois propriétés de la famille d'Arenberg (1820–1919), dans: Ruralia. Revue de l'Association des ruralistes français 14 (2004), p. 45–74.

58   Archives générales du royaume (Bruxelles), Fonds d'Arenberg, Sa 6 195: divers. Note du duc d'Arenberg (14 janvier 1897).

tion des devoirs incombant traditionnellement aux grands propriétaires explique la présence du conseil municipal – pourtant dominé par les républicains – au grand complet et de la fanfare locale lors des obsèques princières, célébrées le 25 février 1901, que le maire justifie en ces termes:

À ceux qui ont pu critiquer la présence de la musique aux funérailles d'une princesse étrangère, alors qu'elle n'est pas convoquée pour celle des Français habitant la commune, je répondrai: que la princesse d'Arenberg était française par son mari, qui avait servi dans les armées du Premier Empire [sic!]; qu'elle avait pris à sa charge l'entretien d'un chemin communal; qu'elle a créé une rente de 300 francs au profit du bureau de bienfaisance; qu'elle avait versé 2500 francs à la caisse communale, il y a quatre ans, pour les grosses réparations de l'église et du clocher imposées à la commune; qu'elle a remplacé à ses frais l'ancienne horloge communale. Et tout cela spontanément, sans aucune démarche de notre part. Sans doute la princesse était riche, mais elle aurait pu ne pas faire ces libéralités. [...] Que ceux qui ont pensé que je pouvais être ébloui par la présence des princes et déposer humblement à leurs pieds la dignité de maire d'une commune républicaine se rassurent. S'ils me connaissaient mieux, ils sauraient que je suis toujours aussi sceptique que par le passé sur la valeur des distinctions sociales et que rien, ni personne, ne peut m'éblouir, même les Dieux[59].

La capacité à conserver un ancrage local – qui ne va pas systématiquement de pair avec une pratique résidentielle régulière, mais qui suppose alors un investissement financier et/ou symbolique significatif – prime ainsi sur le critère de la nationalité pour justifier une manifestation publique témoignant d'un consensus interclassiste et transnational qui, pour être ponctuel, atteste des intérêts bien compris par les deux parties.

CONCLUSION

De la fin de l'Ancien Régime à la Grande Guerre, la maison d'Arenberg constitue un observatoire à la fois original et révélateur des enjeux auxquels se trouvent confrontées les élites nobiliaires européennes au fil du long XIXe siècle. Son implantation transnationale ne lui a pas épargné l'incidence des évolutions économiques, politiques, sociales et culturelles qui remettent en cause les hiérarchies traditionnelles sur lesquelles reposent prestige, autorité et domination aristocratiques. Au contraire, elle est confrontée à une disparité des configurations qui lui ouvre un vaste champ des possibles en termes de stratégies d'implantation nationale conformes à des intérêts fluctuants, au risque de se retrouver dans des positions inconfortables, voire contradictoires et insolubles. De fait, c'est avant tout une forme aiguë de pragmatisme – conçue dans une perspective plus lignagère que strictement individuelle – qui caractérise le choix des ancrages nationaux effectués et le cumul des appartenances entretenu par les Arenberg. Rendu possible par une maîtrise remarquable de l'espace européen, le dépassement des cloisonnements générés par l'échelle de l'État-nation se double d'un refus persistant d'engagements définitifs et exclusifs, par souci de mé-

---

59   L'Impartial, 28 février 1901.

nager les intérêts familiaux et de se préserver des stratégies de repli en réponse à l'incertitude des temps présents.

Si elle n'allait pas de soi aux lendemains de la Révolution et si elle reste régulièrement interrogée, voire compromise (au sein de la famille comme dans et par la société englobante), l'implantation de la maison d'Arenberg en France s'est effectuée sur des modes multiples (quoique d'une intensité variable selon les branches familiales) au cours du XIXᵉ siècle: la préservation des ancrages fonciers, l'exercice du patronage local, la détention de mandats politiques, l'entrée dans des carrières civiles et militaires, les choix matrimoniaux, les pratiques mondaines et résidentielles constituent autant de voies efficientes d'insertion nationale que ne saturent pas les seules procédures de naturalisation, lesquelles n'ont d'ailleurs rien d'irréversible et n'excluent nullement le maintien de formes de multiterritorialité par-delà les aléas de l'histoire dynastique et européenne. Ainsi, au terme de deux guerres mondiales qui ont opposé la France et l'Allemagne et fait couler (dans les deux camps) le sang des Arenberg, les ruines du château de Saffenburg et le domaine de Mayschoss sont encore aujourd'hui aux mains du chef de la branche française de la sérénissime maison, le prince Pierre d'Arenberg (né en 1961). Renouant symboliquement avec les racines germaniques de sa famille, ce dernier y a d'ailleurs fait célébrer le baptême de l'une des filles issues de son mariage avec Silvia de Castellane (née en 1963). Un tel choix indique un attachement aux origines dynastiques parfaitement compatible avec une ré-internationalisation qui s'inscrit désormais à l'échelle mondiale. Dans le cas de la branche française de la maison d'Arenberg, celle-ci a été amorcée dès le milieu du XXᵉ siècle, avec le mariage en 1960 du père du prince, Charles d'Arenberg (1905–1967), avec Margaret Wright Bedford (1932–1977), héritière multimillionnaire de la Standard Oil Company of New Jersey. Révélateur de l'attrait exercé par les gigantesques fortunes d'outre-Atlantique sur les héritiers de l'aristocratie européenne, ce mariage américain éclaire de manière décisive l'orientation des pratiques professionnelles, culturelles et résidentielles du fils qui en est issu, le prince Pierre d'Arenberg, vers la sphère anglo-saxonne et les grandes métropoles financières planétaires. À la fois *businessman* ayant parfaitement intégré les leçons de la mondialisation contemporaine[60] et châtelain soucieux de rendre leur lustre aux traditions de famille dans la commune de Ménetou-Salon[61], ce dernier témoigne de la capacité de l'aristocratie à saisir les opportunités et à réinventer les pratiques et les représentations qui fondent son identité autant qu'elles sont le gage de son maintien au sein des élites.

60 Michel Pinçon, Monique Pinçon-Charlot, Grandes fortunes. Dynasties familiales et formes de richesse en France, Paris 1998, p. 147: »[I]l y a une relation de dépendance entre [le] capital social international, les formes de capital culturel qu'il génère et le caractère international du capital économique. [...] Les élites sont cosmopolites parce que leurs intérêts le sont. [...] Il serait absurde et risqué pour les élites sociales de limiter le réseau des relations utiles au seul cadre national«.
61 En témoigne la cérémonie de remise au prince du bâton de saint Pierre qui a été organisée à Ménetou-Salon le 27 janvier 2013.

RALPH TUCHTENHAGEN

Adel und Nationalbewegungen im Baltikum um 1900[*]

EINLEITUNG

In historischer Langzeitperspektive bildet das Baltikum weder in der Vergangenheit noch in der Gegenwart eine Einheit – nicht politisch, nicht wirtschaftlich, kaum kulturell und selten im Bewusstsein der dortigen Bevölkerung. Im unreflektierten Gebrauch des Wortes wird man unter Baltikum heutzutage die drei Staaten Estland, Lettland und Litauen verstehen. Dass diese ahnungslos im Kollektivsingular genannt werden, beruht im Wesentlichen auf ihrem gemeinsamen Schicksal als unabhängige Staaten, ihrer tentativen, wobei gescheiterten Zusammenarbeit in der Zeit zwischen den Weltkriegen und ihrer Zusammenfassung zu größeren administrativen und militärischen Einheiten unter deutscher und sowjetischer Herrschaft zwischen 1940 und 1990. Wir haben es also mit einer Definition von relativ geringer Dauer zu tun. Eine historische Tiefenbohrung kommt zu ganz anderen Ergebnissen. Vor dem Ersten Weltkrieg waren die territorialen, ethnolingualen, sozialen und religiösen Grenzen durchaus deckungsungleich. In der zum russländischen Kaiserreich[1] gehörenden Provinz Estland lebte ein deutschsprachiger Adel, der als einzige soziale und rechtliche Gruppe die Gesamtheit der Provinz widerspiegelte. Die estnischsprachige Bevölkerung beschränkte sich hingegen nicht auf Estland, sondern lebte auch in der russländischen Ostseeprovinz Livland. Außerdem lebten innerhalb der Grenzen Estlands von Vertretern kleinerer Sprachgruppen abgesehen auch eine schwedischsprachige und russischsprachige Bevölkerungsgruppe. In der Provinz Livland existierte außer der estnischsprachigen Bevölkerungsgruppe ein wiederum als Ritterschaft organisierter deutschsprachiger Adel, auf dem Land eine lettischsprachige Bevölkerungsgruppe, darüber hinaus in Riga und anderen größeren Städten ein beachtlicher Anteil russischsprachiger Bevölkerung. In der Ostseeprovinz Kurland, die erst 1795 von polnischer unter russische Oberhoheit gekommen war, lebte ebenfalls als Ritterschaft organisierter, teils deutsch-, teils polnischsprachiger kurländischer Adel, außerdem eine lettischsprachige Bevölkerung. Litauen besaß als Territorium unter russischer Oberherrschaft keinen Provinzstatus. Auch die historische Entwicklung war völlig anders verlaufen als im Falle der drei vorgenannten Ostsee-

[*] Für die kritische Durchsicht des Manuskripts und viele wichtige Anregungen danke ich meinen wissenschaftlichen Mitarbeiterinnen am Nordeuropa-Institut der Humboldt-Univ. Berlin, Nelli Tügel und Fabienne Diergardt.

1 Ich unterscheide im Folgenden zwischen »russländisch« (das gesamte Kaiserreich Russland betreffend) und »russisch« (die ethnischen Russen, die russische Nation betreffend). Diese Unterscheidung wird auch in den russischsprachigen amtlichen Quellen (*rossijskij, russkij*) und teilweise in der Forschungsliteratur gemacht. Entsprechend unterscheide ich zwischen »estländisch« und »estnisch«, »livländisch« bzw. »kurländisch« und »lettisch« sowie »finnländisch« und »finnisch«.

provinzen. Sie war mit derjenigen Polens, Weißrusslands und der Ukraine viel stärker verschränkt als mit derjenigen Est-, Liv- und Kurlands. Hier lebten eine litauisch- und polnischsprachige Bevölkerungsgruppe, dazu Juden, einige Russen und Deutsche.

Genauso fragwürdig wie die meist von der Sprachgruppenzugehörigkeit abgeleitete ethnische Definition ist die Anwendung des Adjektivs »(deutsch)baltisch« auf die Geschichten der drei Länder. Gewiss handelt es sich bei »baltisch« um eine übliche politisch-geographische Bezeichnung; sie bezieht sich aber auf verschiedene und zum Teil widersprüchliche Inhalte. Während nämlich »baltisch« zur Kennzeichnung der deutschen Oberschicht (Balten, Deutschbalten) in den Ostseeprovinzen des russländischen Kaiserreiches, Estland, Livland und Kurland, verwendet wird, bezeichnet es in sprachsystematischer Hinsicht eine bestimmte Sprachfamilie, zu der unter anderem das Litauische, das Lettische, das Kurische und das Prussische gehören, die ihrerseits als Sprachen der nichtdeutschen Bevölkerung für die Geschichte der baltischen Länder eine hohe Bedeutung haben. Gleichzeitig aber wird dadurch das Estnische, das keine baltische Sprache, sondern Teil der finno-ugrischen Sprachfamilie ist, ausgeschlossen, obwohl es geradeso wie das Lettische in Livland, aber auch in der schwedischen und später russländischen Provinz Estland gesprochen wurde. Weiter kann »baltisch« in einem allgemeineren Sinne alles bezeichnen, was zur Ostsee (lat. *Mare balticum*, engl. *Baltic Sea*, frz. *mer Baltique*, russ. *Baltijskoe more*) gehört. Dann wäre jedoch nicht einzusehen, warum nur Estland, Lettland und Litauen unter diesen Begriff fallen sollten und nicht auch Preußen, Pommern, Mecklenburg, Schleswig, Holstein, Dänemark, Schweden, Finnland, Russland usw. Schließlich könnte man annehmen, »baltisch« beziehe sich auf bestimmte Völker, Volksgruppen oder Ethnien. Das ist aber nur dann richtig, wenn die Sprache oder der Raum als Kriterium zur Konstituierung eines Volkes anerkannt wird. Baltische Völker könnten dann solche Völker sein, die eine baltische Sprache sprechen oder im baltischen Raum leben. Doch während das Sprachkriterium hier eindeutig zu sein scheint (s. o.), wären bezogen auf den Raumbegriff Deutsche, Juden, Polen, Kaschuben, Russen, Dänen, Schweden, Finnen, Setu und andere ebenso baltische Völker wie Letten, Litauer, Kuren oder Prussen. Den Versuch, sich über den Raumbegriff »baltisch« eine gemeinsame, sub- und gleichzeitig transnationale Identität zuzusprechen, haben allerdings zunächst nur die Deutschen in Estland, Livland und Kurland unternommen, während sich Litauer und Letten auf sprachlich-ethnische Selbstidentifikationen beschränkten.

Von der Mitte des 16. Jahrhunderts bis zu den russischen Revolutionen von 1917 existierten zunächst unter schwedischer und polnisch-litauischer, dann unter russischer Oberherrschaft die Provinzen Estland, Livland und Kurland, die den größeren Teil der Territorien der livländischen Konföderation umfassten. Litauen wiederum entstand im 13. Jahrhundert zunächst als eigenständiges Großfürstentum, war zwischen dem 14. und 18. Jahrhundert mehrfach mit dem Königreich Polen uniert, kam um die Wende vom 18. zum 19. Jahrhundert unter russische Herrschaft und erreichte am Ende des Ersten Weltkriegs die staatliche Unabhängigkeit. Das Spannungsverhältnis zwischen Adel und Nation lässt sich am deutlichsten am Verhältnis des deutschbaltischen Adels in Est-, Liv- und Kurland zu den im 19. Jahrhundert entstandenen Nationalbewegungen der Esten, Letten, aber auch der Estlandschweden und Russen studieren. Ich werde mich deshalb auch auf dieses Verhältnis konzentrieren. In Litauen, wo ein polonisierter litauischer Adel eine Haltung gegenüber der litauischen Nationalbewegung entwickeln musste und teilweise die schon seit der Napoleonzeit bestehende polnische Nationalbewegung zu bewältigen hatte, lagen die Dinge typologisch anders und verliefen auch in ganz anderen Bahnen. Dieser Fall ist etwas weniger komplex und soll hier ausgespart bleiben.

DIE REFORMPOLITIK DER ZAREN
UND DIE ADELSPRIVILEGIEN VON 1710

Nach dem Großen Nordischen Krieg (1700–1721) waren die zum Schwedischen Reich gehörenden Provinzen Estland, Ösel und Livland im Frieden zu Nystad (finn. Uusikaupunki) 1721 Russland zugesprochen worden. Zu diesem Zeitpunkt verfügte das kaiserliche Russland allerdings nicht über das Know-how, die zumeist an deutschen Mustern orientierten politischen, administrativen, judikativen, sozioökonomischen und religiösen Strukturen dieser neu erworbenen Provinzen vollständig ins russländische Reich zu integrieren. Schon während des Krieges, im Jahre 1710, hatten die est- und livländischen Ritterschaften auch deshalb eine Bestätigung ihrer angestammten Privilegien erhalten, die von der kaiserlich-russischen Regierung in dieser Form bis zum Beginn des 19. Jahrhunderts wieder und wieder konfirmiert wurden. Sie sahen eine starke Stellung des est- und livländischen Gutsadels vor, der als einziger politischer Stand der Provinzen galt. Er hatte das Recht, die deutsche Sprache als offizielle Sprache der Provinzen zu gebrauchen (allerdings musste Russisch ebenfalls an der Universität unterrichtet werden). Der est- und livländische Adel konnte auch die lutherische Konfession beibehalten (die russische Orthodoxie durfte aber nicht daran gehindert werden, in den Provinzen öffentlich in Erscheinung zu treten). Für den deutschbaltischen Adel galten pro korporativer Einheit (estländischer, livländischer, öselscher, kurländischer Adelskorporation) jeweils eigene Gesetze auf Grundlage der seit ihrer Etablierung im Ostbaltikum entwickelten Rechtstradition. Er besaß zudem eigene Gerichte, auf denen ausschließlich von Adligen über Adlige Recht gesprochen wurde. Politisch waren die est- und livländischen sowie öselschen Ritterschaften in den Landräten bzw. im Landratskollegium repräsentiert. Das Plenum der jeweiligen Adelskorporation versammelte sich im ordentlichen Landtag alle drei Jahre zu gemeinsamen Beratungen. Falls notwendig, wurden außerordentliche Landtage ausgerufen, um dringende Angelegenheiten zu entscheiden.

   Die wirtschaftliche Grundlage bildeten bis zur Industrialisierung der Gutsbesitz und der Dienst für den russischen Kaiser. Das Gut unterlag autonomen Provinzialgesetzen. Die russländische Regierung hatte hier kein Interventionsrecht. Die estnischen und lettischen Bauern, dazu die Gutsgeistlichkeit, Verwalter, gutswirtschaftliche Fachkräfte und mehr waren direkt vom est- und livländischen Gutsadel abhängig. Einzig die größeren Städte, vor allem Riga, Reval (estn. Tallinn) und Dorpat (estn. Tartu), waren vom Adel weitgehend unabhängig. Die Stadtbürger (nicht alle Stadtbewohner), besaßen eine eigene Rechts- und Gerichtsautonomie, eigene politische Institutionen (Rat, Gemeinde, Militär), eine unabhängige Wirtschaftsstruktur (Handel, Handwerk) und ein Hoheitsrecht über die städtischen Kirchen (mit Ausnahme der Kirchen des Adels in der Stadt) – selbst wenn der Gutsadel innerhalb der Stadtgrenzen Häuser und Grundstücke besaß, die wiederum den adligen Privilegien unterworfen waren[2].

Angelockt durch Angebote der Zaren, versah der est- und livländische Adel seinen Herrscherdienst im russländischen Militär und in der zarischen Ziviladministration, was im Laufe des 18. und 19. Jahrhunderts dazu geführt hatte, dass sich zahlreiche Adelsfamilien in St. Petersburg niedergelassen, ja sogar in den russischen Adel eingeheiratet und teilweise den Lebensstil der Hauptstadt und/oder des russischen Adels übernommen hatten[3].

Die Anfang des 18. Jahrhunderts bestätigten Privilegien begannen zu erodieren, nachdem Katharina II. (1762–1796) in den 1760er Jahren begonnen hatte, zentralisierende und unifizierende Reformen im Gesamtreich durchzuführen, die auch Est-

2   Friedrich Georg VON BUNGE, Chronologisches Repertorium der russischen Gesetze und Verordnungen für Liv-, Esth- und Curland, Bd. 1: 1710–1762. Nebst einer Einleitung über die Beschaffenheit der russischen Gesetze überhaupt, deren Anwendung in den Ostseeprovinzen, Genschmar 2006; Luterlik territoriaalkirik Eestimaal 1710–1832. Riigivõimu mõju kirikuvalitsemisele, -institutsioonidele ja -õigusele, Tartu 2004; Carl VON SCHIRREN (Hg.), Die Capitulationen der livländischen Ritter- und Landschaft und der Stadt Riga vom 4. Juli 1710, nebst deren Confirmationen, Dorpat 1865; Eduard WINKELMANN, Die Capitulationen der estländischen Ritterschaft und der Stadt Reval vom Jahre 1710 nebst deren Confirmationen, Reval 1865; Marginalien zur Capitulation der livländischen Ritterschaft vom 4. Juli 1710, in: W[oldemar] VON BOCK (Hg.), Livländische Beiträge, N.F., 1.2, Leipzig 1869, S. 89–97; 1.4, Leipzig 1870, S. 58–77; P[aul] Baron OSTEN-SACKEN, Zur Kapitulation der estländischen Ritter- und Landschaft am 29. September 1710. Festschrift zum 200-jährigen Gedenktage der Zugehörigkeit Estlands zum Russischen Reich, hg. im Auftrag der Estländischen Ritterschaft durch P. Baron Osten-Sacken, Reval 1910; Andres ANDRESEN, Luterlik territoriaalkirik Eestimaal 1710–1832. Riigivõimu mõju kirikuvalitsemisele, -institutsioonidele ja -õigusele, Tartu 2004; Ralph TUCHTENHAGEN, Zentralstaat und Provinz im frühneuzeitlichen Nordosteuropa, Wiesbaden 2008, S. 74–75 sowie Karsten BRÜGGEMANN, Mati LAUR, Pärtel PIIRIMÄE (Hg.), Die baltischen Kapitulationen von 1710, Köln, Weimar, Wien 2014.
3   Otto MÜLLER, Die livländischen Landesprivilegien und deren Konfirmationen, Leipzig 1841; Julius ECKARDT, Livland im 18. Jahrhundert. Umrisse zu einer livländischen Geschichte, Bd. 1, Leipzig 1876, S. 300, 378–381; Vgl. Klaus WIEGREFE, Deutschbalten im Dienste des Zaren. Eine Studie zur Geschichte der deutschbaltischen Oberschicht in Zentralrussland in der ersten Hälfte des 18. Jahrhunderts, in: Klaus MEYER (Hg.), Deutsche, Deutschbalten und Russen. Studien zu ihren gegenseitigen Bildern und Beziehungen, Lüneburg 1997, S. 9–26, hier S. 18 f.; sowie im Band von Boris MEISSNER, Alfred EISFELD (Hg.), Der Beitrag der Deutschbalten und der städtischen Russlanddeutschen zur Modernisierung und Europäisierung, Köln 1996 folgende Beiträge: Hubertus NEUSCHÄFFER, Russland und Europa. Modernisierung und Europäisierung von Peter I. bis zum Krimkrieg, S. 35–52, hier S. 43–46 Boris MEISSNER, Verwaltungs- und Rechtsreformen sowie Verfassungspläne im Russischen Reich unter Beteiligung deutscher Akteure und Reformer, S. 53–76; Rein HELME, Die napoleonische Ära und die Deutschen in Russland, S. 313–324. Vgl. ferner André CORVISIER, Armies and Societies in Europe, 1494 to 1789, Bloomington, Ind., London 1979, S. 95; Christopher DUFFY, Russia's Military Way to the West. Origins and Nature of Russian Military Power, 1700–1800, London u.a. 1985, S. 145–147; Dan ALTBAUER, The Diplomats of Peter the Great, in: Martin SCHULZE WESSEL, Dietmar NEUTATZ (Hg.), Jahrbücher für Geschichte Osteuropas 28 (1980), S. 1–16; TUCHTENHAGEN, Zentralstaat (wie Anm. 1), S. 418–423.

und Livland betrafen. Im Rahmen der sogenannten Statthalterschaftsverfassung von 1783 wurden die bisher getrennt verwalteten Provinzen unter einem Statthalter zusammengefasst und damit einer einheitlichen und direkten Kontrolle durch den Staat unterworfen. Eine neue Adelsordnung von 1785[4] schuf die Landratskollegien in Estland und Livland ab und ersetzte die Landtage durch Adelsversammlungen analog zu denen des eigentlichen Russland. Anstelle der – in Livland allerdings nie konfirmierten – Adelsmatrikel erfasste nun ein adliges Geschlechterbuch alle besitzlichen Adligen in den Provinzen[5].

Auch die kaiserliche Bauernpolitik unterminierte die Stellung des est- und livländischen Gutsadels. Es ist umstritten, ob Katharina II. in den Ostseeprovinzen wirklich eine Aufhebung der Leibeigenschaft erstrebte. Sie legte aber auch deren nichtadligen Advokaten, den »Literaten« (Intellektuellen) und Geistlichen – davon viele aus den Territorien des Alten Reiches – keine Steine in den Weg. Diese hatten wenig Verständnis für die gutsherrlichen Ansprüche auf Leib und Leben der bäuerlichen Bevölkerung. Die Leibeigenschaft war in ihren Augen sowohl ethisch unhaltbar als auch ökonomisch widersinnig[6].

Nicht alle Reformen unter Katharina II. hatten Bestand. Die Statthalterschaftsverfassung und die Adelsordnung wurden 1796 unter ihrem Sohn Paul I. (1796–1801) wieder aufgehoben. Mit Ausnahme der rechtlichen und sozialen Stellung der Bauern stellte Paul I. die traditionellen zwischenständischen Machtverhältnisse in den Provinzen im Wesentlichen wieder her[7].

1795 war das zuvor unter polnischer Oberherrschaft stehende Territorium des Herzogtums Kurland im Rahmen der dritten Teilung Polen-Litauens unter die Herrschaft des russischen Kaisers gelangt. Dem kurländischen Adel verweigerten die russischen Herrscher eine ähnlich privilegierte Stellung wie in Est- und Livland. In der administrativen Praxis ähnelte jedoch vieles dem, was im Verhältnis zwischen

---

4   Pol'noe sobranie zakonov Rossijskoj Imperii. 1. Sammlung (im Folgenden: PSZ I), Bd. 21, Nr. 16.187 (21.4.1785); vgl. TUCHTENHAGEN, Zentralstaat (wie Anm. 2), S. 111 f.; Karsten BRÜGGEMANN, Ralph TUCHTENHAGEN, Tallinn. Kleine Geschichte der Stadt, Köln u. a. 2010, S. 154 f.

5   Vgl. Oswald SCHMIDT, Rechtsgeschichte Liv-, Est- und Kurlands, Hannover 1968 (ND aus: Dorpater juristische Studien 3 [1894]), S. 269; TUCHTENHAGEN, Zentralstaat (wie Anm. 2), S. 431 f.

6   Vgl. ECKARDT, Livland im 18. Jahrhundert (wie Anm. 3), S. 312; Astaf VON TRANSEHE-ROSENECK, Gutsherr und Bauer in Livland im 17. und 18. Jahrhundert, Straßburg 1890, S. 286; Aizkraukles un Rihmana muischas semnieku Teesa, dohta no Kahrļa Spriddiķa Schoultz 1764, Riga 1914; Margers STEPERMANIS, Aizkraukles K. F. Šulcs un viņa sabiedrislā darbība, in: Acta Universitatis Latviensis. Series nova secundum ordines divisa Philologorum ordinis series 3/5 (1935/37), S. 105–168b; R. VIPPER, Lifljandskie barony v roli teoretikov krepostničestva, in: Istoričeskij žurnal 11/12 (1943), S. 42–59; Walther VON UNGERN-STERNBERG, Geschichte der Baltischen Ritterschaften, Limburg 1960, S. 44–45; Claus SCHARF, Katharina II., Deutschland und die Deutschen, Mainz 1995, S. 176; TUCHTENHAGEN, Zentralstaat (wie Anm. 2), S. 433–437.

7   PSZ I (wie Anm. 4), Bd. 21, Nr. 17584 (28.11.1796); vgl. Geschichtliche Uebersicht der Grundlagen und der Entwicklung des Provinzialrechts in den Ostseegouvernements. Besonderer Theil II, St. Petersburg 1845, S. 128, 132–135, 158–161; SCHMIDT, Rechtsgeschichte (wie Anm. 5), S. 269, 281; Hubertus NEUSCHÄFFER, Katharina II. und die Aufklärung in den baltischen Provinzen, Hannover 1996, S. 110; TUCHTENHAGEN, Zentralstaat (wie Anm. 2), S. 437.

Kaiser und est- bzw. livländischem Adel als Norm galt. Außerdem besaß die kurländische Ritterschaft analog zu den Landratskollegien von Estland und Livland in der Landbotenstube eine repräsentative Institution mit vielen Vorrechten[8].

Die Bauernschutzpolitik erreichte unter Alexander I. (1801–1825) mit den Bauernreformen in allen drei Provinzen einen vorläufigen Höhepunkt. Sie spiegelten die landwirtschaftlichen Interessen und philanthropischen Einstellungen des Kaisers wie auch teilweise des Gutsadels wider und reagierten überdies auf eine landwirtschaftliche Krise zu Beginn des 19. Jahrhunderts (Missernten, sinkende Getreidepreise auf dem Weltmarkt), die Maßnahmen zur Steigerung der Produktivität in der Landwirtschaft geboten erscheinen ließ. 1802 und 1816 einigten sich Kaiser und estländischer Landtag auf Gesetze, die die Bauern erstmals als Rechtspersonen anerkannten, ihnen eigene Gerichte, für bewegliche Güter ein uneingeschränktes Eigentums- und Erbrecht, nicht jedoch den Besitz von Grund und Boden zugestanden. Das Land der Gutsherren sollte von den Bauern nicht mehr in Frondiensten, sondern im Rahmen von Arbeitsverträgen bearbeitet werden. An die Stelle des leibeigenen Pächters trat der Landarbeiter. Die Bauern waren nun rechtlich frei, gerieten dafür aber in ökonomische Abhängigkeiten. Der kurländische Landtag übernahm 1817 die estländischen Regelungen. Der livländische Landtag schloss sich 1819 nach einer abgeschwächten Regelung von 1804 den estländischen Gesetzen an, behielt jedoch die Schollenbindung der Bauern zunächst bei. Sie wurde erst 1849 aufgehoben, als den Bauern erlaubt wurde, Grund und Boden zu erwerben[9].

8　　Manifest der russländischen Zarin Katharina II. (1762–1796) an die neuen Untertanen in Kurland, Pilten und Semgallen, St. Petersburg 15./26.4.1795. Abgedruckt in: Erwin OBERLÄNDER, Volker KELLER (Hg.), Vom polnisch-litauischen Lehnsherzogtum zur russischen Provinz. Dokumente zur Verfassungsgeschichte 1561–1795, Paderborn 2008, S. 318–319. Vgl. Erwin OBERLÄNDER, Loyalität und Standesinteresse. Die Ritterschaften in Livland und Kurland unter polnisch-litauischer, schwedischer und russischer Herrschaft (1561–1795), in: Martin WREDE (Hg.), Zwischen Schande und Ehre. Erinnerungsbrüche und die Kontinuität des Hauses, Mainz 2007, S. 315–334.

9　　PSZ I (wie Anm. 4), Bd. 21, Nr. 24.699 (30.6.1811); Nr. 25.171 (30.6.1812); Nr. 27.735 (26.3.1819). Vgl. Geschichtliche Uebersicht (wie Anm. 7), S. 150–151, 185–186; Friedrich Georg VON BUNGE, Einleitung in die liv, est und curländische Rechtsgeschichte, Reval 1840 (ND Amsterdam 1971), S. 308–312; SCHMIDT, Rechtsgeschichte (wie Anm. 5), S. 257–261; Axel VON GERNET, Die ehstländischen Agrarverhältnisse in dänischer, deutscher und schwedischer Zeit. Vortrag, gehalten am 17. April 1897 in der Section der Ehstländischen Literärischen Gesellschaft zur Erhaltung einheimischer Alterthümer, Reval 1897; Axel VON GERNET, Geschichte und System des bäuerlichen Agrarrechts in Estland, Reval 1901; Eduard Michael VON BODISCO (Hg.), Die Estländische Bauer-Verordnung vom 5. Juli 1856 und die die Bauer-Verordnung abändernden und ergänzenden Gesetze und Verordnungen, Reval 1904; Astaf VON TRANSEHE-ROSENECK, Agrarwesen, in: Carl VON SCHILLING, Burchard VON SCHRENK (Hg.), Baltische Bürgerkunde. Versuch einer gemeinverständlichen Darstellung der Grundlagen des politischen und sozialen Lebens in den Ostseeprovinzen Russlands. Erster Teil [keine weiteren erschienen], Riga 1908, S. 277–330, hier S. 288–291; Eesti majandusajalugu, Bd. 1, Tartu 1937, S. 369–372; Juhan KAHK, Die baltischen Agrarreformen des 19. Jahrhunderts in neuer historischer Perspektive, in: Zeitschrift für Ostmitteleuropa-Forschung 45 (1996), S. 544–555; DERS., On the Agrarian Policy in the Baltic Provinces in the 1840s. An Attempt at an Analytic Approach to Political Development, in: DERS., Artur VASSAR (Hg.), Historica in honorem Hans Kruus, Tallinn 1971, S. 315–339; Toivo U. RAUN, Estonia and the Estonians, Stanford, Ca. 1991, S. 41, 47; Gert VON PISTOHLKORS, Die Ostseeprovinzen unter russischer Herrschaft (1710/95–1914), in: DERS. (Hg.), Deutsche Geschichte im Osten Europas. Baltische

ZWISCHEN SOZIALER UND ETHNISCHER AUTOPERZEPTION
ESTLANDSCHWEDEN, ESTEN, LETTEN UND DEUTSCHBALTEN
AUF NATIONALEN PFADEN

Die estnische und lettische, in geringerem Maße auch die finnische und polnische/litauische Nationalbewegung zwangen den Adel der russländischen Ostseeprovinzen zu einer Neuorientierung, zu einer revidierten Selbstverbildlichung. Er sah sich nun zunehmend nicht mehr nur als estländische, livländische, öselsche und kurländische Ritterschaft, sondern nahm sich daneben auch als deutschbaltischer oder einfach baltischer Adel wahr; dies nicht zuletzt auch unter dem Vorzeichen der deutschen Reichseinigung 1871, der reichsdeutschen und russischen Nationalbewegung und des Zentralisierungsdrucks der russländischen Regierung.

Die Gesetzgebung zur Aufhebung der Schollenbindung zu Beginn des 19. Jahrhunderts war ein erster Schritt zur sozialen Emanzipation der estnischen und lettischen Bauern von der lokalen und provinzialen Machtvollkommenheit des Gutsadels gewesen. Dieser hatte freilich schon vor diesem Zeitpunkt Erfahrungen mit freien, eigenbesitzlichen Bauern gemacht. Seit nicht mehr zu bestimmenden Zeiten, vielleicht schon in vorwikingischer Zeit, besaßen die estlandschwedischen Bauern auf den Inseln Ösel (estn. Saaremaa), Ormsö (Vormsi), Odensholm (Osmussaar), Rågö (Pakri), Nargö (Naissar), Runö (Ruhnu), Dagö (Hiiumaa) und an der estländischen Küste zwischen Hapsal (Haapsalu) und Nuckö (Noarootsi) eigene Höfe und Freiheitsrechte, die sie deutlich von den estnischen schollengebundenen, nach 1710 schließlich schrankenlos leibeigenen Bauern unterschieden. Sie sprachen mit ihrem schwedischen Dialekt eine eigene Sprache, die sie aus eigener, aber auch aus schwedischer und finnlandschwedischer Perspektive zu Schweden machte. Sie pflegten eigene – schwedische – Bräuche und trugen besondere Trachten. Als der estländische Gutsadel ihre Rechte Mitte des 18. Jahrhunderts einzuschränken und sie wie die estnischen Bauern in die Leibeigenschaft zu zwingen suchte, glaubten die Dagöschweden ihr Heil in der Emigration zu finden und wanderten in die Ukraine aus, wo sie, von der zarischen Krone mit Privilegien und günstigem Landbesitz ausgestattet, das Dorf Gammalsvenskby (Altschwedendorf, ukr. Starošvedc'k) gründeten; andere rebellierten und lehrten den Gutsadel Mores. Seither wusste dieser, was er zu gewärtigen hatte, wenn er die traditionellen Privilegien der »Küstenschweden« (schwed. *kustsvenskar*, estn. *rannarootslased*) nicht respektierte. Die Unruhen setzten sich bis in die 1860er Jahre fort, als die estnischen Bauern endgültig aus der Leibeigenschaft befreit wurden. Nunmehr waren die bäuerlichen Rechte legal einklagbar. Die kollektiven Aufstände verwandelten sich in gerichtlich ausgetragene Zwistigkeiten, Individuum gegen Individuum, Bauer gegen Gutsherr, aber auch Bauer gegen Bauer. Die traditionelle bäuerliche Solidarität verschwand zu Gunsten eines sich mehr und mehr entwickelnden ethnischen Kollektivs, in das die Individuen nicht mehr als Mitglieder einer wirtschaftlichen Gruppe, sondern einer Gemeinschaft auf der Grundlage von Sprache und Religion eingebunden waren. Der Gutsadel hatte es quasi mit ei-

Länder, Berlin 1994, S. 266–450, hier S. 323–336; Andrejs PLAKANS, The Latvians. A Short History, Stanford 1995, S. 81–83.

nem unsichtbaren Feind zu tun: dem Gespenst des Volkes, der sich abzeichnenden Nation. Die Estlandschweden fingen an, gegen die deutschen und russischen kulturellen und ökonomischen Vereinnahmungen eigene Schulen, Kulturvereine und Zeitungen zu gründen. Ja, man wandte sich an den schwedischen König, damit dieser sich bei der St. Petersburger Regierung für sie verwende. Mitte des 19. Jahrhunderts zeichnete sich für den ostseeprovinzialen Adel und die russische Regierung mit dem Phänomen der Nation bereits die Gefahr einer »fünften Kolonne« *avant la lettre* ab[10].

Die heikle und langwierige Umsetzung der Agrarreformen für die estnischen und lettischen Bauern führte nach den 1810er Jahren ebenfalls zu immer neuen Unruhen, die im Laufe des 19. Jahrhunderts wie bei den Estlandschweden mehr und mehr eine ethnische Dimension annahmen[11]. Sie verbanden sich in den 1860er Jahren mit den großen Reformen Alexanders II. (1856–1881). Ein neues Passgesetz von 1863 verfügte die Freizügigkeit, d. h. die Möglichkeit, sich in allen Teilen des russländischen Reiches niederzulassen und einer Arbeit nachzugehen. 1866 wurde die städtische Zunftverfassung aufgehoben, was wiederum eine Ansiedlung estnischer und lettischer – nunmehr freizügiger – Bauern in der Stadt wesentlich erleichterte. Die Beseitigung von Stadtmauern und Festungsanlagen setzte diese Erleichterungen stadtphysisch um. Aus Landarbeitern konnten so ohne gesetzliche Einschränkungen Stadtarbeiter, aber auch Handwerker, Kaufleute, Lehrer, Pastoren oder Ähnliches werden. Die soziale Mobilität der ehemals leibeigenen Bauern entwickelte sich rasant. Gleichzeitig standen in der Stadt, aber auch in den ländlichen Manufakturen beziehungsweise den mehr und mehr aufkommenden Industriebetrieben mit der einwandernden Landbevölkerung erstmals genug Arbeitskräfte zur Verfügung, um gewerbliche Unternehmen im großen Stil zu betreiben. Dadurch stieg die wirtschaftliche Bedeutung der Städte, die städtische und ländliche Industrie wuchs beträchtlich. Die landwirtschaftliche Krise verschärfte sich im Gegenzug weiter – nicht so sehr, weil Städte und Industrie der Landwirtschaft Arbeitskräfte entzogen, sondern weil die Landwirtschaft aus einer Reihe von Gründen (Löhne, billiges Getreide aus dem Ausland, verspätete Mechanisierung und so weiter) immer unrentabler wurde. Dies verstärkte die Arbeitsmigration vom Land in die Städte. Die Freizügigkeit, die Aufhebung des Zunftzwangs und das Bevölkerungswachstum in den Städten förder-

---

10 Karl Friedrich Wilhelm RUSSWURM, Eibofolke oder die Schweden an der Küste Esthlands und auf Runö. Eine ethnographische Untersuchung mit Urkunden, Tabellen und lithographirten Beilagen, Reval 1855 (http://dbooks.bodleian.ox.ac.uk/books/PDFs/600077537.pdf. Zugriff 3.8.2016); Edvin LAGMAN, Andreas STAHL, Pär SÖDERBÄCK u. a. (Hg.), En Bok om Estlands svenskar, 4 Bde., Stockholm 1961–1992; Andres KÜNG, I svenska fotspår. Människor och miljöer i Estlands svenskbygder, Stockholm 1990; Torkel JANSSON, Pärisorjuslik maarahvas ja vabad rannaelanikud. Riik, rahvas ja ühiskond Eestis rootsi, baltisaksa ja vene mõju all. Liveget landfolk och fria kustbor. Stat, nation och samhälle i Estland under svenskt, balttysk och ryskt inflytande, in: Anne-Marie DAHLBERG, Toomas TAMLA (Hg.), Eesti ja Rootsi. Estland och Sverige, Tallinn 1993, S. 83–91; Ann GRUBBSTRÖM, Sillar och mullvadar. Jordägande och etnicitet i Estlands svenskbygder 1816–1939, Diss. Univ. Uppsala (2003); Felicia MARKUS, Living on another shore. Early Scandinavian Settlement on the North-Western Estonian Coast, Uppsala 2004; Kari ALENIUS, Unification with Sweden, Autonomy, Federal Self-Government?, in: Scandinavian Journal of History 31/3–4 (2006), S. 308–327.

11 Vgl. Juhan KAHK, Rahutused ja reformid, Tallinn 1961; August TRAAT (Hg.), Talurahvaliikumine Eestis aastail 1845–1848. Dokumentide kogumik, 2 Bde., Tallinn 1991.

ten auch die Kommunikation zwischen der vormals auf den Gütern isolierten ländlichen Bevölkerung. Die Funktion der Städte als Kommunikationszentren wurde wichtiger als je zuvor. Der parallel zur Urbanisierung betriebene Eisenbahnbau verband die größeren Ortschaften mit einander und beschleunigte den Austausch von Waren, Informationen und Menschen in einem bis dahin unbekannten Ausmaß[12].

Industrialisierung, Urbanisierung und die mit ihr verbundene beschleunigte und ausgeweitete Kommunikation stießen vielerlei Prozesse an, darunter das steigende Bewusstsein von Esten und Letten, dass jenseits des adligen Gutes eine Welt existierte, in der ebenfalls Esten und Letten lebten, mit ähnlicher Sprache, ähnlichen Sitten und Gebräuchen und ähnlichen Lebensentwürfen. Die jahrhundertealte Kongruenz von sozialer und ethnischer Zugehörigkeit bewirkte überdies, dass· die Industriearbeiterschaft ihre Interessen nicht nur in sozialistischen Ideen vertreten sah, sondern auch in einer klassenübergreifenden ethnischen Solidarität von Bauern und Stadtbewohnern unterschiedlicher sozialer Gruppen. Gleichzeitig führte die Landflucht zu einer deutlichen Verschiebung der ethnischen Zusammensetzung der städtischen Bevölkerung zu Gunsten der Letten und Esten. So machte die lettischsprachige Bevölkerung in Riga 1862 nur knapp 24 Prozent der gesamten städtischen Bevölkerung aus. 1913 waren es bereits knapp 40 Prozent. In Reval erhöhte sich der Anteil der estnischsprachigen Bevölkerung von 51,8 Prozent (1871) auf 71,6 Prozent (1913), und in Dorpat, wo die Industrialisierung später einsetzte, von 55,1 Prozent (1881) auf 73,3 Prozent (1913). Vor diesem Hintergrund entwickelten sich nationale Bewegungen, die in den Städten ein Forum fanden, um ihre Ideen und Programme zu propagieren und weiter zu entwickeln, bis diese mit Hilfe der langsam sich entwickelnden estnischen und lettischen Kommunikationsmedien (Zeitungen, Zeitschriften, Eisenbahn, Telegrafen, Telefon) auch aufs Land gelangten[13].

Dabei waren es zunächst nicht die Letten und Esten gewesen, die ihre jeweils gemeinsame Sprache und Kultur zuerst entdeckt und gefördert hatten. Vor allem die deutsche und schwedische Geistlichkeit, später die Literaten, darunter Vertreter der Aufklärung wie Johann Gottfried Herder (1744–1803) und Garlieb Merkel (1769–1850), aber auch die forcierten Zentralisierungsversuche der russländischen Regierung gegen Ende des 19. Jahrhunderts wirkten hier als Katalysatoren[14]. Gelehrte Ge-

---

12 Vgl. Karl SIILIVASK, Some of the Main Features of the Socio-Economic Development of Estonia in the 18th Century, in: Aleksander LOIT (Hg.), National Movements in the Baltic Countries during the 19th Century. The 7th Conference on Baltic Studies in Scandinavia, Stockholm, June 10–13, 1983, Stockholm 1985, S. 205–214; Zur Urbanisierung speziell in Riga, der größten Stadt der Ostseeprovinzen vgl. Wilhelm LENZ, Die Entwicklung Rigas zur Großstadt, Kitzingen 1954; Ulrike VON HIRSCHHAUSEN, Die Wahrnehmung des Wandels. Migration, soziale Mobilität und Mentalitäten in Riga 1867–1914, in: Zeitschrift für Ostmitteleuropa-Forschung 48 (1999), S. 475–523; DIES., Die Grenzen der Gemeinsamkeit. Deutsche, Letten, Russen und Juden in Riga 1860–1914, Göttingen 2006.

13 Vgl. Heinrichs STRODS, Veränderungen in der Agrarstruktur und die junglettische Bewegung in Lettland in den 40er–70er Jahren des 19. Jahrhunderts, in: LOIT (Hg.), National Movements (wie Anm. 12), S. 215–226; Sulev VAHTRE, Eine neue Gesellschaft. Neue Erscheinungen in der Demographie, in: ibid., S. 227–243.

14 Die Literaten stellten die geistige Oberschicht der Ostseeprovinzen Estland, Livland und Kurland. Sie stammten überwiegend aus den deutschen Territorien (ab 1871, aus dem Deutschen Kaiserreich); Vgl. Reinhard WITTRAM, Liberalismus baltischer Literaten. Zur Entstehung der

sellschaften und eine estnisch- und lettischsprachige Publizistik waren seit den
1820er Jahren unter den Akademikern, später auch unter der einfachen estnisch- und
lettischsprachigen Bevölkerung aktiv. Seit den 1840er Jahren erlebte das lettische Bil-
dungswesen einen deutlichen Aufschwung und versetzte die Letten in die Lage, an
den großen russländischen oder ausländischen Universitäten zu studieren. Um die
Mitte des 19. Jahrhunderts erschienen die ersten Werke lettischer Schriftsteller. Eine
lettische Literatursprache entstand. Spätestens seit den 1860er Jahren stellten lettische Publizisten und Vereine die Jahrhunderte lang akzeptierte kulturelle Überlegenheit der Deutschen in Frage[15].

Mit zeitlicher Verzögerung kam in der zweiten Hälfte des 19. Jahrhunderts auch in
Estland eine – an deutschen und finnischen Vorbildern geschulte – Nationalbewegung in Gang. Wie im lettischen Siedlungsgebiet war sie eng mit den Agrarreformen,
der Aufhebung der Zunftverfassung, der Wanderung vom Land in die Städte und der
damit erzeugten überregionalen Kommunikation verbunden. Für eine erste Phase
der Bildung eines estnischen Nationalbewusstseins auf Grundlage der estnischen
Sprache lassen sich ebenfalls Gelehrte Gesellschaften, die Publizistik und das Bil-
dungswesen anführen. Eine Besonderheit, die sich später auch bei den Letten durch-
setzte, waren die Gesangsvereine und die eng mit ihnen verbundenen, von einer ge-
waltigen Teilnehmerzahl geprägten Sängerfeste. Sie fanden seit 1869 statt und waren
für die estnischsprachige Bevölkerung eine der bedeutendsten Versammlungsmög-
lichkeiten. Um 1900 war die estnische Sprache soweit normiert und in ihrer normier-
ten Form verbreitet, dass sie wie schon zuvor in Lettland den Status einer Literatursprache erreichte[16].

Während sich ein großer Teil der deutschen Oberschicht um die Mitte des 19. Jahrhunderts noch der Illusion hingab, mit zunehmender Bildung werde die lettisch-

baltischen politischen Presse, Riga 1931; Wilhelm LENZ, Der baltische Literatenstand, Marburg 1953; DERS., Die Literaten, in: Wilfried SCHLAU (Hg.), Sozialgeschichte der baltischen
Deutschen, Köln 1997, S. 139–184; Vita ZELČE, Auf dem Wege zu einer lettischen Nation.
Deutschbaltische Pastoren in den sozialen und nationalen Prozessen von der ersten Hälfte bis
zur Mitte des 19. Jahrhunderts, in: Konrad MAIER (Hg.), Konfession und Nationalismus in
Ostmitteleuropa. Kirchen und Glaubensgemeinschaften im 19. und 20. Jahrhundert, Lüneburg
1998, S. 417–442; Kaspars KLAVITJS, Die Rezeption der lettischen Volkskultur im 18. und
19. Jahrhundert bei den Deutsch schreibenden Intellektuellen, in: Konrad MAIER (Hg.), Nation und Sprache in Nordosteuropa im 19. Jahrhundert, Wiesbaden 2012, S. 98–106.
15 Vgl. Aina BLINKENA, The Role of the Neo-Latvians in Forming the Latvian Literary Language, in: LOIT (Hg.), National Movements (wie Anm. 12), S. 337–343; Aleksander LOIT, Der
Nationsbildungsprozess im Baltikum 1850–1914, in: Heiner TIMMERMANN (Hg.), Entwicklung der Nationalbewegungen in Europa 1850–1914, Berlin 1998, S. 333–364, hier S. 335 und
355f.; Beata JOHANSONE, Kultur als Grundlage der junglettischen Bewegungin der zweiten
Hälfte des 19. Jahrhunderts, in: ibid., S. 483–496; Cornelius HASSELBLATT, Geschichte der estnischen Literatur. Von den Anfängen bis zur Gegenwart, Berlin 2006, S. 270–282; Armin HETZER,
Estnische Literatur. Eine historische Übersicht, Wiesbaden 2006, S. 71–90; Kristine WOHL-
FART, Der Rigaer Letten-Verein und die lettische Nationalbewegung von 1868 bis 1905, Marburg 2006, S. 338f.
16 Vgl. Ea JANSEN, Die Verwandlung der Sozialstruktur und der Beginn der nationalen Bewegung
der Esten, in: TIMMERMANN (Hg.), Entwicklung der Nationalbewegungen (wie Anm. 15),
S. 497–504; Toomas KARJAHÄRM, Konfessionen und Nationalismus in Estland zu Beginn des
20. Jahrhunderts, in: Konrad MAIER (Hg.), Konfession und Nationalismus (wie Anm. 14),
S. 533–554.

und estnischsprachige Bevölkerung ihre Herkunft vergessen und sich mit Hilfe deutscher Bildung germanisieren lassen, verlief die Entwicklung an den Universitäten Dorpat und St. Petersburg in entgegengesetzter Richtung. Zwar gelang es dem Adel bis zum Ersten Weltkrieg, die Wirksamkeit der lettischen Publizistik teilweise einzuschränken, aber die Idee vom lettischen Volk hatte sich festgesetzt und wurde durch die großen Nationalbewegungen im Ausland (Italien, Deutschland, Polen u. a.) zusätzlich befeuert. Seit den 1860er Jahren häuften sich auch Versuche der estnischen und lettischen Nationalbewegung, die kaiserliche Regierung als Anwalt der gegen die deutsche Oberschicht gerichteten Aktivitäten einzuspannen[17]. Ein Problem blieb jedoch die administrativ-territoriale Trennung der Volksgruppen. Die lettischsprachige Bevölkerung lebte in drei verschiedenen Provinzen des Reiches: in den Gouvernements Livland, Kurland und Vitebsk. Manche fühlten sich eher als Liv- oder Kurländer denn als Letten. Ebenso lebte nur ein Teil der estnischsprachigen Bevölkerung auf dem Gebiet des Gouvernements Estland; der andere teilte sich mit der lettischsprachigen Bevölkerung das Gouvernement Livland. Allein eine vom administrativ geteilten Siedlungsraum abstrahierende Vorstellung von Volk, Volkssprache und Volksseele, von gemeinsamer Geschichte und Kultur, gemeinsamen politischen und sozialen Interessen machte Hoffnung, die jeweilige areale Differenzierung der lettisch- und estnischsprachigen Bevölkerung zu überwinden. Deshalb wurde die Sprache zum wichtigsten Unifizierungsinstrument beider Nationalbewegungen. Die räumliche Komponente blieb zunächst sekundär[18].

Die anfängliche Ignoranz, der schleichend restriktiver werdende Umgang des Adels der Ostseeprovinzen mit den national bewegten Esten und Letten auf der einen, die bewusste Unterstützung der estnischen und lettischen Nationalbewegung durch die St. Petersburger Regierung auf der anderen Seite schienen zunächst günstige Voraussetzungen für ein Voranschreiten auf dem einmal eingeschlagenen Weg. In den 1890er Jahren gerieten jedoch sowohl die estnische und lettische als auch die in ihren Anfängen begriffene deutschbaltische Nationalbewegung einer forcierten administrativen und kulturellen Integration in das mehr und mehr als russisch aufgefasste russländische Kaiserreich (»Russifizierung«)[19].

17 Vgl. PISTOHLKORS, Die Ostseeprovinzen (wie Anm. 9), S. 389–395; Aleksander LOIT, Der Nationsbildungsprozess im Baltikum 1850–1914, in: TIMMERMANN (Hg.), Entwicklung der Nationalbewegungen (wie Anm. 15), S. 333–364, hier S. 355; Gert VON PISTOHLKORS, Ursprung und Entwicklung ethnischer Minderheiten in der baltischen Region im 19. und beginnenden 20. Jahrhundert, in: DERS., Matthias WEBER (Hg), Staatliche Einheit und nationale Vielfalt im Baltikum. Festschrift für Prof. Dr. Michael Garleff zum 65. Geburtstag, München 2005, S. 13–34, hier S. 19–22.

18 Vgl. STRODS, Veränderungen der Agrarstruktur (wie Anm. 13), S. 15–26; BLINKENA, The Role of the Neo-Latvians (wie Anm. 15), S. 337–343; Jānis SILIŅŠ, The Generation of National Romantics in Latvian Art, in: LOIT (Hg.), National Movements (wie Anm. 12), S. 413–422; DERS., Nationale Bewegungen und regionale Identität im Baltikum, in: Norbert ANGERMANN, Klaus NEITMANN (Hg.), Von regionaler zu nationaler Identität. Beiträge zur Geschichte der Deutschen, Letten und Esten vom 13. bis zum 19. Jahrhundert, Lüneburg 1998 (= Nordost-Archiv 7/1 [1998]), S. 219–234; Leo DRIBINS, Nationalismus als soziokulturelle Emanzipation. Die Letten 1860–1918, in: Ulrike VON HIRSCHHAUSEN, Jörn LEONHARD (Hg.), Nationalismen in Europa. West- und Osteuropa im Vergleich, Göttingen 2001, S. 398–410; WOHLFART, Der Rigaer Letten-Verein (wie Anm. 15).

19 Vgl. Michael HALTZEL, Der Abbau der deutschen ständischen Selbstverwaltung in den Ostsee-

Man darf sich jedoch nicht dazu verleiten lassen, von den Nationalbewegungen in den Ostseeprovinzen darauf zu schließen, es sei schon damals um die Errichtung der späteren souveränen Staaten Estland, Lettland und Litauen gegangen. Vorderhand entwarfen die estnischen und lettischen Nationalaktivisten Pläne für eine kulturelle Autonomie innerhalb des Kaiserreiches. Nicht einmal die Vereinigung aller Esten, Letten, Deutschen, Litauer, Polen auf jeweils einem Territorium spielte eine nennenswerte Rolle. Erst der Erste Weltkrieg schwächte die kaiserliche Regierung so weit, dass die nationale Eigenstaatlichkeit in greifbare Nähe rückte. Auch die nach 1921 endgültig etablierte Herrschaft der Bol'ševiki war nicht dazu geeignet, die Esten und Letten über Alternativen nachdenken zu lassen. Gleichwohl wirkten die estnische und lettische Nationalbewegung direkt auf die Frage nach der nationalen Identität der Deutschen im Baltikum ein. Der Adel konnte sich dieser Entwicklung angesichts der sich überschlagenden Ereignisse kurz vor und während des Ersten Weltkriegs nicht mehr entziehen.

RUSSLÄNDISCHE NATIONALBEWEGUNGEN AUSSERHALB DER OSTSEEPROVINZEN

Die estnische und lettische Nationalbewegung waren nicht nur ein Reflex auf das soziale Problem zwischen Bauern und Gutsherren und die ethnische Uminterpretation dieses Verhältnisses. Direkte Vorbilder kamen sowohl aus der unmittelbaren Nachbarschaft im Rahmen des Zarenreiches wie auch aus Europa insgesamt. Die Französische Revolution hatte hier überall das nationale Denken angeheizt. Insbesondere die kleinen Nationen entdeckten im 19. Jahrhundert ihre ethnische Zusammengehörigkeit auch jenseits administrativ-politischer Grenzen – Griechen, Serben, Kroaten, Bulgaren und Rumänen in direkter oder indirekter Auseinandersetzung mit dem Osmanischen Reich, Litauer, Ukrainer, Weißrussen in Auseinandersetzung mit Polen und dem russländischen Reich, Finnen und Karelier in Auseinandersetzung mit Schweden und dem russländischen Reich, Norweger und Isländer mit Schweden und Dänemark, Tschechen, Slowaken, Slowenen, Ungarn im Rahmen des Habsburger Reichs. Die Beispiele ließen sich mühelos vermehren[20].

provinzen Russlands, 1855–1905, Marburg 1977; Gert von Pistohlkors, Inversion of Ethnic Group Status in the Baltic Region. Governments and Rural Ethnic Conflicts in Russia's Baltic Provinces and in the Independent State of Estonia and Latvia, in: David Howell u. a. (Hg.), Roots of Rural Ethnic Mobilization, Dartmouth 1993, S. 169–220.

20 Zu diesem Zusammenhang vgl. insbesondere die seit den 1960er Jahren betriebenen komparatistischen Forschungen von Miroslav Hroch (hier als Beispiele nur die Monografien): Ders., Die Vorkämpfer der nationalen Bewegung bei den kleinen Völkern Europas. Eine vergleichende Analyse zur gesellschaftlichen Schichtung der patriotischen Gruppen, Prag 1968; Ders., Social Preconditions of National Revival in Europe. A Comparative Analysis of the Social Composition of Patriotic Groups Among the Smaller European Nations, Cambridge 1985; Ders., Das Europa der Nationen. Die moderne Nationsbildung im europäischen Vergleich, Göttingen 2005; Ders., Comparative Studies in Modern European History. Nation, Nationalism, Social Change, Aldershot, Burlington 2007; Ders., In the National Interest. Demands and Goals of European National Movements of the Nineteenth Century. A Comparative Perspective, Prag 2000. Außerdem Hirschhausen, Leonhard (Hg.), Nationalismen in Europa (wie Anm. 18).

Finnland hatte sowohl für den estnischen und lettischen Nationalismus als auch für den deutschbaltischen Adel eine besondere Bedeutung. Die finnische National-bewegung begann in den 1820er Jahren, ein nationales Eigenbewusstsein zu propagieren, das einerseits kulturell (Erik Lönnrot, Johan Ludvig Runeberg), andererseits staatlich (Adolf Ivar Arwidsson, Johan Vilhelm Snellman) konzipiert war. Die Esten und Letten fanden hier ein Modell für ihre kulturnationalen Ziele (in minderem Ausmaß für Ideen nationaler Autonomie oder Selbständigkeit), der deutschbaltische Adel konnte am finnländischen Beispiel studieren, wie die ehemalige politische Elite des Landes durch seine numerische Mehrheit (die Finnen) eingeholt wurde und die Oberschicht (die Schweden, zum Teil auch Russen) auf den Weg in den – numerischen wie rechtlichen – Minderheitenstatus schickte[21]. Hinzu kam, dass einzelne deutschbaltische Adelsfamilien im 18. Jahrhundert, im sogenannten Altfinnland (Provinzen Viborg/finn. Viipuri und Fredrikshamn/Hamina), das seit 1721/1743 zum Zarenreich gehörte, Güter und politischen Einfluss erhielten und um 1900 zu eben jener in die Minderheitsposition abrutschenden ehemaligen Oberschicht des Landes gehörten. Ein Blick nach Finnland war also gewissermaßen ein Blick in die Zukunft – für Esten und Letten hoffnungsvoll, beunruhigend für die Deutschbalten[22]. Auch ein Blick zu den litauischen Nachbarn verhieß Esten und Letten Hoffnung. Die litauische Nationalbewegung startete zwar spät, in den 1890er Jahren, zeigte aber, dass die baltischen Völker, Litauer und Letten, ein ähnliches Schicksal verband. Die Litauer versuchten sich ebenso wie Letten und Esten und teilweise unterstützt von der russländischen Regierung, von ihren ehemaligen Herren, den Polen oder polonisierten litauischen Adligen, zu emanzipieren. Freilich hegte die starke polnische Nationalbewegung weniger Befürchtungen als die deutschbaltischen Adligen,

21 Vgl. Risto Alapuro, Peasants in the Consolidation of the Finnish State. The Rise of a Non-Dominant Ethnic Group, in: Howell u. a. (Hg.), Roots (wie Anm. 19), S. 145–168.
22 Vgl. Maija Väisänen (Hg.), Nationality and Nationalism in Italy and Finland from the Mid-19th Century to 1918, Helsinki 1984, hier die Beiträge von Yrjö Blomstedt, National and International Viewpoints of the Finnish Upper Class in the 19th Century, S. 19–28, Osmo Jussila, Finland's Progress to National Statehood Within the Development of the Russian Empire's Administrative System, S. 91–103 und Aira Kemiläinen, Initiation of the Finnish People into Nationalist Thinking, S. 105–120; Michael Branch (Hg.), National History and Identity. Approaches the Writing of National History in the North-East Baltic Region, Nineteenth and Twentieth Centuries, Helsinki 1999, hier die Beiträge von Max Engman, The Finland-Swedes. A Case of Failed National History, S. 166–177 sowie Anthony F. Upton, History and National identity. Some Finnish Examples, S. 113–119. Ferner: Edward C. Thaden, Marianna Forster Thaden, Russia's Western Borderlands 1710–1870, Princeton, NJ 1984, S. 206 f.; Matti Klinge, Let us be Finns. Essays on History, Helsinki 1990, S. 121–133; Max Engman, Nationalbewegung und Staatsbildung in Finnland, in: Robert Maier (Hg.), Nationalbewegung und Staatsbildung. Die baltische Region im Schulbuch, Frankfurt a. M., 1995, S. 141–151; Taina Huhtanen, Von der sozialen zur staatlichen Nationalbewegung in Finnland, in: Timmermann (Hg.), Entwicklung der Nationalbewegungen (wie Anm. 15), S. 379–384; Hannes Saarinen, Staatsvolk oder Minderheit? Die Identität der schwedischsprachigen Bevölkerung in Finnland vor dem Ersten Weltkrieg, in: Timmermann (Hg.), Entwicklung der Nationalbewegungen (wie Anm. 15), S. 365–378; Max Engman, Storfurstendömet Finland. Nationalstat och imperiedel, in: Ders., Åke Sandström (Hg.), Det Nya Norden efter Napoleon, Stockholm 2004, S. 150–186; Erkki Kouri, Das Nationale und die Stellung der Sprache im Großfürstentum Finnland, in: Maier (Hg.), Nation und Sprache in Nordosteuropa (wie Anm. 14), S. 275–294.

bei der gesellschaftlich-kulturellen Metamorphose, die die baltischen Gebiete erfasst hatte, unterzugehen. Umgekehrt sah der deutschbaltische Adel selbst den polnischen wohl nicht als Vergleichsfall an[23].

Während die Ritterschaften und die Mitglieder der Zünfte und Gilden in den Städten in der ersten Hälfte des 19. Jahrhunderts immer noch in ständischen Kategorien dachten und sich kulturell sowohl der lettischen und estnischen Unterschicht auf dem Land und in den Städten als auch gegenüber den »Russen« überlegen fühlten – nicht zuletzt aufgrund der wissenschaftlichen und kulturellen Bedeutung der 1802 wiedereröffneten, freilich deutschsprachigen Universität Dorpat –, schwand dieses Gefühl unter dem Eindruck der Aufhebung der ständischen Ordnung in den Städten, der lettischen und estnischen Nationalbewegung in den Ostseeprovinzen, aber auch der stärker werdenden russischen Nationalbewegung. Die Folge war, dass Stadt und Land nicht nur für Esten und Letten, sondern auch für die in die Defensive geratende deutschsprachige Bevölkerung näher zusammenrückten; mehr noch: dass sich die deutschsprachige Bevölkerung angesichts der Ethnisierung der Konflikte selbst mehr und mehr als eine provinzübergreifende ethnische Gemeinschaft, nämlich als Deutschbalten, sah. Bis diese »von der Oberschicht zur Minderheit« (Detlef Henning) wurden, sollte noch eine geraume Zeit vergehen. Von vereinzelten Verzögerungsphasen abgesehen, erlebten sie in der zweiten Hälfte des 19. Jahrhunderts einen fortschreitenden Machtverlust, der, bei ökonomischer Überlegenheit, zahlenmäßige Stärke und politischen Einfluss in den Ostseeprovinzen am Ende eher zur Deckung brachte als zuvor[24]. Dies umso mehr als mit den Zentralisierungsversuchen der St. Petersburger Regierung und nach der Gründung des Deutschen Reiches 1871 ein großer Teil der deutschbaltischen Literaten nach Reichs-Deutschland abwanderte. Ihr Einfluss auf die Deutschen im Baltikum ist bis heute unklar geblieben. Deutlich ist jedoch, dass die reichsdeutschen und deutschbaltischen Kontakte sich in dieser Zeit verstärkten.

---

23 Vgl. Antoni PODRAZA, Polen und die nationalen Bestrebungen der Ukrainer, Weißrussen und Litauer, in:TIMMERMANN (Hg.), Entwicklung der Nationalbewegungen (wie Anm. 15), S. 197–206; Mathias NIENDORF, Zwischen historischer und ethnischer Nation. Die litauische Nationalbewegung und die Rolle der Sprache, in: MAIER (Hg.), Nation und Sprache in Nordosteuropa (wie Anm. 14), S. 294–312.

24 Vgl. Detlef HENNING (Hg.), Von der Oberschicht zur Minderheit. Die deutsche Minderheit in Lettland 1917–1940, Lüneburg 1996; Gert VON PISTOHLKORS, Ständische, ethnische und nationale Argumentationen von deutschen Balten über Esten und Letten im 19. Jahrhundert, in: ANGERMANN, NEITMANN (Hg.), Von regionaler zu nationaler Identität (wie Anm. 18), S. 235–254; Vėjas Gabriel LIULEVIČIUS, Precursors and Precedents. Forced Migration in Northeastern Europe during the First World War, in: Hans-Jürgen BÖMELBURG, Stefan TROEBST (Hg.), Zwangsmigrationen in Nordosteuropa im 20. Jahrhundert, Lüneburg 2006 (= Nordost-Archiv 14 [2005]), S. 32–52; Indrek KIVIREK, Die Deutschbalten und die jungen Nationalbewegungen in den Ostseeprovinzen des Russischen Reiches 1885–1914/17, in: Detlef HENNING (Hg.), Menschen in Bewegung. Migration und Deportation aus dem Baltikum zwischen 1850 und 1950, Lüneburg 2011 (= Nordost-Archiv 19 [2010]), S. 13–36.

DER RUSSISCHE NATIONALISMUS

Der langsame Machtverlust des deutschbaltischen Adels hing, von den Nationalbewegungen der Nichtrussen abgesehen, entscheidend mit der gewandelten Haltung der St. Petersburger Regierung und der russischen Publizistik gegenüber der Führungsschicht der Ostseeprovinzen zusammen. Spätestens seit dem Dekabristenaufstand und der Regierung Nikolaus' I. (1825–1855) hatten auch in Russland die Ideen der Französischen Revolution und nicht zuletzt von Volk und Nation Fuß gefasst. Sie wirkten unmittelbar auf die ethnische Konstellation der Ostseeprovinzen ein. Die Agrarreformen zu Beginn des Jahrhunderts hatten die lettischen und estnischen Bauern ansatzweise dem Einfluss der deutschen Gutsbesitzer entzogen und erstmals dem direkten Einfluss der nationalrussischen Kreise geöffnet. Diese Verschiebung zeichnete sich sichtbar erstmals in den 1840er Jahren ab, als es der russisch-orthodoxen Kirche gelang, einem beträchtlichen Teil der estnisch- und lettischsprachigen Bevölkerung die Konversion zur Orthodoxie mit der Aussicht auf Landbesitz schmackhaft zu machen. Als der Landbesitz sich dann nicht einstellte, gab es kein Zurück mehr. Die orthodoxe Kirche war als Staatskirche geschützt, die Rekonversion unter Strafe gestellt. Konflikte zwischen der lutherischen und orthodoxen Kirche um die Seelen der Esten und Letten waren vorprogrammiert. Sie sollten sich bis zum Ersten Weltkrieg unter Einsatz immer rücksichtsloserer politischer Mittel hinziehen[25]. Der konfessionelle Konflikt wurde seit den 1880er Jahren durch einen weltlichen vermehrt, als die zarische Regierung im Rahmen ihrer Zentralisierungsbemühungen durch die Einführung der russischen Sprache, Geschichte und Geographie in den Schulen immer offener eine Politik der kulturellen Russifizierung betrieb. Ungeachtet der Tatsache, dass sie damit nur teilweise erfolgreich war, unterstützte die Regierung die lettische und estnische Nationalbewegung, um einen Keil in das Machtgefüge der Ostseeprovinzen zu treiben und die Nationalbewegungen auf diese Weise für ihr eigentliches Ziel – der Zentralisierung und Schwächung der traditionellen deutschen Eliten – einzuspannen.

Gleichzeitig wäre es ein Trugschluss, beim Adel der Ostseeprovinzen eine kraftvolle Opposition zu vermuten. Der deutschbaltische Adel besaß zu Zentralisierung und Russifizierung keine eindeutige Haltung. Es gab Adlige, die, weil sie mit Russinnen verheiratet waren oder enge Beziehungen zu russischen Staatsdienern unterhielten, mitunter wohl auch aus politischer Indifferenz, zumindest für einen Dialog mit der russländischen Regierung plädierten, wenn sie sie nicht gar direkt unterstützten. Kampfbereitschaft gegen die zarische Politik zeigte nur ein Teil des baltischen Adels[26].

25 Vgl. Pistohlkors, Ursprung und Entwicklung (wie Anm. 17), S. 16–19; Sebastian Rimestad, Die russische orthodoxe Kirche in den Ostseeprovinzen und den Nordwestprovinzen im Vergleich (1830–1917), in: Markus Krzoska (Hg.), Zwischen Glaube und Nation? Beiträge zur Religionsgeschichte Ostmitteleuropas im langen 19. Jahrhundert, München 2011, S. 71–86.

26 Vgl. Gert von Pistohlkors, »Russifizierung« und die Grundlagen der deutschbaltischen Russophobie (1976), in: Ders. (Hg.), Vom Geist der Autonomie. Aufsätze zur baltischen Geschichte, Köln 1995, S 55–68, der sich insbesondere gegen die einseitige These von der massiven Bedrohung der deutschbaltisch-adligen Tradition durch die russländische Regierung wendet, wie sie von den deutschbaltischen Historikern Carl Schirren (1826–1910) oder Alexander von Tobien (1854–1929) vertreten wurden: Carl Schirren, Livländische Antwort an Herrn

Die Wirkungen der Napoleonzeit, vor allem der als »Vaterländischer Krieg« in die Geschichtsschreibung vornehmlich Russlands eingegangene Krieg gegen Napoleon 1812 und die Heilige Allianz (1814–1825), der »offizielle Nationalismus« (Golczewski/Pickhan) der autoritären Russifizierungs- und Missionspolitik Nikolaus I. (1825–1855), die russische Romantik, die seit den 1840er Jahren aktive Slavophilen-Bewegung, der im Gefolge der Niederlage Russlands im Krimkrieg (1853–1856) erstarkende Panslavismus, die wissenschaftliche Erforschung und in den Schulen vermittelte Beschäftigung mit russischer Sprache, Literatur und Geschichte – all dies mündete nach dem Krimkrieg (1853–1856) einerseits in einen »obrigkeitsstaatlichen Nationalismus« (Golczewski/Pickhan), andererseits, nach 1905, in eine von den politischen Parteien getragene Debatte um den Anteil des »Russischen« im russischen gesellschaftlichen und kulturellen System. Diese wiederum schuf verschiedene Varianten des nationalen Denkens: einen dynastischen Nationalismus (monarchistisch und antisemitisch in inneren, zurückhaltend und tendenziell prodeutsch in auswärtigen Fragen); einen kurzlebigen Neoslavismus, der eine demokratische Gemeinschaft slavischer Völker ohne russische Suprematie forderte; einen völkischen Nationalismus, der sich antisemitisch gebärdete und Adel und Kapital feindlich gegenüberstand, nicht selten mit sozialrevolutionärer Tendenz[27].

Welche Variante des russischen Nationalismus es auch sein mochte – der in seinem Selbstverständnis traditionell trans- und supranational denkende Adel der Ostseeprovinzen wurde von den Russisch-Nationalen mehr und mehr als Vertreter einer deutschen Nation identifiziert; dieser selbst übernahm diese Zuschreibung bewusst oder unbewusst und sah sich in einen bis dato ungewohnten Dualismus hineingetrieben. Dass die russische Nationalbewegung diesen Dualismus provozierte, hatte freilich nicht zuletzt mit der deutschen Nationalbewegung und Reichseinigung zu tun.

DEUTSCHE REICHSEINIGUNG 1871

Die deutsche Reichseinigung 1871 unter preußischer Führung hatte auf die Selbstinterpretation des deutschkulturellen Adels in Estland, Livland und Kurland verschiedene Wirkungen. In der deutschbaltischen und estnischen Geschichtsschreibung des

Juri Samarin, Leipzig 1869, S. 67–87; Alexander von Tobien, Die Livländische Ritterschaft in ihrem Verhältnis zum Zarismus und russischen Nationalismus, 2 Bd., Riga, Berlin 1925–1930. Vgl. Andrzej Topij, Ludność niemiecka wobec rusyfikacji guberni bałtyckich, 1882–1905, Bydgoszcz 1997.

27 Vgl. Frank Golczewski, Gertrud Pickhan, Russischer Nationalismus. Die russische Idee im 19. und 20. Jahrhundert. Darstellung und Texte, Göttingen 1998; für die Periode ab 1855: Andreas Kappeler, Nationsbildung und Nationalbewegungen im russländischen Reich, in: Archiv für Sozialgeschichte 40 (2000), S. 67–90; Andreas Renner, Russischer Nationalismus und Öffentlichkeit im Zarenreich 1855–1875, Köln, Weimar, Wien 2000; Ders., Nationalismus und Diskurs. Zur Konstruktion nationaler Identität im russischen Zarenreich nach 1855, in: Hirschhausen, Leonhard (Hg.), Nationalismen in Europa (wie Anm. 18), S. 433–449; Theodor Weeks, Official and Popular Nationalisms. Imperial Russia, 1863–1914, in: ibid., S. 411–432. Vgl. auch Alexey Miller, Natsiia, Narod, Narodnost' in Russia in the 19th Century. Some Introductory Remarks to the History of Concepts, in: Jahrbücher für Geschichte Osteuropas 56 (2008), 3, S. 379–390.

ausgehenden 19. Jahrhunderts findet sich eine starke Tendenz, allen deutschsprachigen Bevölkerungsteilen im Mittelalter eine gemeinsame Identität zuzusprechen. Diese Tendenz entwickelte sich in erster Linie auf Grundlage der Sprache und einer davon abgeleiteten Kultur bzw. Mentalität, war in den deutschsprachigen Teilen Deutschlands seit der Romantik ein weit verbreiteter Topos und konnte sowohl in einer nationalen wie auch in einer transnationalen Variante auftreten. »National« meinte dann eine einheitliche Identität entweder in den Grenzen der zum jeweiligen Zeitpunkt als deutsch wahrgenommenen Territorien in der Nachfolge des Heiligen Römischen Reiches oder in der Ausprägung: »Wo deutsch gesprochen wird, ist Deutschland«. »Transnational« meinte eine identifikatorische Zuschreibung in Form einer übersprachlichen Kulturgemeinschaft, wie sie etwa von Hegel in der Vorstellung der drei Kulturräume der Romania, Germania und Slavia ausformuliert und später in die Ideologien von Pangermanismus und Panslavismus, die sich von der im historischen Prozess »abgewirtschafteten« Romania absetzten, umgemünzt wurden.

Diese in der deutschen nationalen Philosophie und Staatslehre diskutierten Angebote erreichten auch den Adel der russischen Ostseeprovinzen und wurden dort zum Teil positiv aufgenommen. Die soziale Realität sah jedoch weit bunter aus. Die im Vorfeld und während des Ersten Weltkriegs von der russischen nationalen Propaganda gestreute Meinung, die Deutschbalten seien als fünfte Kolonne des deutschen Kaiserreiches anzusehen, stimmte für die zweite Hälfte des 19. Jahrhunderts nur in Ansätzen und galt vor allem für die Literaten und weniger für den deutschbaltischen Adel[28]. Der estnische Historiker Priit Raudkivi hat in einem jüngst erschienenen Sammelband darauf verwiesen, dass die demographischen Daten, die Heiratspolitik und die historischen Fakten, die eher auf einen von der Migration und Fluktuation geprägten Adel im mittelalterlichen Livland hindeuten, eine andere Sprache sprechen[29]. Ein ähnlich ambivalentes Bild zeichnet in dem gleichen Sammelband Olev Liivik, wenn er die Push- und Pull-Faktoren der Umsiedlung der Deutschbalten 1939 analysiert. Weil die Angst vor dem Bolschewismus für eine Umsiedlung manchmal nicht ausreichte, bemühten die NS-Politiker die Zugehörigkeit zum deutschen »Volkskörper«, die in Aussicht gestellte besondere Aufgabe der Deutschbalten im Deutschen Reich und nicht zuletzt die materielle Kompensation im Warthegau und anderswo ließen die Umsiedlung vor dem Hintergrund unsicherer Zukunftsaussichten im Baltikum attraktiv erscheinen[30].

Die deutsche Reichseinigung hatte selbstverständlich auch Rückwirkungen auf die russische Außenpolitik und die Rolle, die die Deutschbalten nach Meinung der St. Petersburger Regierung spielen konnten. Nach 1871 fürchteten Teile der russi-

---

28   Zum historischen Hintergrund vgl. Heinrich SCHAUDINN, Das baltische Deutschtum und Bismarcks Reichsgründung, Leipzig 1932; Gert KROEGER, Die Reichsgründung von 1871 und die baltischen Deutschen, in: Jahrbuch des baltischen Deutschtums 27 (1971), S. 22–30.

29   Vgl. Priit RAUDKIVI, The German migration to Livonia in the middle ages. Some critical remarks, in: Acta Historica Tallinnensia (http://www.thefreelibrary.com/The+German+migration+to+Livonia+in+the+middle+ages%3a+some+critical...-a0275576236. Zugriff 3.8. 2016).

30   Olev LIIVIK, Resettlement of the Baltic Germans from Estonia in 1939. Interpreting the Umsiedlers Motives, in: Acta Historica Tallinnensia (http://www.thefreelibrary.com/The+resettlement+of+the+Baltic+Germans+from+Estonia+in+1939%3a...-a0275576238. Zugriff 3.8. 2016).

schen Regierung, darunter Zar Alexander III. (1881–1894), die Deutschbalten könnten eine Art Trojanisches Pferd für die Einmischung der deutschen Regierung in russische Angelegenheiten werden. Diese Vermutung erhielt weitere Nahrung, nachdem
die kaiserliche deutsche Regierung 1892 die Bismarcksche Haltung gegenüber Russland (Dreikaiserbund 1881, Rückversicherungsvertrag 1887)[31] zugunsten einer po-
tentiell antirussischen Bündnisstruktur aufgegeben hatte. Nach der 1890 vom deutschen Kaiser Wilhelm II. verweigerten Verlängerung des Rückversicherungsvertrages
(1887) entschied sich die russische Regierung, eine Allianz mit Frankreich einzuge-
hen, die das angespannte deutsch-russische Verhältnis weiter verschärfte[32].

EPILOG 1905–1918

Die nationalen Bewegungen, sowohl diejenigen der Schweden, Esten und Letten als
auch die der Deutschen, Russen und Finnen, kulminierten im Jahr 1905, als eine Re-
volutionswelle mit dem Epizentrum St. Petersburg die Ostseeprovinzen erreichte
und sich dort mit den nationalen Bestrebungen verband.

In Lettland wurde ein Kampf gleichzeitig um nationale Befreiung und soziale und
politische Gleichberechtigung geführt. In den Dörfern kam noch die Rebellion gegen Reste der aus dem Mittelalter herrührenden gutsherrlichen Privilegien hinzu.
Die Idee eines autonomen Lettlands wurde propagiert. Die wichtigste politische
Kraft in den revolutionären Ereignissen war die Lettische Sozialdemokratische Ar-
beiterpartei (LSDAP), die damals bereits rund 18000 Mitglieder hatte. Nachdem
Demonstrationen von der russischen Armee mit Waffengewalt auseinandergetrieben
worden waren, bildeten die Aufständischen bewaffnete Einheiten. Auch die Gutsherren stellten Verbände auf, den sogenannten Selbstschutz, um ihre Interessen zu
verteidigen. Dies wiederum führte zu bewaffneten Zusammenstößen mit rebelli-
schen Letten. Auf dem Höhepunkt der Auseinandersetzungen zerstörten die Aufständischen zahlreiche Gutshöfe, töteten Gutsherren, brannten Bauernhöfe, Schulen
und Gebäude nieder. Dies kostete Tausende von Menschenleben und schürte den
nationalen Hass in nie gekannter Form[33]. Im Ergebnis wurden die Russifizierungs-

---

31 Vgl. Hans-Jürgen SCHLOCHAUER, Der deutsch-russische Rückversicherungsvertrag. Eine histo-
    risch-völkerrechtliche Untersuchung, Borna, Leipzig 1931; Hans HALLMANN (Hg.), Zur Ge-
    schichte und Problematik des deutsch-russischen Rückversicherungsvertrages von 1887,
    Darmstadt 1968; Stefan KESTLER, Betrachtungen zur kaiserlich-deutschen Russlandpolitik. Ihre
    Bedeutung für die Herausbildung des deutsch-russischen Antagonismus zwischen Reichsgrün-
    dung und Ausbruch des Ersten Weltkrieges (1871–1914), Diss. Univ. Hamburg (2002).
32 Vgl. Laurence B. PACKARD, Russia and the Dual Alliance, in: The American Historical Re-
    view 25 (1919/1920), S. 391–410; Georges MICHON, The Franco-Russian Alliance 1891–1917,
    London 1929; William L. LANGER, The Franco-Russian Alliance, 1890–1994, New York 1967;
    George F. KENNAN, Die schicksalhafte Allianz. Frankreich und Rußland am Vorabend des Ers-
    ten Weltkrieges, Köln 1990, S. 156; Ilja MIECK, Pierre GUILLEN (Hg.), Deutschland – Frank-
    reich – Rußland. Begegnungen und Konfrontationen, München 2000.
33 Vgl. Ernst BENZ, Die Revolutionen von 1905 in den Ostseeprovinzen Rußlands. Ursachen und
    Verlauf der lettischen und estnischen Arbeiter- und Bauernbewegung im Rahmen der ersten
    russischen Revolution, Mainz 1990 (auch in: Acta Baltica, 28 [1990], S. 19–167; 29/30 [1991/92],
    S. 117–196).

maßnahmen gegenüber den Deutschbalten leicht abgeschwächt. Unter den Letten entstanden weitere politische Parteien, die allerdings nicht groß waren und vor 1917 kaum Einfluss auf die Politik der zarischen Regierung besaßen. Zudem machte die Entwicklung einer nationallettischen Kultur zwischen 1905 und 1917 große Fortschritte[34].

Im estnischen Siedlungsgebiet kam es zu ähnlich gewalttätigen Ausschreitungen, die ähnliche Folgen wie im lettischsprachigen Gebiet hatten. Zwischen 1905 und 1917 nahm die nationalkulturelle Entwicklung einen deutlichen Aufschwung. Auch die politische Partizipation erhöhte sich. Estnische Theater, ethnologische Museen und Bildungsgesellschaften entstanden[35]. Estnische Literatur, Musik und Bildende Kunst[36] expandierten weiter. Die Esten begannen die Städte des estnischsprachigen Gebiets nicht nur demographisch, sondern auch politisch zu dominieren. In der russländischen Staatsduma saßen estnische Vertreter, was wiederum die Entstehung von politischen Parteien und Gruppierungen begünstigte. Deren Hauptrichtungen waren der moderate und radikale Nationalismus sowie die Sozialdemokratie, wobei die Moderaten (Fortschrittliche Volkspartei, gegründet von Jaan Tõnisson, 1868–nach 1940) mit ihrer Zeitung »Postimees« (»Der Postbote«) die stärkste und einzig legale Gruppierung darstellten. Die anderen Parteien konnten bis zur Februarrevolution von 1917 nur im Untergrund existieren. Die Volkspartei trat für eine estnische Bildung (Geschichte, Geographie, Kultur etc.) in estnischer Sprache ein, was sie 1906 tatsächlich erreichte. Die radikalen Nationalisten unter der Führung von Gustav Suits (1883–1956) und anderen Jung-Esten, deren Mitglieder meist Bildungs- und Wirtschaftsbürger, zu einem kleineren Teil auch Arbeiter waren, waren weder reichsweit als Partei organisiert noch hatten sie einen so starken Einfluss wie die Moderaten oder die Sozialdemokraten. Sie erhielten erst nach der Februarrevolution von 1917 größeren Zulauf. Ihre Ziele waren soziale, politische und kulturelle Emanzipation auf demokratischer Grundlage, die in eine entsprechende Autonomiestellung innerhalb des russländischen Reiches münden sollte. Die Sozialdemokraten rekrutierten sich aus der städtischen Arbeiterschaft und teilweise aus den Landarbeitern. Wie im Reich insgesamt gab es eine menševistische (sozialdemokratische) und eine bol'ševistische (kommunistische) Richtung, die sich 1912 verfestigte. Beide hielten

---

34 Vgl. Margarethe LINDEMUTH, Die lettischen Parteien 1905 und ihre Programme, in: Baltische Hefte 15 (1969), S. 75–87; DIES., Das lettisch-deutsche Verhältnis vor dem 1. Weltkrieg auf Grund der lettischen Presse, Hannover 1976.

35 Vgl. Hain REBAS, Reflections of a Nation's Fate. Estonian Ethnography in Historical Perspective, in: Gert VON PISTOHLKORS u. a. (Hg.), Bevölkerungsverschiebungen und sozialer Wandel in den baltischen Provinzen Russlands 1850–1914/Population Shifts and Social Change in Russia's Baltic Provinces 1850–1914, Lüneburg 1995, S. 261–289, hier S. 263–267; Jörg HACKMANN, Von der »Gelehrten Estnischen Gesellschaft« zu »Õpetatud Eesti Selts«. Verein und Nation in Estland, in: Norbert ANGERMANN, Michael GARLEFF, Wilhelm LENZ (Hg.), Ostseeprovinzen, baltische Staaten und das Nationale. Festschrift für Gert von Pistohlkors zum 70. Geburtstag, Münster 2005, S. 185–212; zur Vorgeschichte des estnischen Theaters in den deutschsprachigen Theaterhäusern vgl. Mardi VALGEMÄE, Language as Action. The Beginnings of Estonian Drama in the Context of Baltic German Theatre, in: PISTOHLKORS u. a. (Hg.), Bevölkerungsverschiebungen (wie Anm. 35), S. 225–238 (mit zahlreichen Literaturhinweisen).

36 Vgl. Konrad MAIER, Die Emanzipation der estnischen Kunst, in: ANGERMANN, GARLEFF, LENZ (Hg.), Ostseeprovinzen (wie Anm. 35), S. 279–301.

die nationale Frage für eine Übergangserscheinung. Im Kern ging es um die soziale Emanzipation.

Allerdings tat sich politisch wenig, nachdem das Duma-Wahlgesetz 1907 geändert worden war und die konservativen russischen Abgeordneten die Oberhand gewannen. Die Duma-Situation spiegelte die Lage der russischen Nationalitätenpolitik insgesamt wieder: Die Grenzen des Reiches wurden zunehmend als russifizierungsbedürftig angesehen; entsprechende Maßnahmen wie die Einführung des Russischen, russischer Geographie und Geschichte als Unterrichtsfächer waren die Folge[37].

Auf den deutschbaltischen Adel konnten die estnischen und lettischen politischen Parteien und andere politische und soziale Gruppierungen nur bedrohlich wirken. Ihre unverhohlenen Ziele: kulturelle, soziale und politische Emanzipation und Autonomie stellte alle Vorrechte der Deutschbalten, zumal die des Adels, in Frage[38].

Die estnischen, lettischen und russischen Nationalbewegungen, der Sozialismus, dem viele ehemalige Bauern anhingen, die nun als Arbeiter in den Städten oder als auf den Gütern arbeiteten, die mit den Nationalbewegungen beginnende Demokratisierung der Bevölkerung: All dies forderte den deutschbaltischen Adel heraus und polarisierte ihn gleichzeitig. Manche Adlige tendierten zur Kooperation mit den Nationalbewegungen (um den Sozialismus zu unterminieren oder schlicht aus Sympathie), andere entwickelten sich zu dezidiert russländisch-monarchistischen Patrioten, viele beharrtem auf dem angestammten Autonomismus der Ostseeprovinzen mit der selbstverständlichen Erwartung, dass der Adel seine politisch führende Stellung beibehalten werde, einige sahen in Nationalismus und Sozialismus eine Bedrohung des lutherischen Glaubens und riefen zu einer Re-Christianisierung der Esten und Letten auf, wenige, aber durchaus prominente Vertreter des deutschbaltischen Adels wandten sich dem Deutschen Reich zu und träumten von einem großdeutschen Imperium, in dem die Ostseeprovinzen eine herausragende Rolle als Hüter der Ostgrenze spielen würden. Mindestens aber versuchten sie, die deutsche Reichsregierung in die »Baltenfrage« zu involvieren – was zeit- und ansatzweise sogar gelang. Manche waren heimliche Mitglieder ultranationalistischer Organisationen des Deutschen Reiches, von denen der Alldeutsche Verband nur der bekannteste und zahlenmäßig bedeutendste war[39].

37 Vgl. Toivo U. RAUN, Estonian Social and Political Thought, 1905–February 1917, in: Andrew EZERGAILIS, Gert VON PISTOHLKORS (Hg.), Die baltischen Provinzen Rußlands zwischen den Revolutionen von 1905 und 1917/The Russian Baltic Provinces between the 1905/1917 Revolutions, Köln, Wien 1982, S. 59–72; Toivo U. RAUN, The Estonians and the Russian Empire, 1905–1917, in: Journal of Baltic Studies 15/2–3 (1984), S. 130–140; DERS., National Identity in Finland and Estonia 1905–1917, in: ANGERMANN, GARLEFF, LENZ (Hg.), Ostseeprovinzen (wie Anm. 35), S. 343–356.
38 Vgl. Gert VON PISTOHLKORS, Ritterschaftliche Reformpolitik zwischen Russifizierung und Revolution. Historische Studien zum Problem der Selbsteinschätzung der deutschen Oberschicht in den Ostseeprovinzen Rußlands im Krisenjahr 1905, Göttingen 1978.
39 Detaillierte Darstellung der genannten Strömungen: Raimo POHJOLA, Das Auswärtige Amt und die Unruhen im Baltikum um die Jahreswende 1905/06, Turku 1974 (Publikationen des Instituts für Allgemeine Geschichte, Universität Turku, Finnland, 6. Studien), S. 39–48; Manfred HAGEN, Zwischen Nationalitäten und Fraktionen. Alexander Baron Meyendorff (1869–

Manche Adlige blieben Einzelkämpfer, andere schlossen sich angesichts der zu Gunsten der Nationalitäten des Zarenreiches erweiterten Freiheitsrechte von 1905 zu neuen Organisationen zusammen, die auf die sozialen und nationalen emanzipatorischen Bestrebungen der Esten und Letten reagierten und ein stärkeres Gemeinschaftsgefühl bzw. konkrete gegenseitige Hilfe ermöglichen sollten, darunter insbesondere die in Riga gegründete Baltische Konstitutionelle Partei (BKP), die sich 1909 als eine die Ostseeprovinzen übergreifende Partei mit zahlreichen Ortsverbänden etablieren konnte; in ihr dominierten bürgerliche Mitglieder aus den Städten, der Adel hatte jedoch ebenfalls einen starken Anteil. Politisch standen sie einer gemäßigten Politik im Rahmen eines multinationalen und religiösen, konstitutionell begrenzten Zarenreiches nahe[40]. Deutschbaltische Abgeordnete saßen auch als Vertreter der reichsweiten Oktobristenpartei in der Staatsduma (Parlament)[41]. Neue Kredit- und Hilfsvereine wie etwa der Estländische Adelsverband (1909–1919), deutsche Vereine zur Weiterentwicklung des Schul- und Bildungswesens unter deutsch-nationalen Vorzeichen wurden gebildet. Die älteren Organisationen existierten weiter, darunter die ökonomischen, historischen und geselligen Vereine, die aber nun unter dezidiert nationalen Vorzeichen agierten[42].

Der Ausbruch des Ersten Weltkriegs spitzte die nationalen, sozialen und politischen Differenzen weiter zu. Der deutschbaltische Adel wurde, je länger der Krieg dauerte und im Gleichtakt mit den zunehmenden Niederlagen der russländischen Armee gegen die reichsdeutschen Nordosttruppen, als innerer Feind, als Bergungsort der deutschen Spionage gesehen. Eine Folge war, dass der deutschbaltische Adel sich teilweise mit diesen Anschuldigungen identifizierte und sich verstärkt Deutschland zuwandte. In den vom reichsdeutschen Militär besetzten Teilen Kurlands und Livlands sollte sich aber schon bald herausstellen, dass die reichsdeutsche Vorstellung vom Baltikum eine andere war als die des deutschbaltischen Adels. In der Okkupationszone etablierten die reichsdeutschen Militärbehörden ihr eigenes System einer »preußisch-baltischen Verfassungs- und Gesellschaftsstruktur«, in der der deutschbaltische Adel in der Regel in die zweite Reihe verwiesen wurde[43]. Eine andere Folge war das regierungsamtliche Verbot von Manifestationen

1964), in: Zeitschrift für Ostforschung 27 (1978), S. 588–615; PISTOHLKORS, Ritterschaftliche Reformpolitik (wie Anm. 38), S. 229–239; DERS., Die Ostseeprovinzen (wie Anm. 9), S. 439–450.

40 Vgl. DERS., Ritterschaftliche Reformpolitik (wie Anm. 38), S. 439–442.
41 Vgl. Manfred HAGEN, Die Deutschbalten in der III. Duma. Zwischen nationalem Abwehrkampf, Autonomiestreben und Klassenkampf, in: Zeitschrift für Ostforschung 23 (1974), S. 577–597
42 Vgl. Hermann Baron VON ENGELHARDT, Zur Geschichte der Livländischen Adeligen Güterkreditsozietät, Riga 1902; Gert KROEGER, Die Deutschen Vereine in Liv-, Est- und Kurland 1905/6–1914, in: Jahrbuch des baltischen Deutschtums 16 (1968), S. 39–48; Hans Dieter ENGELHARDT, Hubertus NEUSCHÄFFER, Die Livländische Gemeinnützige und Ökonomische Sozietät (1792–1939), Köln, Wien 1983; Hellmuth WEISS, Die historischen Gesellschaften, in: Georg VON RAUCH (Hg.), Geschichte der deutschbaltischen Geschichtsschreibung, Köln, Wien 1986, S. 121–139; Henning VON WISTINGHAUSEN, Vom Estländischen Adelsverband zum Estländischen Gemeinnützigen Verband, in: ANGERMANN, GARLEFF, LENZ (Hg.), Ostseeprovinzen (wie Anm. 35), S. 357–387.
43 Michael GARLEFF, Die Deutschbalten als nationale Minderheit in den unabhängigen Staaten

deutscher Kultur in der Öffentlichkeit, allem voran der Gebrauch der deutschen Sprache[44].

Die Februar- und die Oktoberrevolution des Jahres 1917 machte die Lage für den Adel nicht angenehmer. Die Bemühungen der Estländischen und Livländischen Ritterschaft, die deutsche Armee zu einem forcierten Vormarsch im Baltikum zu bewegen, brachte ihnen von Seiten der Bol'ševiki die allgemeine Ächtung ein. Viele Vertreter des Adels (insgesamt 567 Personen) wurden deportiert oder gleich erschossen. Erst nach zähen Verhandlungen gelang es der deutschen Delegation in den Vorverhandlungen zum Frieden von Brest-Litovsk (3. März 1918) eine Amnestie für die Deportierten durchzusetzen, damit diese wieder in die Ostseeprovinzen zurückkehren konnten. Die Nationalitätenpolitik der Bol'ševiki stützte unverhohlen vor allem die Esten und Letten, die als ehemalige Leibeigene gut ins ideologische Schema der Entrechteten und Ausgebeuteten passten, während die Deutschbalten als national Verdächtige im Rahmen des russisch-deutschen Krieges und als Klassenfeinde einer doppelten Repressionspolitik ausgesetzt waren. Die Esten und Letten kämpften in ihren Bemühungen um die Schaffung eigener Staaten – einerseits gegen »weiße« (Monarchisten, Konstitutionalisten, Liberale) und »rote« (Menševiki, Bol'ševiki) Russen, andererseits gegen die Retablierung ihrer ehemaligen Herren als politische Führungsschicht. Hinzu kam, dass die deutsche Regierung unter Reichskanzler Prinz Max von Baden (Oktober bis November 1918) in ihrer Baltikumspolitik eine Wende vom ständischen zum Nationalitätenprinzip vollzog und am deutschbaltischen Adel nicht mehr als bisheriger politischer Elite, sondern nur noch als nationaler Volksgruppe interessiert war. Entsprechend stützte sie das baltische »Deutschtum« mehr als den baltendeutschen Adel[45].

Die Bildung der Baltischen Landeswehr (1918–1920) im November 1918, in der sich größtenteils deutschbaltische Freiwilligen zusammenfanden, um die Interessen aller ehemaligen Ostseeprovinzen zu wahren und gegen Übergriffe der Roten Armee vorzugehen, spielte nur für den neuen Staat Lettland (Unabhängigkeitserklärung 18.11.1918) eine Rolle[46]. Ebenfalls im November 1918 wurde der Baltisch-Deutsche Nationalausschuss als politisches Gegenstück zur militärischen Landeswehr ins Leben gerufen, der als »volkstumspolitische« Vertretung der Deutschbalten fungierte. Er wurde aus führenden deutschbaltischen Politikern, Vertretern der Körperschaften in russländischer Zeit und berufsständischen Organisationen gebildet. 1920 wurde er ersetzt durch den Ausschuss deutschbaltischer Parteien. Beide Ausschüsse vertraten im neuen Staat Lettland die politischen und nationalen Interessen der

Estland und Lettland, in: PISTOHLKORS (Hg.), Deutsche Geschichte im Osten Europas (wie Anm. 9), Berlin 1994, S. 452–550, hier S. 452–460.

44 Wilhelm LENZ, Baltische Propaganda im Ersten Weltkrieg. Die Broschürenliteratur über die Ostseeprovinzen Rußlands, in: EZERGAILIS, PISTOHLKORS (Hg.), Die baltischen Provinzen (wie Anm. 37), S. 188–204.

45 GARLEFF, Die Deutschbalten (wie Anm. 43), S. 453.

46 Claus GRIMM, Vor den Toren Europas 1918–1920. Geschichte der Baltischen Landeswehr, Hamburg 1963; Bernhard SAUER, Vom Mythos eines ewigen Soldatentums. Der Feldzug deutscher Freikorps im Baltikum im Jahre 1919, in: Zeitschrift für Geschichtswissenschaft 43/10 (1995), S. 869–902 (http://www.bernhard-sauer-historiker.de/Mythos_eines_ewigen_Soldatentums.pdf. Zugriff 3.8.2016).

Deutschbalten[47]. Im neuen Staat Estland (Unabhängigkeitserklärung 24. Februar 1918) entstand das Baltenregiment (auch: Baltenbataillon) als Schutztruppe für die deutschbaltischen Interessen, aber auch Estlands insgesamt[48]. Dies waren bereits erste Schritte einer Neuorientierung der Deutschbalten, mithin auch des Adels, im Rahmen der Baltischen Staaten. Sie gingen in der Zeit der Unabhängigkeit der beiden Staaten (1920–1940) weiter und führten im Rahmen des jeweiligen Minderheitenrechts zu zahlreichen deutschen Einrichtungen und Zusammenschlüssen, in denen der deutschbaltische Adel aber nicht mehr als politische Elite des Landes auftrat; gegebenenfalls spielte er eine führende Rolle im politischen Leben der deutschen Minderheit[49].

DER DEUTSCHBALTISCHE ADEL UM 1900
IM EUROPÄISCHEN VERGLEICH

Vergleicht man nun die Entwicklung des deutschbaltischen Adels und seiner Haltung gegenüber den Nationalbewegungen mit anderen europäischen Adelstypen, fallen einige Unterschiede auf. Unter schwedischer und polnisch-litauischer Oberherrschaft entstanden im 17. Jahrhundert (oder wurden bestätigt) Adelsmatrikel, korporative Privilegienkorpora, Landtage und Landratskollegien sowie territorial gegliederte Ritterschaften, die sich mit den entsprechenden politisch-territorialen Einheiten (Estland, Livland mit Ösel, Kurland) deckten. Man könnte diese korporativen Institutionen in einer vergleichenden Perspektive mit den Adelsnationen in Polen, Böhmen oder Ungarn inhaltlich auf eine Stufe stellen. Die Anwendung des Begriffs Adelsnation auf die baltischen Länder wäre aber weder durch die Quellen gedeckt, noch ist er in der Historiographie über diese Länder üblich. Gebräuchlich ist stattdessen der altertümliche Begriff der Ritterschaft, der ursprünglich eine Adelskorporation bezeichnete, die in einem unmittelbaren Verhältnis zum Heiligen Römischen Reich bzw. zu Kaiser und Papst stand. In den Territorien der späteren Ostseeprovinzen bestand für die Ritterschaften allerdings kein elektorales Vorrecht wie in Polen oder im Falle der Kurfürsten des Heiligen Römischen Reiches. Die Ritterschaften waren also auch in diesem Sinne keine Adelsnationen.

Selbst mit dem Vorsatz, eine Geschichte der Entwicklung des Nationsbegriffs von der frühneuzeitlichen zur nachnapoleonischen Bedeutung zu entwerfen, würde man im Falle der baltischen Länder nichts gewinnen, weil sich die dortigen Adelskorporationen selbst erst kurz vor Gründung der modernen baltischen Nationalstaaten als Vertreter einer Nation identifiziert haben und das auch nur teilweise. Auch die Nationalbewegungen der Esten und Letten haben den deutschbaltischen Adel nie als Teil

---

47 Art. »Nationalausschuß, Baltischer deutscher«, in: Baltisches Rechtwörterbuch 1710–1940, bearb. von Hermann BLAESE, Otto-Heinrich ELIAS, Alfred SCHÖNFELDT, Onlinepublikation der Baltischen Historischen Kommission (http://www.balt-hiko.de/online-publikationen/bal tisches-rechtswörterbuch/. Zugriff 3.8.2016); Hans VON RIMSCHA, Die Staatswerdung Lettlands und das baltische Deutschtum, Riga 1939, S. 69, 81, 162.

48 Wilhelm WRANGELL, Geschichte des Baltenregiments, Hannover 1928; Armand TREI, Unustatud rügement. Balti pataljon (rügement) Eesti Vabadussõjas, Tallinn 2010.

49 GARLEFF, Die Deutschbalten (wie Anm. 43), S. 465–481.

ihrer Nation betrachtet – im Gegensatz etwa zu Polen, wo die Nation im 19. Jahrhundert quasi von ihrer ständischen in ihre kulturelle und territoriale Bedeutung transformiert wurde und der Begriff schließlich auch die nichtadligen Teile der polnischen Bevölkerung integrierte.

Dem deutschbaltischen Adel fehlte auch eine dem polnischen Sarmatismus vergleichbare Legendenbildung. Er brauchte und wollte sich (anders als die polnischen Standesgenossen) nicht gegenüber dem Adel der westlichen Staaten abgrenzen, sondern bezog im Gegenteil von diesem seine ursprüngliche Legitimation: Der deutschbaltische Adel sah sich in der westeuropäischen Kreuzfahrertradition als Bollwerk gegen die »Barbarei« des Ostens, seit Peter I. (1682/89–1725) auch als wichtigster Partner der Zaren bei der »Zivilisierung« und »Verwestlichung« des russländischen Kaiserreiches. Legendarisch im Sinne eines Äquivalents zum Sarmatismus war die Berufung des deutschbaltischen Adels auf seine Privilegien, die er mit dem Verweis auf die Bestätigungen der polnischen und schwedischen Könige bis in die Anfänge der Kreuzzüge im Ostbaltikum, der sogenannten »Aufsegelung« (Heinrich von Livland), der Christianisierungs- und Zivilisierungsperiode der unterworfenen Bevölkerung, zurückführte.

Dabei spielte die ethnische oder nationale Komponente keine zentrale Rolle. Gewiss: Man sprach deutsch, war (größtenteils) lutherisch, im 18. Jahrhundert auch ein wenig pietistisch, pochte auf die auf dem germanisch-römischen Recht basierenden Privilegien, setzte sich mit den kulturellen, religiösen und politischen Entwicklungen im Heiligen Römischen Reich, als dessen Emissäre man einst ins Baltikum gezogen war, auseinander; andererseits glich er in seinen sozioökonomischen Strukturen (Gutswirtschaft- und -herrschaft) dem ostelbisch-polnisch-russischen Adel und teilte dessen politisch-gesellschaftliche Anschauungen. Es kam hinzu, dass der deutschbaltische Adel nur in den Ostseeprovinzen den Ton angab. Im russländischen Gesamtreich dominierte, wenn auch paradoxerweise mit weniger Sonderrechten ausgestattet als der deutschbaltische, der russische Adel. Diesem konnte der Adel der Ostseeprovinzen nur assistieren, sich im Einzelfall höchstens in einigen Behörden über ihn erheben oder eine größere Nähe zum russischen Hof gewinnen. Der estländische, öselsche, livländische und kurländische Adel war auf diese Weise um 1900 in die internationale Gemeinschaft zumindest der näheren geographischen Umgebung stark involviert. Zahlreiche Adelsfamilien lebten teilweise oder ganz in St. Petersburg und besaßen dort Häuser oder Land in der näheren Umgebung. Andere Familien besaßen Güter im Großfürstentum Finnland, wieder andere in den Königreichen Preußen oder Schweden. Diese waren – als Adel der Ostseeprovinzen – dem Kaiser gegenüber loyal, besaßen aber auch offensichtliche Interessen an der Politik, Wirtschaft und Kultur Finnlands, Preußens oder Schwedens.

Andererseits stand eine Übersiedlung ins Innere Russlands, gar eine Integration in den russischen Adel oder die Emigration ins Deutsche Kaiserreich zu keinem Zeitpunkt zur Debatte[50]. Hingegen emigrierte ein Teil der estnischen und lettischen Bau-

---

50   Vgl. Patrick VON ZUR MÜHLEN, Die Umsiedlung und Vertreibung der Deutsch-Balten 1939–45, in: Wolfgang STREIBEL (Hg.), Flucht und Vertreibung. Zwischen Aufrechnung und Verdrängung, Wien 1994, S. 188–200; Matthias SCHRÖDER, Die Umsiedlung der Deutschbalten im

ern während der Konversionsversuche der Orthodoxen Kirche in den 1840er und 1850er Jahren ins Innere Russlands, zudem verließen zahlreiche Literaten während der forcierten Russifizierungsversuche Ende des 19. Jahrhunderts die Ostseeprovinzen[51].

Gerade dieses letzte Beispiel verweist auf einen typischen räumlichen Habitus des deutschbaltischen Adels. Er lebte sozioökonomisch und kulturell gesehen fast immer an der Peripherie größerer politischer Einheiten – im hohen und späten Mittelalter an der des Heiligen Römischen Reiches, im 16. und 17. Jahrhundert der der schwedischen und polnisch(-litauisch)en Monarchien, schließlich, von 1710 bis 1918 der der russischen. In dieser politischen, sozioökonomischen, religiösen und kulturellen Randlage genoss er weitgehende Freiheiten und verwaltete seine eigenen Interessen auf Grundlage der korporativen Privilegien in eigenen Institutionen. Gleichwohl war er – politisch – mit den Zentren der Macht immer eng verbunden: erst als Kreuzfahrerelite, später als Heerführer und hochbestallte Persönlichkeiten des jeweiligen Hofes und seiner Zentralbehörden. Est-, liv- und kurländische Adlige kämpften in den dänisch-schwedischen, polnisch-schwedischen und russischen Kriegen des 16. und 17. Jahrhunderts, zogen als Generäle und Obristen der Krone Schwedens in den »Teutschen [Dreißigjährigen] Krieg«, bekleideten Stellen als Gouverneure und hohe Vertreter der Justiz oder dienten als Berater in der Entourage der jeweiligen Monarchen.

Die Identität des Adels in den Ostseeprovinzen war dabei nie rein schwedisch, finnisch, russisch, reichsdeutsch, polnisch oder litauisch, sondern vor allem von seinem rechtlichen und politischen Status, von seiner sozioökonomischen Stellung her definiert. Seine Machtposition im russländischen Reich war gleichwohl stets prekär. Abgesehen von seinen eigenen auf die Provinz bezogenen autonomen Institutionen (Landtag/Landbotenstube, Landratskollegium und diesen nachgeordnete Behörden), die ihm das exklusive politische Entscheidungsrecht in allen Fragen gab, die die Provinz als Ganzes betrafen, existierte keine die einzelne Provinz (Gouvernement bzw. Herzogtum) übergreifende Repräsentations- und Entscheidungsinstanz. Die Ritterschaften der Ostseeprovinzen standen immer, provinzweise, in einem direkten Verhältnis zum kaiserlichen Zentralstaat, wurden aber von diesem nicht direkt regiert, vielmehr delegierten die Zaren die Angelegenheiten an die autonomen Institutionen der Provinzen oder, im 19. Jahrhundert, an zentrale Behörden in St. Petersburg. Diese besaßen spezielle Abteilungen, die ausschließlich für die Angelegenheiten der Ostseeprovinzen zuständig und oft von Angehörigen des deutschbaltischen Adels selbst besetzt waren. All dies war weniger an die Person des Herrschers gebunden als etwa der Herrenstand in den Ländern der Böhmischen Krone seit 1627 (Verneuerte Landesordnung), und auch nicht mit dem Recht verbunden, den Herrscher zu wählen (Elektoratsrecht) wie bei den Kurfürsten im Heiligen Rö-

---

Kontext europäischer Zwangsmigrationen, in: BÖMELBURG, TROEBST (Hg.), Zwangsmigrationen in Nordosteuropa (wie Anm. 24), S. 91–112.

51 Vgl. Arved VON TAUBE, Erik THOMSEN, Michael GARLEFF, Die Deutschbalten – Schicksal und Erbe einer eigenständigen Gemeinschaft, in: Winfried SCHLAU (Hg.), Die Deutschbalten, München 1995, S. 51–114, hier S. 76–78.

mischen Reich (bis 1806) oder wie in den Ländern der Ungarischen Krone (bis 1867).

Andererseits waren die Ritterschaften auch kein integraler und gleichberechtigter Teil einer dem Monarchen etwa gegenüberstehenden ständischen Vertretung des russländischen Gesamtreiches – wie etwa die vier *home nations* (England, Scottland, Wales, Nordirland) in Großbritannien. Eine Adelsrevolte wie in Frankreich (*Fronde des princes* 1649–1653)[52], England (*Glorious Revolution* 1688/1689)[53], Schweden (Abschaffung der absolutistischen Grundgesetze 1718, 1809)[54], gar ein verbrieftes Recht auf politischen und militärischen Widerstand gegenüber dem Adelslandtag oder dem Monarchen (Adelskonföderationen, *liberum veto*) wie in Polen-Litauen[55], mit dem Ziel, ein solches Recht zu erstreiten, hätten im Falle der baltischen Ritterschaften nicht nur keine Aussicht auf Erfolg gehabt, sie hätten auch die bestehenden Privilegien, ja die gesamte bevorrechtete Position im Verhältnis zum jeweiligen Herrscher aufs Spiel gesetzt, denn der deutschbaltische Adel besaß seit seiner Zugehörigkeit zum russländischen Reich im Verhältnis zum Monarchen mehr verbriefte Vorrechte als seine russischen Standesgenossen. Den Herrscher mit Hilfe einer Revolte ab- oder zu ersetzen war aus statuellen Gründen und Gründen der geringen zahlenmäßigen Stärke der Ritterschaften nie eine Option.

Die Frontidentität ist also die identifikatorische Zuschreibung, die dem deutschbaltischen Adel am nächsten kommt. Dies hieß immer auch, den Blick über die Front, die Grenze hinaus zu richten, sich andererseits der Gunst der Zentrale (Hof, militärische Basis etc.) zu versichern und aus diesem Leben »zwischen den Welten« den größtmöglichen Gewinn zu ziehen. Dies gelang, so lange die Grenze der Front ein feindliches (nichtdeutsches, nichtpolnisch-litauisches, nichtschwedisches, nichtrussländisches) Gegenüber definierte. Als der Feind quasi im Innern der Front auftauchte (Letten, Esten) und Fronten innerhalb der Frontregion entstanden, musste dies verstörend und bedrohlich wirken. Ignoranz war eine Möglichkeit, damit umzugehen. Sie herrschte erstaunlich lange vor. Als aber der soziale und ethnische Wandel in der zweiten Hälfte des 19. Jahrhunderts überdeutlich wurde, verlegte sich der deutschbaltische Adel auf andere Strategien, vom militanten Konservatismus bis hin zum toleranten Liberalismus.

52 Vgl. Orest RANUM, The Fronde. A French Revolution, 1648–1652, New York, London 1993; Michel PERNOT, La Fronde, Paris 1994; Alexander RUBEL, Eine Frage der Ehre. Die Fronde (1648–1653) im Spannungsfeld von Adelsethos und Literatur, in: Francia 32/2 (2005), S. 31–57.
53 Vgl. Thomas B. MACAULAY, Die Glorreiche Revolution. Geschichte Englands 1688/89, Zürich 1998; Eckhart HELLMUTH, Die Glorreiche Revolution 1688/89, in: Peter WENDE (Hg.), Große Revolutionen. Von der Frühzeit bis zur Gegenwart, München 2000, S. 82–100, hier S. 83.
54 Vgl. Lennart THANNER, Revolutionen i Sverige efter Karl XII:s död. Den inrepolitiske maktkampen under tidigare delen av Ulrika Eleonora d.y:s regering, Uppsala 1953; Börje ISAKSON, Två dygn som förändrade Sverige.1809 års revolution, Stockholm 2009; Christopher O'REGAN, I stormens öga. Gustaf IV Adolfs regeringstid och revolten 1809, Stockholm 2009.
55 George SANFORD, Art. »Confederation«, »Liberum Veto«, in: DERS., Historical Dictionnary of Poland, Lanham, Md., London ²2003, S. 33f., 102. Vgl. Jerzy LUKOWSKI, Liberty's Folly. The Polish-Lithuanian Commonwealth in the Eighteenth Century, 1697–1795, London 1991.

ROBERT VON FRIEDEBURG

Commentary on the section
»Adel im Zeitalter der Nation«

The five contributions sketch important aspects of the difficult relation between nation and nobility since the French Revolution. They do also, though indirectly by omission, stress the important role of patterns of diverging developments in Western and Middle Europe.

Jay M. Smith's fine essay summarizes French debates about nobility from the 1760s to the 1790s. These debates focussed on relations between what was increasingly taken not just to be lay common Frenchmen without noble title, but indeed the nation, and the nobility. As that debate had insisted on reformation and purification, for nation and nobility, and the nobility to a significant extent accepted the benchmarks of virtue and service to the country that became central to the debate, it appeared that the legitimacy of noble title came to rest on proof that noblemen indeed excelled in these qualities. But as Smith acutely observes, as the nation of citizens became itself »ennobled« in the cause of these debates, the nobility lost the race for greater virtue or greater efficiency of service: The exercise of patriotic virtue and of other desirable attributes was becoming the token of any good citizen, demanded from all. Once the people in general as nation had been ennobled, the case of a particular titled nobility was indeed more difficult to make. It would have been interesting to look against this background at the debates about the re-introduction of nobility by Napoleon. But Jay M. Smith's major point is difficult to underestimate: Once an »ennoblement of the nation« is fully accepted as very basis of debate, the case of a particular privileged nobility and its assets becomes much more difficult to make.

Given this general problem with post-revolutionary concepts of the people as a whole as nation for any nobility, it is important to remember that a whole range of kingdoms had nobilities that weathered during the nineteenth century the storms of change quite well, among them the English titled aristocracy, and the Swedish and Danish nobility. Arguably, their points of departure proved to be very different, indeed. The English titled nobility entered the era of Atlantic Revolutions as literally leading the nation for more than two decades of war. National identity as expressed by broadsheets with Brighton prostitutes vowing to fight »Bonny« at the beaches and mass national allegiance as visible in the militia movement did not fundamentally threaten England's magnate peerage at all. In contrast, the Danish and Swedish nobility had a very different position in their respective kingdoms, and they proved rather able to slip into the growing emergence of modern Danish and Swedish national identity.

The further examples to this volume, however, all in their way challenge rightly the almost received cliché of the nobility as master-mind of keeping at the top no matter what. Maybe not entirely by chance, these examples stem primarily from Middle and

Eastern Middle Europe, where nation building and state formation remained intertwined in a much less stable manner than in England or the Scandinavian kingdoms
experienced.

William Godsey focusses on the Austrian higher aristocracy. It developed since the
later sixteenth century around a strong orientation toward the Vienna court and substantial landholdings. Situated primarily in Bohemia and Austria, but then also in
Hungary, it remaned limited to a few hundred families. His example is born Princess
Lobkowicz, married countess Neipperg (1832–1905), who wrote literally thousands
of letters to her wide spread network. In her letters, allegiance is shown both to her
Bohemian fatherland and to the general Austrian monarchy, bound together by her
intense Roman catholicism. The nation in the modern sense did plainly not play any
significant role for her. That was thus one option for those who had the resources
and standing to pursue it: Let the world change and carry on.

Similarly Bertrand Goujon traces the fortunes of the house of Arenberg during the
nineteenth century. There were tokens of national division within the dynasty: The
consolidation of a French branch of the house, and then a German-Belgian and an
Austrian-Bohemian branch testified to the increasing importance of modern notions
of nation and their partly awkward relation to a truly supra-national noble house.
On the whole, as long as substantial material resources and ample social contact and
prestige allowed a life clearly way beyond the large majority of commoners on the
street, we should perhaps not be surprised that niches provided by wealth and prestige allowed their inhabitants to live their own lives quite unmolested.

For the large majority of members of titled nobilities, however, the situation was
quite different. With some landed assets, as in the case of the German speaking nobility of Latvia, Estonia and Kurland, or hardly any property at all, as in the cases of the
families studied by Ewald Frie, managing the winds of change remained utterly im-
minent. As both examples show us, however, it is problematic to jump to easy con-
clusions on how that was done.

Take the case of Ewald Frie's property-less *Junkers*. Indeed, Frie is purposefully
evading the term, for he can show that the common cliché of the mediocrely en-
dowed, but still landholding nobleman of Brandenburg and Pomerania, simultaneously steering the local and regional social order and serving in his king's armies, is
altogether problematic. Frie has uncovered sources that allowed him to trace the fortunes, or rather lack of that, of a larger number of entirely property-less noblemen in
the service of the kings of Prussia. Not least letters begging for the support for these
partly utterly destitute families provide ample evidence for the very peculiar social
and mental state of this ›estate‹. The particular details of their social emergence and
their rare demographic behaviour will be the subject of further scrutiny of Frie's
studies. Suffice to say here that they seemed to have betted on extraordinary large
numbers of children in the hope to beget as many sons as possible in the process,
sons then meant to enter Prussian service and make, or at least some of them, a career
beyond the very meanest positions in the army or other branches of service. Demographic constraint in order to preserve landed or other property needed not be a concern for these property-less families. For them, the ability and willingness of the
crown to fund them was and remained all important.

The period from the 1800s to 1830s saw thus sorry times for them, the Kingdom of Prussia suffered under financial constraints and reductions of the size of the army. True poverty and real misery are reflected in their frequent appeals to the crown for some help. From the 1830s, not only did Prussia experience a stabilization of the income of the landholding nobility, but also of the emerging pure service nobility. For a good deal of these noblemen, service in the Prussian army or other branches of the crown made the Kingdom of Prussia, rather than Germany, the prime object of allegiance.

Thus, the German nation at large was not and did not develop into a specific feature of their identity. Also from 1871, they remained primarily Prussian officers, not German patriots. The considerable extensions of the armed forces made it even necessary to recruit non-noble officers toward the beginning of the twentieth century; for the male noble offspring, beginning an officer career providing some income and prestige was not a real problem. In retrospective, the property less Prussian service nobility proved eventually very successful in surviving, but not in the sense of riding the storms of time and keeping on top: They had never been on the top in any sense of the term right down to the middle of the nineteenth century. Rather, as Frie concluded, their utter destitution had led to patterns of socialisation teaching family members early to make themselves, almost without reservation, constraint or condition, serviceable to the crown. The rise of the crown in the shape of a modern industrialized Prussia with sufficient resources to enlarge and fund its army carried their fortune until defeat in World War I and characterized a social formation in highly problematic relation to the modern nation or modern society, though in many senses thoroughly modern itself.

In contrast, the landed aristocracy of Livland, Estland and Kurland did have resources to care for, but the environment in which it had to fend for became more and more difficult as the nineteenth century moved on. In all three Russian provinces, indigenous national movements developed among the common population; agrarian and industrial change threatened the control of the rural districts; St Petersburg itself increasingly pushed attempts for centralization and for making its Empire more Russian. Against this background, the common German language began to take on a new meaning. From German unification in 1871, among the nobility ideas of an older German way of life and national identity, rooted in the Middle Ages, took some hold. During World War I, St Petersburg distrusted its German speaking subjects as a possible fifth column. But the administrative reforms of the German General Staff for the reorganisation of captured Baltic areas did by no means meet the expectations of the nobility. There was literally no recipe whatsoever toward all of these threats. To stay on top eventually did not prove to be an option.

These contributions highlight the extreme diversity of what could be the nature of a nobility. They definitely put into question, from a number of vantage points, the more recent cliché of the ability to »stay on top« as a specific feature of the noble experience. Is there any common conclusion? Eckart Conze's lecture at the Paris conference reminded us that while the French nobility eventually proved able to arrange itself with the 1871 Republic and subsequent regimes, such a longer term arrangement with the liberal and democratic aspects of modernity cannot be easily detected for most members of Germany's Protestant nobility. Maybe it is possible to venture that in the older, more stable and continuous kingdoms of Western and North Western Europe, such as in Scotland, England, Portugal, Denmark, Sweden and Denmark, for all the intense varieties of their development, an arrangement of former noble elites with the new notions of state, industrial society and the modern nation proved possible; whereas east of the Rhine, such a positive arrangements proved much more difficult, though for an infinitely wide array of reasons and with significantly different outcomes. The contributions to these sections gave us some most interesting examples of these various outcomes.

LAURENT BOURQUIN

Conclusion

La noblesse s'est longtemps pensée comme une nation à part entière, car elle se voyait comme la dépositaire d'un ensemble de valeurs qui lui étaient propres et qui se transmettaient de génération en génération. Se considérant investie de missions particulières – la défense de la chrétienté, la protection du faible, le conseil au prince, le service armé – elle bénéficiait de droits et de privilèges spécifiques qui fondaient, en retour, une bonne partie de son identité. Cette culture nobiliaire, qui n'était pas seulement partagée par le groupe sous l'Ancien Régime mais par l'ensemble de la société, soutenait l'idée d'une nation nobiliaire qui ignorait les frontières et les langues et qui permettait aux grands aristocrates européens de se regarder comme les membres d'une seule et même grande famille. Les plus puissants lignages ont ainsi pu, pendant des siècles, s'affranchir dans une certaine mesure de toute logique nationale. La force et la conscience européenne de ces aristocrates supranationaux étaient d'abord foncières, car ils détenaient des terres dans plusieurs pays. Elle était également liée à la reconnaissance dont ils bénéficiaient de la part des souverains eux-mêmes, qui les recevaient à leur cour, les employaient pour leur diplomatie et concluaient avec leurs familles des alliances matrimoniales profitables à tous. La force de cette aristocratie s'est ainsi exprimée pendant les guerres de Religion, jusqu'au milieu du XVIIe siècle. Un réseau nobiliaire protestant s'est rapidement structuré au milieu du XVIe siècle et a pesé très lourd dans les combats et la politique européenne. Une internationale catholique s'est également mise en place et a joué un rôle déterminant dans la lutte contre le protestantisme à l'échelle de tout le continent, en s'alliant avec le roi d'Espagne ou l'empereur jusqu'à la fin de la guerre de Trente Ans.

Or cette vision aristocratique de soi et du monde, qui a bénéficié d'une grande stabilité jusqu'à la fin du XVIIIe siècle, est fort éloignée de l'idée nationale moderne. Celle-ci s'enracine dans une conception plus large de la communauté, où le groupe se définit non pas par des vertus particulières, mais par la culture, l'histoire et un héritage commun. Fédératrice, elle vise à rassembler toute une population, considérant que la place de chacun dans l'édifice social n'est pas forcément liée à sa naissance. Elle peut s'affranchir des facteurs religieux qui jouaient un rôle si important dans la diplomatie d'Ancien Régime et dans la culture nobiliaire. Elle s'articule à une raison d'État qui entend dépasser les intérêts particuliers de chaque groupe au nom du bien commun, de la stabilité sociale et de l'avenir de la collectivité. Mais elle débouche également sur une nouvelle fragmentation de l'espace européen, où les intérêts divergents des nations portent en eux les germes de nouveaux conflits. La Révolution française a été, à cet égard, un moment décisif car elle a permis la diffusion de ce corpus idéologique à l'échelle de tout le continent. Envisagée sur la longue durée, la logique moderne de la nation et du sentiment national semble donc radicalement opposée à la conception aristocratique de la nation nobiliaire, qui s'affranchit volontiers des frontières pour mieux affirmer sa supériorité.

Et pourtant, même si l'étude conjointe de la noblesse et de la nation ne va pas de soi, de nombreux travaux ont été consacrés à ce sujet depuis plus d'une décennie. Certes, les historiens qui les ont produits n'appartiennent pas aux mêmes équipes de recherche: ils sont, au contraire, très dispersés et exercent dans de nombreux pays d'Europe et aux États-Unis. C'est la raison pour laquelle nous avons souhaité les rassembler pour les faire dialoguer au cours de ce colloque. Une telle réflexion collective, menée sur la longue durée, nous a également permis de dépasser cette antinomie apparente entre noblesse et nation. En effet, l'idée de nation ne date pas de la fin du XVIIIe siècle, pas plus en Allemagne et en Europe centrale qu'ailleurs: la Révolution française et les soulèvements du premier XIXe siècle ne doivent pas être considérés comme des ruptures mais comme l'aboutissement d'un long processus, que ce colloque a permis de baliser.

Nous avons tout d'abord considéré que la fin du Moyen Âge est un moment important, qui voit s'affirmer à la fois les grands États du continent et les premiers linéaments d'une idée nationale dans plusieurs pays (en France, en Allemagne, en Hongrie et en Bohême). Nous avons ainsi ouvert un arc chronologique de cinq siècles, permettant de penser ce phénomène jusqu'à la Grande Guerre et d'envisager, au-delà, de futurs prolongements. Ce travail sur la longue durée nous est apparu essentiel. On le sait, l'idée de nation s'est exprimée bien avant la Révolution – par exemple en France au début du XIVe siècle pendant la chevauchée de Jeanne d'Arc, en Europe centrale au cours de la guerre de Trente Ans, ou en Angleterre lors de la Glorieuse Révolution. La noblesse a donc été très tôt confrontée à des idées qui venaient à l'encontre de ses conceptions traditionnelles. Elle les a parfois violemment combattues, à tel point qu'une partie de l'histoire européenne peut être interprétée comme une lutte des nobles contre cette idée nationale porteuse d'idées contraires à son *ethos*. Au début du XIXe siècle encore, le nouvel ordre européen issu du traité de Vienne, en 1815, ne consacra pas seulement la domination des empires sur le continent: il permit également à l'aristocratie de réaffirmer son pouvoir sur les affaires de l'Europe et sa domination sociopolitique, à l'encontre des idées nationales que la Révolution française et Napoléon Ier avaient diffusées.

Il nous a donc semblé naturel de bâtir notre réflexion à partir de la question de la nation noble. Cette conception, qui s'affirme très nettement dès le XVe siècle, fonde un sentiment de supériorité sociale qui traverse les siècles; mais il fonde également la conviction d'une supériorité politique nobiliaire. Selon Arlette Jouanna, le mythe des origines franques de la noblesse française qui s'impose au cours du XVIe siècle permet, d'une part, de fonder la distinction sociale sur des bases prétendument historiques, et d'autre part de légitimer les revendications politiques des nobles désireux de s'affranchir de la tutelle royale. En assimilant les origines franques de la noblesse à la liberté individuelle – notamment et surtout face au pouvoir royal – cette idée jette ainsi les bases d'une véritable idéologie, et donc d'un discours politique où la liberté noble tient une place essentielle. Les aristocrates ont ainsi revendiqué leur appartenance à une seule et même nation non seulement pour appuyer leurs prétentions sociales, mais aussi pour soutenir leurs conceptions politiques. Peut-être est-ce l'une des raisons pour lesquelles ils se sont si longtemps considérés comme un monde à part.

Si l'hérédité des qualités devient un véritable sujet de débats dans la France du XVIIIᵉ siècle (Jay Smith), sans doute est-ce dû au fait qu'elle va à l'encontre d'une revendication égalitaire portée par les Lumières. Mais ce n'est pas tout: les qualités dont les nobles se parent depuis si longtemps apparaissent comme inadaptées face aux grands enjeux de leur époque. Surtout, elles fondent un droit de regard sur les affaires publiques qui n'est plus de saison après le règne de Louis XIV: l'image du prince écoutant les conseils de ses barons avisés a beau être encore utilisée dans la littérature, elle n'est plus opératoire dans la sphère politique de l'époque des Lumières. Or l'idéal nobiliaire reste celui d'une monarchie mixte, dans laquelle le souverain prendrait conseil de ses princes, dans une représentation du monde qui s'apparente à un Moyen Âge idéalisé et entièrement recomposé. Cette monarchie mixte trouve sa pleine expression en Pologne, où le souverain reste considéré avant tout comme le premier des nobles et où il se doit de porter une parole collective (Hans-Jürgen Bömelburg).

Or les nobles voient leur idéaux politiques et sociaux se heurter à deux évolutions essentielles qui caractérisent l'ensemble des pays d'Europe occidentale. En premier lieu, l'affirmation des États modernes et leurs conflits dans la seconde moitié du XVIIᵉ siècle. Martin Wrede montre ainsi que la noblesse allemande, pourtant francophile et méfiante à l'égard du pouvoir impérial, a dû faire des choix contraires à ses traditions, en adhérant à un projet national contre la France de Louis XIV. Cette lutte a effrité l'identité nobiliaire traditionnelle, dans la mesure où elle a poussé les nobles à rejoindre une vaste coalition antifrançaise dans laquelle ils n'étaient qu'une composante parmi d'autres. Se considérant comme l'élite naturelle de la nation germanique, elle a pu concilier prééminence sociale et identité nationale; mais l'idée même de nation noble était irrémédiablement entamée. L'autre évolution fondamentale a trait au processus de confessionnalisation des XVIᵉ et XVIIᵉ siècles, qui a divisé des réseaux préexistants et poussé des familles, naguère alliées, à opérer des choix religieux diamétralement opposés. Ce fut notamment le cas en Irlande (Ronald Asch), où ces enjeux se doublaient de la question de l'allégeance à la couronne anglaise. Dans ce pays, l'identité nobiliaire n'a pas résisté face aux lignes de faille politiques et religieuses qui divisaient la société irlandaise tout entière; en revanche, au cours des XVIIᵉ et XVIIIᵉ siècles, la noblesse est apparue comme le fer de lance d'un nationalisme irlandais qu'elle a su reprendre à son compte, en le construisant sur de nouvelles bases culturelles, religieuses et politiques.

Le cas irlandais a ceci de spécifique qu'il concerne des familles implantées depuis des siècles, et qui ont pu, de ce fait, incarner une première forme d'identité nationale. Mais lorsque l'on étudie, au contraire, les migrants de fraîche date, on constate qu'ils ont assez facilement réussi à s'intégrer dans leurs pays d'accueil. Les migrations que la noblesse européenne a connues au cours du XVIIᵉ siècle se sont ainsi accompagnées d'un processus de fusion des élites. On sait que cette période a connu un très net accroissement des migrations nobiliaires, qui ont atteint au milieu du siècle une ampleur inédite. Ce phénomène est dû à trois facteurs essentiels. En premier lieu la guerre, qui a déplacé des armées nombreuses sur de longues distances; mais aussi les crises économiques du second XVIIe siècle, qui ont fragilisé la noblesse dans plusieurs pays à peu près à la même époque en précipitant la faillite de nombreuses exploitations. Enfin, le facteur religieux est décisif, car ces familles ont dû parfois fuir l'intolérance dont elles étaient les victimes, souvent dans la clandestinité. C'est ainsi que Silke Kamp a étudié le cas des migrations protestantes entre la France et le Brandebourg après la révocation de l'édit de Nantes, qui ont entraîné le déracinement de nombreuses familles nobles et leur adaptation à un nouveau pays. Les exilés ont ainsi dû apprendre une nouvelle langue, de nouveaux usages et faire carrière dans un tout autre système administratif. Mais en une ou deux générations, ils ont su faire souche dans leur pays d'adoption en y mariant leurs enfants et en y achetant des terres sans pour autant perdre le contact avec leur pays d'origine, construisant ainsi une identité hybride franco-prussienne.

Deux autres espaces spécifiques ont confirmé cette analyse. Autour de la Baltique, étudiée par Michael North, les processus migratoires ont favorisé des échanges considérables et ont brassé d'importantes populations. En faisant carrière dans des pays qui leur étaient étrangers, mais qui étaient fort proches au plan géographique, les nobles ont acquis une culture commune scandinave transcendant les frontières traditionnelles. Ils ont ainsi contribué à la consolidation socio-économique de cet espace pourtant traversé par d'importants clivages religieux. La couronne de Bohême offre un excellent point de comparaison. Olivier Chaline montre, en effet, que les migrations nobiliaires y sont incessantes et bien antérieures à la guerre de Trente Ans. Mais après la bataille de la Montagne-Blanche (1620), les confiscations de terres opérées par l'empereur et l'installation de nouvelles familles accélèrent ces flux migratoires. Or ce processus s'accompagne, en quelques générations, d'une fusion des élites qui renforce la cohésion transfrontalière de la noblesse. Le cas de la Bohême démontre ainsi la plasticité de la conscience nationale noble, qui est tout à fait capable de s'adapter à un nouvel environnement culturel.

Les études de cas de notre colloque ont donc permis de mettre en évidence des moments cruciaux, au cours desquels les problématiques nationales ont particulièrement questionné l'identité nobiliaire. Ainsi, les années 1620–1630 ont été marquées par une forte croissance des migrations, à la faveur de la guerre de Trente Ans. Un demi-siècle plus tard, les guerres menées par Louis XIV en Hollande et dans l'Empire, puis la révocation de l'édit de Nantes ont eu des effets similaires. De même, des carrefours très intéressants ont été clairement identifiés, en particulier deux petits territoires qui ont chacun fait l'objet d'une communication: d'une part les Flandres (Luc Duerloo) et d'autre part la Lorraine (Anne Motta). Dans l'un et l'autre cas, ces territoires sont enclavés et connaissent, de ce fait, d'intenses circulations. Certes, les familles originaires de ces régions sont attachées à leur pays et sont habituées à fréquenter une cour de proximité où elles sont connues et reconnues par le prince. Mais le renforcement des grands États européens, au cours du XVIe siècle, rompt un équilibre ancestral et conduit ces familles à transférer leur fidélité à d'autres souverains, ce qui leur permet non seulement d'élargir les horizons de leurs carrières, mais aussi de ne plus seulement se définir comme »flamands« ou »lorrains«. Dans le cas particulier de la Lorraine, qui a été occupée par les troupes françaises pendant les deux derniers tiers du XVIIe siècle, Anne Motta montre que les nobles restés fidèles à leur pays se

sont peu à peu identifiés à un État davantage qu'à un prince, nourrissant un sentiment national primitif fondé sur une adhésion au principe dynastique, plutôt qu'à un
individu.

Nous avons enfin pu mesurer, dans ces échanges transnationaux, toute l'importance de l'internationale nobiliaire, composée de familles aristocratiques qui ont suffisamment de biens pour ignorer les frontières et tisser un réseau à l'échelle de plusieurs États. En effet, leur situation est paradoxale. D'un côté, elles appartiennent aux
plus grands lignages européens, sont reçues dans toutes les cours de l'Europe et sont
alliées aux têtes couronnées. C'est notamment le cas des princes étrangers, étudiés
par Jonathan Spangler, qui bénéficient en France d'un statut spécifique et qui sont
utilisés par le souverain pour différentes missions diplomatiques. Ces grandes familles aristocratiques sont suffisamment puissantes pour mener une politique propre
et s'opposer parfois à l'État: Hugues Daussy montre que l'»internationale protestante« a joué un rôle décisif dans les conflits religieux des XVIᵉ et XVIIᵉ siècles, même
si son action militaire s'est finalement heurtée aux moyens considérables dont dispo-
saient les souverains. Mais en temps de paix, les familles transnationales sont capables
de consolider un réseau très étoffé, grâce à une culture commune et à la conscience de
leurs intérêts partagés: c'est ce que démontre au XVIIIᵉ siècle le cas de la noblesse
habsbourgeoise, étudiée par Christine Lebeau.

Cette internationale nobiliaire a survécu aux bouleversements sociopolitiques issus
de la Révolution, mais elle a très largement perdu son pouvoir au cours du second
XIXᵉ siècle, en particulier en Europe occidentale. Et pourtant, elle s'était déjà interrogée sur son rapport à la nation, par exemple en France dès la fin de l'Ancien Régime. Les plus grandes familles aristocratiques ont donc conservé leur caractère
transnational, mais en adoptant des stratégies adaptées à chaque pays. Bertrand Goujon a ainsi montré que la branche française des Arenberg avait su s'adapter aux mutations politiques du pays tout au long du XIXᵉ siècle, sans pour autant perdre de vue
la dimension européenne du lignage tout entier. Surtout, l'idée de nation a poussé les
nobles à intérioriser un nouveau patriotisme, non plus seulement lié à la terre de leurs
ancêtres au sens étymologique, mais un patriotisme plus large, compatible avec le nationalisme qui s'affirme peu à peu au cours de la seconde moitié du XIXᵉ siècle. Cette
période a ainsi permis d'accélérer l'intégration de la noblesse dans le corps national
en Prusse (Ewald Frie), ou dans l'Empire austro-hongrois (William Godsey). En faisant évoluer leur rapport à la nation, les nobles ont ainsi fait évoluer leur rapport au
politique, et donc à l'État. Certes, au début du XXᵉ siècle, ce processus d'intégration
n'est pas encore tout à fait achevé, par exemple dans les pays baltes (Ralph Tuchtenhagen), où la noblesse de souche allemande rencontre bien des difficultés après 1918
pour se positionner face aux nationalismes estonien et lettonien. En outre, dans bon
nombre de pays, l'attachement au souverain tient encore lieu d'attachement à la nation. Mais d'autres travaux, consacrés à l'achèvement de ce processus au cours du
XXᵉ siècle, permettront d'en préciser les modalités et les étapes.

Personenregister

Marie-Louise, Erzherzogin von Österreich, Kaiserin der Franzosen 259, 282
Marnix van Sint Aldegonde, Philipp 111, 113 f.
*Mat'a, Petr 144, 154
Matthias I., römisch-deutscher Kaiser 156
Maury, Jean-Sifrein, Abbé 237
Maximilian I., römisch-deutscher Kaiser 62
Maximilian II., römisch-deutscher Kaiser 108
Maximilian II. Emanuel, Kurfürst von Bayern 56, 65
Maximilian Heinrich von Bayern, Kurfürst von Köln 56
*Mayer, Arno 256
Mazarin, Jules , Kardinal 138 f.
Medici, Familie 121, 225
Megbach, Johann 114
Meinecke, Friedrich 253
Melun-Épinoy, Familie 278
Menou, Jacques-François, baron de 237
Mercy, Franz, Freiherr von 199, 225
Merkel, Garlieb 301
Merode, Familie 133, 288 f.
Merovech, König der Franken 30, 35
Mevius, Familie 172
Meyerfeldt, Johann August, Graf 174
Miechów siehe Maciej
Mignot de Bussy, abbé 231–235
Mirabeau, Honoré-Gabriel Riquetti, comte de 279 f.
Molière (Jean-Baptiste Poquelin) 55
Moller, Heinrich 114
Moltke, Familie 167, 169
Molyneux, Sir Capel 80
Molyneux, William 81
Mont, Christopher 112 f.
Montesquieu, Charles-Louis de Secondat, baron de 150
Montgomery, Gabriel de Lorges, comte de 106
Montmorency, Familie 29, 131, 135
Montmorency, Anne de, Konnetabel 31
Montmorency, Guillaume de 30
Montmorency-Damville, Henri, duc de 30, 33
Moritz von Nassau, Prinz von Oranien, Statthalter der Niederlande 61
Mörner, Familie 168
Müller von der Lühne, Burchard 173
Mylen, Adrian van der 113

Nachód, Ferdinand Leopold Piccolomini, Graf von 190
Napoleon I., Kaiser der Franzosen 247, 259, 280–282, 289
Napoleon III., Kaiser der Franzosen 19, 262 f.
Nassau, Familie 60–64, 131, 138
Nasua 62 f.
Necker, Jacques 238 f.

Neipperg, Familie 259, 264
Neipperg, Erwin, Graf von 258 f., 270
Neipperg, Gabrielle, Gräfin von 259, 264, 267 f., 272
Neipperg, Reinhard, Graf von 264, 272
Neipperg, Rosa, Gräfin von 25, 258–274
Nemours, Philippe de Savoie, duc de 121, 127
Nero, Kaiser 51
Nevers, Jean de Clèves, duc de 121
Nevers, Louis de Gonzague, duc de 32
Nicole, Herzogin von Lothringen 195
Nikolaus I., Kaiser von Russland 307 f.
Nikolaus Franz von Vaudémont, Herzog von Lothringen 201, 203
Noah 44
Noailles, Familie 123

Olizarowski, Aaron Aleksander 52
O'Malley, Grace 71 f.
Ongnies, Familie 93
Orléans, Anne-Marie-Louise d', duchesse de Montpensier 132
Orléans, Élisabeth-Charlotte, duchesse d' (Liselotte von der Pfalz) 69
Orsini, Familie 276
Ortelius, Abraham 108, 114
Oxenstierna, Familie 174

Palavicino, Horatio 114
Pálffy, Karl Joseph, Graf 151
Parisot, Charles 202
Pasquier, Étienne 31
Pastorius, Joachim 52
Paul I., Kaiser von Russland 297
Paull, Andreas 113
Pelzel, Franz Martin 148
Peter I., Kaiser von Russland 316
Peucer, Caspar 114
Pezel, Christoph 114
Pfeffel, Chrétien-Frédéric 64
Philipp der Großmütige, Landgraf von Hessen 110
Philipp II., König von Spanien 110 f.
Philipp IV., König von Spanien 98
Piast 40, 43
Piccolomini, Familie (siehe auch Nachód) 151, 190
Polišensky, Josef 184
Pöllnitz, Karl Ludwig, Freiherr von 158
Polonia 51
Possinger von Choborski, Ludwig Freiherr 270
Postel, Guillaume 32
Ptolemäus, Claudius 50
Pufendorf, Samuel 57

Questenberg, Familie 192

Rácóczi, Franz II., Fürst 154
Radziwiłł, Mikołaj, 45
Rambaud, Antoine 35
Ramel, Heinrich 111, 114
Randolphe, Thomas 113
Rantzau, Familie 170
Rantzau, Breide 111
Rantzau, Heinrich 111, 114, 170
Ratzenberg, Johann von 110
Rauffenstein 21
Reck (Recke), Eberhard Friedrich von der 243
Reclam, Pierre Christian Frédéric 210 f., 213
Rehnskiöld, Gerdt Anton (Gerd Antoniison Keffenbrinck) 174
*Reinhard, Wolfgang 157, 160, 197
Rej, Mikołaj 45
René I., Herzog von Anjou und von Lothringen 127
René II., Herzog von Lothringen 127, 195 f., 225
Richelieu, Familie 134
Richelieu, Armand Jean du Plessis, Kardinal 137 f., 198
Rochechouart, Familie 134
Rocoulle, Marthe de 212, 214
Rogers, Daniel 114
Rohan, Familie 118, 129, 136–139, 163, 276
Rohan-Chabot, Familie 279
Rohan-Soubise, Familie 134
Rojas y Spinola, Christoph de, Bischof 22
Roland 59
Rolshausen, Friedrich von 110
Roques de Maumont, Jacques-Emanuel 214
Roscher, Wilhelm 143
Rosen, Axel von 176
Rosenberg, Hans 241
Rothschild, Familie 286
Rottal, Familie 188
Rousseau, Jean-Jacques 233
Rüchel, Ernst von 246
Rudolf II., römisch-deutscher Kaiser 108, 181
Ruffo, Familie 276
Ruspoli, Familie 276
Runeberg, Johan Ludvig 305

Sachsen-Coburg-Gotha, Familie 15
Saint Paul, Guillaume de 220
Saint-Simon, Louis de Rouvroy, duc de 120, 123, 128 f.
Sainte-Aldegonde-Noircames, Familie 93
Salm, Familie 189
Sankt Paul, Wilhelm 220 f.
Sapieha, Leon, Fürst 271
Savoyen, Familie 127

Sayn zu Wittgenstein, Graf Ludwig von 105
Schachten, Heinrich von 110
Schaffgotsch, Hans Ulrich von 182
*Schaub, Jean-Frédéric 197
Scheffer, Reinhardt 111
Schenk von Schmiedberg, Nikolaus 112
Schill, Ferdinand von 242
Schlick (Šlik), Familie 180
Schlick, Joachim Andreas, Graf 181
*Schmidt, Georg 60
Schönborn, Franz de Paula, Graf von, Erzbischof von Prag 272
Schultz, Johannes 47
Schwabe, Heinrich Elias Gottlob 153
Schwarzenberg, Familie 151, 183 f., 189–191, 276
Schwarzenberg, Adam Franz, Fürst von 184
Schwarzenberg, Karl, Fürst von 11
Schwendi, Lazarus von 105
Schwerin, Familie 172, 224
Séguier, Pierre 128
Ségur, Familie 285
Ségur-Pardailhan, Jacques de 106, 108, 111, 113 f.
Seignelay, Jean-Baptiste Colbert de 129
Septimius Severus, Kaiser 62
Serényi, Familie 188
Sidney, Sir Philip 105 f., 113 f.
Sieyès, Emmanuel-Joseph 11 f., 36
Sigismund August, König von Polen 45
Sinzendorf, Familie 188
Slavata, Michael, Baron von 105
Smotryc'kyj, Meletij 49
Snellman, Johan Vilhelm 305
Sophie, Kurfürstin von Hannover 22, 67
Sophie Charlotte, Königin in Preußen 69
Souches, Jean-Louis Raduit de, Graf 182 f., 189
Sourches, Louis-François du Bouchet, marquis de 129
Spanheim, Ezechiel 128 f.
Stael von Holstein, Jacob 176
Starhemberg, Anton Gundaker, Graf 288
Starhemberg, Gundaker Thomas, Graf 158
Stein, Heinrich Friedrich Karl, Freiherr vom und zum 245, 247
Straus, Familie 286
Stryjkowski, Maciej 40
Stuart de Vezines, Guillaume 112
Sturm, Johann 112, 114
Suits, Gustav 311
Sully, Maximilien de Béthune, duc de 135
Surbled, Richard 290
Suski, Jędrzej 46
Svatopluk, Fürst von Mähren 192
Swift, Jonathan 79
*Szijarto, István M. 154

Autoren und Autorinnen

Ronald G. Asch lehrt an der Universität Freiburg im Breisgau. Seine Forschungsschwerpunkte sind die britische Geschichte des 16. und 17. Jahrhunderts, die vergleichende Geschichte des Adels und der höfischen Gesellschaft in der Frühen Neuzeit sowie Krieg und Konfessionen im 17. Jahrhundert.

Rainer Babel ist Leiter der Abteilung Frühe Neuzeit am Deutschen Historischen Institut Paris und lehrt als apl. Professor an der Universität des Saarlandes. Seine Hauptarbeitsgebiete sind die Geschichte der deutsch-französischen Beziehungen und die französische Geschichte, insbesondere die Geschichte des französischen Königtums.

Hans-Jürgen Bömelburg ist Professor für osteuropäische Geschichte an der Universität Gießen. Er ist u.a. Co-Vorsitzender der Gemeinsamen Deutsch-Polnischen Schulbuchkommission und Inhaber eines Herder-Chair am Herder-Institut Marburg. Seine Forschungsschwerpunkte sind die Geschichte Ostmitteleuropas und Polens vom 15. bis ins 21. Jahrhundert sowie die Geschichte Preußens.

Laurent Bourquin est professeur d'histoire à l'université du Maine (Le Mans). Ses recherches portent, d'une part, sur la noblesse française à l'époque moderne, et, d'autre part, sur l'histoire du processus de politisation dans les sociétés européennes du XVe au XIXe siècle.

Olivier Chaline est professeur d'histoire moderne à l'université Paris 4 Sorbonne. Il travaille sur la France des XVIIe et XVIIIe siècles, notamment le règne de Louis XIV et l'armée royale. Ses recherches portent également sur l'histoire de la Bohême, où il a étudié la guerre de Trente Ans ainsi que la noblesse, en particulier les Buquoy et les Schwarzenberg.

Hugues Daussy est professeur d'histoire moderne à l'université de Franche-Comté (Besançon). Ses recherches portent sur l'histoire politique de la réforme française aux XVIe et XVIIe siècles ainsi que sur les réseaux protestants internationaux.

Luc Duerloo is professor of early modern political history at the University of Antwerp and currently head of the department of history. His research deals with the court and the aristocracy of the Habsburg Netherlands and with the reign of the Archdukes Albert and Isabella.

Ewald Frie ist Professor für Neuere Geschichte an der Universität Tübingen. Schwerpunkte seiner Forschungen sind die preußische, deutsche und europäische Adelsgeschichte, die Geschichte von Armut und Wohlfahrtsstaatlichkeit sowie die australische Geschichte des 19. und 20. Jahrhunderts.

Robert von Friedeburg holds the chair for history of society and is co-founder of the Erasmus Center for Early Modern Studies at Rotterdam University. He was visiting fellow at Harvard University, Chair Dupront at Paris (Sorbonne) and member of the Institute for Advanced Study, Princeton. His research focuses on the interrelation of modern intellectual, social and political history.

William D. GODSEY ist wissenschaftlicher Mitarbeiter an der Österreichischen Akademie der Wissenschaften und Privatdozent für Neuere Geschichte an der Universität Wien. Seine Forschungsschwerpunkte sind in der Geschichte der Habsburgermonarchie vom 17. bis zum 20. Jahrhundert und der Spätgeschichte des Heiligen Römischen Reiches angesiedelt. Er ist Fellow der Royal Historical Society (London).

Bertrand GOUJON est maître de conférences en histoire contemporaine à l'université de Reims Champagne-Ardenne et membre du Centre d'études et de recherche en histoire culturelle. Ses travaux portent notamment sur l'histoire sociale et culturelle des élites européennes au cours du long XIXᵉ siècle ainsi que sur la Première Guerre mondiale.

Arlette JOUANNA est professeur émérite à l'université Paul-Valéry (Montpellier). Ses travaux portent sur les guerres de Religion, les structures sociales et politiques de la France au XVIᵉ siècle et sur l'évolution des théories du pouvoir absolu.

Silke KAMP ist Historikerin in Berlin. Sie arbeitet zur brandenburgischen Landesgeschichte der Frühen Neuzeit mit dem Forschungsschwerpunkt Sozialgeschichte.

Christine LEBEAU est professeur d'histoire moderne à l'université Paris 1 Panthéon-Sorbonne, où elle dirige également l'école doctorale d'histoire. Elle travaille sur l'histoire politique et sociale de la monarchie des Habsbourg au XVIIIᵉ siècle et sur l'histoire de la formation et de la circulation des savoirs d'État en Europe au XVIIIᵉ siècle.

Nicolas LE ROUX est professeur d'histoire moderne à l'université Paris 13. Ses travaux portent sur la société de cour, la violence nobiliaire, la guerre et l'autorité monarchique, de la fin du XVᵉ siècle au début du XVIIᵉ siècle.

Anne MOTTA est maître de conférences à l'université de Lorraine (Metz). Ses thèmes de recherche sont les rapports entre noblesses et espaces de pouvoir. Service, engagement et fidélité sont au cœur de ses travaux.

Michael NORTH ist Inhaber des Lehrstuhls für Allgemeine Geschichte der Neuzeit an der Universität Greifswald. Er ist Sprecher des internationalen Graduiertenkollegs Baltic Borderlands: Shifting Boundaries of Mind and Culture in the Borderlands of the Baltic Sea Region. Schwerpunkte seiner Forschungen sind die europäische Wirtschafts-, Sozial und Kulturgeschichte.

Lothar SCHILLING ist Professor für Geschichte der Frühen Neuzeit an der Universität Augsburg. Seine Forschungsschwerpunkte bilden die französischen Religionskriege, die Mächtebeziehungen sowie die Wissensgeschichte unter besonderer Berücksichtigung herrschafts- und staatsbezogener (auch juristischer) Wissensbestände.

Jay M. SMITH is professor of European history at the University of North Carolina (Chapel Hill). His research interests are focused on the history of early modern France, especially in the late seventeenth and eighteenth centuries. He currently works about the political and cultural conditions which led to the abolition of nobility in 1790.

Jonathan Spangler is a senior lecturer in early modern history at Manchester Metropolitan University. He is a specialist of the high nobility of Europe and France. He is also editor of »The Court Historian«, the journal of the Society for Court Studies.

Ralph Tuchtenhagen ist Professor für Skandinavistik/Kulturwissenschaft an der Humboldt-Universität Berlin. Seine Forschungsschwerpunkte sind die neuzeitliche Geschichte Nordeuropas, insbesondere Schwedens, Russlands, Finnlands, der baltischen Länder und des arktischen Raums, die neuzeitliche deutsch-nordeuropäische Beziehungsgeschichte und die Geschichte der Geschichtsschreibung.

Martin Wrede est professeur d'histoire moderne à l'université Grenoble-Alpes. Il a enseigné aux universités de Berlin, Gießen et Osnabrück et a été membre du Historisches Kolleg (Munich). Ses travaux portent sur la culture politique du Saint Empire romain germanique et de la France d'Ancien Régime, notamment l'histoire de la noblesse, la genèse de la sphère publique et la monarchie.